改革开放
四十年

环境法的回顾与展望

2019年中达环境法论坛
论 文 集

王　曦◎主编

上海三联书店

本书出版由台达集团"中达环境法学教育促进计划"资助

主编简介

王曦，法学博士，二级教授，昆明理工大学法学院特聘教授，昆明理工大学生态文明与环境法治研究基地主任，博士生导师；原上海交通大学法学院教授、环境资源法研究所所长；武汉大学法学院教授，环境法研究所副所长。现任中国环境资源法学研究会副会长、中达环境法学教育促进计划实施委员会评审委员、IUCN全球环境法委员会委员、环境法国际理事会（ICEL）理事。曾任第九至十一届全国政协委员，全国政协人口资源环境委员会委员；中国民主建国会中央常委、中央委员、民建中央社会与法制委员会主任、人口资源环境委员会主任；民建武汉市委员会副主任；民建武汉大学委员会主任；湖北省人民检察院副检察长；上海交通大学法学院副院长；上海市人民政府参事；牛津大学出版社《国际环境法年鉴》联席主编；国际自然与自然资源保护联盟（IUCN）环境法学院理事。

主要学术成果：《美国环境法概论》、《国际环境法》（第1、2版，获司法部全国优秀法学教材三等奖）、*Environmental Law in China*（英文，第1、2版，荷兰出版）。主持国家社科基金、教育部、环保部等部门多个重要项目，参加一批国家和地方的环境保护立法。担任世界银行、亚洲开发银行多个项目的环境法专家。1997年10月协助民建中央副主席李崇淮先生提出修宪建议，得到民建中央采纳并在1999年的《宪法》修改中得到采纳。2000年获全国政协优秀提案人奖。2010年获中国工程院、环保部"中国环境宏观战略研究先进个人奖"，领导的上海交大环境资源法研究所获"中国环境宏观战略研究先进集体奖"。2014年在西班牙获得IUCN环境法学院第六届"环境法资深学者奖"。2019年获得全国政协"全国政协成立70年有影响力重要提案奖"。2021年获美国"伊丽莎白·赫伯环境法与外交奖"。

主要学术主张：实事求是，认识政府、企业和"第三方主体"，探索以法律保障其在环境保护中良性互动之原理和方法。

序

    "中达环境法学教育促进计划"是由台达集团和清华大学等一批大学共同兴办的环境法学教育促进项目。这个项目至今已有十年，每年举办一次大型学术会议。2019 年的会议轮到上海交通大学承办。 2019 年中达环境法论坛也是成员大学首轮承办的最后一次会议。十年来，这个项目越办越好，在促进我国的环境法学教育方面发挥了很好的作用，深受广大环境法师生的好评和欢迎。

    这个年度大型学术会议有三个"规定"动作，一是颁奖，二是特邀学术报告，三是学术交流。

    本次会议举行了颁奖典礼，为成员单位推荐并经实施委员会评选出的"中达环境法学者""中达环境法青年学者奖""中达环境法优秀学位论文奖"和"中达环境法学位论文奖学金"四个奖项的获奖者颁发了奖状。这个评奖已经成为我国环境法学界的一个有很大影响的评奖活动，在促进我国环境法学的发展，鼓励、培养和提携我国环境法学者方面发挥了很好的作用。在本次会议上，郑少华荣获"2019 年度中达环境法学者"，郭武和胡苑荣获"2019 年度中达环境法青年学者奖"，刘志坚等一批作者的学位论文获得"中达环境法优秀学位论文奖"，还有一批环境法的博士研究生和硕士研究生获得"中达环境法学位论文奖学金"。其中,前三个奖项的获奖者在大会上做了学术报告,受到与会者的欢迎。

本次会议特邀四位著名环境法学者和行政管理者做了专题学术报告。其中,马骧聪先生、蔡守秋教授和孙佑海教授的报告都聚焦于本次会议的主题——改革开放四十年以来我国环境法学的发展与回顾。记得在筹备会议上,我国环境法学的老前辈、"中达环境法学教育促进计划"评审委员会主任马骧聪先生提出将回顾和总结我国环境法学四十年以来的发展作为本届论坛的主题。他的建议获得实施委员会的一致赞同。在这次会议上,马骧聪先生老当益壮、身先士卒,他发表了一篇时长约三十分钟的视频讲话。他以亲身经历,对改革开放以来我国环境法的巨大发展做了精辟的总结。会议特邀上海市生态环境局执法总队副总队长周浒就上海市生态环境执法规范化建设做了专题报告,他的报告给与会者提供了来自生态环境执法一线工作的鲜活信息。

本次会议的学术论坛在办会方法上有所创新。与往届会议主要在环境法学者间进行学术交流的做法不同,本届会议邀请了一些环境法学术圈子以外的人士参加会议并发表演讲。应邀的嘉宾除了学者以外,还有资深环境管理者、资深法官、资深检察官、资深企业经理、环境保护社会组织的代表人士等。环境法治是一个多方主体共同参与和互动的过程。本次会议本着"和而不同"的思想,特邀环境治理过程中的不同代表性人士同台论道,碰撞出了不少思想火花。他们的发言精彩纷呈,给与会者带来了很多启发。台达集团在会议间歇播放的 8K 超高画质环境纪录片《水起·台湾》,则给与会者带来了一份清新视觉之下的严肃思考。

作为首轮会议承办的"收官"之作,本此学术论坛有两个亮点。一是它的"历史性"。这次论坛适逢我国实行改革开放四十周年。在这个历史性的时刻,对我国环境法学的发展做一个全面的回顾和总结是十分必要且很有意义的。二是它的"开放性"。这个开放性既体现在参会主体的多样化上，还体现在观点的多样化和会场的热烈互动上。会议的学术探讨既有深度，又有广度；会场气氛既庄重，又活泼。会议完全达到了预期的目标。

这部论文集比较全面地反映了本届论坛所取得的成果。它以一篇"会议新闻"开头，该文全面报道了这次论坛的活动。在"会议新闻"之后，本论文集分为四章。第一章汇集了有关我国改革开放四十年以来环境保护工作情况的5篇专题文章。第二章汇集了有关我国改革开放四十年以来环境法治建设情况的11篇专题文章。第三章汇集了有关环境立法、司法和执法问题的8篇专题文章。第四章为论坛发言实录。发表发言实录为一创新之举，从中可见本次论坛的活跃气氛。发言实录包括本次论坛的特邀报告、获奖者学术报告、评议人评议、特邀大会发言人的发言和问答实录。第四章基于会议速记稿整理而得，其中部分文字未经发言人审阅，特此说明。

这次会议和这部会议文集的出版，一如既往地得到了"中达环境法学教育促进计划"实施委员会及其评委主任马骧聪先生的有力领导，得到了这个计划的规划委员李念祖先生与王振民先生以及这个计划的实施委员会各位委员的鼎力支持和积极参与，得到了台达集团领导层和这个计划的秘书处各位同仁的大力支持与倾力配合，得到了上海交通大学领导层和凯原法学院领导层的鼎力相助和全面协作，得到了包括陈奕祥、徐晓莉、高琪、苑小斐、高倩雯、徐翔、李响、温聪、段雅楠、刘志和等同仁在内的会务组全体成员的帮助，得到了上海三联书店的支持。最为重要的是，本次论坛得到了来自全国的各位与会者的积极响应和倾情帮助。在此，我对以上各方同仁表示衷心的感谢！祝愿"中达环境法学教育促进计划"在未来更上一层楼！

以下以我在会议结束时写的一首小诗为此序做结：

金秋十月天高爽，好友八方聚沪上。

同台论道贤士多，新识卓见频闪光。

回看来路成绩大，展望前程信心强。

生态文明方向明，齐心协力为之往！

王曦

写于 2020 年 8 月论文集即将付梓之时

目录

第三章　环境立法、执法与司法

第四章　论坛发言实录

聚焦改革开放中环境法的四十年
2019年中达环境法论坛在上海交大举行

（会议新闻， 2019年10月13日）

改革开放四十年来，中国环境立法、监管和司法有哪些发展？如何培养更多优质的环境法学人才？环境法如何推动环境保护事业的进步？2019年10月12日至10月13日，由台达集团主办、上海交通大学承办的中达环境法论坛在上海交通大学召开。来自全国环境资源法、能源法等学科的100余位学者、专家及师生共聚一堂，围绕"改革开放四十年：环境法的回顾与展望"这一主题展开深入探讨。

论坛开幕式由上海交通大学环境资源法研究所所长、上海市人民政府参事王曦主持。上海交通大学党委常委、统战部部长张卫刚，台达电子文教基金会副董事长暨台达品牌长郭珊珊，上海交通大学凯原法学院党委书记汪后继，以及"中达环境法学教育促进计划"规划委员李念祖出席论坛开幕式，并为2019年度的"中达环境法学者""中达环境法青年学者""中达环境法优秀学位论文奖"和"中达环境法学位论文奖学金"颁奖。

聚焦改革开放中环境法的四十年

"中达环境法学教育促进计划"于2018年由台达发起，清华大学、北京大学、中国人民大学、中国政法大学、武汉大学、中南财经政法大学、上海交通大学、郑州大学共八所国内高校共同参与，致力于发展环境法及环境资源法学科，培养环境法治人才，并通过相互交流和带动，为中国环境法治建设的发展做出贡献。作为"中达环境法学教育促进计划"的重要组成部分，中达环境法论坛为环境资源法和能源法领域的学者及相关领域的专家提供了一个交流、学习、集思广益、为完善我国环境法治建设与推动环境治理和环境法学发展而建言献策的平台。

改革开放以来，我国的经济和社会发展取得了巨大成就，人民生活水平得到了极大的提高。然而，环境问题也日益成为困扰我们的一大难题。四十年来，我国的环境立法、环境监管、环境守法和环境司法取得了长足的发展。与之相伴，环境资源法学的教学与研究也在各高校蓬勃发展。我国改革开放走过了四十个年头，本次论坛的召开也适逢党中央生态文明建设战略在全国深入贯彻落实的大好形势。本次论坛总结了我国环境资源法和环境资源法学四十多年来的发展历程，并对其未来的发展做出了展望。

在10月12日上午的开幕式上，上海交通大学党委常委、统战部部长张卫刚对来自全国的与会者表示热烈欢迎。他简要介绍了快速发展中的上海交通大学。他表示，随着环境保护和生态文明建设进入了新的历史发展时期，我们要充分利用改革开放四十年来积累的坚实物质基础，加大力度推进生态文明建设、解决生态环境问题，机遇与挑战并存。他向各院校的获奖者表示衷心祝贺，并希望各位再接再厉、学以致用，为中国环境法治的建设贡献力量，同时也期待在本次论坛的深度演讲和讨论评议中激荡出更多火花、孕育出累累硕果。随后，他就台达集团对此次会议的慷慨捐赠和大力支持表达了衷心的感谢。最后，他表示，环境问题需要跨学科的文理交叉研究，在理工科优势明显的大学里，在孔祥俊院长的领导下，上海交通大学的环境法专业还能得到长足的发展，能够孕育出更多的环境法学人才。

台达电子文教基金会副董事长暨台达品牌长郭珊珊表示，台达集团自 1971 年创立之初，就致力于研发高效节能的产品与解决方案，在企业经营上始终保持高度的环境意识。在经济飞速发展的今天，邀请到环境法学界最重要的学者专家齐聚一堂，回顾并探讨环境法的立法与执行，这对我们赖以生存的地球环境格外重要且意义深远。台达自 2005 年开始支持高校从事环境法研究，2011 年发起"中达环境法学者计划"，2018 年发起"中达环境法学教育促进计划"，两个计划至今已奖励了 6 位"中达环境法学者"、16 位"中达环境法青年学者"，颁发"中达环境法优秀学位论文奖"30 人次、"学位论文奖学金"292 人次，并举办了八届中达环境法论坛。未来，台达愿意继续支持"中达环境法学教育促进计划"，让这个计划产生的影响越来越大，培养出更多的优秀人才。

上海交通大学凯原法学院党委书记汪后继代表该学院对与会者表示热烈欢迎，并简要介绍了凯原法学院和该院环境资源法学科的发展。

"中达环境法学教育促进计划"规划委员李念祖表示，"中达环境法学教育促进计划"见证了环境法学科的成长，也见证了环境法人才的成长。这个计划存在的意义就是通过长期的支持，为环境法培养人才，为环保事业添砖加瓦。从明年起，"中达环境法学教育促进计划"将扩大奖励范围，将国家级和省级社会科学研究院囊括进"中达环境法学者"和"中达环境法青年学者"的申请。他衷心希望有更多优秀的环境法学人才潜心学术、不忘初心，为环境法治建设的发展做出贡献。

多位学者获"中达环境法学教育促进计划"奖励

此次论坛颁发了2019年度的"中达环境法学者""中达环境法青年学者""中达环境法优秀学位论文奖""中达环境法学位论文奖学金"等各项奖励。上海财经大学法学院教授郑少华荣获"2019年度中达环境法学者"荣誉称号。甘肃政法大学环境法学院教授郭武与上海财经大学法学院教授胡苑荣获"2019年度中达环境法青年学者奖"。一批环境资源法学科的博士研究生与硕士研究生获得"中达环境法优秀学位论文奖"和"中达环境法学位论文奖学金"。

荣获"2019年度中达环境法学者"称号的郑少华教授，长期从事环境法学的教学和研究工作，近十年来先后主持了环境法方向的两项国家社科基金重大项目和两项国家社科基金重点项目，先后获得十余项省部级科研与教学成果奖，并入选"青年长江学者"。在郑少华教授的带领下，上海财经大学不仅环境法学科得到了长足发展，而且获得了法学一级学科博士学位授权点，可谓成绩显著。

获得"2019年度中达环境法青年学者奖"的郭武教授，长期致力于环境法学教学与研究工作，特别是在环境法基础理论与前沿热点问题研究方面取得了可喜的成绩。郭武教授在甘肃政法大学牵头组建了全国首家环境法学院，并担任首任院长，他开创了环境法学教育的新模式，为中国环境法学教育的发展做出了积极贡献。

另一位"2019年度中达环境法青年学者奖"获奖者胡苑教授的研究领域集中在固废法、循环经济法领域和环境规制法领域，成果具有较高的创新性，提出了一系列新的主张和建议。胡苑教授申请并主持了多项国家级和省部级研究项目，参与设计了上海市重点课程和精品课程项目，堪称青年学者的榜样。

专家学者共同展望中国环境法学的发展

在 10 月 12 日上午的特邀嘉宾演讲环节，中国社会科学院荣誉学部委员、"中达环境法学教育促进计划"评委会主任马骧聪做了关于我国环境资源法快速发展的原因的视频发言。他指出了三大关键原因：第一，党中央的正确领导及对环境法治和环境法学的重视。第二，环境法学界的教学科研人员及实务部门研究者对环境保护实践提供的理论支撑。第三，环境法的发展既立足中国，从我国国情出发，又放眼世界，积极学习国际先进经验。武汉大学教授蔡守秋和天津大学教授孙佑海随后各自对改革开放四十多年来的我国环境资源法之发展做了回顾与总结。上海市生态环境局执法总队副总队长周浒介绍了上海市环境执法工作的经验。

在 10 月 12 日下午的获奖者学术报告环节，"2019 年度中达环境法学者"郑少华围绕着"企业环境信用"这一具体论域，讨论了信用惩戒实行法定主义的含义与正当性、法定的实体法与程序法控制等问题，并就未来的信用立法与规范信用体系提出了有益的建议。"2019 年度中达环境法青年学者奖"获得者、甘肃政法大学教授郭武和上海政法大学教授胡苑分别就环境法与其他部门法之关系及威慑性环境规制中的执法问题做了精彩演讲。随后，"中达环境法优秀学位论文奖"获得者及"中达环境法学位论文奖学金"获得者分别做了汇报发言，并收获了学者的精彩点评。

10 月 12 日晚宴前，与会师生特别观赏了由台达赞助拍摄的 8K 环境纪录片《水起·台湾》，他们为台达 8K 投影技术带来的超清视觉体验所震撼。台达电子文教基金会副董事长暨台达品牌长郭珊珊与大家分享了拍摄该片的初衷，即期望发挥影响力，唤起更多的人关注水资源议题。《水起·台湾》通过展演水的多重面貌，传达了知水惜水的盼望，并揭示了人类活动对生态环境的冲击，如降雨极端化造成的旱期拉长、海温上升导致的珊瑚礁白化等。

在 10 月 13 日全天的论坛学术报告环节中，重庆大学法学院院长黄锡生，清华大学法学院教授王明远，国务院发展研究中心资源与环境政策研究所副所长常纪文，中国社科院法学研究所生态法研究室主任刘洪岩，江苏省高级人民法院环境资源庭庭长、审判委员会委员刘建功，上海市人民检察院第八检察部副主任林仪明，中国绿发会总法律顾问、北京德和衡律师事务所律师王文勇，瑞士诺华公司中国区健康安全环境与业务管理部经理丁晓阳，天津大学法学院教授焦艳鹏，以及河北环境工程学院副教授曹晓凡分别围绕自然保护地、环境行政法基本定位、中央环保督查制度、生态法治、环境民事公益诉讼中的数人共同侵权、生态环境公益诉讼的检察实践、政府生态损害赔偿诉讼、环境法演进的企业视角、环境法的调整范围、生态环境执法事务中的热点和难点等议题做了精彩发言。

在闭幕式上，上海交通大学教授王曦代表本次论坛的协办方对本次论坛做了总结。王曦教授指出，本次论坛是一个颇有特色的论坛。第一个特色是它的历史性。多位学者和专家从不同角度对改革开放四十多年来我国环境资源法学的发展做了比较全面和深刻的总结，对我国环境资源法的未来做了积极和乐观的展望。第二个特色是它的多主体互动性。环境治理的多方主体（如政府执法部门、企业、法院、检察院、公益律师的代表等）同台论道，激发了一个又一个闪亮的思想火花，引起了听众的极大兴趣。

"中达环境法学教育促进计划"规划委员李念祖致闭幕词。李念祖委员代表台达对这届论坛的成功举办表示祝贺，并感谢各位与会者的积极参与。

第一章

环境保护工作

中国环境保护四十年的回顾及思考
——在香港中文大学"中国环境保护四十年"学术论坛上的演讲*

曲格平

女士们、先生们、老师们、同学们，大家上午好！

应香港中文大学的邀请，来参加"中国环境保护四十年"学术论坛，我感到很高兴。有幸的是，我本人亲历、参与了四十年来的中国环境保护事业，亲眼目睹了四十年来的中国环境保护之变化。这一路风风雨雨，从筚路蓝缕、以启山林，到如今的万物葱郁、蔚为大观，既充满着艰辛，又充满着欢欣。这样一段环保史，就是中国社会四十年来的巨大变迁史。今天，我愿意与大家一起来讨论这段环境保护历史的经验和教训。

---

* 本文最初发表于《中国环境管理干部学院学报》2013 年第 4 期，此处略有改动。

一、 中国四十年来的经济发展足迹

中国环境保护的起步与西方国家相比晚不了几年，不过我们起点低，西方国家是在工业化和城市化都已完成的情况下起步的。这就是为什么环境状况差距会如此之大的原因。让我们看看中国社会这四十年来的经济发展足迹，这条足迹实际上构成了中国环境保护从起步到成长的一个大背景。

足迹之一，中国从一个低收入国家发展为今天的中等收入国家

1972 年，面临着短缺型经济状况的中国是个贫困国家。中华人民共和国成立以来，非理性的狂热政治运动，特别是"文革"的开展，使国民经济几近崩溃。当时，人均 GDP 折算成美元只有 131 美元，中国处于世界上最贫困的国家之列。所幸的是，从 1979 年开始，邓小平先生使中国进入了改革开放时代，中国经济很快步入了高速发展阶段，连续 32 年保持着平均 9.9% 的年增长率。世界货币基金组织公布的数据显示，2011 年，中国 GDP 总量已达到 7.3 万亿美元，成为仅次于美国的全球第二大经济体，人均 GDP 为 5414 美元。2011 年 7 月，世界银行按其标准认为，中国已进入中等偏上收入国家行列。不过，中国的人均 GDP 只相当于日本的 11.8%，德国的 12.4%，美国的 11.2%。如按购买力平价计算，2011 年中国的人均 GDP 是日本的 36.8%，德国的 37%，美国的 26%。

足迹之二，中国从工业化初期阶段进入到工业化中后期阶段

改革开放四十多年来，中国经济保持高速增长， GDP 总量及人均 GDP 不

断攀升，这主要凭借的是工业化的加速发展。从历史上看，除几个石油出口经济体外，所有国家都是通过工业化才变得富裕的。

那么，中国的工业化目前处于一个什么阶段呢？中国社科院的研究表明，目前我国的工业化已进入中后期。在其发布的《中国工业化进程报告》中，中国社科院运用工业化综合指数对中国的工业化水平进行评价，0—33 表示一个国家处于工业化初期，33—66 表示一个国家处于工业化中期，66—100 则表示一个国家处于工业化后期。若这个指数大于 100，则表示一个国家已进入后工业化阶段。

中国社科院于 2012 年发布的《工业化蓝皮书》显示，1995 年，中国的工业化水平综合指数仅为 12，这表明中国处于工业化初期的前半阶段；经过"九五"时期后，到 2000 年，中国的工业化水平综合指数提高到 18，这表明中国进入了工业化初期的后半阶段；经过"十五"时期后，到 2005 年，中国的工业化水平综合指数提高到 41，这表明中国处于工业化中期的前半阶段；经过"十一五"时期后，到 2010 年，中国的工业化水平综合指数为 66，这表明中国即将走完工业化中期的后半段。

由此看来，从 1972 年到 2012 年，中国经历了从工业化初期到工业化中后期的发展历程。在这个阶段，特别是改革开放以来，中国的工业化经历了一个不断加速发展的过程，逐步从一个工业小国发展成为工业大国，并不断演变为制造业雄踞全球第一的"世界工厂"。

经过四十年的发展，在主要工业产品的产量上，中国已经远远地把发达国家甩在了后面。从这个意义上说，我们早已完成了当年提出的"赶英超美"之宏伟目标。2010 年，中国的粗钢产量为 6.2 亿吨，而同期日本的粗钢产量为 1 亿吨，美国为 8000 万吨，我们的产量比世界上除中国外的前 30 个国家的产量之和还要多 4000 万吨；2010 年，中国的煤产量为 29.8 亿吨，而同期美国的煤产量为

10.8亿吨，印度为5.5亿吨； 2010年，中国的发电量为4.1万亿千瓦时，日本为9300亿千瓦时，中国略超美国成为全球第一发电大国； 2010年，中国的水泥产量为18.6亿吨，而同期印度的水泥产量为2亿吨，美国为6400万吨； 2010年，中国的汽车产量为1900万辆，而同期日本的汽车产量为1600万辆，德国为1100万辆。

有人研究发现，欧美发达国家在人均GDP达到8000—10000美元时，环境状况开始好转，而韩国等新兴工业化国家利用后发优势，在人均GDP达到5000—7000美元时，环境提前好转。目前，中国的人均GDP刚刚达到5000美元，与新兴工业化国家相比，我国环境没有出现拐点。四十年来，我国的污染排放量不断爬升。要停止这种爬升，并使环境开始好转，我们还有一段很长的路要走，这就是引发人们思考的一个问题。

足迹之三，中国从乡村型社会转变为城镇化社会

从工业革命以来的人类发展史看，如果一国要实现现代化，那么其在推进工业化的同时，必须同步推进城市化。改革开放以来，中国的城镇化经历了一个起点低、速度快的发展历程，其主要特征是城镇人口迅速增加，城市化率大幅提高。

1978年到2011年，中国的城镇人口从1.72亿增加到6.9亿，城镇化率从17.9%提升到51.3%，达到世界平均水平。三十多年来，中国的城镇人口新增了5.18亿，这一数量相当于美国、日本、德国的人口之和。2011年，中国的城镇人口首次超过农村人口，这标志着城乡人口结构发生了根本改变。预计到2020年，中国的城镇化率将达60%左右。这表明中国由几千年来以农村人口为主的社会结构，发展为以城镇人口为主的。

但是，在经济快速发展的同时，中国的生态环境也发生了巨大变化，即从污染物低排放走向污染物高排放，从环境状态的低恶化走向环境状态的高恶化，从局部型、单一型污染走向全局型、复合型污染，从而付出了高昂的环境与资源代价。

特别是在城镇化加速发展的同时，许多环境问题也应运而生。第一，污水排放量大幅提升，从 1991 年到 2011 年，中国的城市污水排放量从近 300 亿吨增加到 400 亿吨；第二，生活垃圾清运量从 7600 万吨增加到 1.63 亿吨；第三，私人汽车拥有量急剧增加，从 1991 年的不足 100 万辆发展到今天的 6000 多万辆。仅上述三项，就对城市环境造成了巨大压力。世界卫生组织（WHO）发布的报告显示，2009 年，中国 31 个省会城市的 PM10 年平均浓度达到 98 $\mu g/m^3$，这是 WHO 推荐标准的 4.9 倍，在 91 个国家中排名第 71 位。其中，兰州的 PM10 浓度最高，达到 150 $\mu g/m^3$；海口的 PM10 浓度最低，为 38 $\mu g/m^3$，但这也超过了 WHO 推荐的标准值（20 $\mu g/m^3$）。

二、 中国环境保护四十年的历程

四十年来，中国经历了从计划经济向市场经济转轨的宏大历史进程。目前，中国正在将经济体制改革向政治体制改革与社会体制改革扩展和深化的进程中。四十年来，在发展的政策思路上，中国政府有显著变化。在 20 世纪 80 年代初，中国政府就提出了经济发展、社会发展和环境发展同步进行，经济效益、社会效益和环境效益协调统一的发展观与环境观；热忱接受了国际社会共同倡议和制定的可持续发展理念，并相继提出了科学发展的观念和战略，主张建设资源节约型和环境友好型社会；倡导发展循环经济和低碳经济，推进生态文明建设。不过，这些发展战略只停留在理念层面上，停留在文字上和口头上，很少见诸行动。

总体上看，经济增长对环境施加的压力不断加剧，环境污染不断爬升，从初期的低排放进入到当下的高排放，环境污染的高峰期已到来。目前，中国消耗了占世界 21% 的能源、11% 的石油、49% 的煤碳，排放了占世界 26% 的 SO_2、28% 的 NO_x、21% 的 CO_2。据专家测算，2011 年，中国的 SO_2 排放量为 2218 万吨，超过环境容量的 84.8%；COD 的排放量为 2500 万吨，超过环境容量的 212.5%。在以上这些排放物的排放量方面，中国均居于世界首位。同时，随着经济与外贸的总量和结构之变化，中国在全球经济和环境格局中的地位也在发生着显著变化。

下面，我想分四个阶段，回顾和检讨一下四十年来的中国环境保护历程，特别是环境污染防治的历程。

第一阶段，环境保护意识启蒙阶段

1972 年至 1978 年，中国正处于"文革"时期，这也是环境问题开始暴露，环境保护意识萌生、传播和普及的时期。当时，中国的人均 GDP 只有 100 多美元，工业化还处于初期阶段，但环境污染开始在局部地区——特别是城市——暴露出来，污染事件陆续出现。当时，国人对环境污染和环境公害还所知甚少，而此时的西方世界则是另一番景象。20 世纪 50 年代至 60 年代，西方世界终于迎来了经济发展的黄金时代。特别是日本，其为了不断追赶并超过西欧各国，创下了连续 18 年经济年均增长率为 9.3% 的记录。为此，日本付出了沉痛的代价，其成为公害列岛。 20 世纪 60 年代后期，西方世界的公众终于醒悟，并展开了大规模的环境保护抗议运动。在日本，以健康损害问题为焦点，以被害者为中心，人们开展了大规模的环境诉讼活动，并掀起了反对公害的舆论浪潮。1970 年，美国开展了旨在保护环境的"地球日"活动，喊出了"不许东京悲剧重演"之口号。1972 年，为顺应全球兴起的环保浪潮，联合国在斯德哥尔摩召开了人类环境会议，从而拉开了全球环境保护运动的序幕。其时，《纽约时报》评论道，这次会议是一场"思想的革命"。

对于当时的中国而言，当务之急是要认识环境问题，提高环境保护的意识。

西方发达国家的这场环境运动，为中国启动环境保护提供了契机。1969年，我调到"国务院计划起草小组"，从事编制"国民经济与社会发展计划"的工作。当时，我经常听到周恩来总理谈起"公害问题"，他特别提醒说，你们要研究工业发展中的公害问题，要学习国外治理公害的经验。因为我来自燃料化学工业部，而这个部的污染问题是最严重的，所以我就被安排来分管这项工作。1970 年底，周总理在听取了一位日本公害记者介绍日本公害——特别是"公害病"——的情况后，要我们组织一次报告会，请这位日本记者介绍日本的环境污染问题，并要求国家机关——特别是各个部委——的负责人都要来听这堂课，会后还要组织他们进行分组讨论，讨论的情况要向他汇报。我们都照办了。当我们把报告情况和分组讨论的情况交给总理后，他指示要将日本记者的报告作为会议交流材料发给那一年参加全国计划会议的人员。可以说，这是在高层次的会议上出现的第一份有关环境保护的文件。中国的环境保护之启蒙就是由上而下地逐步开展起来的，实际上都是周恩来总理推动起来的。

1972 年出席联合国人类环境会议，认识到了自身问题的严重性

1972 年，周恩来总理决定中国派团参加联合国人类环境会议。这是中国恢复联合国席位后，参加的第一个大型国际会议。代表团由国家计委牵头，有外交、卫生、工业、农业、水利、能源、城市、科技等部门的负责人或专家参加。我也有幸参加并见证了全球首次环境会议的盛况。中国代表团出席会议，举世瞩目。中国代表团提出的国家不分大小之一律平等、要尊重每个国家的主权、要支持发展中国家发展民族经济的努力等主张，受到发展中国家的普遍欢迎和支持，特别是为《人类环境宣言》的修改做出了贡献。

不过，在当时"文革"的政治背景下，代表团出席会议的主导思想不是去"取经"，而是去"斗争"，其始终绷紧了"阶级斗争"这根弦。在修改"宣言"时，代表团也讲了一些偏激语言。代表团的领导人战战兢兢，生怕在政治上犯错误。至于对会议讨论审议的环境与发展问题，代表团并不是特别关注。会后，在出席会议的汇报中，竟然没有一句有关会议中心主题——"发展与环境"——的话，全是政治斗争的内容。在今天看来，这份报告是极不可思议的，可当时就是这样做的。

就我个人来说，参加这次会议真正为我打开了一扇窗口，让我开阔了视野，了解到环境保护究竟是怎么一回事，认识到并不如有些人所宣扬的那样，"社会主义没有污染"，而是"中国城市存在的环境污染，不比西方国家轻；自然生态方面的破坏程度，中国远在西方国家之上"。当代表团在会后把这个结论汇报给周恩来总理时，得到了他的认可。周总理甚至还说，他担忧的问题还是发生了。周总理立即指示，要开一次全国的环保大会，不仅要介绍国际环境形势，更要探讨中国的环境保护问题。

1973年8月召开全国环境保护会议

中国第一次环境保护会议的召开，是斯德哥尔摩会议在中国开花结果的产物。其时，各地方和有关部委的负责人、工厂代表、科学界人士等共300多人参加了会议。会议通过摆环境污染事实并分析其危害，提高了人们对环境保护的认识。会议后期，周总理决定在人民大会堂召开万人大会，向全社会普及环境保护理念。在"文革"的背景下，能召开环境保护这样的会议，并允许人们在那里议论，真可称为一个奇迹。这一切都是在周总理的运筹下进行的。这次会议解决了几个主要问题：一是对中国环境污染有了一个初步认识，即中国不仅存在着污染，而且在有些方面还相当突出；二是通过了中国环境保护的方针，即"全面规划、合理布局、综合利用、化害为利、依靠群众、大家动手、保护环境、造福人民"；三是通过了《关于保护和改善环境的若干规定》，对十个方面的环境保护工作提出了要求，并做出了部署。

全国环境保护会议之后，中国政府迅即成立了国务院环境保护领导小组，下设办公室，我是办公室负责人之一。办公室成立后，其督促各地成立相应的环保机构，以对环境污染状况进行调查评价，并开展以消烟除尘为中心的环境治理。同时，环保机构对污染严重的地区开展了重点治理，包括官厅水库、富春江、白洋淀、武汉鸭儿湖，以及北京、天津、淄博、沈阳、太原、兰州等城市的大气污染。其中，官厅水库和桂林漓江的环境治理决心最大，成效也相当突出，为今后的江河和城市污染治理摸索出了一些经验。

周恩来总理以他的远见卓识，敏感地意识到环境问题的严重性，以及其对未来中国发展的紧迫性，他适时地关注这个问题，未雨绸缪地引领了中国环境保护事业的航程。所以，周恩来总理是中国环境保护事业的开创者和奠基人。

第二阶段，环境污染蔓延和环境保护制度建设阶段

1979 年到 1992 年，这十四年是中国环境保护事业的第二个历史时期。1979 年是一个标志性年份。从这一年开始，中国开始实行改革开放政策，经济发展由此驶上高速增长的快车道，并迎来了长达 33 年的高速增长期。也是在这一年，《中华人民共和国环境保护法》正式颁布，标志着中国环境保护开始迈上法治轨道。一些西方发达国家是何时制定"环境基本法"的呢？美国是 1970 年，日本是 1967 年，法国是 1976 年，英国是 1974 年，瑞典是 1969 年。就时间而言，中国的环境基本法建设与一些发达国家相比也晚不了几年。从 1979 年到 1992 年，中国环境保护的理论体系、制度政策体系、法律法规体系和管理体制开始形成，

并初步确立了中国特色的环境保护道路。举其要点如下：

一是确立了环境保护的基本国策地位。 20世纪80年代初，通过对国情的分析，我们认为，环境保护事关自然资源的合理开发利用，事关国家的长久发展，事关群众的身体健康，是强国、富民、安天下的大事，应该立为国策。我们将这一想法向时任常务副总理万里进行了汇报，他当即表示，与计划生育一样，环境保护也应成为一项基本国策。在1983年的第二次全国环境保护会议上，时任副总理李鹏代表国务院宣布，环境保护是中国的一项基本国策。国策地位的确立，使环境保护从经济建设的边缘地位转移到中心位置，从而为环保工作的开展打下了一个坚实的基础。与此同时，为落实"环境保护"这一基本国策，国务院制定出台了"同步发展"方针，即"经济建设、城乡建设、环境建设同步规划、同步实施、同步发展，实现经济效益、社会效益、环境效益相统一"战略方针，摒弃了"先污染后治理"的老路，体现了走有中国特色的环保之路的要求。这与国际上在20世纪80年代后期提出的可持续发展战略是遥相呼应的，并且相当契合中国的实际。

二是构建了环境保护的政策制度体系。 1989年，第三次全国环境保护会议提出了环境保护的三大政策和八项管理制度，即"预防为主、防治结合""谁污染谁治理"和"强化环境管理"这三大政策，以及"三同时"制度、环境影响评价制度、排污收费制度、城市环境综合整治定量考核制度、环境目标责任制度、排污申报登记和排污许可证制度、限期治理制度及污染集中控制制度共八项管理制度。

强化环境管理政策，是我国环境政策中最具特色的内容。上世纪80年代，我国环境已经面临比较严峻的形势。在科技发展水平不高、国力有限的情况下，我们不可能靠高科技、高投入来解决环境问题。调查研究表明，造成环境问题——特别是环境污染——的重要原因，是管理不善。因此，最现实、最有效的办法，是政府采取行政的、法律的和经济的手段来强化环境管理，以监督促治理，以监督促保护。实践证明，这是一条富有成效的路子，是我国环保工作在指导思想上具有历史意义的转变。如果没有这种转变，那么环保工作将无所作为，环境形势将更趋恶化。

上文提到的这些政策和制度，都是先通过国务院政令颁发，后借助各项污染防治的法律法规实现定型，从而变成法律制度，并在全国得到实施。

三是构筑了环境保护法律法规和标准体系。 1979 年，《中华人民共和国环境保护法》首次颁布，该法于 1989 年又进行了修订。同期，我国还陆续制定并颁布了多部污染防治方面的单项法律和标准，包括《中华人民共和国水污染防治法》《中华人民共和国大气污染防治法》《中华人民共和国海洋环境保护法》；之后，我国又相继出台了《中华人民共和国森林法》《中华人民共和国草原法》《中华人民共和国水法》《中华人民共和国水土保持法》《中华人民共和国野生动物保护法》等资源保护方面的法律，初步构建起了一个环境保护的法律框架。

四是确立了可持续发展的国家战略地位。 1992 年，联合国在里约热内卢召开了环境与发展大会，我有幸作为中国代表团副团长参加。会后，我国以中共中央、国务院名义颁布了《环境与发展十大对策》，首次在中国提出实施可持续发展战略。1995 年，国家在制定"九五"规划时，明确将科教兴国和可持续发展战略作为国家战略。同时，我国还颁布了《中国二十一世纪议程》，制定了中国实施可持续发展战略的国家行动计划和措施。

五是环境管理机构由临时状态转入国家编制序列。 1982 年，国家设立"城乡建设环境保护部"，内设环保局，从而结束了"国环办"持续十年的临时状态。1988 年，环保局从城乡建设环境保护部分离出来，组建了直属于国务院的"国家环保局"。至此，"环境管理"成为国家的一个独立工作部门。之后的环保总局与环境部都是在此基础上的延伸和发展。实践证明，在确定了环境保护方针，并制定了规划后，还要有相应的机构和人员去推动实施，否则一切都将落空。可以说，目前的环境保护机构在政府编制中是到位了。1993年，全国人大设立"环境与资源委员会"，全国政协也相应地设立了"环境与人口委员会"。上行下效，各省、市、区也都相继建立起这种机构，环境保护在国家各级管理层面上得到了重视。

第三阶段，环境污染加剧和规模化治理阶段

之所以将1993年至2001年这八年当成一个阶段看，是因为1993年是我国由计划经济向市场经济转轨的一年，并且这八年也是中国环保历程中的环境污染加剧和规模治理之时期，是以总量控制为核心的环境保护制度开始落实和完善之时期。1992年的邓小平南巡讲话后，中国掀起了新一轮的大规模经济建设之高潮，各地上项目、铺摊子的热情急剧高涨，加之20世纪80年代全国乡镇企业的无序发展，致使中国的环境污染到了一个无以复加的地步。许多江河湖泊污水横流、蓝藻滋生，甚至舟楫难行，沿江沿湖居民饮水出现困难；许多城市雾霾蔽日、空气混浊，城市居民的呼吸道疾病之发病率急剧上升。在这种情况下，国家环保部门启动了"三河（淮河、海河、辽河）三湖（滇池、太湖、巢湖）一市（北京）一海（渤海）"治理，通过制定区域和流域污染防治规划，实施重点污染物总量控制，拉开了规模污染治理的序幕。

一是开展规模工业污染防治。在控制环境污染的过程中，我国将工业污染防治作为重点，致力于淘汰落后产能。在"九五"至"十一五"期间，据不完全统计，我国共关闭与淘汰污染严重的工矿企业17.7万多家。通过调整产业结构、大力推行清洁生产及强化环境管理，我国的污染物排放有了大幅度降低，工业污染控制取得重大进展。然而，在大中型工业企业的污染控制取得进展的同时，乡

镇工业企业的污染排放量急剧上升，环境污染形势由"点源污染"变成"面源污染"，这种污染集工业污染、城市污染、村镇生活污染和农田化肥与农药污染为一体，加剧了污染防治的难度。

二是开展规模流域污染防治。这一时期，以"三河三湖"为重点，我国开始了规模流域污染治理工作。其中，淮河水污染治理是重点。1989 年 2 月，淮河流域发生第一次重大污染事故，100 万人遭遇饮用水危机；1994 年 7 月，淮河下游又发生特大污染事故，安徽和江苏共 150 万人出现饮水困难。两次污染事故促使国务院下决心来治理淮河污染，其提出了"一定要在本世纪内让淮河水变清"之目标，并落实了相应的保证措施。第一，由国家环保总局和水利部牵头组成淮河水质保护机构，协调和部署对淮河污染的综合整治；第二，建立和健全淮河水质污染监测网，对各个断面的排污实行目标控制和总量控制；第三，在三年内关、停、并、转一批淮河沿岸污染严重、治理难度大的企业；第四，在 2000 年以前，流域内的所有市、县都必须因地制宜地修建污水集中处理设施；第五，制定淮河流域污染防治的有关法律和法规，尽快将淮河流域的污染防治纳入法治轨道。1995 年 8 月，国务院签发了我国历史上第一部流域性法规——《淮河流域水污染防治暂行条例》；1998 年，国家环保总局宣布，在淮河流域的 1562 家污染企业中，已有 1139 家完成治理任务，215 家停产治理，190 家停产、破产、转产，18 家因治理无望被责令关闭。

那么，经过十五年的治理，今天的淮河水质状况究竟怎样了呢？环保部的数据显示，2010 年，在淮河干流及 31 条支流中，好于Ⅲ类水质的水体比例由 1995 年的 8% 上升到 37.5%，劣于Ⅴ类水质的水体比例由 1995 年的 55% 下降到 25%。就淮河干流和支流全面变清的目标之实现而言，即大部分水体达到或优于Ⅲ类水质，我们还任重道远。

人们常常拿淮河治污与英国泰晤士河治理进行比较。要知道，淮河要比泰晤士河大得多。英国从1850年开始修城市下水道，为治污做准备，并于1950年建污水处理厂。至2000年泰晤士河大马哈鱼回归，英国的泰晤士治理历时150年。后50年，英国共投入300亿英镑，约相当于人民币3000多亿元。可见，流域水污染治理相当艰辛。

三是启动重点城市环境治理。这一时期，围绕环境保护的重点城市，我国启动了大规模城市环境综合整治。其间，我国相继评选出70多个"环境模范城市"，它们的环境质量与环境状况显著优于一般城市。这些城市的经验说明，只要城市领导重视，将环境保护提上政府议程并真抓实干，是可以在经济发展的同时，建设一个比较好的环境。在此期间，我国继续推动城市工业结构和布局调整及能源结构调整，并在治理城市工业污染的同时，开始规模建设城市污水治理设施与落实大气污染治理措施。1991年到2011年，中国的城市污水处理率从14.8%提高到83.6%，生活垃圾无害化处理率从16.2%提高到79.8%，燃气普及率从23.7%提高到92.4%，用水普及率从54.8%提高到97%。

1993年之后，我到全国人大环资委担任主任委员，全力参与到中国的环境法治建设中去，陆续修订了《中华人民共和国水污染防治法》《中华人民共和国大气污染防治法》和《中华人民共和国海洋环境保护法》，出台了《中华人民共和国固体废物污染环境防治法》《中华人民共和国环境噪声污染防治法》《中华人民共和国防沙治沙法》《中华人民共和国清洁生产促进法》《中华人民共和国环境影响评价法》。其中，《中华人民共和国环境影响评价法》既体现了立法方向的转变，又体现了环境管理方式的转变。我国从"先污染后治理"转向"先评价后建设"，即"预防在先，治理在后"。西方国家的实践证明，实施环评制度后，环境污染形势明显开始好转，我也希望看到中国出现这种转变。诚然，环评法还要进一步充实，特别是要强化法律责任条款。

第四阶段，环保综合治理阶段

2002 年至 2012 年，这十年间，中国的经济出现高速增长，重化工业发展加快，从而给环境保护带来了前所未有的压力。这十年是中国环境保护任务最艰巨的十年。数字显示，从 2001 年到 2010 年，中国的 GDP 增长率达到 10.5%，其中有六年的 GDP 增长率是在 10% 以上。特别是从 2002 年下半年开始，各地兴起了重化工热，钢铁、水泥、化工、煤电等高耗能、高排放项目纷纷上马，致使能源资源全面紧张，污染物排放量居高不下。"十五"期末，我国的二氧化硫、COD 等主要污染指标不降反升，没有完成原定的减少 10% 排放量的目标，受到了社会各界的广泛质疑。2006 年，虽然我国已开始实施节能减排计划，但是重化工业的扩张势头仍然不减，污染物上升趋势难以遏制。终于，在这一年，主要污染物的排放量达到了历史最高点（二氧化硫 2588 万吨，氮氧化物 1523 万吨，化学需氧量 1428 万吨，氨氮 141 万吨）。其后，中国政府进一步加大减排力度，并辅之以市场化手段，从而使得主要污染物的排放量开始逐步下降。尽管如此，中国的环境质量并没有随之好转，污染事故仍然此起彼伏，由此引发的公众事件也频繁发生。

近年来，PM2.5 闹得沸沸扬扬。就北京而言，有研究表明，约 60% 的 PM2.5 来源于燃煤、机动车燃油、工业使用燃料等物质的燃烧过程，约 23% 来源于扬尘，约 17% 来源于溶剂使用及其他途径。从国外的大气治理经验来看，细颗粒物污染的治理是一项长期而艰巨的工程，不仅要付出巨大的代价，还需要投入超常的精力。以美国为例，其经历了五十多年的治理过程，才达到目前的水平。我国的细颗粒物污染面积如此之大，污染程度又如此严重，不要说达到国际卫生组织的标准，就是达到我国制定的标准，也需要一个更加艰巨的过程。我们不仅要下最大的决心，更要付出超常的努力，争取用十五年至二十年的时间走完这一历程。

面对如此严峻的环境形势，政府和相关部门在财税上试行了一些新措施：

一是全面推行特许经营制度。过去，污水处理厂和垃圾处理厂都是靠政府投资来建设经营，不仅进展慢，而且效益低，许多治理设施建而不运，建而不养，成了环保的摆设，没有产生应有的环境效益。2002年，我国拉开了以推广特许经营制度为标志的市场化改革序幕。近十年来，民间资本、外资等社会资本注入到供水、供气、供热、污水垃圾处理等领域，从而打破了国有企事业单位独家垄断的局面，提高了生产效率和服务水平，推动了环境基础设施的建设步伐。2011年5月的《全国城镇污水处理信息系统》显示，全国共建成投运的污水处理厂达3022座，比十年前增长了6倍，变化不可谓不大。其中，采取BOT、BT、TOT等特许经营模式的污水处理厂占比为42%。

二是实行有利于环境的价格政策。近年来，各种产品价格逐步体现出环境成本，污染物减排量也成了有价商品，可以出售和交易，这些做法为利用市场机制来保护环境探索出了一条道路。2004年，国家出台了每度电1.5分钱的脱硫电价政策，从而很快使电厂脱硫如火如荼地开展起来。短短几年内，全国脱硫机组装机容量占火电装机容量的比重从2004年的8.8%提高到2011年的87.6%。同样，2011年，国家出台了每度电8厘钱的脱硝电价政策，以及垃圾焚烧上网电价激励等政策，从而为环境治理市场化开拓了新路子。

三是实行有利于环境的税收政策。近年来，中国在税收制度绿化方面也做了不少工作，推出了一系列有利于环境保护的税收优惠政策。比如，对节能环保企业实行所得税"三免三减半"政策，对污水、再生水、垃圾处理行业免征或即征即退增值税，对脱硫产品增值税减半征收，对购置环保设备的投资抵免企业所得税，等等。这些政策在推动环境治理方面无疑发挥了重要作用。

　　四是实行有利于环境的投资政策。中国的环保投资近几十年来保持着稳步增长，特别是近十年来，其有了明显的增长。20 世纪 80 年代初期，中国的环保治理投资额每年为 25 亿元到 30 亿元，约占同期 GDP 的 0.51%；到 20 世纪 80 年代末期，中国的环保治理投资总额超过 100 亿元，占同期 GDP 的 0.60% 左右；到"九五"期末的 1995 年，中国的环保治理投资总额达到 1010 亿元，占同期 GDP 的 1.02%，首次突破 1% 大关，标志着规模的环境治理开始启动；到"十五"期末的 2005 年，中国的环保治理投资总额达到 2388 亿元，占同期国民生产总值的 1.3%；到"十一五"期末的 2010 年，中国的环保治理投资总额已上升到 6654 亿元，占当年 GDP 的 1.66%。在环保投资中，社会资本越来越成为环保投资的主体。但是，财政投资的拉动作用也十分明显，往往起到四两拨千斤的作用。例如，1998—2002 年，中国政府共发行国债 6600 亿元，其中的 650 亿元被用来支持 967 个城市环境基础设施项目，并拉动地方和社会资金 2100 亿元，建成了 603 个污水处理项目，新增污水处理能力 54760000 m^3/d、中水回用项目 22 个、垃圾处理项目 164 个，增加垃圾处理能力 8.5t/d。这是中国政府第一次大规模投资环境基础设施建设，并带来了长远的环境效益。在 2008 年的 4 万亿投资中，有 2100 亿投资于生态环境建设，短短三年内就使城市污水处理厂的数量增加了 63%，县城的污水处理厂数量更是增加了 3.3 倍。此外，为提高财政投资的效益，自 2007 年起，中央财政实行"以奖代补"政策，从而带动了地方财政资金 1124 亿元。

　　五是实行有利于环境的融资政策。自 2007 年 7 月起，中国金融行业实施"绿色信贷"政策，国有银行和商业银行对绿色产业给予了重点支持。截至 2010 年底，国家开发银行和国有四大银行的绿色信贷余额已达 14506 亿元。作为国家政策性银行，国家开发银行在环境治理贷款方面的力度尤为明显。"十五"期间，环境保护贷款发放额为 1183 亿元，占同期全国环保投资总额的

14%；"十一五"期间，贷款力度继续加大，节能减排贷款共发放5860亿元。其中，环保领域发放贷款3200多亿元，占同期全国环保投资总额的15%。与此同时，从事环境治理的环保公司还积极上市融资。据不完全统计，目前在国内A股和H股上市的环保公司达46家，2011年的营收总额达到630多亿元。另外，还有一些环保公司在美国、德国、日本等地上市融资。

在此期间，环境保护法治建设也取得了新进展，我国相继出台了《中华人民共和国放射性污染防治法》《中华人民共和国可再生能源法》《中华人民共和国循环经济促进法》等法律法规。到目前为止，中国已制定了8部环境保护法律、15部自然资源法律，并颁布了环境保护行政法规50余部，部门规章和规范性文件近200部，军队环保法规和规章10余部，国家环境标准800多项。此外，我国批准和签署了多边国际环境条约51部，各地方人大和政府制定的地方性环境法规与地方政府规章共计1600余部。目前，我国初步形成了适应市场经济体系的环境保护法律和标准体系。

我前面将讲述的重点放在环境污染及其治理方面。从20世纪80年代至2010年，近三十年来，在生态环境治理方面，像林业建设、草原保护、荒漠化治理、水土流失治理、湿地保护以及特别是生物多样性保护方面，我们都做了大量工作，取得了一定的进展。

三、 对我国严重环境问题的几点思考

"但见时光流似箭，岂知天道曲如弓。"四十年一转眼就过去了。

在实行改革开放之后，从1979年开始，中国连续32年保持GDP年均9.9%的增长率。从各项指标来看，我们现在与1970年代初期的日本很相似。那么，在经济高速增长的情况下，我们有没有避免日本公害泛滥的覆辙呢？我的回答是没有。虽然我国在行政、经济、技术等方面实施了政策措施和一些治理工程，但是都缺乏力度，并且不是从根源上去防治，因此仍然没能有效避免很多发达国家曾经历的"先污染后治理"之老路。在有些方面，我们所面临的形势甚至更为严峻。四十年来，中国的工业基本上沿袭了粗放型的增长模式，主要工业产品产量的增长倍数十分惊人，由此带来的资源与能源消耗和环境污染也是触目惊心的。2006 年，中国工业增加值占 GDP 的比重达到历史最高点；也就是在那一年，中国的几项主要污染物排放指标也达到了历史峰值，有多项指标均位居世界首位。

回过头来看，在经济的高速增长面前，在前所未有的巨大环境问题之冲击面前，我们是否注定无法解决好发展与环境的矛盾，无法走出目前的环境问题之困境呢？我认为并不是这样的。只要切实转变发展方式，适时调整政策，转变政府职能，强化环境管理，发展与环境的冲突是可以协调起来的，困境就有望消除。在过去四十年的发展过程中，我们在政策方面有许多失误，至少有几点经验教训是值得反思和总结的：

第一，改变过度追求经济增长速度之战略，加快经济发展方式之转型。

在经济发展的总体战略上，我国长期没有摆脱过度追求增长速度的观念，没有注意解决经济增长的速度和质量、经济增长和环境保护之关系，过分强调发展速度，一味追求 GDP 的增长。在宏观经济、部门经济和区域经济的发展战略上，我国长期缺乏对环境保护的综合考虑和综合决策，缺乏对部门和区域发展的环境影响评价，部门和区域规划的环境影响评价也未有效落实。特别是改革开放四十多年来，几轮超过两位数的增长都带来巨大的环境冲击，致使治理的速度远远赶不上污染增长的速度，环境污染每况愈下，从而酿成了今天环境污染的严峻形势，这是政策和指导重大失误的后果。历史经验反复证明，追求短期超速增长，忽视经济增长的环境成本和社会效益，其带来的一个严重后果就是沉重的、难以承载的环境和资源代价。

过度追求经济增长速度，经济发展转型就会放慢下来。转变传统的经济增长方式，走新型工业化道路，这是改革开放初期就已提出的方针。但是，长期以来，前述方针只停留在战略理念的层面上，停留在文字上和口头上，我们在实践上仍旧走高投入、高消耗、高污染的粗放发展道路，从而使环境和资源长期处于高强度的经济增长压力之下。这种过度追求经济增长速度之路不仅使环境走到了岌岌可危的边缘，而且使传统的经济增长方式也走到了尽头。

当前，严峻的环境现实已逼迫我们必须转变经济发展方式。在战略上，我们要充分认识到保持经济适度和平稳的增长对环境保护之重大意义，坚定地走可持续发展之路。在制定国民经济发展方针和规划时，我们要适度控制增长指标，把改善经济结构和增长质量（包括经济、社会和环境效益）放在优先位置，并在政策和投资上优先予以保障。今后十年，环保投资占 GDP 的比重要从当前的 1%—1.66%，提高到 2%—3%。同时，综合经济部门和产业部门要树立环境优先的理念，在制定国民经济的发展战略、政策、规划时，要开展环境影响评价，要将环境保护的指标和要求纳入国民经济及部门与区域规划之中。这样，我们在发展的源头就能有效协调环境与经济的发展，从而为环境问题的有效解决创造必要的政策环境。

在环境保护的战略规划和措施上，我们要充分认识环境治理的长期性、全局性和复杂性，做好全面的调查和风险评估，做好长远的制度建设、政策规划与科技规划，要超出现有的 5 年至 10 年规划期的限制，研究编制 10 年至 30 年的环境治理"路线图"和"时间表"，提出到 2020 年、2030 年，甚至 2040 年的改善环境之分阶段目标和技术与政策路线，落实相应的战略政策和资金投入保障措施（要有最低的公共财政投入比例要求），从而为做好环境保护打下坚实的科学规划基础。

第二，加强社会主义市场法治建设，强化环境保护公共管理和服务。

改革开放以来，我国逐步由计划经济向市场经济转轨，从此经济发展走上了快车道。但是，经济发展与环境保护的矛盾却日益突出，从而铸成了今天这种积重难返的局面。市场经济是自由竞争经济，特别是在市场不成熟的发展期，其与环境的矛盾很突出，环境问题成为市场"失灵"的重要体现。环境的公共性和外部性表明，单纯的市场并不能保障自身与环境保护的协调发展，我们需要相应的政府行政干预和市场经济手段，从而通过法律及其监督建立起市场健康运行之机制，包括环境规划、法规、标准、征收环境税、明确环境资源产权、推行国内和国际间的排污交易、实行信息公开、扩大公众参与、动员全社会公众广泛参与环境保护行动等。

我们回头看一看，我国的发展战略不比别人差，甚至可以说还相当领先，完全符合可持续发展的要求；同时，我国的环保法律起步不比别人晚，虽说不够完善，但主要方面都可以做到有法可依。既然如此，那么为什么我们的环境问题不仅得不到遏制，还一再发展呢？从体制上看，有两个根源。一是当前中央和地方的治国理政仍然未有效贯彻"法治"，"人治"仍然非常盛行。党和国家多年前就指出了"有法不依，执法不严，违法不究"的问题。早在二十年前，中央就提出要转变政府职能，实行依法治国的方略。但是，多少年过去了，我们现在所看到的现实依旧是国家的可持续发展战略被抛在了脑后，依法治国被放在一旁，法律可执行也可不执行，环境保护都没有被放到"基本国策"的位置上，更别谈优先位置了。前些年，在回答《环境报》记者的提问时，我曾说过这样一段话："纵观西方国家生态环境由坏变好，关键一条就在于依法进行管理，有法必依，违法必究。他们实行的是'法治'，走的是一条依法保护环境的路；我国环境治理效果差，环境问题大，一条重要的原因就是有法不依，执法不严，在很大程度上实行的依旧是'人治'。一个是'法治'，一个是'人治'，但两者效果却截然不同。"二是在经济体制和环境保护公共体制上，我国长期没有理顺政府和市场的关系，政府公共服务观念远远不到位。长期以来，中国经济改革和公共管理改革举步维艰。在以 GDP 增长为核心的行政管理与考核体制和以增值税为核心的财税体制之影响下，各级地方政府过度追求增投资、上项目，追求通过投资和各种资源与能源的投入来拉动地方产值及税收的快速增长，忽视了各种公共服务事业的发展，忽视了依法保护环境的公共职能。目前，我国很多产业的结构出现了失调，环境与资源问题突出，这就是很多地方"先增长，后环保"的执政思路造成的。近年来，中国政府正在更多地转向公共管理和服务，但不少部门和地方仍然热衷于直接干预和参加企业与市场活动，继续忽略甚至偏废政府的各种环境保护公共管理和服务。

如何才能做到有法必依，从而有效提高政府环境保护公共管理和服务的效能？重要的就是要进行政治体制改革，要将强化法治和转变政府职能作为深化改革的重要方向，使各级政府的职能转变到依法行政的频道上来，转变到公共管理和服务的理念范畴上来。我们可以考虑把"保护环境，治理污染"作为依法行政的突破口，真正将环境保护确立为政府的主要公共管理和服务职能。同时，我们还要有必要的公共财政投入来保障基本的公共环境管理和服务。各级政府——特别是基层政府——要形成健全的环境公共管理和公共服务职能体系，并相应地建立起针对政府及其有关部门的、比较完善的环境保护考核和监督机制。我们要继续修改完善环境保护法律体系，建立健全公共环境监测体系和行政执法体系，特别要加强基层的环境监测和行政执法体系建设。我们要扩大环境信息公开和公众参与，建立健全整个社会广泛参与环境保护的制度和政策，为公众参与环境保护决策和监督创造必要的法律与政策条件。

面对如此严峻的环境形势，特别是面对一些城市和地区的大气污染与水质污染已达到难以承受的地步之局面，各级党政领导人再也不能听之任之、高枕无忧了。相关部门应有危机感和紧迫感，要采取一些特别的规划和管理措施。在环境保护科学研究和规划的基础上，我们制定各种积极可行的 5 年、10 年、15 年、20 年、25 年、30 年的环境治理规划"路线图"和"时间表"，特别是针对重点地区、重点城市、重点行业、重点流域的治理指标，要落实到年度计划中去，作为每年考核政绩的依据，并公之于众，接受公众的监督。

第三，强化经济手段在环境管理中的作用。

传统的环境保护手段是以政府行政命令控制为主的，其是在市场不能有效解决外部不经济性之情况下实行政府强制干预的产物。改革开放四十多年来，我们前期主要运用"命令—控制"型的环境管制措施，其在遏制环境污染方面发挥了重要作用。但是，只靠这种措施是远远不够的，而且这种措施也有许多缺陷，突出表现为：惩罚性手段多，激励性手段少；行政管制性手段多，经济刺激性手段少；执行法规代价高，违反法规成本低。

从国际与国内的经验来看，经济手段在降低环境保护成本、提高行政效率、减少政府补贴、扩大财政收入等方面，具有行政命令手段所无法取代的显著优势。2002 年之后，针对一些财税、金融、价格等方面的环境经济政策，我国也陆续开展试点。例如，在城市污水、垃圾处置、排水供水等方面推行特许证经营政策，在发电行业推行有利于减排的价格政策，推行有利于环保的税收政策，国家实行对环境的投资及融资政策，等等。上述政策都显示出了很大的优越性。因此，在环境保护政策方面，我们应当进一步扩大经济手段的应用。我们要在国务院有关部门提出的《中华人民共和国环境税法（草案）》的基础上，逐步扩大环境税的范围，建立形成环境税体系。我们要在污染物总量控制及其考核制度的基础上，逐步建立排污交易制度。针对涉及能源、水资源及污染治理的政府定价政策，我们要充分考虑环境治理和恢复的成本，继续扩大和完善有关环境成本内部化的定价机制。此外，我们要继续开展有关环境保护的信贷、证券、保险等领域的政策试点，并逐步使其上升为法律规范，从而做到全面推行。

第四，在国际环境保护问题上，要把自身环境保护做好，掌握战略主动性。

近年来，中国不仅为各种国内环境问题所困扰，而且为生物多样性保护、海洋环境保护、化学品和危险物质管理、跨界大气和水污染防治等各种全球与区域环境问题——特别是气候变化应对问题——所困扰。2007年，中国的CO_2排放量达到60亿吨，首次超过美国，成为世界第一排放大国；2009年，中国人均CO_2的排放量达到5.1吨，已超过世界人均水平（4.3吨）。从国际政治经济和法律关系上看，中国作为发展中国家的地位在变化，大国的因素在增加，中国的国际责任在增大。因此，在坚持贯彻国际环境法上的"共同但有区别责任"原则的同时，我们要明确认识到中国的国际影响力和地位之变化，以及所承担的国际环境权利、责任和义务之变化，从而采取积极主动的应对战略，有效转变经济发展方式，坚定走绿色发展之路，走生态文明建设之路，努力在经济发展转型中不断取得新进展，在绿色发展、循环发展和低碳发展的国际竞争中取得优势，在国际环境治理上获得战略上的主动性。

总体来说，中国的环境保护尚面临着经济快速增长和结构转型缓慢、经济和政治体制改革滞后、社会转型期的社会道德文化失衡、"金钱"与"物质"至上的社会观念和消费文化过度泛滥等问题所带来的严峻挑战。在这种严峻形势下，我们只有继续坚持改革开放的方向，坚定实行经济、社会和政治体制的全面改革，积极调整好各种经济与社会关系，努力化解各种经济与社会方面的矛盾和冲突，才能为中国的发展方式转变和经济社会转型提供基本的保障与动力，也才能从根本上为解决各种环境问题、实现可持续发展、建立绿色经济和生态文明创造必要的经济、社会与政治条件。可以说，努力推进并实现经济、社会和政治体制的全面改革，既是中国实现可持续发展，建立绿色经济和生态文明的最大机遇，又是巨大的、尖锐的挑战。

　　之前召开的中共十八大首次将生态文明建设摆在与政治、经济、社会和文化诸建设并驾齐驱的位置，并提出建设美丽中国的愿景。我相信，经过新一轮的政治经济改革，经过 13 亿中国人及广大海外同胞的共同努力，中国必将迎来一个政治民主、经济发达、社会和谐、文化繁荣、环境美丽的新时代。

从生态环境保护到生态文明建设：
四十年的回顾与展望*

任建兰　王亚平　程　钰**

摘要：四十年来，中国的生态环境建设大致经过了环境保护上升为基本国策、可持续发展战略初步确立、科学发展观深入贯彻和生态文明建设深化推进四个阶段的发展与学术历程。十八大以来，生态文明建设被纳入中国特色社会主义事业总体布局，实现了自然观、发展观、执行观的逻辑性统一。未来中国经济发展方式的转型，以及工业化和城镇化的持续推进，需要我们从生态文明理念树立、生态经济发展、环境治理和生态修复、空间治理和典型区域实践创新等方面开展生态文明建设，这将是中国社会主义事业建设的重要内容之一。

* 本文为山东省社会科学重大委托项目"绿色生产"（项目编号：16AWTJ05）的阶段性成果，发表于《山东大学学报（哲学社会科学版）》2018年第6期。

** 作者简介：任建兰，山东师范大学地理与环境学院教授，博士生导师（济南 250014；renjianlan@sina.com）；王亚平，山东师范大学地理与环境学院博士研究生（济南 250014；422758824@qq.com）；程钰，山东师范大学地理与环境学院副教授（济南 250014；383617726@qq.com）。

第 一 章

环 境 保 护 工 作

关键词：人地协调；生态环境保护；生态文明建设

人类起源于自然，生存于自然，发展于自然。人类社会的发展与自然环境关系密切。一个国家在不同阶段的社会经济发展实践，就是人与自然相互作用的过程。就人的需求而言，人类对自然环境的改造利用以不同的经济结构、生产方式和消费方式呈现出来。就自然环境而言，人类活动的强度会导致资源赋存、生态系统服务功能及环境质量发生变化，这种变化的阈值是人与自然相互博弈的结果，其取决于人自身追求发展的欲望和对发展过程中人与自然之关系的反思和警惕。中国是世界上人口规模最大的发展中国家，也是世界上自然环境差异相当悬殊的国家之一，寻求满足人们日益增长的物质文化需求之发展模式，一直是国家的首要任务。

1978 年，党的十一届三中全会胜利召开，其拉开了中国全面实行改革开放的序幕。改革开放四十年间，中国创造了自 20 世纪 50 年代之后国民生产总值持续增长时间最长、增长率最高的世界记录。1978—2017 年，中国的国民生产总值之年均增长率达到 9.58%， GDP 世界排名由第 9 位跃居第 2 位，经济规模也扩大了近 35 倍。中国的经济、社会、生态环境等领域取得了重大突破和进展，但是过快的经济增速和庞大的经济规模也给资源、环境、生态带来极大的压力。近年来，世界格局在发展多极化、经济全球化、社会信息化和文化多元化的推动下进行着重组与调整，中国经济可持续发展的内在支撑条件和外部环境也在不断发生变化，长期以来的主要依靠人力、资源、环境等要素投入和规模扩张之发展模式已经难以适应新时代的经济发展需求。

改革开放以来，环境保护被列为基本国策，各级政府高度重视生态环境建设，中国成为全球生态文明建设的重要参与者、贡献者和引领者。研究中国这四十年来的政府和学界从生态环境保护到生态文明建设的伟大实践，反思发展过程中的人与自然关系恶化所导致的人地矛盾激化之教训，探索经济增长、社会进步和生态环境协调发展的中国方案，总结提炼适合中国国情的生态文明建设经验，对保障国家生态环境安全和需求、加快经济发展方式转型、改善人与自然的关系、维持符合公众基本需求的生态环境质量等具有重要的现实意义。

一、 改革开放与生态环境保护

改革开放推动了经济发展，原来作为经济发展外在条件的自然环境，很快被内化成经济增长要素，并被投入到经济过程中。一些与自然环境相关的概念化专业术语在政府和学界流行，如环境（自然环境）、地理环境、生态环境、自然资源、环境保护、生态环境建设、生态文明建设及一系列绿色发展概念，其中有些概念具有中国特色。随着经济发展需求和环境问题在不同发展阶段的显现，这些概念的内涵和外延也在不断变动。

（一）"生态环境"内涵的变动和界定

人类活动依托的空间是地球表层的自然环境。所谓自然环境，是指生物生存和发展所依赖的各种自然因素之总和。与人类发展相关的自然环境，是自然界被不断认识的一部分。所谓地理环境，是指一定社会所处的地理位置，以及与此相联系的各种自然因素之总和。地理环境和自然环境的区别在于，前者是"具有一定社会所处的地理位置"的自然因素总和，也就是这里的地理环境是在特定区域空间下的。

环境问题显现后，"环境"一词的使用频次明显增加。广义的环境以人类为参照中心，人以外的所有自然和人文环境都被包含在内，其范围和内容因某个主体的尺度层次之不同而不同；狭义的环境往往指相对于人类这个主体而言的一切自然环境因素之总和，其是生物的栖息地，以及直接或者间接影响生物生存和发展的各种因素，是人类不可缺少的生命支持系统。

"生态环境"与"自然环境"是两个在含义上十分相近的概念，它们有时可以混用。但是，严格来讲，生态环境并不等同于自然环境。自然环境的外延比较广，各种天然因素的总体都可以说是自然环境，但只有具备一定生态关系构成的系统整体才能被称为生态环境，即自然界一定空间内的生物与环境之间相互作用、相互制约、不断演变，达到动态平衡、相对稳定的统一整体，能够为人类提供生态系统服务。从这个意义上说，生态环境仅仅是自然环境的一种，二者具有包含关系。

广义的资源具有经济社会意义，是指一切投入到经济社会发展过程中的人力、物力和财力。随着科技的进步，资源的范畴也在不断拓展。所谓自然资源，是指天然存在的自然物，不包括人类加工制造的原料，如土地资源、水资源、生物资源、海洋资源等，其是生产的原料来源和布局场所，是维系人类生态系统的相互作用的物质流。（《辞海》的定义）

依据上述概念进行梳理，我们可以发现诸概念彼此之间的关系密切得不可分割，区别仅在于各自的镶嵌尺度关系不同。自然环境是广义环境的一部分，地理环境是有特定位置的自然环境，生态环境是自然环境中具有生物与环境关系的自然环境。厘清这些概念是为了更好地界定当下通用的"生态环境"这一术语。"生态环境"最早是 1982 年由时任全国人大常委、中国科学院地理研究所所长黄秉维院士在讨论中华人民共和国的第四部宪法和当年的政府工作报告之过程中提出的，最后形成的《中华人民共和国宪法（1982 年）》第二十六条规定："国家保护和改善生活环境和生态环境，防治污染和其他公害。""生态环境"一词一直沿用至今，但国外文献中很少使用这一术语。其间，虽有钱正英院士和陈百明研究员围绕内涵与外延进行了不同意见的辨析[1][2]，但随着 20 世纪 90 年代以来可持续发展观的确立，生态、环境、资源问题成为全人类面对的挑战。尤其是十八大以来，"生态环境"一词成为约定俗成的专有名词，"环境保护部"也更名为"生态环境部"。

在国家需求和学术解析相结合的推动下，生态环境的内涵是"由生态关系组成的环境"之简称。这里的"生态关系"不仅是指生物间的关系，更是指与人类发展密切相关的、影响人类生活和生产活动的各种自然（包括人工干预下形成的第二自然）力量（物质和能量）或作用之总和。笔者认为，生态环境的外延包括三个部分，即生态（环境）、环境（污染控制）和资源（自然资源）。这里的生态不单纯是指生物之间的环境，还包括由人类参与主导的复合生态系统，也就是人类的行为已经干扰了自然环境中的生态系统；这里的环境包括被污染了的自然和人文环境，其成为危及人类生存和发展的顽疾；这里的自然资源除了约束趋紧外，还面临着开发过程中的诸多环境问题。这一外延也说明了人类对自身在生物界的地位与作用之反思，对生态环境问题的复杂性、整体性、综合性之再认知，以及对美好生态环境之追崇。上述内容是本文回顾与展望的主要线索。

（二）科学共识转变为国家行动：中国特色的生态词语

改革开放以来，从环境保护、生态环境建设，一直到今天的生态文明建设，这些都是国家在不同阶段围绕生态环境展开的卓有成效之战略部署。20 世纪 70 年代初，在联合国世界环境大会的推动下，中国在政府管理中增设了环境保护部门。一直到 20 世纪 90 年代初，环境保护部门的主要职责是控制污染排放。1992

---

① 钱正英：《建议逐步改正"生态环境建设"一词的提法》，《科技术语研究（季刊）》2005 年第 7 卷第 2 期。
② 陈百明：《何谓生态环境?》，《中国环境报》2012 年 10 月 31 日第 2 版。

年的联合国世界环境与发展大会以后，生态环境建设除了控制污染外，还包括对生态环境的治理和建设。随着《气候变化框架公约》在全球范围内的践约和资源约束趋紧，能源、水、土地等资源环境问题成为生态环境建设的主要内容。党的十八大将生态文明建设纳入中国特色社会主义事业的"五位一体"总体布局，"美丽中国"成为中华民族追求的新目标。十九大报告也明确指出，当前我国社会主要矛盾已经转化为"人民对日益增长的美好生活的需要和不平衡不充分的发展之间的矛盾"，清洁的空气、干净的水等良好的生态环境成为实现美好生活的重要条件。

从生态环境建设到生态文明建设，我们反思了生态环境破坏背后的机理，并认识到这是人类自身经济社会发展方式的问题。自人类中心主义文化成为经济运行的潜在背景后，人类利用与改造自然的强度越来越大，从自然界中索取的各类资源和向自然界中排放的废弃物也越来越多，由此引发的生态危机、资源危机和环境危机彻底改变了人与自然的关系。[①] 同时，我们也进行了深层次的发展伦理之反思，包括发展的目的是什么、人在发展中的地位与价值，以及各种发展条件的关系，尤其是在人与自然的关系中，人应如何作为。在此基础上，我们期望通过社会文明进步与规范来解决生态环境问题。1987 年，我国学者叶谦吉率先引入了"生态文明"这一概念。[②] 生态文明是人类对主导人类社会的物质文明之反思，是在对人与自然关系认识的不断深化、生态伦理不断升华的基础上，协同推进经济发展、社会进步和生态环境保护所取得的物质与精神成果进步之总和，是以人与自然、人与人的和谐共生、全面发展、持续繁荣为基本宗旨的工业

---

① 陈洪波、潘家华：《我国生态文明建设理论与实践发展》，《中国地质大学学报（社会科学版）》2012 年第 12 卷第 5 期。

② 在 1987 年召开的全国生态农业研讨会上，叶谦吉教授提出了"大力提倡生态文明建设"的主张，并定义说："所谓的生态文明，就是人类既获利于自然，又还利于自然，在改造自然的同时又保护自然，人与自然之间保持着和谐统一的关系。"

化后之社会文明形态。

在"生态环境"和"生态文明"后加上"建设"是中国特色。笔者认为，这是基于中国处在工业化中期，资源约束趋紧，环境污染严重，生态系统退化，发展与人口、资源、环境之间的矛盾日益突出之现实，强调生态伦理观重建（哲学基础）、社会经济发展观重建（发展伦理观），以及生态环境保护、修复和创建的决心与信心。对于中国来说，生态文明还不是某个阶段的社会文明形态，而是一种社会文明的价值取向。有些人将生态环境建设和生态文明建设混为一谈，其实两者既有联系又有区别。两者的联系在于，生态环境建设是生态文明建设的主要任务之一，生态文明建设是生态环境建设的上层建筑和引领；两者的区别在于，生态文明建设是一场天人合一、生态伦理的观念更新，是人的价值取向、生产关系、生产和生活方式复兴与进化的社会变革，是上层建筑进步的成果，而生态文明建设不只是对自然的尊重、顺应与保护，还应包括建立人对自然的开拓、适应、反馈、整合和协同的生态关系。生态文明建设就是要通过"多规合一"，形成生产空间集约、生活空间宜居、生态空间稳定的协同耦合空间关系；生态文明建设是"五位一体"建设的生命力和核心，我们通过这一核心的建设来实现"五位一体"协同发展；生态文明建设是在弘扬工业文明先进生产力的基础上，扬弃人与自然分离的发展观，将物质循环、信息反馈、循环低碳的生产方式及人地和谐的生态伦理观重新植入人类发展进程中，从而推进人类的可持续发展。这也是中国实现美丽中国、决胜全面建成小康社会的重要战略部署。

二、 我国认识和解决生态环境问题的发展与研究历程

回溯改革开放以来的这四十年，中国的生态环境保护发展与研究历程大致可

以划分为以下四个阶段： 环境保护上升为基本国策阶段（1978—1992 年）、可持续发展战略初步确立阶段（1992—2002 年）、科学发展观深入贯彻阶段（2002—2012 年）、生态文明建设深化推进阶段（2012 年至今）。

（一）环境保护上升为基本国策阶段（1978—1992 年）

改革开放初期，我国的经济基础薄弱，经济发展与生态环境的矛盾不突出，工业化对资源环境的影响相对较小。随着改革开放的不断深入，中国的经济规模扩大，发展速度加快，国民生产总值由 1978 年的 3588 亿元增长至 1992 年的 26923 亿元，环境污染日渐显现。1992 年，中国的废气排放总量达到 10.48 万亿立方米，废水排放总量达到 358.78 亿吨。伴随着人类第一次环境会议的召开，联合国在 1987 年的《我们共同的未来》报告中，第一次提出了可持续发展的定义。在 1983 年召开的第二次全国环境保护会议上，中国将"环境保护"确立为两项基本国策之一。这一时期，国家生态环境保护的部署主要体现在以下方面：一是提出一系列环保工作战略方针。我国制定了"预防为主，防治结合""谁污染，谁治理"和"强化环境管理"三项环境保护工作的基本政策，提出"经济建设、城乡建设和环境建设同步规划、同步实施、同步发展"，实现"经济效率、社会效益和环境效益的统一"，即"三同步、三统一"的环保工作战略方针。二是生态环境保护制度体系初步确立。1978 年，我国将"环境保护"写入《中华人民共和国宪法》，从而为构建中国环境保护法律体系奠定了基础；1979 年，《中华人民共和国环境保护法（试行）》原则通过并公布试行，同时还通过了《中华人民共和国海洋环境保护法》《中华人民共和国水污染防治法》《中华人民共和国大气污染防治法》《中华人民共和国水土保持法》等法律法规；此外，我国发布了《征收排污费暂行办法》，通过了《1989—1992 年环境保护目标和任务》《全国 2000 年环境保护规划纲要》等文件，并成立了国家环境保护总局。三是转变能源消费观念，强调资源综合利用。1979 年的《环境保护工作汇报要点》与1983 年的《国务院关于结合技术改造防治工业污染的几项规定》提出，要将"三废"治理、综合利用和技术改造有机结合起来，倡导使用清洁能源，转变能源消费观念和方式。四是倡导通过植树造林来改善生态环境。我国于 1981 年通过了全民义务植树的建议，并于 1979 年决定将"三北防护林"工程列为国家经济建设的重要项目。总之，这一阶段的生态环境保护重点是污染控制，生态建设侧重于植树造林、防治水土流失和环境保护制度建设。

学术界的研究主要体现在三个层面：一是围绕林业产品开发、资源开发、产业开发等内容来开展中国林业发展模式和中国林业发展道路研究。学者们考察了典型的林业地区，并提出了"增加林型为主的自然保护区，改伐木为营林，配合三北防护林建设，封河育林"等保护性意见。二是围绕典型的湖泊、山地、农田等生态系统保护管理来展开研究。学者们开展了水土流失、土壤侵蚀、荒漠化等生态环境问题和生态脆弱带的生态环境质量评价与影响因素研究，以及城市生态环境质量评价和生态环境安全预警与生态农业研究。傅伯杰构建了区域生态环境质量评价指标体系，开展了各省区的生态环境质量评价及相关预警研究。[1] 马世骏等人提出了"社会—经济—自然复合生态系统"的概念[2]，明确了生态系统的研究方向和具体决策步骤。三是开展了煤炭、铁矿、水资源等开发过程的生态环境影响和相关保护措施研究。学者们运用空间模型等方法，定量地分析与评价地区的生态环境容量，从而合理控制资源开发力度，平衡资源开发利用与环境保护之关系。学者们还对土地生态安全展开了集中研究，并梳理了资源可持续利用的模式，探索了实现资源利用与经济增长脱钩的途径。这一阶段，学者

---

[1] 傅伯杰：《中国各省区生态环境质量评价与排序》，《中国人口·资源与环境》1992 年第 2 期。

[2] 马世骏、王如松：《社会—经济—自然复合生态系统》，《生态学报》1984 年第 1 期。

们已经开始关注生态意识、生态规律与生态文化,他们重视生态规律在环境管理中的地位和作用,从而为后期生态文明建设理论的提出奠定了基础。此外,这一阶段也是相关生态理论的萌芽成长阶段。

(二)可持续发展战略初步确立阶段(1992—2002 年)

20 世纪 90 年代,全球性的生态环境问题依旧严峻,"如何解决生态环境危机"成为世界各国普遍关注的主题。在 1992 年的联合国第二次环境与发展大会上,世界各国就走可持续发展道路达成共识,环境保护成为与和平发展、经济增长、人权、人民支持的国家统治等传统要素具有同等重要地位的发展之第五要素。1994 年,《中国 21 世纪议程——中国 21 世纪人口、环境与发展白皮书》发布,这是世界上第一部发展中国家的可持续发展议程,其首次将可持续发展战略纳入经济社会发展的长远规划中。在可持续发展战略的指导下,中国生态环境保护出现了以下一些新特点: 一是 1993 年制定了《中国关于环境与发展问题的十大对策》等纲领性文件,将可持续发展战略确立为国家战略,标志着中国环境问题已经是发展问题,生态环境保护的外延扩大。二是加大生态环境保护力度。依据 1996 年第四次全国环境保护会议颁布实施的《国务院关于环境保护若干问题的决定》和 2000 年国务院印发的《全国生态环境保护纲要》之要求,我国对环境质量行政领导负责制、解决区域环境问题、维护生态平衡、强化环境监督管理等问题做出了具体规定,强调"坚持节水、节地、节能、节材、节粮以及节约其他各种资源"原则,节约与开发并举,提高资源利用效率。同时,我国致力于解决区域环境污染问题,大力推进"一控双达标"工作,全面开展"三河""三湖"水污染防治、"两控区"大气污染防治,以及"一市""一海"(简称"33211工程")的污染防治。此外,我国还启动了退耕还草、退耕还林、保护天然林等一系列生态保护重大工程。三是环境保护的制度化和法治化。1993 年，全国人大环境与资源保护委员会成立，从而推进了资源环境保护立法的进程。2002 年，中国第一部循环经济立法———《中华人民共和国清洁生产促进法》出台，标志着中国环境污染治理模式开始由末端治理向全过程控制模式转变。

这一阶段，学术界的研究主要集中在以下六个层面： 一是区域可持续发展的综合评估指标体系与研究方法研究。学者们梳理了不同区域可持续发展水平的空间异质性特征和驱动机理。二是随着西部大开发战略的提出，学者们围绕开发过程中对生态环境破坏性的评估、生态系统服务功能价值演变、生态环境保护对策等内容开展相关研究，他们针对三江平原、塔里木河下游、石羊河民勤地区、黑河流域张掖地区等区域生态环境问题、恶化原因、生态恢复等内容开展了深入研究，指出人类活动是引起生态环境恶化的主要原因，提出基于"环境治理—生态修复—制度优化"的多位一体之保护措施。三是开展了水、土地、矿产等资源的可持续利用和生态环境质量之研究。生态环境污染问题的研究开始出现明显的地域倾向，表现为西北地区的生态环境退化问题和东部与南部发达地区的城市大气、水污染问题。学者们研究了经济增长和自然资源的耦合协调关系，并运用多学科理论构建了基于生态环境质量背景、人类活动对生态环境的影响程度和人类对生态环境适宜度的需求之区域生态环境安全体系。四是开展了全国和典型区域的生态功能区划之初步工作。傅伯杰等人在综合分析中国生态环境特点的基础上，将中国划分为 3 个生态大区、13 个生态地区和 57 个生态区。[1] 五是生态法律意识逐渐受到学界重视。学者们系统梳理了生态法律的理论基础和重要性，以及环境权的内涵和性质，他们认为环境权对加强环境法治建设，促进经济、社会和环境保护的协调发展具有重要意义。学者们就生态文明的内涵特征、理论实践

---

① 傅伯杰、刘国华、陈利顶：《中国生态区划方案》，《生态学报》2001 年第 1 期。

和可持续发展的辩证关系展开相关研究。六是自 2001 年中国入世以来，绿色贸
易壁垒成为制约中国产品出口的重要因素，相关研究多聚焦在推动绿色产品生产
技术创新、制定新兴环保产业发展政策、构建相关环境管理标准体系等层面，以
直面绿色贸易壁垒的挑战和机遇，并倒逼产业结构升级。

（三）科学发展观深入贯彻阶段（2002—2012 年）

自 2002 年党的十六大以来，中国的经济发展规模实现了跨越式增长，由
2002 年的 12.03 万亿元，提升至 2012 年的 51.89 万亿元，年均增长率达到 10%
以上，远高于同期的世界平均增长速度。2002 年，中国的经济总量位居世界第
五位；2010 年，中国的经济总量超过日本，位居世界第二位，社会生产力也得
到大幅度提升。与此同时，长期以来的结构性矛盾和粗放型增长方式叠加资源环
境问题的矛盾凸显，制约可持续发展的体制机制障碍依然存在，重大环境污染事
件频发。2000—2012 年，中国共发生 75 起环境污染事件。其中，2005 年的松
花江与 2009 年的渭河发生的重大石油污染事件最为严重。在此背景下，中国政
府越来越意识到经济发展不能以环境破坏和资源耗尽为代价，必须改变 GDP 至
上的绩效考核导向制度，从转变发展观这一根本点入手，将生态环境保护纳入整
个社会经济发展的决策统筹之中。2003 年，党的十六届三中全会提出，"坚持以
人为本，树立全面、协调、可持续的发展观，促进经济社会和人的全面发展"。
科学发展观是具有中国特色的可持续发展观之实践。2006 年，十六届五中全会
提出了建设资源节约型社会和环境友好型社会的战略主张。2007 年，十七大首
次将"建设生态文明"写入党的报告，并将其作为全面建设小康社会的新要求之
一。提出建设生态文明，是我国经济发展模式的根本转变，是对我们当代发展理
念的理论升华。2009 年，我国颁布《中华人民共和国循环经济促进法》。在科学

发展观和"两型社会"建设的指导下，这一阶段的生态环境保护主要体现为以下几点内容：一是强调资源节约和环境保护在社会经济发展中的重要地位。在生产、流通、消费等各领域、各环节，我们要通过采取技术、管理等综合措施，厉行节约，不断提高资源利用效率，尽可能地减少资源消耗和环境代价，以满足人们日益增长的物质文化需求，并建设人类生产和消费活动与自然生态系统相协调的可持续发展之环境友好型社会。二是生态文明观念在全社会逐步树立。我们要基本形成节约能源与资源和保护生态环境的产业结构、增长方式及消费模式。此外，我们要做到循环经济形成较大规模，可再生能源比重显著上升，主要污染物排放得到有效控制，生态环境质量明显改善。这时的生态文明观念已经涵盖了经济、社会和生态环境的各个领域。三是生态环境保护机制开始按照市场规律之要求建立环境经济政策体系。我们要运用价格、税收、财政、信贷、金融等手段，调控市场主体行为，保护生态环境。

这一阶段，学术界的研究主要集中在以下几个层面：一是科学发展观与生态环境保护的关系研究。学者们提出预防为主、重点攻坚、率先突破和多元互动的战略，认为生态伦理是建立科学发展观的重要内容，生态文明建设要坚持科学技术、法律和生态伦理的有机结合，并落实到科学实践中。二是开展生态系统服务功能、土地整理、水生态保护、农业土壤污染等方面的研究。学者们分析了中国生态环境保护和自然资源合理有序开发的产业、技术与制度措施，以及全球与区域气候变化的特征，并预测了气候变化对区域生产和生活环境的影响。苏少青等人从生态学视角出发，对广东典型区域的农地整理生态环境保护问题进行探讨，以寻求土地资源可持续利用之途径。[①] 三是开展资源和能源利用效率研究。学者们评价了农作物秸秆与农业物质资源的能源化利用潜力，并通过测度能

---

① 苏少青、林碧珊、曾晓舵：《土地整理中生态环境保护问题及对策》，《生态环境学报》2006年第4期。

源利用效率，提出发展绿色 GDP 的路径。从产业链改造视角实现自然资源和能源的集约高效利用之循环经济、低碳经济和绿色经济也被相应提出，冯之骏等人系统论述了循环经济发展理论，其他学者也从指标体系构建、政策与立法等方面展开研究。[①] 四是生态环境保护制度与规划研究。学者们指出，现有的生态环境保护体制问题是生态环境恶化的重要原因，他们从公共财政等视角出发，分析中国生态补偿中存在的问题，并研究生态环境保护的制度供给和政策取向，进而提出建立"经济发展成本内生"的生态经济模式，从政治、经济、法律等方面进行制度创新。许多学者围绕着生态功能区划和主体功能区划开展了相关工作，如樊杰对主体功能区划基础理论的完善和技术导则的构建，为中国国土空间的有序开发奠定了重要基础。[②] 这一时期，生态文明建设的国家战略地位日益凸显，生态文明建设的战略框架日益完善，生态文明建设的研究成果日益增多。

（四）生态文明建设深化推进阶段（2012 年至今）

伴随着 PM2.5 浓度的严重超标、大气环境质量的持续恶化，以及京津冀与长三角区域的严重雾霾事件之爆发，生态环境问题不再只是一个发展问题，其日渐演变为人民群众关注的社会问题，生态文明建设被提到突出的战略地位。党的十八大以来，中国将生态文明建设纳入中国特色社会主义事业的总体布局，并使其融入经济建设、政治建设、文化建设、社会建设的各方面和全过程，从而建设美丽中国，实现中华民族的永续发展。同时，党中央提出了"生态兴则文明兴"的深邃历史观、"人与自然和谐共生"的科学自然观、"绿水青山就是金山银山"的绿色发展观、"良好生态环境是最普惠的民生福祉"的基本民生观、"山水林田

---

① 冯之浚：《论循环经济》，《中国软科学》2004 年第 10 期。
② 樊杰：《我国主体功能区划的科学基础》，《地理学报》2007 年第 4 期。

湖草是生命共同体"的整体系统观、"实行最严格生态环境保护制度"的严密法治观、"共同建设美丽中国"的全民行动观和"共谋全球生态文明建设之路"的共赢全球观。2015年，国务院发布了《关于加快推进生态文明建设的意见》和《生态文明体制改革总体方案》，生态文明建设任务涵盖了优化国土空间开发格局、推动技术创新和结构调整、全面促进资源节约循环高效利用、加大自然生态系统和环境保护力度、健全生态文明制度体系等内容。生态文明建设先行区与示范区试点自上而下展开。十九大也进一步指出，生态文明建设不仅是实现人民美好生活的重要途径，更是实现美丽中国、决胜全面建成小康社会的重要切入点。至此，改革开放四十年来，从环境保护、生态环境建设，一直到今天的生态文明建设实践，中国走出了一条具有特色的保护生态环境、解决发展中问题、推进可持续发展的道路。中国的生态文明建设理念和经验，正在为全世界可持续发展提供重要借鉴。

这一阶段，学术界的研究主要集中在以下几个层面： 一是开展绿色发展研究。学者们从自然观、伦理观、价值观等视角出发，构建绿色发展的理论基础，以及基于绿色增长、绿色福利和绿色财富的绿色发展内涵，并开展了全球、中国和各个城市的绿色发展综合评估研究，提出了绿色发展评价指标体系。① 二是就生态脆弱型地区、资源枯竭型地区、海岸带等典型区域的生态环境问题展开研究。学者们从产业转型、市场机制、科技支撑等方面切入，提出实现区域可持续发展的途径。例如，有学者从农户、产业、政策等视角出发，开展了西部、海岛、滨海、山区、贫困区、高寒等典型生态脆弱区的资源环境承载力问题与应对战略研究，从而为生态环境安全预警提供了支撑。三是从法律制度、生态价值观、绿色消费、生态文化等角度出发，构建生态文明建设发展模式。学者们探索

---

① 中国科学院可持续发展研究组：《2015年中国绿色发展指数报告》，北京：北京师范大学出版社2016年，第2032页。

了环境税、绿色金融、绿色信贷等环境经济政策体系方案，并试图从生态环境法律、政府行政管理体制、企业生态环境保护、生态环境社会治理、重大制度政策等角度来推进生态环境治理体系改革研究。四是围绕大气、水、土壤等领域的污染问题开展实证研究。学者们分析了主要城市的雾霾时空分异和集聚规律，他们以淮河流域、长江流域、黑龙江流域、滇池流域等为对象，评估了水污染防治能力，并在土壤环境调查的基础上开展了土壤污染防治研究。其中，学者们尤为关注涉及土壤重金属的风险评价研究。五是探索中国经济增长、产业结构、外商直接投资、城市化等事项与环境污染的关系。学者们从环境规制差异和地理近邻效应入手，考察环境污染的空间溢出来源，并基于计量模型来分析中国环境污染的时空特征和驱动因素。通过对污染防治市场制度、环境代执行制度、设立清洁基金构建环境污染第三方治理制度等内容的完善，学者们试图推进环境污染治理理念由管制模式向治理互动模式之转变。

三、 中国的生态环境保护及相关学术研究之成就与问题

(一) 中国的生态环境保护之成就与问题

1. 中国的生态环境保护之成就

（1）环境污染治理强度明显提高，环境安全风险得到有效防控。多年来，中国的环境污染治理一直在从点源污染治理向面源污染治理、流域污染治理和区域治理发展。20 世纪 70—80 年代，中国的环境污染治理主要以企业大气污染、水污染和固体废弃物污染治理为主；进入 20 世纪 90 年代后，中国开始加强重点城市、各大河流和主要区域的环境治理，并积极推进"一控双达标"工作。彼时，中国开始采取"区域限批"等措施，治理模式也开始由末端治理向全过程控

制转变。针对污染严重的传统企业，我们采取资源综合处理与污染治理工程并用的手段，以减轻环境污染的程度。近年来，"大气十条""水十条""土十条"和新《中华人民共和国环境保护法》的颁布实施取得显著成效。一是工业"三废"主要污染物的排放总量得到有效控制。通过推进工程减排和资源能源综合处理，以及建立完善的减排计划审核方案、工程核查调查力度、数据会审考核及发布等一系列制度，我们推动了主要污染物减排工作的顺利开展。其中，工业二氧化硫和化学需氧量的排放量从 2006 年开始就大致呈现出逐年下降的趋势。二是环境质量显著改善。从空气质量来看，2017 年，全国 338 个地级及以上城市的可吸入颗粒物（PM10）之平均浓度与 2013 年相比下降 22.7%，京津冀、长三角和珠三角这三个区域的细颗粒物（PM2.5）之平均浓度与 2013 年相比分别下降了39.6%、34.3%与27.7%。[①] 至此，《大气污染防治行动计划》中的空气质量改善目标和重点工作任务全面完成。同时，我国的水环境质量严守水资源开发利用、用水效率和水功能区限制纳污"三条红线"，保护饮用水水源、实施河湖内源污染治理、推行河长制等措施得到落实，全国地表水的优良水质断面比例不断提升。在此背景下，Ⅰ类、Ⅱ类和Ⅲ类水体所占比例达到 67.9%，劣Ⅴ类水体所占比例下降到 8.3%，97.7%的地级以上城市集中式饮用水水源设置了保护区标志，93%的省级以上工业集聚区建成了污水集中处理设施。此外，我国的城市生活垃圾无害化处理率达 97.14%，农村生活垃圾得到处理的行政村比例达 74%。三是强化危险废物全过程管理。危险废物与医疗废物的集中处置设施在全国各地基本建成，垃圾焚烧、涉核项目等重点领域受到关注，核安全监管能力获得提升，涉重金属突发环境事件数量大幅减少，环境安全风险得到有效防控。

---

① 数据来源于国家生态环境部的《2017 年中国生态环境状况公报》。

（2）生态保护与建设不断加强，国家和区域的生态安全得到维护。我国坚持污染防治与生态保护并重、生态保护与生态建设并举的方针，先后批准了《全国生态环境建设规划》和《全国自然保护区规划》。针对不同区域的生态破坏之原因和特点，天然林资源保护、退耕还林还草、退牧还草、防护林体系建设、河湖与湿地保护修复、防沙治沙、水土保持、石漠化治理、自然保护区建设等重大生态保护与修复工程稳步实施。一是林业生态建设成效突出。第八次森林资源清查资料显示，2013 年，中国的森林面积达到 2.077 亿公顷，森林覆盖率达到 21.63%，与 20 世纪 80 年代初的 12% 相比增长了 9.63%，增长幅度较大。2013 年，中国的森林蓄积量为 151.37 亿立方米，与 20 世纪 80 年代初的 90.28 亿立方米相比增加了 61.09 亿立方米。2017 年，中国完成营造林面积 2.35 亿亩，新纳入天然林保护政策范围的天然商品林面积近 2 亿亩。联合国粮农组织发布的 2015 年全球森林资源评估结果显示，中国的森林面积和森林蓄积量分别位居世界第 5 位与第 6 位，人工林面积居世界首位。二是加强自然保护区的管理和建设。我国积极开展山水林田湖草生态保护修复工程试点建设，严守生态保护红线，形成了海陆"一张图"，并构建了生态补偿制度。2016 年，中国的生态环境质量为"优"或"良"的县域之面积在国土总面积中的占比为 42%，这一数字已有较大幅度的提升。截至 2017 年底，我国建成不同类型、不同级别的自然保护区共 2750 个，总面积 147.17 万平方千米。目前，我国共有国家湿地公园 898 个，草原综合覆盖率为 55.3%，这一数字也实现了较大幅度的提升。三是沙漠化面积得到有效控制。全国第五次沙漠化和沙化监测结果显示，2014 年，我国的荒漠化土地面积为 261.16 万平方千米，沙漠化扩大趋势得到初步遏制。同时，我国累计治理水土流失的面积逐年增多，2017 年的全国新增水土流失治理面积为 5.9 万平方千米。

（3）坚持节约集约循环资源观，资源消耗强度大幅下降。我国不断加强资源利用方式的转变，大幅度降低了能源、水资源、土地资源的消耗强度，提升了资源利用效率与综合效益。① 近年来，"互联网＋"、人工智能、大数据等信息技术的应用，也为共享经济等循环经济的新经济形态提供了重要支撑。一是在水资源利用方面，我国制定并落实了水资源开发利用控制、用水效率控制、水功能区限制纳污"三条红线"，建立了河长制等水资源管理责任制，开展了最严格的水资源管理制度考核工作。《关于加强资源环境生态红线管控的指导意见》与《"十三五"水资源消耗总量和强度双控行动方案》提出，实行水资源总量和强度双控指标，显著降低万元国内生产总值用水量、万元工业增加值用水量、农业亩均灌溉用水量和农田灌溉水有效利用系数，完善国家节水型城市标准。二是在国土资源方面，我国始终坚持保护耕地的基本国策，实施基本农田保护制度，统筹开展国土开发和土地整治。此外，我国不断加强对重要矿产资源的保护，健全节约集约用地控制标准和推广节地模式与技术，国土集聚开发的格局逐渐形成。《2017年中国土地矿产海洋资源统计公报》指出，2017年末，我国共有耕地20.23亿亩，超过了18亿亩的耕地保护红线。三是在能源利用方面，我国积极调整能源结构，实施节能减排工程，落实能源总量和能源强度双控制度。在此背景下，我国的非化石能源和天然气之消费比重得到提升，煤炭之消费比重实现了较大幅度的下降。同时，新能源受到关注，我国的水电、风电、光伏发电装机规模和核电在建规模位居世界第一，非化石能源装机规模占到全世界的40%左右。此外，我国的能源利用效率也获得了较大幅度的提升。

（4）稳步推进生态环境管理体制，完善生态环境管理制度。改革开放以来，我们逐步建立了具有中国特色的生态环境管理体制，源头严防、过程严管、后果严惩的生态环境治理体系逐步确立。一是组建生态环境部与自然资源部，实

① 周宏春：《新时期、新高度、新任务：对生态文明建设的思考》，《环境保护》2017年第22期。

现多元共治的大环保、大资源格局，生态环境保护队伍逐渐扩大、管理逐步完善。在1982年之后的三十多年时间里，我国集中进行过八次改革，改善了生态环境保护领域中的职责交叉重复、监管者与所有者混淆等问题。同时，我国的环保管理部门也先后经历了环保局、环保部、生态环境部之沿革，原国土资源部和其他部委的相关部门整合形成了新的国土自然资源部，从而实现了山水林田湖这一生命共同体的统一修复、统一保护，提高了生态环境保护效率。此外，我国的科研和监测网络体系也逐步完善。二是生态环境法治建设进一步完善。改革开放以来，国家以生态环境保护为研究对象，制定、颁布和实施了多项环境保护专门法和与环境保护相关的资源法。2015年，新的《中华人民共和国环境保护法环境保护法》颁布实施，适应市场经济体制的环境法律体系得以形成。20世纪90年代，人大的环境与资源环境保护委员会成立，其推进了资源环境保护立法的进程。在资源综合利用、污染防治、防灾减灾等方面，立法发展相当迅速，如出台了《中华人民共和国清洁生产促进法》《中华人民共和国循环经济促进法》等法律法规，从而使全社会的生态环境保护法治观念和法律意识不断增强。三是逐步完善生态文明制度体系。排污收费制度在1979年的实施，标志着我国环境保护市场手段的开始；2018年，我国全面实施费改税制度，形成了包括环境财政政策、绿色税收政策、绿色价格政策、绿色信贷政策等在内的具有中国特色的环境经济政策体系。同时，我国建立了包括自然资源产权制度、资源有偿使用和生态补偿制度在内的由八项制度构成的生态文明制度体系，并先后划定了耕地、水、环境、生态等领域的基线、上限和红线，以依法循规地保护生态空间。此外，我国还通过自上而下地进行环保督查，集中解决重点环境问题。

（5）积极参与全球生态环境治理，国际影响力不断扩大。中国高度重视生态环境保护领域的国际合作，积极参与各项生态环境保护事务，可持续发展的中国智慧逐步形成。[1][2] 一是让世界认同可持续发展的中国智慧，主动将中国发展战略与国际接轨并推向世界。例如，联合国环境规划署于2013年通过了推广中国生态文明建设的决议草案，并于2016年发布了《绿水青山就是金山银山：中国生态文明战略与行动》。二是与国际组织和一些国家建立了有效的合作。作为联合国环境规划署的理事国，中国加入了全球环境监测网与国际环境情报资料查询系统，并与联合国环境规划署、世界银行、亚洲银行等组织在荒漠化防治、生物多样性保护、环境教育与培训、保护海洋等领域开展了卓有成效的工作。同时，我国还与美国、日本、欧盟、东盟、加拿大、俄罗斯等42个国家和组织在气候变化、河流治理、环境技术、可持续性消费等领域展开了区域与双边国际环境保护交流及合作。例如，我国境内16条跨界河流中的13条发源于中国，并流经19个国家，因此水资源和水污染问题引发跨界纠纷的可能性较大，而双边合作机制的建立就有效地解决了水污染和水资源问题。此外，我国还搭建了环境与发展国际合作委员会高层政策平台，就中国的环境与发展问题设计了50多个较为全面和深入的政策研究项目。三是签署了50多项生态环境保护公约，形成了维护中国和广大发展中国家利益之机制。例如，中国推动了《联合国气候变化框架公约》和《巴黎协定》的签署；而且，作为坚实的履约国，中国承诺2030年左右的二氧化碳排放将达到峰值，单位产值的二氧化碳排放量与2005年相比下降60%—65%，从而展现了推动全球气候变化治理格局中的负责任之大国形象。此外，我国还积极推进"一带一路"生态环境合作机制之构建，并谋求与沿线国家在环保基础设施、绿色低碳技术等方面开展深入合作。

2. 中国的生态环境保护之问题

（1）环境污染治理的任务依然艰巨。近年来，受到城镇化进程加快、工业

---

[1] 陆军、秦昌波、万军：《加强新时代中国特色社会主义生态文明建设的建议》，《环境保护》2017年第22期。
[2] 卢风：《绿色发展与生态文明建设的关键和根本》，《中国地质大学学报（社会科学版）》2017年第1期。

化快速发展、经济规模持续扩张、资源开发强度持续增强等现实状况之影响，中国的生态环境恶化之趋势并没有实现根本性好转。美国耶鲁大学和哥伦比亚大学联合发布的世界环境绩效指数（EPI）表明，2018 年，中国的环境绩效指数在180 多个国家中排名第 120 位，环境质量整体状况堪忧。① 一是化学需氧量与二氧化硫的排放量仍然处于 2000 万吨的高位态势，区域资源环境承载能力压力巨大。② 中国的地表水污染依然严重，2017 年，在全国地表水的 1940 个水质断面（点位）中，Ⅳ类与Ⅴ类水质的断面数量为 462 个（占比为 23.8%），劣Ⅴ类水质的断面数量为 161 个（占比为 8.3%）。我国七大水系的水质状况存在不少问题，112 个重要湖泊（水库）中的Ⅳ类以上水质要占到 37.4%。我国的海域水质状况也相当堪忧，Ⅳ类与劣Ⅳ类水质的海水之占比为 22.1%。二是区域性环境问题突出。我国部分城市的空气污染依然较为严重。2017 年，在我国的 338 个城市中，有 239 个城市的空气质量严重超标（占比为 72.8%）。我国有 388 个城市发生重度污染 2311 天次，严重污染 802 天次。此外，农村生活污染和面源污染加剧，饮水安全存在隐患。三是由于中国的经济发展呈现出增长速度换挡期、结构调整阵痛期和前期刺激政策消化期"三期叠加"的阶段性特征，因此区域性、结构性和布局性环境风险日益突出，原因复杂、污染物质多样、影响地域敏感、范围扩大的环境突发事件频发。

（2）生态保护和建设的压力依然较大。随着公众对良好环境质量的需求与日俱增，生态保护与建设的压力也水涨船高。一是中国的自然条件复杂，总体生态环境较为脆弱。我国的森林覆盖率低、湿地萎缩、河流干涸、水土流失、草原退化等问题较为突出，从而降低了生态系统服务功能。例如，草原生态总体恶化

---

① 数据来源于耶鲁大学环境法律与政策中心、哥伦比亚大学国际地球科学信息网络中心（CIESIN）及世界经济论坛（WEF）发布的《2018 年环境绩效指数报告》。
② 数据来源于国务院 2016 年印发的《"十三五"生态环境保护规划》。

之局面尚未根本改变，中度和重度以上的退化草原面积仍占草原总面积的三分之一以上；全国的荒漠化面积依然高达261.16万平方千米，在国土总面积中所占的比例高达27.2%；森林覆盖率尽管有较大提升，但是仍未达到世界平均水平；湿地面积近年来每年减少约510万亩，生物多样性受到严重威胁。二是由于受高强度的国土开发建设、矿产资源开发利用等活动之影响，我国的区域性生态受到的损害较大。水、土地、矿产、海洋等资源领域的过度开发导致我国的生态环境问题突出，生态空间不断被蚕食侵占，部分关系生态安全格局的核心地区在不同程度上遭到生产活动的影响与破坏，生态产品的供应能力不断下降。例如，受陆源和海上的污染物排放总量快速增长、海岸带的高强度开发持续不断等因素之影响，我国近海岸的生态环境堪忧，海岸线保有率急剧下降，滨海湿地不断减少，赤潮、绿潮等海洋生态灾害频发，海洋生态系统服务功能严重退化。三是自然灾害点多、面广、发生频率高。川滇山地、秦巴山地等地区的滑坡、崩塌、泥石流等突发性地质灾害频发，部分地区因过度开采地下水而引发的地面沉降、土地裂缝等缓变性地质灾害也不断加剧，从而对区域生态安全造成严重影响。

（3）自然资源的开发供给之前景堪忧。一是资源禀赋缺陷明显。中国的资源总量大、种类全，但人均资源占有量较低，且资源的分布与需求极不匹配，一些主要资源的人均占有量远低于世界平均水平。我国的淡水资源总量为2.8万亿立方米，占全球水资源的6%，居世界第4位，但人均水资源量只有2300立方米，仅为世界平均水平的1/4，是全球人均水资源最贫乏的国家之一。我国的耕地面积居世界第4位，但人均耕地面积仅为约0.1公顷，而全世界范围内的人均耕地面积为约0.36公顷。我国64%的耕地在北方，而82%的水资源分布在长江以南，因此水土资源的匹配性不高。二是资源需求刚性的增长趋势较明显。工业化与城市化的发展对资源有着旺盛的需求，我国矿产资源供应量的增速也同比有了明显提高，超出同期世界平均水平，但我国大宗矿产的国内保障程度不高，建设用地需求又持续增长，因此未来自然资源利用总量控制方面的压力比较大。三是资源利用方式较为粗放。我国单位国内生产总值的能耗和水耗远高于世界平均水平，人均城镇工矿建设用地面积和农村居民点建设用地面积远超国家标准，矿产资源的利用水平也有待进一步提高。四是部分地区的国土开发强度与资源环境承载能力不匹配，国土开发质量有待进一步提升。例如，京津冀等地区的开发强度过高，接近或者超过资源环境承载能力，生产、生活和生态空间之矛盾突出，经济运行成本、社会稳定、生态环境等方面的风险加大。

（4）生态环境治理体系有待优化。纵观引发中国生态环境问题的众多因素，体制和制度安排不合理，政府、企业和公众共治的格局尚未形成，以及由此所导致的市场配置和政府管控失灵是重要的根源。一是经济发展与生态环境保护未实现平衡，在保护生态环境的表面文章下追求经济效益的情况依然存在。近年来，我国出台了一系列的生态环境保护制度和倒逼机制，但要具体落实到位尚需时日。二是忽略了过程和现实差异性的"一刀切"式之行政手段还在盛行，运用市场和公众参与及第三方服务的公共治理体系急需完善，流域生态补偿、排污权交易、绿色金融、环境保护商业模式等多种环境经济政策还有待深入推进。三是缺乏有效的协调与合作机制，空间治理尚未形成统一合力。在管理体制上，各部门的职权仍存在交叉重叠，生态环境系统的完整性被人为破坏。我国的各类规划自成体系、内容冲突、缺乏衔接，同一空间存在多种监管目标、规划引导和管控要求，难以发挥整体的合力作用。四是公众参与意识有待提高。社会组织和公众在生态环境保护方面的作用日益受到重视，但他们参与决策和监督的作用没有得到充分发挥，从而影响了政府、企业、社会组织等主体的生态环境治理能力。

（二）中国的生态环境保护学术研究之理论与实践

1. 建立日趋完善的生态环境保护理论体系

建构完善的生态环境保护理论体系，是推进生态环境建设的重要基础。一是加强环境学、生态学、地理学、经济学、管理学等学科的体系融合，引导相关学科协同聚焦重大的区域性生态环境问题研究，形成生态经济学、环境经济学、环境管理学、可持续发展经济学等一系列多学科交叉型学科，从而极大地推进生态环境保护理论研究。二是建立人地关系地域系统协调发展理论体系，将三种生产理论、物质平衡理论、资源永续利用理论和外部性理论作为解析人地关系相互作用之工具，从而体现协调人与人及人与自然的关系是实现可持续发展之要义。同时，我们要分析人口规模、结构和质量在区域可持续发展方面的传导机制，从而提出资源环境效率的概念，并优化自然资源的动态最优配置理论。三是从自然观、伦理观、价值观等多个视角出发，梳理可持续发展、科学发展观、生态文明建设理论之内涵，辨析绿色经济、绿色发展、绿色化、低碳经济、清洁生产和循环经济之异同与实现路径。四是建立从区域视角研究生态环境问题的框架体系，研究提出一系列关于区域自然资源利用与生态环境质量状态的评价标准，着重探索城市、农村、流域、山区、生态脆弱区、边疆等地区的生态环境治理体系，并关注区域内部和区域外部的生态问题之协调途径。五是研究构建政府、企业、社会组织、公民等多元主体协同推进的生态环境治理体系，以及政府为主导、企业为主体、社会组织和公众共同参与的环境治理体系，从而提高区域生态环境建设的成效。

2. 开展生态环境保护实践研究

生态环境保护实践研究为政府提供了决策和技术支撑。一是研究构建符合中国特色的空间治理体系。生态环境问题具有明显的区域分异性，其遵循生态环境规律，划定生态环境空间分区，提供科学的生态环境规划，为空间治理和差异化绩效考核提供了支撑。学者们研究了全国以及各个省份的主体功能区规划、新型城镇化、生态红线、资源型城市规划编制、不同区域尺度的生态环境规划等内容。二是开展欠发达地区、长江经济带、黄河三角洲等典型区域的生态环境建设研究。学者们运用综合集成法和数学模型来综合评价区域生态环境的安全状态，并解析区域内的经济子系统、社会子系统和生态环境子系统之协同发展与现存问题。此外，学者们跟踪监测了可持续发展实验区、生态文明建设先行示范区等试点地区之建设，从而为可持续发展和生态文明建设提供了典型案例经验。三是开展节能减排、循环经济、清洁生产等方面的研究。学者们从气候变化对中国经济社会发展的影响入手，提出了中国能源减排战略。同时，学者们从规模效应、结构效应和技术效应视角出发，研究了经济增长过程中的资源环境效应，预测了中国能源消费峰值和污染峰值。此外，学者们还研究了循环经济和清洁生产，并致力于使其成为推动结构优化和转变发展方式的有效途径。

但是，我国学界的生态环境保护学术研究之理论和实践尚存在以下问题：一是跟踪国家战略需求做表面阐释的文章较多，学理探究不够深入；二是针对生态环境和生态文明建设问题，通过深层次机理来探究技术、经济、自然等方面的因素之文章较多，从人的价值取向、文化观念、体制机制、执法等层面来进行研究之文章较少；三是针对区域生态环境问题，通过数据和模型来"机上谈兵"之文章较多，深入区域一线进行调研之文章较少；四是盲目借鉴国外模式之文章较多，深挖中国特色之文章较少。总之，居于中国这片沃土的学者，尚需继续为探索具有中国特色的生态文明建设之路贡献力量。

四、 中国的生态文明建设之未来展望

对于未来一段时期内的中国而言，经济增长换挡降速、发展方式转型、结构调整加快将成为常态。在未来的一段时间内，我国的环境污染物排放量和能源消耗量仍将处于历史高位，但整体处于跨越峰值并进入下降通道的转折期。同时，我国的工业化和城镇化进程将持续推进，多年来的经济高速增长所积累下来的生态环境保护任务依然艰巨。因此，建设生态文明是中华民族永续发展的千年大计，任重而道远。我国未来的生态文明建设将围绕以下内容展开：

（一）牢固树立生态文明理念，健全生态文明教育体系

一方面，改变传统的发展观念、政绩观念和生活观念，树立人与自然和谐共生的理念，人与自然是生态共同体的理念，人类必须尊重自然、顺应自然和保护自然的理念，绿水青山就是金山银山的理念，从而将生态文明的思想观念植入政府、企业和公众的发展决策与生产生活过程中。另一方面，健全生态文明教育体系，提升公众的生态环境保护意识。国家要制定与完善公民在生态环境保护方面的参与和表达机制，鼓励机构和学者参与生态环境教育的宣传过程。同时，国家要建立生态环境教育宣传平台，引导公众践行绿色简约生活，强化绿色消费意识和公众环境行为的自律意识，将生态文明教育纳入学校的教学内容。

（二）着力推动生态经济建设，促进区域绿色发展

作为继工业经济后的又一种全新的经济形态，生态经济将成为循环、低碳、

绿色的经济发展之支撑。第一，实现以经济生态化为核心的发展模式。以生态经济为导向，国家要推进资源禀赋优势产业，探索传统工业经济生态化、智能化和低碳化发展的新路径与新模式。第二，推进循环发展。国家要初步构建起绿色循环低碳产业体系，全面推行企业循环式生产、园区循环式发展、产业循环式组合，基本建立城镇循环发展体系，加强城市低值废弃物资源化利用，促进生产系统和生活系统的循环，推进循环经济示范城市建设，壮大资源循环利用产业。第三，提高绿色技术创新驱动能力。国家要统筹支持绿色发展共性关键技术研发，加快减量化、再循环与再制造、废物资源化利用、产业共生与协作等领域的核心技术、工艺和设备的研发制造，支持保护环境、高效利用资源的企业与相关科研机构和高等院校建立产学研技术合作联盟，推动协同创新，发布急需的技术名录，健全循环经济技术、装备和推广制度。

（三）重点解决突出环境问题，加大生态系统保护力度

第一，深入实施污染防治行动计划，推进污染达标排放和总量减排。国家要制定空气质量达标计划，加强重点流域与海域的综合治理，推进水功能区的分区管理，开展地下水污染调查和综合防治，实施土壤分类与分级防治。同时，国家要改革主要污染总量控制制度，在重点湖库河流区域与重点行业推进总量控制。此外，国家还要实施环境风险全过程管理，加大重点区域与有色金属等重点行业的重金属污染防治力度。第二，加强生态修复，推动山水林田湖草生态保护修复工程，构建生态安全屏障。国家要开展大规模的国土绿化行动，完善天然林保护制度，加强"三化"草原治理及荒漠生态系统，保护修复湿地与河湖生态系统。同时，国家要加大三江源、南水北调水源地、三峡库区等重点区域的生态修复保护力度，强化自然保护区的建设和管理，丰富生态产品，优化生态服务空间配

置。此外，国家还要加快建设生态监测网络，建立全国生态红线监管平台。第三，推进资源节约集约利用。国家要实行全民节约行动计划，全面推进工业、建筑、交通运输、公共机构等领域的节能行动，大力开发、推广节能技术和产品，推进能源综合梯级利用。同时，国家要落实最严格的水资源管理制度，实施全民节水行动计划，坚持以水定价、以水定城，对水资源短缺地区实行严格产业准入、取用水定额控制等措施。此外，国家还要有效管控新城新区和开发区的无序扩张，提高建设用地节约集约循环利用水平，加强矿产资源的节约管理，在生产、流通、仓储、消费等各环节落实全面节约要求。

（四）优化生态环境治理制度，构建空间治理体系

生态环境保护、生态文明建设与绿色发展都是实践过程，是理念、制度和行动的综合，制度建设是其中最为重要的部分。①② 第一，健全法治标准体系，推进资源环境类法律法规的修订，完善水污染防治、生态保护补偿、自然保护区等相关制度。国家要健全环境执法和环境司法的衔接机制，以使环境监管和执法体系体现独立性与权威性。同时，国家要建立科学、系统和协调的环境标准体系，大力推进地方环境标准的实施。第二，建立市场机制的环境经济制度。国家要推行排污权交易制度，加强排污权交易平台建设，并开征环境保护税，全面推进资源税改革，发挥财政税收的引领作用。同时，国家要深化资源环境价格改革，以使其能够反映生态环境损害成本、修复效益等因素。此外，国家还要建立绿色金

---

① 李干杰：《以习近平新时代中国特色社会主义思想为指导奋力开创新时代生态环境保护新局面》，《环境保护》2018年第5期。

② 俞海、张永亮、夏光、冯燕：《最严格环境保护制度：内涵、框架与改革思路》，《中国人口·资源与环境》2014年第10期。

融体系，构建多元化的生态环境保护补偿机制。[①] 第三，建立以环境质量改善为目标的环境管理型制度体系。国家要建立权责明晰、分工合理的环境保护责任体系并实施生态文明绩效考核，建立生态损害责任终身追究制，建立自然资源资产负债表并开展资源环境承载能力监测预警机制研究。同时，国家要建立覆盖企业污染源排放制度，以激励和约束企业形成环境责任意识。第四，落实主体功能区规划，构建空间治理体系，实现生态环境精细化管理、差异化管理和区域化管理，使空间管制形成统一合力。[②] 根据不同区域主体的功能定位，国家要为不同类型的区域设定差异化的生态环境目标、治理保护措施和考核评价要求。同时，国家要划定与严守生态保护红线，构建结构完整、功能稳定的生态安全格局，推动建立国家空间规划体系，统筹各类空间规划，推进"多规合一"。此外，国家还要优化产业布局，分区推进生态环境的整治与修复。

（五）强化区域生态文明建设研究，实现区域可持续发展

区域是推进生态文明建设的重要载体。地球表面存在明显的区域差异，不同地域单元的自然条件、人文景观和发展基础各不相同，区域生态文明建设的目标和实现路径也不同。第一，构建适应生态文明建设的区域生态文化体系。生态文化是生态文明建设的灵魂和动力保障，良好的生态文化体系包括人与自然和谐发展，以及共存共荣的生态意识、价值取向和社会氛围。通过研究源于不同地域的人与自然之关系的文化现象，我们要形成人与自然和谐共荣的道德规范、行为规范和社会生态适应法则。第二，开展典型区域的生态文明建设之案例实践研究，

---

① 高吉喜、鞠昌华：《构建空间治理体系提供优质生态产品》，《环境保护》2017 年第 1 期。
② 中国科学院可持续发展研究组：《2015 中国可持续发展报告——重塑生态环境治理体系》，北京：科学出版社2017 年，第 39 页。

梳理不同类型区域的生态文明建设之一般规律和影响机理，推进典型区域的共性问题研究。我们要从生态文化、循环经济、低碳经济、清洁生产、绿色经济、绿色消费、生态修复、环境治理、科技创新等不同层面来研究生态文明建设，并尝试通过由经济系统、社会系统和生态环境系统构成的区域可持续发展系统视角来构建生态文明建设的多维实现路径。第三，开展典型区域的生态文明评价研究。我们要研究适合不同类型区域的生态文明评价指标体系，并运用综合系统分析方法来合理评估区域生态文明建设水平，进而建立地方性的生态文明评价标准体系。第四，研究区域生态文明建设的制度保障体系。我们要开展关于如何将区域资源消耗、环境损害、生态效益等体现生态文明建设状况的指标纳入经济社会发展评价体系之研究，以及与生态环境管理制度、国土空间开发保护制度、资源有偿使用制度、生态补偿制度等内容相关之研究。

From Ecological Environmental Protection to Ecological Civilization Construction：A Review and Prospect

Ren Jianlan　Wang Yaping　Cheng Yu

Abstract： In the past 40 years, China's ecological environmental construction has roughly gone through four development stages, including the promotion of environmental protection as thebasic national policy, the initial establishment of the sustainable development strategy, the in-depth implementation of the scientific development concept and the promotion of ecological civilization. Since the 18th National Congress, the ecological civilization construction has been brought into the overall layout of socialism with Chinese characteristics, which has realized the logical unity of the concept of nature, development and implementation. In the future, the transformation of China's economic development mode and the sustainable progress of industrialization and urbanization will continue to advance, which reuire the construction of ecological civilization to be conducted from the establishment of ecological civilization concept, the ecological economic development, the environmental governance and ecological restoration, the space governance and typical regional practice and innovation. It will become one of the most important contents of Chinese socialist construction.

Keywords: Coordination of Man-Land; Ecological environmental protection; Ecological civilization construction

改革开放四十年来的生态环境领域之矛盾变迁及应对启示[*]

北京市信访矛盾分析研究中心

"改革开放四十年化解社会矛盾经验研究"课题组

摘要： 改革开放四十年来，生态领域的矛盾随着改革步伐的迈进而呈现出多种形态。在如何妥善处理社会发展与环境保护之关系方面，党和国家一直处于不断探索的过程之中。回顾四十年来的五个发展阶段，生态领域的矛盾在不同时期都有其显著特点。揭示各阶段的矛盾形态，深挖矛盾产生及演变的原因，剖析生态领域矛盾的基本特征，总结生态领域矛盾的应对经验，对新时代加强生态文明建设和建成美丽中国都具有重要的现实意义。

关键词： 改革开放四十年；生态环境；矛盾；变迁

＊ 本文为北京市信访矛盾分析研究中心"改革开放四十年化解社会矛盾经验研究"课题的阶段性成果，发表于《信访与社会矛盾问题研究》2019 年第 4 期。

生态领域的矛盾在各阶段有不同的形态和特点，但总体的变迁趋势与党和国家在不同时期的政策有着密不可分的关系。回溯各阶段的生态环境之主要问题，以及矛盾的形态、特点和产生与演变之原因，我们可以归纳出生态领域矛盾的历史演变进程，从而认识到改革开放四十年来，党和国家的工作重心和执政观念之转变对生态领域的矛盾演变产生了巨大影响。

一、 生态领域矛盾的总体变迁

总体而言，我国的生态领域矛盾经历了如下五个发展阶段： 历史性转折阶段（1978—1982 年）、重大波折阶段（1983—1991 年）、市场化改革阶段（1992—1999 年）、城镇化快速推进阶段（2000—2012 年）和新时代发展阶段（2012 年至今）。

（一）历史性转折阶段（1978—1982 年）

改革开放之初，生态领域矛盾的形态较为单一，主要表现为农村水质污染和土壤污染所引起的个体间冲突，以及政府纵容个人和集体盗伐滥伐林木所导致的村民与村集体、基层政府之矛盾。最高人民检察院 1980 年至 1982 年的工作报告显示，1979 年至 1981 年，我国的盗伐滥伐森林案件之数量呈上升趋势，案件的起因多为行政机关工作人员滥用职权或疏于职守，纵容村民与村集体砍伐树木。当时，农村贫困人口众多且农业水平落后，大量耕地又因历史原因而遭受破坏，为满足基本生存需求，村民往往只能砍伐树木后在林地上种植庄稼。少数村民对森林被大量破坏的现象及政府消极监管的行为深恶痛绝，纷纷向司法机关举报，由此引发了村民与村集体、基层政府之矛盾。

（二）重大波折阶段（1983—1991 年）

这一阶段是国民经济持续稳定增长的八年，但我国在此期间也付出了生态环境状况恶化的代价。前一阶段农村地区所积累的环境矛盾此时仍未得到妥善解决，矛盾双方看似通过经济补偿达成了和解，但被污染的水质和土壤却未恢复如初。就这一时期的生态领域矛盾而言，一方面，城市生态环境因城市化的加快而遭受严峻考验。为建设现代化都市，我国的多数城市对主城区的老式建筑进行拆迁重建。由于规划不科学和决策失误，城市生态环境遭受相应的破坏。同时，在建筑垃圾的堆放过程中，固体废弃物产生大量有机污染物，并在发生化学反应后溶解出重金属。这些重金属渗透到地下层后，会污染地下水源，从而危及居民的饮用水安全。另一方面，中西部地区气候干旱、人口稀少，当地植被的生长条件恶劣且缺乏维护，草场和林木严重退化，从而导致土地荒漠化现象频发。由于缺乏天然植被的阻挡，风沙肆虐开始成为危及当地居民生存的难题。在长期的抗争过程中，公民发觉越级信访甚至"进京上访"能引起官方重视，从而加速矛盾的化解，因此社会上逐渐形成了"信访不信法"的认识，法律救济方式的缺位呼唤国家健全环境保护法治体系。

（三）市场化改革阶段（1992—1999 年）

1992 年的"南方谈话"为中国特色社会主义奠定了思想基础，邓小平同志提出的物质文明建设和精神文明建设要"坚持两手抓，两手都要硬"的论断赋予了社会主义建设理论新的内涵。物质文明建设需要强大的社会生产力作为后盾，我国开始从计划经济向市场经济转轨。在市场经济体制下，企业具备更多的生产经营自主权，日益残酷的市场竞争使企业以自身利益为重，从而忽视了生态环境保护和合理使用资源。这一阶段的生态领域矛盾呈现出明显的城乡同步尖锐化之特点。无论是农村还是城市，公民的环境保护意识迸发，由群体性抗争引起的冲突时有发生。个人与企业的关系可谓"剑拔弩张"，个体与行政机关的矛盾也在屡次维权失败后被激化。公民逐渐采取暴力抗争或非理性的越级信访之方式寻求环境污染问题的解决，生态领域矛盾已经演变为个人与环境污染者、环境监管者之矛盾。

（四）城镇化快速推进阶段（2000—2012 年）

进入 21 世纪后，城镇化进程加快，大量农村人口向城镇转移，城镇的数量迅速增加且规模逐步扩大。与此同时，生态环境也遭受一定程度的破坏。水质污染、大气污染、固废污染等环境问题多次引发严重的生态领域矛盾。这一阶段的生态领域矛盾分布范围广泛、形态多样、原因多元，既包含着暴力抗争型群体性事件，又伴随着公民的合法维权和信访。生态领域矛盾在中西部地区和东北部地区也开始显露，且由于当地经济发展不平衡、民众受教育程度相对较低，这些矛盾往往更易升级为群体性事件。生态环境是一个整体，环境污染会沿着大气流动或水流运动而影响到其他地区：长江和黄河的上游水质若受到污染，中下游段也会受到相应程度的影响；华北地区的空气污染会扩散至中部地区和东南沿海地区。这一阶段的矛盾之产生原因也愈发多元，除了传统的"工业三废"污染外，城市人口增多而导致的过量生活垃圾也对垃圾处理能力和政府监管水平提出了更高的要求。政府为促进经济发展而引进大型项目的决策值得提倡，但如果没有充分吸纳公众意见，那么此类决策将会引发大规模的群体性事件。

（五）新时代发展阶段（2012 年至今）

十八大以来，党和国家的发展经历了极不平凡的五年。面对国际环境和国内环境的新变化，我们党坚持稳中求进的工作总基调，迎难而上、开拓进取，取得了改革开放和社会主义现代化建设的历史性成就，中国特色社会主义进入了新时代。这一时期，党和国家持续加大环境污染的治理力度，积极应对各类突发环境事件，污染问题所引发的突发性环境事件之数量明显减少。同时，政府加大力度惩治污染企业并及时处理各类突发性生态环境污染问题，从而控制了矛盾的波及范围，未造成矛盾的扩大和升级。

二、 生态领域矛盾的主要形态

随着社会结构的变化和科学技术的发展，我国的城市化和工业化进程快速推进。在此期间，生态领域矛盾也在不断升级。根据矛盾的诱因和特征，本文将重大生态领域矛盾分为以下三类： 企业污染型环境矛盾、行政决策型环境矛盾和跨区域型环境矛盾。

（一）企业污染型环境矛盾

所谓企业污染型环境矛盾，是指企业的不当生产经营活动导致自然环境中混入了对人类或其他生物有害的物质，其数量或程度已达到甚至超出环境承载力，改变了环境正常运转状态，从而引发的公民与企业甚至政府之社会矛盾。

总体来看，企业污染型环境矛盾主要表现出四个方面的特点。第一，广泛性。企业污染型环境矛盾在污染来源、污染行为、污染形式、受害地域、受害对象、受害权益等方面具有广泛性。第二，复杂性。企业污染型环境矛盾在污染源排查、污染物生成、矛盾产生的原因等方面具有复杂性。环境矛盾的最终产生是一系列行为组合发挥作用之后果。例如，企业在污染后进行的处理措施是否到位、行政决策是否准确、公众意识是否强烈等，都决定着一个环境矛盾是否最终发生。企业污染型环境矛盾的污染源具有广泛性，污染行为具有多样性，污染冲突具有不可预见性，这些特点共同导致了环境矛盾的复杂性。第三，持续性。由于污染结果的产生往往是多种因素的复合累积之产物，因此污染损害也不会因为侵权行为的结束而自然停止，这意味着企业污染型环境矛盾具有持续性。第四，人为性。企业污染型环境矛盾的最显著特征是污染原因的人为性，即在所有的企业污染型环境矛盾中，我们都可以找到明确的污染实施者，并确定污染的直接负责人。企业污染型环境矛盾虽然具有广泛性、复杂性和持续性，但是人为性之特征仍然决定了其是我们最容易抓住根源、解决冲突的一类矛盾。显然，解决企业污染型环境矛盾的最简单、直接之方式，就是让企业承担污染环境后的一切后果，由污染者治污，并承担相应的损害赔偿责任。但是，在实践中，企业污染环境的事件仍屡禁不止，由此引发的矛盾一而再、再而三地损害着公民的基本权益，影响着社会稳定。究其原因，还是地方经济保护主义在作祟，从而导致环保方面的法律规范未完全落实。因此，要解决企业污染型环境矛盾，我们不仅要警惕企业要收益不要生态环境的做法，还要杜绝政府要经济发展不要环境和谐的决策。

（二）行政决策型环境矛盾

所谓行政决策型环境矛盾，是指行政机关的决策人员因疏忽或能力欠缺而做出有害生态环境的行政决策，进而引发的环境纠纷与矛盾。这类矛盾主要因行政决策者忽略或低估了公民的环境权与生命健康权而产生，其是当前生态领域中的最大矛盾。总体来看，行政决策型环境矛盾主要具有五个方面的特点。第一，政治性。一方面，事件的产生原因带有政治性因素；另一方面，事件的结果带有政治性因素。行政决策型环境矛盾的解决伴随着行政机关对自身的决策后果之总结和反思。行政决策型环境矛盾之产生，归根结底是行政决策未充分顾及相关的环境效益，从而引发了民众的不满。这种决策不仅影响行政效率，而且直接影响到政府的公信力。第二，逐利性。行政决策型环境矛盾产生的另一原因，就是行政机关对决策事项实施后的社会影响之不当预判和错误应对。这类矛盾的发生通常伴有政府逐利的因素。例如，出于对当地的经济发展之考量，行政机关决定引进大型企业，但其却忽略了相关的环境风险。第三，复杂性。与企业污染型环境矛盾的复杂性不同，行政决策型环境矛盾的复杂之处在于解决矛盾的途径和手段，而不在于污染源和污染行为。鉴于行政决策型环境污染的一方是影响力颇大的行政机关，纠纷解决方式的选择就显得尤为重要。不同于企业污染型环境矛盾中对企业赔偿责任的关注，在行政决策型环境矛盾中，公众更在意行政机关就相关事件的表态。群众往往需要的是政府倾听他们的声音，并做出有针对性的合理解释与回应。第四，预防性。行政决策型环境矛盾的另一个显著特征是预防性。所谓预防性，是指矛盾爆发于环境污染还未产生之时，即群众自发地实施了预防性举措。行政决策型环境矛盾的预防性就是"以邻为壑"的典型演绎。

行政决策型环境矛盾的政治性、复杂性和逐利性体现出政府的态度与行为在解决环境保护领域矛盾时发挥着决定性作用，而预防性和群体性则反映了公民对环境权利的期待日益高涨。如果想从根源上解决行政决策型环境矛盾，那么我们就必须改变一些地方政府唯经济发展的思想，贯彻习近平总书记"绿水青山就是金山银山"的指示精神，增强官员的环保意识，加强监督手段和处罚力度，用老百姓的生存权和环境权来衡量行政行为的合法性与合理性。

（三）跨区域型环境矛盾

环境污染日益呈现出跨区域的特征，即大部分污染类型不仅涉及多种污染源的共同作用，而且还突破了行政区域的划分。也就是说，污染源的复杂性与跨区域性相互叠加，从而使传统的环境污染演化成区域性复合环境污染，且这种污染成为我国当前面临的主要污染类型（陈贻健，2016）。因此，所谓跨区域型环境矛盾，是指环境污染范围跨越了两个以上的政府之辖区，加之环境污染的治理具有典型的公共性、外部性与整体性之特征，因此我们很难明确地将其划分给每一级行政区划，从而引发了区域环境的整体性与属地行政区划的碎片化之矛盾，造成了环境治理责任不明确、资源不均衡之问题，进而导致了区域之间的生态矛盾事件。总体来看，跨区域型环境矛盾主要具有三个方面的特点。第一，流动性。跨区域型环境矛盾具有很强的流动性，这是由环境污染本身的特质所决定的。跨区域型环境矛盾在我国的典型形态主要是： 水体污染，具体包括湖泊、河流和海洋的污染；大气污染，具体包括酸雨、臭氧、雾霾等。这些污染的主要特征是污染物通过水流、空气等媒介传播，传播速度快、流动性极强。第二，广阔性。跨区域型环境矛盾的强流动性决定了污染区域的广阔性。在水体污染中，内陆河流一般横跨多个省市级辖区，因此一旦河流的上游被污染，下游省市必然不可能独善其身，而海洋中的石油污染也往往会涉及多个沿海区域。在大气污染中，因为地球的生态系统具有一体性，所以大气层的物质和热量之循环性流动会将污染物带去全国各地，甚至全球。第三，不确定性。因为跨区域型环境矛盾具有流动性和广阔性，所以在发现污染及治理污染时，我们不一定能及时、准确地找到污染缘由和直接责任主体，有时候甚至查不清污染从何而起，这也是跨区域型污染往往会导致各区域的政府组织产生矛盾的原因之一。各个地区的经济发展水平存在差异，政府和公民的环保意识不尽相同，这些都容易造成政府在跨区域型环境矛盾发生时做出的决策有所侧重，而群众对此也会有不同的反响。作为理性经济人，各地方政府在治理环境污染时，往往只从自身出发，仅考量本地区的经济利益，从而导致了即便是受到同一污染，各地方政府也只会自行其是、以邻为壑，相互推诿扯皮。政府更愿意模糊政策调控范围，并将难以界定区域的环境问题转嫁给他方，从而导致区域性环境保护难以形成一致意见。

三、 经验和启示

改革开放四十年来，我国经济发展迅猛，综合国力持续增强，人民生活水平显著提高，但粗放式的经济发展模式造成了严重的环境污染和生态破坏问题。当前，我国生态领域矛盾的发展呈现出以下四个特点： 第一，我国目前处于生态领域矛盾高发期，矛盾产生原因增多，波及范围变广。第二，除矛盾数量存在总体性增长外，生态领域矛盾的具体内容也具有明显的地区性差异。在经济发达地区，生态领域矛盾逐渐取代征地拆迁而成为主要矛盾。第三，相较于其他社会矛盾，生态领域矛盾将成为众多社会矛盾的导火线，生态领域矛盾将会引发其他一系列的社会矛盾。第四，民众的环境保护意识逐步提高。居民对所在社区环境与城市环境更加关注，因生态环境矛盾而引发的群体性事件日益增多（朱力，2016）。总体上看，我国的生态环境建设仍然面临着巨大压力，"如何处理可能恶化的环境生态矛盾"是当前社会治理的重要课题。从我国现有的遏制与化解生态领域矛盾之经验来看，以下四个层面的举措值得关注：

（一）不断健全的环保法治体系

环保方面的立法规范是环境保护工作有序推进的关键性保障。改革开放以来，我国的环保法治建设可以说是成果瞩目。

首先，环境保护方面的法律规范逐渐精细化。改革开放以来，我国经济不断发展的过程也是环境保护法律规范不断健全、细化的过程。《中华人民共和国宪法（1978 年）》第十一条规定："国家保护环境和自然资源，防治污染和其他公害。"自此，环境保护成为宪法明确的国家责任。这一规定也是后来环境保护相关立法的重要依据。从 2013 年开始，生态文明建设在国家治理中的地位更加凸显。在"绿水青山就是金山银山"理念的指引下，环境保护立法进一步精细化，并积极回应社会发展的现实需求。除国内立法外，我国还加入了许多涉及环境保护的国际条约，如《保护臭氧层维也纳公约》《关于环境保护的南极条约议定书》《生物多样性公约》等。纵观环境保护的立法历程，我国有关环保领域的法律规范是不同时代、不同发展时期的环保行政工作法治化之产物，它的体系化与精细化程度正在逐步加深，从而为生态领域矛盾的化解提供了坚实的立法保障。

其次，环境监察体系日趋完善。所谓环境监察，是指环境监察部门以国家法律和地方环保法律法规为依据，按照一定的程序和方式，对辖区内的单位和个人贯彻环保法律法规，执行各项环保政策、制度和标准的情况进行现场监督、检查与处理的活动（环境监察局，2009）。经过四十年的发展，我国的环境监察事业之演进经历了起步、试点、发展和改革四个阶段，基本形成了国家、省、市、县、乡镇五级环境监察执法网络。

最后，环保督察风暴取得了明显实效。作为国家治理体系的一部分，督察是指国家机构对行政机关是否全面履行职能所进行的监督检查活动。例如，根据

《国务院办公厅关于建立国家土地督察制度有关问题的通知》和《公安机关督察条例》，国家土地督察局和公安部督察委员会可以开展与土地督察及警务督察有关的活动。近年来，我国的环境污染形势十分严峻，环境问题层出不穷。长期以来，环境监管的重点对象为"企业"，其忽视了对地方政府的监管。针对那些不顾生态环境、盲目决策，从而造成严重后果的政府负责人，我们必须追究其责任。

（二）完善的参与式环境治理模式

理想的环境保护需要公众、企业与政府的共同努力和参与。按照新的《中华人民共和国环境保护法》之规定，一切单位和个人都有保护环境的义务，企事业单位和其他生产经营者应当防止、减少环境污染与生态破坏，并对所造成的损害依法承担责任。

第一，公众参与环境治理。首先，公众参与环境立法听证。环境立法听证制度是立法机关为了收集、获取可靠的环境立法信息和资料，就环境立法的必要性、法案内容的可行性等问题举行听证会，并邀请与环境法案有利害关系的普通公民、专家、学者或其他组织到会陈述意见，从而为环境立法决策积累参考依据。其次，公众参与环境影响评价。一般来说，公众比较熟悉本地的环境情况，一些项目的建设与他们的生活和工作关系密切，而通过倾听公众的要求和意见，决策者能够调整原有的补偿和减缓措施，从而减少项目施工方与当地居民的冲突和对立。

第二，企业通过清洁生产参与治理。改革开放以来，粗放型的经济发展造成了严重的生态环境污染与资源利用危机，清洁生产在环境污染的防治过程中发挥着举足轻重的作用。所谓清洁生产，是指不断采取改进设计、使用清洁的能源和原料、采用先进的工艺技术与设备、改善管理、综合利用等措施，从源头削减污染，提高资源利用效率，减少或者避免生产、服务和产品使用过程中的污染物之产生与排放，从而减轻或者消除人类健康和环境所受到的危害。2005 年，环境保护总局制定的《重点企业清洁生产审核程序的规定》首次公布了企业清洁生产的程序。2008 年，环保部发布《关于进一步加强重点企业清洁生产审核工作的通知》，该文件详细规定了清洁生产的具体规则和要求。此后，全国各地开展了重点企业的清洁生产审核工作。

（三）多元化的矛盾化解机制

生态领域矛盾的及时解决，事关社会的安宁稳定和生态环境的即时修复。由于环境问题本身具有综合性与复杂性，因此我们需要多元化的矛盾纠纷解决机制。首先，完善的生态环境风险防范体系可以从源头上预防生态领域矛盾的产生；其次，非诉的解决方式（如调解、仲裁等）可以快速、简便地解决环境纠纷；最后，作为一种终局性的司法手段，环境公益诉讼在解决生态领域矛盾方面发挥了重要作用。

首先，不断完善的生态环境风险防范体系。改革开放以来，在经济建设快速发展的同时，我国的突发性环境污染事件屡屡发生，"如何高效防范生态环境风险"成为重要战略课题。生态环境风险具有多样性和复杂性，其表现形式十分复杂，如生态环境污染、农村环境问题、环境社会性群体事件等。同时，造成这些问题的原因也十分复杂，工农业生产、资源开发、城乡居民生活、物流交换、国内外贸易等都与之相关。此外，制造生态环境风险的主体也非常之多，如各级政府决策者、生产企业、社会大众、资源开发者等。因此，生态环境风险防范必将是一项系统工作。习近平总书记在全国生态环境保护大会上说："要有效防范生态环境风险。生态环境安全是国家安全的重要组成部分，是经济社会持续健康发展的重要保障。要把生态环境风险纳入常态化管理，系统构建全过程、多层级生态环境风险防范体系。"

其次，建立解决环境纠纷的 ADR 机制。 ADR 机制的全称为"替代性纠纷解决机制"，其是非讼解决程序或者机制的总称。在处理环境纠纷时， ADR 机制程序柔和、灵活快捷、注重意思表示自由；其是对环境纠纷诉讼制度的必要补充。根据主持纠纷解决的主体之不同，我们可以将 ADR 机制划分为行政ADR、司法 ADR 和民间 ADR，本节主要介绍行政 ADR 和民间 ADR。行政ADR 是由国家行政机关内部的专门机构来主持解决环境纠纷，主要包括调解、裁决；民间 ADR 主要是民间组织来主持纠纷的解决，主要包括协商、调解、仲裁。与行政 ADR 相比，民间 ADR 更加凸显当事人的意思自治，其费用很低甚至不收取费用（邵文君，2013）。

第三，日益成熟的环境公益诉讼。2005 年 12 月，国务院发布的《国务院关于落实科学发展观加强环境保护的决定》首次明确提出了环境公益诉讼的概念。实践表明，环境公益诉讼在打好污染防治攻坚战、解决生态领域矛盾方面发挥着至关重要的作用。

（四）刚性的责任追究机制

责任的追究是环境保护工作的有力抓手，我国在实践中探索了不少责任追究的手段，其中最典型的是环境保护目标责任、限期治理制度及环评区域限批制度。通过落实环境保护目标责任制，使政府承担环境保护的任务；通过限期治理制度，倒逼企业注重环境效益；通过环境区域限批制度，督促政府与企业将环境保护切实贯彻到实处。

第一，环境保护目标责任制。环境保护目标责任制是以现行法律为依据，通过签订责任书的形式，落实各级政府环保责任的一项行政管理制度。《中华人民共和国环境保护法（1989 年）》第十六条明确规定，地方各级人民政府应当对本辖区的环境质量负责，并采取措施改善环境质量。此规定为环保目标责任制的法律依据。1990 年，国务院印发《国务院关于进一步加强环境保护工作的决定》，强调要严格落实包括环境保护目标责任制在内的八项管理制度。1996 年，国务院发布的《国务院关于环境保护若干问题的决定》指出，"明确目标，实行环境质量行政领导负责制"。此后，地方各级政府纷纷出台环境保护目标责任制的实施办法。新修订的《中华人民共和国环境保护法》第二十六条正式将环境保护目标责任制固定了下来。作为规制政府环境责任的管理手段之一，环境保护目标责任制能够严格落实领导干部生态文明建设责任制，督促各地区、各部门落实中央有关环保的重大政策和措施，为坚决打好污染防治攻坚战提供保障。

第二，限期治理制度。所谓限期治理制度，是指针对排放污染物超过排放标准、超过污染物总量控制指标或者造成严重环境污染的排污者，有权限的行政机关责令其在一定期限内治理环境污染，从而实现治理目标的制度（黄锡生、夏梓耀，2014）。限期治理制度是符合我国国情的、具有中国特色的环境治理手段，是控制污染的有效措施，其能够有效遏制企业因不注重环境保护而造成污染源扩大之趋势。第一次全国环境保护会议首次提出了"限期治理"一词。对于企业而言，限期治理制度体现了"谁污染，谁治理"的原则。

第三，区域限批制度。所谓区域限批，是指国务院或省级人民政府环境保护部门，针对存在环境影响评价执行率低、"三同时"违法现象严重、未按期完成重点污染物总量削减目标、超过污染物总量控制指标、多次发生特大重大环境污染事故、环境风险隐患突出等严重环境违法现象的行政区域，所采取的暂停审批除污染防治、循环经济、生态恢复外的所有建设项目环境影响评价文件的行政管理措施（竺效，2014）。改革开放以来，国家积极发展重化工基础工业，但是生产粗放、技术落后，从而造成了资源与能源的大量消耗和过度浪费，进而导致了我国的环境污染和生态破坏之矛盾凸显。区域限批制度将环境保护与经济发展绑定在一起，政府必须平衡二者，实现"绿色发展"。2005年的《国务院关于落实科学发展观加强环境保护的决定》提到，"严格执行环境影响评价和'三同时'制度，对超过污染物总量控制指标、生态破坏严重或者尚未完成生态恢复任务的地区，暂停审批新增污染物排放总量和对生态有较大影响的建设项目"。这是国家关于区域限批的最早之规定。《中华人民共和国水污染防治法》第二十条第四款规定："对超过重点水污染物排放总量控制指标的地区，省级以上人民政府环境保护主管部门应当会同有关部门约谈该地区人民政府的主要负责人，并暂停审批新增重点水污染物排放总量的建设项目的环境影响评价文件。"除此之外，《规划环评条例》第三十条规定："规划实施区域的重点污染物排放总量超过国家或者地方规定的总量控制指标的，应当暂停审批该规划实施区域内新增该重点污染物排放总量的建设项目的环境影响评价文件。"2015年，全新修订的《中华人民共和国环境保护法》规定了区域限批制度。与其他环保制度相比，区域限批制度的最大特点在于责任承担方式上的面源性，其核心内容是将责任自负变成集体承担，因此保护力度更强。

参考文献：

［1］陈贻健：《区域性复合环境污染防治法律对策研究：以霾污染为样本》，《法学杂志》2006年第12期。
［2］环境监察局：《环境监察》，北京：中国环境科学出版社2009年。
［3］黄锡生、夏梓耀：《论限期治理制度——以〈环境保护法〉修改为进路》，《河北法学》2014年第2期。
［4］邵文君：《论我国环境纠纷ADR机制》，重庆大学硕士学位论文2013年。
［5］朱力：《未来几年我国重大社会矛盾的走势——基于219位基层党政一把手的经验判断》，《江苏社会科学》2016年第6期。
［6］竺效：《论新环境保护法中的环评区域限批制度》，《法学》2014年第6期。

近四十年来的中国环境史
史料研究之回顾与思考[*]

李明奎[**]

摘要：近四十年来，中国环境史史料的研究在理论、个案、区域等方面呈现出研究成果丰富、研究人员广泛、研究时段集中等特点，但其亦存在重视历史文献而忽略图像等史料、个案分析多而综合研究较少等问题和不足。未来的中国环境史史料研究应拓宽环境史史料的范围，加强环境史史料的综合比较研究和理论研究，全面地整理相关环境史史料，从而促进中国环境史史料学的构建和中国环境史研究的本土化。

关键词：环境史；史料研究；中国环境史史料学；本土化

---

* 本文为第二批"云岭学者"培养项目"中国西南边疆发展环境监测及综合治理研究"（项目编号：201512018）与云南大学服务云南行动计划项目"生态文明建设的云南模式研究"（项目编号：KS161005）的阶段性成果，发表于《鄱阳湖学刊》2017 年第 4 期，此处略有改动。

** 作者简介：李明奎（1990—   ），历史学博士，玉溪师范学院讲师，主要从事中国古代史、教育史、环境史方面的教学和研究。

作为一门新兴的历史学之分支学科，环境史于 2008 年在中国取得了独立的学科地位。事实上，中国关于环境的记录和思考起源于远古三代，而关于环境史的研究则起源于 20 世纪 20 年代，并于 20 世纪 80 年代得到普遍关注。[①] 若从 1980 年算起，中国的环境史研究已经走过了近四十年的发展历程，其取得了可喜的研究成果。对此，张国旺等人从各自的研究领域和关注视角进行了不同层次、不同地区、不同时段的总结，此处不赘述。史料是历史研究的基础，中国环境史的发展离不开相关史料的挖掘和利用。近年来，有关中国环境史史料的研究逐渐引起学者的关注，理论、区域、案例等方面均有不少成果显现。有研究者曾对此进行了梳理，但其只梳理至 2014 年，且有部分遗漏，相关分类亦有继续讨论和完善的必要。[②] 本文在相关研究的基础上，将中国环境史史料的研究成果分为 1980—2008 年和 2009—2016 年两个时段进行梳理，并总结其特点和不足。考虑到在目前的研究中，"环境史文献"与"环境史史料"这两个概念经常被同时使用，所以本文的梳理亦将两者的研究成果一一纳入；同时，由于气候、灾害、疾病等领域的研究与环境史及其史料密切相关，因此在梳理时，本文亦部分兼及气候、灾害、疾病等领域的研究成果。囿于个人见闻，本文难免有所遗漏，尚请读者见谅。

一、 1980—2008 年的中国环境史史料之研究

这一时期，虽然环境史这门学科尚未正式在中国确立，但是环境史研究的内容、理念、方法等已经传入国内并引起相关研究者的关注，国内的世界史、经济

[①] 周琼：《中国环境史学科名称及起源再探讨——兼论全球环境整体观视野中的边疆环境史研究》，《思想战线》2017 年第 2 期。

[②] 徐正蓉：《中国环境史史料研究综述》，《保山学院学报》2014 年第 6 期。

史、社会史、民族史、灾害史（灾荒史）、气候史（气象学）、农史、历史地理、自然科学等学科的学者在各自的研究领域内进行了辛勤的探索，许多社会、灾害、气候、古籍整理等方面的成果亦与环境史研究密切相关，而且有不少成果涉及环境史史料这一选题。

（一）理论与方法层面的研究

此方面的研究成果主要集中于环境史史料的特点、搜集、利用等问题，并且以气候史（气象学）、农史、世界史、历史地理学等学科的研究者所进行的探索较为显著。张德二认为，历史文献记录是我国古气候与古环境重建的信息来源，我们应系统地收集、校勘、考订历史文献记录，以增加古气候与古环境研究的史料来源。同时，张德二强调，与树木年轮、冰芯、地层沉积物等代用气候记录相比，文献记录具有记述的时间和地点详细明确等优点，其在研制中国历史气候基础资料系统和绘制古气候复原图方面发挥着重要的作用。[1] 张丕远等人论述了中国古代文献、地方志和各类史书、清代档案、民国档案、申报等不同文献中的自然环境信息，并就分析与辨别史料提出了原始优先、校勘优先、价值优先和相互参照四项原则。[2] 杨煜达对清代官中档、奏折、上谕档等档案中的气象资料进行了分类，并运用理证法、对证法和本证法对档案资料的可靠性与系统偏差进行了考察。[3] 曹永年认为，环境史史料珍贵稀少，我们在引用时需要仔细辨

---

[1] 张德二：《中国历史文献中的高分辨古气候记录》，《第四纪研究》1995 年第 1 期；张德二：《中国历史文献档案中的古环境记录》，《地球科学进展》1998 年第 3 期；张德二：《中国历史气候文献记录的整理及其最新的应用》，《科技导报》2005 年第 8 期。

[2] 张丕远等：《从历史文献、档案中提取自然环境信息的研究》，载李根蟠、原宗子、曹幸穗编：《中国经济史上的天人关系学术讨论文集》，北京：中国农业出版社2002 年。

[3] 杨煜达：《清代云南季风气候与灾害研究》，上海：复旦大学出版社2006 年。

别，包括对时间、地点、过程的审慎推敲，特别是要放在当时的社会和政治经济背景下对其进行考察，不能随文引用。① 王利华强调，数量丰富、题材各异的传世文献是研究上古时期环境史的重要史料，但这些史料具有文献时代早、亡佚现象严重等特点，因此研究这些传世文献所蕴含之环境史信息的学者既要具备传统的史学功底，又要具备跨学科的素质和知识储备。② 贾珺从环境史的视角诠释了高技术战争，并认为其依赖的史料具有来源广泛、形式多样、不确定性强三个鲜明的特点，因此研究者必须夯实哲学基础、扩展学科基础和优化史料基础。③ 周琼阐述了少数民族实物、口述、图像等非文字史料的类别及其在中国少数民族历史研究中的重要作用，这极有利于民族环境史的研究和相关民族环境史史料的搜集整理。④

(二) 环境史史料的时段和区域研究

中国历史久远、地域广阔，从时段或区域之角度来进行环境史史料研究的学者亦不在少数。刘兴诗从创世神话与"天地开辟"时代、"黄金时代"与全新世时期的气候条件、英雄时代的神话与亚北方的气候条件三个方面入手来研读史前神话，他认为史前神话中的大量内容反映了第四纪最后一个冰期结束以来的古气候环境的一些气候特征。⑤ 贺科伟强调，在新史学视野下，一切包含历史信息的东西（包括物质与非物质、有文字和无文字等）都可以当作史料。因此，贺科

---

① 曹永年：《明万历间延绥中路边墙的沙壅问题——兼谈生态环境研究中的史料运用》，《内蒙古师范大学学报（哲学社会科学版）》2004 年第 1 期。
② 王利华：《论题：上古生态环境史研究与传世文献的利用》，《历史教学问题》2007 年第 5 期。
③ 贾珺：《试论从环境史的视角诠释高技术战争——研究价值与史料特点》，《学术研究》2007 年第 8 期。
④ 周琼：《非文字史料与少数民族历史研究》，《郑州大学学报（哲学社会科学版）》2008 年第 1 期。
⑤ 刘兴诗：《史前神话和古气候环境》，《成都理工大学学报（社会科学版）》2003 年第 3 期。

伟将秦汉生态环境史料分为传世历史文献、文学类史料、出土考古资料和科技考古资料共四大类进行介绍。① 杨昶在文章中分析了《农政全书》《闽书》《菽园杂记》《问水集》《河防一览》《本草纲目》《天工开物》等明代文献中隐藏着的植树营林、治水防洪、生态农业等信息。② 针对中国第一历史档案馆所藏的清代甘肃省之生态环境档案，张玉按照气象、农业、牧业、水利、人口等不同主题进行了分类，并阐述其在环境史研究方面的史料价值。③ 张瑾珞认为，"雨雪奏报"类清代档案中关于气象的史料可靠性高，但准确性低，而且同一情况在不同的文献中有不同的记载，因而在利用这些资料进行研究时需详细辨析，不可笼统划一，要找出异同，减少误差，从而提高相关研究的可靠性。④ 周琼利用记载于《道光云南通志稿·武备志》中的滇西北中甸藏区的一条武备史料，研究了清代滇川藏毗邻藏区的民族生态环境及人口、交通等问题。⑤ 同时，周琼还分析了明清时期的云南方志纂修体例类目之变化与云南社会环境的关系，她认为类目的固定化、因袭性等特点，以及部分类目的出现或消失，在很大程度上受到了云南地方社会的历史发展、现实环境与意识形态之影响。⑥ 卞利对徽州森林保护碑刻的时空分布、类型划分、基本内容与形式等问题进行了探讨，并指出明清徽州森林保护碑刻在严禁乱砍滥伐森林、维护当地居民生产与生活、生态平衡等方面具有其他质地——特别是纸质文书——所不可替代的地位和作用。⑦ 倪根金亦对中国历史上的碑刻之演进历程和环境史价值进行了细致的分析。⑧ 徐开明等

---

① 贺科伟：《秦汉生态环境史料述略》，《兰台世界》2008 年第 18 期。
② 杨昶：《明代生态环境科技成就及相关文献》，《华中师范大学学报（人文社会科学版）》2002 年第 1 期。
③ 张玉：《珍贵的清代甘肃生态环境档案》，《档案》2003 年第 6 期。
④ 张瑾珞：《清代档案中的气象资料》，《历史档案》1982 年第 2 期。
⑤ 周琼：《一条应受关注的藏区环境史料述论》，《中国藏学》2006 年第 4 期。
⑥ 周琼：《明清滇志体例类目与云南社会环境变迁初探》，《楚雄师范学院学报》2006 年第 7 期。
⑦ 卞利：《明清时期徽州森林保护碑刻初探》，《中国农史》2003 年第 2 期。
⑧ 倪根金：《中国传统护林碑刻的演进及在环境史研究上的价值》，《农业考古》2006 年第 4 期。

人在遥感与地理信息技术的基础上，认真思考了现有的地理信息历史资料及其在资源环境监测中的应用。①

(三) 环境史史料的个案分析

这一时期，针对具体文献来进行环境史史料分析的成果之数量也不少。香港岭南大学的邝龑子借助《诗经》及唐代以前的民间歌谣，从原始谋生到宗教想象的自然、维持生活与感发情意的自然等方面入手，对中国古代民间阶层的自然意识进行了综合勾画。② 王文东认为，《礼记》中的生态伦理是维护生态的多样性、实现社会生产的可持续性发展及建设农业生态环境的重要资源，因此他对《礼记》一书所蕴含的宗教生态伦理、农业生态伦理、礼俗生态伦理，以及时禁、无伤、时中的生态伦理规范进行了细致解析。③ 罗移山指出，"天人合一"是《周易》的生态伦理之总理念，"万物并育不相害"与"和协发展"是《周易》的生态伦理之根本原则，因此他撰文探讨了《周易》一书的生态伦理思想。④ 谢继忠分析了《四时月令五十条》这一出土的汉代法律文书所蕴含的生态环境保护思想。⑤ 李进将中国古人的自然观分为农民、儒家、道家和佛家四种，并对传统山水画所蕴含的道家自然观进行了解读。⑥

除探究具体文献所蕴含的生态思想（生态意识）外，分析文献中的其他环境

---

① 徐开明等：《地理信息历史数据在环境变化监测中的应用》，《测绘与空间地理信息》2007 年第 1 期。
② 邝龑子：《从〈诗经〉和唐前歌谣看民间的自然意识》，载刘翠溶主编：《自然与人为互动：环境史研究的视角》，台北：联经出版公司2008 年。
③ 王文东：《论〈礼记〉的生态伦理思想》，《古今农业》2006 年第 3 期。
④ 罗移山：《论〈周易〉的生态伦理思想》，《西南民族学院学报（哲学社会科学版）》2001 年第 3 期。
⑤ 谢继忠：《从敦煌悬泉置〈四时月令五十条〉看汉代的生态环境保护思想》，《衡阳师范学院学报》2008 年第 5 期。
⑥ 李进：《环境思想史研究的史料与诠释——以探寻传统山水画中蕴涵的道家自然观为例》，《学术研究》2007 年第 8 期。

信息之研究成果亦层出不穷。王子今探讨了张衡的《南都赋》所记载的汉代南阳地区之植被情况、野生动物生存和分布状况、甘蔗和甘橘的栽植情况等环境信息。① 张全明从山水、岩洞、禽兽、虫鱼、花果、草木、器物、酒类等方面入手，阐述了宋代范成大《桂海虞衡志》一书中与环境史研究相关的内容。② 魏华仙就宋代庄绰的《鸡肋编》一书中有关宋代的气候、动植物、自然灾害之信息进行了整理和分析。③ 金霞细致地阐述了《宋书·符瑞志》在史学史、政治思想史和环境史史料方面的价值，她认为《宋书·符瑞志》集先秦两汉祥瑞思想之大成，我们应重新评估该书在学术史上的地位与价值。④

（四）与环境史史料密切相关的气候、灾害、农业等方面的史料之整理

从上个世纪五六十年代（更早的是在晚清民国时期）开始，古籍整理、农学、民族学、气候史（气象学）、灾害史、地方史、历史地理等学科的研究者从各自的研究需要出发，开始了对史学、文学、哲学等方面的文献，以及地震、干旱、洪涝、社会、经济、民族等方面的专题史料之搜集和整理。这些经过整理的史料虽大多没有标示出"环境史史料"这一名目，但其中亦收录和蕴藏着十分丰富的环境信息，不少成果和经验对中国环境史史料的整理具有重要的参考与借鉴价值。

中华人民共和国成立后，不少机构和专家学者对《二十四史》、《四库全书》、《续修四库全书》、《四库全书存目丛书》、《四库未收书辑刊》、明清帝王实录、中国地方志、区域文献等大型史籍进行了整理和出版；同时，他们亦对敦

① 王子今：《〈南都赋〉自然生态史料研究》，《中国历史地理论丛》2004 年第 3 辑。
② 张全明：《〈桂海虞衡志〉的生态文化史特色与价值》，《华中师范大学学报（人文社会科学版）》2003 年第 1 期。
③ 魏华仙：《〈鸡肋编〉的生态环境史料价值》，《中国历史地理论丛》2006 年第 4 辑。
④ 金霞：《〈宋书·符瑞志〉历史价值初探》，《社会科学辑刊》2005 年第 2 期。

煌文献、民间文书（徽州文书、清水江文书等）、少数民族古籍等史料进行了大规模的搜集和整理。至 2008 年，我国已经出版了《敦煌经部文献合集》①、《明清徽州社会经济资料丛编》（第一辑、第二辑）②、《徽州千年契约文书》③、《徽州文书》（第一辑、第二辑）④、《清水江文书》（第一辑）⑤、《纳西东巴古籍译注全集》（100 卷）⑥、《中国少数民族古籍集成（汉文版）》（100 册）⑦ 等大型史料整理丛书。此外， 100 卷的《中国贝叶经全集》交由人民出版社出版，至 2006 年已完成了首批书目的整理印行工作；《中国少数民族古籍总目提要》于 1997 年正式立项，全书总体设计约 60 卷，共 110 册，以民族分卷，至 2008 年已经由中国大百科全书出版社印行了纳西族、白族、土族、撒拉族、回族等少数民族的古籍提要。

这些关于全国和各地区、各民族的历史、经济、法律、社会、文化、民俗等内容的文献之整理出版，虽然没有明确标出"环境史史料"这一称谓，但是其中不乏与环境史相关的信息，从而为我国的断代（时段）环境史、区域环境史、民族环境史等学科领域的研究提供了许多整理好的史料。特别是对中国历史上的灾害、气候、农业等方面的史料之整理，更为今日中国环境史的研究提供了关系极为密切的史料整理成果。

灾荒史料（如地震史料）的整理，以《中国历史强震目录（公元前 23 世

---

① 张涌泉主编：《敦煌经部文献合集》，北京：中华书局2008 年。
② 安徽省博物馆整理：《明清徽州社会经济资料丛编》（第一辑），北京：中国社会科学出版社 1988 年；中国社会科学院历史研究所徽州文契整理组编校：《明清徽州社会经济资料丛编》（第二辑），北京：中国社会科学出版社1990 年。
③ 王钰欣、周绍泉主编：《徽州千年契约文书》，桂林：花山文艺出版社1991 年。
④ 刘伯山主编：《徽州文书》（第一辑），桂林：广西师范大学出版社2005 年；刘伯山主编：《徽州文书》（第二辑）桂林：广西师范大学出版社2006 年。
⑤ 张应强、王宗勋主编：《清水江文书》（第一辑），桂林：广西师范大学出版社 2007 年。
⑥ 《纳西东巴古籍译注全集》编委会主编：《纳西东巴古籍译注全集》，昆明：云南人民出版社1999 年。
⑦ 季羡林主编：《中国少数民族古籍集成（汉文版）》，成都：四川民族出版社2002 年。

纪—公元 1911 年）》①、《中国近代地震目录（公元 1912—1990 年）》② 为代表，前书对我国 1911 年以前的历史强震之地震基本参数、震情记述、等震线图等做了进一步的分析、考证、修改与充实，而后书则是前书的后续，其也是在新资料与新成果的基础上，对 1983 年出版的《中国地震目录》进行了修订、补充和续编。北京、唐山、安徽、浙江、云南、东北等地区的地震史料整理亦成果显著。就洪涝干旱史料的整理来看，较有代表性的有"清代江河洪涝档案史料丛书"，该丛书由中华书局于 1981 年至 1998 年出版齐全③，其为学者研究清代江河洪涝灾害及其防治提供了丰富的史料。《中国近五百年旱涝分布图集》则集中收录了 1470 年至 1979 年的全国旱涝史料，并对其进行了相关的整理和绘制。④ 在《中国近五百年旱涝分布图集》的基础上，相关学者又搜集史料，对 1980—1992 年间和 1993—2000 年间的旱涝史料进行了续补与再续补。⑤ 此外，针对海洋（溢）灾害、农业灾害、大洪水灾害，我国亦有诸如《中国农业自然灾害史料集》《中国历史大洪水调查资料汇编》等专门的史料整理成果。⑥ 在持续、系统地对中国历史上的各种灾害（灾荒）进行研究和史料整理的团队之中，李文海教授率领的"中国近代灾荒史研究"课题组所做的贡献较大。该团队除出版研究专著外，还对中国历史上的灾荒史料进行了整理，并先后出版了《近代中

---

① 闵子群主编：《中国历史强震目录（公元前 23 世纪—公元 1911 年）》，北京：地震出版社1995 年。
② 国家地震局震害防御司主编：《中国近代地震目录（公元 1912—1990 年）》，北京：中国科学技术出版社1999 年。
③ 该丛书包括《清代海河滦河洪涝档案史料》《清代淮河流域洪涝档案史料》《清代珠江韩江洪涝档案史料》《清代长江流域西南国际河流洪涝档案史料》《清代黄河流域洪涝档案史料》《清代辽河、松花江、黑龙江流域与浙闽台地区诸流域洪涝档案史料》等书目。
④ 中央气象台气象科学研究院主编：《中国近五百年旱涝分布图集》，北京：地图出版社1981 年。
⑤ 张德二、刘传志：《〈中国近五百年旱涝分布图集〉续补（1980—1992 年）》，《气象》1993 年第 11 期；张德二、李小泉、梁有叶：《〈中国近五百年旱涝分布图集〉的再续补（1993—2000 年）》，《应用气象学报》2003 年第 3 期。
⑥ 张波、冯风主编：《〈中国农业自然灾害史料集》，西安：陕西科学技术出版社1994 年；骆承政主编：《中国历史大洪水调查资料汇编》，北京：中国书店2006 年。

国灾荒纪年》、《近代中国灾荒纪年续编（1919—1949）》、《中国荒政全书》（第一辑、第二辑）等一系列重要的灾荒史料整理和研究成果。①

气候史料的整理以张德二主编的《中国三千年气象记录总集》为代表，该书对公元前 13 世纪至公元 1911 年这 3000 多年间的天气、气候、大气物理现象、水旱等各种灾害记录、政府的救灾措施等内容进行了系统的采集，并详细考订和精心编排。② 对清代奏折等档案中的农业和环境史料进行整理的则有《清代奏折汇编：农业·环境》一书，整理者从十万多件有关清代气象及农业的各种奏折、录副奏折、薄册等档案中，筛选摘录出与各地的农业政策制度、屯田、垦荒、耕作，农作物品种、种植、禾苗生长，以及农业自然灾害灾情和防治相关的资料，并将其按年按月逐件编排，从而为清代的农业、土地利用、气候与环境变迁等问题的研究提供了重要的参考依据。③

（五）国外研究：基于中译本的考察

环境史这门学科最先兴起于国外，美国、英国、韩国、日本等国家和地区的学者亦极为重视中国的环境史研究，他们的成果也经常涉及中国环境史史料这一选题。在谈及中国环境史研究的资料与方法时，美国学者约翰·麦克尼尔（John R. McNeill）对中国历史文献中的人口、农业、水利、渔业、森林、牧场等方面的"丰富讯息"留有极为深刻的印象。麦克尼尔认为，如果要用文字记录来重建

---

① 李文海等：《近代中国灾荒纪年》，长沙：湖南教育出版社1990 年；李文海等：《近代中国灾荒纪年续编（1919—1949）》，长沙：湖南教育出版社1993 年；李文海、夏明方主编：《中国荒政全书》（第一辑、第二辑），北京：北京古籍出版社2003 年。
② 张德二主编：《中国三千年气象记录总集》，南京：江苏教育出版社2004 年。
③ 中国科学院地理科学与资源研究所、中国第一历史档案馆整理：《清代奏折汇编：农业·环境》，北京：商务印书馆2005 年。

环境史，那么世界上的大部分地区都无法与中国相提并论。① 韩国釜山大学的崔德卿借助汉代画像石上的渔猎图、庖厨图、农耕图等图画，并结合居延汉简等资料，对汉代的森林情况和森林环境被破坏的原因进行了分析。② 此外，美国学者唐纳德·休斯（J. Donald Hughes）对环境史史料的讨论亦值得参考。在《什么是环境史》（*What is Environmental History*）一书的第七章，唐纳德·休斯专门辟出一节来谈论环境史资料的搜集，他认为环境史资料不仅包括所有相关的书籍和文章，而且还包括事实陈述、商业记录、科学报告、报纸记载、揭示那个时代人们的态度的文学作品、景观等③，归纳起来就是文字资料、口述访谈资料、实物资料等，搜集资料的途径有田野调查、充分利用博物馆图书馆的资料、阅读经典著作、网络查询等。

二、 2009—2016 年的中国环境史史料之研究

作为一门独立的学科在中国正式确立后，环境史的研究引起了许多来自不同学科领域的学者之关注，有关环境史史料的研究成果亦越来越多。

（一）环境史史料的理论与方法

这一时期，此方面的研究成果较之前有所增加，相关研究更为专业，且主要

---

① ［美］约翰·麦克尼尔：《由世界透视中国环境史》，载刘翠溶、伊懋可主编：《积渐所至：中国环境史论文集》，台北：台北研究院经济研究所1995 年；*China's Environmental History in World Perspective*，in Mark Elvin and Liu TS' ui—Jung, eds. *Sediments of Time：Environment and Society in Chinese History*，New York：Cambridge University Press, 1998。
② ［韩］崔德卿：《汉代画像石的画题和生态环境》，载刘翠溶主编：《自然与人为互动：环境史研究的视角》，台北：联经出版公司2008 年。
③ ［美］J. 唐纳德·休斯：《什么是环境史》，梅雪芹译，北京：北京大学出版社2008 年。

集中在环境史史料的特点、价值、范围、分类、搜集、利用等方面。钞晓鸿阐述了《清史稿·灾异志》与其原始编纂档案、清代官员的雨雪分寸奏报档案资料、明清地方志等史料中的生态环境信息及其记载局限，他认为环境的记录或隐或现于各种典籍之中，不仅质量参差不齐，而且有些还包含着作者的主观臆测与态度倾向，因此存在错谬与疏漏。所以，在环境史研究中，我们既需要广泛阅读查找，又需要审慎鉴别分析，这样才能防范有意无意的偏差与错误。① 此外，钞晓鸿还强调，在中国的环境史研究中，史料除了考古发现及自然体所加载的环境信息外，诸如诗歌、仪式、传说、图像等以往为史学研究所忽视的历史资料亦值得重视和挖掘。在此基础上，钞晓鸿分析了中国古代相关传说和图像类史料在环境史研究中的价值与利用方法。② 王利华总结了环境史在史料搜集方面所面临的三个困难，并且在"如何搜集相关的环境史史料"这一问题上，他提出了打破对文字与非文字史料的偏见、对片段史料进行联想与排比、注重旧史新读和别立新解等对策建议。③ 周琼以民族区域环境史研究为中心，提出了环境史史料学的概念，他认为除了二重证据法（传统文献和地下考古发掘）外，环境史的研究还必须关注田野调查资料、非文字资料和跨学科资料。在此基础上，周琼提出了环境史研究的"五重证据法"，并认为环境史史料具有隐蔽性和模糊性、分散性和残缺性、主观性和有限性、分布不均衡性和无规律性等特点。④ 董学荣以基诺族为例，探讨了建立民族环境史的可能性、民族环境史的对象与主题、民族环境史的研究方法与研究前景等理论问题。针对民族环境史史料的获取和解读，董学荣认为，我们应大力运用民族古籍、民族考古、环境考古、知识考古、图像史

① 钞晓鸿：《文献与环境史研究》，《历史研究》2010年第1期。
② 钞晓鸿：《中国环境史研究的前沿与展望》，《历史研究》2014年第6期。
③ 王利华：《生态史的事实发掘与事实判断》，《历史研究》2013年第3期。
④ 周琼：《环境史史料学刍论——以民族区域环境史研究为中心》，《西南大学学报（社会科学版）》2014年第6期。

学、历史人类学、跨文化研究、基因工程等学科领域的研究成果,从而在形成鲜明的方法论特色的同时,对相关的民族环境史史料进行全面的搜集和利用。① 聂选华从中国环境史文献的类型、记载内容与发掘过程入手,指出与中国传统文献相比,中国环境史文献具有宏观性与微观性互存、多维性与单一性兼容并蓄、隐性与显性共存等特殊性。② 吴寰以史料的来源、史料记述的内容、历史时间的纵向排列等要素为标准,将不同类型的环境史史料进行整合和分类,并认为口述史料、田野考察资料、考古史料、其他非文字史料等特殊史料与文献的处理也值得环境史的关注。③ 张连伟指出,中国古代森林动物的史料散见于经学与小学、农书与本草、史书与方志、谱录与类书、志怪小说与笔记、诗词歌赋等文献之中,并且每种文献的记录各有其特点。④ 丁海斌与冷静将我国古代的气象档案分为直接遗存和间接遗存两大类,并分别阐述了其价值。⑤

(二) 环境史史料的时段或区域研究

这一时期,环境史史料的时段研究集中于先秦、秦汉、两宋、明清、近代等几个时期,少数研究涉及元代,研究区域几乎涵盖了整个中国。康琼认为,中国神话记载着原始先民对人与自然关系的认识。在此基础上,康琼撰文对中国古代神话的生态意象进行了细致分析。⑥ 李金玉阐述了先秦古简所记载的大量生态环境方面之信息,并认为古简拓宽了环境史的研究领域,促进了研究思维模式的

---

① 董学荣:《民族环境史建构——以基诺山环境变迁为例》,《黑龙江民族丛刊》2015 年第 4 期。
② 聂选华:《中国环境史文献特点探析》,《保山学院学报》2014 年第 6 期。
③ 吴寰:《中国环境史文献的分类问题初探》,《保山学院学报》2014 年第 6 期。
④ 张连伟:《中国古代森林动物文献史料述要》,《湖南科技学院学报》2011 年第 3 期。
⑤ 丁海斌、冷静:《中国古代气象档案遗存及其科技文化价值研究》,《辽宁大学学报 (哲学社会科学版)》2009 年第 2 期。
⑥ 康琼:《人与自然的融通——中国古代神话的生态意象》,《湖南师范大学社会科学学报》2010 年第 2 期。

改变。① 周琼认为，青铜器物及其内外壁上的生物图像大多曾真实存在过，这些图像提供了珍贵的环境史信息，是一种研究先秦环境史的重要资料。② 王彤指出，先秦时期的各种文献具有丰富的环境史信息。因此，王彤逐一探析了先秦文献中的环境要素、人类活动与环境、环保意识与行为等内容。③ 王子今与李斯通过分析认为，出土的战国时期放马滩秦地图显示的"材"及其"大""中""小""材"是否已"刊"等内容，反映了当时林区的生态环境面貌，而某种"材"运程若干"里"、"材"如何"道最"等与运输方式有关的信息，乃至"闭"的设置等内容，均体现了林区交通开发的记录和导引的图示，其在放马滩林区的环境、林业、交通状况等问题之研究方面均有重要的价值。④ 王子今还分析了居延汉简关于野马、鹿、鱼、野橐佗、野羊等动物的记载，并指出这一地区的野生动物之种类、数量和活动与现今有所不同，居延汉简可反映出汉代居延地区的生态环境，其中有关野生动物分布的简文尤其值得关注。⑤ 在新著《两宋生态环境变迁史》一书中，张全明对两宋时期的有关气候、水环境（如黄河、淮河、长江中下游河道等）、地貌与土壤、植被（尤其是林木花卉）、野生动物（野象、犀牛、老虎、孔雀、鹦鹉等）、生态环境灾害（如地震、水灾、旱蝗灾、雹灾、疫灾、风沙等）、矿业开采等内容之文献资料分章节做了搜集、分析与总体阐述。⑥ 贺科伟将清代的生态环境史料分为四类，并进行了内容和价值方面的介绍：第一类为正史、典志、奏折、实录；第二类为地方志、地方文献档案、金石碑刻；第三类为笔记、文集、文学作品与民间文学、报刊杂志；第四

① 李金玉：《先秦古简与生态环境史研究》，《中原文物》2013 年第 1 期。

② 周琼：《虚妄与存在：青铜图像与先秦环境史研究》，载蓝勇主编：《中国图像史学》，北京：科学出版社2015 年。

③ 王彤：《先秦文献中环境史史料价值探析》，《保山学院学报》2015 年第 3 期。

④ 王子今、李斯：《放马滩秦地图林业交通史料研究》，《中国历史地理论丛》2013 年第 2 辑。

⑤ 王子今：《简牍资料所见汉代居延野生动物分布》，《鲁东大学学报（哲学社会科学版）》2012 年第 4 期。

⑥ 张全明：《两宋生态环境变迁史》，北京：中华书局2016 年。

类为非语言类档案,如自然地理要素、历史遗迹遗存等。① 马强与杨霄认为,明清时期的地方志与地方档案使得区域环境史中的诸要素之"分辨率"大大提高。因此,马强与杨霄对嘉陵江流域出土的明清时期的地方志与地方档案(如《南部档案》《巴县档案》等)所保存之环境史信息进行了分析。② 周飞以清代云南的禁伐碑刻为例,探讨了这些碑刻所呈现的禁伐缘由,以及所应对的生态与社会环境问题,并认为由于不同的禁伐碑刻所应对的问题大相径庭,且承载的历史环境信息各不相同,因此其历史环境指示意义迥然相异,我们在环境史研究中应当审慎甄别。③ 刘荣昆探讨了澜沧江流域彝族聚居区的 18 块涉林碑刻蕴含的彝族民众保护森林的紧迫感、对林木重要性的认识、保护森林的法治意识等生态文化内涵,并强调了这些碑刻具有珍贵的生态价值,尤其表现在生态保护的文献价值、生态保护的智慧、公共生态意识、对制定生态保护之乡规民约的借鉴价值等方面。④ 白豆从山西地区的明清碑刻资料入手,认真分析了明清时期的山西地区灾害之时空分布、记录特点、应对方式、灾害中的社会生活等内容,并集中讨论了地方社会中的灾民防灾自救之形式与作用。⑤ 郭莹与李灵玢对湖北现存的近两千块碑刻进行了搜集整理,并阐述了这些碑刻在研究湖北地方社会的宗教传播、农林水利、生态环境、商业发展、地方治理、人口迁徙等问题上所发挥的重要作用。⑥

---

① 贺科伟:《清代生态环境档案述论》,《文史月刊》2012 年第 7 期。
② 马强、杨霄:《地方文献与明清环境史研究——以嘉陵江流域为主的考察》,《西华师范大学学报(哲学社会科学版)》2015 年第 3 期。
③ 周飞:《清代云南禁伐碑刻与环境史研究》,《中国农史》2015 年第 3 期。
④ 刘荣昆:《澜沧江流域彝族地区涉林碑刻的生态文化解析》,《农业考古》2014 年第 3 期。
⑤ 白豆:《明清山西灾害与地方应对——以碑刻资料为中心》,山西大学硕士学位论文,2016 年;白豆:《清代山西灾害应对及官民互动——以碑刻资料为中心》,《山西档案》2016 年第 3 期。
⑥ 郭莹、李灵玢:《论湖北现存碑刻的历史文化价值》,《湖北大学学报(哲学社会科学版)》2014 年第 1 期。

近年来，在环境史史料的时段（断代）和区域研究中，有一种研究路径或趋势值得重视，即通过某种图画、诗歌、植物、习俗等事物的前后风格和内容之形成与演变来探讨其背后的环境因素。例如，薛晔通过对南宋山水画赖以存在和发展的土壤进行考察，指出南宋山水画之清远雅洁、雅俗通融的特征与画家们的生存环境、相关群体的赞助，以及地域与文化的变迁有着不可分割的联系。[①] 周琼认为，清代云南各地的"八景"及其文化之形成和演变，与当时云南的生态环境变迁有着内在的联系。[②] 王建革阐释了江南山地景观变迁对中国古代的山水画风格演变之影响，并认为江南山水画独立风格之形成，与江南山地森林未被破坏时所展现的各种清幽之境和雅致之美密切相关。至明清时期，江南（或者说中国）的山水画走向衰退，其中的一个重要因素便是当时江南生态环境的衰退与景观质量的下降。[③] 此外，通过考察，王建革认为，江南地区采莲女与采菱女在文人诗歌中的前后形象之变化，亦与江南水环境变化等因素有着密切的关系。[④] 王建革的同类性质之研究还包括分析松江鲈鱼及鲈鱼文化的前后演变、江南莼菜的产区变化、芦苇群落的历史演变与江南水环境之微妙关系等主题。[⑤]

[①] 薛晔：《南宋初期山水画生态环境之考察》，《浙江工业大学学报（社会科学版）》2009 年第 3 期。

[②] 周琼：《八景文化的起源及其在边疆民族地区的发展——以云南八景文化为中心》，《清华大学学报（哲学社会科学版）》2009 年第 1 期。

[③] 王建革：《江南山地景观变迁及其对古代山水画的影响》，载蓝勇主编：《中国图像史学》（第一辑），北京：科学出版社2016 年。

[④] 王建革：《历史时期江南水环境变迁与文人诗风变革——以有关采菱女诗歌为中心的分析》，《民俗研究》2015 年第 5 期。

[⑤] 王建革：《松江鲈鱼及其水文环境史研究》，《陕西师范大学学报（哲学社会科学版）》2011 年第 5 期；王建革：《鲈鱼宜脍：逝去的江南味觉》，《中国社会科学报》2014 年 6 月 11 日；王建革：《水环境变化与江南莼群落的发展历史》，《古今农业》2014 年第 3 期；王建革：《芦苇群落与古代江南湿地生态景观的变化》，《中国历史地理论丛》2016 年第 2 期。此外，王建革教授最近撰文对宋代江南的赏梅习俗及其背后的环境因素进行了探讨，详见王建革：《宋代江南的梅花生态与赏梅品味》，《鄱阳湖学刊》2017 年第 3 期。王建革教授最近几年对江南环境史的研究成果，集中体现在其新著《江南环境史研究》（北京：科学出版社2016 年）一书之中。

（三）环境史史料的个案分析

探讨某部具体文献所蕴含的环境信息及其史料价值，仍是近年来中国环境史史料研究的亮点和热点。刘生良与康庄对《庄子》一书的生态美学思想进行了解读，他们指出《庄子》所蕴含的生态美学思想首先表现在其对自然生态之生命性、有序性与联系性这三大生态美学基本属性的深刻认知上，其次表现在对主体"此在"人格理想与社会理想的认知和对生态人生的践行上，最后表现在其就"有为"和"文明"对自然生态的危害与对纯真人性的异化之批判上。① 王利华就《礼记·月令》的时代背景、思想情境、对人与自然关系的建构、相关思想知识的社会化等问题进行了认真分析，并指出《礼记·月令》的环境历史核心价值在于其将天、地、生、人视为紧密关联、相互因应的统一整体，从而构设了一套社会节奏顺应自然节律的人与自然之关系模式，展现了尊崇自然、师法自然和顺应自然的深层生态伦理。② 罗美云细致分析了《诗经》所蕴含的生态美学思想及其当代价值。③《论语》也是中国古代一部极为重要的儒家典籍，此书所蕴含的敬畏天命之生态自然观、重生惜生之生态存在观、和谐中庸之生态人生观、俭用节欲之生态实践观与乐山乐水之生态审美观，均体现出十分独特的生态智慧。在进行生态文明建设的今天，《论语》具有重要的参考借鉴价值，因此其引起了不少学者的关注。④ 连雯以《山居赋》为例，探讨了谢灵运的生命意识和

① 刘生良、康庄：《〈庄子〉生态美学思想资源再探》，《思想战线》2010 年第 4 期。
② 王利华：《〈月令〉中的自然节律与社会节奏》，《中国社会科学》2014 年第 4 期。
③ 罗美云：《论〈诗经〉的生态美学思想》，《北京林业大学学报（社会科学版）》2010 年第 3 期。
④ 傅德田：《〈论语〉思想的生态伦理意蕴》，《经济与社会发展》2010 年第 11 期；唐明贵：《〈论语〉中的生态文明思想及其现代价值》，《社会科学战线》2013 年第 6 期。

山林意识。① 其他如罗顺元、李金玉、李飞、张永刚、徐中原等人分别论述了《管子》《孟子》《墨子》《吕氏春秋》《左传》《山海经》《水经注》等不同文献中的生态环境思想或生态观。② 近年来，以《诗经》《管子》《吕氏春秋》《淮南子》《齐民要术》等文献所蕴含的生态伦理、生态环保、生态农学等思想为选题的硕士学位论文与博士学位论文亦不在少数，但限于篇幅，此处不再一一列举。

除了从思想或观念层面来研究具体文献所蕴含的生态意识、生态美学、生态伦理、生态农学、生态环保等思想及其当代价值外，探讨文献所蕴藏的其他环境信息之成果也层出不穷。陈荣清分析了先秦的十首石鼓诗歌所蕴含之环境信息，并认为这些诗歌真实地再现了先秦时期泾渭流域的自然风光和生态环境。③ 谢继忠对《四时月令五十条》这一出土文献的环保思想之思想渊源进行了认真分析。④ 王彤指出，宋代周去非的《岭外代答》一书记载了宋代广西地区的气候、自然山水、动植物、疾病等环境状况，揭示了当时广西地区的整体环境面貌，具有独特的史料价值和文献特点。⑤ 方万鹏认为，在资源利用的过程中，元代大都的居民形成了特定的适应自然、改造自然的技术形态。同时，方万鹏以最早的北京地方文献《析津志》为例，分析了该方志所蕴含的诸如居住、风俗、岁纪等方面的环境史信息，并阐述了地方志在环境史研究中的史料价值和利用方

---

① 连雯：《谢灵运〈山居赋〉的生态意识》，《鄱阳湖学刊》2010 年第 5 期。
② 罗顺元：《〈管子〉的生态思想探析》，《管子学刊》2010 年第 1 期；罗顺元：《〈孟子〉生态思想探析》，《哈尔滨学院学报》2015 年第 5 期；李金玉：《〈吕氏春秋〉的生态环保思想》，《新乡学院学报》2010 年第 1 期；李金玉：《墨子思想中的生态意蕴探讨》，《华北水利水电学院学报》2012 年第 2 期；李飞：《〈左传〉生态环境思想解读》，《安徽农业科学》2010 年第 2 期；张永刚：《〈山海经〉原始生态观发微》，《洛阳理工学院学报》2009 年第 1 期；徐中原：《郦道元〈水经注〉生态思想管窥》，《江南大学学报（人文社会科学版）》2010 年第 2 期。
③ 陈荣清：《论先秦石鼓诗歌与泾渭流域生态环境的保护》，《宝鸡文理学院学报》2011 年第 3 期。
④ 谢继忠：《敦煌悬泉置〈四时月令五十条〉的生态环境保护思想渊源探析》，《农业考古》2015 年第 6 期。
⑤ 王彤：《〈岭外代答〉的环境史史料价值与特点》，《昆明学院学报》2016 年第 2 期。

法。① 姚佳琳与高国强从环境史的视角切入，对《阅微草堂笔记》进行了解读，他们认为该书以洗练的文笔、纪实的写法记录了明清的华北灾荒、官方民间对灾荒的应对方式、明清时期的安徽虎患、避暑山庄的优美环境与西域的瑰丽奇景，是一部反映明清生态环境的不可多得之环境史料。② 周邦君对包世臣的《郡县农政》所载之农民如何以畜牧技术营造生态环境进行了全面阐释。③ 刘少航对民国时期的麻风季刊中之云南麻风病史料进行了梳理。④

此外，还有不少学者从整体上对诗歌、日记、谚语及自然科学资料所蕴含的气候变化、生态意识等环境信息进行了综合分析。刘炳涛与满志敏指出，我国古代诗歌具有时间上的历时性完整、空间上的广达性全面、历史气候记载的内容广泛与来源独立等特点，其在历史气候研究方面具有重要的佐证作用。同时，刘炳涛与满志敏阐述了中国古代诗歌在历史气候研究中的利用方法。⑤ 李莉亦对古代伐木诗词所蕴含的作者情怀及生态意识进行了分析。⑥ 陈全黎考察了包括诗歌在内的文学作品在何种意义上可以作为环境史研究中的"价值最高之史料"这一难题。⑦ 黄媛等人分析了古代私人日记所保存的气候信息，并认为此类史料所记载的气候信息具有直观性强、分辨率高等特点，可以与地方志和官修文献相互印证，从而为重建历史时期的温度、降水、梅雨、沙尘暴天气等气候变化，分析当前的气候变化规律和模拟未来的气候变化趋势提供历史参考。⑧ 刘荣昆与

---

① 方万鹏：《〈析津志〉所见元大都人与自然关系述论——兼议环境史研究中的地方史志资料利用》，《鄱阳湖学刊》2016 年第 6 期。
② 姚佳琳、高国强：《〈阅微草堂笔记〉的环境史料价值》，《沧州师范学院学报》2014 年第 2 期。
③ 周邦君：《包世臣笔下的畜牧技术及其生态环境》，《农业考古》2013 年第 1 期。
④ 刘少航：《麻疯季刊中反映的民国云南麻风病史料及其防治状况》，《保山学院学报》2014 年第 4 期。
⑤ 刘炳涛、满志敏：《古代诗歌中的气候信息及其运用》，《中国历史地理论丛》2010 年第 4 辑。
⑥ 李莉：《中国古代伐木诗词探析》，《北京林业大学学报（社会科学版）》2010 年第 4 期。
⑦ 陈全黎：《中国环境史研究的史料问题——以〈大象的退却〉为中心》，《史学理论研究》2016 年第 3 期。
⑧ 黄媛等：《基于日记的历史气候变化研究综述》，《地理科学进展》2013 年第 10 期。

朱红认为，西南少数民族地区传承的林业谚语是西南少数民族利用森林与认识森林的思想结晶。在此基础上，刘荣昆与朱红全面分析了这些林业谚语中的生态思想，并指出这些流传于西南民族地区的林业谚语隐含着"用林—护林—用林"的林业生态逻辑，其内核是林人共生思想。① 朱立平与梁尔源讲述了科学家利用历史文献、冰芯、湖泊沉积、树轮等代用资料来揭示青藏高原的气候和环境的历史，以及现在和未来的发展趋势。② 尚华明与杨青认为，树木年轮具有空间分布广、易于采样、时间序列长、定年精确、时间分辨率高等优点，是一种研究气候和环境变化的重要资料。③

（四）气候、灾害等与环境史密切相关的史料之整理

尽管环境史这一学科在此阶段已经正式确立，但是环境史史料的整理工作仍由灾荒（灾害）史、水利史、气候史（气象学）、地方史、民族学（史）、历史地理学等学科领域的学者承担，他们对灾害文献、民间文书、民族古籍、域外中国文献④等进行了集中搜集和整理。

灾害方面的史料整理以《中国荒政书集成》为代表，该书共搜集了从两汉至清末现存的荒政书411部、辑佚书目65部，以及译著或外人编撰的中文著述15部，基本囊括了目前所知的海内外较为重要而珍稀之荒政文献。同时，《中国荒政书集成》还将一些治蝗、医疗、善书、宗教等方面的典籍亦涵括摄入，从而极

---

① 刘荣昆、朱红：《西南少数民族林业谚语的生态思想解析》，《北京林业大学学报（社会科学版）》2015年第1期。
② 朱立平、梁尔源：《代用资料揭示青藏高原的气候和环境变迁》，《大自然》2010年第2期。
③ 尚华明、杨青：《树木年轮：记录气候与环境的"史官"》，《中国气象报》2014年9月5日第4版。
④ 本文的域外中国文献有两层含义，一指他国之人用中文或外文撰写的与中国有关的各种文献，一指原收藏于其他国家和地区的中国文献。

大地丰富了荒政书的内容。① 此外，中国水利水电科学研究院的谭徐明等多位研究人员从清故宫档案中整理出清代的干旱史料，并辑录成《清代干旱档案史料》一书。《清代旱档案史料》集中收录了全国 34 个省区 1689—1911 年的干旱情况、旱灾灾情、灾后救济等与旱灾直接相关之内容的史料共 2494 条，并酌情收录了农作物因干旱导致的收成分数清单、盐场产量和芦苇、畜草等收成史料，其与"清代江河洪涝档案史料丛书"堪称双璧。②

在民间文书方面，清水江文书和徽州文书的整理工作之成绩较为显著。张应强与王宗勋主编的《清水江文书》第二辑（10 册）及第三辑（10 册）分别于 2009 年和 2011 年由广西师范大学出版社影印出版。刘伯山主编的《徽州文书》第三辑、第四辑与第五辑亦分别于 2009 年、2011 年和 2015 年由广西师范大学出版社影印出版，而《中国徽州文书·民国编》集中收录了民国三十八年的徽州文书，整理者将其编排为 10 册进行影印。③

少数民族古籍的整理工作继续深入。100 卷的《中国贝叶经全集》至 2010 年已经全部整理出版完成，《中国少数民族古籍总目提要》至 2016 年已继续编纂出版了羌族、仫佬族、土家族、鄂伦春族、畲族、侗族、黎族、瑶族等部分。规划 100 卷的《云南少数民族古籍珍本集成》，于 2013 年至 2016 年已由云南人民出版社出版了包括彝族、傣族、白族、藏族等少数民族在内的前 40 卷古籍珍本。其他已经整理出版完成的成果尚有《云南少数民族古典史诗全集》《彝族毕

---

① 李文海、夏明方、朱浒等主编：《中国荒政书集成》，天津：天津古籍出版社2010年。
② 谭徐明主编：《清代干旱档案史料》，北京：中国书籍出版社2013年。
③ 黄山学院《中国徽州文书》整理出版工作委员会整理：《中国徽州文书·民国编》，北京：清华大学出版社2010年。

摩经典译注》《云南少数民族绘画经典集成》等大型少数民族古籍。① 这些灾害文献、民间文书与少数民族古籍的整理，将大大方便中国环境史史料的搜集和整理。

域外中国文献的大规模整理则是此时期的史料整理工作之另一大亮点。由于中国与其他国家的学术交流日益频繁，因此许多与中国历史的研究密切相关但藏于其他国家和地区的文献被大量引入国内，并得到整理和出版，从而为中国历史的研究提供了珍贵的域外史料。例如，《越南汉文燕行文献集成》（25 册）搜集了现存于越南的 79 种独立成书或成卷的燕行文献，包括元明清时期五百年间的越南官方使节北使中国或民间人士来华旅行而撰述的各种汉文燕行记、北使诗文集和使程图，其为我们研究元明清时期的中国与越南之交往、经济、社会和当时越人笔下的中国环境之变迁提供了一手资料。②《燕行录全编》（第一辑 12 册、第二辑 10 册、第三辑 10 册）集中收录了元明清时期的高丽与朝鲜之使臣出使中国时留下的各种诗歌（唱和诗、送行诗等）、游记、日记、奏折、状启、书信等纪行录，其不仅为我们提供了研究当时的高丽、朝鲜与中国外交之珍贵史料，而且极有利于我们认识和了解当时使臣笔下的中国社会、政治、经济、文化、环境变迁等问题。③《美国哈佛大学图书馆藏未刊中国旧海关史料（1860—1949）》的整理者对中国近代海关出版的贸易、移民、灾害、疾病、气候、航运、邮政、医学等方面之各种内部资料进行了分类、编目等整理工作，并分批将其影印出

---

① 云南省少数民族古籍整理出版规划办公室主编：《云南少数民族古典史诗全集》，昆明：云南教育出版社2009 年；楚雄彝族自治州人民政府主编：《彝族毕摩经典译注》，昆明：云南民族出版社2012 年；云南省少数民族古籍整理出版规划办公室主编：《云南少数民族绘画经典集成》，昆明：云南美术出版社2016 年。

② 复旦大学文史研究院整理：《越南汉文燕行文献集成》，上海：复旦大学出版社2010 年。

③ 华弘文主编：《燕行录全编》（第一辑），桂林：广西师范大学出版社2010 年；华弘文主编：《燕行录全编》（第二辑），桂林：广西师范大学出版社2012 年；华弘文主编：《燕行录全编》（第三辑），桂林：广西师范大学出版社2013 年。

版，从而为中国近代史和近代环境史之研究提供了新的资料。① 自近代以来，日本便以各种目的不断派出军人、商人、记者、留学生等进入中国进行各种调查，并留下了卷帙浩繁的报告、日记、志书等文献材料。除《满铁调查资料》、《中国省别全志》（包括《支那省别全志》18 卷和《新修支那省别全志》9 卷）、《中国经济全书》（原名《支那经济全书》）等调查报告与志书外，现搜集、整理出版的《东亚同文书院中国调查手稿丛刊》（200 册）② 便是另一套日本人观察中国与记录中国的一手材料。这些日记、志书、调查报告等文献不仅调查得细致深入，而且包含了大量的图表和照片，从而生动、真实地记录了当时中国的政治经济状况、风土民俗、水文地貌等内容，从而为我们研究民国史及近代环境史提供了具有极高价值的史料。

这一时期，明确标明"环境史史料"的整理成果开始增加。例如，史红霞、戴建兵、王锋等人从《山海经》《水经注》《后汉书》《隋书》《明史》《畿辅安澜志》《宁晋县志》《华北水利月刊》《建设总署工作报告》等历史文献入手，对滦河、滏阳河、滹沱河等河流及石家庄等地区的相关记载分别进行了整理与研究，并以"环境史研究系列丛书"的名义于 2011—2013 年由天津古籍出版社出版，形成了《环境史研究系列丛书·传统府县社会经济环境史史料（1912—1949）：以石家庄为中心》《环境史研究系列丛书·滦河史料集》《环境史研究系列丛书·滏阳河史料集》《环境史研究系列丛书·滹沱河史料集》等集史料整理和学术研究于一体的成果。

---

① 吴松弟整理：《美国哈佛大学图书馆藏未刊中国旧海关史料（1860—1949）》，桂林：广西师范大学出版社2014 年；吴松弟整理：《美国哈佛大学图书馆藏未刊中国旧海关史料（1860—1949）》，桂林：广西师范大学出版社2016 年。

② 国家图书馆编：《东亚同文书院中国调查手稿丛刊》，北京：国家图书馆出版社 2016 年。

（五）国外研究：基于中译本的考察

这一时期，国内亦翻译出版了不少国外学者研究中国环境史的论著，其中的不少内容也涉及中国环境史史料这一问题。英国学者伊懋可在《大象的退却：一部中国环境史》（*The Retreat of the Elephants： An Environmental History of China*）一书中大量运用传统的历史文献、西方传教士的回忆录，以及人口学、动物学、土壤学、水利学、园艺学、造林学、地图学、流行病学等学科提供的资料对中国环境史进行研究，其中最引人关注的是他对中国古代诗歌进行了认真的考察。在承认使用诗歌的冒险性之同时，伊懋可也有力地证实了这些诗歌作为历史史料的不可避免性、可靠性和客观性，从而对诗歌中的环境信息（环境观念、思想情感、自然环境等）进行了详细分析。在该书中，伊懋可还对传教士撰写的回忆录进行了客观的解读，他既承认传教士有宗教意识形态的倾向，又证明其对经济和环境的部分观察具有可靠性。[1] 美国学者马立博在《中国环境史：从史前到现代》（*China： Its Environment and History*）一书中运用汉文文献、物质文化遗存的考古资料（陶器、建筑物地基等）、西文论著等史料，勾勒了从史前到现代的跨度近两万年之中国环境变迁。马立博认为，史料本身（尤其是丰富的汉文文献）可能会影响人们对真正的中国环境史之了解和认知，因为这些史料在记载历史信息的同时，受立场和认知局限之影响，多要求人们从汉人的角度去看待各种历史事件、地理环境和景观。因此，作者在书中就如何审视和利用这些史料进行了探讨。[2] 此外，唐纳德·休斯在《环境史的三个维度》一文中认为，

---

[1] ［英］伊懋可：《大象的退却：一部中国环境史》，梅雪芹、毛利霞、王玉山译，南京：江苏人民出版社2014年。

[2] ［美］马立博：《中国环境史：从史前到现代》，关永强、高丽洁译，北京：中国人民大学出版社2015年。

环境史史料有文字资料、口述传闻、照片、雕像实物、考古资料等类型。唐纳德·休斯指出，环境史家在其工作中必须坚持和贯彻历史的方法，从而找出所有可资利用的资料，对各类资料进行里里外外的考证，并且仔细地对它们进行解释。[①]

三、 关于中国环境史史料研究的几点思考

在中国环境史史料的研究方面，国内外学者或者从具体的史籍入手来讨论其中所蕴含的环境史信息，或者对某些环境史料的特点、价值和利用方法进行讨论，亦有学者为气候、灾害、社会、经济、民族等与环境史研究密切相关的内容之史料整理付出了不懈努力。在各领域的专家学者之共同努力下，中国环境史料的研究在理论、区域、时段、个案等方面取得了丰富的成果。特别是 2008 年以来，相关研究越来越深入和专业，它们不仅涉及文字（文献）史料，而且开始关注实物、图像等史料在环境史中的价值，并对诸如环境史史料学、民族环境史等重要的话题进行了引人注目的思考。同时，相关史料的整理亦逐步向专门化、体系化之方向发展。中国环境史史料的研究已日益成为一大亮点和热点，但重复研究与分散研究的现象亦不容忽视。综合来看，目前中国环境史史料研究存在的不足和今后努力的方向主要涉及以下五个方面：

第一，在研究时段上，目前的中国环境史史料研究主要关注先秦、秦汉、宋明清与近代，而魏晋南北朝、隋唐、蒙元时期及现当代的环境史料研究则相对较少。受各方面因素之影响，先秦、秦汉、宋明清及晚清民国时期的环境史料研究颇多（晚清民国时期的环境史料主要涉及气象 ［气候］、灾害、疾病等内

---

① ［美］J. 唐纳德·休斯：《环境史的三个维度》，梅雪芹译，《学术研究》2009 年第 6 期。

容），而魏晋南北朝、隋唐、蒙元及现当代的环境史料研究则较为缺少。近年来，魏晋南北朝与隋唐时期的墓志铭、碑刻等资料日益被发现和整理，蒙元史的研究在方法、史料、内容等方面逐渐深入，现当代的各种档案、报刊、文史资料、口述资料等文献逐渐被披露和出版，从而为我们研究上述时期的环境问题提供了丰富的史料。研究者可以拓宽研究视野，从这些墓志铭、档案、文史、口述等资料和研究成果中搜集相关的环境史史料进行分析，以弥补环境史史料研究在上述时段的不足。

第二，对中国环境史史料的讨论多局限于地方志、诗文、诸子百家、档案、实录、碑刻等传统历史文献，部分兼及地下考古发现的资料，对数量丰富的口述史料、图像史料等文献未能充分予以解析和运用。中国不仅有丰富的历史文献供环境史研究者采择，而且留存了不少山水画、流民图、动植物图画、建筑图、近代以来的各种照片与影像等图像史料。这些丰富的图像史料以另一种视角展现出中国的历史，从环境史的角度分析这些图像史料是一种有益的尝试。个别学者对先秦与秦汉时期的青铜图像和画像砖、宋元明清时期的山水画等图像史料进行了环境史角度的分析，并得出了不少新颖的认识。但是，在相关环境图像的搜集、史料的特点和价值等方面，仍有不少值得继续深入的内容。随着近代史学的发展，口述史料的作用越来越受到重视。这些口述史料不仅为近代的政治、经济、社会和人物方面的研究提供了重要的素材，而且对灾害、气候、动植物、疾病、矿业开采、经济等与环境密切相关的问题也有不可或缺的参考价值。针对中国近代环境史——尤其是现当代环境史——的研究，搜集近代以来的各种环境口述史料（如灾害疾病的防治、气候变化的印象、矿产农业的开发、河流湖泊的变迁、水利工程的兴建等）进行分析，并探讨此类环境口述史料的特点、价值和作用，将为我们提供不少新颖的素材与史料。

第三，就各种史籍进行环境史解读的个案研究较多，综合的、比较的研究较少，且环境史史料的个案分析多局限于国内文献，对域外中国文献的关注有待加强。环境史在中国得到发展后，不少学者从环境史的角度出发，对先秦诸子、地方志、笔记小说等具体史籍所蕴含的气候、灾害、动植物、环境思想等内容进行了细致的分析和解读，并总结了其环境史料价值。但是，此方面的研究成果多局限于具体的某部史籍，对同类史籍——甚至不同类型的史籍——之探讨则较为缺乏。不同类型的史籍不仅记载的内容和体例有别，而且其中蕴含的环境史史料亦各有其特点和价值。在环境史史料个案解读的基础上，分析档案、实录、正史、地方志、文史资料、碑刻等不同类型史籍中的环境史信息之特点、价值、局限和利用方法，对中国环境史史料的研究具有不可忽视的促进作用。此外，对环境史史料的个案分析多局限于国内收藏和出版的各种文献，域外中国文献较少受到关注。近年来，大量用中文或外文撰写但藏于越南、韩国、日本、美国等国家和地区的各种与中国历史研究密切相关的文献被搜集整理，并在国内公开出版，《越南汉文燕行文献集成》《燕行录全编》《美国哈佛大学图书馆藏未刊中国旧海关史料（1860—1949）》《中国省别全志》《东亚同文书院中国调查手稿丛刊》等均是其中的代表。从这些整理出版的域外中国文献中搜集相关环境史史料，以研究外国人笔下的中国在元明清与晚清民国时期的环境问题及其演变，是一条值得尝试的路径。

第四，中国环境史史料的整理和数据库建设应被提上议程并大力倡导践行。中国的各种正史、地方志、诗文集、笔记小说、档案实录、碑刻文书等典籍相当丰富，并且近代以来的各种报刊杂志、访谈口述、日记、图像等资料亦极为繁多，这些均为中国环境史的研究提供了丰富的史料。但是，与中国环境史研究相比，上述文献的整理工作显得略为落后。虽然有不少其他学科领域的学者从各自的研究出发，整理并出版了不少关于灾害、气候、农业等内容的史料，但是明确提出"环境史史料"这一名号并进行相关史料整理的实践尚不多见。就笔者目前所见，只有《清代奏折汇编：农业·环境》等少数书目出现"环境"字样，这与中国历史资料的丰富性和环境史研究所取得的进展很不相称。中国的环境史研究者应基于环境史的研究对象和发展要求，明确提出"中国环境史史料汇编""中国环境史史料辑录（摘抄）""某某书中的环境史史料辑录（摘抄）""某区域/某民族环境史料汇编/辑录/摘抄""中国环境史史料研究丛书"等名称，或按专题（主题），或以类别，或以编年，或以区域，多方位地促进中国环境史史料的名正言顺之整理，并进行相关环境史史料的提要或解题撰写。当今时代，计算机和网络技术迅猛发展，大数据时代已经到来，环境史史料的数字化和数据库建设成为史料整理的一条新路径。部分学者曾就中国环境文献库、历史环境文献库、中国灾害史史料数据库等进行了设计和研究，并提出了不少具有价值的构想。① 中国从事环境史研究的学者可以在前人的研究之基础上，结合环境史的特点，采取与其他学科领域的学者共同合作的方式，研发全新的中国环境史史料数据库，将各种文字、口述、图像等环境史史料分门别类地融为一体，并使它们互相补充，以供相关研究者查阅、下载和研究。

第五，中国环境史史料的理论研究虽取得进展，但仍有继续深入的必要。国内的不少学者在梳理中国环境史研究之成果时，均感到中国环境史研究的相关理论与方法较为薄弱，而理论与方法的研讨和创新与相关环境史史料的挖掘、解读及利用密切相关。缺乏对环境史史料问题的具体分析和综合把握，相关理论的探讨就不免显得薄弱和虚浮。中国地域广阔、历史悠久，各种历史文献和相关的图像、口述等史料十分丰富而又各有其特点和价值，环境史研究者应该结合环境史研究的特点和内容，对中国各种类型的环境史史料进行具体的考察和综合分析，

---

① 吴蔚天：《中国环境文献库（CEA）已在ACOS－5000系统上试建成功》，《环境科学丛刊》1983年第11期；郑景云等：《历史环境变化数据库的建设与应用》，《地理研究》2002年第2期；夏明方：《大数据与生态史：中国灾害史料整理与数据库建设》，《清史研究》2015年第2期。

这样才能更好地总结出符合本国实际、彰显本国环境史理论水平的研究成果，才能在国际交流中争取话语权。目前，国内的不少学者对中国环境史史料之特点、分类、利用等进行了理论层面的讨论，甚至个别学者以民族区域环境史为例，提出了环境史史料学、民族环境史等概念，这些均是十分重要和可喜的成果。后来的研究者可以在这些理论研究和具体个案研究之基础上，对中国环境史史料的范围（类别）、来源、搜集与利用进行全面而深入的探讨，对中国环境史史料学的建立之必要性和可能性，以及中国环境史史料学与文献学、人类学、民族学、考古学等相关学科的关系进行思考，从而建构起"中国环境史史料学"这门学科，以更好地促进中国环境史研究的本土化和理论化。

中国农村环境保护四十年：
问题演进、政策应对与机构变迁[*]

金书秦　韩冬梅^{**}

摘要：在 1973 年至今的四十年中，中国农村环境问题的形态不断变化，相应的农村环境保护政策也不断出台。回顾四十年的历程，农村的环境保护长期未得到足够重视，政策体系仍不完善；同时，相关的应对措施滞后于解决农村环境问题的实际需求，农村环境管理机构持续萎缩。保护农村环境，一要完善政策体系，细化已有政策中的相关规定；二要在"三农"政策中强化环境保护，凸显国家意志；三要强化管理机构；四要大幅增加资金投入。

* 本文为国家社科基金青年项目"基于农户技术选择视角的农业面源污染控制政策设计"（项目编号：12CGL062）、国家自然科学基金面上项目"环境目标约束下农户技术选择：个体行为与制度安排"（项目编号：71273147）及农业部"十三五"规划编制前期重大研究课题"农业清洁生产技术及面源污染防治模式研究"（项目编号：39）的阶段性成果，发表于《南京工业大学学报（社会科学版）》2015 年第 2 期。
** 作者简介：金书秦（1984—　），男，江西新建人，农业部农村经济研究中心发展研究室副主任、副研究员，研究方向为农业环境保护政策；韩冬梅，女，河北大学经济学院教授，研究方向为环境政策分析与评估、环境管理、环境规划等。

环 境 保 护 工 作

关键词 农村环境保护；问题；政策应对；历史回顾

1972 年 6 月，在瑞典斯德哥尔摩召开的"联合国人类环境会议"是现代环境保护发展的里程碑。中国政府派团参加了上述会议，并在 1973 年 8 月召开了第一次全国环境保护会议，这标志着我国环境保护工作的正式起步。四十年过去了，我国的环境保护工作在法治建设、机构改革等方面不断完善，工业领域和城市领域的环境保护工作已经取得了一定的成绩。环境保护工作的焦点正在逐步由城市转向农村，由工业转向农业。伴随着国民经济的高速发展，我国的农业农村面貌也发生了翻天覆地的变化，农业领域的环境问题也在不断变化，部分环境问题长期存在，新的环境问题层出不穷。然而，与工业领域和城市领域相比，我国的农村环境保护存在着明显的滞后性。一方面，我国环境保护的总体水平滞后于经济发展；另一方面，农业领域的环境保护水平又滞后于国家环境保护的总体水平。[①] 两方面相互叠加，导致如今农村的环境破坏相当严重，加之环保政策多年来的重心均在城市污染和工业污染的治理，因此农村环保的总体水平落后于城市领域和工业领域。本文按照年代将过去四十年划分为四个阶段，以对我国农村环境保护的形态、政策和管理机构之演变进行分析，并为未来的农村环境保护工作提供政策建议。

一、 四十年来的中国农村环境问题之演进及政策应对

梳理我国四十年来的农村环境问题，我们可以发现，有一些环境问题具有明显的时代特征（如乡镇企业污染问题），还有一些长期存在的环境问题（如农药

---

① 金书秦、韩冬梅、王莉、沈贵银：《畜禽养殖污染防治的美国经验》，《环境保护》2013 年第 2 期，第 65—67 页。

化肥污染）一开始尚在环境容量范围内，其累积到一定程度后才集中爆发，并显现为严重的环境破坏。

（一）1973—1979 年：农村环境问题初步显现，政策分散

这一阶段，农村环境问题尚不显著，提高农业生产仍是农村发展的主基调。这一时期，关于农村环境保护的研究也不多，涉及农村环境保护的政策大多以改善农村环境卫生为主。[①] 其中，水污染与农村饮水卫生问题受到较多的关注。

表 1 归纳了这一阶段出台的主要相关政策。其中，较为重要的是， 1978 年召开的十一届三中全会通过了《中共中央关于加快农业发展若干问题的决定（草案）》和《农村人民公社工作条例（试行草案）》，从而奠定了农业资源与农业生态环境保护之基础，标志着国家已经开始注意到对农业和农村环境的保护。1979 年颁布的《中华人民共和国环境保护法（试行）》是我国环境保护的基本法，但其中涉及农业环境保护的条款只有第二十一条，即"积极发展高效、低毒、低残留农药。推广综合防治和生物防治，合理利用污水灌溉，防止土壤和作物的污染"。 1970 年代，工业和城市生活污水用于农田灌溉被广泛推崇；1972年，全国污水灌溉会议在石家庄召开，此次会议提出了"积极慎重"的发展原则。《中华人民共和国环境保护法（试行）》第二十一条在法律上为污水灌溉"正名"，这使得污水灌溉在之后的 1980 年代得以迅猛发展，从而为农田的大面积污染埋下了隐患。

---

① 朱惠：《关于新农村规划和建设中的卫生问题》，《卫生研究》1977 年第 4 期，第 11 页。

表 1   1973—1979 年的农村环境问题及相关政策

农村环境问题	农村环境保护相关政策
水污染问题	《关于保护和改善环境的若干规定（试行草案)》（1973 年）
	《国务院环境保护机构及有关部门的环境保护职责范围和工作要点》（1974 年）
	《中共中央关于加快农业发展若干问题的决定（草案)》（1978 年） 《农村人民公社工作条例（试行草案)》（1978 年）
	《水产资源繁殖保护条例》（1979 年）
	《渔业水质标准》（1979 年）
	《关于加强农村环境保护工作的意见》（1979 年）
	《农田灌溉水质标准》（1979 年）
	《中华人民共和国环境保护法（试行)》（1979 年）

资料来源：作者整理。

农村的环境保护政策尚缺少在法律层面上的规定，目前的相关政策大都以各种行政性法规和党的政策文件之形式出现，且较为分散。在内容上，目前的农村环境保护政策着重于对农业生态资源（包括森林、土地、草原、河流、野生动物等)的保护，而较少涉及农村环境污染防治的内容。①

(二) 1980—1989 年：乡镇企业问题突出，政策起步

随着改革开放的逐步深化，中国的经济进入快速发展阶段。20 世纪 80 年代，中国的城市化进程加速，城市工业产生的"三废"、城市生活垃圾等污染物以各种形式进入农村地区。同时，一些耗能高、污染重的行业（如化工、造纸

---

① 蔡守秋：《环境政策学》，北京：科学出版社 2009 年。

等)以联营、分厂等名义进入农村地区，从而严重污染了农村生态环境。[①] 蓬勃发展的乡镇企业加剧了农村生态环境的污染。星罗棋布的乡镇企业所造成的污染具有地域范围广、影响面积大、受害人口多、管理困难等特点。[②] 同时，企业排放的"三废"不经处理就大量进入环境中，从而污染了水质、土壤和空气。[③] 此外，乡镇企业缺少规划，对环境污染缺少有效的监管手段，因此农村的环境污染之范围与程度远远超过了城市工业污染。所以，这一时期，乡镇企业的污染控制开始成为农村环境保护的关注重点。

传统农业向现代农业发展的过程中产生的环境问题也开始显现，如农药与化肥的过量使用导致各种环境问题，传统的农业灌溉方式导致水资源过量开采，过度垦荒、过度放牧、乱砍滥伐导致水土流失、土壤沙化现象严重，高毒农药（如六六六、DDT 等）的大量使用在杀死害虫的同时也导致益虫的灭绝，等等。1980 年代早期的文献记载，卫生部对全国十六个省（市、区）的 7700 多份农畜产品进行检验，发现其中 50% 以上含有六六六，动物性样品几乎 100% 含有六六六，肥瘦肉超过 80% 存在含量超标的情况。[④]

这个阶段，我国的环境政策体系建设开始起步，政府密集出台了一系列重要的法律法规（见表 2）。其中，最为重要的是《中华人民共和国环境保护法》，该法明确规定要"加强农村环境保护、防治生态破坏，合理使用农药、化肥等农业生产投入"，这是农村环境保护工作的法律基础和依据。

[①] 朱章玉、李道棠、俞佩金：《实践中的一种城郊农业生态工程模式》，《城市环境与城市生态》1988 年第 3 期，第 3 页。
[②] 冯向东：《略论乡镇工业引起的生态问题与整治对策》，《生态学杂志》1989 年第 5 期，第 64—67 页。
[③] 张笑兰：《发展农业生产与保护生态环境》，《生态与农村环境学报》1986 年第 3 期，第 32—33 页。
[④] 郭士勤、蒋天中：《农业环境污染及其危害》，《农业环境科学学报》1981 年第 6 期，第 24—25 页。

表 2　1980—1989 年的农村环境问题及相关政策

农村环境问题	农村环境保护相关政策
生态环境问题	《全国农村工作会议纪要》（1982 年）
	《当前农村经济政策的若干问题》（1983 年）
	《中共中央关于一九八四年农村工作的通知》（1984 年）
	《中共中央、国务院关于进一步活跃农村经济的十项规定》（1985 年）
	《关于发展生态农业加强农业生态环境保护工作的意见》（1985 年）
	《中共中央、国务院关于一九八六年农村工作的部署》（1986 年）
	《关于加强环境保护工作的决定》（1984 年）
乡镇企业污染问题	《关于加强乡镇、街道企业环境管理的规定》（1984 年）
城市污染转移	《中华人民共和国国民经济和社会发展第七个五年计划》（1986 年）
水污染问题	《中华人民共和国水污染防治法》（1984 年）
水土流失问题	《水土保持工作条例》（1982 年）
	《中华人民共和国环境保护法》（1989 年）
农村生态环境，城乡一体化	第二次全国环保会议（1983 年） 第三次全国环保会议（1989 年）

资料来源：作者整理。

　　针对城市污染转嫁的问题，国务院在 1984 年颁布的《关于加强乡镇、街道企业环境管理的决定》中明确提出，"坚决制止污染转嫁"。1986 年颁布的《中华人民共和国国民经济和社会发展第七个五年计划》再次明确指出，"保护农村环境……坚决制止大城市向农村、大中型企业向小型企业转嫁污染"。同时，"生态农业"的提法开始兴起。国务院 1984 年颁布的《关于加强环境保护工作的决定》和 1985 年颁布的《关于开展生态农业，加强农业生态环境保护工作的意见》，都对推广生态农业提出了要求。这一时期，关于农村环境保护的文献也大多以建设生态农业与开展生态农业试点为主①②③，各种形式的生态农业方兴未艾。1982—1986 年，中共中央、国务院连续颁发五个中央一号文件，以支持和强化农业农村经济改革④，这些文件也原则性地提出了一些农业改革形势下的保护自然资源和生态环境之基本策略。

（三）1990—1999 年：多层次的农村环境问题集中显现，政策关注度提高

1990 年代是农业农村环境问题集中显现的时期。除了城市工业"三废"、乡镇企业污染、生态系统严重破坏等日积月累的问题外，农业自身导致的污染效应也开始显现，区域经济社会的可持续发展受到严重制约。⑤ 这一时期，化肥、农药和地膜的使用量迅速上升，畜禽粪便的排放量巨大。据估算，仅 1990 年，全国畜禽粪便的产生量就达 2448Mt，利用率为 60%，其中有 979Mt 排入环境。⑥ 中国农业科学院土肥所于 1991—1993 年对我国北方 14 个县的地下水与饮用水中的硝酸盐浓度之监测显示，超标率达 50%，这说明农田过量施用氮肥所导致的地下水之硝酸盐污染问题已经相当严重。⑦ 同时，湖泊富营养化问题也开始显现。1995 年的中国环境状况公报首次将农村环境状况列入其中，1999 年的中国环境状况公报则明确指出"农村环境质量有所下降"。

这一阶段，与农村环境保护相关的政策主要散见于国务院决定、部门规章或

---

① 周小平：《农村环境保护与生态农业》，《农业现代化研究》1986 年第 6 期，第 610 页。
② 张壬午、冯宇澄、王洪庆：《论具有中国特色的生态农业——我国生态农业与国外替代农业的比较》，《农业现代化研究》1989 年第 3 期，第 23—27 页。
③ 唐德富：《谈谈生态农业的生态设计》，《农村生态环境》，1988 年第 3 期，第 34—38 页。
④ 杜润生：《杜润生文集（1980—1998）》，山西：山西经济出版社1998 年。
⑤ 陶思明：《浅论农村生态环境的主要问题及其保护对策》，《上海环境科学》1996 年第 10 期，第 5—8 页。
⑥ 刘玉凯：《加强农村环境保护工作》，《农村生态环境》1994 年第 3 期，第 56—58 页。
⑦ 刘国光：《论中国农村的可持续发展》，《中国农村经济》1999 年第 11 期，第 4—11 页。

相关的法律法规（表3），其主要基调是农业环境保护必须与经济发展相协调。其中，较为有针对性的是原国家环境保护总局于1999年印发的《国家环境保护总局关于加强农村生态环境保护工作的若干意见》，这是我国第一个直接针对农村环境保护的政策。在农业用水、土地、生物资源等方面，我国制定了专门法规，16个省和100多个地县出台了农业环境保护条例。[①] 在改善农村生活环境方面，国务院于1993年颁布了《村庄和集镇规划建设管理条例》，该条例要求建立村庄、集镇总体规划，"维护村容镇貌和环境卫生……保护和改善生态环境，防治污染和其他公害，加强绿化和村容镇貌、环境卫生建设"。

表3　1990—1999年的农村环境问题及相关政策

农村环境问题	农村环境保护相关政策
农膜问题和集约化畜牧场污染问题	《国务院关于进一步加强环境保护工作的决定》（1990年）
	《中华人民共和国固体废物污染环境防治法》（1995年）
	《国家环境保护总局关于加强农村生态环境保护工作的若干意见》（1999年）
农药污染问题	《农药管理条例》（1997年）
	《关于进一步加强对农药生产单位废水排放监督管理的通知》（1997年）
乡镇企业污染问题	《中华人民共和国乡镇企业法》（1996年）
	《关于加强乡镇企业环境保护工作的规定》（1997年）
水污染问题	《关于修改〈中华人民共和国水污染法〉的决定》（1996年修订）
	《国务院关于环境保护若干问题的决定》（1996年）
	《政府工作报告》（1999年）
水土流失问题	《中华人民共和国水土保持法》（1991年）
	《基本农田保护条例》（1998年）
生态环境污染问题	《村庄和集镇规划建设管理条例》（1993年）
	《中华人民共和国农业法》（1993年）
	《中华人民共和国刑法》（1997年）

资料来源：作者整理。

---

① 高怀友：《中国农业环境保护工作现状》，《中国环境管理》1996年第3期，第15—16页。

（四）新世纪以来：农业领域的面源污染严重，农业发展向绿色发展转型

这一阶段，农村环境问题表现为点源污染和面源污染共存，农村生活污染与农业生产污染叠加，乡镇企业污染和城市污染转移威胁共存。①② 而且，随着工业污染和城市污染得到一定程度的遏制，农业污染的破坏效应日益显现，农业排放物成为重要的污染源。化肥、农药、农用薄膜等农业生产资料与农业生产废弃物所造成的污染和安全问题越来越严重，农村的基础设施建设和环境管理依然较落后，农村的生活污水和生活垃圾也仍旧缺少有效的管理手段。③ 农村地区的面源污染在污染负荷中所占的比例甚至超过工业污染。④ 据估算，在我国富营养化较严重的滇池、太湖、巢湖等地，人畜粪便及生活污水的全氮和全磷之贡献率达到了80%以上。⑤

表4　2000年至今的农村环境问题及相关政策

农村环境问题	农村环境保护相关政策
畜禽养殖污染问题	《畜禽养殖污染防治管理办法》（2001 年）
	《关于实行"以奖促治"加快解决突出的农村环境问题的实施方案》（2009 年）
	《国家环境保护"十五"计划》（2001 年）
	《畜禽规模养殖污染防治条例》（2014 年）

① 陈懿：《对完善中国农村环境法制的建议》，《世界环境》2008 年第 5 期，第 49—51 页。

② 金书秦、武岩：《农业面源是水体污染的首要原因吗？基于淮河流域数据的检验》，《中国农村经济》2014 年第 9 期，第 71—81 页。

③ 路明：《我国农村环境污染现状与防治对策》，《农业环境与发展》2008 年第 3 期，第 1—5 页。

④ 苏杨、马宙宙：《我国农村现代化进程中的环境污染问题及对策研究》，《中国人口资源与环境》2006 年第 2 期，第 12—18 页。

⑤ 朱兆良等：《我国农业面源污染的控制政策和措施》，《科技导报》2005 年第 4 期，第 47—51 页。

续　表

农村环境问题	农村环境保护相关政策
农膜、农药问题	《中华人民共和国固体废物污染环境防治法》（2004 年修订）
	《国民经济和社会发展第十一个五年规划纲要》（2006 年）
农村农业环境综合整治	《国家环境保护"十五"计划》（2001 年）
	《国民经济和社会发展第十一个五年规划纲要》（2006 年）
	《中华人民共和国农业法》（2002 年修订）
	《国家环境保护"九五计划"和 2010 年远景目标》（2002 年）
	《关于实行"以奖促治"加快解决突出的农村环境问题的实施方案》（2009 年）
	《关于加快发展现代农业　进一步增强农村发展活力的若干意见》（2013 年）
	《关于加快推进农业科技创新持续增强农产品供给保障能力的若干意见》（2012 年）
	《关于加大统筹城乡发展力度　进一步夯实农业农村发展基础的若干意见》（2010 年）
生态保护	《中华人民共和国防沙治沙法》（2001 年）
	《国务院关于进一步做好退耕还林还草试点工作的若干意见》（2000 年）
	《中华人民共和国水土保持法》（2010 年修订）
水污染问题	《中华人民共和国水污染防治法实施细则》（2002 年）
农村环境保护资金	《关于加强农村环境保护工作的意见》（2007 年）
	《国家农村小康环保行动计划》（2006 年）
	《关于开展生态补偿试点工作的指导意见》（2007 年）
	《关于实行"以奖促治"加快解决突出的农村环境问题的实施方案》（2009 年）
秸秆焚烧污染问题	《关于进一步加强秸秆综合利用禁止秸秆焚烧的紧急通知》（2007 年）
农业循环经济及可持续发展问题	《中华人民共和国循环经济促进法》（2008 年）
	《关于推进社会主义新农村建设的若干意见》（2006 年）
	《关于积极发展现代农业扎实推进社会主义新农村建设的若干意见》（2007 年）
	《关于全面深化农村改革加快推进农业现代化的若干意见》（2014 年）

资料来源：作者整理。

　　进入新世纪后，随着国家经济实力的增强与公众环保意识的觉醒，环境保护被提到了前所未有的高度，农业环境保护也随之被提升到农业生态文明建设的高度，这体现为几乎所有的综合性政策文本中都会提及农村环境保护，且提法更加趋于专业化和具体化（表4）。

　　2001年12月，原国家环保总局制定的《国家环境保护"十五"计划》明确提出，"把控制农业面源污染、农村生活污染和改善农村环境质量作为农村环境保护的重要任务"。此后，农村环境综合整治工作进一步开展，中央投入农村环保专项资金用于农村环境综合整治。2005年，党的十六届五中全会首次提出建设"社会主义新农村"的要求。在继续重视提高农业产出的同时，党中央强调对农村生产和生活环境的保护。2006年，原国家环保总局发布的《国家农村小康环保行动计划》提出，农村环保资金"以中央财政投入为主，地方配套，村民自愿，鼓励社会各方参与"。2007年的《关于加强农村环境保护工作的意见》对中央、地方政府和乡镇、村庄等各级主体的环境保护资金投入之责任进行了界定，并且引导和鼓励社会资金参与农村环境保护。2008年，中央财政设立农村环保专项资金，通过"以奖代补""以奖促治"等方式开展农村环境集中整治。同时，农村环境保护专项资金的投入逐年增加，2008—2012年分别投入5亿元、10亿元、25亿元、40亿元和55亿元。[1] 2014年修订的《中华人民共和国环境保护法》对农业和农村污染问题的重视程度显著提高，其在农业污染源监测、农村环境综合整治、农药化肥污染防治、畜禽养殖污染防治、农村生活污染防治等方面做出了较为全面的规定，并且对各级政府在农业农村环境保护方面的作用进行了界定。修订后的《中华人民共和国环境保护法》为新时期的农业农村环境保护工作之开展奠定了法律基础。2014年开始生效的《畜禽规模养殖污染防治条

---

[1] 王莉、沈贵银：《我国农业环境保护的措施、难点和对策》，《经济研究参考》2013年第8期，第18—22页。

例》对畜禽养殖污染的预防、综合利用、无害化处理等事项做出了详细的规定。至此，我国的农业农村环境保护终于有了一部国家层面的行政法规，因此《畜禽规模养殖污染防治条例》具有里程碑意义。《"十二五"国民经济发展规划纲要》明确将治理农药、化肥、农膜、畜禽养殖等农业面源污染规定为农村环境综合整治的重点领域，并且要求 2015 年的农业 COD 和氨氮排放量要比 2010 年分别下降 8% 和 10%，这是国家规划首次对农业污染排放提出约束性要求。此外，农业自身发展也积极向绿色发展转型。 2004 年到 2014 年，国家颁发的 1 号文件都涉及了农村发展。与前几个阶段相比，这一阶段的国家农村相关政策之发展趋势是，由解决单领域的问题，逐步走向促进农村的社会、经济、环境之协调发展，努力构建可持续的现代化农业体系。①②③ 中国的农业现代化目标已经从过去单一的高产，转变为综合性的"高产、优质、高效、生态、安全"，生态与环保已经成为农业发展的内在要求。④

二、 农村环境管理机构的变迁

环境管理机构是落实环境政策的主体。在很大程度上，环境管理机构的级别及其被赋予的职能不仅反映了政府对环境问题的重视程度，而且决定了管理机构在应对环境问题方面的能力。因此，本节将专门回顾过去四十年来的我国环境管理机构之变迁，并将农村环境管理作为环境管理的一部分，以探究农村环境问题

① 董文兵：《从十个中央一号文件看 30 年农村改革》，《中国石油大学学报 (社会科学版)》2008 年第 6 期，第 1—4 页。
② 李海鸥：《从 10 个中央 1 号文件看中国农村改革》，《投资北京》2008 年第 7 期，第 34—35 页。
③ 高俊才：《统筹兼顾改革创新 加快推进中国特色农业现代化——学习 2014 年中央 1 号文件体会》，《中国经贸导刊》2014 年第 4 期，第 52—57 页。
④ 金书秦、沈贵银：《中国农业面源污染的困境摆脱与绿色转型》，《改革》2013 年第 5 期，第 79—87 页。

在国家环境管理体系中的地位。

(一）国家环境保护机构的嬗变

过去四十年，我国的环境保护机构从特设机构演变为常设机构，并且在机构级别上不断升格（图1），这充分反映了国家对环境保护工作的重视程度之逐步提升。1974年正式成立的国务院环境保护领导小组办公室是我国历史上的第一个环境保护机构；1982年，国务院环境保护领导小组办公室与国家建委、国家城建总局、建工总局、国家测绘总局合并，成立城乡建设环境保护部，内设环境保护局，该局也是1984年成立的国家环境保护委员会的办事机构；1988年，城乡建设环境保护部下的环境保护局升格为国务院直属的国家环境保护局（副部级机构）；1998年，国家环境保护局进一步升格为正部级的国家环境保护总局，但其仍为国务院直属机构；2008年，国家环境保护总局升格为国家环境保护部，从而正式成为国务院的组成部门。

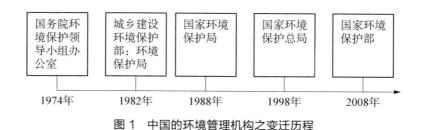

图 1 中国的环境管理机构之变迁历程

(二）农业农村环境管理机构的变迁

农村环保工作首次被纳入行政管理体系是在1976年，党中央在原农林部科教局设立处级环保组，以负责农业环境保护工作。作为农业部门的内设机构，农业环境保护机构的职能一度被不断强化。 1985 年，农牧渔部成立了环境保护委员会，农业环境保护作为专门领域被指定为农业部门的职责，委员会的办事机构设在能源环保办公室[1][2]；1987 年，农牧渔业部能源环保办公室改名为"农牧渔业部能源环境保护局"；1989 年，农牧渔业部能源环境保护局又进一步改名为"环保能源司"。然而，这种趋势在之后的历次国务院机构调整中被削弱。1994 年的国务院机构调整明确提出了"农业环境保护"的概念，其特指对农业用地、农业用水、农田大气、农业生物等农业生态环境的保护，相应的工作仍然划归给农林部管辖。1996 年，国务院将农业环境保护中的有关农村生态环境保护之职能赋予原国家环境保护局行使。在 1998 年的国务院机构改革中，环保局升格为环保总局，农业环保职能划归环保部门统一管理，国家环保总局成立农村处作为农村环保专门部门。在该轮机构改革中，农业部只保留了国家法律与行政法规规定的，以及国务院机构改革方案所赋予的"农业环境保护"职能。相应地，环保能源司被撤销，其相关职能被划入新组建的科技教育司，科技教育司下设资源环境处和农村能源处。[3] 国家环保部于2008 年成立以后，在国家层面，负责农业农村环境管理的两个主要部门是环保部的自然生态保护司和农业部的科技教育司，前者在农村环境管理方面的具体工作由农村环境保护处负责，后者在农村环境管理方面的具体工作则由资源环境处负责。考虑到农村环境问题的复杂性和广泛性，已有机构的管理力量仍显得较为单薄，而具体到县级以下的基层组织，农村环境管理的力量则更为薄弱。

---

[1] 李远、王晓霞：《我国农业面源污染的环境管理：背景及演变》，《环境保护》2005 年第 4 期，第 23—27 页。

[2] 段武德：《农牧渔业部环境保护委员会正式成立并举行第一次会议》，《农业环境科学学报》1985 年第 4 期，第 1 页。

[3] 农业部科技教育司、中国农业生态环境保护协会：《中国农业环境保护大事记》，北京：中国农业科技出版社出版2000 年。

三、 主要结论与建议

环境问题总是与经济发展相伴相生的，回顾我国过去四十年的各时期之农村环境问题，有一些问题具有鲜明的时代特征（如乡镇企业污染），还有一些问题则持续存在并不断恶化（如农药化肥污染）。通过回顾我国的农村环境问题及应对和管理农村环境问题的历史，本文可以得出以下三个方面的结论：

第一，从政策体系的完备性角度而言，农村环境问题长期缺乏应有的关注。我国现行的环境法律法规体系仍是以城市领域和工业领域的点源污染防治为主，其在农村地区缺乏实施的基础和条件。不同时期出台的农村环境保护政策大都是以规范性文件的形式为主，或者只在专门的规划中被提及。目前，我国专门针对农业农村环境保护的全国性法规只有《畜禽规模养殖污染防治条例》。至于散见在其他法律法规中的规定，则往往由于缺乏可操作的政策手段而难以产生实质效果。

第二，从能力建设的角度来看，农业环境管理机构呈现萎缩趋势。四十年来，环境保护部门的地位和权力之整体提升，伴随着农业部门在农村环保领域的职能和机构之削减。事实上，从环保部门的内部职能和机构设置来看，农村环保工作并没有得到更多的重视，因此农业农村环保工作整体处于弱化趋势，这与农业农村环境问题的长期性、复杂性和广泛性严重不对等。

第三，应对措施滞后于解决问题的需求。表5简要归纳了各时期的农村环境问题之主要体现和应对措施。 1970年代，对污水灌溉的提倡加剧了污染的转移，并进一步导致了农田的大面积污染； 1980年代，在乡镇企业和城市污染大量向农村转移时，由于经济发展的需要，我国并没有采取太有力的措施来遏制污染的转移，因此即使农业自身谋求发展生态农业，其也无法阻止大环境的恶化；

1990 年代，各类环境问题在农村叠加，农村的生态环境恶化趋势开始显现，但我国此时的主要应对措施仅仅停留在村容村貌整顿上；进入新世纪后，农业自身造成的面源污染日益凸显，人们对农村环境改善的需求也更加迫切，农业自身的可持续发展也要求其向绿色发展转型，但此时的农村环境治理之投入仍然相当有限。

表5　1973 年以来的我国农村之主要环境问题及政策对照表

	1973—1979 年	1980—1989 年	1990—1999 年	新世纪以来
主要环境问题	水污染问题	乡镇企业及城市污染转移	各类问题叠加，农村生态环境恶化之趋势显现	农业面源污染排放负面效应凸显
政策应对	提倡污水灌溉	发展生态农业	村容村貌整顿	农村环境综合整治、农业发展向绿色发展转型

资料来源：作者归纳。

综上所述，面对日益复杂和严重的农村环境恶化之态势，我国长期存在政策不全、机构不足、手段和投入不够的问题。有鉴于此，本文提出以下四个方面的政策建议：

第一，加快建立和完善农业农村环境保护政策体系。我国应加快制定《农村环境保护条例》，以构建农村环境保护规划的框架和标准、明确各级政府部门的环境管理职责、规范农村环保资金的使用和管理，并且对收集与公开农村环境和污染信息的程序及方法做出规定。针对不同类型的农村污染，我国应制定相应的政策和管理规划，加快完善农业面源污染防治的政策体系，构建相应的标准和技术规范。针对已有的法律法规中与农村环境保护相关之规定，我们要将原则转化为手段和措施，以使其真正服务于农村环保。

第二，在促进农业农村发展的政策中，凸显农村环境保护的重要性，并出台以农村环保为主题的中央一号文件。从四十年的经验来看，农村环境保护政策主要分散在环保政策和农业发展政策中，特别是近年来的连续 11 个中央一号文件都关注了"三农"问题。这些中央一号文件的内容几乎涵盖了农业农村发展的方方面面，但唯独遗漏了农村环境保护这一主题。因此，若今后一号文件仍然聚焦农业农村，则其应以农村环境保护为主题，以凸显重视农村环境保护的国家意志。

第三，强化农村环境保护管理机构。从长远来看，农村环境保护需要跨部门、高位阶的综合管理体制。在目前的部门设置下，我国应在环保部门建立农村司，在农业部门建立环境保护司，以细化各自在农村环境保护领域的管理职能。在地方层面，我国应建立一个可以深入到乡村的基层环境治理机构，如环境管理合作组织或协会。该基层环境治理机构会接受政府委托来组织村民开展农村环境治理，而政府则提供用于农村环境治理的专项资金和政策支持。

第四，大幅度增加农村环境保护资金的投入。我国的农村环保存在三重欠账：一是国民经济发展欠农业农村的账；二是经济发展欠环境保护的账；三是环境保护欠农村的账。此外，农业生产还具有一定的公益性。党中央提出了"工业反哺农业"和"建设社会主义新农村"的战略决策，这意味着在工业污染向农村转移、农村环保存在三重欠账和农业生产具有公益性的现状下，农村污染治理不是农业自身能够解决的问题。农村环保投入应当成为"工业反哺农业，城市支持农村"的抓手之一。我国应当大幅增加中央财政转移支付，以完善农村环境监测网络，对污染处理设施、畜禽粪便资源化设备和工程进行补贴，以及培训养殖户。一定比例的排污费应当被用于农村污染治理。

A Historical Review of China's Rural Environmental Protection in the Past 40 Years:
Problems, Policy Responses, and Organization Changes

JIN Shuqin   HAN Dongmei

Abstract: China's rural environmental problems have been changing since 1973, and the rural environmental protection policies have also been introduced. In the past 40 years, the rural environmental protection has not been given sufficient attention. And the instruments are far away from what needed. Meanwhile, the management institutions of rural environmental protection have been weakened. We propose four points to protect the rural environment: first, the policy frameworks need to be completed; secondly, environmental protection should be stressed in the future policies for rural development in order to show the willingness from national level; thirdly, the organizations for should be strengthened and empowered; fourthly, the invests should be dramatically increased.

Key words: Rural environmental protection; problem; policy responses; historical review

第二章

环境法治

改革开放四十年：环境法的回顾与展望
——在 2019 年中达环境法论坛上的发言

马骧聪

各位领导、同学们、朋友们、同志们，大家好！首先，请允许我对我们 2019 年中达环境法论坛在上海召开表示衷心的祝贺！

这一次的论坛主题定为"改革开放四十年：环境法的回顾与展望"，我认为非常好。改革开放四十年来，在党中央的领导下，在全国人民的努力奋斗下，我们国家在社会、经济等各个方面都取得了史无前例的成就。同样，在环境法和环境法学领域，我们国家也取得了巨大的进展与成就。

大家都知道，改革开放之初，我们国家是没有环境法、环境法学的，环境法和环境法治与环境法学正是随着改革开放的推进而逐步产生与发展的。四十年来，在环境法、环境法治和环境法学领域，我们国家都取得了很大的成就。

作为一个四十年来参与和见证了环境法治与环境法学发展全过程的环境法学研究者，我个人主要有以下三点体会：

第一，我国的环境法治、环境法和环境法学之所以能够获得快速的发展，首先是因为党中央的正确领导，以及其对环境保护、环境法治与环境法学的重视。

整个改革开放的方针路线，就是推动我们环境法学和环境法治发展的基础。那么，具体来讲，在好多方面，党中央、国务院都采取了重要的具体措施。党中央对环境法治和环境法学的重视，首先表现在环境保护和环境法的指导思想及相关理念之不断强化与完善。 1978 年底，十一届三中全会刚刚结束，党中央就批复了当时国务院环境保护领导小组的环境保护工作汇报要点。党中央在批复中指出，消除污染、保护环境，是进行经济建设、实现四个现代化的重要组成部分，一定要抓好。而且，党中央明确指出，要制定环境方面的法规。在此之前，1978 年，打倒"四人帮"以后通过的第一部宪法也明确规定，国家保护环境和自然资源，防治污染和其他公害。后来，《中华人民共和国宪法（1982 年）》又更加明确、更加充分地规定了环境资源保护。在这个基础上，国家领导人在第二次全国环境保护会议上明确宣布，环境保护是国家的基本国策。后来，党中央决定我们国家实行社会主义市场经济，决定我们实行依法治国，并且将"依法治国、建设法治国家"写入党章和宪法。之后，国际上提出了可持续发展战略，我国积极响应，主动制定可持续发展战略。特别是在 1992 年的巴西环境与发展大会以后，我们自己制定了《21 世纪议程》，旨在从各方面推进可持续发展。此后，党中央又提出科学发展观、构建和谐社会、建设生态文明等诸多理念。所有这些都一步一步地强化了我们环境保护与环境法治的指导思想和理念，大大地推动了我们环境法的发展、环境法治的进步和环境法学的发展。除了在理念上不断趋于完善外，党和国家还加强立法。关于这一点，我前面大体上已经讲了一些，这里就不多讲了。我现在就讲一讲在强化环境法的指导思想和理念，以及完善环境立法的同时，国家也非常重视采取各种措施来保障环境法的实施。首先，我们可以说，在组织上，党中央、国务院采取了一系列的措施来加强环境保护机构的组织建设。最初的国务院环境保护领导小组第七办公室一步一步地升为城乡建设环境保护部，其下设环境保护局；后来，国家又独立设置国家环境保护局；接着，国家

第 二 章

环 境 法 治

环境保护局又发展成为国家环境保护总局；然后，国家环境保护总局进一步被改革为环境保护部，并一直演进为今天的生态环境部。通过机构的改革，党中央就在组织上加强了对环境保护与生态保护的领导。同时，党中央对资源部门进一步加以完善，明确了相关部门的分工，提出了党政双责，并将各地党政机关对环境方面的职责列入考核内容，从而在各方面加强了环境保护政策的执行和实施力度。最近这些年，党中央还一步步地优化环境市场，加强对从小学、幼儿园、中学到大学的社会各界人士的有关环境资源保护之宣传教育，建立各种环境保护群众团体，动员和组织群众参与环境保护工作，从而使得全社会都动员起来保护环境。所以，我们说党和国家是从各个方面采取措施来加强我们的生态环境保护工作。至于环境法学，我们也可以说它同样受到党中央的重视。上个世纪 80 年代，国家就将环境法列为法学的二级学科，现在改名叫"环境与资源保护法学"。国家学位委员会在许多学校设立环境法学的硕士点和博士点，这就是对环境法治与环境法学的推动。所以，我认为，我们国家的环境法、环境法学和环境法治之所以能够快速发展，首先就是因为党中央和国家的重视与领导。

第二点，我认为，我国的环境法、环境法治和环境法学之所以能够快速发展，很重要的一点原因就是，我们环境法学界的教学科研人员，包括我们各个实务部门里研究环境保护法与资源法的同志们，都坚决拥护党中央的改革开放之方针路线，坚决以马克思主义、毛泽东思想、邓小平理论、"三个代表"重要思想、科学发展观、习近平新时代中国特色社会主义思想为指导，坚决从中国的实际出发，紧跟国家的社会经济发展，团结一致，对环境资源法的有关理论问题和实践问题进行认真研究，并且通过学会、刊物等渠道进行学术交流，加强团结。现在，许多同志在环境法方面有很高的造诣，而且我们很多同志还一边进行研究，一边参加国家的立法、执法、干部培训、法治宣传教育等实务工作，用自己的理论知识来促进国家的环境法和环境法治之发展，为国家的环境保护事业及环境法治之健全和完善提供建议与理论支撑。同时，我们环境法学界的同志们还与时俱进，在社会经济发展的各个阶段都认真和积极地配合相关工作，从而使得我们的环境法学与环境法治一步一步往高处发展，一步一步实现提升。关于这一点，我认为也是非常重要的，它是我们国家的环境法学、环境法治与环境法能够得到发展的一个很重要之因素。

第三点，我认为，我国的环境法治、环境法和环境法学之所以能够得到较快的发展，还因为我们既立足中国，从中国实际出发，又放眼世界，虚心地学习国际上的先进经验。大家都知道，环境保护是全人类的事业，因此世界各国的环境法有很多相通的地方，但各个国家的环境法又由于自身的历史、文化、自然发展条件之不同，而呈现出相应的特点。所以，我们要相互学习。借鉴国外的成功经验，避免不好的教训，这对于我们发展中国的环境法和环境法学而言是非常重要的。我们中国人非常善于学习人类的先进经验，所以在开展环境立法与进行环境法学研究之初，我们就研究外国环境法和国际环境法，并且翻译出版有关的资料。同时，我们派人到国外去学习，也请国外的专家到中国来讲学和交流，所以我们取得了很重要的成就，而且这些成就在推动我们国家的环境法学之发展方面也发挥了很好的参考作用与推动作用。我们现在有许多同志在外国环境法与国际环境法的研究方面很有造诣、很有成就。

以上是我个人的感觉和自己的体会。我认为，我们国家的环境法、环境法治和环境法学自改革开放以来得到了比较快速的发展，这得益于以上三个原因。当前，我国的环境保护形势非常好。十八大以来，党中央把环境保护工作放到了最高的战略地位，提出了"五位一体"，将环境保护纳入了国家的整体发展战略。同时，党中央又进行顶层建设与顶层设计，并采取各种措施加强管理，以促进环境保护措施的落实。所以，我们当前的环境状况日益改善，环境法治不断健全，环境法学正处于进一步繁荣发展的阶段。在这种情况下，我个人认为，我们环境法学界应该进一步高举中国特色社会主义理论旗帜，认真学习习近平总书记的新时代中国特色社会主义思想，结合实际、团结一致、加强合作，把我们的研究与教学搞得更好，推动我们国家的环境法治与环境法获得进一步发展，使我们的环境法学更加繁荣，为美丽中国建设贡献自己的力量。

我就讲这么一点供大家参考，有不对的地方请多多指正。

我国的环境法律制度和环境保护之若干问题[*]

杨朝飞

《中国环境报》编者按： 日前，十一届全国人大常委会在北京人民大会堂举行专题讲座第二十九讲，题目是《我国环境法律制度和环境保护若干问题》。吴邦国委员长主持讲座。主讲人环境保护部原总工程师、中国环境科学学会副理事长杨朝飞进行了深入讲解。本报特摘发讲座主要内容，以飨读者。

上世纪 80 年代，国家提出环境保护是基本国策。到了上世纪 90 年代，国家大力实施可持续发展战略。进入新世纪后，党和国家提出树立和落实科学发展观，加快转变经济发展方式，建设生态文明，从而推动我国的环境保护从认识到实践都发生了重要变化。

＊ 本文发表于《中国环境报》2012 年 11 月 5 日第 3 版。

一、 我国的环境立法之进展（略）
二、 我国的环境问题及其成因分析

（一）我国当前面临的主要环境问题（略）

（二）我国的环境问题之成因分析

我国的环境问题之成因是复杂的、综合的、多方面的，包括经济增长方式粗放、体制机制尚不顺畅、公民的环境保护意识不高、科技水平整体落后、经济水平尚处于国际产业分工的低端等，这是众所周知的。下面，本人仅就干部政绩观、法治建设、市场机制、公众参与等问题汇报如下看法：

1. "GDP 至上的政绩观尚未根本扭转"是牺牲环境换取经济增长的内生性原因

长期以来，有些地方仍强调经济发展（重速度、重规模、重眼前），而忽略资源环保（轻效益、轻创新、轻长远），它们以 GDP 论英雄，急功近利，从而导致环境与经济综合决策失误、行政不作为、行政干预环境执法等现象长期存在。面对地方保护主义的干扰，环保部门在执法中"顶得住的站不住，站得住的顶不住"之问题尚未得到解决。

有些地方片面强调营造"宽松"的发展氛围，对工业园区和重点企业实行"封闭式管理"与"挂牌保护"，出台"企业宁静日"等土政策，不准执法部门进园区和厂区检查，从而干扰了正常执法；有些地方在进行决策时，未严格依法行政，环境信息不透明，忽视了公民的环境知情权和参与权，从而引发了一系列的群体性事件；有些地方对环境违法行为睁一只眼闭一只眼，遇到问题相互推诿、避重就轻，行政不作为或者乱作为；有些地方牺牲环境来换取经济发展，片面追求 GDP，不履行环境责任或履责不到位。以上这些现象的存在已经成为制约资源环境保护的重要原因。

2. "违法成本低，守法成本高"是环境违法行为屡禁不止的制度性原因

虽然我国的环境法治建设取得了长足的发展，但是随着环境保护与经济发展之矛盾日益突出，环保监管压力不断增加，环境法治建设所存在的如下问题凸显： 一是不断完善的市场经济体制与缺乏有效的法律手段和经济手段来管理环境之矛盾日益显现；二是建设法治政府和法治社会的要求与环境法治建设的粗放发展之矛盾日益尖锐；三是群众的环境维权意识增强和跨界损害事件增多与民事纠纷、调处能力滞后之矛盾日益激化；四是环境违法现象普遍和环境纠纷群体性事件增多与环保法律法规操作性不强及执法不力之矛盾日益加剧；五是环境信访案件走向复议、复议案件走向诉讼的快速变化趋势与有关部门对行政复议工作的认识不高、司法诉讼渠道不畅通之矛盾日益明显；六是国家对环境法治的更高要求与相关的基础性研究、机构设置，以及执法能力不强、执法不到位等问题不相适应之矛盾日益加大。

环境法治最突出的问题，就是违法成本低的困境长期没有得到解决，其中既有立法不足的原因，又有行政执法与司法不到位的原因。

一是行政处罚普遍偏轻。《中华人民共和国环境影响评价法》规定，违反环评规定擅自开工建设的企业，要限期补办环评手续，逾期不办的企业才会被处以 20 万元以下的罚款。由于处罚太轻，一些企业为了抢进度，会采取边开工建设、边写环评报告之做法，甚至一些企业以交罚款代替环评。《中华人民共和国大气污染防治法》对超标排污行为设定的罚款上限是 10 万元，对造成重大污染事故之行为设定的罚款是 50 万元；《中华人民共和国水污染防治法》对超标排污行为设定的罚款为其应缴纳的排污费数额之两倍以上五倍以下，对造成重大污染

事故之行为设定的罚款仅是污染直接损失的 30% 以下。2011 年 6 月，哈药集团被披露存在如下多种环境违法问题： 恶臭气体排放大大超过国家标准，硫化氢气体超标近千倍，氨气超标 20 倍；污水排放超过国家标准，氨氮超标 2 倍多，COD 超标近 10 倍。 2010 年，哈药集团的营业收入达 125.35 亿元，利润为 13.14 亿元。因此，虽然哈药集团被处罚款 123 万元，但是这一数字也仅为其年收入的万分之一。2010 年 7 月，紫金矿业因造成汀江重大水污染事故而被法院判处罚金 3000 万元，其中还包括了行政罚款 956.313 万元。尽管这是我国几十年来数额最大的一笔环保罚款，但是就占比而言，其也依然未超过企业净利润的 3‰。环保罚单开出后，资本市场看到"紫金污染门"责任追究收尾便利空出尽，紫金矿业的股票立即涨停，当日成交额高达 14.52 亿元之多。

二是行政执行缺乏强制手段。现行法律规定的行政强制手段主要有"停止建设""停止生产使用""责令限期恢复使用治污设施""责令停业关闭"等，但是这些手段在基层却难以得到有效执行。当前，环境案件的执行绝大部分都要通过向法院申请才能得到落实。法院执行除受到司法体制与地方保护主义之影响外，还存在着执行期限较长、力度不大等问题。案件处理后，法院要等待复议诉讼期满，并走完立案、审查、听证、裁定等程序，因此法院执行的时间跨度很长。同时，法院系统也很少为环境案件采用先予执行等强硬手段，从而导致污染行为得不到及时纠正。

三是环境民事赔偿法律制度不健全。对于制裁环境违法行为，并保护国家和公众的环境权益而言，环境民事赔偿责任之追究具有重要意义。然而，由于我国环境民事赔偿的相关法律及配套制度不健全，因此环境民事案件的立案难、举证难、审判难、执行难等问题日益凸显。此外，针对重大环境事件的责任追究，我国多以行政处罚和行政调解结案，通过司法途径追究法律责任的情况很少。

四是环保官司难打。我国的环境资源案件数量较多，并且呈逐年上升趋势，而环境民事案件数量却很少，许多重大的环境污染纠纷未能进入诉讼程序。据调查，真正通过司法诉讼渠道得到解决的环境纠纷之比例不足 1%。一方面，在遇到环境纠纷时，群众宁愿选择信访、举报投诉等途径来解决问题，也不想走司法途径；另一方面，司法部门也不愿意受理环境纠纷案件。"十一五"期间，我国的环保系统共受理环境信访 30 多万件，行政复议 2614 件；而相比之下，我国法院受理的行政诉讼只有 980 件，刑事诉讼只有 30 件。2003 年至 2008 年，全国各级法院审结环境资源案件中的民事案件共 12278 件，但这一数字仅为同期审结民事案件总数的 0.04%。在环境污染损害纠纷的处理中，由于缺乏具体可操作的环境污染损害鉴定评估技术规范和管理机制，因此经济损失和人身伤害难以量化、污染损害因果关系难以判断、环境损害赔偿标准难以认定。许多污染案件往往历时数年而无法解决，当事人的诉讼成本高昂，污染受害人也往往得不到损害赔偿。

五是生态环境损害难获赔偿。基于环境公共利益损失的索赔诉求缺乏明确的法律依据，生态环境服务功能损失及应急、修复等方面的相关费用也尚未被纳入赔偿范围。2010 年，英国石油公司（BP）在墨西哥湾发生漏油污染事件。由于担心受到法律的严厉制裁，英国石油公司设立了 200 亿美元的赔偿基金，用于赔偿污染受害者和弥补海洋生态环境损失。近年来，我国也发生了一系列重大的环境污染事故。2005—2012 年，我国先后发生了松花江污染事故、大连海岸油污染事故、福建汀江污染事件、广西龙江镉污染事件等环境污染事例，但是涉事方至今未被追究环境公共利益的损失赔偿责任。

3. "资源低价、环境廉价"是环境持续退化的基础性原因

"资源低价"就会导致资源的过度使用和消耗，从而造成资源的浪费；"环境廉价"就会引发相关主体毫无节制地排放污染物，从而加剧环境污染的恶化趋势。

我国的社会主义市场机制还不完善，计划经济时期的资源与环境方面之政策影响依然长期存在。由于资源低价、环境廉价，企业缺乏节约资源、保护环境的内生动力和外在压力，其资源利用成本和环境污染成本往往被"社会化"或"外部化"，从而不仅引发了资源环境的危机，而且客观上也助长了粗放型的开发方式、生产方式和消费方式。以稀土资源丰富的赣州为例，该市的稀土开采造成了触目惊心的环境污染和生态破坏，所需的污染治理和生态修复费用高达 380 亿元。 2011 年，江西省 51 家主要稀土企业的全年利润仅 64 亿元，这已经是稀土价格上涨 4 倍后的结果。也就是说，赣州市的稀土资源开发之经济收益很难弥补环境污染治理和生态修复之成本，有关企业的环境资源成本都被转移了出去，从而最终只能由全社会和后代人来承担恶果。

导致资源低价、环境廉价的主要原因包括： 一是长期以来，人们对资源环境价值的认识不足，认为资源环境取之不尽、用之不竭；二是各项经济发展战略、发展计划和经济政策未能体现资源环境价值，污染治理和生态恢复之成本与市场价格相背离，市场机制难以发挥合理配置资源环境要素的基础性作用；三是各政府部门缺乏协调合作机制，自然生态系统的整体性与行政管理系统的分割性存在矛盾，地区利益、部门利益与集团利益之争又限制了适应市场经济的政策之出台；四是许多政府官员长期习惯依赖于计划经济条件下的行政手段，而不愿使用且不会使用市场手段和经济手段；五是资源环境经济政策的研究能力普遍不足。

4. "公众的环境诉求表达不畅"是环境群体性事件高发的社会性原因

环境信息公开是公众的环境诉求得到表达的前提条件。目前，我国的环境信息公开制度尚不健全，相关的法律规范不明确，有关规定过于原则和抽象，操作性不强，公开内容有限，因此难以满足公众的需求。同时，一些企业的环境责任意识较弱，不愿公开环境信息，甚至隐瞒环境污染信息，从而导致企业的违法排污行为得不到公众的有效监督。2012 年，四川什邡市的百亿元钼铜项目是国家地震灾后重建的重点项目，该项目的各项审批手续齐全，治污措施有保障。但是，由于前期的公众宣传解释工作不到位，从而造成了部分群众的强烈反对，最后什邡市以"群众不了解、不理解、不支持"为由，宣布永远放弃钼铜项目的建设。

三、 对策与建议

基于对环境问题之成因的上述分析，本人特提出如下建议：

（一）强化政府责任，健全约束和规范政府环境行为的法律制度

环境问题随着经济的发展而产生，又随着经济的发展而逐步得到解决，但环境问题不会自行消失。发达国家的经验表明，通过环境立法来明确政府的环保责任和规范政府行为，是协调经济建设与环境保护之关系、根治环境问题的关键措施。很多发达国家都是在经济快速发展与环境保护矛盾最尖锐、最突出的时期，制定了专门约束政府行为的环保法律法规，以协调经济发展和环境保护之关系。例如，美国和欧盟的《国家环境政策法》、日本的《环境基本法》、加拿大的《环境保护法》、韩国的《环境政策法》、英国的《环境法》等法律，都在协调经济发展与环境保护之关系方面发挥了非常重要的作用。

为此，我们应当以《中华人民共和国环境保护法》的修改为契机，紧紧围绕落实"政府对环境质量负总责"的要求，重点解决某些地方政府在环境保护方面的不作为、乱作为、干扰环境执法等突出问题，创建或强化一批制度与机制。对此，我们应当构建五大类的制度与机制： 一是科学决策类，如战略与规划环境

影响评价、环保规划、主体功能及环境功能区划、环境标准、区域限批与行业限批等；二是实施执行类，如环保目标责任制、强制淘汰重污染企业补偿机制、环保基础设施建设制度、跨界环境问题协调解决机制、区域生态补偿制度、环境应急管理及信息通报制度等；三是保障措施类，如环境经济政策、跨行政区的环境监督制度、环境法律救济制度、多部门联合执法机制、环保能力建设、环境教育等；四是监督机制类，如人大监督政府、政协民主监督政府、政府内部的层级监督与同级监督、信息公开和公众参与、司法监督、媒体监督等；五是责任追究类。通过一批法律制度的建立与实施，政府的环境保护责任能够真正落到实处。

（二）严格追究污染者的环境法律责任，切实解决长期困扰环境保护工作的违法成本低之问题

"违法成本低，守法成本高"是影响环境法治的健康发展之重大障碍。"违法成本低"必然会降低法律的威严和效率，从而导致违法排污现象屡禁不绝；"守法成本高"势必会弱化人们的法律意识，从而使人们视法律为可有可无之物。提高违法成本和守法自觉性是完善环境法治的首要举措。强化环境损害赔偿义务、健全环境民事责任，既是保护公民环境权益、维护社会公平和正义的重要措施，又是解决"违法成本低"之问题的根本出路。

首先，以制定《中华人民共和国环境损害赔偿法》为重点，完善环境损害救济的法律制度。我们应在现行的《中华人民共和国侵权责任法》之基础上，通过制定专门的《中华人民共和国环境损害赔偿法》来明确环境损害责任承担主体、赔偿责任范围、责任承担方式、救济途径等基本内容，从而将环境和生态系统的公益损害与公民的私益损害列入赔偿范围，并建立环境损害鉴定评估机制，为落实环境责任提供强有力的技术支撑。

其次，建立环境责任终身追究制度，让污染者为其违法行为付出高昂代价。1980 年，针对历史遗留的大量污染土地之严重问题，美国国会专门通过了《超级基金法》。《超级基金法》严格明确了污染者必须承担污染治理全部费用的责任，并规定企业经营者及产权拥有者的环境责任将是一种终身责任。同时，《超级基金法》要求污染企业中的所有获益者都必须承担共同的连带责任。事实上，这种连带责任是一种无限责任，即如果污染责任方无力负担其依法应偿付的污染清理费用和损害赔偿费用时，那么控股或参股的组织和个人，以及向其贷款、借款或销售过保险的组织和个人，均有可能成为被追究责任的对象。美国的《超级基金法》实施后，不仅有一批污染企业退出市场，而且还有一批银行和保险公司因环境损害赔偿而倒闭破产，因此该法大大强化了法律制度的权威，强化了人们的环境责任意识。

我国应借鉴发达国家的经验，加大对污染企业的行政处罚、行政强制、民事赔偿和刑事处罚之力度，建立健全行政裁决、公益诉讼等环境损害救济途径，切实落实企业的环境责任。

（三）强化环境执法，充分发挥司法体系的保障作用

作为社会有序与稳定的基石，司法既是解决社会纠纷的重要防线，又是解决环境问题的重要手段。发达国家解决环境问题的成功经验之一，就是建立了严格、完善的环境法律体系，以及完整、有效的司法模式，从而通过行政调解和司法裁决相结合的法律手段来惩处环境违法行为与解决环境纠纷。

完善司法救济途径，倡导更多地使用司法途径来解决环境纠纷，是环境法治建设的重要任务。司法部门应当以更加积极的姿态来推动司法力量介入环境保护，从而逐步解决目前在环境纠纷处理中存在着的司法救济不力和司法介入比例

偏低之问题。一是及时、妥善地处理环境损害赔偿纠纷，正确适用环境侵权案件中的举证责任分配规则，准确认定环境污染与损害后果之间的因果关系，从而确保环境侵权受害人得到及时、全面的赔偿；二是加大对环境刑事责任的追究力度，确保构成犯罪的违法行为得到应有的制裁；三是通过行政诉讼等渠道，监督政府依法履责，规范政府行为，推动法治政府建设；四是建立健全环境公益诉讼制度，及时受理法律规定的机关和社会团体提起的环境公益诉讼；五是在总结贵阳、昆明、无锡等地的环境法庭实践之基础上，完善环境审判体制机制，提高环境案件的专业化审判水平，从根本上解决环境案件的立案难、举证难、审判难、执行难等问题。

同时，我们要从建设社会主义法治国家和法治政府之目标出发，规范行政执法，改变过度依赖长官意志和行政手段的执法方式，调整以罚代管、以罚代过的工作方法，革除"运动式"的行政执法模式。

（四）发挥市场配置资源环境要素的基础性作用，改变"资源低价、环境廉价"的局面

资源低价、环境廉价，是资源浪费与环境污染的基础性原因。只有纠正资源环境价格方面的错误市场信号，建立充分反映市场供求关系、资源稀缺程度和环境损害成本的价格形成机制，我们才能将资源环境成本真正内部化，从而避免排污者将污染成本转嫁给社会，并使节约资源与保护环境真正成为人们的自觉行为。

为此，本人建议应当继续完善以下环境经济政策：

一是推动财政政策的生态化调整。具体措施包括：建立财政支持绿色发展稳定增长的资金机制；创新财政手段，设立基金补贴、免贷奖励、贴息、担保等

市场手段，弱化以专项资金管理为代表的行政管理手段；发挥财政投入的效益，建立中央和地方事权明晰的多级投入机制。

二是完善有利于资源节约、环境保护的税收体制。具体措施包括：取消不符合节能环保的产品、技术、工艺之出口退税政策；配合节能环保来调整消费税；向环保节能的产业与现代服务业提供所得税方面的优惠，等等。特别是，我们要结合国家的结构性减税工作，改革资源税、开征环境税，逐步提高税率，强化税收的行为调控功能。

三是改革环保收费与环境价格政策。具体措施包括：完善城镇污水和垃圾收费政策、脱硫脱硝电价的价格政策、处理处置污染物的收费制度；深化推进水资源、电价、煤炭、石油、天然气等关键性资源产品的定价机制改革，按照市场化定价的原则，逐步改变政府直接控制价格的做法，在重要资源价格形成机制的改革上取得实质性突破。

同时，我们要完善绿色金融、绿色贸易政策，建立健全生态补偿机制，深化农村环保"以奖促治"和"以奖代补"政策。

（五）实行谨慎原则，建立严格的环境风险评估制度

谨慎原则是国际社会在环境立法中普遍遵守的基本准则，这是因为环境损害具有很强的滞后性和不确定性。

环境损害主要包括两大类：一类是可以被科学证实的环境损害，如水体、空气、土壤等领域的环境污染损害；另一类是尚未被科学充分证明的潜在环境损害。由于生态系统高度复杂，且人类对科学知识的掌握仍具有相当程度的局限性，因此许多环境损害目前还难以被科学地证明，但不排除将来存在发生的重大可能性。例如，大量排放温室气体、引进外来物种、转基因技术、纳米技术、新

化学品的应用、大型工程建设等所带来的环境损害，目前还没有完全被科学证实，但是如果我们不谨慎应对，不对潜在的风险进行评估，那么一旦损害真正发生，代价将会相当高昂，而且可能为时已晚。

为防止潜在的、不确定的环境风险或者人身损害，许多国际环境公约、条约和议定书及发达国家的法律法规都采用了谨慎原则，并且为此普遍建立了环境风险评估制度，即在没有充分的科学依据证实相关行为对环境和人体健康无害的情况下，我们需要谨慎地采取预防性措施，以避免潜在的环境风险和健康风险。以上这些理念和原则已成为国际社会在环境保护领域的共识，如《气候变化框架公约》等国际环境公约和条约就多次重申或者援引了谨慎原则。

为此，我国也应当将谨慎原则作为环境立法的基本理念，并将其渗透到环境法律法规之中。同时，我国应建立健全环境风险评估制度，以确保谨慎原则的充分实现。

(六) 推动信息公开与公众参与，完善多元化的环境监督体制

公众参与是解决环境问题过程中的不可替代之力量。除了政府"自上而下"的推动和引导外，国际先进经验表明，环境保护还要依赖公众"自下而上"的参与。在一定程度上，公众监督是政府监督的补充和延续。一方面，公众监督可以强化对污染企业的环境监督，从而弥补政府监管力量的不足；另一方面，公众监督可以检验政府工作，从而使其认真履责。我国应当从现行的政府主导型的环境管理模式，向包括政府、企业、公众和社会组织在内的主体多元化合作的监管模式转变。

一是加快环境信息公开的步伐。信息公开是国家政治体制改革的一个大趋势。一方面，我们要进一步扩大政府主动公开的环境信息之范围，规范和畅通申

请公开信息之渠道；另一方面，我们要强化企业环境信息公开的责任，要求企业全面、真实、客观、及时地公开环境信息，确保公众的知情权、参与权、监督权、寻求法律救济权等权利的行使。

二是建立和完善公众参与机制。具体措施包括：进一步完善环境立法、规划、重大政策、重点建设项目环评等事项的听证制度，扩大听证范围，规范听证程序；探索实行社区环境圆桌对话机制，建立政府、企业、公众等主体及时沟通、平等对话、协商解决的机制和平台。我们应实现公众参与环境保护的真实性、科学性、广泛性、代表性，畅通公众环境权益诉求的表达机制。

三是充分发挥社会组织参与环境保护的作用。社会组织参与环境保护是打破政府包办社会管理格局的重要措施，是社会进步的具体表现。因此，在行政管理体制改革中，我们应将社会公共事务管理的权限和责任从传统的政府职责中适度分离出来，鼓励社会组织承担环境责任、参与环境保护。

推进生态文明建设，是涉及生产方式和生活方式的根本性变革之战略任务，我们应当将生态文明建设的理念、原则、目标等内容深刻融入和全面贯彻到经济、政治、文化、社会等领域建设的各方面与全过程。为此，我们要积极探索代价小、效益好、排放少、可持续的环境保护新道路，进一步提高我国生态文明建设的整体水平。

中国环境资源法四十年之回顾与展望[*]

蔡守秋[**]

在中华人民共和国的历史上，1978 年是一个具有特殊意义的年份。这一年通过修订的《中华人民共和国宪法》和召开的中共十一届三中全会，标志着中国的环境资源法开始进入到一个被称为"改革开放"的新时期。笔者将 1978 年至 2019 年的环境资源法分为如下两个时期： 一是工业化初期或改革开放初期的环境资源法（从 1978 年至 1999 年末）；二是进入生态文明建设时期的环境资源法（从 2000 年至 2019 年）。

一、 工业化初期或改革开放初期的环境资源法（从 1978 年至 1999 年末）

1978 年，中共十一届三中全会召开，中国实行改革开放，进入了从社会主

---

[*] 本文摘自蔡守秋所著的《中国环境资源法学的基本理论》第二章第二节"中华人民共和国的环境资源法"之三、四。《中国环境资源法学的基本理论》是"十三五"国家重点出版物出版规划项目、"中国特色社会主义法学理论体系丛书"之一，由中国人民大学出版社于 2019 年 4 月正式出版。

[**] 作者简介：蔡守秋，上海财经大学法学院、武汉大学法学院教授，博士生导师。

义计划经济向社会主义市场经济转变的新时期。从 1978 年至 20 世纪末，这几十年是中国的改革开放和经济建设取得巨大成就、工业化和城市化迅速发展之时期，是中国的环境资源生态问题极其严重、突出和集中之时期，也是中国现代环境资源法迅速、全面发展之时期。这个阶段，我国的 GDP 总值从 1978 年的 3645.2 亿元人民币（2119.3 亿美元，居世界第 8 位）上升到 1999 年的 89677.1 亿元人民币（10832.8 亿美元，居世界第 6 位）。[①] 到 1999 年，中国人民的生活水平总体上实现了从温饱到小康的历史性跨越。从特征上看，这个阶段的环境资源生态问题具有明显的严重性、压缩性与复合性。严重性主要表现为"四害严重"（指废气、废水、废渣和噪声污染严重）、水土气环境质量退化严重；压缩性表现为工业化国家 200 多年发展过程中陆续产生的问题，短期内在我国集中涌现出来；复合性突出表现为资源浪费、环境污染与生态破坏互相交织，国内的能源环境问题与全球气候变化问题相互叠加。正如《中国环境保护行动计划》（1993 年 9 月经国务院原则上批准）所指出的，"中国目前还处在第一代环境污染和生态破坏的阶段。[②] 主要表现是，以燃煤排放的烟尘和二氧化硫为主要污染物的大气污染；以工业和生活排放有机物为主要污染物的水质污染；以植被破坏和水土流失为主的生态破坏"。《全国生态环境建设规划》（国务院于 1998 年 11 月 7 日发布）指出，全国的水土流失面积已从中华人民共和国初期的 116 万平方公里增加到 367 万平方公里，占国家土地总面积的 38%；全国的荒漠化土地面

---

① 我国的 GDP 数据均来源于国家统计局网站。
② 第一代环境问题是指环境污染与生态破坏造成的区域性影响，主要表现为：煤和其他燃料引起的大气污染；工业废水、城市污水等引起的水污染；工业固体和城市垃圾所造成的污染；森林滥伐、草原过度放牧和不合理的垦荒造成的生态破坏；土地不合理开发引起的水土流失及非农业占地导致农田面积减少；资源不合理的开发利用所导致的资源短缺，等等。第二代环境问题主要是指全球性环境问题，集中体现为全球气候变暖、酸雨、臭氧层破坏、生物多样性减少等。在大气污染方面，国外的第一代大气污染之主要形式是煤烟尘污染，其是由以煤为主的能源结构所造成的；国外的第二代大气污染之形式是石油污染，其是由以石油为主的能源结构所造成的。

积已增加到 262 万平方公里，占国土面积的 27%，并且每年还以 2460 平方公里的速度扩展；全国的土地"三化"（指草地退化、沙化和碱化，我国草地总面积约 4 亿公顷，占国土总面积的 40%）面积为 1.35 亿公顷，约占国土面积的 13%，其中耕地的"三化"面积为 578.4 万公顷，并且每年还在以 200 万公顷的速度增加；我国有 15% 至 20% 的动植物种类受到威胁，高于世界 10% 至 15% 的平均水平。[①] 1998 年，全国的二氧化硫排放量高达 2100 万吨，烟尘排放量达 1400 万吨，工业粉尘排放量达 1300 万吨，是世界上大气污染物排放量最大的国家之一；世界卫生组织 1998 年公布的 54 个国家共 272 个城市的大气污染评价结果显示，在大气污染最严重的 10 个城市中，中国就占了 7 个。[②] 据国家环保总局政策研究中心估算，我国 1992 年的环境污染损失约为 986 亿元，占当年 GNP 的 4%；据中国社会发展中心估算，我国 1993 年的环境污染损失为 963 亿元，占当年 GNP 的 2.8%，生态破坏损失为 2394 亿元，占当年 GNP 的 6.9%；1997 年，据世界银行估算，我国每年仅因空气污染和水污染而遭受的经济损失就高达 540 亿美元，相当于同期国内生产总值的 8%。[③] 1994 年，我国的环境污染和生态破坏所造成的经济损失达 6130 亿元，约占国民生产总值的 14%。[④] 与上述经济发展速度和环境资源生态问题相适应，中国的环境资源法在取得了长足进步的同时，也具备了改革开放初期或工业化初期及市场资本原始积累时期的环境资源法之性质和特点。这个阶段的中国环境资源法，大体上或在某些特征上相当于美国环境

---

① 《全国生态环境建设规划》刊登于国家环境保护总局办的《环境工作通讯》1999 年第 3 期，新华社 1999 年 1 月 6 日刊发。

② 曲格平：《关于〈中华人民共和国大气污染防治法（修订草案）〉的说明——1999 年 8 月 24 日在第九届全国人民代表大会常务委员会第十一次会议上》，《中华人民共和国全国人民代表大会常务委员会公报》2000 年第 3 期。

③ 钱俊生、赵建军：《生态文明：人类文明观的转型》，《中共中央党校学报》2008 年第 1 期。

④ 王玉庆：《影响农业可持续发展有环境因素》，《环境工作通讯》1998 年第 10 期，第 23 页。

法学界所称的第一代环境法。① 但是，针对何谓中国第一代环境资源法，学界并没有统一的认识，也很难统一认识。① 这个时期又可以分为如下两个阶段：

（一）1978 年至 1988 年的环境资源法

世界银行的统计数据表明，1978 年的中国人均国民收入比非洲撒哈拉沙漠以南国家的平均水平还低，只有他们的三分之一。当时，中国的农业人口占全国总人口的 80% 之多，农村仍用牛和人力来耕地，粮食产量不足和工业品奇缺导致全国实行以粮票、肉票、布票、油票、豆腐票、手表票、缝纫机票、自行车票等票证为标志的配额制。 1978 年至 1988 年是我国改革开放的最初十年，是中国的原始工业化阶段。这十年里，中国的农业持续丰收，大量乡镇企业（集体所有制企业而非私有制企业）在全国各地萌芽并爆发式增长，这类企业起到国民经

---

① 有些美国环境法学者喜欢对环境法的发展历史进行代际划分。到 2011 年，美国环境法学者已经提出了第一代环境法、第二代环境法、第三代环境法和第四代环境法之概念。在美国，第一代环境法主要是指第二次世界大战后（1945 年）至 20 世纪 80 年代的环境资源法，其主要解决第二次世界大战结束后，由于城市化和工业化所导致的环境污染与自然资源紧缺问题。在《第二代环境法不断发展所面临的挑战》一文中，美国著名的环境法学者 Nicholas A. Robinson 教授（曾任世界自然保护联盟环境法委员会主席、纽约佩斯大学环境法学教授）分析了第一代环境法发展的五个阶段：（1）采用传统的规则（如侵权法或者罗马法中的公共信托理论）来解决环境纠纷；（2）当自然资源耗竭严重恶化时，通过保护法来恢复可更新资源，并确保其持续更新；（3）当农业、工业和化学污染问题变得尖锐时，污染治理就成为环境法的目标；（4）当这一系列的制定法、条约和法律习惯逐渐发展，以至于其复杂性使政府、法院和公众越来越困惑时，政府开始制定适用于所有领域的框架性立法，甚至编纂环境法典使其简化；（5）强调环境法固有的正义原则，政府开始修改宪法以赋予公民环境权，并将环境权纳入人权领域。参见 Nicholas A. Robinson, *Challenges Confronting the Pro-gressive Development of a Second Generation of Environmental Laws*, in Lye Lin-Heng & Maria Socorro Z. Manguiat, *Towards a "Second Generation" in Environmental Laws in the Asianand Pacific Region*: *Select Trends*, Henry Ling Ltd, 2003, pp. 27 - 32。[美] 罗宾逊：《第二代环境法不断发展所面临的挑战》，载［新加坡］黎莲卿、［菲］玛利亚·索科罗·Z·曼圭亚特：《亚太地区第二代环境法展望——世界自然保护联盟/全球环境战略研究所/亚洲开发银行研讨会论文集》，邵方、曹明德、李兆玉译，北京：法律出版社 2006 年，第 36 页。

① 有人认为，中国的第一代环境资源法是指从 20 世纪 70 年代初至 20 世纪 90 年代末的环境资源法；也有人认为，中国的第一代环境资源法是指 20 世纪 80 年代初至 20 世纪 90 年代末的环境资源法。

济的增长引擎和压舱石之作用。① 我国的名义 GDP 总值从 1978 年的 3645.2 亿元人民币（2119.3 亿美元）上升到 1988 年的 15042.8 亿元人民币（4041.5 亿美元）。到 1988 年，我国初步解决了人民的温饱问题。但是，这个时期的环境污染十分严重，环境资源法治表面看似坚挺，实则相当薄弱。

正是在 1978 年，第五届全国人民代表大会第一次会议通过了修改后的《中华人民共和国宪法》（1978 年 3 月 5 日），其规定："国家保护环境和自然资源，防治污染和其他公害。"这是中国首次将环境和资源保护工作列入国家根本大法。通过把环境和资源保护落实为国家的一项基本职责，并将保护环境和保护自然资源确定为环境资源法的两大领域，《中华人民共和国宪法（1978 年）》奠定了中国环境资源法体系的基本构架和主要内容，并为中国环境资源保护进入法治轨道开辟了道路。 1978 年 12 月 18 日至 12 月 22 日，中共十一届三中全会召开，会议做出了把党和国家的工作中心转移到经济建设上来、实行改革开放的历史性决策，由此开启了中国改革开放的历史新时期。接着，中共中央批转了国务院环境保护领导小组的《环境保护工作汇报要点》（1978 年 12 月），该文件将加强环境资源法治建设、制定环境保护法律作为环境保护工作的重点之一，从而拉开了中国环境资源法迅速发展的序幕。1979 年 2 月，第五届全国人民代表大会常务委员会第六次会议原则通过了《中华人民共和国森林法（试行）》。1979 年 9 月，第五届全国人民代表大会第十一次会议原则通过了《中华人民共和国环境保护法（试行）》。《中华人民共和国环境保护法（试行）》依据《中华人民共和国宪法（1978 年）》的规定，针对中国当时的环境状况，参考借鉴了国外的先进经验，明确了环境保护的对象、任务、方针和适用范围，引入了"谁污染谁治理"

---

① 在此期间，乡镇企业的数量增长了 12 倍，从 150 万家增加到 1890 万家；乡镇企业的生产总值增长了 13.5 倍，在 GDP 中所占的比例从 14% 上升到 46%；到 1988 年，乡镇企业创造就业岗位达 1 亿个左右，农民的平均收入水平增长了 12 倍。

等原则，构建了环境影响评价、"三同时"、排污收费、限期治理、环境标准、环境监测等制度，规定了环境保护机构及其职责。《中华人民共和国环境保护法（试行）》的内容比较全面、系统，其是中国环境资源法走向体系化并成为独立的法律部门的一个标志。1982年12月4日，五届全国人大五次会议通过了经全面修改后的《中华人民共和国宪法》。《中华人民共和国宪法（1982年）》从国家根本大法的角度规定了"国家保障自然资源的合理利用，保护珍贵的动物和植物。禁止任何组织或者个人用任何手段侵占或者破坏自然资源"（第九条），明确了"国家保护和改善生活环境和生态环境，防治污染和其他公害。国家组织和鼓励植树造林，保护林木"（第二十六条）的国家环境资源保护目标和国家政策，并对《中华人民共和国宪法（1978年）》规定的环境资源保护任务进行了深化。同年，国家设立城乡建设环境保护部，其内设环境保护局，从而结束了"国务院环境保护领导小组办公室"十年来的临时状态。1983年12月31日，国务院召开第二次全国环境保护会议，明确提出环境保护是我国的一项基本国策。1988年，我国建立了直属国务院的原国家环境保护局，环境管理机构从此成为国家的一个独立工作部门。《中华人民共和国环境保护法（试行）》颁布后，我国先后制定了《中华人民共和国海洋环境保护法》（1982年）、《中华人民共和国水污染防治法》（1984年）、《中华人民共和国大气污染防治法》（1987年）、《中华人民共和国草原法》（1985年）、《中华人民共和国矿产资源法》（1986年）、《中华人民共和国水法》（1988年）、《中华人民共和国野生动物保护法》（1988年）等污染防治与自然资源保护方面的法律、法规和规章。

二、 1989年至1999年的环境资源法

1989年至1999年，我国开展了以劳动密集型规模化生产为特征的工业化运

动，全国的 GDP 总值从 1988 年的 15042.8 亿元人民币（4041.5 亿美元）增长为 1999 年的 89677.1 亿元人民币（10832.8 亿美元，居世界第 6 位）。到 1999 年，中国人民的生活条件已达到小康水平。这一时期，遍布城乡各地的劳动密集型工厂生产了大量轻工产品，我国成为全球最大的纺织品、家具和玩具之生产国及出口国；与此同时，我国也面临着相当严重的环境污染和生态破坏问题，严重的环境资源问题激发了加强环境资源法律控制的迫切需求。

1989 年 4 月 28 日至 5 月 1 日，第三次全国环境保护会议系统地确定了环境保护的三大政策（"预防为主，防治结合"、"谁污染谁治理"及强化环境管理）与八项管理制度（"三同时"制度、环境影响评价制度、排污收费制度、城市环境综合整治定量考核制度、环境目标责任制度、排污申报登记和排污许可证制度、限期治理制度及污染集中控制制度）。这些政策和制度先以国务院政令的形式被颁发，后进入各项污染防治的法律法规之中在全国得到实施，从而构成了一个较为完整的"三大政策与八项管理制度"体系。

1989 年 12 月，第七届全国人大第十一次会议通过了《中华人民共和国环境保护法》，这标志着我国环境资源法的发展进入一个新阶段。20 世纪 90 年代是国际与国内的形势发生重大变化之时代。1992 年 6 月，有 183 个国家和地区的代表团与联合国及其下属机构等 70 个国际组织的代表出席的联合国环境与发展会议在巴西里约热内卢召开，会议通过并签署了《里约环境与发展宣言》《21 世纪议程》《气候变化框架公约》《生物多样性公约》和《关于森林问题的原则声明》共 5 个体现可持续发展新思想、贯彻可持续发展战略的文件。 1992 年的联合国环境与发展会议标志着全球中心议题从"斯德哥尔摩时期"的环境保护转向了"可持续发展时期"的环境保护。会后，许多国际组织和国家纷纷制定并贯彻了可持续发展的战略、环境资源法律、国际法律政策文件和行动计划，从而掀起了一场关于可持续发展的社会变革和社会运动。1992 年 6 月，在联合国环境与发展会议召开后不久，中共中央、国务院批准了《中国环境与发展十大对策》，指出中国必须转变发展战略，走可持续发展道路[①]；1994 年 3 月，国务院批准了《中国 21 世纪议程——中国 21 世纪人口、环境与发展白皮书》，提出了实施可持续发展的总体战略、基本对策和行动方案，要求建立体现可持续发展的环境资源法体系。

1993 年 3 月，全国人民代表大会成立了环境与资源保护委员会（简称"环资委"，当时称"环境保护委员会"）这一专门委员会。从 1994 年起，环资委的立法工作全面展开，其相继修改、制定了一批环境资源法律、法规和行政规章，如《自然保护区条例》（1994 年）、《淮河流域水污染防治暂行条例》（1995 年）、《中华人民共和国大气污染防治法》（1995 年修改）、《中华人民共和国固体废物污染环境防治法》（1995 年）、《中华人民共和国水污染防治法》（1996 年修改）、《中华人民共和国环境噪声污染防治法》（1996 年）、《中华人民共和国煤炭法》（1996 年）、《中华人民共和国防洪法》（1997 年）、《中华人民共和国节约能源法》（1997 年）、《中华人民共和国防震减灾法》（1997 年）、《中华人民共和国森林法》（1998 年修改）、《中华人民共和国土地法》（1998 年修改）、《中华人民共和国气象法》（1999 年）、《中华人民共和国海洋环境保护法》（1999 年修改）等。特别值得一提的是，1997 年修改的《中华人民共和国刑法》增加了"破坏环境资源保护罪"和"环境监管失职罪"。

1994 年，淮河再次爆发污染事故，这标志着我国历史上的污染累积所引发的环境事故已进入高发期。同年 6 月，原国家环境保护局、原水利部，以及河

[①] 1992 年 9 月，中共中央、国务院批准了外交部、国家环境保护局的《关于出席联合国环境与发展大会的情况及有关对策的报告》，该份报告提出了我国环境与发展的十大对策，简称"《中国环境与发展十大对策》"（1992 年中办七号文件，中共中央、国务院于 1992 年 8 月 11 日转发外交部、国家环境保护局《关于出席联合国环境与发展大会的情况及有关对策的报告》的通知，《中国环境报》于 1992 年 9 月 17 日的第 1 版刊登了《环境与发展十大对策》）。

南、安徽、江苏、山东沿淮四省共同颁布《关于淮河流域防止河道突发性污染事故的决定（试行）》，这份文件是我国大江大河水污染预防的第一个规章制度。1995 年 8 月，国务院签发了我国历史上的第一部流域性法规——《淮河流域水污染防治暂行条例》，该条例明确了淮河流域水污染的防治目标。1996 年 7 月，第四次全国环境保护会议召开，会议提出保护环境是实施可持续发展战略的关键，保护环境就是保护生产力。同时，第四次全国环境保护会议确定了坚持污染防治和生态保护并重的方针，并批准实施《污染物排放总量控制计划》和《跨世纪绿色工程规划》。自此，全国开始展开大规模的重点城市、流域、区域、海域的污染防治及生态建设和保护工程。 1998 年，原副部级的国家环境保护局升格为正部级的国家环境保护总局。

从总体上看， 1989 年至 1999 年的环境资源法具有如下特点： 第一，我国制定了以《中华人民共和国环境保护法》为代表的综合性较强之法律，初步形成了社会主义初级阶段的环境资源法之体系框架。第二，我国的环境资源法与国外和国际上的环境资源法有着密切联系，可持续发展开始成为中国环境资源法的重要指导思想，"经济转型时期的环境资源法"之特点也与国外"可持续发展时期"的环境资源法之特点基本相似。例如，1998 年的《中华人民共和国土地管理法》、1999 年的《中华人民共和国海洋环境保护法》等环境资源法律已经将促进或保障经济社会的"可持续发展"作为其立法目的。第三，环境资源法基本处于"以经济建设为中心"和"以追求 GDP 增长为主要目标"之大前提下，具有市场经济原始资本积累初期的环境资源法之特点。 1978 年到 1999 年，我国的发展要义或环保与经济的关系是"经济增长第一，环境保护要与经济发展相协调"，具体体现为 GDP 增长第一，并且能够提升 GDP 是行政官员考核的最重要指标。 1978 年到 1999 年，虽然我国的立法数量较多，但是法律实施效果欠佳；虽然我国设立的法律措施和法律制度较多，但是大多没有得到严格执行。第四，环境资源立法以污染防治和自然资源利用管理为主，自然保护和生物多样性方面的立法相对薄弱。我国主要采取"命令—控制"型模式来规制污染，并借助传统的规则（如《中华人民共和国侵权责任法》）来解决环境资源民事纠纷。同时，我国侧重于污染的事后防范和末端治理，往往对经济发展过程中产生的环境后果进行消极防范。此外，我国的环境资源立法以强化行政权力为主，公众权益相对薄弱；而且，我国的环境资源法律之实施以行政执法手段为主，公众参与和司法介入相对薄弱。

二、 进入生态文明建设时期的环境资源法（从 2000 年至 2019 年）

当人类社会跨入 21 世纪后，我国也开始进入全面建设小康社会、加快推进社会主义现代化的全新发展阶段。[①] 这个阶段的一个重要特点是，人民的生活水平总体上实现了从温饱到小康的历史性飞越[②]，但生态环境问题仍然十分

[①] 中共十五大报告（1997 年 9 月 12 日）提出，"我们的目标是，第一个十年实现国民生产总值比二零零零年翻一番，使人民的小康生活更加宽裕，形成比较完善的社会主义市场经济体制；再经过十年的努力，到建党一百年时，使国民经济更加发展，各项制度更加完善；到世纪中叶建国一百年时，基本实现现代化，建成富强民主文明的社会主义国家"。参见《高举邓小平理论伟大旗帜，把建设有中国特色社会主义事业全面推向二十一世纪——江泽民在中国共产党第十五次全国代表大会上的报告》。中共十六大报告进一步明确提出，"根据十五大提出的到二〇一〇、建党一百年和新中国成立一百年的发展目标，我们要在本世纪头二十年，集中力量，全面建设惠及十几亿人口的更高水平的小康社会，使经济更加发展、民主更加健全、科教更加进步、文化更加繁荣、社会更加和谐、人民生活更加殷实……国内生产总值到二〇二〇年力争比二〇〇〇年翻两番"。参见江泽民：《全面建设小康社会，开创中国特色社会主义事业新局面——在中国共产党第十六次全国代表大会上的报告》，《人民日报》2002 年 11 月 18 日第 1 版。

[②] 正如中共十六大报告所指出的，在"二〇〇一年，我国国内生产总值达到九万五千九百三十三亿元，比一九八九年增长近两倍，年均增长百分之九点三，经济总量已居世界第六位。人民生活总体上实现了由温饱到小康的历史性跨越"。参见江泽民：《全面建设小康社会，开创中国特色社会主义事业（转下页）

第 二 章

环 境 法 治

严重①，人民日益增长的对健康环境及美丽中国的需要与不平衡不充分的发展之间存在着较大的差距和矛盾②。从 2000 年至 2019 年，我国社会的一个重大变化，是生态文明建设的酝酿和兴起。与此相适应，我国的环境资源法治建设也开始进入一个新的发展时期，环境资源法开始步入生态文明建设时期的环境资源法之新阶段。有人认为，这个时期的中国环境资源法大体上或在某些特征上相当于美国的第二代环境资源法。笔者认为，上述这种类比值得商榷，因为学界对何谓第二代环境资源法并没有统一的看法或形成统一的标准。③ 2000 年至 2019 年又可以进一步划分为以下两个阶段： 2000 年至 2011 年，是生态文明建设的酝酿阶段； 2012 年的中共十八大至今，是生态文明建设的全面发展阶段。

（接上页）新局面——在中国共产党第十六次全国代表大会上的报告》，《人民日报》2002 年 11 月 18 日第 1 版。在 2001 年以后，我国的经济总量在 "2005 年超过法国，居第五;2006 年超过英国，居第四;2007 年超过德国，居第三;2009 年超过日本，居第二。2010 年，我国制造业规模超过美国，居世界第一"。参见习近平：《在省部级主要领导干部学习贯彻党的十八届五中全会精神专题研讨班上的讲话 (2016 年 1 月 18 日) 》，《人民日报》2016 年 5 月 10 日第 1 版。到 2017 年，"国内生产总值从五十四万亿元增长到八十万亿元，稳居世界第二"。参见习近平：《决胜全面建成小康社会　夺取新时代中国特色社会主义伟大胜利——在中国共产党第十九次全国代表大会上的报告 (2017 年 10 月 18 日) 》，《环球时报》2017 年 10 月 18 日，新华社北京 2017 年 10 月 27 日电。

① 从总体上看，我国的环境保护仍滞后于经济社会发展，多阶段、多领域、多类型的问题长期累积叠加，环境承载能力已经达到或接近上限，全国的主要污染物排放总量远高于环境容量，生态环境恶化趋势尚未得到根本扭转，环境质量改善任务艰巨。

② 中共十九大报告 (2017 年 10 月 18 日) 指出，"中国特色社会主义进入新时代，我国社会主要矛盾已经转化为人民日益增长的美好生活需要和不平衡不充分的发展之间的矛盾。我国稳定解决了十几亿人的温饱问题，总体上实现小康，不久将全面建成小康社会，人民美好生活需要日益广泛，不仅对物质文化生活提出了更高要求，而且在民主、法治、公平、正义、安全、环境等方面的要求日益增长。同时，我国社会生产力水平总体上显著提高，社会生产能力在很多方面进入世界前列，更加突出的问题是发展不平衡不充分，这已经成为满足人民日益增长的美好生活需要的主要制约因素"。参见习近平：《决胜全面建成小康社会　夺取新时代中国特色社会主义伟大胜利——在中国共产党第十九次全国代表大会上的报告 (2017 年 10 月 18 日) 》，《环球时报》2017 年 10 月 18 日，新华社北京 2017 年 10 月 27 日电。

③ 美国的一些学者所称的第二代环境法主要是指 1992 年联合国环境与发展会议之后的美国环境法，第三代环境法和第四代环境法则主要是一些学者设想的环境法。美国学者所称的第一代环境法、第二代环境法、第三代环境法和第四代环境法之间并没有严格的时间界限。

（一）2000 年至 2011 年的环境资源法

进入 21 世纪后的前十年，我国利用此前的工农业经济发展所创造的巨大市场需求和社会储蓄，努力克服"能源—动力—交通运输"之瓶颈，使煤炭、钢铁、水泥、化纤、机械工具、桥梁、隧道、船舶、高速公路、高速铁路[①]等产业实现了规模化大生产，从而令全国的生产、消费和技术创新到达了一个高峰。[②] 与此同时，我国的环境资源问题也非常严重。《中国环境保护（1996—2005）》（国务院新闻办于 2006 年 6 月 6 日发布）、《2008 年中国环境状况》（环境保护部于 2009 年 6 月 5 日发布）等官方统计数据显示，中国的生态环境相当脆弱，生态环境脆弱区的面积占国土面积的 60% 以上；全国的水土流失面积为356.92 万平方公里，占国土总面积的 37.2%，全国因水土流失而每年流失土壤50 亿吨；全国的荒漠化土地面积为 263.62 万平方公里，占国土面积的 27%；全国的沙化土地面积为 173.97 万平方公里，占国土面积的 18%；全国的天然草原面积约占国土面积的 41%，但有 90% 的天然草原出现不同程度的退化。第二次全国土地调查[③]显示，包括环境生态在内的公众共用物（共用地）面积缩小、数量减少之情况十分严重，各类生态用地的变化表明了我们生态空间日益被挤压的

---

① 所谓中国高速铁路（China High-speed Railway），是指新建设计开行速度 250 公里/小时（含预留）及以上动车组列车且初期运营速度不小于 200 公里/小时的铁路客运专线。2004 年 1 月，国务院常务会议讨论并原则通过了历史上第一个《中长期铁路网规划》，该份规划以大气魄绘就了超过 1.2 万公里的"四纵四横"快速客运专线网。2009 年 12 月 26 日，武广高铁正式运营，武汉到广州的旅行时间由原来的约 11 小时缩短到 3 小时左右。武广高铁成为中国第一条速度达到 350 公里/小时（最高运营速度达到 394 公里/小时）的高铁，其也是世界上运营速度最快、密度最大的高速铁路。

② 2011 年，中国的 GDP 为 7.4955 万亿美元，与 2000 年相比翻了一番都不止，已经远远超过日本而稳居世界第 2 位。

③ 根据国务院的决定，自 2007 年 7 月 1 日起，我国开展第二次全国土地调查（以下简称"二次调查"），并以 2009 年 12 月 31 日为标准时点，汇总二次调查数据。2013 年 12 月 30 日，国土资源部、国家统计局、国务院第二次全国土地调查领导小组办公室发布了《第二次全国土地调查主要数据成果的公报》。

第 二 章

第 二 章

环 境 法 治

严峻状况。基于建设占用、公众共用物被物权化等原因，全国的草地减少 1.6 亿亩，滩涂、沼泽减少 10.7%，冰川与积雪减少 7.5%。我国列入世界濒危动植物目录中的动植物占该目录总数的 1/4，有 15% 至 20% 的动植物种类受到威胁，高于世界 10% 至 15% 的平均水平。我国的每日耗水量世界第一，污水排放量世界第一，能源消费量世界第二，二氧化碳、二氧化硫和氟氯烃的排放总量居世界第一位，酸雨面积已占中国陆地面积的 1/3，水污染、土地污染、海洋污染、固体废物污染、噪声污染、放射性污染、化学品污染等各种环境污染的严重程度均位于全球前列。我国是世界上大气污染最为严重的国家之一，尤其是雾霾最为恣肆。我国已进入污染事故与生态安全事故的多发期和矛盾凸显期，并成为污染物排放量最多、水土流失最严重、荒漠化程度最高的国家之一，环境污染、生态破坏和公众共用物悲剧已经成为制约经济社会发展与公众健康发展的一个重要因素。

21 世纪初，为了应对中国加入 WTO 后所面临的挑战①，实现与国外和国际的环境贸易法律之接轨，我国加强了环境资源法规的制定和修改工作。 2000 年，我国修改了《中华人民共和国大气污染防治法》； 2001 年，我国颁布了《中华人民共和国防沙治沙法》与《中华人民共和国海域使用管理法》；2002 年 6 月，我国颁布了《中华人民共和国清洁生产促进法》；2002 年 10 月，我国颁布了《中华人民共和国环境影响评价法》。2002 年 11 月，中国共产党第十六次全国代表大会召开，会议明确了全面贯彻"三个代表"重要思想的根本要求，并将"可持续发展能力不断增强，生态环境得到改善，资源利用效率显著提高，促进人与自然的和谐，推动整个社会走上生产发展、生活富裕、生态良好的文明发

---

① 2001 年 11 月 10 日，经过 15 年的艰苦谈判，世界贸易组织的多哈会议审议通过中国入世的决定。入世以来，中国政府清理、修改、废止了 2300 多项法律法规，公布了所有与贸易有关的法律文件，各地方政府也清理、修改、废止了超过 19 万件地方性法规、规章和政策措施。

展道路"确定为全面建设小康社会的一项重要目标。[①] 同年12月，国务院颁布了《退耕还林条例》，第九届全国人民代表大会常务委员会第三十一次会议修订了《中华人民共和国草原法》。其中，《中华人民共和国清洁生产促进法》和《中华人民共和国环境影响评价法》的颁布，被一些学者称为"中国迈向第二代环境资源法的标志"。

在我国的工业化、城市化、贸易国际化继续发展，且环境资源生态问题仍然没有得到有效遏制之同时，生态文明观和生态文明建设开始应运而生，这成为影响和推动我国环境资源法建设的重要事件。2003年6月，《中共中央国务院关于加快林业发展的决定》提出了"确立以生态建设为主的林业可持续发展道路，建立以森林植被为主体、林草结合的国土生态安全体系，建设山川秀美的生态文明社会"的指导思想。2003年10月，中共十六届三中全会通过的《中共中央关于完善社会主义市场经济体制若干问题的决定》提出了"坚持以人为本，树立全面、协调、可持续的发展观，促进经济社会和人的全面发展……统筹城乡发展、统筹区域发展、统筹经济社会发展、统筹人与自然和谐发展、统筹国内发展和对外开放"的科学发展观。2004年9月，中共十六届四中全会通过的《中共中央关于加强党的执政能力建设的决定》首次提出了构建社会主义和谐社会的理念，其决定将"构建社会主义和谐社会"正式列为中国共产党全面提高执政能力的五大能力之一，并强调"不断提高构建社会主义和谐社会的能力""把和谐社会建设摆在重要位置""形成全体人民各尽其能、各得其所而又和谐相处的社会""统筹人与自然和谐发展""大力发展循环经济，建设节约型社会"。在2005年3月召开的中央人口资源环境工作座谈会上，胡锦涛同志使用了"生态文明"这一术

[①] 江泽民：《全面建设小康社会，开创中国特色社会主义事业新局面——在中国共产党第十六次全国代表大会上的报告》，《人民日报》2002年11月18日第1版。

语，他强调指出，我国当前环境工作的重点之一便是"完善促进生态建设的法律和政策体系，制定全国生态保护规划，在全社会大力进行生态文明教育"。① 2005 年 12 月，《国务院关于落实科学发展观加强环境保护的决定》提出了"倡导生态文明，强化环境法治，完善监管体制，建立长效机制，建设资源节约型和环境友好型社会……发展循环经济，倡导生态文明，强化环境资源法治，完善监管体制，建立长效机制，建设资源节约型和环境友好型社会"的要求。2006 年 4 月，第六次全国环境保护大会召开，会议提出了推动经济社会全面协调可持续发展的方向和"三个转变"②的战略思想。2007 年 10 月，中共十七大报告提出了"建设生态文明"和"生态文明观念在全社会牢固树立"的目标。③ 2008 年 3 月，第十一届全国人民代表大会第一次会议批准国务院机构改革方案，组建环境保护部。2008 年 6 月，中共中央、国务院发布了《关于全面推进集体林权制度改革的意见》。2010 年 12 月，中共中央、国务院公布了《关于加快水利改革发展的决定》。在 2011 年 12 月召开的第七次全国环境保护大会上，时任国务院副总理李克强强调，"加强环境保护是推进生态文明建设的根本途径……环境保护是生态文明建设的主阵地……基本的环境质量、不损害群众健康的环境质量是一种公共产品，是一条底线，是政府应当提供的基本公共服务……法律法规是环境保护的刚性约束和制度保证……要加快修改环境保护法等法律法规，形成比较完

---

① 《十六大以来重要文献选编》（中），中央文献出版社 2006 年，第 823 页。
② "三个转变"具体包括：从重经济增长轻环境保护转变为保护环境与经济增长并重；从环境保护滞后于经济发展转变为环境保护和经济发展同步；从主要用行政办法保护环境转变为综合运用法律、经济、技术和必要的行政办法解决环境问题。
③ 中共十七大报告（2007 年 10 月 15 日）提出，"建设生态文明，基本形成节约能源资源和保护生态环境的产业结构、增长方式、消费模式。循环经济形成较大规模，可再生能源比重显著上升。主要污染物排放得到有效控制，生态环境质量明显改善。生态文明观念在全社会牢固树立……坚持生产发展、生活富裕、生态良好的文明发展道路，建设资源节约型、环境友好型社会，实现速度和结构质量效益相统一、经济发展与人口资源环境相协调，使人民在良好生态环境中生产生活，实现经济社会永续发展"。参见胡锦涛：《高举中国特色社会主义伟大旗帜，为夺取全面建设小康社会新胜利而奋斗——在中国共产党第十七次全国代表大会上的报告》，《人民日报》2007 年 10 月 25 日第 1 版。

备的环境法律法规框架……要积极开展环境污染损害鉴定评估，健全环境损害赔偿机制，推动环境公益诉讼和法律援助，强化环境司法保障"。① 与此相适应，从 2003 年开始，我国制定和修改了如下环境资源法律： 2003 年，我国颁布了《中华人民共和国放射性污染防治法》；2004 年，我国修改了《中华人民共和国固体废物污染环境防治法》《中华人民共和国土地管理法》《中华人民共和国野生动物保护法》和《中华人民共和国渔业法》；2005 年，我国制定了《中华人民共和国可再生能源法》和《中华人民共和国畜牧法》；2007 年，我国制定了《中华人民共和国物权法》《中华人民共和国城乡规划法》和《中华人民共和国突发事件应对法》，修订了《中华人民共和国节约能源法》；2008 年，我国制定了《中华人民共和国循环经济促进法》，修订了《中华人民共和国水污染防治法》和《中华人民共和国防震减灾法》；2009 年，我国制定了《中华人民共和国侵权责任法》和《中华人民共和国海岛保护法》，修订了《中华人民共和国水法》《中华人民共和国土地管理法》《中华人民共和国森林法》《中华人民共和国草原法》《中华人民共和国渔业法》《中华人民共和国野生动物保护法》《中华人民共和国矿产资源法》《中华人民共和国节约能源法》《中华人民共和国可再生能源法》和《中华人民共和国煤炭法》；2010 年，我国制定了《中华人民共和国石油天然气管道保护法》，修订了《中华人民共和国水土保持法》；2011 年，我国修订了《中华人民共和国煤炭法》，颁布了《土地复垦条例》。

（二）2012 年至 2019 年的环境资源法

通过 21 世纪最初十年的发展，我国 2011 年的国内生产总值达到 48.4 万亿

---

① 李克强：《李克强在第七次全国环保大会上讲话》，《中国环境报》2012 年 1 月 4 日。

元人民币，经济总量已居世界第二位。同时，我国的生态文明建设扎实展开，资源节约和环境保护政策全面推进。但是，发展中的不平衡、不协调、不可持续之问题依然突出，资源环境约束加剧，生态环境方面的问题较多。 2012 年，中国的经济总量约占全球经济总量的 11.5%，但是却消耗了全球 21.3% 的能源、45% 的钢、43% 的铜、54% 的水泥，并且排放的二氧化硫与氮氧化物之总量居世界第一。[①] 在这种形势下，2012 年 11 月召开的中共十八大不仅确立了"确保到二○二○年实现全面建成小康社会……实现国内生产总值和城乡居民人均收入比二○一○年翻一番"的宏伟目标，而且确立了"加快""大力""全面落实"和"全面推进"生态文明建设的战略、目标与任务，要求"把生态文明建设放在突出地位，融入经济建设、政治建设、文化建设、社会建设各方面和全过程，努力建设美丽中国，实现中华民族永续发展"。[②]

中共十八大之后，一方面，党和国家继续推进工业化与城市化进程和全球发展战略，不断开拓国内外市场[③]；另一方面，党和国家始终把生态文明建设放在

[①] 参见董峻等：《开创生态文明新局面——党的十八大以来以习近平同志为核心的党中央引领生态文明建设纪实》，《人民日报》2017 年 08 月 03 日第 1 版。

[②] 中共十八大报告首次设单篇，用 7 个自然段共1361 个字对生态文明进行了专门论述。十八大报告强调，"全面落实经济建设、政治建设、文化建设、社会建设、生态文明建设五位一体总体布局，促进现代化建设各方面相协调，促进生产关系与生产力、上层建筑与经济基础相协调，不断开拓生产发展、生活富裕、生态良好的文明发展道路……加快生态文明建设……全面推进经济建设、政治建设、文化建设、社会建设、生态文明建设……大力推进生态文明建设……把生态文明建设放在突出地位，融入经济建设、政治建设、文化建设、社会建设各方面和全过程，努力建设美丽中国，实现中华民族永续发展"。参见胡锦涛：《坚定不移沿着中国特色社会主义道路前进 为全面建成小康社会而奋斗——胡锦涛同志代表第十七届中央委员会向大会作的报告》（2012 年 11 月 8 日），新华社北京 2012 年 11 月 17 日电，《人民法院报》2012 年 11 月 18 日第 1—4 版。

[③] 诚如中共十九大报告所指出的，十八大以来的五年，"我国经济建设取得重大成就。坚定不移贯彻新发展理念，坚决端正发展观念，转变发展方式，发展质量和效益不断提升。经济保持中高速增长，在世界主要国家中名列前茅，国内生产总值从五十四万亿元增长到八十万亿元，稳居世界第二，对世界经济增长贡献率超过百分之三十。供给侧结构性改革深入推进，经济结构不断优化，数字经济等新兴产业蓬勃发展，高铁、公路、桥梁、港口、机场等基础设施建设快速推进。农业现代化稳步推 （转下页）

治国理政的重要战略位置，并将其作为统筹推进"五位一体"总体布局和协调推进"四个全面"战略布局的重要举措。例如，党的十八届三中全会通过的《中共中央关于全面深化改革若干重大问题的决定》（2013年11月）提出，要加快建立系统完整的生态文明制度体系；十八届四中全会通过的《中共中央关于全面推进依法治国若干重大问题的决定》（2014年10月）要求，用严格的法律制度保护生态环境；十八届五中全会通过的《中共中央关于制定国民经济和社会发展第十三个五年规划的建议》（2015年10月）表明，要将绿色发展纳入新发展理念。此外，党中央相继制定的《中共中央国务院关于加快推进生态文明建设的意见》（2015年4月）、《生态文明体制改革总体方案》（2015年9月）等一系列重要政策文件，都明确了包括环境资源生态法治建设在内的生态文明建设的基本理念、指导思想、原则、政策措施、体制机制和法律制度。其中，中央全面深化改革领导小组（简称"中央深改小组"，成立于2013年12月30日）自成立以来至2017年9月，已审议了40多项生态文明建设和环境资源保护具体改革方案①，为推进我国的生态环境治理与生态文明治理体系建设提供了重要的政策和制度依据。2016年，我国在联合国环境大会上发布了《绿水青山就是金山银山：中国生态文明战略与行动》。与此相适应，我国的环境资源法也在生态文明观的指导和生态文明社会建设的统率下得到了深入、全面的发展。例如，2012年，我国

（接上页）进，粮食生产能力达到一万二千亿斤。城镇化率年均提高一点二个百分点，八千多万农业转移人口成为城镇居民。区域发展协调性增强，'一带一路'建设、京津冀协同发展、长江经济带发展成效显著。创新驱动发展战略大力实施，创新型国家建设成果丰硕，天宫、蛟龙、天眼、悟空、墨子、大飞机等重大科技成果相继问世。南海岛礁建设积极推进。开放型经济新体制逐步健全，对外贸易、对外投资、外汇储备稳居世界前列"。参见习近平：《决胜全面建成小康社会　夺取新时代中国特色社会主义伟大胜利——在中国共产党第十九次全国代表大会上的报告（2017年10月18日）》，《环球时报》2017年10月18日，新华社北京2017年10月27日电。

① 阚枫：《"深改组"谋篇定策：中国改革新程蹄疾步稳》，21世纪新闻网，http://news.21cn.com/caiji/roll1/a/2017/1016/07/32746787.shtml，访问日期：2019年10月12日。

修订了《中华人民共和国农业法》《中华人民共和国清洁生产促进法》和《中华人民共和国民事诉讼法》；2013 年，我国修订了《中华人民共和国草原法》《中华人民共和国渔业法》《中华人民共和国煤炭法》《中华人民共和国海洋环境保护法》《中华人民共和国固体废物污染环境防治法》；2014 年，我国修订了《中华人民共和国气象法》和《中华人民共和国环境保护法》，而进行重大修改的《中华人民共和国环境保护法》也被称为史上最严厉的环保法律；2015 年，我国修订了《中华人民共和国食品安全法》《中华人民共和国城乡规划法》《中华人民共和国畜牧法》《中华人民共和国固体废物污染环境防治法》《中华人民共和国电力法》《中华人民共和国文物保护法》和《中华人民共和国大气污染防治法》；2016 年，我国制定了《中华人民共和国环境保护税法》《中华人民共和国深海海底区域资源勘探开发法》，修订了《中华人民共和国水法》《中华人民共和国防洪法》《中华人民共和国环境影响评价法》《中华人民共和国节约能源法》《中华人民共和国野生动物保护法》和《中华人民共和国煤炭法》；2017 年，我国颁布了《中华人民共和国民法总则》（2017 年 3 月 15 日）和《中华人民共和国核安全法》（2017 年 9 月 1 日），修订了《中华人民共和国水污染防治法》《中华人民共和国民事诉讼法》和《中华人民共和国行政诉讼法》。其中，《中华人民共和国民法总则》规定了著名的绿色原则，《中华人民共和国民事诉讼法》规定了人民检察院及法律规定的机关和有关组织可以向人民法院提起环境民事公益诉讼，《中华人民共和国行政诉讼法》规定了人民检察院可以依法向人民法院提起环境行政公益诉讼。

  2017 年 10 月，中共十九大召开，其不仅总结了中共十八大以来的五年中，我国在生态文明建设领域所取得的显著成绩[①]，而且就"加快生态文明体制改

----

① 中共十九大报告指出，十八大以来的五年，"生态文明建设成效显著。大力度推进生态文明建设，全党全国贯彻绿色发展理念的自觉性和主动性显著增强，忽视生态环境保护的状况明显改变。生（转下页）

革，建设美丽中国"进行了专门部署。中共十九大报告进一步强调，"坚持人与自然和谐共生。建设生态文明是中华民族永续发展的千年大计。必须树立和践行绿水青山就是金山银山的理念，坚持节约资源和保护环境的基本国策，像对待生命一样对待生态环境，统筹山水林田湖草系统治理，实行最严格的生态环境保护制度，形成绿色发展方式和生活方式，坚定走生产发展、生活富裕、生态良好的文明发展道路，建设美丽中国，为人民创造良好生产生活环境，为全球生态安全作出贡献……生态文明建设功在当代、利在千秋。我们要牢固树立社会主义生态文明观，推动形成人与自然和谐发展现代化建设新格局，为保护生态环境作出我们这代人的努力"。①

2018年3月11日，第十三届全国人民代表大会第一次会议通过了修改后的《中华人民共和国宪法》，"科学发展观""新发展理念""生态文明"与"和谐美丽的社会主义现代化强国"作为"国家的根本任务"被纳入序言。② 同时，《中华人民共和国宪法（2018年修正）》将"领导和管理经济工作和城乡建设、生态文明建设"规定为由国务院行使的一项重要职权（第八十九条）。上述修改使

（接上页）态文明制度体系加快形成，主体功能区制度逐步健全，国家公园体制试点积极推进。全面节约资源有效推进，能源资源消耗强度大幅下降。重大生态保护和修复工程进展顺利，森林覆盖率持续提高。生态环境治理明显加强，环境状况得到改善。引导应对气候变化国际合作，成为全球生态文明建设的重要参与者、贡献者、引领者"。

① 习近平：《决胜全面建成小康社会　夺取新时代中国特色社会主义伟大胜利——在中国共产党第十九次全国代表大会上的报告（2017年10月18日）》，《环球时报》2017年10月18日，《人民日报》2017年10月28日。

② 《中华人民共和国宪法（2018年修正）》的序言规定："国家的根本任务是，沿着中国特色社会主义道路，集中力量进行社会主义现代化建设。中国各族人民将继续在中国共产党领导下，在马克思列宁主义、毛泽东思想、邓小平理论、'三个代表'重要思想、科学发展观、习近平新时代中国特色社会主义思想指引下，坚持人民民主专政，坚持社会主义道路，坚持改革开放，不断完善社会主义的各项制度，发展社会主义市场经济，发展社会主义民主，健全社会主义法治，贯彻新发展理念，自力更生，艰苦奋斗，逐步实现工业、农业、国防和科学技术的现代化，推动物质文明、政治文明、精神文明、社会文明、生态文明协调发展，把我国建设成为富强民主文明和谐美丽的社会主义现代化强国，实现中华民族伟大复兴。"

我国"环境宪法"的规范体系得到进一步充实，体现了"环境资源法律部门的宪法化"和"宪法的生态化"之进一步发展。还有一个重大进展是，依据第十三届全国人民代表大会第一次会议通过的《国务院机构改革方案》（2018 年 3 月 17 日）和中共中央公布的《深化党和国家机构改革方案》（2018 年 3 月 21 日），国务院组建了自然资源部、生态环境部和农业农村部，我国在环境与资源方面的保护和管理机构体系得到了进一步的加强及扩充，机构职能得到了进一步的优化和调整。2018 年 5 月，中共中央召开全国生态环境保护大会，会议对加强生态环境保护和打好污染防治攻坚战做出了再部署，并提出了新要求。全国生态环境保护大会正式确立了习近平生态文明思想，为改革和创新环境战略政策、加强生态文明和环境资源的法治建设提供了思想指引与实践指南。在我国的生态环境保护史上，习近平生态文明思想是具有里程碑意义的重大理论成果。中共十九大之后（2017 年 10 月 18 日以后），党中央还制定了一系列的法律、法规和政策性的法律规范文件。 2017 年，我国修改了《中华人民共和国海洋环境保护法》（2017 年 11 月 4 日）和《中华人民共和国文物保护法》（2017 年 11 月 4 日）。 2018 年，中共中央、国务院制定了《关于全面加强生态环境保护 坚决打好污染防治攻坚战的意见》（2018 年 6 月 16 日），全国人民代表大会常务委员会通过了《关于全面加强生态环境保护 依法推动打好污染防治攻坚战的决议》（2018 年 7 月 10 日）。同样是 2018 年，我国颁布了《中华人民共和国土壤污染防治法》（2018 年 8 月 31 日），修改了《中华人民共和国大气污染防治法》（2018 年 10 月 26 日）、《中华人民共和国防沙治沙法》（2018 年 10 月 26 日）、《中华人民共和国野生动物保护法》（2018 年 10 月 26 日）、《中华人民共和国循环经济促进法》（2018 年 10 月 26 日）、 《中华人民共和国环境保护税法》（2018 年 10 月 26 日）、《中华人民共和国节约能源法》（2018 年 10 月 26 日）、《中华人民共和国环境影响评价法》（2018 年 12 月 29 日）、《中华人民共和国环境噪声污染防治法》（2018年12月29日）和《中华人民共和国电力法》（2018年12月29日）。2019年，中共中央、国务院印发了《关于建立国土空间规划体系并监督实施的若干意见》（2019年5月9日），中共中央办公厅、国务院办公厅印发了《关于统筹推进自然资源资产产权制度改革的指导意见》（2019年4月）、《关于建立以国家公园为主体的自然保护地体系的指导意见》（2019年6月）和《中央生态环境保护督察工作规定》（2019年6月）。同样是2019年，全国人民代表大会常务委员会制定了《中华人民共和国资源税法》（2019年8月26日），修改了《中华人民共和国城乡规划法》（2019年4月23日）、《中华人民共和国土地管理法》（2019年8月26日）、《中华人民共和国城市房地产管理法》（2019年8月26日）等法律法规。

总之，自中共十八大以来，我国的生态文明建设开始进入全面发展时期，环境资源法律逐渐成为生态文明建设全面发展阶段的环境资源法。此外，中共十九大的召开和2018年的修宪，更是将我国的环境资源法和环境资源法治建设推到以生态文明为标志的新时期。

概括起来，进入生态文明建设时期的环境资源法呈现出如下特点：

1. 以中共中央有关环境保护和生态文明建设的政策文件为基础，对以往颁布的环境资源法律进行及时和有针对性的修改，将中共中央有关环境资源保护和生态文明建设的政策上升为法律

当代中国在政治、社会、文化和法治方面的显著特色是，完成了中华民族有史以来最广泛而深刻的社会变革，形成了中国共产党统一集中领导的体制，开辟了中国特色社会主义道路，形成了中国特色社会主义理论体系，确立了中国特色社会主义制度。在实行社会主义制度的中国，"中国特色社会主义最本质的特征是中国共产党领导，中国特色社会主义制度的最大优势是中国共产党领导，党是最高政治领导力量……中国共产党是中国特色社会主义事业的领导核心"。①
2018 年修改的《中华人民共和国宪法》第一条第二款明确规定："中国共产党领
导是中国特色社会主义最本质的特征。"中共十八大和十九大两次修订的《中国
共产党章程》，充分体现了中国共产党对环境保护和生态文明建设的高度重视与
理论创新。② 自 2012 年的中共十八大召开至 2017 年，中共中央出台或修订的党
内法规有 50 多部，仅中央全面深化改革领导小组自 2013 年 12 月成立以来至
2017 年 9 月，就审议了 40 多个有关生态文明建设和环境资源保护的具体改革方
案。③ 随着中共中央有关政策的频繁而重大之改变，有关环境资源的立法也出
现了相应的频繁而重大之改变。例如，2015 年 4 月 20 日，在第十二届全国人民

---

① 参见胡锦涛：《坚定不移沿着中国特色社会主义道路前进　为全面建成小康社会而奋斗——在中国共产
党第十八次全国代表大会上的报告（2012 年 11 月 8 日）》，《人民日报》2012 年 11 月 18 日第 1 版。

② 例如，《中国共产党章程》（中国共产党第十八次全国代表大会部分修改，2012 年 11 月 14 日通过）规
定："中国共产党领导人民建设社会主义生态文明。树立尊重自然、顺应自然、保护自然的生态文明理
念，坚持节约资源和保护环境的基本国策，坚持节约优先、保护优先、自然恢复为主的方针，坚持生
产发展、生活富裕、生态良好的文明发展道路。着力建设资源节约型、环境友好型社会，形成节约资
源和保护环境的空间格局、产业结构、生产方式、生活方式，为人民创造良好生产生活环境，实现中
华民族永续发展。"这是国际上第一次将生态文明建设纳入一个政党——特别是执政党——的行动纲
领。《中国共产党章程》（中国共产党第十九次全国代表大会部分修改，2017 年 10 月 24 日通过）规定：
"中国共产党领导人民建设社会主义生态文明。树立尊重自然、顺应自然、保护自然的生态文明理念，
增强绿水青山就是金山银山的意识，坚持节约资源和保护环境的基本国策，坚持节约优先、保护优先、
自然恢复为主的方针，坚持生产发展、生活富裕、生态良好的文明发展道路。着力建设资源节约型、
环境友好型社会，实行最严格的生态环境保护制度，形成节约资源和保护环境的空间格局、产业结构、
生产方式、生活方式，为人民创造良好生产生活环境，实现中华民族永续发展。"上述规定表明，在当
代世界各国的政党中，作为执政党的中国共产党是最重视、最强调环境保护和生态文明建设的政党，
是名副其实的新型"绿党"。

③ 例如，中央全面深化改革领导小组（简称"中央深改小组"，成立于 2013 年 12 月 30 日）自成立至
2017 年 9 月，在 45 个月里召开了 38 次会议，会议审议通过的文件至少有 277 个。根据官方报道，2014
年，中央深改小组确定了 80 个重点改革任务，各方面共出台了 370 个改革方案；2015 年，中央深改小
组确定了 101 项重点改革任务，各方面共出台了 415 个改革方案；2016 年，中央深改小组确定了 97 项
重点改革任务，各方面共出台了 419 个改革方案；2017 年，7 次中央深改小组会议共审议了 69 个文件。
中央深改小组共审议了 30 多个涉及司法领域的改革文件，70 个涉及社会民生领域的改革方案，以及 40
多个有关生态文明建设和环境保护的具体改革方案。参见阙枫：《"深改组"谋篇定策：中国改革新程蹄
疾步稳》，中新网北京 2017 年 10 月 16 日电。

代表大会常委会第十四次会议上，仅国务院法制办提请要审议修改的法律就达 26 部之多①；2016 年 7 月 2 日，第十二届全国人民代表大会常委会第二十一次会议一次就审议了 7 部环境资源法律（包括《中华人民共和国野生动物保护法》《中华人民共和国节约能源法》《中华人民共和国水法》《中华人民共和国防洪法》《中华人民共和国环境影响评价法》《中华人民共和国航道法》和《中华人民共和国职业病防治法》）②；自 2013 年 3 月 19 日的第十二届全国人民代表大会常务委员会第一次会议召开至 2017 年 9 月，第十二届全国人民代表大会及其常委会共制定法律 22 件，修改法律 110 件次，通过有关法律问题和重大问题的决定 37 件，做出法律解释 9 件。其中，全国人民代表大会常务委员会共修改有关法律 54 部（而我国现行有效的法律才 260 部）；国务院废止行政法规 6 部，修改行政法规 125 部。③ 中共中央的政策文件不仅从不同角度规定和阐述了包括生态文明法治建设在内的生态文明建设之内容，揭示和表明了落实可持续发展战略与科学发展观之理念，部署和设计了一系列有关环境资源保护的措施与法律制度，而且促进和加快了环境资源法律的更新、换代与"立改废"。这既是促使对以往的环境资源法律法规进行频繁修改的重要原因与推动力，又是新时期的环境资源法之重要特点。通过以中国共产党为主导的党（执政党和参政党）、政（政府）、社（社会团体和社会组织）、民（公民和公众）的多元治理，中国的环境资源法开始进入真正的法治阶段，即法的治理（governance of law）和法的善治（good governance of law）阶段。环境资源法的治理（governance）突出的是

---

① 《全国人大一口气修改 26 部法律，哪些与你有关?》，腾讯新闻网，https：//news. qq. com/a/20150422/045490. htm，访问日期：2019 年 10 月 12 日。

② 参见《第十二届全国人民代表大会常务委员会第二十一次会议日程（2016 年 6 月 27 日至 7 月 2 日）》，全国人民代表大会网，http：//www. npc. gov. cn/npc/cwhhy/12jcwh/2016-06/23/content_1991949. htm，访问日期：2019 年 10 月 12 日。

③ 《党的十八大以来大事记》，新华社北京 2017 年 10 月 15 日电，《人民日报》2017 年 10 月 16 日。

法的治理功能（包括法的规制和非规制功能、规划功能、指导功能、引导功能等多种功能），强调的是法的正当性、协调性、和谐性和共享性，其表示中国的环境资源法是社会管理者或管理阶层与其管理和服务对象（公民社会或公众）的一种合作治理、多元治理、共同治理之工具或方式。[①] 这不仅表明进入生态文明建设时期的中国环境资源法具有不同于前面几个阶段（从 1978 年至 2012 年的工业化时期）的环境资源法之指导思想（包括理念、价值观和指导原则）、性质、内容和特点，而且说明中国环境资源法已经发生了时代性的、根本性的变化。

2. 将推进生态文明建设和促进经济社会可持续发展作为环境资源法的目的，使中国的环境资源法既具有国外的第二代环境资源法[②]之特点，又具有超越国外的第二代环境资源法之优势

（1）将推进生态文明建设作为环境资源法的目的。例如，2014 年修订的

---

① 从人类社会的秩序和法律的形式与内容看，其发展历程是从自然的统治（rule of nature）逐步走向神的统治（rule of God），再到人的统治（rule of man），再到法的统治（rule of law），再到法的治理（governance of law）。笔者想说明的是，汉语习惯用最精炼的语言来表达复杂的意思，从而导致某些法律用语缺乏精准性或确定性。例如，中国学界过去将人的统治（rule of man）简称为"人治"，将法的统治（rule of law）简称为"法治"，这使得法的治理（governance of law）失去了一种恰当或准确的译法或简称，即不知道是将法的治理（governance of law）简称为"法治""法理""法统"，还是"法的统治和治理"，因为法的治理仍然容易被理解为法治，这就与"rule of law"产生了重复或冲突。笔者认为，法的统治（rule of law，即已经约定俗成的法治）所表达的是法的统治功能（主要指法的规制功能），强调的是法的强制性、支配性和排他性，其表示法是主权者或者统治阶层实行国家管理或政治统治的工具，因此宜翻译为法的统治（法统），但是这可能与早已存在的法统概念（The tradition of the Constitution and the law, legally constituted authority, Legal system）发生冲突或重合。因此，笔者建议将原来的法统改为法的传统（不宜简称为"法统"），将原来的法治（rule of man）归其本位为法的统治。"governance of law"所表达的是法的治理功能（包括法的规制和非规制功能、规划功能、指导功能、引导功能），强调的是法的正当性、协调性、和谐性和共享性，其表示法是主权者或者统治阶层（社会管理者或领导阶层、管理阶层）与公民社会或公众的一种合作治理、多元治理、共同治理的工具或方式，因此宜翻译为法的治理（如果能够被大家接受，也可简称为"法治"）。

② 美国的一些环境法学者将环境法的发展分为四个阶段。第一代环境法是 20 世纪 70 年代初出现的环境法，内容主要包括"命令与控制监管、基于技术标准和法律诉讼规则"，以及其他污染预防技术——统称为"硬"方式或"国家干预"的方式，其作用是要求我们遵守规则。第二代环境法是对"命令和控制"监管方式下的监管僵化和经济效率低下之第一代环境法做出的回应，其试图摆脱僵化和高成本的监管方式，转而注重成本和经济问题，并在一定程度上推动所谓的"软干预"监管方式。第（转下页）

《中华人民共和国环境保护法》、2015 年修订的《中华人民共和国大气污染防治法》、2016 年颁布的《中华人民共和国环境保护税法》和修订的《中华人民共和国野生动物保护法》、2017 年修订的《中华人民共和国水污染防治法》、2018 年颁布的《中华人民共和国土壤污染防治法》等法律均将"推进生态文明建设"列为其立法目的，并且增加了有关生态环境保护和生态治理的内容。2018 年修改的《中华人民共和国宪法》已经将"生态文明"纳入序言，并且将"领导和管理经济工作和城乡建设、生态文明建设"规定为由国务院行使的一项重要职权（第八十九条）。"生态文明入宪"和"将生态文明规定为国务院的职权"，以及将推进生态文明建设作为环境资源法的目的，是本阶段的中国环境资源法所取得的一个重大进展和一项重要创新，也是世界其他各国的环境资源法所没有的。正如联合国副秘书长、环境规划署执行主任埃里克·索尔海姆所指出的，"在中国，生态文明理念被提升为国家战略。这是人类文明发展史上的一个全新概念，它意味着无论是物质、精神发展还是社会组织方面，都要遵循人类、社会、自然和谐发展的客观规律。生态文明最核心的要求是必须尊重、适应、保护自然。绿水青山应该是无价之宝。而战胜自然、无视资源极限的观点已经过时，应该彻底抛

（接上页）二代环境法的主要目标是通过合规激励、市场工具及灵活协商的规则来利用市场激励机制，以有效提高企业、个人和政府机构的环境绩效。第三代环境法的特征不同于第一代环境法（即基于"命令—控制"的监管模式），也不像第二代环境法（即关注"经济效率和市场机制"），它综合了以监管主导的第一代环境法和以市场主导的第二代环境法，具有可持续性发展、环境正义、反身法（reflexive law）、协商解决机制、公众参与、适应生态系统管理等特征。第四代环境法是美国环境法的"最新一代"，其是对前三代环境法的不足做出的回应，即否定前三代环境法所提出的"环境是一种静态的物质，可以保护、维持，也可以像商品买卖那样用于交易"之观点。第四代环境法认识到社会、法律和生态系统的演变是一个复杂的、动态的、相互适应与相互关联的过程，其试图摒弃碎片化和单一化（或一刀切）的治理模式，并提倡和支持"一体化多模式"（Integrationist and Multimodal）的环境治理方式，主张建立不同类型的伙伴关系、多方利益相关者协作和以协商为主的激励机制。美国的第四代环境法所采取的基于一体化多模式之调整方式，其实就是目前的中国环境法学者所强调的基于综合生态系统方法理论（包括综合生态系统方法和综合生态系统管理）之综合调整方式。

弃"。①

（2）将促进经济社会可持续发展作为环境资源法的目的。首先，这个时期的有关中共中央文件大都强调可持续发展，大部分环境资源法律都将"促进经济社会可持续发展"作为其立法目标，从而使中国的环境资源法全面进入到以可持续发展为核心或指导思想的环境资源法之发展新时期。在前几个阶段，我国的大部分环境资源法律都没有强调可持续发展。例如，1979 年的《中华人民共和国环境保护法（试行）》指出，"中华人民共和国环境保护法的任务，是……促进经济发展"（第二条）；1989 年的《中华人民共和国环境保护法》规定的立法目的是，"保障人体健康，促进社会主义现代化建设的发展"（第一条）。在实践或现实生活中，各级党政领导和各级政府部门往往将上述"经济发展"或"现代化建设的发展"理解为以 GDP 增长为标志的经济增长，他们实际上追求的是当前政绩，即满足当代需要的、不可持续的经济增长。但是，这个阶段，大部分环境资源法律都将"促进经济社会可持续发展"或"可持续利用"作为其立法目标。②"可持续发展"在中国的另外几种表达方式是"科学发展观""新发展理

---

① 2017 年 12 月 11 日，出席中国环境与发展国际合作委员会 2017 年年会的联合国副秘书长、环境规划署执行主任埃里克·索尔海姆对第一财经记者说出这些内容。参见《联合国副秘书长答问一财：生态文明理念是人类发展史上全新概念》，第一财经网，http：//www．yicai．com/news/5382119．html，访问日期：2019 年 10 月 12 日。

② 例如，《中华人民共和国海域使用管理法》（2001 年 10 月 27 日通过）、《中华人民共和国土地管理法》（2004 年 8 月 28 日修订）、《中华人民共和国循环经济促进法》（2008 年 8 月 29 日通过）、《中华人民共和国海岛保护法》（2009 年 12 月 26 日通过）、《中华人民共和国可再生能源法》（2009 年 12 月 26 日修订）、《中华人民共和国水土保持法》（2010 年 12 月 25 日修订）、《中华人民共和国清洁生产促进法》（2012 年 2 月 29 日修订）、《中华人民共和国农业法》（2012 年 12 月 28 日修订）、《中华人民共和国草原法》（2013 年 6 月 29 日修订）、《中华人民共和国海洋环境保护法》（2013 年 12 月 28 日修订）、《中华人民共和国环境保护法》（2014 年修订）、《中华人民共和国大气污染防治法》（2015 年 8 月 29 日修订）、《中华人民共和国节约能源法》（2016 年 7 月 2 日修改）、《中华人民共和国城乡规划法》（2015 年 4 月 24 日修订）、《中华人民共和国水法》（2016 年 7 月 2 日修订）、《中华人民共和国固体废物污染环境防治法》（2016 年 11 月 7 日修订）、《中华人民共和国水污染防治法》（2017 年 6 月 27 日修订）、《中华人民共和国土壤污染防治法》（2018 年 8 月 31 日）、《中华人民共和国防沙治沙法》（2018 年 10 月 （转下页）

念"和"绿色发展"。2015 年，中国通过了《2030 年可持续发展议程》，这是世界上第一个国家级的可持续发展议程。2018 年，修改后的《中华人民共和国宪法》已经将"科学发展观"和"新发展理念"纳入序言。我们可以将"科学发展观"和"新发展理念"入宪解释为"可持续发展"入宪。可持续发展具有十分丰富的内容，包括"科学发展观"和"新发展理念"入宪，将"促进经济社会可持续发展"或"可持续利用"作为立法目标，要求这个时期的环境资源法应当综合考虑当代人的利益和后代的利益、人与自然的和谐发展、清洁生产、循环经济等可持续性问题，主张树立创新、协调、绿色、开放、共享的发展理念，等等。① 因此，科学发展观具有重要的意义和深远的影响。

其次，将可持续发展作为立法目的表明，中国的环境资源法之指导思想已经从过去的"使环境保护工作同经济建设和社会发展相协调"（即"环境资源法服从经济发展"或"经济增长优先"），转变成"使经济社会发展与环境保护相协调"和"环境保护坚持保护优先"。在 1978 年实行改革开放以后的 30 年中，中国环境资源法治建设的指导思想之主流是经济增长第一（具体体现为 GDP 增长第一），环境保护要与经济发展相协调（口头禅是"环境保护为经济增长服务或保驾护航"）。例如，1989 年的《中华人民共和国环境保护法》第四条规定："使环境保护工作同经济建设和社会发展相协调。"但是，中共十八大报告（2012 年）、《中共中央国务院关于加快推进生态文明建设的意见》（2015 年）和中共中央、国务院印发的《生态文明体制改革总体方案》（2015 年）却明确规定，要坚持"保护优先"的方针。其中，《中共中央国务院关于加快推进生态文

（接上页）26 日修正）、《中华人民共和国城乡规划法》（2019 年 4 月 23 日修正）等法律，都有促进经济社会可持续发展或可持续利用之规定。

① 坚持创新发展、协调发展、绿色发展、开放发展、共享发展，是关系到我国发展全局的一场深刻变革。创新是引领发展的第一动力；协调是持续健康发展的内在要求；绿色是永续发展的必要条件和人民对美好生活追求的重要体现；开放是国家繁荣发展的必由之路；共享是中国特色社会主义的本质要求。

明建设的意见》在对"保护优先"进行解释时明确指出,"保护优先"是指"在环境保护与发展中,把保护放在优先位置,在发展中保护、在保护中发展"。所以,2014 年修改的《中华人民共和国环境保护法》明确指出,"使经济社会发展与环境保护相协调"(第四条),并且"环境保护要坚持保护优先的原则"(第五条)。

最后,立法目的和指导思想的转变,可以推动具体法律措施和法律制度的改变。随着立法目的和指导思想的转变,中国的环境资源法在具体的法律措施、法律制度等方面也发生了明显的变化。这个阶段颁布的《中华人民共和国清洁生产促进法》《中华人民共和国环境影响评价法》《中华人民共和国循环经济促进法》《中华人民共和国可再生能源法》《中华人民共和国环境保护税法》等法律,具体规定了清洁生产制度、环境影响评价制度、促进循环经济发展制度、促进可再生能源开发利用制度、环境税收制度等科学技术性、经济激励性、综合调整性的法律措施和法律制度,一些学者称这些法律为中国迈向第二代环境资源法的标志。

3. 将生态文明理念与价值观作为环境资源法的基本理念和基本原则,在环境资源法治建设中采用生态学方法和综合生态系统管理理论

进入生态文明建设时期的环境资源法有了比较科学而坚实的思想和理论基础,生态文明建设的理念和价值观与生态学的方法和理论(主要指综合生态系统方法和理论)开始成为环境资源法的基本理念、基本原则,保护公众共同享用的环境生态公共利益(简称"环境公益")开始成为环境资源法的主要任务,环境资源法开始从干巴巴的"纸面上的法条"转变为具有思想、灵魂和生命力的"活法"。据笔者检索,1989 年的《中华人民共和国环境保护法》仅提到"生态"一词 4 次(2 次"生态环境",1 次"生态系统",1 次"生态失调"),而 2014 年修改的《中华人民共和国环境保护法》提到"生态"一词 25 次(包括 1 次"生态环境",1 次"生态系统区域",1 次"生态失调",1 次"生态文明",1 次

"生态安全"，1次"生态功能区"，3次"破坏生态"，6次"生态破坏"，10次"生态保护"）。修订后的《中华人民共和国环境保护法》比较充分地规定或体现了生态文明的基本理念、价值观，以及生态学方法和综合生态系统管理理论。

（1）将生态文明理念和价值观作为环境资源法的基本理念与基本原则。例如，《中共中央国务院关于加快推进生态文明建设的意见》（2015年4月）、中共中央国务院印发的《生态文明体制改革总体方案》（2015年9月）等政策法规文件强调，要树立"尊重自然、顺应自然、保护自然""发展和保护相统一""绿水青山就是金山银山""自然价值和自然资本""空间均衡""山水林田湖是一个生命共同体"等生态文明理念。《中共中央国务院关于加快推进生态文明建设的意见》规定了"坚持把节约优先、保护优先、自然恢复为主作为基本方针"等五项生态文明建设的原则。①《生态文明体制改革总体方案》规定了生态文明体制改革的六项原则。② 2014年修改的《中华人民共和国环境保护法》规定了"保护优先"原则（第五条）、"预防为主"原则（第五条）、"综合治理"（包括综合防

---

① 加快推进生态文明建设的五项原则包括：坚持把节约优先、保护优先、自然恢复为主作为基本方针；坚持把绿色发展、循环发展、低碳发展作为基本途径；坚持把深化改革和创新驱动作为基本动力；坚持把培育生态文化作为重要支撑；坚持把重点突破和整体推进作为工作方式。

② 生态文明体制改革的六项原则包括：坚持正确改革方向，健全市场机制，更好发挥政府的主导和监管作用，发挥企业的积极性和自我约束作用，发挥社会组织和公众的参与和监督作用；坚持自然资源资产的公有性质，创新产权制度，落实所有权，区分自然资源资产所有者权利和管理者权力，合理划分中央地方事权和监管职责，保障全体人民分享全民所有自然资源资产收益；坚持城乡环境治理体系统一，继续加强城市环境保护和工业污染防治，加大生态环境保护工作对农村地区的覆盖，建立健全农村环境治理体制机制，加大对农村污染防治设施建设和资金投入力度；坚持激励和约束并举，既要形成支持绿色发展、循环发展、低碳发展的利益导向机制，又要坚持源头严防、过程严管、损害严惩、责任追究，形成对各类市场主体的有效约束，逐步实现市场化、法治化、制度化；坚持主动作为和国际合作相结合，加强生态环境保护是我们的自觉行为，同时要深化国际交流和务实合作，充分借鉴国际上的先进技术和体制机制建设有益经验，积极参与全球环境治理，承担并履行好同发展中大国相适应的国际责任；坚持鼓励试点先行和整体协调推进相结合，在党中央、国务院统一部署下，先易后难、分步推进，成熟一项推出一项，支持各地区根据本方案确定的基本方向，因地制宜，大胆探索、大胆试验。

治、综合整治）原则（第五条、第三十三条）、"公众参与"原则（第五条、第五章）、"损害担责"原则（第五条、第六条、第四十一条、第四十三条）、"风险预防"原则（第三十九条、第四十七条）等原则。

（2）生态学的方法和理论（主要指综合生态系统方法和理论）及整体论开始成为环境资源法的基本理念与指导思想。例如，中共十九大报告提出了"三个共同体"的整体主义思想，并强调"铸牢中华民族共同体意识""推动构建人类命运共同体"和"人与自然是生命共同体"。① 突出"中华民族共同体"，使中国环境资源法的环境伦理观从个体主义转向整体主义，即从强调个体主义（个人主义）上升到强调集体主义；突出"人类命运共同体"，使中国环境资源法的价值目标从代内关怀转向代际关怀，即从强调当代人的利益上升到兼顾后代人的利益；突出"人与自然是生命共同体"，使中国环境资源法从强调"主、客二分"上升到强调"主、客一体"。《生态文明体制改革总体方案》（2015 年 9 月）强调，要树立"山水林田湖是一个生命共同体的理念，按照生态系统的整体性、系统性及其内在规律，统筹考虑自然生态各要素、山上山下、地上地下、陆地海洋以及流域上下游，进行整体保护、系统修复、综合治理，增强生态系统循环能力，维护生态平衡"。实际上，"山水林田湖草"与"人与自然是生命共同体"的理念就是当代生态学及环境资源法学中的综合生态系统方法和理论。

（3）保护公众的环境生态利益开始成为环境资源法的主要任务。例如，《中共中央国务院关于加快推进生态文明建设的意见》强调，"良好生态环境是最公平的公共产品，是最普惠的民生福祉。要严格源头预防、不欠新账，加快治理突出生态环境问题、多还旧账，让人民群众呼吸新鲜的空气，喝上干净的水，在

---

① 习近平：《决胜全面建成小康社会　夺取新时代中国特色社会主义伟大胜利——在中国共产党第十九次全国代表大会上的报告（2017 年 10 月 18 日）》，《环球时报》2017 年 10 月 18 日，新华社北京 2017 年 10 月 27 日电。

良好的环境中生产生活"。中共十九大报告强调，"我们要建设的现代化是人与自然和谐共生的现代化，既要创造更多物质财富和精神财富以满足人民日益增长的美好生活需要，也要提供更多优质生态产品以满足人民日益增长的优美生态环境需要"。2014 年修改的《中华人民共和国环境保护法》、2017 年修改的《中华人民共和国民事诉讼法》和《中华人民共和国行政诉讼法》等法律，均明确将环境保护规定为"公共利益"。① 2016 年颁布的《中华人民共和国深海海底区域资源勘探开发法》将环境资源法的适用范围扩大到"深海海底区域"等"人类共同利益"领域。

4. 环境资源法治建设开始进入以强化环境资源行政执法与环境资源司法专门化为标志的全面法治建设轨道

前几个阶段的环境资源法律体系建设主要是以环境资源行政管理与环境资源行政执法为中心和标志，司法机关、环境资源司法和公众参与在环境资源法律体

---

① 虽然学界尚未就"公共利益"形成统一的认识，但是中国法律已经通过列举的方法将环境或环境保护规定为一种公共利益。例如，《中华人民共和国公益事业捐赠法》（1999 年）第三条规定："本法所称公益事业是指非营利的下列事项：……（三）环境保护、社会公共设施建设。"《中华人民共和国信托法》（2001 年）第六十条规定，"发展环境保护事业，维护生态环境"属于公共利益，为了这一公共利益，可以设立公益信托。《中华人民共和国反垄断法》（2007 年）第十五条第（四）项规定了"为实现节约能源、保护环境、救灾救助等社会公共利益的"。《中华人民共和国环境保护法》（2014 年修订）第五十八条将污染环境、破坏生态视为损害社会公共利益的行为，将环境保护视为公益活动。《中华人民共和国慈善法》（2016 年）第三条第（五）项规定，本法所称的公益活动包括"防治污染和其他公害，保护和改善生态环境"。《中华人民共和国民事诉讼法》（2017 年修改）第五十五条将污染环境视为损害社会公共利益的行为。《中华人民共和国行政诉讼法》（2017 年修改）第二十五条将对生态环境和资源保护的侵害视为"国家利益或者社会公共利益受到侵害"。《国有土地上房屋征收与补偿条例》（2011 年）第八条规定，"环境和资源保护"属于公共事业和公共利益，为了由政府组织实施的"环境和资源保护"等公共事业之需要，政府可以做出房屋征收决定。另外，《中共中央关于全面深化改革若干重大问题的决定》（2013 年）、《最高人民法院、民政部、环境保护部关于贯彻实施环境民事公益诉讼制度的通知》（2014 年）、《关于授权最高人民检察院在部分地区开展公益诉讼试点工作的决定》（2015 年）、《最高人民法院关于审理环境民事公益诉讼案件适用法律若干问题的解释》（2015 年）、《人民法院审理人民检察院提起公益诉讼案件试点工作实施办法》（2016 年）等中央政策与规范性法律文件，均已认可和肯定"环境公益"及与其相关联的"环境公益诉讼""环境民事公益诉讼""环境行政公益诉讼"等术语或概念。迄今为止，我们还没有发现认为环境和环境保护不属于公共利益的法律法规与政策文件。

系建设中的作用很小。虽然已经制定的环境资源法律法规（包括法律制度和行政处罚规定）看上去很多，但是得到有效实施的并不多。进入生态文明建设时期的环境资源法开始注意到，要全面推动环境资源的行政执法、司法、守法、监督和公众参与，环境资源公益诉讼、环境资源生态法庭、环境资源司法专门化、国家生态治理体系建设、环境公众参与等法律制度建设获得了较大的发展。

（1）在立法方面，建立严格的法律制度，强化责任追究和行政处罚；在执法方面，强化环境资源的监督管理，加强环境资源的行政执法力度。《中共中央关于全面深化改革若干重大问题的决定》（2013 年 11 月 12 日中国共产党第十八届中央委员会第三次全体会议通过）强调，"建设生态文明，必须建立系统完整的生态文明制度体系，实行最严格的源头保护制度、损害赔偿制度、责任追究制度，完善环境治理和生态修复制度，用制度保护生态环境……探索编制自然资源资产负债表，对领导干部实行自然资源资产离任审计。建立生态环境损害责任终身追究制……建立和完善严格监管所有污染物排放的环境保护管理制度，独立进行环境监管和行政执法……对造成生态环境损害的责任者严格实行赔偿制度，依法追究刑事责任"。2014 年修改的《中华人民共和国环境保护法》加重了行政监管部门的责任：一方面，《中华人民共和国环境保护法（2014 年）》授予各级政府和环保部门许多新的监管权力，从而使环保部门可以对造成严重环境污染的设施设备进行查封、扣押（行政强制权），对超标高于总量的排污单位做出限产和停产整治的决定，并且其还设计了罚款的按日连续计罚规则（按日计罚权），以及引入了治安拘留处罚（治安拘留权）；另一方面，《中华人民共和国环境保护法（2014 年）》也规定了对环境资源行政部门进行严厉的监督和行政问责之措施。自从"史上最严"的《中华人民共和国环境保护法（2014 年）》颁布后，环境保护部制定了一系列实施细则①，中央全面深化改革领导小组、中共中央和国务院办公厅制定了一系列有关加强环境保护的监督、管理、执法和责任追究之政策方案②，有关部门也加大了环境资源行政执法的力度。2015年8月，中央深改小组印发《环境保护督察方案（试行）》；2015年12月，中央深改小组启动河北省督察试点，并于2016年7月和11月及2017年4月和8月分四批开展督察，实现了对31个省（区、市）的全覆盖。在两年时间内，第一轮中央生态环境保护督察及"回头看"累计解决群众身边的生态环境问题15万多个，并且推动了26个省市按中央模式建立与实施了省以下的环保督察机制，31个省份均成立了督察整改领导小组。自中央环保督察启动以来，全国各省（区、市）已出台或修订生态环境保护政策法规、制度标准等文件240多项，31个省份均已出台环境保护职责分工文件、环境保护督察方案及党政领导干部生态环境损害责任追究实施办法。③ 2019年，第二轮第一批的中央生态环保督察首次进驻中国五矿集团有限公司和中国化工集团有限公司两家央企，从而进一步拓展了督察工作的广度和深度；第二轮第一批的督察共交办群众举报的问题约1.9万个，有力地推动落实了"党政同责"和"一岗双责"。④ 例如，2016年至2017年的环境保护督查

---

① 例如，环境保护部于2014年5月16日公布了《环境保护部约谈暂行办法》，于2014年12月19日公布了《环境保护主管部门实施查封、扣押办法》《环境保护按日连续处罚暂行办法》《环境保护主管部门实施限制生产、停产整治办法》《企业事业单位环境信息公开办法》《突发环境事件调查处理办法》共五项实施细则，于2014年12月30日公布了《建设项目主要污染物排放总量指标审核及管理暂行办法》。

② 例如，2015年7月1日，中央全面深化改革领导小组第十四次会议审议通过了《环境保护督察方案（试行）》《生态环境监测网络建设方案》《关于开展领导干部自然资源资产离任审计的试点方案》和《党政领导干部生态环境损害责任追究办法（试行）》；2016年7月22日，中央全面深化改革领导小组第二十六次会议审议通过了《关于省以下环保机构监测监察执法垂直管理制度改革试点工作的指导意见》。以上这些文件相继由中共中央办公厅、国务院办公厅印发。

③ 《中国掀起一场问责风暴　关系子孙后代》，《人民日报海外版》2018年5月31日。

④ 《庆祝中华人民共和国成立70周年第四场新闻发布会：提升生态文明，建设美丽中国》，中国网，http：//www.china.com.cn/zhibo/content_75252277.htm#fullText，访问日期：2019年10月12日。

第 二 章

环 境 法 治

"堪称史上规模最大、惩治力度最大"。① 据国家环保督察办公室副主任刘长根介绍，自 2015 年的河北环境保护督察试点启动以来，督察组在两年时间内，分四批对全国各省市区实施了督查，累计立案处罚 2.9 万家，立案侦查 1518 件，拘留 1527 人，约谈党政领导干部 18448 人，问责 18199 人。② 环保部于 2017 年 11 月 16 日公布的第一批中央环保督察 8 省（区）公开移交案件问责情况显示③，此次共问责 1140 人，厅级干部 130 人（正厅级干部 24 人），处级干部 504 人（正处级干部 248 人）；在被问责人员中，通报 20 人，诫勉 320 人，党纪处分 178 人，政纪处分 584 人，移送司法机关 12 人，已被追究刑事责任 9 人。④ 第二批的中央环保督察工作于 2016 年 11 月底启动，7 个中央环境保护督察组分别

---

① 例如，2016 年，全国共排查违法违规建设项目 64.7 万个，已完成清理整顿 61.8 万个，约占总任务量的 95.6%；排查出"十小"企业 2641 家，完成取缔 2465 家，取缔完成数量占比 93.3%。参见陈吉宁：《用环境质量改善增强人民群众获得感　以优异成绩迎接党的十九大胜利召开——在 2017 年全国环境保护工作会议上的讲话（2017 年 1 月 10 日）》，《中国环境报》2017 年 1 月 25 日。2017 年 9 月，北京市住建委发布的《2017—2018 年秋冬季建设系统施工现场扬尘治理攻坚行动方案》要求，在 2017 年 11 月 15 日至 2018 年 3 月 15 日期间，包括东城区、西城区、朝阳区、海淀区、丰台区、石景山区在内的多个区域，停止各类道路工程、水利工程等土石方作业和房屋拆迁施工。参见《北京发布 2017—2018 年最严停工令》，南方财富网，http://www.southmoney.com/redianxinwen/201709/1610162.html，访问日期：2019 年 10 月 12 日。2017 年 10 月，环保部、发改委、工信部等多部委及北京、天津、河北等省市共同印发《京津冀及周边地区 2017—2018 年秋冬季大气污染综合治理攻坚行动方案》，要求在 2017 年采暖季 11 月 15 日前，京津冀及周边区域要提前完成化解过剩产能任务，"2＋26"个城市完成 72 台机组共 398 万千瓦的燃煤机组淘汰，淘汰的燃煤机组要实现电力解列或烟道物理割断；有色化工行业优化生产调控，采暖季电解铝厂限产 30%以上，氧化铝企业限产 30%；炭素企业达不到特别排放限值的全部停产，达到特别排放限值的限产 50%以上；涉及原料药生产的医药企业之涉 VOCs 排放工序，以及生产过程中使用有机溶剂的农药企业之涉 VOCs 排放工序，在采暖季原则上实施停产。2017 年 10 月，在位于杭州市萧山区瓜沥镇党山片区（"中国卫浴之乡"）的 526 家卫浴企业中，两天内共有 381 家企业因"违法、违规、违章"而被现场停整治。其中，144 家企业被现场吊销工商营业执照。《最严"停工令"11 月 15 日实施，多行业全面限产停产》，中国包装网，http://news.pack.cn/show-339331.html，访问日期：2019 年 10 月 12 日。

② 曹滢：《中央环保督察再放"震荡波"问责严、准、狠!》，央广网，http://news.china.com/domesticgd/10000159/20171228/31882146.html，访问日期：2019 年 10 月 12 日。

③ 2016 年 7 月至 8 月，第一批的 8 个中央环境保护督察组对内蒙古、黑龙江、江苏、江西、河南、广西、云南、宁夏共 8 个省（区）开展环境保护督察，并于 2016 年 11 月完成督察反馈。

④ 环境保护部：《第一批中央环保督察 8 省（区）公开移交案件问责情况》，《中国环境监察》2016 年 11 期；王尔德：《第一轮中央环保督察 8 省（区）共问责 1140 人》，《21 世纪经济报道》2017 年 11 月 17 日。

进驻北京、上海、湖北、广东、重庆、陕西、甘肃等7省（市），开展为期1个月左右的中央环保督察工作。 2017年4月14日的督察反馈情况显示，截至2017年2月底，第二批的中央环保督察已问责3121人，约谈4666人，责令整改11962家，立案处罚6310家，共拘留265人。①

（2） 积极推动以环境资源生态法庭和环境公益诉讼为标志的环境资源司法专门化。② 自《中华人民共和国民事诉讼法》和《中华人民共和国环境保护法（2014年）》规定环境公益诉讼以来，《最高人民法院关于全面加强环境资源审判工作　为推进生态文明建设提供有力司法保障的意见》（2014年）、《最高人民法院、民政部、环境保护部关于贯彻实施环境民事公益诉讼制度的通知》（2014年）、《最高人民法院关于审理环境侵权责任纠纷案件适用法律若干问题的解释》（2015年）、《最高人民法院关于审理环境民事公益诉讼案件适用法律若干问题的解释》（2015年）、《检察机关提起公益诉讼改革试点方案》（2015年）、《人民检察院提起公益诉讼试点工作实施办法》（2015年）、《人民法院审理人民检察院提起公益诉讼案件试点工作实施办法》（2016年）、《最高人民法院关于充分发挥审判职能作用为推进生态文明建设与绿色发展提供司法服务和保障的意见》（2016年）、《最高人民法院最高人民检察院关于检察公益诉讼案件适用法律若干问题的解释》（2018年）等文件，均对加强环境资源法治建设、推进环境公益诉讼（包括环境民事公益诉讼与环境行政公益诉讼）、环境资源司法专门化等事项

---

① 章轲：《2016年第二批中央环保督察问责3121人约谈4666人》，第一财经网，http：//www.yicai.com/news/5266237.html，访问日期：2019年10月12日。

② 所谓环境资源司法专门化，是指国家或地方设置专门的环境资源审判机关，或者在现有的法院系统内部设置专门审判组织，以对环境案件进行专项审理的机制、制度与活动之总称。环境资源司法专门化的主要内容包括审判组织专门化、司法程序专门化、司法机制专门化、司法人员专门化等。广义的环境资源司法专门化包括设置专门的环境资源审判机关、专门的环境资源检察机关和专门负责环境资源刑事案件侦查任务的公安机关。

做出了具体规定。① 环境资源司法专门化的趋势主要表现在以下三个方面： 一是环境司法专门机构的成立，特别是环境资源生态审判法庭的成立，以及环境资源生态检察处和公安警察队伍的设立②；二是环境公益诉讼的发展；三是环境资源生态律师事务所和律师队伍的发展。这个时期的环保法庭建设，始于 2007 年 11 月的贵州省清镇市人民法院环保法庭之成立；2014 年 7 月 3 日，最高人民法院正式对外宣布成立专门的环境资源审判机构——环境资源审判庭。截至 2017 年 4 月，全国各级人民法院设立了环境资源审判庭、合议庭和巡回法庭共 956 个。其中，专门审判庭 296 个，合议庭 617 个，巡回法庭 43 个。全国共有 18 个高级人民法院、149 个中级人民法院和 128 个基层人民法院设立了专门的环境资源审判庭。③ 截至 2018 年 11 月，全国法院共设立环境资源审判专门机构 1040 个。其中， 22 家高级法院、105 家中级法院和258 家基层法院设立了环境资源审判庭。④ 截至 2019 年 6 月，全国有环保法庭、环境合议庭与环境资源专门审

① 例如，《最高人民法院关于充分发挥审判职能作用为推进生态文明建设与绿色发展提供司法服务和保障的意见》（2016 年）强调，"以现代环境司法理念为引领……进一步推进环境资源审判专门化……按照审判专业化和内设机构改革的要求，立足本地经济社会发展、生态环境保护需要和案件数量、类型特点等实际情况，探索建立专门机构，明晰职责分工，打造既精通法律又熟悉环境知识的专业化审判团队。对于环境公益诉讼以及跨行政区划的环境污染、生态破坏等案件，探索实行跨行政区划集中管辖。探索将环境资源民事、行政乃至刑事案件统一由一个审判机构审理的'二合一'或者'三合一'归口审理模式"。

② 例如，2008 年 11 月，云南省昆明市公安局组建了环保分局（2010 年 9 月，环保分局与水务治安分局合并，更名为"水上治安分局"）；2013 年 9 月 18 日，河北省公安厅环境安全保卫总队与贵州省公安厅生态环境安全保卫总队成立；2013 年 9 月 21 日，湖北省黄石市公安局环境保护警察支队挂牌成立；2013 年 12 月 16 日，宁波市公安局环境犯罪侦查支队成立；2014 年 2 月 17 日，浙江省温州市公安局食品药品与环境犯罪侦查支队与桐庐县公安局环境犯罪侦查大队相继挂牌成立。

③ 周亚强：《打击环境犯罪　最高法发布"白皮书""绿皮书"》，中国法制网，http：//www. legaldaily. com. cn/locality/content/2017-07/14/content _ 7244540. htm，访问日期：2019 年 10 月 12 日。设立环境资源审判庭的 18 个高级人民法院分别位于河北、江苏、福建、江西、山东、河南、广东、广西、海南、贵州、湖南、重庆、云南、四川、吉林、青海、甘肃、新疆；福建、贵州、江苏、海南和重庆已经构建了三级环境资源审判组织体系；其他高级人民法院均指定了相关的审判部门来负责环境资源审判工作。

④ 江必新：《中国环境公益诉讼的实践发展及制度完善》，《法律适用》2019 年第 1 期。

判机构共 1201 个。① 2018 年 7 月 6 日，中共中央总书记、国家主席、中央军委主席、中央全面深化改革委员会主任习近平主持召开中央全面深化改革委员会第三次会议，会议审议通过了《关于设立最高人民检察院公益诉讼检察厅的方案》。中央全面深化改革委员会第三次会议强调，设立最高人民检察院公益诉讼检察厅，要以强化法律监督、提高办案效果、推进专业化建设为导向，构建配置科学、运行高效的公益诉讼检察机构，为更好履行检察公益诉讼职责提供组织保障。② 会后，最高人民检察院认真贯彻会议精神，设立第八检察厅来专门履行公益诉讼检察职责。同时，地方检察机关也结合内设机构改革来同步落实会议要求。截至 2019 年 9 月，全国已有 25 个省级检察院单设了公益诉讼检察机构，多个市、县两级检察院组建了专门机构或专门办案组。③ 2018 年 7 月 6 日，习近平总书记主持召开中央深改委第三次会议，决定设立最高人民检察院公益诉讼检察厅（人民检察院根据检察工作需要，可以设立必要的业务机构）。最高人民检察院党组落实中央深改委的要求，在 2018 年 8 月成立了公益诉讼检察厅的筹备组，并在内设机构的改革过程中，正式组建第八检察厅，并将其作为承办公益诉讼检察业务的专门机构。有些地方的人民检察院也已经设立了专门的人民检察院公益诉讼检察厅或处。在与环保部和公安部共同推动环保领域行政执法与刑事司法衔接方面，环境资源检察机关做了大量工作。截至 2018 年 12 月底， 30 个省、市、自治区的三级检察机关会同法院、公安、环保等部门，共建立生态环境恢复性检察工作机制 2327 个，打造面积共 21 万余亩的各类生态环境恢复基地

---

① 吕忠梅：《中国环境法治 70 年：历史和未来》，转载于微信公众号"中国法学会"2019 年 10 月 1 日。

② 《中央深改委审议通过〈关于设立最高人民检察院公益诉讼检察厅的方案〉》，正义网，http://www.jcrb.com/xztpd/ZT2018/fogang/2018SD/jcxw/201812/t20181226_1947038.html，访问日期：2019 年 10 月 12 日。

③ 《最高人民检察院关于开展公益诉讼检察工作情况的报告（2019 年 10 月 23 日）》（2019 年 10 月 23 日，在第十三届全国人民代表大会常务委员会第十四次会议上，最高人民检察院检察长张军作关于开展公益诉讼检察工作情况的报告）。

459 个。2014 年 4 月 24 日，贵州省新组建的生态环境保护执法机构与司法专门机构集体亮相，贵州省高级人民法院生态环境保护审判庭、贵州省人民检察院生态环境保护检察处和贵州省公安厅生态环境安全保卫总队正式挂牌，从而在省域范围内实现了组织形式上的生态环境保护刑事司法之专门化。① 在这些新设立的环境资源专业审判机构之推动下，全国各级人民法院审结了大批有关环境资源的刑事案件、民事案件和环境公益诉讼案件。② 环境公益诉讼的兴起是进入生态文明时期的环境资源法之亮点和特点。2015 年 1 月至 2018 年 9 月底，全国各级法院共受理各类环境公益诉讼案件 2041 件，审结 1335 件。其中，社会组织提起的民事公益诉讼案件 205 件，审结 98 件；检察机关提起的公益诉讼案件 1836 件，审结 1237 件。③ 与环保法庭、环境公益诉讼和环境司法专门化的兴起相适应，一批环境律师事务所和一支环保律师队伍也迅速崛起。

（3）加强公众参与，环境多元共治机制逐渐健全。2014 年修订的《中华人民共和国环境保护法》、 2015 年修订的《中华人民共和国大气污染防治法》等法律，均将"保障公众健康，推进生态文明建设，促进经济社会可持续发展"作

---

① 汪志球、黄娴：《贵州成立省级生态环境保护执法司法专门机构》，《人民日报》2014 年 4 月 25 日第 11 版。
② 在"十一五"期间（2006—2010 年），我国的环保系统共受理环境信访达 30 多万件。相比之下，"十一五"期间的环境行政诉讼只有 980 件，环境刑事诉讼只有 30 件，环境民事诉讼只有 12278 件。以上三大诉讼的案件总量仅占同期环保行政部门受理之环境信访数量的 4.4%。参见《最高法机关报：14 个省市环保法庭去年结案量为零》，网易新闻网，http://news. 163. com/14/0917/10/A6BCK0CF-00014SEH. html，访问日期：2019 年 10 月 12 日。但是，仅仅在 2016 年一年内，全国法院共受理各类环境资源刑事案件 20394 件，审结 18874 件，生效判决人数 23727 人；共受理各类环境资源行政案件 35177 件，审结 29126 件；共受理各类环境资源民事案件 90769 件，审结 84664 件；共受理社会组织提起的一审环境民事公益诉讼案件 63 件，审结 35 件。参见郑学林：《中国环境资源审判的新发展》，《人民法院报》2017 年 6 月 7 日。
③ 江必新：《中国环境公益诉讼的实践发展及制度完善》，《法律适用》2019 年第 1 期。

为立法目标，并具体规定了公众参与的权利和制度。① 自中共十八大以来，环境资源行政主管部门与环境司法机关的关系日渐密切，环境司法与环境行政执法不仅已经紧密地结合在一起，而且在相互衔接和协调方面也取得了重大进展。各级人民法院、各级人民检察院等承担环境司法任务的司法机关通过各种方式和途径，在共建环境多元共治机制方面取得了重大进展。

5. 将包括环境资源保护和环境资源法治建设在内的生态文明建设融入经济建设、政治建设、文化建设、社会建设的各方面和全过程，逐步实现环境资源法和其他相关法律的生态化②

从客体来看，法律生态化的对象范围包括宪法之生态化、专门的环境资源法律之生态化，以及与环境资源有关的其他法律之生态化；从内容来看，法律生态化"是对传统法律目的、法律价值、法律调整方法、法律关系、法律主体、法律客体、法律原则和法律责任的绿化或生态化"③。自中共中央、国务院于 2003 年提出"建设山川秀美的生态文明社会"以来，短短的十多年间，不仅环境资源法律在生态文明的指引下得到了较大的发展，民法、刑法和其他相关法律也相继启动了法律生态化的进程。党中央制定和实施了《中共中央国务院关于加快推进生态文明建设的意见》（2015 年 4 月）等政策文件，这些政策文件规定了生态文明

---

① 2014 年修订的《中华人民共和国环境保护法》不仅规定了"公众参与"原则，而且设"第五章　信息公开和公众参与"来专门说明如何实行公众参与。例如，《中华人民共和国环境保护法（2014 年）》第五十三条规定："公民、法人和其他组织依法享有获取环境信息、参与和监督环境保护的权利。各级人民政府环境保护主管部门和其他负有环境保护监督管理职责的部门，应当依法公开环境信息、完善公众参与程序，为公民、法人和其他组织参与和监督环境保护提供便利。"

② 所谓法律生态化，是指用生态文明的理念和生态学的原理方法来指导我国法律的发展与健全，使生态文明观和生态文明建设贯穿我国相关法律的制定、修改和健全之全过程。我国法律体系的生态化不是将所有法律都变成生态法或环境资源法，而是将生态文明理念融入经济建设、政治建设、文化建设、社会建设和生态建设，从而构建促进和保障生态文明建设的法律体系。所谓生态文明观，是指有关生态文明的理念、观点和意识之总称。

③ 蔡守秋：《调整论——对主流法理学的反思与补充》，北京：高等教育出版社 2003 年，第 689 页。

建设的体制、政策措施和制度，并成为环境资源法走向生态化的政策保障和立法基础。目前，中国法律的生态化已经取得重大进展。在刑事法律方面，2001 年至 2017 年，最高人民法院和最高人民检察院共颁布了 10 余个有关环境资源刑事案件的司法解释性文件①，全国人大常委会通过了从《刑法修正案（二）》至《刑法修正案（十）》共 9 个《刑法修正案》②，从而增加或修改了有关环境资源犯罪的内容。例如，原《中华人民共和国刑法（1997 年）》第三百三十八条规定："违反国家规定，向土地、水体、大气排放、倾倒或者处置有放射性的废物、含传染病病原体的废物、有毒物质或者其他危险废物，造成重大环境污染事故，致使公私财产遭受重大损失或者人身伤亡的严重后果的，处三年以下有期徒刑或者拘役，并处或者单处罚金；后果特别严重的，处三年以上七年以下有期徒刑，并处罚金。"根据上述规定，仅仅造成重大环境污染事故的行为还不足以定罪，只有因造成重大环境污染事故而导致"公私财产遭受重大损失或者人身伤亡

---

① 例如，《最高人民法院关于审理破坏野生动物资源刑事案件具体应用法律若干问题的解释》（2000 年）、《最高人民法院关于审理非法采矿、破坏性采矿刑事案件具体应用法律若干问题的解释》（2003 年）、《最高人民法院关于审理破坏林地资源刑事案件具体应用法律若干问题的解释》（2005 年）、《最高人民法院关于审理环境污染刑事案件具体应用法律若干问题的解释》（2006 年）、《最高人民检察院关于渎职侵权犯罪案件立案标准的规定》（2006 年）、《最高人民法院、最高人民检察院关于办理环境污染刑事案件适用法律若干问题的解释》（2013）、《最高人民法院、最高人民检察院关于执行〈中华人民共和国刑法〉确定罪名的补充规定（五）》（2015 年）、《最高人民法院、最高人民检察院关于办理非法采矿、破坏性采矿刑事案件适用法律若干问题的解释》（2016 年）、《最高人民法院、最高人民检察院关于办理环境污染刑事案件适用法律若干问题的解释》（2016 年）。

② 《中华人民共和国刑法》于 1979 年 7 月 1 日由第五届全国人民代表大会第二次会议通过，于 1997 年 3 月 14 日经第八届全国人民代表大会第五次会议修订。1999 年 12 月 25 日，《中华人民共和国刑法修正案》通过；2001 年 8 月 31 日，《中华人民共和国刑法修正案（二）》通过；2001 年 12 月 29 日《中华人民共和国刑法修正案（三）》通过；2002 年 12 月 28 日，《中华人民共和国刑法修正案（四）》通过；2005 年 2 月 28 日，《中华人民共和国刑法修正案（五）》通过；2006 年 6 月 29 日，《中华人民共和国刑法修正案（六）》通过；2009 年 2 月 28 日，《中华人民共和国刑法修正案（七）》通过；2009 年 8 月 27 日，《全国人民代表大会常务委员会关于修改部分法律的决定》修正了《中华人民共和国刑法（1997 年）》；2011 年 2 月 25 日，《中华人民共和国刑法修正案（八）》通过；2015 年 8 月 29 日，《中华人民共和国刑法修正案（九）》通过；2017 年 11 月 4 日，《中华人民共和国刑法修正案（十）》通过。

的严重后果"的行为才能定罪。 2011 年的《中华人民共和国刑法修正案（八）》对上述规定进行了修改，其明确表明违反国家规定的严重污染环境之行为可以定罪，或者说只要违法排放有害物质的行为严重污染了环境，不管该行为是否"致使公私财产遭受重大损失或者人身伤亡的严重后果"，行为人都应承担刑事责任。① 孙佑海教授认为，"这是我国《刑法》的进步，也是本次《刑法》修改的一个亮点。长期以来，我国采用传统的人本主义的法益观。此观点认为，《刑法》只对因环境污染受到损害或威胁的人类生命健康及财产给予保护。换言之，只有当人类生命和健康及财产的法益因环境污染受到损害或威胁时，才可以考虑以刑法处罚。也就是说，《刑法》对环境的保护，目的仅仅在于保护人本身的利益，如果环境污染没有直接损害或威胁人类的生命健康以及导致公私财产重大损失，无论其对环境造成多么严重的损害或威胁，都不可以根据《刑法》追究其刑事责任。人本主义的法益观没有充分反映环境的独立价值，已经不能适应现代社会保护环境的迫切需要，也不利于保护人类的整体利益和长远利益。草案规定，将环境资源法益作为独立保护的客体，顺应了时代和人民的要求，对我国环境保护和可持续发展事业，必将发挥积极作用并产生深远影响"。② 全国人大常委会、最高人民法院和最高人民检察院界定了环境污染与生态破坏的入罪标准，加大了惩治力度，对环境资源犯罪形成高压态势。在民事法律方面，第十二届全国人民代表大会审议通过了《中华人民共和国民法总则》（2017 年），其在"第一章 基本规定"的第九条明确规定了"绿色原则"，即"民事主体从事民事活动，应当有利于节约资源、保护生态环境"。绿色原则不仅是规范民事活动与调

---

① 2011 年的《中华人民共和国刑法修正案（八）》将原《中华人民共和国刑法》第三百三十八条改为"违反国家规定，排放、倾倒或者处置有放射性的废物、含传染病病原体的废物、有毒物质或者其他有害物质，严重污染环境的，处三年以下有期徒刑或者拘役，并处或者单处罚金；后果特别严重的，处三年以上七年以下有期徒刑，并处罚金。"

② 孙佑海：《从重大环境污染事故罪到严重污染环境罪》，《中国环境报》2010 年 9 月 27 日第 3 版。

整民事关系的基本手段，而且是将"资源禀性""环境价值"与"生态功能"纳入民法的主要工具，其成为了处理民事活动与环境活动的关系与规范和指引民事活动之指导性准则。绿色原则不仅是整个民法的基本原则，而且是承载着生态社会主义核心价值与绿色发展理念的基本原则。在促进民法、环境资源法、环境资源保护工作和生态文明建设的发展方面，绿色原则具有重要的现实作用、深刻的理论意义和长远的历史影响。在诉讼法律方面，2017 年修改的《中华人民共和国民事诉讼法》第五十五条已经明确规定，法律规定的机关和有关组织及人民检察院可以依法提起环境民事公益诉讼；2017 年修改的《中华人民共和国行政诉讼法》第二十五条也已经规定，人民检察院在履行职责中发现生态环境和资源保护领域"负有监督管理职责的行政机关违法行使职权或者不作为，致使国家利益或者社会公共利益受到侵害的，应当向行政机关提出检察建议，督促其依法履行职责。行政机关不依法履行职责的，人民检察院依法向人民法院提起诉讼"，即人民检察院可以依法提起环境行政公益诉讼。

三、 中国环境资源法的发展与展望

从 1978 年到 2019 年，我国已制定了 13 部以防治环境污染为主要内容的法律，16 部以自然资源管理和合理使用为主要内容的法律，12 部以自然保护、生态建设、防止生态破坏和防治自然灾害为主要内容的法律，40 余部与环境资源法密切相关的法律。此外，我国还制定了大量与环境资源有关的行政法规、行政规章、地方法规和地方政府规章、包含环境资源保护内容的其他法律部门的法律法规，以及大量的环境资源标准与规划。目前，环境资源法已发展成为一个内容丰富、功能齐备、结构合理的法律体系，其已经在我国的法律体系中占据了相当重要的位置①，已成为中国社会主义法律体系中新兴的、发展最为迅速的重要组成部分。在我国，环境资源法已取得了相当重要的社会地位，彰显出了重要的社会影响和社会作用，其已成为环境资源保护工作和生态文明建设事业的最为重要之基础和支柱。从总体上看，在中华人民共和国成立后的 70 年中，我国在环境资源保护和环境资源法治建设方面取得了举世瞩目的成就，但也存在不少失误、缺陷和错误。正如习近平总书所指出的，"总体上看，我国生态环境质量持续好转，出现了稳中向好趋势，但成效并不稳固，稍有松懈就有可能出现反复，犹如逆水行舟，不进则退。生态文明建设正处于压力叠加、负重前行的关键期，已进入提供更多优质生态产品以满足人民日益增长的优美生态环境需要的攻坚期，也到了有条件有能力解决生态环境突出问题的窗口期。我国经济已由高速增长阶段转向高质量发展阶段，需要跨越一些常规性和非常规性关口。这是一个凤凰涅槃的过程。如果现在不抓紧，将来解决起来难度会更高、代价会更大、后果会更重。我们必须咬紧牙关，爬过这个坡，迈过这道坎"。② 回顾过去，忆往昔峥嵘岁月稠；展望未来，而今迈步从头越。以史为鉴，可以知兴替。历史既承载着过去的积累，又蕴含着未来的启迪。我们应该"不忘初心，牢记使命"，认真总结经验和吸取教训，重视问题和不足，积极回应人民群众所想、所盼、所急的环境资源需求，进一步推动和完善环境资源法治建设。

---

① "数据显示，我国环境法律占全部法律的 10% 左右，环境行政法规占全部行政法规的 7% 左右，环境法律门类越来越齐全，结构越来越完整。"参见岳跃国：《环境法治：新常态下酝酿新突破》，《中国环境报》2014 年 10 月 28 日。"截至 2017 年 8 月，我国已制定现行宪法和有效法律近 260 部、行政法规近 800 部、地方性法规近 9000 部。"参见莫纪宏：《党的十八大以来法治建设的伟大成就》，中国社会科学网，http://www.cssn.cn/index/index_focus/201710/t20171003_3660003.shtml，访问日期：2019 年 10 月 12 日。"截至 2018 年，全国人大及其常委会通过的所有法律有 270 部左右，其中，环境、资源、能源、清洁生产与循环经济促进等方面的专门法律近 30 部，约占国家全部法律的十分之一。此外，国家还有数十部基本法律和其他领域的法律也规定了环境与自然保护的内容。不仅于此，十八届三中全会以来党中央国务院制定的生态文明体制与环境资源制度改革的政策文件和方案等多达 40 余件。"参见汪劲：《环境法学的中国现象》，《清华法学》2018 年第 5 期。
② 习近平：《推动我国生态文明建设迈上新台阶》，《求是》2019 年第 3 期。

第 二 章

环 境 法 治

（一）积极回应人民群众所想、所盼、所急的环境资源需求，为环境资源保护事业提供法治保障

环境资源法的最初目标和基本使命，是为环境资源保护事业提供法治保障。环境和自然资源是人的生存与全面发展之物质基础，我们应该"不忘初心，牢记使命"，继往开来地为环境资源保护工作和生态文明建设事业提供环境资源法治保障。

首先，要坚持正确的环境资源法治建设之指导思想。

一是基于马克思主义关于人与自然关系之思想来发展环境资源法。习近平总书记在纪念马克思诞辰 200 周年大会上的讲话中指出，"学习马克思，就要学习和实践马克思主义关于人与自然关系的思想。马克思认为，'人靠自然界生活'，自然不仅给人类提供了生活资料来源，如肥沃的土地、鱼产丰富的江河湖海等，而且给人类提供了生产资料来源。自然物构成人类生存的自然条件，人类在同自然的互动中生产、生活、发展，人类善待自然，自然也会馈赠人类，但'如果说人靠科学和创造性天才征服了自然力，那么自然力也对人进行报复'。自然是生命之母，人与自然是生命共同体，人类必须敬畏自然、尊重自然、顺应自然、保护自然。我们要坚持人与自然和谐共生，牢固树立和切实践行绿水青山就是金山银山的理念，动员全社会力量推进生态文明建设，共建美丽中国，让人民群众在绿水青山中共享自然之美、生命之美、生活之美，走出一条生产发展、生活富裕、生态良好的文明发展道路"。[①] 习近平总书记在全国生态环境保护大会上的讲话中再次强调，"2018 年 5 月 4 日，我们召开了纪念马克思诞辰 200 周

[①]《习近平在纪念马克思诞辰 200 周年大会上的讲话（2018 年 5 月 4 日）》，《人民日报》2018 年 5 月 5 日。

年大会。我在会上特别强调，学习马克思，就要学习和实践马克思主义关于人与自然关系的思想"。①

二是基于生态文明观来发展环境资源法。2018年5月，中共中央召开的全国生态环境保护大会正式确立了习近平生态文明思想，从而为进一步加强生态文明社会建设和环境资源的法治建设提供了思想指引与实践指南。中共中央总书记习近平指出，新时代推进生态文明建设，必须坚持好以下原则②：一是坚持人与自然和谐共生。人与自然是生命共同体。坚持节约优先、保护优先、自然恢复为主的方针。要像保护眼睛一样保护生态环境，像对待生命一样对待生态环境。让自然生态美景永驻人间，还自然以宁静、和谐、美丽。二是绿水青山就是金山银山。保护生态环境就是保护生产力，改善生态环境就是发展生产力。绿水青山既是自然财富、生态财富，又是社会财富、经济财富。贯彻创新、协调、绿色、开放、共享的发展理念，加快形成节约资源和保护环境的空间格局、产业结构、生产方式、生活方式，把经济活动、人的行为限制在自然资源和生态环境能够承受的限度内，给自然生态留下休养生息的时间和空间。三是良好生态环境是最普惠的民生福祉。环境就是民生，青山就是美丽，蓝天也是幸福。发展经济是为了民生，保护生态环境同样也是为了民生。既要创造更多的物质财富和精神财富以满足人民日益增长的美好生活需要，也要提供更多优质生态产品以满足人民日益增长的优美生态环境需要。要坚持生态惠民、生态利民、生态为民，重点解决损害群众健康的突出环境问题，加快改善生态环境质量，提供更多优质生态产品，努力实现社会公平正义，不断满足人民日益增长的优美生态环境需要。四是山水林田湖草是生命共同体。生态是统一的自然系统，是相互依存、紧密联系的有机链条。要从系统工程和全局角度寻求新的治理之道，统筹兼顾、整体施策、多措并

---

① 习近平：《推动我国生态文明建设迈上新台阶》，《求是》2019年第3期。
② 习近平：《推动我国生态文明建设迈上新台阶》，《求是》2019年第3期。

举，全方位、全地域、全过程开展生态文明建设。五是用最严格制度最严密法治保护生态环境。保护生态环境必须依靠制度、依靠法治。要加快制度创新，增加制度供给，完善制度配套，强化制度执行，让制度成为刚性的约束和不可触碰的高压线。要严格用制度管权治吏、护蓝增绿，有权必有责、有责必担当、失责必追究。六是共谋全球生态文明建设，深度参与全球环境治理，形成世界环境保护和可持续发展的解决方案，引导应对气候变化国际合作。上述六项原则确定了人与自然和谐共生的科学自然观、绿水青山就是金山银山的绿色发展观、良好生态环境是最普惠的民生福祉的基本民生观、山水林田湖草是生命共同体的整体系统观、用最严格制度最严密法治保护生态环境的严密法治观，以及共谋全球生态文明建设的共赢全球观。我们要坚持以生态文明观为指导，将环境资源法发展成为以生态文明建设为旗帜的法律体系。

三是基于公众共用物（包括公众共用自然资源、公众共用环境、公众共用地域、公众共用空间等）理论来发展环境资源法。从法律性质看，环境和自然资源基本上属于公众共用物。如果将环境资源混同于具有排他性的财产权（或物权）之客体，那么我们就可以将环境资源纳入传统民法的调控范围，而环境资源法就没有存在的必要了。当前，我国的环境资源问题主要表现为环境污染严重、生态系统结构功能破坏，以及环境资源数量锐减、生态空间受到严重挤压。所谓防治环境污染和环境破坏，主要是指防治第一种公众共用物悲剧和第二种公众共用物悲剧，即防治环境质量退化和环境数量（即空间及地域的面积和体积）下降。保护环境资源主要是维护环境资源的质量和数量。

我国的环境资源保护和环境资源法治建设之重要问题或缺陷包括："重环境质量，轻环境数量"，环境质量与环境数量脱节，即公众共用环境资源（生态产品）的质量和数量脱节；重抓环境污染防治，轻视环境空间地域维护；重自然保护地的产权调控，轻公众对自然保护地的共同享用。以往的环境保护主要指防治环境污染，其以环境质量为中心；以往的环境保护局、环境保护部或生态环境部一直处于环境污染防治职能部门的定位之中，而现行的生态环境部门仍然主要负责维护环境质量和防治环境污染；以往的自然资源部门主要负责维护自然资源资产，防止自然资源资产减值；以往的环境资源法律主要是防治环境污染与维护环境质量的法律规范和法律制度，而现行的生态环境保护之政策、法律、标准、管理体制和治理体系基本都围绕着环境质量，并没有形成对生态环境的质量和数量进行统一保护、统一监管之环境资源法治体系（包括环境资源法律体系、环境资源法律实施体系和环境资源法学体系，广义的环境资源法治体系还包括环境资源的政策体系、规划体系、标准体系、道德体系和党内法规体系）。通过四十年的环境保护工作之开展，我国已经建立起具有中国特色的环境保护目标责任体系和问责机制： 1989 年的《中华人民共和国环境保护法》确立了地方各级人民政府对辖区的环境质量负责之机制；"十一五"期间，我国开始实施主要污染物减排目标责任考核制；"十二五"期间，我国增加了主要污染物减排指标，减排目标责任体系也更加注重约束性指标的完成情况；"十三五"期间，我国的环境目标考核从"强调主要污染物总量减排"调整为"以环境质量为核心"。目前，我国正在建立以排污许可证为核心的固定污染源监管制度。但是，在通过防治第二种公众共用物悲剧，以保护公众需要的公众共用环境数量（面积和体积）方面，我们基本上没有建立起什么有效的环境资源法律制度。

改革开放四十年来，我国的经济、社会、政治、文化、生态等领域之建设取得了举世瞩目的成就，但也存在着不少具有长远危害性的错误、缺陷和误区。其中，比较有争议的是教育商品化和教育市场化、医疗商品化和医疗市场化，以及环境商品化和环保市场化（这里的环保市场化不是发展各种治理修复生态环境的工业，而是将保护环境的义务转变成旨在谋取私利的商业活动）。现在看来，在环境资源法治建设领域，我们要特别警惕环境商品化和环保市场化。商品化与市场化很重要，特别是对于经济建设和市场经济而言，强调商品化和市场化具有相当的意义，但商品与市场不是万能的。尤其是在环境资源保护领域和环境资源法治领域，商品与市场不仅不是万能的，而且如果用得不好，那么我们就会误入歧途。在环境资源保护工作中，我们赞成适当地采用某些经济政策、经济激励手段和市场机制，也主张发展环保产业与绿色产业，但最终的目的是调动经济人的积极性，从而更有效地防治环境污染和生态破坏、保护与改善环境资源，而不是将公众可以公开享用的环境资源转变为由某些个人或单位支配、控制和专用的"环境商品""自然资源资产"和"生态产品"，也不是将具有公益性的、发挥公共服务职能的政府环境资源保护监督管理工作转变为具有营利性的环保产业，更不是使环境资源监督管理机构及其工作人员堕落为谋取"环境商品""自然资源资产"与"环境经济价值"的贪污腐败分子。

在商品经济和市场经济之基础上，环境商品化与环境保护市场化不仅是不可能的，而且是无效率的。环境是一种具有不可交易性的公众共用物，它只具有使用价值，而不具有交换价值（即环境不可能在市场进行交易），所以环境不适于商品经济与市场经济。相对应地，所有适于商品经济与市场经济的手段、方法和统计指标或统计数字，也不适于环境这种公众共用物。例如， GDP 不能反映环境保护的好坏、环境资源的价值，以及防治环境污染的劳动和保护环境的劳动，因为 GDP 主要是一种反映交换价值、市场经济和经济性价值的指标。但是，这并不意味着 GDP 没有用， GDP 确实是一个很好的统计指标，其能反映国家经济的总量。 GDP 就是将复杂无比的市场活动视为一系列价值增值过程，并实现算法上的极度简化。[①] 如果我们坚持唯 GDP 的观点（即用 GDP 来衡量一切非市场经济的东西）和 GDP 万能的观点（即认为一个国家的 GDP 上去了，该国

---

① 戴星翼：《为什么绿色 GDP 是计算不出来的？》，《环境问题观察》2019 年 7 月 8 日。

的环境质量就好了，人民就幸福了），那么我们就会陷入泥沼之中，因为 GDP 不是反映环境保护的指标（人们很早就认识到， GDP 存在很多问题，一个国家的 GDP 之高速增长未必会给人民带来好处）。有的学者提出，在 GDP 总量中，通过扣除环境资源的成本、环境资源的保护服务费用、环境污染费用和保护环境资源的费用，以使 GDP 变为绿色 GDP。但是，人们想尽了办法，仍然难以计算出绿色 GDP，因为不能进入市场的环境、环境保护、生态服务、环境污染等事物属于非市场物与非交易物，它们是公众共用物，没有哪个市场主体愿意为公众共用物买单（政府可以买单的东西必然是商品，因为商品可以作为政府投资在当年由政府计算货币费用，而公众共用物无法由政府计算货币费用。例如，政府花费 10 万元购买一个私人花园是可以计算货币费用的，但是如果该花园是公众共用花园，那么政府就很难计算货币费用，因为公众共用物是不付费的）。也就是说，目前，我们很难将所有的公众免费享用之天然和人为的环境货币化，因为没有人愿意购买，其货币化过程中的很多困难是难以克服的。 GDP 是对一国可以货币化的市场经济总规模之衡量， GDP 只反映市场规模的大小，至于这些货币化的经济活动或商品有多少是无用的、有害的，则不是 GDP 所考虑的。[①] 例如，一家企业生产某化工产品， GDP 只计算该企业可以用货币计算的经济活动。至于该企业向环境排放的污染物破坏了空气、水流等公众共用物品，因为该企业没有支付这笔费用，所以相关费用无法列入 GDP；同样，即使该企业干了许多保护环境的事情，由于该企业没有从保护环境的行为中获得货币，因此相关费用也无法列入 GDP。如果国家（或公众）为该企业保护环境的行为付费，或者国家向该企业污染环境的行为征费，那么该企业的环境污染活动和环境保护活

[①] 戴星翼认为，"GDP 只事关市场规模的大小而已。森林向大气释放了氧气，这很好，但没有市场主体购买这一服务，因此不计入 GDP，至于你要从 GDP 中扣除污染的损失，那也不行，因为市场上不存在相应的实际支付"。参见戴星翼：《为什么绿色 GDP 是计算不出来的?》，《环境问题观察》2019 年 7 月 8 日。

动就都可以通过 GDP 得到表达。问题是，各国政府（或公众）目前既没有做到向环境保护活动付费，又没有做到向环境污染活动收费。

当代流行的西方主流经济学，是一门系统地解释和研究人类社会中的市场交易和贸易之学问，它的确能解释和解决许多的经济问题，但不能解释和解决与公众共用物相关的经济问题。人们今天所说的"economy"和现代中文中的"经济"，本质上都是指通过市场交易和贸易所形成的一个体系。[①] 因此，经济学实际上是研究人类社会通过市场交易和贸易而进行生活、生存与资源配置的一门学问。[②] 2016 年，在中国人民银行上海总部任调查统计研究部主任的王振营研究员出版了专著《交易经济学原理》[③]，他经过十七八年的艰苦思考和深入研究，得出了与世界上的诸多大思想家大致相同之认识，即经济学实际上是一门研究人类社会的市场交易之学问[④]。在《交易经济学原理》的第一卷中，王振营就指出，"一部人类经济的发展史，也就是一部交易的历史。交易是经济的内涵，经济是交易的总汇……交易是经济行为的最原始形态，也是一切经济行为的归宿。一切复杂的经济现象，都是由简单的交易构筑的"。[⑤] 王振营还指出，"价格本质上是一种关系，是反映交易的网络关系。每个价格形成都必须放置在交易网络的环境中，每个价格都不是孤立现象，不存在由绝对价值所决定的价格。通过大量交易在交易网络上形成一个相互参照、相互制约的体系，这便是支撑经济体运

---

① 韦森：《经济学，还是市场交易学?》，FT 中文网，http: //www. ftchinese. com/story/001084635? adchannelID＝&full＝y，访问日期：2019 年 10 月 12 日。

② 韦森：《经济学，还是市场交易学?》，FT 中文网，http: //www. ftchinese. com/story/001084635? adchannelID＝&full＝y，访问日期：2019 年 10 月 12 日。

③ 王振营：《交易经济学原理》，北京：中国金融出版社 2016 年。

④ 韦森：《经济学，还是市场交易学?》，FT 中文网，http: //www. ftchinese. com/story/001084635? adchannelID＝&full＝y，访问日期：2019 年 10 月 12 日。参见王振营：《交易经济学原理》，中国金融出版社 2016 年。

⑤ 王振营：《交易经济学原理》，中国金融出版社 2016 年，第 118 页，转引自韦森：《经济学，还是市场交易学?》，FT 中文网，http: //www. ftchinese. com/story/001084635? adchannelID＝&full＝y，访问日期：2019 年 10 月 12 日。

行的价格体系"。① 在《交易经济学原理》的第二卷第八章中，王振营提出了"一个国家的经济增长实质上也是市场交易量增加"之理论洞见。②

环境商品化和环保市场化意味着，不论是什么环保，都要赚钱与交税。从表面上看，赚钱和交税可能有利于国家的统一管理，而且国家的税收和企业参与环保市场的赢利也会增加，但是这不利于环境保护和公众对公众共用环境之享用。环境商品化和环保市场化就是要有经济（货币）收入，收入的来源就是公众付费。也就是说，公众要花比以前多的钱去享用公众共用的环境资源。事实证明，环境商品化和环保市场化的高潮往往意味着环境保护的退化、变质和误入歧途。在环境资源保护领域经商、营利和谋利，往往是在挖环境资源保护的墙脚。改革开放四十年来，某个时期或某些地区的环境资源法律之所以成为"摆设"，就是因为某些环境资源保护监督管理人员在环境商品化和环保市场化的浪潮中忘记了初心，成了"环境商品"与"自然资源资产"的俘虏。因此，我们要注意鉴别和警惕在法律上盲目地宣传生态环境产品的市场化属性、生态环境与自然资源的财产价值、全部自然资源与环境的有偿使用，以及不加鉴别地提倡和推行生态环境市场经济机制与环境权益交易市场。公众共用的环境和自然资源属于非交易物、非商品物、非赢利物，而人们所说的"经济"，本质上是通过市场交易和贸易所形成的一个体系。交易是经济的内涵，经济是交易的总汇。交易既是经济行为的最原始形态，又是一切经济行为的归宿。一切复杂的经济现象，都是由简单的交易构筑的。一部人类经济的发展史，就是一部交易的历史。一个国家的经济增长，实质上是该国市场交易量的增加。 GDP 是对一国可以货币化的市场经济总

---

① 王振营：《交易经济学原理》，中国金融出版社 2016 年，第 278 页，转引自韦森：《经济学，还是市场交易学？》，FT 中文网，http://www.ftchinese.com/story/001084635? adchannelID＝&full＝y，访问日期：2019 年 10 月 12 日。

② 韦森：《经济学，还是市场交易学？》，FT 中文网，http://www.ftchinese.com/story/001084635? adchannelID＝&full＝y，访问日期：2019 年 10 月 12 日。

规模之衡量， GDP 只反映市场规模的大小，至于这些货币化的经济活动或商品有多少是无用的、有害的，则不是 GDP 所考虑的。例如，《财富中国》的数据显示， 2016 年，中国烟草的利润超过了 1 万亿。可以说，中国烟草的利润额是所有企业里最高的，其也是对中国 GDP 贡献最大的企业。 2017 年，中国的财政收入为 17 万亿，这一数字也只不过是 17 家烟草公司的总盈利之和，而 10 万个公众共用公园或公众共用广场每年产生的 GDP 却几乎为零。但是，"烟草危害是当今世界严重的公共卫生问题之一。众多的科学证据表明，吸烟和二手烟暴露（被动吸烟）严重危害人类健康。世界卫生组织（WHO）的统计数字显示，全世界每年因吸烟死亡的人数高达 600 万，即平均每 6 秒钟有 1 人死于吸烟相关疾病。吸烟者中将会有一半因吸烟提早死亡。因二手烟暴露所造成的非吸烟者年死亡人数约为 60 万"。[1] 此外，"中国是世界人口最多的国家，同时也是烟民最多的国家，也是烟草最大的消费国和生产国，数据上显示，中国烟民占全球烟民的 1/3，60% 的 15 岁以上男性吸烟，世界卫生组织预测说，中国将有 1 亿年轻人因为吸烟而死亡"。[2] 环境和资源保护基本上是维护公众共用环境和公众共用自然资源的公益性活动，环境和资源保护对公众所创造的共享价值很难被纳入 GDP 之中。如果用市场交易的货币来计算，那么公众共用的环境和自然资源对 GDP 的贡献可能微不足道（甚至为零），但是其为公众创造的环境效益和生态价值却大得无法估量。因此，只有处理和协调好"三种财产或三种物"、环境资源保护与经济发展的关系，用好市场机制抓经济，用好第三种机制抓环境保护，我们才能为建设美丽中国、促进我国经济社会生态可持续发展构筑法律保障。

---

[1] 《中国烟草为什么没进世界五百强？》，百度网，https://zhidao.baidu.com/question/220833016-3410812788.html，访问日期：2019 年 10 月 12 日。

[2] 阅读小组 PLUS：《利润破 10000 亿的中国烟草总公司，却不是世界 500 强，这是为何？》，百度网，https://baijiahao.baidu.com/s? id = 16242809769873201758&wfr = spider&for = pc，访问日期：2019 年 10 月 12 日。

2019 年 1 月召开的全国林业和草原工作会议披露的信息显示①，我国各类自然保护地已达 1.18 万处，总面积占国土面积的 18%以上②。据笔者所知，上述占国土面积 18%以上的 1.18 万处各类自然保护地，主要通过国有化和私有化之手段，将天然的环境要素和自然资源"圈起来"，以使其成为物权或财产权的客体，从而酿成公众共享环境资源或生态环境空间被严重挤压的态势，进而引发了"越讲环境保护，越大搞保护地建设，公众共享的环境资源或公众共用的生态环境空间就越少"之悖论。

我们可以通过与其他国家进行比较，以认识我国的公众共用环境数量（面积和体积）减少之严重性。例如，美国对公众共用土地保护的重视（在美国土地管理局所辖的可供娱乐的国有土地中，有超过 99%的地域不向公众收取费用③）和印度特有的"公路"观（公路的字面含义是公众共用之路与公共交通之路，行人、单车、人力车、马车、摩托车、汽车等交通工具都能在公路上通行。按照印度对公路的定义，公路是指共用之路。所以， 2016 年，印度宣称拥有全球最长的超过 800 万公里的公路里程；同样是 2016 年，中国和美国的公路里程分别为 469 万公里与 650 万公里④）。事实上，我国对公园的性质和功能之看法发生过转

① 施麟：《国家林草局：我国各类自然保护地已达 1.18 万处》，中国经济网，http://www.ce.cn/cysc/stwm/gd/201901/11/t20190111_31235267.shtml，访问日期：2019 年 5 月 15 日。

② 目前，全国各类自然保护地已逾 1.18 万个（不包含近 5 万个自然保护小区），总面积占我国陆域面积的近 18%，覆盖了我国 90%的自然生态系统类型、85%的国家重点保护动物和 86%的国家重点保护植物种类。目前，我国有国家公园体制试点 10 个，国家级自然保护区 474 处，国家级风景名胜区 244 处，世界自然遗产 13 项，自然和文化双遗产 4 项，世界地质公园 39 处，国家级海洋特别保护区 71 处。以上参见王钰：《我国 18%陆地国土建成自然保护地》，《中国绿色时报》2019 年 4 月 22 日。

③ 周奥、王媛玲、廖蓉：《美国联邦政府对保护地的管理与维护》，《中国土地》2018 年第 4 期；章轲：《学者谈自然资源部：公益性、经营性自然资源同归一部管理是挑战》，第一财经网，https://www.yicai.com/news/5409694.html，访问日期：2018 年 3 月 25 日。

④ 陈磊：《世界上公路里程最长的国家是印度，2004 年就有 330 万公里公路》，百度网，https://baijiahao.baidu.com/s?id=1582644180808302509&wfr=spider&for=pc&sa=kf，访问日期：2019 年 10 月 3 日。

变。一般认为，公园就是公众共用公园，但是在特定时期内，我国的公园曾全部变成了具有排他性的政府园林、私家园林和营利性园林，即收费公园（可喜的是，经过改革，情况发生了变化，国家统计局发布的资料显示，到 2017 年底，全国共有城市公园 15633 个，其中的免费公园有 14555 个[1]； 2018 年 4 月发布的《深圳市国土绿化白皮书》［2016 年～2017 年］ 指出，到 2017 年底，深圳市的公园总数达 942 个，成为全国公园最多的城市之一；从 1996 年起，深圳市取消了市政公园的门票，全部市政公园免费向市民开放，市政公园的管养经费由各级政府全额负担[2]）。

从公众共用物理论的角度看，笔者的观点是，要切实抓好生态环境保护，我们必须注意防治两类环境问题（环境质量退化问题和环境数量减少问题），加强两类环境治理（环境质量治理和环境数量治理），将维护环境质量和保障环境空间结合起来，将提供质量优良的生态产品与数量充足的生态产品结合起来，从偏重环境质量的保护（维护）转向同时重视环境质量和环境数量的保护，从 "围栏公园"（parks with fences）模式[3]转向 "无围栏公园"（beyond parks）模式。环境资源的空间要扩大、增加、做加法，环境资源的污染因素与破坏因素要缩减、减少、做减法，相关部门要从质和量两个方面来不断满足广大人民群众（公众）日益增长的对生态环境之需要[4]。我们应当将美丽中国建设与环境资源保护落实

---

① 《城镇化水平不断提升　城市发展阔步前进——新中国成立 70 周年经济社会发展成就系列报告之十七》，国家统计局 2019 年 8 月 15 日发布，中央人民政府网，http: //www.gov.cn/shuju/2019-08/15/content _ 5421382. htm，访问日期：2019 年 10 月 12 日。

② 陈龙辉：《〈深圳市国土绿化白皮书〉首发深圳成公园最多城市之一》，《深圳晚报》2018 年 4 月 23 日。

③ 以往的公众共用环境（资源、空间和地域）建设，主要采用的是传统的 "围栏公园"（parks with fences）模式，或自然资源物权（包括所有权、使用权等排他性权利）框架模式，即大力建设各种用围墙（包括铁丝网、壕沟、界碑、岗哨、收费站等）"圈起来" 的自然保护地（包括各种自然保护区、自然公园、城乡公园等）。

④ 十九大报告明确指出，"我国社会主要矛盾已经转化为人民日益增长的美好生活需要和不平衡不充分的发展之间的矛盾"。

到公众共享的空间、水域和地域（空间规划中的空间包括空域、水域、海域和地域），并且对环境资源的空间评价、规划、统计和分区之分类管控与监管，应该成为环境资源保护的基础性工作。

（二）进一步创造条件，争取环境权入宪入法。

《中华人民共和国宪法》已经将环境资源保护作为国家的基本目标、任务和政策。 2018 年，我们将"生态文明"写入了《中华人民共和国宪法》。 2017 年颁布的《中华人民共和国民法总则》第九条也已经将"绿色原则"确立为民法的基本原则。今后，我们应该进一步创造条件，使环境权入宪入法。环境资源法的研究应当从公众的环境利益着手，公众环境权是环境公益的法学表达、法学阐述和法学展开。所谓公众环境权，就是法律所保护的环境公共利益。目前，全世界已经有 80 多个国家将环境权明确写进了宪法，环境权入宪没有任何的理论障碍。

（三）建立健全国家环境资源治理体系

中华人民共和国成立七十年来，环境资源法的发展就是一个不断强化治理主体责任、保护相关环境权益、推进环境共同治理之过程。目前，我国已经初步形成党委领导、政府主导、市场推动、企业实施、社会组织和公众共同参与的环境治理体系。但是，我国的环境治理体系还不够健全，其还没有实现法治化和法律制度化，因此不能满足与适应人民对环境和自然资源的质量及数量之需要。今后，我们应该进一步将国家环境治理体系法治化和法律制度化，并充分发挥党委、人大、政协、国务院及其环境资源行政主管部门、国家监察委员会、法院、检察院、企事业单位、各类社会组织、公众等多元主体的共同治理环境之积极性，从而形成各司其职、互相监督、互相协作、互相促进、均衡有效的多元主体共同治理之体系，实现环境治理体系与环境治理能力之现代化。

（四）继续建立健全高效的环境资源行政监督管理体制

自 1978 年实行改革开放以来，我国已经基本建立起以自然资源部和生态环境部为主体的环境资源行政监督管理体制。但是，从生态文明思想理念和公众共用物理论来看，以自然资源部和生态环境部为主体的环境资源行政监督管理体制仍然需要得到进一步的改进和完善。目前，自然资源部仍然存在政企不分、既当运动员又当裁判员之缺陷。设立自然资源部，是"为统一行使全民所有自然资源资产所有者职责，统一行使所有国土空间用途管制和生态保护修复职责，着力解决自然资源所有者不到位、空间规划重叠等问题，将国土资源部的职责，国家发展和改革委员会的组织编制主体功能区规划职责，住房和城乡建设部的城乡规划管理职责，水利部的水资源调查和确权登记管理职责，农业部的草原资源调查和确权登记管理职责，国家林业局的森林、湿地等资源调查和确权登记管理职责，国家海洋局的职责，国家测绘地理信息局的职责整合"。这样的一个部门，很难摆脱经济部门与营利部门之羁绊，很难满足人民群众对公众共用环境资源之需求。设立生态环境部，是"为整合分散的生态环境保护职责，统一行使生态和城乡各类污染排放监管与行政执法职责，加强环境污染治理，保障国家生态安全，建设美丽中国，将环境保护部的职责，国家发展和改革委员会的应对气候变化和减排职责，国土资源部的监督防止地下水污染职责，水利部的编制水功能区划、排污口设置管理、流域水环境保护职责，农业部的监督指导农业面源污染治理职责，国家海洋局的海洋环境保护职责，国务院南水北调工程建设委员会办公室的南水北调工程项目区环境保护职责整合"。这样的一个部门，很难有效监督管理公众共用环境和自然资源的数量（面积和体系），也很难保障人民群众对公众共用环境资源之需求。按照笔者的想法，我们应该建立统一监督管理公众共用环境与自然资源的质量及数量的生态环境和自然资源部。一方面，生态环境和自然资源部要履行防治环境污染与维护环境质量之监督管理职责（将具体经营环境污染防治的工作交给企事业单位及其主管部门）；另一方面，生态环境和自然资源部要履行防止公众共用环境和自然资源的数量减少之监督管理职责（将具体经营环境和自然资源场所的工作交给企事业单位及其主管部门）。生态环境和自然资源部的建立，能够解决环境和自然资源质量活动之监督管理与环境和自然资源数量活动之监督管理"两张皮、两股道"的问题。

（五）继续建立健全环境资源司法专门化和环境资源诉讼体制

目前，我国的司法诉讼采用的是民事诉讼、行政诉讼与刑事诉讼相分离之体制。环境资源保护涉及排他性的个人利益（也称私益）、排他性的国家利益（也称国家公益）和非排他性的个人利益（也称环境公益），从而相应地形成了私益诉讼、国家利益诉讼和公益诉讼。

最高人民法院副院长江必新指出，《中华人民共和国环境保护法》《中华人民共和国民事诉讼法》和《中华人民共和国行政诉讼法》解决了环境公益诉讼的诉权问题，但是环境公益诉讼的请求权基础等实体权利规则始终缺乏法律依据。目前，与环境侵权有关的法律主要包括《中华人民共和国物权法》第七章的相邻关系和《中华人民共和国侵权责任法》第九章的环境污染责任。其中，相邻关系的适用范围有限，其一般是处理民事主体之间的通风、采光、噪声等邻里纠纷，与大范围的大气、水、土壤污染相去甚远；环境污染责任则受到《中华人民共和国侵权责任法》第二条的规制，但是其仅适用于污染环境或破坏生态导致人身损害或者财产损害之情形，不涉及环境公共利益的保护，因此难以为环境公益诉讼建构扎实的实体制度基础。在司法实践中，环境公益诉讼普遍援引《中华人民共和国侵权责任法》作为实体法依据，这实在是不得已而为之。事实上，现行的《中华人民共和国侵权责任法》在为环境公益诉讼制度提供实体法依据的同时，也为环境公益诉讼制度的发展套上了枷锁：司法实践难以按照生态环境保护的客观要求来探索有别于传统侵权之诉的裁判规则；而理论研究则始终受到侵权责任一般理论的限制，无法发展出具有时代精神的环境公益诉讼理论体系。[①] 2017 年颁布的《中华人民共和国民法总则》第九条规定："民事主体从事民事活动，应当有利于节约资源、保护生态环境。"自此，"绿色原则"被确立为民法的基本原则。《中华人民共和国民法典侵权责任编（草案）》用两个条文对环境公益诉讼制度做出了规定，从而为环境公共利益保护正式写入民法典奠定了良好的基础。

在今后的环境资源法治建设中，我们应该树立环境司法专门化或绿色司法理念，协调好各种纠纷处理方式之关系，做好环境行政处理（包括环境行政处分、环境行政处罚、环境行政复议、环境行政调解、环境行政裁决等）与环境司法诉讼处理及其他非诉讼方式处理之衔接。在环境司法诉讼中，我们应该做好环境民事诉讼、环境刑事诉讼、环境行政诉讼和环境公益诉讼之衔接，建立健全统一的环境司法诉讼制度，发展出一套新型的环境公益诉讼制度，不断强化对实体性公众环境权和公众环境诉讼权的司法保障。

（六）积极推动中国的环境资源法典之编撰，形成科学合理的环境资源法律体系

前面讲到，我国已制定了 13 部以防治环境污染为主要内容的法律，16 部以

---

① 江必新：《中国环境公益诉讼的实践发展及制度完善》，《法律适用》2019 年第 1 期。

自然资源管理和合理使用为主要内容的法律，12 部以自然保护、生态建设、防止生态破坏和防治自然灾害为主要内容的法律，40 余部与环境资源法密切相关的法律，以及近百部环境资源行政法规与上千部行政规章。但是，由于上述规范性法律文件的制定时间与提出立法动议的部门不尽相同，因此矛盾和冲突非常多，重复率也很高（如污染防治法规的重复率可能达到 30%以上），从而很可能影响环境资源法的效力和实施效果。因此，笔者和吕忠梅教授等人多次提出，应该在中国进行环境资源法典之编撰。

编撰环境资源法典，只是健全中国的生态文明和环境资源法律体系的工作之一。我们应该根据公众对环境和自然资源之需求，继续进行环境资源法律法规的立、废、改工作，不断对相关的法律法规进行生态化"改造"，主动修订不符合生态文明建设要求的法律法规。环境资源法律要顺应环境资源质量和环境资源数量同步治理、第一种公众共用物悲剧和第二种公众共用物悲剧同步防治之需要。根据生态系统安全保障和生态公众共用物供给维护相统一之监管需求，我们要不断地改革和创新环境资源法律法规。我们应适时修订《中华人民共和国环境保护法》《中华人民共和国土地管理法》《中华人民共和国循环经济促进法》《中华人民共和国矿产资源法》《中华人民共和国固体废物污染环境防治法》等法律，并且制定和完善涉及自然资源资产产权、国土空间规划和保护、国家公园、海洋、应对气候变化、排污许可、生态补偿、生态环境损害赔偿、生态保护红线、生物多样性保护等内容的法律法规。同时，我们推进绿色生产消费、生态环境教育等方面的相关立法，从而为生态文明体制改革提供法治保障。此外，我们要推进长江流域、黄河流域和京津冀区域的生态环境保护之立法，加强流域、区域与地方环境标准的制定和实施之引导及规范，积极支持和推动地方来制定环保法规或者规章。在当前的国际环境下，我们还要积极参与环境法领域的国际合作，不断推动"一带一路"沿线国家的环境资源法治建设。

我国七十年来的环境立法：
回顾、反思与展望[*]

孙佑海[**]

摘要： 七十年来的中国环境立法，总体上分为三个阶段，即起步阶段、发展阶段和生态文明新阶段。起步阶段为 1949 年 10 月中华人民共和国成立到 1978 年底党的十一届三中全会召开之前；发展阶段为 1979 年到 2012 年党的十八大召开之前；生态文明新阶段为 2012 年 11 月党的十八大召开至今。历史表明，在毛泽东、周恩来等老一辈党和国家领导人的关心下，以及在有关部门的共同努力下，我国的环境立法在中华人民共和国成立后已经被提上工作日程，并取得了一定成绩。党的十八大以来，我国的环境法治建设取得了历史性的进步。在充分肯定已有成就之基础上，笔者通过反思，发现我国的环境立法依然存在立法质量不高、立法体制与机制不够合理、法律实施效果不理想等问题。为此，我们应当根据习近平生态文明思想，以及党的十九大和十九届四中全会之

* 本文为国家社科项目"生态环境损害赔偿立法研究"（项目编号：18AFX023）的阶段性成果。
** 作者简介：孙佑海，天津大学法学院院长。

精神，明确新时代的环境立法之指导思想和原则，加快环境法律的立改废释工作，切实提高环境立法的质量，补齐生态保护立法的短板，积极推进相关法律的生态化，加强配套的环境法规和规章之制定，加快健全与完善生态环境保护法律体系，从而实现环境治理体系与治理能力的现代化。

关键词：七十年来的环境立法；环境法治；生态文明；回顾；反思；展望

习近平总书记在庆祝中华人民共和国成立七十周年大会上的讲话中指出，七十年来，全国各族人民同心同德、艰苦奋斗，取得了令世界刮目相看的伟大成就，不断创造新的历史伟业。[①] 环境保护事业及其所依托的环境保护法治，是习近平总书记所指出的"历史伟业"之一。在中华人民共和国走过七十年之际，全面回顾和反思我国环境立法的历程，并对今后的环境立法趋势进行研判与展望，这对于促进我国环境立法沿着正确的方向前行来说，具有十分重要的理论价值和实践意义。

一、 回顾： 我国七十年来的环境立法之路

七十年来的中国环境立法，总体上分为三个阶段，即起步阶段、发展阶段和生态文明新阶段。

（一）我国环境立法的起步阶段

这个阶段为1949年10月中华人民共和国成立到1978年底党的十一届三中

---

① 习近平：《在庆祝中华人民共和国成立70周年大会上的讲话》，《旗帜》2019年第10期，第5页。

全会召开之前。有人认为，我国在改革开放之前没有环境法。然而，这种观点是不符合历史事实的。实际上，在中华人民共和国成立后不久，党和人民政府就已经将环境立法提上了工作日程。

具体请看以下立法资料：《政务院关于发动群众开展造林、育林、护林工作的指示》（1953 年）、《国家建设征用土地办法》（1953 年）、《工厂安全卫生规程》（1956 年）、《狩猎管理办法（草案）》（1956 年）、《水产资源繁殖保护条例（草案）》（1957 年）、《关于注意处理工矿企业排出有毒废水、废气问题的通知》（1957 年）、《水土保持暂行纲要》（1957 年）、《放射性工作卫生防护暂行规定》（1960 年）、《关于工业废水危害情况和加强处理利用的报告》（1960 年）、《国务院关于积极保护合理利用野生动物资源的指示》（1962 年）、《森林保护条例》（1963 年）、《城市工业废水、生活污水管理暂行规定（草案）》（1964 年年）、《放射性同位素工作卫生防护管理办法（试行）》（1964 年）、《矿产资源保护试行条例》（1965 年）、《关于加强山林保护管理，制止破坏山林、树木的通知》（1967 年）等。

这个阶段，我国发生了以下与环境立法相关的重要事件：

一是 1954 年的《中华人民共和国宪法》就有保护环境与资源的规定。1954 年，第一届全国人民代表大会第一次会议通过了中华人民共和国成立之后的第一部宪法（简称"五四宪法"），该法确立了人民民主和社会主义原则，阐明了公民的基本权利和义务，并在第六条明确规定："矿藏、水流，由法律规定为国有的森林、荒地和其他资源，都属于全民所有。"自此，自然资源的国家所有权制度得以确立。此外，《中华人民共和国宪法（1954 年）》第十四条还规定："国家禁止任何人利用私有财产破坏公共利益。"公共利益，应当包括公民的环境权益。由此可见，虽然中华人民共和国成立不久，但是我们的开国领袖们，已经注意到运用国家根本大法进行资源和环境保护之重要性。

二是中国高调参加国际环境保护活动。 1972 年 6 月，中国派出阵容强大的政府代表团参加联合国人类环境会议。参加国际环境会议，这在今天看起来似乎是司空见惯的事，但在那个时代却极不寻常。周恩来总理建议中国派团参加联合国大会，此提议得到毛泽东主席的批准。1972 年 6 月 5 日，中国代表团参加联合国人类环境会议并在大会上发言，阐明了我国在环境问题上的原则立场。在会议上，中国同各国交流了环保经验，并对会议文件提出了意见和建议。这次会议对中国是一个划时代的警醒，其使中国开始重视社会主义国家的环境污染问题。①

三是我国召开第一次全国性的环境保护大会。 我国政府派代表团参加联合国人类环境会议，对我国的环境保护工作是一个极大的推动。在听取汇报后，周恩来总理决定于 1973 年 8 月召开第一次全国环境保护会议，从而开创了中国环境保护工作的新纪元。第一次全国环境保护会议通过的《关于保护和改善环境的若干规定（试行草案）》（1973 年 8 月），实质上是中国第一部综合性的环境保护法规，该文件规定我国的环境保护方针是"全面规划，合理布局，综合利用，化害为利，依靠群众，大家动手，保护环境，造福人民"。同时，《关于保护和改善环境的若干规定（试行草案）》还规定了发展生产和环境保护"统筹兼顾、全面安排"的原则与"三同时"等制度，部署了防治废水、废气、废渣、噪声、农药、放射性物质、有毒物质、食品污染等污染源，以及保护和改善城市、工矿区、居住区、水、土、野生动植物、森林、草原等领域的环境质量之重大措施，并且对环境监测、科研、宣传、教育，以及环境保护所必需的投资、设备、材料等事项均提出了严格要求。实际上，《关于保护和改善环境的若干规定（试行草案）》就是我国之后制定的《中华人民共和国环境保护法》之雏形。

四是 1978 年的《中华人民共和国宪法》将保护环境与资源提升到一个新高

① 吕忠梅、吴一舟：《中国环境法治七十年：从历史走向未来》，《中国法律评论》2019 年第 5 期，第 102—123 页。

度。 1978 年，第五届全国人民代表大会第一次会议通过了修订后的《中华人民共和国宪法（1978 年）》，该法明确规定："国家保护环境和自然资源，防治污染和其他公害。"这是中国首次将环境保护工作十分清晰地写入国家根本大法。《中华人民共和国宪法（1978 年）》把环境保护确定为国家的一项基本职责，并将环境污染防治和自然资源保护确定为环境与自然资源法的两大领域，从而奠定了中国环境资源法体系及环境与自然资源法学的基本构架。

历史表明，在毛泽东、周恩来等老一辈党和国家领导人的关心下，以及在有关部门的共同努力下，我国的环境法治事业在中华人民共和国成立后就已经被提上了工作日程，并取得了很大的成就。尤其是周恩来总理见微知著、高瞻远瞩，很早就发现了中国的环境问题，并采取有力措施加以解决。周恩来总理是中国环保事业的开创者和奠基人。① 但是，我们也应清醒地看到，由于中华人民共和国刚成立不久，国家的各项管理事业刚刚起步，各项工作的基础较为薄弱，环境保护立法工作不可避免地存在着一些起步阶段的幼稚性。例如，一些法律文件的起草、审批和公布不是很规范，有的文件今天看起来不像是一部"法规"。但是，这些瑕疵不能抹杀中华人民共和国成立初期的环境保护立法所取得的成绩，更不能抹杀这些环境保护法律文件在环境保护实践中所发挥的重要作用。

（二）我国环境立法的发展阶段

总体来看，我国环境立法的发展阶段为 1979 年到 2012 年党的十八大召开之前。

1978 年 12 月，中国共产党召开了具有里程碑意义的十一届三中全会。在这

---

① 马维辉：《曲格平眼中的环保 40 年》，《华夏时报》2018 年 7 月 30 日。

次全会上，党中央确定了"以经济建设为中心"的战略方针。1984 年 10 月，党的十二届三中全会通过了《关于经济体制改革的决定》。从此，我国进入了波澜壮阔的改革开放时期。这个阶段，我国在经济领域取得了巨大成就，但大规模的开发建设活动对生态环境和自然资源也造成了巨大破坏。为此，党和国家通过加强环境法治等手段，与环境污染和生态破坏行为进行了顽强的斗争。以下是此阶段环境立法领域的若干标志性事件：

一是党中央专门批准内含推进环境立法要求的《环境保护工作汇报要点》。 1978 年 12 月，中共中央批转了国务院环境保护领导小组提交的《环境保护工作汇报要点》，该文件将加强环境资源法治建设与制定环境保护法律作为环境保护工作的重点之一，从而拉开了中国环境资源法的发展之序幕。1979 年 2 月，五届全国人大常委会第六次会议原则通过了《中华人民共和国森林法（试行）》。

二是全国人大公布《中华人民共和国环境保护法（试行）》。 1979 年 9 月，五届全国人大第十一次会议原则通过了《中华人民共和国环境保护法（试行）》，该法的公布是我国环境保护事业发展过程中的里程碑。《中华人民共和国环境保护法（试行）》以《中华人民共和国宪法（1978 年）》为依据，针对中国的环境状况，界定了环境保护的对象、任务、方针和适用范围，规定了"谁污染谁治理"等原则，构建了环境影响评价、"三同时"、排污收费、限期治理、环境标准、环境监测等制度，明确了环境保护机构及其职责。《中华人民共和国环境保护法（试行）》内容全面、结构完整，其是我国环境法走向体系化的一个重要标志。虽然《中华人民共和国环境保护法（试行）》仅仅是一部"试行法"，但是其在法律效力上与其他法律没有差别，依然具有一体遵行的权威性。

三是 1982 年《中华人民共和国宪法》进一步强化了环境和自然资源保护。 对于环境保护而言，《中华人民共和国宪法（1982 年）》具有特殊的意义。《中华人民共和国宪法（1982 年）》将环境保护规定为"保护和改善生态环境和生活环境"，从而使生态环境的表述入宪。《中华人民共和国宪法（1982 年）》第二十六条的全文是，"保护和改善生活环境和生态环境，防治污染和其他公害"。此外，《中华人民共和国宪法（1982 年）》第九条规定："国家保障自然资源的合理利用，保护珍贵的动物和植物。禁止任何组织或者个人用任何手段侵占或者破坏自然资源。"

四是迎来了环境立法的大发展。 在《中华人民共和国宪法（1982 年）》和《中华人民共和国环境保护法（试行）》公布后，我国先后制定了《中华人民共和国海洋环境保护法》（1982 年）、《中华人民共和国水污染防治法》（1984 年）、《中华人民共和国大气污染防治法》（1987 年）、《中华人民共和国草原法》（1985 年）、《中华人民共和国矿产资源法》（1986 年）、《中华人民共和国水法》（1988 年）、《中华人民共和国野生动物保护法》（1988 年）等污染防治和自然资源保护方面的法律法规。

五是有关的部门法也开始关注环境保护问题。 面对严峻的环境形势，不仅环境法自身行动了起来，民法、刑法、诉讼法等相关的部门法也积极投入到同环境污染行为和生态破坏行为做斗争的行列之中。

在民事立法方面，1986 年，六届全国人大第四次会议通过的《中华人民共和国民法通则》第一百二十四条规定："违反国家保护环境防止污染的规定，污染环境造成他人损害的，应当依法承担民事责任。"2007 年，十届全国人大五次会议通过的《中华人民共和国物权法》第八十三条和第九十条对环境保护的相邻关系做出了明确规定。2009 年，十一届全国人大常委会第十二次会议通过的《中华人民共和国侵权责任法》的第八章就是"环境污染责任"。之后，最高人民法院专门制定了《最高人民法院关于审理环境侵权责任纠纷案件适用法律若干问题的解释》，从而对贯彻实施《中华人民共和国侵权责任法》中的确定环境污染责任需要明确之界限问题做了进一步的细化规定。

在刑事立法方面，有关环境资源犯罪的规定被提上了立法议程。1979 年的《中华人民共和国刑法》将环境资源犯罪的内容纳入分则"第三章　破坏社会主义经济秩序罪"之中。1997 年的《中华人民共和国刑法》分则第六章第六节专门规定了"破坏环境资源保护罪"，分则第九章规定了"环境监管失职罪"，分则第三章第二节"走私罪"也包含了环境犯罪问题。在《中华人民共和国刑法修正案（二）》至《中华人民共和国刑法修正案（八）》中，环境资源犯罪的内容都得到了修正。尤其是《中华人民共和国刑法修正案（八）》降低了入罪门槛，删去了"致使公私财产遭受重大损失或者人身伤亡的严重后果的"这一构成条件，其规定行为人只要违反国家规定，排放、倾倒或者处置有放射性的废物、含传染病病原体的废物、有毒物质或者其他有害物质，严重污染环境的，就要被追究刑事责任。时任全国人大常委会法工委主任李适时表示，"这些条款的修改，加强了刑法对人民群众生命健康的保护"。[1]

在诉讼法方面，2012 年，十一届全国人大常委会第二十八次会议通过的《中华人民共和国民事诉讼法》第五十五条规定："对污染环境、侵害众多消费者合法权益等损害社会公共利益的行为，法律规定的机关和有关组织可以向人民法院提起诉讼。"这是在法律层面肯定了环境民事公益诉讼的合法性，从而为我国的环境民事公益诉讼之发展，开辟了法治的新通道。

在此期间，针对大开发与大建设对生态环境造成的破坏，我国还出现了一系列对保护环境具有重大积极意义的历史事件。例如，1996 年，党和国家制定了可持续发展战略[2]；　2003 年，党中央提出了科学发展观[3]。在国务院的机构设置

---

① 周婷玉、崔清新：《我国拟降低两类犯罪的入罪门槛》，http://www.gov.cn/ldhd/2010-08/23/content_1686013_2.htm，访问日期：2020 年 5 月 28 日。

② 江泽民：《全面建设小康社会，开创中国特色社会主义事业新局面——在中国共产党第十六次全国代表大会上的报告》，《中国人大》2002 年第 21 期，第 4—24 页。

③ 胡锦涛：《努力把贯彻落实科学发展观提到新水平》，《求是》2009 年第 1 期，第 3—6 页。

方面，1974 年 10 月，国务院环境保护领导小组成立；1982 年 5 月，国务院组建城乡建设环境保护部，其内部设环境保护局；1988 年 7 月，环保工作从城乡建设部分离出来，独立的国家环境保护局成立；1998 年 6 月，国家环境保护局升格为国家环境保护总局；2008 年，国家环境保护总局升格为环境保护部，成为国务院的正式组成部门之一。

在全国人大的机构设置上，环境保护机构取得重大突破。1993 年，全国人大环境保护委员会成立，其次年更名为全国人大环境与资源保护委员会。[①] 自此，全国人大环境与资源保护委员会成为我国环境资源立法的权威部门，其为我国的环境立法工作增添了强劲的新动能。

以上情况表明，虽然这个阶段的环境污染和生态破坏形势依然严峻，但是党和国家带领广大人民为环境保护事业付出了巨大努力，尤其针对环境污染所进行的伟大斗争是可歌可泣的。

（三）我国进入生态文明的新阶段

总体来看，我国环境立法的生态文明新阶段为 2012 年 11 月党的十八大召开至今。党的十七大报告提出了建设生态文明的要求。党的十八大报告将生态文明建设纳入"五位一体"的总体布局，提出了建设美丽中国的愿景，并且在生态文明建设上"动真格"地行动起来。党的十八大报告指出，当前和今后一个时期，要重点抓好四个方面的工作：一是要优化国土空间开发格局；二是要全面促进资源节约；三是要加大自然生态系统和环境保护力度；四是要加强生态文明制度建设。面对资源约束趋紧、环境污染严重、生态系统退化的严峻形势，我们要把

---

① 《全国人大关于将全国人大环保委改为全国人大环境与资源保护委员会的决定》，《中国人大》1994 年第 7 期，第 16 页。

生态文明建设放在突出地位，融入经济建设、政治建设、文化建设、社会建设的各方面和全过程，努力建设美丽中国，实现中华民族的永续发展。这个在历史进程中产生重大影响的报告，是由习近平总书记直接主持起草的。[①] 党的十八大还将"推进生态文明建设"写入修改后的《中国共产党章程》。

十八大之后，党中央将生态文明建设放在治国理政的重要战略位置，并将其作为统筹推进"五位一体"总体布局和协调推进"四个全面"战略布局的重要举措。党的十八届三中全会通过的《中共中央关于全面深化改革若干重大问题的决定》（2013 年 11 月）提出，要加快建立系统完整的生态文明制度体系；十八届四中全会通过的《中共中央关于全面推进依法治国若干重大问题的决定》（2014 年 10 月）提出，要用最严格的法律制度保护生态环境；十八届五中全会通过的《中共中央关于制定国民经济和社会发展第十三个五年规划的建议》（2015 年 10 月），将绿色发展纳入新发展理念。同时，《中共中央国务院关于加快推进生态文明建设的意见》（2015 年 4 月）、《生态文明体制改革总体方案》（2015 年 9 月）等一系列重要的政策文件，进一步明确了生态文明建设的基本理念、指导思想、原则、政策措施、体制机制和基本制度。

有鉴于此，我国的环境立法得到了深入、全面的发展。2012 年，我国修订了《中华人民共和国农业法》《中华人民共和国清洁生产促进法》和《中华人民共和国民事诉讼法》；2013 年，我国修订了《中华人民共和国草原法》《中华人民共和国渔业法》《中华人民共和国煤炭法》《中华人民共和国海洋环境保护法》和《中华人民共和国固体废物污染环境防治法》；2014 年，我国修订了《中华人民共和国气象法》；2015 年，我国修订了《中华人民共和国城乡规划法》《中华人民共和国畜牧法》《中华人民共和国固体废物污染环境防治法》《中华人民共和

---

① 董峻：《开创生态文明新局面》，《人民日报》2017 年 8 月 3 日第 1 版。

国电力法》《中华人民共和国文物保护法》和《中华人民共和国大气污染防治法》；2016 年，我国制定了《中华人民共和国环境保护税法》和《中华人民共和国深海海底区域资源勘探开发法》，修订了《中华人民共和国水法》《中华人民共和国防洪法》《中华人民共和国环境影响评价法》《中华人民共和国节约能源法》和《中华人民共和国野生动物保护法》；2017 年，我国公布了《中华人民共和国民法总则》，修订了《中华人民共和国水污染防治法》《中华人民共和国民事诉讼法》和《中华人民共和国行政诉讼法》。其中，《中华人民共和国民法总则》规定了绿色原则，《中华人民共和国民事诉讼法》规定了检察院及法律规定的机关和有关组织可以向法院提起环境民事公益诉讼，《行政诉讼法》规定了检察院可以依法向法院提起环境行政公益诉讼，这些是环境法治向纵深发展的显著标志。

尤其是 2014 年修订的《中华人民共和国环境保护法》是值得大书特书的。提出修订《中华人民共和国环境保护法》的时间，是党的十八大召开之前的 2010 年。无论是将《中华人民共和国环境保护法》的修订工作纳入立法计划，还是进行具体的起草和审议，阻力都很大，前进的步伐都十分缓慢，社会各界对此很不满意。在党的十八大之后，党中央将生态文明建设切实作为统筹推进"五位一体"总体布局的重要举措，我国环境立法的局面顿时大为改观。全国人大常委会法制工作委员会积极主动地推进环境立法，终于成就了《中华人民共和国环境保护法》的修订工作，一系列重大的环境保护法治改革措施写入该法。学者们称，进行重大修改后的《中华人民共和国环境保护法》是史上最严厉的环保法律。①

2017 年 10 月，党的十九大就"加快生态文明体制改革，建设美丽中国"进

① 常纪文：《新〈环境保护法〉：史上最严但实施最难》，《环境保护》2014 年第 10 期，第 23—28 页。

行了新部署。十九大修改的《中华人民共和国章程》对生态文明建设进一步做出新规定。2018 年 3 月 11 日，第十三届全国人大第一次会议通过了修订后的《中华人民共和国宪法》，该法将"生态文明"与"和谐美丽的社会主义现代化强国"作为"国家的根本任务"纳入序言，并且把"领导和管理经济工作和城乡建设、生态文明建设"规定为由国务院行使的一项重要职权（第八十九条）。

2018 年 5 月，全国生态环境保护大会召开，习近平总书记亲自参加会议，并在会上系统、完整地阐述了生态文明思想。习近平总书记在讲话中强调，"生态文明建设是关系中华民族永续发展的根本大计。生态环境是关系党的使命宗旨的重大政治问题，也是关系民生的重大社会问题"。 2018 年 6 月 16 日，《中共中央 国务院关于全面加强生态环境保护坚决打好污染防治攻坚战的意见》系统地总结了习近平生态文明思想，并向全社会公布。在习近平生态文明思想的指引下，我国从此揭开了全国范围内大力推进生态文明建设的新篇章。这些重大的历史性事件，对新时代的环境立法工作都产生了极为深刻和深远的影响。

二、 对我国的环境立法之反思

在充分肯定已有成就之基础上，笔者通过对我国环境立法的反思，发现其中存在诸多问题，需要我们高度注意和警醒：

（一）有的环境立法之质量还有待提高

现有的很多环境法律缺乏力度，原则性要求多，明确而有力的规定少，缺乏可操作性。立法时，由于部门之间扯皮等原因，立法机关对相当一部分条款不得不做了模糊化处理，从而导致某些环境法律规定力度不够，缺乏可操作性。环境立法质量不高的更深层次之原因，是相关的体制机制问题还没有得到解决。实践证明，不解决体制机制问题，法律的制定就难以达到科学、合理的状态，就难以将制度优势转化为国家治理效能。

（二）存在诸多立法空白，有些重要的环境领域无法可依

在排污许可、化学物质污染、生态保护、遗传资源、生物安全、臭氧层保护、环境损害赔偿、环境监测等领域，相应的法律法规还没有被制定出来；在环境技术规范和标准体系上，我们也面临着法律法规的空白。

（三）环境法律的修改、废止与解释工作不符合现实需要

例如，《中华人民共和国环境噪声污染防治法》《中华人民共和国固体废物污染环境防治法》《中华人民共和国环境影响评价法》等重要法律已经不能适应现实需要。此外，还有的法律法规需要废止或者进行立法解释，但是有关部门没有及时进行废止和解释。

（四）配套的环境法规之制定跟不上法律实施的需要

在已经公布的环境法律中，授权性规定偏多，但配套的法规和规章却明显不足。而且，很多配套的法规都是在法律生效后很久才姗姗来迟，这显然不利于法律的有效实施。

（五）生态保护立法是一个短板

相对于污染防治法律而言，生态保护立法是一个短板。例如，生物多样性日趋主流化，虽然我们呼吁多年，但是立法工作跟不上。生态保护的诸多领域，至今无法可依。自然保护立法千呼万唤却依然没有出台。

（六）有关法律的生态化跟不上

多年来，我们致力于污染防治等领域的环境法治建设，环境法日益成为一个独立的法律部门，这对于解决环境问题是至关重要的。但是，我们对相关领域法律的生态化之重视程度还不够，"跟不上"的问题很严重。在环境治理的实践中，环境保护部门往往依据环境法来推进环境整治工作，其他部门则依据其他法律反其道而行之。法律之间形不成合力，是环境治理难以见成效的重要原因。

三、 我国的环境立法之展望

党的十九届四中全会对坚持和完善生态文明制度体系，促进人与自然和谐共生做出了系统安排，我们应当按照党中央的新要求，重新谋划新时代的环境立法工作。

（一）明确新时代的环境立法之指导思想和原则

习近平生态文明思想是生态环境保护事业发展与进步的科学指引和行动指

南，是做好生态环境保护工作的根本遵循，也是我们改进新时代的环境立法之基本依据。我们要把深入学习贯彻习近平生态文明思想作为长期的政治任务，并以此指导环境立法工作。在谋划生态环境保护立法的布局时，我们要善于深思习近平生态文明思想对环境立法中的所有重大制度之指导作用，不断提高环境立法工作的系统性、预见性、创造性和可操作性。

（二）加快环境法律的立改废释工作

当前，我们亟需在习近平生态文明思想的指导下，组织力量对现行的环境法律进行评估，查找与生态文明要求不相适应的问题并予以解决，从而增强环境法的实效性。例如，我们首先要加快排污许可、化学物质污染、生态保护、遗传资源、生物安全、臭氧层保护、环境损害赔偿、环境监测等领域的立法工作，不断弥补环境立法的空白。

与此同时，我们要推动环境法典的编撰。中国现在有 37 部环境法律， 60 多部环境行政法规， 1000 多部环境行政规章，这些法律文件相互之间的矛盾和冲突较多，有的因为制定时间不一致和提出草案的部门不同而前后相左。同时，有些法律文件的重复率过高，如《中华人民共和国水污染防治法》的重复率达到30%以上，这对环境法的实施产生了不良影响。因此，加快环境法典的编撰是必要的。此外，针对需要修改和废止的法律，我们要及时组织力量进行修改或者废止工作，以适应新时代的环境立法之新需求。针对一时来不及修改，而实践又亟需界定其内涵的法律，我们应当充分发挥立法机关的职能，以满足环境资源保护实践的迫切需要。

（三）切实提高环境立法的质量

党的十九大报告指出，以良法促进发展、保障善治。这就需要高质量的立法。因此，我们必须高度重视立法质量，积极发挥立法的引导、推动、规范、保障改革之作用，做到重大改革于法有据。尤其在立法的时候，我们要注重从体制机制上解决法律实施的难点问题，确保立法目的之实现，从而将制度优势转化为国家治理效能。

环境立法要注重健全与完善立法的起草、论证、咨询、评估、协调、审议等工作机制。我们要完善立法程序、规范立法活动，以实现环境立法过程的科学化，并增强环境法律的可执行性和可操作性。

环境立法要积极运用专业权威的力量和科学规范的方法，扩大公民有序参与立法的途径，畅通多种立法诉求表达和反映的渠道，着力提高环境立法的精准性和有效性。环境立法还要做到开门立法、尊重民意，持续引导人民群众有效参与立法活动，健全和落实民主、开放、包容的环境立法工作机制，拓宽广大人民群众有序参与环境立法的渠道。我们要更多地依靠人民群众，让他们对环境法律的质量进行评估。通过接受人民群众对环境法律质量的评估，立法机构及其工作人员能从中获得教育，从而切实改进今后的环境立法工作。与此同时，配套的环境法规之制定一定要及时、明晰，以适应法律实施的迫切需要。

（四）强化生态保护的立法工作

在加强污染防治领域的立法之同时，我们也要强化生态领域的立法工作，以尽快使污染防治立法与生态保护立法相向而行。例如，根据党的十九大报告和党的十九届四中全会之精神，我们要加快构建以国家公园为主体的自然保护地体系，加快"国家公园法"和"自然保护地法"的起草工作。我们要通过立法，科学地设置各类自然保护地，建立自然生态系统保护的新体制、新机制、新模式，建设稳定、健康、高效的自然生态系统，为维护国家生态安全和实现社会的可持续发展筑牢基石，为建设美丽中国奠定生态根基。与此同时，我们还要加快其他相关的生态保护法律之立法工作。

（五）积极推进相关法律的生态化

在强化环境立法的同时，我们要努力争取立法机关的支持，以实现相关法律的生态化，从而将绿色发展的理念贯彻到所有相关法律之中，以及自然资源开发和利用的各个环节之中。首先，在民法、行政法、经济法、刑法、诉讼法等各部门法的制定和修改工作中，我们要最大限度地体现绿色理念，防范对环境的污染和生态的破坏，确保各部门法的制定和实施沿着生态文明的轨道前行。其次，我们要注重构建鼓励绿色生产和消费的法律制度，加快推行源头减量、清洁生产、资源循环、末端治理的生产方式，推动形成资源节约、环境友好、生态安全的工业、农业、服务业体系，有效扩大绿色产品消费，倡导形成绿色生活行为，从根本上预防环境污染和生态破坏。再次，要依法建立资源高效利用制度，从而在根本上预防污染和生态破坏。为此，我们要在全面推动相关法律的生态化之理念下，实现资源总量管理和全面节约制度，强化约束性指标管理，实行能源、水资源消耗、建设用地等总量和强度的控制行动，加快建立充分反映市场供求和资源稀缺程度、体现生态价值和环境损害成本之资源环境价格机制，推动资源节约和生态环境保护。

（六）加强配套的环境法规和规章之制定

我们要切实加快配套的环境法规和规章之制定，探索解决法律实施的可操作性问题，努力消除法律实施的"最后一公里"问题，做到法律与配套法规的"无缝衔接"。例如，我们应当加快健全生态监测和评价领域之立法。长期以来，我国的生态环境监测之事权主要在地方，各地区的监测数据指标不一致、技术力量参差不齐，从而使得数据的科学性与权威性难以保证，地方保护主义对环境监测监察执法的干预难以消除，统筹解决跨区域、跨流域的环境问题之迫切要求难以得到满足。为此，我们需要根据党的十九届四中全会之要求，深化生态环境监测评价改革，创新统一监测和评价技术标准规范，依法明确各地方的监测事权，建立部门间分工合作、有效配合的工作机制，统筹实施覆盖环境质量、城乡各类污染源、生态状况的生态环境监测网络，加快构建全面的生态环境监测网络，客观反映污染治理和生态保护的治理成效，强化对环境污染和生态破坏的成因分析、预测预报和风险评估。与此同时，我们要着力完善能耗、水耗、地耗、污染物排放、环境质量等方面的标准，健全支持绿色产业发展的政策法规，鼓励绿色金融，推进市场导向的绿色技术创新。

（七）全面完善生态环境保护法律体系

我们应当按照党的十九届四中全会的要求，切实完善生态环境保护法律体系，实行最严格的生态环境保护制度。我们要坚持人与自然和谐共生，尊重自然、顺应自然、保护自然，健全源头预防、过程控制、损害赔偿、责任追究的生态环境保护体系。我们要加快建立健全国土空间规划和用途统筹协调管控制度，统筹划定落实生态保护红线、永久基本农田、城镇开发边界等空间管控边界及各类海域保护线，完善主体功能区制度。我们要构建以排污许可制为核心的固定污染源监管制度体系，完善污染防治区域联动机制和陆海统筹的生态环境治理体系，加强农业农村环境污染防治。

对于我国的生态环境保护法律体系之构建和完善而言，核心是严明生态环境保护责任制度。我们要建立生态文明建设目标评价考核制度，强化环境保护、自然资源管控、节能减排等约束性指标管理，严格落实企业主体责任和政府监管责任。我们要开展领导干部自然资源资产离任审计，推进生态环境保护综合行政执法，落实中央生态环境保护督察制度、生态环境公益诉讼制度，以及生态补偿和生态环境损害赔偿制度，实行生态环境损害责任终身追究制。

我们要坚定不移地推进环境治理体系与治理能力现代化。为了确保我国的环境法律切实显现成效，我们必须按照十九届四中全会的精神，在建立健全生态环境保护法律体系的同时，坚定不移地推进环境治理体系与治理能力现代化，全面实现党中央提出的生态文明建设的各项要求。只有这样，才能真正显现出环境立法的有用性和有效性，并确保党中央制定的生态文明建设之目标如期完成，从而为实现"两个一百年"奋斗目标和中华民族伟大复兴的中国梦做出我们应有的贡献。

在改革开放中砥砺前行
——中国环境司法四十年

周　珂　曾媛媛[*]

我国的环境司法基本上是与改革开放同步发展的。一方面，没有改革开放，我国的环境保护就只能停留在计划经济的行政管理层面上，不可能发挥出环境司法的积极功能。可以说，改革开放为环境司法的发展提供了根本动力。另一方面，改革开放带来了生产力的巨大解放，相应的环境问题成为经济和社会可持续发展之主要瓶颈。如果没有环境司法的调整，那么改革开放将遭遇困境，从而难以深入推进。在四十年的改革开放之历史进程中，我国的环境司法可分为如下三个历史发展阶段：

第一个阶段：1978 年至 1989 年

1978 年底，我国的改革开放正式启动，党和国家高度重视环境法治建设。

　＊作者简介：周珂，中国人民大学法学院教授；曾媛媛，中国人民大学法学院博士研究生。

第二章

环 境 法 治

1979 年 9 月，五届全国人大第十一次会议通过《中华人民共和国环境保护法（试行）》，这标志着我国的环境保护开始走上法治化轨道。1982 年 12 月 4 日通过的《中华人民共和国宪法》规定："国家保护和改善生活环境和生态环境，防治污染和其他公害。国家组织和鼓励植树造林，保护林木……国家保障自然资源的合理利用，保护珍贵的动物和植物。禁止任何组织或者个人用任何手段侵占或者破坏自然资源……国家保护名胜古迹、珍贵文物和其他历史文化遗产。"此外，《中华人民共和国宪法（1982 年）》还规定了合理利用土地、厉行节约、反对浪费等内容。这一时期，我国还制定了多部单行环境法律。以上这些规定初步明确了我国环境保护的基本范围、内容和任务，从而为进一步强化和健全环境政策提供了宪法与法律依据。

改革开放之初，百废待兴，国家颁布的第一批重要法律成为改革开放的基础性法律保障。当时，与西方国家相比，尽管我国的环境问题并不十分严重，但是党中央还是高度重视。党中央率先出台立法，并启动了环境司法，这既表明我国坚定地走环境保护预防为主的道路，又表明我国对今后经济社会高速发展所必然带来的环境问题之预见和法律防范。苏州市中级人民法院受理的"苏州人民化工厂工人张某案"，是我国第一起环境侵权案件。这个阶段，我国的环境司法从无到有。在改革开放的方针政策之指引下，我们艰辛探索，环境司法成为我国司法理论和司法实践的一个新领域，其特点是：

第一，环境司法在理论上基本被归入经济司法和民事司法。最初，我国特别重视环境司法的经济司法性质，许多法院都将环境司法作为经济司法的一个分支。在司法实践中，我国法院也相当重视各级人民政府的作用。在某种意义上，环境司法还带有计划经济的痕迹。

第二，《中华人民共和国民法通则》规定了环境保护的条款，环境司法与民事司法的关联日渐紧密。但是，司法实践中，在环境民事责任的违法性认定、损害事实与行为的因果关系、举证责任的分配等重要问题上，民事司法与环境司法的差异也逐步显现出来，并成为环境司法的难点。

第三，这一时期，国家陆续颁布了《中华人民共和国海洋环境保护法》等一批环境保护法律法规，环境司法专门化的必要性开始进入人们的视野。

第四，随着高考的恢复，一些法学院校开始了环境法学的教学与研究。北京大学、武汉大学、中国人民大学等院校开设了环境法课程，一些环境案例的研究被纳入了教学与科研。此外，学术界与司法界开始了对话和互动，从而推动了环境法在理论研究和司法实践中的共同发展。

第二个阶段：1989 年的《中华人民共和国环境保护法》之正式颁布施行至 2014 年的《中华人民共和国环境保护法》之修订

1989 年的《中华人民共和国环境保护法》之正式实施，标志着我国的环境法治建设逐步进入了相对成熟的时期，环境司法审判也随之更受到重视，并日益发挥出重要作用。这一时期，国家将环境保护确立为基本国策，将环境问题上升至国家战略高度；同时，党中央提出了依法治国方略，从而为环境问题的解决提供了法治化路径。以党的十六大之召开为起点，在科学发展观的引领下，我国的环境资源审判理念经历了从"保护特定污染受害者"到"保护社会环境公益"之转变，环境公益诉讼案件开始出现。在此背景下，一些地方人民法院设立了环境保护审判法庭，以探索环境资源审判专门化之道路，从而促进了环境资源审判体制的有效变革。

2002 年，党的十六大做出"推进司法体制改革"的战略部署；2007 年 10 月，党的十七大提出"深化司法体制改革"的重大决策。环境资源审判体制的完善是我国司法体制改革的重要内容，其涉及改革和完善审判组织、强化合议庭职责、加强人民法院审判公开、不断完善人民陪审员制度、改革审判管理制度、完善民事诉讼与行政诉讼简易程序、建立健全多元纠纷解决机制和民意沟通表达机制、完善涉诉信访工作机制，以及改革完善司法救助制度。

这一时期，我国出台了一系列的法律和司法解释，并且完善了环境资源审判体制，从而有助于明确环境保护法律在审判实践中的适用。最引人注目的环境司法成就，是我国设立了地方环保审判法庭，以探索环境资源专门化的审判经验。

这一时期，环境司法的特点是：

第一，随着改革开放的深入，特别是随着社会主义市场经济的发展方向之明确，环境法与民法的联系日益紧密。尤其是自然资源立法与物权立法的同步出台，使得民法的司法理念和方法对环境司法产生了深刻的影响。这一时期的前十年，许多法院主要将环境案件当成民事案件来审理。

第二，这一时期，国家的环境保护立法大量出台，环境法逐渐形成了自己的体系，环境司法与一般民事司法的差异日渐明显，环境司法专门化稳步发展。

第三，随着经济的迅速增长，环境恶化成为制约经济社会可持续发展的主要瓶颈。以往以行政手段为主的环境治理模式已不能满足环境保护的实际需要，人们更寄希望于环境司法的保护，并且对环境司法提出了更高的要求。

第四，这一时期，我国环境法的理论研究迅速发展，环境法理论与环境司法实践的结合更加紧密。

第三个阶段：2014 年的《中华人民共和国环境保护法》之修订至今。

以党的十八大之召开为起点，生态文明建设被列为社会发展的总体布局之一。这一时期，党中央提出了司法保障生态文明的要求，并探索了环境资源审判程序的"多审合一"和跨行政区域审判。此外，环境公益诉讼成为新的突破口，从而开创了环境资源审判的新局面。

这一时期，环境司法的发展主要表现在：

一是环境资源审判专门化。在新常态下，破解环境资源审判所面临的问题之关键，是全面推进环境资源审判专门化的建设，包括审判机构专门化、审判队伍专门化、审判程序专门化、审判理论专门化等内容。随着最高人民法院环境资源审判庭的成立，地方各级人民法院相继成立了环境资源审判专门机构，一个布局合理、适度集中的环境资源审判机构体系正在逐步形成。此外，通过设立培训机构，最高人民法院和各省高级人民法院打造了一支专业化的环境资源审判队伍。

二是 2014 年 6 月，最高人民法院环境资源审判庭成立，其负责环境审判理论研究、司法解释起草、重大疑难案件指导、典型案例发布等工作，从而全局性地、宏观性地为我国各地正在开展的环境资源司法活动提供了基础性和方向性之指导。同时，各地的环境资源专门审判庭建设试点也在逐步展开。

三是加强跨行政区划的环境案件之审理。我国首批受理跨行政区划案件的法院及检察院已经在上海成立，包括上海市第三中级人民法院、上海市知识产权法院和上海检察院第三分院。自 2015 年 1 月 1 日起，上述法院与检察院依法管辖以市级人民政府为被告的一审环境资源行政案件，以及以市级行政机关为上诉人或被上诉人的二审环境资源行政案件。

四是提高审判效率。环境资源案件的专业性较强，同一案件往往刑事、民事与行政问题交织。司法实践中，大多数环保法庭都打破了传统的刑事诉讼、民事诉讼与行政诉讼三分之做法，实施"三审合一"模式，也有部分法院实行"二审合一"模式。

第十三届全国人大一次会议审议通过的《中华人民共和国宪法修正案》将序言第七段修改为："推动物质文明、政治文明、精神文明、社会文明、生态文明协调发展，把我国建设成为富强民主文明和谐美丽的社会主义现代化强国，实现

中华民族伟大复兴";同时，修改后的《中华人民共和国宪法》第八十九条第
（六）项将"领导和管理经济工作和城乡建设、生态文明建设"规定为由国务院
行使的一项重要职权。从此，"生态文明"正式入宪。生态文明入宪这一人类宪
政史上的创举，体现了国家对生态环境保护的高度重视，其是党和国家在长期对
中国国情进行探索之基础上提出的一条中国生态环境保护的独特道路。展望未
来，我国环境法治建设的推进，迫切需要环境司法的参与，而环境资源法律体系
的日趋完善也为环境司法提供了更加有力的立法支持。环境司法必将在我国的生
态文明建设领域发挥更加重要的作用，并为建设美丽中国提供强有力的司法
保障。

从《中华人民共和国环境保护法》的修改看改革开放四十年来的环境法之发展

曹明德[*]

我国的环境保护事业之发展经历了如下三个阶段：第一个阶段为1949年至1978年。这一时期，由于我国工业欠发达，因此环境污染问题尚不显著。第二个阶段为1979年至2012年。这一时期，由于我国经济持续快速增长，工业化与城镇化进程迅猛，因此环境污染问题自20世纪80年代后半期开始，特别是20世纪90年代之后，呈日益严峻之态势。与此同时，这一时期的环境立法也呈迅猛增长之势，《中华人民共和国环境保护法》及各主要环境单行法均在这个阶段诞生。可以说，这一时期，环境资源保护法律体系已经基本形成。第三个阶段为2013年至今。这一时期，环境保护事业进入新时代。一方面，环境污染的严峻态势已经引起全国人民甚至全世界的广泛关注；另一方面，中央对环境保护问题给予了前所未有的重视，"大气十条""水十条""土十条"等文件均在这一时期应运而生，法律也做了或正在做相应的修改。以习近平总书记为核心的党中央决

---

* 作者简介：曹明德，中国政法大学教授，博士生导师。

定改变经济增长模式，转换长期以来的高污染、高能耗、高投入之经济发展模式，坚持走绿色、低碳、循环的发展模式。在国家发展战略上，党中央把环境保护放在优先的位置上，中国的经济发展进入新常态。在立法上，党中央把生态文明建设写入宪法，并进行环境管理体制的重大改革，生态环境部和自然资源部也相继成立。

这一阶段，最引人注目的立法事件之一，就是 2014 年的《中华人民共和国环境保护法》之重大修改。这一重大修改是我国环境保护法发展的较为集中之表现，具体的修改内容包括以下几个方面： 第一，宣示环境保护是国家的基本国策，这是对以往片面追求经济增长的校正和纠偏。同时，修改后的《中华人民共和国环境保护法》还将环境保护优先作为一项环境法的基本原则，旨在纠正过去以牺牲环境资源为代价来获取短期经济增长的短视行为。此外，修改后的《中华人民共和国环境保护法》还树立了"绿水青山就是金山银山"的理念，以努力为子孙后代留下天蓝、山绿、水清的生产生活环境，这既是对我国环境保护工作的经验总结，又是我国发展战略的重大调整。第二，改进环境执法，赋予环保执法机关一些行政强制执行权。环保行政机关缺乏行政强制执行权，是长期以来困扰环保执法人员的一大难题。新修改的《中华人民共和国环境保护法》明确赋予了环保执法部门查封、扣押造成污染排放的设施与设备之权力，其甚至可以将案件移送公安机关，由公安机关对负有环境污染责任的主管人员和其他直接责任人员处以 5 日以上 15 日以下的行政拘留，这是我国的环境执法在立法上的重大改进。第三，确立环境公益诉讼条款，以弥补环境保护行政执法之缺失。我国的环境保护领域既存在政府失灵的问题，又存在市场失灵的问题，这是由环境保护具有很强的"公共物品"属性之事实决定的。事实上，过于依赖环保执法机构，是环保执法不力的一个重要原因，因为环保执法机构及其执法人员自身存在资源不足、能力有限之问题，有时他们还存在意愿不足甚至权力寻租之问题。为了弥补环保行政执法之局限性，我们有必要引入社会组织和公众对环保执法进行有效监督与积极评估之机制，从而有效解决环境执法中的政府失灵问题。《中华人民共和国环境保护法》的修改充分汲取了多年来的环境执法和司法之实践经验及环境法学者的专家智识，并引入了环境公益诉讼条款，从而允许致力于环境保护事业的社会组织代表社会公众利益，就因污染环境与破坏生态而导致社会公共利益受损之行为，依法向人民法院提起环境公益诉讼。自新修改的《中华人民共和国环境保护法》生效以来，社会组织提起的环境民事公益诉讼已有100多件，其有效地参与了环境执法和环境司法，并在环境保护工作中发挥了其他主体无法替代的作用。同时，新修改的《中华人民共和国环境保护法》还以专章规定了环境信息公开和公众参与，并明确要求政府和企业向公众披露环境信息。例如，新修改的《中华人民共和国环境保护法》要求重点排污单位应当如实向社会公开其主要污染物的名称、排放方式、排放浓度和总量、超标排放情况，以及防治污染设施的建设和运行情况，并接受社会监督。新修改的《中华人民共和国环境保护法》还规定了企业社会诚信档案和黑名单制度，环境违法信息将被记入社会诚信档案，相关主体应及时向社会公布违法者名单。在环境信息公开和公众参与方面，修改后的《中华人民共和国环境保护法》还强化了建设项目环境影响评价的信息披露，其规定除涉及国家秘密和商业秘密外，环境影响评价报告书应当全文公开，而不是只披露摘要部分；同时，环境影响评价应当在编制阶段向可能受影响的公众说明情况，这也可以说是几十年来的环境影响评价工作和公众参与之经验总结及改进。近些年来，众多的公众环境事件往往与环境影响评价和环境信息公开相关联，如多起 **PX** 项目事件。此外，检察机关也可以在环境民事公益诉讼中发挥一定的作用，并且其推动了包括《中华人民共和国民事诉讼法》在内的相关法律之修订。在环境行政公益诉讼方面，最高人民检察院通过近年来的试点工作，已在全国范围内推行由检察机关代表公共利益对环保执法机关提起环境行政公益诉讼之制度。第四，划定生态保护红线、实施主体功能区划、探索编制自然资源资产负债表，这些是美丽中国和生态文明建设的关键制度。修改后的《中华人民共和国环境保护法》第二十九条规定："国家在重点生态功能区、生态环境敏感区和脆弱区等区域划定生态保护红线，实行严格保护。各级人民政府对具有代表性的各种类型的自然生态系统区域，珍稀、濒危的野生动植物自然分布区域，重要的水源涵养区域，具有重大科学文化价值的地质构造、著名溶洞和化石分布区、冰川、火山、温泉等自然遗迹，以及人文遗迹、古树名木，应当采取措施予以保护，严禁破坏。"同时，国家对领导干部实行自然资源资产离任审计，并且建立生态环境损害责任终身追责制度。目前，国务院也正在推动《生态环境损害赔偿制度改革方案》，从而更加有效地保护生态环境和完善生态环境损害赔偿制度。

与此同时，中国政府也十分重视运用刑事工具来打击环境犯罪。从 1979 年的《中华人民共和国刑法》到 1997 年的《中华人民共和国刑法》，我们可以看到刑法在环境保护领域发生的质的变化。1997 年的《中华人民共和国刑法》在第六章第六节用 9 个条文规定了 14 种环境犯罪，包括环境污染犯罪与各种破坏自然资源和生态的犯罪。全国人大常委会通过刑法修正案的方式，以及最高人民法院、最高人民检察院通过司法解释的方式，进一步完善了 1997 年的《中华人民共和国刑法》，不断加大对各种环境犯罪的打击力度。

党的十九大标志着我国进入了新时代，十九大报告凝聚了我们国家对环境保护的新思想。在十九大报告中，生命共同体的概念是从生态整体主义哲学的高度来对待我国的环境保护事业。十九大报告提出，我们应当尊重自然规律、顺应自然规律，这也是习近平总书记曾经提出的山、水、林、田、湖生态系统整体保护思想之延伸和发展。

纵观改革开放四十年来的我国环境法之发展，环境保护立法经历了一个从无到有、从零散到系统、从末端治理到全程治理的过程，其涉及的范围也不断扩展，从污染防治到生态保护，再到包括气候变化在内的全球环境治理。与此同时，在全球环境治理领域，中国扮演着越来越重要的角色，发挥着越来越重要的作用，其将为保护全球环境做出更大的贡献。

中国环境法治四十年：
法律文本、法律实施与未来走向[*]

郑少华　王　慧[**]

摘要： 改革开放以来，中国的环境法治取得了不俗的成绩：环境立法从少到多、环境执法从弱到强、环境司法从消极到积极、环境守法从被动到主动。中国环境法治的四十年之发展，是各种因素共同作用的结果。其中，既有国际社会的外在影响，又有政府的主动回应；既有政府自上而下的推动，又有民众自下而上的努力。然而，我们必须认识到，对于实现环境良好治理的夙愿来说，现行的环境法律制度仍存在诸多待解决的问题。此外，随着我国社会环境的变化和科学技术的发展，中国的环境法将来还需要直面一些前所未有的新问题。

关键词： 改革开放；环境立法；环境司法；环境守法；法治变革

＊ 本文为研究阐释党的十九大精神国家社科基金专项"改革生态环境监管体质重大法律问题研究"（项目编号：18VSJ040）的阶段性成果。

＊＊ 作者简介：郑少华，上海财经大学法学院教授，博士生导师；王慧，上海海事大学法学院教授，博士生导师。

引言

一、 纸面上的环境法： 中国环境立法的文本考察

（一） 环境立法文本的变迁及其动因

（二） 环境立法文本的立法技艺： 从"法律移植"到"本土资源"

二、 实践中的环境法： 中国的环境执法和环境司法之成就与难题

（一） 环境执法的格局、成就与困境

1. 环境执法的基本格局

2. 环境执法的历史成就

3. 环境执法所面临的难题

（二） 环境司法的成就与困境

1. 环境司法的受理范围： 从单一到多元

2. 环境司法观： 从消极到积极

3. 环境司法所面临的难题

（三） 环境法的遵守

1. 政府的守法

2. 企业的守法

3. 个人的守法

三、 未来的环境法： 中国环境法治的新课题

（一） 环境宪法时代的环境宪制： 待解的疑惑

（二） 大数据背景下的环境法治革新

（三） 环境义务主体的拓展： 个人环保义务

（四） 环境司法体制的重点： 检察公益诉讼

结语

环 境 法 治

改革开放四十年来，中国的环境法治经历了不寻常的历史发展轨迹。从 1978 年的十一届三中全会之召开至今，立法数量多、修法频率高和社会影响大，是环境法这一新兴部门法所呈现出的主要特征。之所以如此，是因为生态环境是一国政治文明、社会文明、经济文明等一切人类文明之根基。当前，生态文明建设已被提上我国的议事日程。在这一历史时刻，回顾中国环境法治的四十年之发展历程并畅想它的未来，可谓恰逢其时。

一、 纸面上的环境法： 中国环境立法的文本考察

（一） 环境立法文本的变迁及其动因

1. 环境立法文本及其变迁

从我国现有的法律规范文本体系来看，宪法、法律、法规、部门规章和地方法规均承载了环境保护的重任（参见表 1）。从宪法层面来看，自 1978 年的《中华人民共和国宪法》之修改到 1982 年的《中华人民共和国宪法》之修改，再到 2018 年的《中华人民共和国宪法》之修改，环境保护在国家的宪法规范体系中之比重和地位日益得到提升。从法律层面来看，国家先后针对环境要素保护、环境保护程序、环境保护促进等事项制定了《中华人民共和国环境保护法》《中华人民共和国大气污染防治法》《中华人民共和国环境影响评价法》《中华人民共和国循环经济促进法》等 30 多部法律，这一数字已超过全国人大及其常委会的立法总量之 1/10，并且这些法律大多制定于 20 世纪 80 年代。[①] 此外，环境保护在刑法、民法等重要的非环境保护之部门法中也有体现。从法规层面来看，国务院环境行政主管机构先后制定了《自然保护区条例》《野生动物保护条例》等环

---

① 金瑞林：《市场经济与环境立法》，《环境保护》1995 年第 6 期。

境保护行政法规 130 余部①，并且出台了国家环境标准近 2000 项②。从地方法规层面来看，地方环境保护立法可谓数量惊人，它们的主要任务是落实中央环境立法所设定的目标。可喜的是，一些地方政府的环境保护立法表现出了一定的超前性。譬如，在缺乏中央的气候变化立法之背景下，一些省份制定了自己的有关气候变化之地方性法规。

表 1　中国的环境立法文本之基本类型

环境保护宪法		《中华人民共和国宪法》（1978 年③、1982 年④、2018 年⑤）
环境保护法律	环境保护基本法⑥	《中华人民共和国环境保护法》（1979 年、1989 年⑦、2014 年）
	环境要素保护法	《中华人民共和国草原法》《中华人民共和国水污染防治法》《中华人民共和国森林法》《中华人民共和国水污染防治法》《中华人民共和国大气污染防治法》《中华人民共和国海洋环境保护法》《中华人民共和国环境噪声污染防治法》等
	环境保护程序法	《中华人民共和国环境影响评价法》
	环境保护促进法	《中华人民共和国循环经济促进法》和《中华人民共和国清洁生产促进法》⑧
	涉及环境保护的重要法律	《中华人民共和国刑法》《中华人民共和国民法总则》《中华人民共和国可再生能源法》等法律中包含了环境保护条款
环境保护法规		《自然保护区条例》《野生动物保护条例》《中国人民解放军环境保护条例》《规划环境影响评价条例》《建设项目环境管理条例》《中国人民解放军环境影响评价条例》《防止船舶污染海域管理条例》等

---

① 孙佑海：《新时代生态文明法治创新若干要点研究》，《中州学刊》2018 年第 2 期。
② 孙佑海：《改革开放以来我国环境立法的基本经验和存在的问题》，《中国地质大学学报（社会科学版）》2008 年第 4 期。
③ 参见第十一条第三款。
④ 马骧聪：《新宪法与环境保护》，《法学评论》1983 年第 2 期。
⑤ 参见序言第七自然段、第九条、第十条、第二十六条和第八十九条。
⑥ 需要注意的是，针对《中华人民共和国环境保护法》是否是环境保护基本法，学界存在争议。
⑦ 王曦、陈维春：《论 1989 年〈环境保护法〉之历史功绩与历史局限性》，《时代法学》2004 年第 4 期。
⑧ 李艳芳：《〈促进型立法〉研究》，《法学评论》2005 年第 3 期。

环境保护部门规章	国务院的诸多部门规章均涉及环境保护事宜，相关部门均制定了数量可观的规章
地方环境保护立法	每个中央环境立法几乎都有对应的地方环境立法
环境标准	我国制定的各类环境标准

中国的环境立法能够取得如此成就着实不易。中华人民共和国成立以来，政府一方面对环境问题不够重视，另一方面在环境问题的解决上主要依靠行政命令、通知、纪要和批文，这种以行政手段为主导的环境治理策略持续了较长的一段历史时期。1973 年 8 月，第一次全国环境保护会议召开，国务院批转《关于保护和改善环境的若干规定（试行草案）》，这标志着国家开始尝试从以往的环境治理策略向环境治理法治化转变。《关于保护和改善环境的若干规定（试行草案）》可以被视为我国第一个综合性的环境保护行政法规，其是随后的环境保护基本法之雏形。[1]

1978 年，随着《中华人民共和国宪法（1978 年）》明确将保护环境规定为国家的一项基本职责[2]，以及中共中央批转的《国务院环境保护领导小组办公室环境保护工作汇报要点》（中央 ［1978］ 79 号文件）将加强环境法治建设与制定环境保护法律作为环境保护工作的重点之一，中国的环境法治站在了新的历史起点。1979 年 9 月，第五届全国人大第十一次会议原则通过了《中华人民共和国环境保护法（试行）》，这标志着中国的环境法治化建设开始启动。在随后的四十年中，环境法治建设工作全面展开，既包括国家根本大法对环境保护的进一步确认和拓展，又包括环境保护基本法、环境要素保护法、环境保护程序法、环

---

[1] 蔡守秋：《中国环境法 40 年历程回顾》，《世界环境》2012 年第 3 期。

[2] 《中华人民共和国宪法（1978 年）》第十一条第三款规定："国家保护环境和自然资源，防治污染和其他公害。"

境保护促进法等专门环境法的创立和完善，还包括民法、刑法等重要部门法对环境的保护。此外，专门针对环境保护的各种法规、规章和地方性法规也陆续出台。在此背景下，中国的环境保护法之规范体系趋于完善。

在环境保护法之规范体系不断完善的过程中，影响最为深远的当属环境保护议题的宪制化和环境保护基本法的修改。在 1978 年的《中华人民共和国宪法》首次将环境保护纳入国家的根本大法之后，1982 年和 2018 年的《中华人民共和国宪法》继续对环境保护议题给予关注，特别是生态文明等环境保护议题在 2018 年的入宪似乎表明，我国已进入"环境宪法"时代。[①] 1989 年 12 月，为了更好地实现环境保护之目标，第七届全国人民代表大会常务委员会第十一次会议通过《中华人民共和国环境保护法》，该法取代了之前的《中华人民共和国环境保护法（试行）》。2014 年 4 月，十二届人大常委会第八次会议通过了被视为"史上最严厉环保法"的《中华人民共和国环境保护法修订案》[②]，其被寄予了实现美国中国之目标的厚望。

2. 立法文本变迁的动因

（1）环境危机

纵观全球的环境立法，我们不难发现，环境立法通常遵循"重大环境事故—重要环境立法"的反馈机制。[③] 在这一点上，我国似乎也不能例外。从 1979 年的《中华人民共和国环境保护法（试行）》的颁布，到各种环境单行法的制定和修改，层出不穷的环境危机可以说是推动我国的环境立法生成与变迁之根本力量。譬如，1978 年的《中华人民共和国宪法》将环境保护纳入其中，就与 20 世

---

① 张翔：《环境宪法的新发展及其规范阐释》，《法学家》2018 年第 3 期。
② 吕忠梅：《〈环境保护法〉的前世今生》，《政法论丛》2014 年第 5 期。
③ 郑少华、管丽娟：《日本八大公害案件裁决后的日本环境法发展及对中国环境法发展之借鉴》，《环境导报》1998 年第 3 期。

纪 70 年代后期不断发生的环境污染重大事故密切相关。① 可见，我国的环境立法是具有较强回应性的法律，因此其能缓解人与自然之紧张关系。②

（2） 政治决断

政治支持是影响我国环境立法的创设与变迁的重要因素之一，强有力的政治支持使环境立法成为可能。我国环境立法的政治支持力量大致可以分为两种，一是来自国务院的政治支持，二是来自党的政治支持。譬如，中国的第一个环境法规《关于保护和改善环境的若干规定（试行草案）》就很大程度上是 1973 年 8 月召开的第一次全国环境保护会议之产物，其得到了国务院的强力支持。在 1983 年的第二次全国环境保护会议召开之后，国务院于 1984 年发布了《关于环境保护工作的决定》，该文件一定程度上为 1989 年的《中华人民共和国环境保护法》之修改提供了政治支持。在中国的环境治理过程中，政党扮演着越来越重要的角色。譬如，随着 2012 年的十八大报告将生态文明作为社会主义事业的重要组成部分之一，2013 年的十八届三中全会通过的《中共中央关于全面深化改革若干重大问题的决定》就提出要建立生态文明制度体系。2018 年的"生态文明入宪"，则是党影响环境立法的最重要之体现。

（3） 国际影响

中国的环保事业是伴随着外交事业的起步而偶然创立的。③ 在我国的环境立法之历史发展进程中，国际环境保护运动及其思潮的影响甚大。④ 譬如，联合国于 1972 年 6 月 5 日在瑞典斯德哥尔摩召开的人类环境会议及其发布的《人类环境宣言》，极大地影响了国家领导人对环境保护问题之看法，从而推动了我

---

① 《改革开放中的中国环境保护事业 30 年》编委会编：《改革开放中的中国环境保护事业》，北京：中国环境科学出版社 2010 年，第 235 页。

② 郑少华：《略论社会法生态化》，《华东政法学院学报》2004 年第 4 期。

③ 汪劲：《中国环境法治三十年：回顾与反思》，《中国地质大学学报（社会科学版）》2009 年第 5 期。

④ 郑少华：《社会运动与法律发展》，《南京大学法律评论》1999 年第 2 期。

国的环境保护法治建设事业之发展。1992 年，巴西里约召开的联合国环境与发展会议及其提出的可持续发展理念，促成了全国人民代表大会成立环境与资源保护委员会，并且一些环境法律据此得到了修改。① 2002 年，联合国在南非约翰内斯堡举行的可持续发展首脑会议推动了《中华人民共和国循环经济促进法》的出台。随着中国加入 WTO，环境管理模式与环境法治模式受到了较大的影响。② 可见，在中国的环境保护立法过程中，"国际声誉"是一个重要的推进因素。③

（二）环境立法文本的立法技艺：从"法律移植"到"本土资源"

1. 环境法中的法律移植

法律移植是中国立法进程的重要组成部分。20 世纪 80 年代中期，中国内地对中国香港地区有关市场经济的法律之移植是重要的里程碑。④ 事实上，世界法律的发展历史表明，法律移植是后发国家加速发展的必由之路，是中国法治现代化的必然需求。⑤ 法律移植的重要性在环境立法领域表现得尤为突出，有学者指出，"近 20 年来，我国就是主要通过法律移植的途径，建立起本国环境法体系的"。⑥ 环境立法领域出现大规模的法律移植，是有一定的客观基础的（环境问题的共同性、立法理念的共同性和法律对策的共同性），而有效解决环境问题

---

① 郑少华：《可持续发展与第三次法律革命》，《法学》1997 年第 11 期。
② 郑少华：《WTO？环保？——入世后中国环境法走势的断想》，《郑州大学学报（社会科学版）》2002 年第 2 期；郑少华：《世界贸易组织：应对环境和劳工问题的挑战》，《求实》2002 年第 8 期。
③ 李伯超：《关于〈中华人民共和国环境保护法（试行草案）〉的说明》，载法学教材编辑部、《法学概论》资料选编组：《法学概论资料选编》，北京：法律出版社 1984 年，第 535 页。
④ 沈宗灵：《论法律移植与比较法学》，《外国法译评》1995 年第 1 期。
⑤ 张文显：《论立法中的法律移植》，《法学》1996 年第 1 期。
⑥ 周训芳：《论环境立法中的法律移植问题》，《林业经济问题》2000 年第 6 期。

和快速完善环境法律制度则成为环境法移植的外在动力。① 从我国环境立法四十年的变迁历程来看，我国的环境法移植主要涉及如下几个方面： 一是立法理念的移植，如将国外的可持续发展理念纳入环境法之中；二是立法制度的移植，如将国外的环境影响评价制度纳入环境法之中；三是环境司法的移植，如国内环保法庭的设立在很大程度上借鉴了国外的成功经验；四是环境执法的移植，如环境公益诉讼制度在一定程度上借鉴了国外的环境法私人执行机制；五是环境守法的移植，如企业环境信息公开制度借鉴了国外的相关制度。

2. 环境法中的本土资源

"中国法制现代化面临两个无法回避的选择： 一是对西方法律的接受、移植；二是传统法律的继承、创新。实现'古为今用、洋为中用'。"② 在中国环境法的四十年之移植过程中，被移植的法律在实践中并未取得预期的良好效果。譬如，2014 年的《中华人民共和国环境保护法》所规定的政府环保责任之社会效果差强人意。西方的环境法之所以在中国出现水土不服，是因为我国法律的运行环境（政治、经济、社会、法治和文化土壤）与被借鉴国家相比存在较大不同。③ 例如，西方环境治理的一大核心是地方环境自治，而我国的环境治理则更加强调中央统一管理。

正是基于对我国的政治、经济、文化等社会领域的正确判断，我国的环境立法出现了诸多富有中国特色的制度。例如，我国的环境立法先后规定了"三同

---

① 王宏巍：《法律移植与中国环境法学发展的新趋》，《东北林业大学学报（社会科学版）》2011 年第 2 期；王宏巍：《冲突与融合：环境法律移植与本地化》，《东北林业大学学报（社会科学版）》2011 年第 2 期。
② 郝铁川：《中国法制现代化与移植西方法律》，《法学》1993 年第 9 期。
③ 屈振辉：《中国环境法的本土资源初探——兼论在西方环境法移植过程中值得注意的问题》，《湖南科技学院学报》2005 年第 6 期。

时"①、生态红线②、区域限批、限期治理③、环保督察等特有的环保制度。除了环境立法文本中的那些体现中国特色的本土化制度，我国环境司法中的"中国制造"更为瞩目。譬如，检察院推动的环境行政公益诉讼和环境民事公益诉讼颇具中国特色。当然，在中国的环境立法建设中，最为引人瞩目的还是执政党颁布的诸多有关环境保护的重要文件④，它们似乎已成为中国环境法律体系的重要组成部分，其中的典型代表有《关于加快生态文明建设的意见》（2015年）、《党政领导干部生态环境损害责任追究办法（试行）》（2015）、《领导干部自然资源资产离任审计规定（试行）》（2017）、《生态文明体制改革总体方案》（2015）等。

二、 实践中的环境法： 中国的环境执法和环境司法之成就与难题

（一）环境执法的格局、成就与困境

"法律的实施比法律的制定要困难很多，而由于环境法本身的特点和我国的实际情况，环境法律的实施比其他法律的实施更为复杂和艰巨。"⑤ 从发展历程来看，我国的环境执法在过去四十年里取得了一定的成绩，并且我国在环境执法领域进行了诸多有益的探索。⑥ 但是，环境执法仍需直面现在与将来的诸多

---

① 朱谦：《困境与出路：环境法中"三同时"条款如何适用？——基于环保部近年来实施行政处罚案件的思考》，《法治研究》2014年第11期。

② 曹明德：《生态红线责任制度探析》，《新疆师范大学学报（哲学社会科学版）》2014年第6期。

③ 汪劲：《〈环境保护法〉修改：矫枉必须过正——对〈环境保护法修正案草案〉有关"八加一"条文修改的评析》，《甘肃政法学院学报》2013年第1期。

④ 夏光、王勇、刘越等：《中国共产党十八大以来生态环境保护的历史性变化》，《环境与可持续发展》2018年第1期；薛念文、刘雪利：《中国共产党是建设社会主义生态文明的保障——基于〈中国季刊〉对中国环境问题的研究》，《上海党史与党建》2018年第1期。

⑤ 马骧聪：《略论环境法的实施保证》，《法学研究》1988年第1期。

⑥ 王超峰：《我国区域环境执法的模式探究》，《甘肃政法学院学报》2017年第1期。

困境。

1. 环境执法的基本格局

环境执法是环境法实现预期目标的重要保障，其是决定一国的环境治理能否取得成效的关键所在。在我国，环境执法历来是政策制定者和学者的关注焦点之一。从我国的环境保护基本法及各单行环境法之规定来看，我国的环境执法大致呈现出"纵横交错"的基本态势。从横向层面来看，环境保护事宜涉及诸多政府部门，同一环境要素可能受到诸多政府部门的挑战。这种制度的立法初衷是"多管齐下，共治环境污染"，但是实践中却出现了诸如"九龙治水"般的无序局面。随着政府机构改革的深化，特别是生态环境部的成立，这种局面会有所改善，但是我们仍有诸多问题需要解决。从纵向层面来看，环境执法主要涉及中央和地方的监督与被监督关系。在我国现行的政治体制和环境法律框架下，地方政府是中央环境立法的执行者，中央政府对地方政府的环境执法进行监督。需要注意的是，中央对地方的监督通常采取"运动式"的模式，而非"常态化"的模式。不过，"运动式"的"环保风暴"通常只在短期内有效，长期内未必见效。

2. 环境执法的成就

改革开放四十年来，我国在环境执法领域取得了诸多成就。一是环境执法机构的地位不断提高。例如，在中央层面，环境执法机构经历了从权力较为有限到权力较为广泛、从地位较低到地位较高、从执法权较为分散到执法权相对集中之演变。二是环境执法能力不断强化。在国家强调依法治国且不断重视环境保护的背景下，环境保护部门的环境行政执法能力不断强化。三是环境执法效果逐渐显现。客观地讲，虽然环境污染在我国仍然较为严重，但是环境执法在遏制环境污染的进一步恶化方面，发挥了一定的作用。特别是在环境执法受制于政府的诸多限制之背景下，相关成绩来之不易。环保法律的实施效果和运行效率，在很大程度上取决于执法体制是否合理；而环保执法具备有效性的前提，则是执法主体拥有足够资源可供调配，以及执法人员具有基本的执业素养与职业道德。①

3. 环境执法所面临的难题

新修订的《中华人民共和国环境保护法》之颁布，让环境执法的力度更上一层楼。《全国人民代表大会常委会执法检查组关于检查〈中华人民共和国环境保护法〉实施情况的报告》② 指出，为了全面加强执法并严惩环境违法行为，国务院印发了《关于加强环境监管执法的通知》。同时，全国各地普遍建立了网格化的环境监管体系，形成了"定人、定责、履责、问责"的工作机制。但是，我国的环境执法仍然面临着诸多问题。首先，地方环境执法机制建设有待加强。譬如，基层的环境执法面临人员少、执法主体业务能力弱、技术支撑不够、经费保障不足等问题，从而无法满足繁重的监管任务。环境保护部门的行政执法属于委托执法，因此其不能运用强制措施，从而导致授权执法的规定在很多地方得不到落实。其次，环境执法与环境立法出现背离。例如，新修订的《中华人民共和国环境保护法》规定的按日计罚制度之实际执行效果不佳。2017 年上半年，全国的按日计罚案件数量在四类环境案件③中所占之比例不足 3%，平均每个省份仅有 16 件④。

学者们倾向于认为，中国的环境执法效果之所以不佳，很大程度上是因为环保执法力量呈现"倒金字塔"特征⑤，地方政府缺乏执行环保法律的压力和动力，环境管理体制制约着环保部门的严格执法，环境执法腐败导致"规制俘

---

① 汪劲：《中国环境法治三十年：回顾与反思》，《中国地质大学学报（社会科学版）》2009 年第 5 期。
② 沈跃跃：《全国人民代表大会常委会执法检查组关于检查〈中华人民共和国环境保护法〉实施情况的报告》（2016 年 11 月 2 日，第十二届全国人民代表大会常务委员会第二十四次会议）。
③ 查封扣押案件、限产停产案件、移送行政拘留案件和移送涉嫌环境犯罪案件。
④ 孙佑海：《新时代生态文明法治创新若干要点研究》，《中州学刊》2018 年第 2 期。
⑤ 常纪文、刘凯：《新环保法实施，多少成效？多少问题?》，《环境经济》2015 年第 11 期。

获"①，以及环保部门缺乏一定的执法手段和权力。② 在相关现状于短期内难以得到根本改变之语境下，我国的环境执法应该探索公共实施与私人实施相结合的机制。③ 譬如，为了改变政府在监督企业环境方面不力之局面，我们应该积极探索和推广企业环境监督员制度④，强化非政府组织等公民团体在环境保护中的作用⑤。

(二) 环境司法的成就与困境

环境司法通常在一国的环境治理中扮演着重要角色，强有力的司法支持是一国的环境得到良好治理之重要保障。⑥ 改革开放四十年来，环境司法在我国的环境治理中发挥着越来越重要的作用，但是仍有诸多问题阻碍着环境司法的更大功效之发挥。

1. 环境司法的受理范围： 从单一到多元

从改革开放四十年来的环境司法之实践来看，我国环境司法的主体格局发生了从单一到多元之演变。 20 世纪 80 年代初期，环境案件的原告主要局限于因环境污染而遭受财产或人身损害的主体。2005 年，国务院下发的《关于落实科学发展观加强环境保护的决定》指出，要发挥社会体的作用，鼓励检举和揭发各

---

① 余光辉、陈亮：《论我国环境执法机制的完善——从规制俘获的视角》，《法律科学》2010 年第 5 期。
② 王灿发：《重大环境污染事件频发的法律反思》，《环境保护》2009 年第 17 期；王灿发：《中国环境执法困境及破解》，《世界环境》2010 年第 2 期；王曦、秦天宝：《中国环境法的实效分析：从决策机制的角度考察》，《环境保护》2000 年第 8 期；王曦、杨兴：《试论环保执法的现实障碍及其法律对策、环境资源法论丛》，北京：法律出版社 2004 年；高丽红：《论财政体制与我国环境法的实施责任——以丹江口市为例》，《法学杂志》2016 年第 3 期。
③ 刘水林、王波：《论环境法公共实施与私人实施的结合与衔接》，《甘肃政法学院学报》2011 年第 6 期。
④ 郑少华：《论企业环境监督员的法律地位》，《政治与法律》2014 年第 10 期。
⑤ 郑少华：《试论美国环境法中非政府组织的法律地位》，《法学评论》2005 年第 3 期。
⑥ 王树义：《论生态文明建设与环境司法改革》，《中国法学》2014 年第 3 期。

种环境违法行为，推动环境公益诉讼。随着我国环境公益诉讼制度的不断发展，环境案件的原告范围呈不断扩大的趋势，《中华人民共和国民事诉讼法（2012年）》第五十五条和《中华人民共和国环境保护法（2014年）》第五十八条对此予以确认。2014年，《中国共产党第十八届中央委员会第四次全体会议公报》提出，"探索建立检察机关提起公益诉讼制度"。 2015年，全国人大审议通过了《关于授权最高人民检察院在部分地区开展公益诉讼试点工作的决定》，最高人民检察院也发布了《检察机关提起公益诉讼改革试点方案》[①]，检察机关从最初的被质疑对象变成了环境司法格局中的重要力量[②]。环境司法主体从单一到多元之变化，一方面反映了政府对环境保护事业日益重视，另一方面也符合环境治理多元化结构的现实需求。

2. 环境司法观： 从消极到积极

近年来，我国法院在环境司法的推进中扮演着较为积极的角色，司法能动被视为环境保护领域的重要资源。[③] 过去，虽然实践中的环境污染损害事件较多，但是真正诉诸法院的案件数量较少，相关主体倾向于选择向政府及其主管部门投诉。[④] 造成这一现象的一个重要原因，是法院对环境保护持较为消极的态度。近年来，法院在环境保护方面的态度发生了重大变化。一是环保法庭的设立。在我国，法院组织结构的变化通常能够反映法院对某一领域的重视程度，因此环保法庭的设立显然反映了法院对环境保护的高度重视。我国早在1989年便曾设立过环保法庭（即武汉市硚口区人民法院环保法庭），不过其很快被撤销。我国真正意义上的环保法庭建设当属2007年11月的贵阳市清镇人民法院环保法

---

① 试点地区为北京、江苏、贵州、云南、甘肃等13个省、自治区、直辖市。
② 吕忠梅：《环境公益诉讼辨析》，《法商研究》2008年第6期。
③ 李挚萍：《环保司法能动：一种环境保护新的制度资源》，《环境》2012年第8期。
④ 汪劲：《我国环保法律实施面临的问题：国家司法机关工作人员的认识——对30个省份法院和检察院万人问卷调查的比较分析》，《中外法学》2007年第6期。

庭之挂牌设立。① 截至 2017 年 4 月，全国法院设立环境资源审判庭、合议庭和巡回法庭共 956 个。② 2014 年，全国人大常委会批准最高人民法院设立环境资源审判庭，这是环保法庭建设史上的浓墨重彩之一笔。二是环保司法态度的转变。法院在环境保护方面的司法态度之转变，除了专门环保法庭的设立外，更主要的是出台了一些针对环境保护的重要文件。例如，2010 年 6 月，最高人民法院出台了《为加快经济发展方式转变提供司法保障和服务的若干意见》；2014 年 6 月，最高人民法院出台了《关于全面加强环境资源审判工作，为推进生态文明建设提供有力司法保障的意见》。同时，最高人民法院通过制定和落实一系列的环境司法解释，加大了对污染受害者的保护力度。需要注意的是，法院在环境保护领域所表现出的司法积极主义，短期来看效果良好，长期效果如何则有待将来的深入研究。③

3. 环境司法所面临的难题

如上所述，我国的环境司法在过去四十年里取得了长足发展，但其在实践中也面临着诸多亟待解决的难题。一方面，环保审判专业化的效果差强人意。这一问题的最显著表现，是环保法庭普遍面临案件来源不足甚至无案可审的尴尬局面④，这完全违背了环保法庭的设立初衷。在各类案件的受案总量均较大之背景下，环保法庭的无案可审使得它的合理性和正当性更受质疑。⑤ 造成环保法庭

---

① 同日，贵阳市中级人民法院设立环境保护审判庭。
② 黄锡生：《我国环境司法专门化的实践困境与现实出路》，《人民法治》2018 年第 4 期；王社坤：《中国环保法庭建设的现状与问题》，载高鸿钧等主编：《清华法治论衡（第 16 辑）》，北京：清华大学出版社 2012 年。
③ 方印：《人民法院环境司法能动论纲》，《甘肃政法学院学报》2015 年第 4 期。
④ 陈亮：《环境公益诉讼"零受案率"之反思》，《法学》2013 年第 7 期；峥嵘：《环境司法专门化的困境与出路》，《甘肃政法学院学报》2014 年第 4 期。
⑤ 刘超：《反思环保法庭的制度逻辑》，《法学评论》2010 年第 1 期；由然：《环保法庭为何无案可审？——法律经济学的分析和解释》，《东岳论丛》2018 年第 2 期；由然：《反思环保法庭制度化发展之正当性》，《重庆大学学报（社会科学版）》2018 年第 4 期。

无案可审的根本原因或许不是法律制度的欠缺，如新修订的《中华人民共和国民事诉讼法》对原告资格的确认使得公益诉讼案件之数量不增反减，而是法律规则之外的各种因素。基于权利对抗的环境诉讼，也许并不是最佳的环境治理模式。美国的经验表明，美国的环境公益诉讼案件数量呈现逐年下降之趋势，因为环境公益诉讼并不是治理环境的最佳工具，法院也并非解决环境问题的最佳平台。有鉴于此，我们应该对我国的环境司法转化持谨慎态度。另一方面，检察公益诉讼体制和法律保障不力。从中央和国务院出台的相关文件来看，检察公益诉讼将逐步常态化。不过，就目前的检察公益诉讼之实践来看，这一制度既存在体制方面的障碍，又面临法律方面的难题。譬如，在体制层面，检察公益诉讼面临着环境公益诉讼的司法鉴定费用如何通过财政来支出等难题；在法律层面，检察公益诉讼面临着环境污染调查权是否具有正当性和合法性等难题。

（三）环境法的遵守

环境法的遵守与否将直接决定环境法治的成败，环境法的遵守主要涉及政府的环境守法、企业的环境守法和个人的环境守法，三者通常相互牵制与影响。

1. 政府的环境守法

关于政府是否遵守环境法，我们可以通过两个视角来进行考量，即中央政府及其组成部门的视角和地方政府组成部门的视角。从中央层面来看，国务院在推进我国的环境保护事业方面一直扮演着重要角色，其先后针对环境保护发布了诸多重要决定。① 从我国的环境保护法之基本规定来看，作为国务院组成部分的各大部委也承担了相当重的环境保护责任，它们各自颁布了若干有关环境保护的

---

① 叶汝求：《改革开放30年环保事业发展历程—解读历次国务院关于环境保护工作的决定》，《环境保护》2008年第21期。

规章制度。整体而言，由于环境法针对国务院及其部委的环境保护责任之规定较少，并且国务院及其部委不太处理具体的环境污染事件，因此中央层面的政府之环境守法情况较好。从地方层面来看，地方政府的环境守法状况备受批评，许多人认为地方政府为了经济发展而不管环境法的基本要求，从而导致中国的环境污染问题愈演愈烈。在这种背景下，"环境保护中央再集权化"被认为是破解地方政府守法不力的利器。不过，这种做法似乎有将环境污染问题过于简单化的嫌疑。那么，如何让地方政府认真对待环境法呢？这需要我们从新的研究视角来重新进行审视。

2. 企业的环境守法

企业的环境守法通常取决于政府对环境法的态度。如果政府严格遵守环境法，那么企业遵守环境法的状况便较好；如果某一地区的地方政府对环境法视而不见，那么当地污染企业的遵守环境法之状况就较差。整体而言，我国企业的环境守法状况在逐渐变好，绝大多数企业的环境保护意识日趋增强。譬如，在环境信息公开方面，各类型企业的环境信息公开都做得比过去好。其中，国控企业做得比省控企业好，省控企业做得比市控企业好。[1] 不过，在推动企业积极守法方面，我们仍面临着诸多障碍。从经济理性的角度来看，环境守法未必符合企业的最佳利益追求，因此企业在环境守法方面往往显得较为消极。长远来看，就"如何使企业从环境法的消极对抗者变成积极的支持者"这一问题，决策者和学界还需要进一步讨论相关的解决方案。

3. 个人的环境守法

"推进生态文明建设，需要国家层面的法制引领，更需要每一个普通公民自觉遵守生态文明法律。"[2] 虽然我国的环境基本法明文规定了个人应当履行环境

---

[1] 王灿发：《新〈环境保护法〉实施情况评估研究》，《中国高校社会科学》2016 年第 4 期。
[2] 孙佑海：《新时代生态文明法治创新若干要点研究》，《中州学刊》2018 年第 2 期。

保护义务，但是这一规定几乎已退化成了环境道德宣示和说教，其没有产生法律所追求的威胁效果或者纠正效果，这是因为法律没有针对相关的行为设置必要的责任承担机制。环境法对个人的环境义务之所以如此规定，一方面是因为环境法主要针对的是企业之环境破坏行为，另一方面是因为将个人作为环境法的调整对象存在技术、行政管理等方面的困难。但是，这并不意味着个人不该承担环境保护义务，因为在气候变化的背景下，个人的环境损害行为已到了必须受到正视的时刻。而且，随着科学技术的快速发展，对个人的环境损害行为之规制已具有一定的可行性。总之，在新的环境背景下，"个人的环保义务如何承担"将是一个新的环境法研究课题。

三、 未来的环境法： 中国环境法治的新课题

法律的发展史通常就是社会的发展史，社会环境的变化会导致法律的变迁。全球环境法自诞生起，就一直随着社会环境的变化而变化。[1] 所以，要想准确把握中国环境法的未来，我们就需要准确理解未来的环境法之运行环境，这样才能找到解决环境问题的最佳方案。那么，环境法的未来图景如何？无疑，除了受到过去的社会环境所促成的历史传统之影响外[2]，当下和将来的技术发展更会对环境法产生巨大影响，因为环境法这一部门法比其他部门法拥有更强的技术性。未来的环境法将面对蜂拥而至的技术创新、蓬勃发展的大数据技术，以及日新月异的新产业。将来的环境运动需要将环境规则纳入大数据网络之中，需要直面物联网对环境保护的影响，需要应对算法社会语境下的环境决策之透明度问题和责

---

[1] 钭晓东：《论环境法功能之进化》，北京：科学出版社 2008 年；鄢斌：《社会变迁中的环境法》，武汉：华中科技大学出版社 2008 年。

[2] 柯坚：《我国〈环境保护法〉修改的法治时空观》，《华东政法大学学报》2014 年第 3 期。

任问题，需要发挥公民科学家在环境治理中的作用。总之，社会环境、技术发展等因素共同决定了，未来的环境法所提供的环境问题之最佳解决方案势必将有别于传统的环境法（参见图1）。①

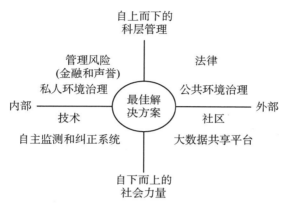

图 1　未来的环境问题之最佳解决方案

（一）环境宪法时代的环境宪制：待解的疑惑

自意大利于 1947 年在《意大利共和国宪法》中规定"自然保护"之后，伴随"环境权革命"，人类逐渐迈入环境宪法时代，即用宪法解决环境恶化问题。② 迄今为止，全球有 148 个国家的宪法涉及环境保护条款。③ 2018 年，生

---

① See Scott Fulton, David Rejeski, *A New Environmentalism*：*The Need for a Total Strategy for Environmental Protection*, *Envrionmental Law Reporter*, 2018（9），pp. 780－784.

② D. B. Boyd, *The Environmental Rights Revolution*：*A Global Study of Constitutions*，*Human Rights*，*and the Environment*, UBC Press, 2012, p. 3.

③ Roderic O'Gorman, *Environmental Constitutionalism*：*A Comparative Study*，*Transnational Environmental Law*, 2017（3），pp. 435－462.

态文明入宪被认为是我国环境保护进入"环境宪法"时代之标志，新的环境保护宪法条文与既有的环境保护条款构成了新的"部门宪法"——"环境宪法"，我国的环境法治由此迈向了宪法化的新阶段。生态文明入宪被视为是对我国国民整体实现环境权的一种有效保证和方向引领。[①] 我国的环境保护宪法采用了"国家目标"而非个人权利——"环境权"——之条文形式，其通过对国家权力施加不同层次的义务，以满足"环境权入宪"之功能期待。[②] 在这一新的宪法规范之背景下，有学者指出，"环境法应主动对接宪法环境条款，并体现在具体的环境法律制度中"。[③] 在宪法学者看来，中国的环境宪法接下来的任务，应当是通过宪法解释学来解读有关生态与环境的规范体系[④]，通过解释宪法环境条款来构建国家环境义务制度，从而达到实现环境权之终极目的。但是，从国外的环境宪制经验来看，"国家义务"类似于政策指令（policy directives），它或许可以影响政府环境决策，但却无法在司法实践中得到推行，因此社会功效甚微。[⑤] 有鉴于此，"国家环境义务"的宪法解释学方法无法实现"环境权入宪"之预期目标。

环境权研究似乎贯穿了整个中国环境法学的发展历程，中国环境法学界对这一议题投入了前所未有的精力。[⑥] 在环境权研究领域，支持者众多，反对者也不少，学者们的研究范围覆盖了环境权的内涵、正当性、合法性、可诉性等诸多

---

① 周珂、张燕雪丹：《引领公民整体实现环境权推动解决社会发展绿色化》，《中国生态文明》2018年第2期。

② 张翔：《环境宪法的新发展及其规范阐释》，《法学家》2018年第3期。

③ 张震：《中国宪法的环境观及其规范表达》，《中国法学》2018年第4期。

④ 张震：《中国宪法的环境观及其规范表达》，《中国法学》2018年第4期。

⑤ James R. May, Erin Daly, *Global Environmental Constitutionalism*, Cambridge University Press, 2015, p. 73.

⑥ 吴卫星：《我国环境权理论研究三十年之回顾、反思与前瞻》，《法学评论》2014年第5期。

议题。① 不过，"环境权入宪"这一目标的实现，首先需要中国环境法学界认真回答如下问题： 环境权入宪是不是必然带来环境品质的改善？研究表明，"没有足够的证据表明环境宪制的存在确实改善了环境，许多没有宪法环境权的国家也采取了措施来提升环境保护力度"。② 如若不然，那么环境权入宪的价值何在？如果环境权入宪具有正当性基础，那么如何构建宪法性的环境权？我们需要实质性的环境权还是程序性的环境权？实质性的环境权是否应该包括自然权利（right of nature）？如何正视环境权入宪带来的负面影响？新的环境宪法规则可能会导致反多数效果、权利执行变难、宪法权利弱化、宪法权利冲突等问题。③ 环境权入宪后，法院如何解释相关条款？环境权入宪应当基于"人类中心主义"还是"非人类中心主义"？以上这些问题需要中国环境法学界认真对待，否则宪法中的环境权将沦为"政治理想主义" （political idealism）和"科学天真"（scientific naivety）的副产品。

（二）大数据背景下的环境法治革新

在大数据技术快速发展之背景下，环境法面临着前所未有的机遇与挑战。

---

① 蔡守秋：《环境权初探》，《中国社会科学》1982 年第 3 期；吕忠梅：《论公民环境权》，《法学研究》1995年第 6 期；朱谦：《论环境权的法律属性》，《中国法学》2001 年第 3 期；徐祥民：《对"公民环境权论"的几点质疑》，《中国法学》2004 年第 2 期；徐祥民、张锋：《质疑公民环境权》，《法学》2002 年第 4期；曹明德：《环境公平和环境权》，《湖南社会科学》2017 年第 1 期；胡静：《环境权的规范效力——可诉性和具体化》，《中国法学》2017 年第 5 期；吴卫星：《公法学视角的环境权研究》，北京：法律出版社2007 年。

② James R. May, Erin Daly, *Global Environmental Constitutionalism*, Cambridge University Press, 2015, pp. 12 - 13.

③ James R. May, Erin Daly, *Global Environmental Constitutionalism*, Cambridge University Press, 2015, pp. 39 - 41.

"环境法起源于数据稀缺时代。"① 20世纪60年代到20世纪70年代，环境法所处的阶段是侦查（detection）阶段；20世纪80年代到2010年前后，环境法所处的阶段是建模与仿真（modeling and simulation）阶段；2010年之后，环境法进入大数据（big data）时代。大数据技术的发展必将对环境法产生较大影响，大数据技术使得基于个人的环境暴露评估（fine-scale, individualized exposure assessments）逐渐成为可能，大数据的发展会使得环境损害之不确定性降低，大数据技术会导致数据专家逐渐替代传统的专家。2015年，美国环保署雇佣了第一个首席数据科学家（Chief Data Scientist），其打算创设环境大数据平台。② 自国务院办公厅于2015年7月印发《生态环境监测网络建设方案》，到环境保护部于2016年3月印发《生态环境大数据建设总体方案》，我国以信息治理为突破口的环境治理变革正在不断深化。③

有学者曾说："环境法的历史是一个技术发展的历史。"④ 随着环境技术的不断发展，环境法也在积极回应并不断发生变革。例如，在环境大数据技术日趋成熟之背景下，环境法的社会想象和保护目标从统计人变成更加个性的人。⑤ 随着环境大数据技术的发展，环境法所依赖的信息基础从数据匮乏阶段向数据丰富阶段转变，这导致环境污染控制和生态管理也需要得到调整，它们应更加关注数据使用者的数据需求，而不是传统的数据信息供应。⑥ "技术发展不

---

① Gregg P. Macey, *The Architecture of Ignorance*, 2013 Utah L. Rev., pp. 1627-1628（2013）.
② William Boyd, *Environmental Law*, *Dig Data*, *and the Torrent of Singularities*, 64 UCLA L Rev. Disc., pp. 544,549（2016）.
③ 傅毅明：《大数据时代的环境信息治理变革》，《中国环境管理》2016年第4期。
④ William Boyd, *Environmental Law*, *Dig Data*, *and the Torrent of Singularities*, 64 UCLA L Rev. Disc., pp. 544,547（2016）.
⑤ William Boyd, *Environmental Law*, *Dig Data*, *and the Torrent of Singularities*, 64 UCLA L Rev. Disc., pp. 544,561（2016）
⑥ Gregg P. Macey, *The Architecture of Ignorance*, 2013 Utah L. Rev., p. 1627（2013）.

是静态的，回应或者依靠它的规制也不该是静态的。"①

从环境治理的角度来看，更多、更好、更便宜的环境数据会带来诸多好处。首先，便宜的数据意味着更大的预算灵活性，环境规制机构可以更加有效地使用环境管理资源，并将有限的资源投入到最需要它的地方。其次，环境大数据具有一定的政治价值，环境大数据的发展在一定程度上可以限制环境行政机构的自由裁量权，从而确保环境决策具有更多的正当性和合法性。最后，环境大数据在一定程度上可以影响环境行政机构的决策②，环境大数据使得环境行政迈向了基于新的环境规制之时代——环境大数据密集时代③。

环境大数据技术的发展使得环境法面临着重大的变革，环境法有望更加有效地保护社会大众。但是，环境大数据技术的负面影响也不容忽视：环境大数据有可能加剧环境非正义，从而导致新的环境不公平现象；品质不高的环境数据会导致严重的决策错误；环境大数据技术可能侵犯公民的隐私；环境大数据技术具有较强的碳足迹；环境大数据的披露可能威胁国家安全，等等。在大数据时代，环境法需要认真对待以上问题。

总之，大数据技术的快速发展，使得环境治理进入了环境"智理"时代，并推动环境规制变得更加科学与合理。从国内外的环境"智理"实践来看，国家大数据政策是环境"智理"的基础，并且环境"智理"的开展促成了公民科学家的出现。环境大数据在为环境法带来益处的同时，也对环境法提出了新的挑战，环境大数据会加剧环境非正义、导致环境不公平、引发环境决策错误，以及侵犯个人隐私。环境大数据技术的发展推动环境法实现了变革，环境法的保护对象、政

---

① Robert L. Glicksman, David L. Markesll, Clarie Monteleoni, *Technological Innovation*, *Data Analytics*, *and Environmental Enforcement*, 44 *Ecology L. Q.* 41 (2017), p. 43

② Ryan P. Kelly, Will More, *Better*, *Cheaper*, *and Faster Monitoring Improve Environmental Management*?, 44 Envtl. L. 1111 (2014), P. 1139.

③ Gregg P. Macey, *The Architecture of Ignorance*, 2013 Utah L. Rev. 1627 (2013), p. 1665.

策制定模式、守法模式及行政司法审查制度均会出现变化。

（三）环境义务主体的拓展：个人环保义务的确立

鉴于环境法对企业的污染进行控制之不易，以及个人成为环境损害的重要来源，未来的环境法必须正视个人环境义务。从我国现行的环境法律文本之角度来看，几乎所有的环境保护法都会设置有关个人环境保护义务的条款。① 特别让人耳目一新的是，《中华人民共和国民法总则》第九条明文规定："民事主体从事民事活动，应当有利于节约资源、保护生态环境。"不过，在现实生活中，即便不履行环境保护义务，个人也通常不会面临法律的惩罚。譬如，《中华人民共和国大气污染防治法》第七条规定："公民应当增强大气环境保护意识，采取低碳、节俭的生活方式，自觉履行大气环境保护义务。"因此，诸如驾驶大排量机动车之类的生活方式势必与《中华人民共和国大气污染防治法》之规定相抵触。但是，在现实世界中，尚未有人因生活方式不当而承担环境法责任的。② 那么，这是否意味着个人的生活方式对环境的影响微不足道，或者立法上的个人环境保护义务条款纯属多余呢？

显然，个人的行为方式对环境之负面影响不容忽视，因为"消费问题是环境问题的核心"。③ 譬如，生活能源的消费量占能源总生产量的近八分之一④，中

---

① 相关条文请参见《中华人民共和国环境保护法》第六条、《中华人民共和国大气污染防治法》第七条、《中华人民共和国水污染防治法》第十条、《中华人民共和国海洋环境保护法》第四条、《中华人民共和国森林保护法》第五条、《中华人民共和国野生动物保护法》第六条、《中华人民共和国自然保护区条例》第七条等。

② 郑少华：《试论环境法上的社会连带责任》，《中国法学》2005 年第 2 期。

③ 秦鹏：《生态消费法研究》，北京：法律出版社 2007 年。

④ 吕荣胜、李梦楠、红帅：《基于计划行为理论城市居民节能行为影响机制研究》，《干旱区资源与环境》2016 年第 12 期。

国家庭的平均碳排放量将近人均 2.7 吨，整个社会碳排放总量的 21% 来自家用能源消耗。① 所以，十九大报告审时度势地提出，应该形成绿色生活方式，倡导低碳的生活方式。② 虽然对个人的环境损害行为进行规制已然刻不容缓，但是现行法律无法对此做出有效回应，因为现行环境法中的法律强制模式不适合规制个人的环境损害行为。为了切实规制个人的环境损害行为，法律之外的社会规范或许比传统的环境法更加有效。但是，为了让社会规范发挥出最佳效果，环境法可以创设出诸多有利条件。例如，环境法应当强化对个人的环境损害行为之信息收集和披露，以此激活环境社会规范。随着针对个人的环境损害行为之监测技术的发展，规制个人的环境损害行为在技术上和行政管理上变得可行。不过，个人环境义务的施加仍然面临着诸多挑战，包括个人抵制、隐私保护和规则重构。除了依靠社会规范，对个人的环境损害行为之规制也应当重视环境社会构架，从而为个人改变环境损害行为提供良好的社会环境。

(四) 环境司法体制的重点：检察环境公益诉讼

近年来，中国环境司法的重中之重，毫无疑问是环境公益诉讼。学界对环境公益诉讼的制度构建③、环境司法专门化④、环境公益诉讼的立法顺序⑤、环保法庭⑥、环境公益诉讼的实际效果⑦等问题进行了系统而深入的研究。相比于传统

---

① 石洪景：《低碳政策对城市居民节能行为的影响》，《北京理工大学学报（社会科学版）》2016 年第 5 期。
② 习近平：《决胜全面建成小康社会夺取新时代中国特色社会主义伟大胜利——在中国共产党第十九次全国代表大会上的报告》，北京：人民出版社 2017 年。
③ 史玉成：《环境公益诉讼制度构建若干问题探析》，《现代法学》2004 年第 3 期。
④ 李挚萍：《外国环境司法专门化的经验及挑战》，《法学杂志》2012 年第 11 期。
⑤ 王曦：《论环境公益诉讼制度的立法顺序》，《清华法学》2016 年第 6 期。
⑥ 于文轩：《环境司法专门化视阈下环境法庭之检视与完善》，《中国人口资源与环境》2017 年第 8 期。
⑦ 王灿发主编：《新〈环境保护法〉实施情况评估报告》，北京：中国政法大学出版社 2016 年；吕忠梅：《中国环境司法发展报告（2015—2017）》，北京：人民法院出版社 2017 年。

的环境公益诉讼，作为一种新制度的检察环境公益诉讼面临着诸多前所未有的亟待解决之难题。

首先，检察环境公益诉讼中的财务费用存在着实现法治化之需求。第一，检察环境公益诉讼通常涉及环境鉴定费用的支出，且相关费用的数额不少，但是检察机关的公用经费中并无相关预算项目[①]，这在一定程度上了影响了检察环境公益诉讼的推进。第二，在检察环境公益诉讼中的刑事附带民事公益诉讼案件中，法院没收的违法所得和取得的罚金面临着管理上的问题。目前，相关收入一般上交地方财政，但其未必被用于环境保护、生态修复等环保事项。我们将来应该考虑设置专门的公益诉讼基金账户，以区别于法院、检察院和行政机关的公用经费帐户，国家应该对此进行顶层立法设计。

其次，检察环境公益诉讼中的调查取证权力。在检察环境公益诉讼中，"检察机构可否行使应当属于行政机关的调查取证权"是一大难题。例如，检察机关能否对被调查企业进行秘密取证？最高人民检察院下发的《检察机关行政公益诉讼案件办案指南（试行）》明确规定了检察机关的调查方式，主要包括： 查阅、摘抄、复制有关行政执法卷宗材料；询问行政机关相关人员以及行政相对人、利害关系人、证人等；收集书证、物证、视听资料、电子证据等；咨询专业人员、相关部门或者行业协会等对专门问题的意见；委托鉴定、评估、审计；勘验、检查物证、现场；其他必要的调查方式。但是，这未必证明检察机关可以直接行使应当属于行政机关的调查取证权力，毕竟行政机关是保护国家利益和社会公共利益责任的主要承担者。那么，如何确保检察机关在生态环境公益诉讼案件中既能严守检察权之边界，又能具备一定的灵活性？

最后，检察环境公益诉讼中的举证责任。从我国现行法的规定来看，在检察

---

① 虽然在实践中通常是由行政机构支付相关费用，但是由于地方财政管理等问题，相关问题并未得到很好的解决。

环境公益诉讼案件中，通常是检察机关来承担举证责任。但是，在不同类型的检察环境公益诉讼中，检察机关的举证责任应该有所区别。在检察环境行政公益诉讼中，如果案件涉及行政机关的不作为，那么应该由行政机关承担举证责任，以证明自己有所作为。在检察环境民事公益诉讼中，如果没有法律规定的机关和组织可以提起诉讼，或者法律规定的机关和组织不提起诉讼，那么检察机关可以提起环境民事公益诉讼并承担相应的举证责任。在检察环境刑事附带民事诉讼案件中，举证责任类似于检察环境民事公益诉讼。问题是，在检察环境刑事附带行政诉讼案件中①，举证责任应该由谁承担？在检察环境行政附带民事公益诉讼案件中，举证责任又应该由谁承担？

以上问题是检察机关目前在开展环境公益诉讼时所面临的较为突出之问题，它们直接影响了检察环境公益诉讼的预定目标之实现。随着检察环境公益诉讼的不断推进，一些新的问题势必会逐渐显现，学界需要进行深入研究并提出解决方案。

结语

改革开放四十年来，环境保护的地位日趋重要。在中国的环境事业不断推进之历史进程中，环境法治扮演了积极的角色。从环境立法的角度来看，数量众多的环境立法为环境治理提供了制度支撑。从环境执法的角度来看，日趋强化的环境执法确保了环境法的立法目标之实现。从环境司法的角度来看，司法机关逐渐成为环境保护的重要推动力量。从环境守法的角度来看，政府、企业和公民的"环保意识、生态观点"不断提升。② 然而，我们同样必须正视我国的环境保

---

① 目前尚未出现相关案件。
② 马骧聪：《〈民法通则〉与环境保护》，《环境污染与防治》1987 年第 2 期。

护工作仍然任重而道远之现实。目前，我国的环境法治在实践过程中依旧面临着诸多问题，我们与环境良好治理的现实需求之满足还存在一定的距离。

环境法本身的特质决定了它必须具备较强的社会适应性，环境法必须根据社会环境的变化和科学技术的发展来得到及时的调适。从 20 世纪 70 年代的环境法之诞生到当下的环境法之变化，我们不难发现，环境法在不同的时代需要承担不同的历史使命。基于对社会环境及科学技术发展之判断，中国未来的环境法需要认真对待如下重大课题：环境宪法时代的环境宪制、大数据时代背景下的环境法治革新、气候变化时代下的个人环保义务之落实，以及具有中国特色的检察公益诉讼制度之构建。

中国环境法治发展四十年——成效与经验

王卓玥　王　彬　张昱恒　贺　蓉　原庆丹[*]

摘要： 改革开放四十年来，我国的环境法治建设取得了显著成效。本文通过回顾中国环境法治四十年的发展，从立法、执法、司法和生态文明理论四个角度进行分析，研究其成效与经验。四十年来，我国的生态环境保护法律长出了利齿，生态环境执法也随着法治建设的完善不断得到优化，环境行政及民事与刑事司法全面加强，生态文明理念融入法治的各个方面。

关键词： 改革开放；环境法治；四十年

改革开放四十年来，我国的环境法治建设取得了显著成效，生态环保法律长出了尖牙利齿，环境执法频频铁拳出击，环境司法逐步实现了保障公民环境权益之目标，生态文明理念不断融入环境法治的各个方面。

＊作者简介：王卓玥，硕士，生态环境部环境与经济政策研究中心实习研究员，研究方向为环境立法的技术支持等；通讯作者简介：原庆丹，生态环境部环境与经济政策研究中心高级工程师

一、 改革开放的四十年，是生态环保法律长出利齿的四十年

环境保护工作开始起步，我国的生态环保法律体系开始建立。 上世纪六七十年代，由于某些历史原因，国人对西方国家已发生的环境污染公害事件毫无警觉，生态环境保护意识极度欠缺，因此我国大中城市和工业区的空气污染相当严重，全国的江河湖海受到不同程度的污染，地下水的污染范围逐年扩大，自然环境受到十分严重的破坏。1978 年的《中华人民共和国宪法》首次对环保做出规定，其明确国家应保护环境和生态资源，防止污染和其他公害，从而为政府实施环境管理和国家制定生态环境保护法律奠定了宪法基础。1978 年 11 月，邓小平同志在中共中央工作会议闭幕会上指出，应该集中力量制定环境保护法、森林法、草原法等法律。在此背景下，我国首部环境保护法的制定工作紧锣密鼓地开展起来。 1979 年 9 月 13 日，五届全国人大常委会第十一次会议原则上通过了《中华人民共和国环境保护法（试行）》。《中华人民共和国环境保护法（试行）》的出台在当时国家法治建设尚未健全之背景下格外受人瞩目，其标志着我国的环保事业开始走向法治轨道，生态环保法律体系开始建立，环境影响评价、污染者责任、征收排污费、对基本建设项目实行"三同时"等制度作为强制性手段被确定下来。在政府的引导下，全社会开始重视污染防治，并持续强化环境保护工作。①

生态环保法律密集出台，生态环保法律体系基本建立，但法律的可操作性差、实施效果欠佳，无力啃下环境污染这块"硬骨头"。 上世纪 80 年代初，改革开放释放出巨大的经济发展活力，我国的工业发展进入第一个高速发展阶段，

---

① 汪劲主编：《环保法治三十年：我们成功了吗》，北京：北京大学出版社 2011 年。

第 二 章

环 境 法 治

国营企业、民营企业与外资企业迅速发展壮大，乡镇企业蓬勃发展。1984 年，我国确立了有计划的商品经济制度，我国的环保法治建设面临着既要制定新的环境与资源保护法，又要修正已不适应新形势下的环保需要之原有环保法律的局面。1989 年 12 月，《中华人民共和国环境保护法》颁布。为了顺应法治国家建设与提高生态环境质量，上世纪八九十年代，我国制定了大量的生态环境保护法律，并对先前制定的生态环境保护法律进行了修改和修订，主要内容涉及环境污染防治与自然资源的管理和保护。1982 年，我国出台了《中华人民共和国海洋环境保护法》；1984 年，我国出台了《中华人民共和国水污染防治法》和《中华人民共和国森林法》；1985 年，我国出台了首部《中华人民共和国草原法》；1986 年，我国出台了首部《中华人民共和国渔业法》；1987 年，我国出台了首部《中华人民共和国大气污染防治法》；1988 年，我国出台了首部《中华人民共和国水法》和《中华人民共和国野生动物保护法》，等等。国务院和国家环保部门也制定了《征收排污费暂行办法》《森林法实施细则》《水污染防治法实施细则》等二十多部环保法规和规章。值得注意的是， 1997 年的《中华人民共和国刑法》在第六章"妨害社会管理秩序罪"的第六节专门设立了"破坏环境资源保护罪"，以追究污染者的刑事责任。[①] 以上这些法律法规的出台，标志着我国的生态环保法律体系之基本建立。但是，大部分的生态环保法律存在可操作性差、惩戒力度不严的问题，从而难以威慑污染者。此外，当时国内掀起了新一轮的大规模经济建设，各地上项目、铺摊子的热情急剧高涨，"重经济、轻环保"的观念牢固，从而导致全国范围内的生态环境质量下降，环境污染不断加剧。彼时，许多江河湖泊污水横流，沿江沿湖居民饮水发生困难；许多城市雾霾蔽日、空气污浊，城市居民的呼吸道疾病之患病率急剧上升。

---

① 邹东涛主编：《中国经济发展和体制改革报告中国改革开放 30 年（1978～2009）》，北京：社会科学文献出版社 2008 年。

公众的环保意识得到强化，各方呼吁出台严格的生态环保法律，从而促使生态环保法律长出牙齿，我国的生态环保法律体系逐渐成熟。据统计，截至 2018 年 1 月，全国人大常委会共制定了 28 部环保法律，国务院共制定了 47 部环保行政法规，国务院有关部门共制定了数百件环保规章，有立法权的地方人大和政府共制定了 3291 件环保地方性法规、地方政府规章、自治条例和单行条例，我国的生态环保法律体系已逐渐成熟。其中，最有代表性的，是十二届全国人大常委会第八次会议于 2014 年 4 月 24 日审议通过的《中华人民共和国环境保护法修正案（草案）》。修订后的《中华人民共和国环境保护法》于 2015 年 1 月 1 日起实施，这是一部条文更加具体、制度更加严格、罚则更加明确的法律，其立法理念多有创新，治理要求颇为严格，监管手段愈发强硬，法律责任更加严厉，监管模式实现转型，社会公众参与的作用开始凸显。

环境保护法律"长出了牙齿"，而且是"利齿"。2015 年施行的《中华人民共和国环境保护法》增加了一些针对环境违法企业的新处罚手段，并加大了企业违法排污的责任，从而有力地解决了"违法成本低"的问题。 2015 年施行的《中华人民共和国环境保护法》明确规定，企事业单位和其他生产经营者违法排放污染物的，将受到罚款处罚，并被责令改正；拒不改正的，依法做出处罚决定的行政机关可以自责令更改之日的次日起，按照原处罚数额按日连续对其进行处罚，上不封顶。"按日计罚"这一记重拳是针对企业拒不改正超标问题等比较常见的违法现象而采取的措施，目的就是加大企业违法成本，这是一个创新性的行政处罚规则。同时， 2015 年施行的《中华人民共和国环境保护法》明确，必要时，执法机关可以对环境违法企业的负责人采取行政拘留手段，没有环境保护评价就要被拘留，偷排污染物要被拘留，伪造、造假要被拘留，包括瞒报与谎报数据也要被拘留。构成犯罪的，行为人将被严格追究刑事责任。除了追究污染者的环保责任外，地方党委和政府要扛起生态文明建设与生态环境保护的责任，落实

"党政同责"与"一岗双责"。依据《生态文明体制改革总体方案》"1 + 6"文件之要求，我国建立了环境保护督察工作机制，以作为推动生态文明建设的重要抓手，其能督促地方党委和政府认真履行环境保护主体责任；完善了领导干部自然资源资产离任审计制度，对被审计领导干部任职期间履行自然资源资产管理和生态环境保护责任情况进行审计评价，以界定领导干部应承担的责任；实行了责任终身追究制度，让"终身追责"成为带有铁齿铜牙的生态保护"利器"，从而使得调离与退休不再是领导干部的"免责金牌"；增加了各级党政干部的责任追究情形，对各级党政干部在决策、执行、监督和利用职务影响过程中所造成的25 种情形进行追责，责任追究情形既包括针对造成环境污染和生态破坏之后果的"后果追责"，又包括针对违背中央有关生态环境保护的政策和法律法规之行为的"行为追责"。

二、 改革开放四十年，是环境执法铁拳出击的四十年

环境执法是环境立法得以落实的途径和保障。 随着改革的深化与现代化建设的不断发展，我国的生态环境执法也随着法治建设的完善在不断得到优化。一是执法队伍逐渐发展壮大，管理逐步规范，环境执法工作的内容也从最初的排污费征收扩展到污染源现场执法、生态环境执法、排污申报、环境应急管理、环境纠纷查处等日常的现场执法监督之各个领域。二是建构了国家、省、市、县四级环境执法网络，形成了以日常执法为基础，以环境监察为保证，以集中执法检查活动为推手，以公众和舆论监督为支撑的现场监督执法工作机制。[1] 三是打击环境违法行为的工作力度不断加大，相关部门连续开展环境执法专项行动，并通过

---

[1] 陆新元：《环境执法的中流砥柱——环境监察三十年回顾与展望》，《中国环境监察》2015 年第 10 期。

中央环保督察来保障环境执法的切实有效。

改革开放以来，我国进入市场经济时代。在从计划经济向市场经济过渡之过程中，利用环境的外部不经济性来追求利润最大化成为企业提高竞争力的主要手段。在此背景下，非法排污行为日益增多，由此引发的污染纠纷也层出不穷。面对此种情形，部分地方政府成立了专业的环境执法队伍，国家在部分省市开展了环境监理试点工作。环境监理主要从事排污费征收工作，兼顾特定行业的污染源监督管理、污染纠纷调处等执法活动。[①] 这一阶段，我国的环境执法队伍从无到有，环境执法工作开始起步，但执法方式以罚款为主，较少采用停产、停业等措施，从而使得排污者的违法成本较低，违法行为依然频发。1993年，第八届全国人民代表大会成立了全国人大环境与资源保护委员会，该委员会组织了6个检查团，分别对黑龙江、山东、广东等7省的45个市进行了执法情况的检查，从而有力地促进了全国环境执法工作向纵深发展。环资委的成立意味着，我国的环保立法和执法工作由国家立法机关进行全面统筹与安排。从1995年开始，全国人大常委会每年都要组织一次环保执法大检查活动。随后，《环境监理工作制度（试行）》《环境监理工作程序（试行）》等规章制度出台，环境执法监督工作逐步走向规范化与制度化，国家、省、市、县四级环境执法监督网络初步形成，环境执法监督逐渐成为环保部门的立身之本。从2002年开始，党中央、国务院提出要建立"国家监察、地方监管、单位负责"的环境监管体制。在此背景下，环境监察局、环境应急与事故调查中心和区域环境保护督查中心成立，地方监管能力得到加强，工作机制逐步完善，完备的环境执法监督体系得到确立。

执法出击，掀起环保风暴。2004年12月，国家环保总局在环境执法方面来了一个大动作，即在环境影响评价执法方面，严格通过环境影响评价来制止无序

---

① 高桂林：《改革开放四十年环境执法的发展》，《中国社会科学报》2018年第7期。

建设，严肃处理违法违规的环评单位，严厉查处违法违规的建设项目。国家环保总局一下子责令 13 个省市的 30 个违反环境影响评价制度的建设项目停止施工，并建议有关部门依法对有关责任人给予行政处分。消息一经公布，社会反响强烈，被处罚的建设单位也感受到了严格环境执法的压力。人民群众纷纷叫好，称国家环保总局的行动为"环保风暴"。这次重拳出击表明了国家维护环境法律尊严与权威的决心，并且这一"风暴"恰恰也反映出我国环境法治问题的严峻性。在执法过程中，被披露的案例令人震惊，这些案例暴露出我国环境法律制度存在法律责任偏轻、违法成本低、行政执法权限低、处罚缺乏力度等缺陷。[①] 随后，国家组建了华东、华南、西北、西南和东北五个区域的环境保护督查中心。2007 年，我国形成了以环境监察局为龙头，以应急中心和督查中心为组成机构的国家监察体系。同时，我国开展了建设完备的环境执法监督体系之研究。

新修订的《中华人民共和国环境保护法》为环境执法提供了有力武器。首先，新修订的《中华人民共和国环境保护法》不仅赋予了环境执法更多的措施选择，包括针对企业的督查、巡查，针对地方政府的环保督察、专项督察，以及限批、约谈、挂牌督办等，而且明确了环境执法部门具有现场调查权，从而解决了长期困扰环境监察部门的"身份"问题。同时，新修订的《中华人民共和国环境保护法》还与最高法、最高检和公安部密切配合，运用刑事与民事领域的多种司法举措，如提起民事公益诉讼、打击环境污染犯罪、行政拘留等，增强了环境执法的刚性约束。其次，环境执法的力度进一步加大，新修订的《中华人民共和国环境保护法》规定了对违法企业的"按日计罚"、"查封、扣押"企业的非法排污设备、"限制生产、停产整治"、要求企业"强制信息公开"等制度，从而增强了环境执法的力度和效果，使环境执法的威慑力更大。再次，环境执法的方式

---

① 王灿发：《通过严格的环境执法促进经济发展转型是一项长期而艰巨的任务》，《中国环保产业》2018 年第 5 期。

不断创新，环境执法除了传统意义上的现场监测与数据采集外，还广泛地运用现代信息技术，以使执法的方式更加灵活，遥感、在线监测、大数据分析等技术都有力地支撑了执法活动的灵活开展。最后，新修订的《中华人民共和国环境保护法》明确了环境执法过程中的公众参与制度，公众参与环境执法的渠道和手段丰富多样，甚至公众有权向不履行职责的环境执法部门的上级或监察机关举报。加强社会及公民对环境执法工作的参与，将有利于环境执法的整体氛围之改善，并且有力地体现了新修订的《中华人民共和国环境保护法》之制度刚性，从而取得了良好的现实效果。据统计，2017 年上半年，全国按日连续处罚案件共 503 件，罚款数额高达 6.1 亿元；与 2016 年同期相比，罚款数额上升 131%，足见生态环保法律的"利齿"正在不断发挥作用。[①]

环保督察一炮打响。以中央的名义对地方的党委与政府进行督察，如此高规格、高强度的环境执法应该说是史无前例的，但其也是人民群众期盼已久、拍手称快的。自我国于 2015 年 12 月 31 日在河北进行中央环保督察试点以来，中央环保督察已实现全国 31 个省（区、市）的全覆盖。在此基础上，一些重大的环境违法行为被曝光、被查处，一批充当"保护伞"的、失职失察的官员受到严肃处理，环境违法问题得到有效解决。因此，中央环保督察取得了"百姓点赞、中央肯定、地方支持、解决问题"之效果，其成为了生态环境执法领域的一记重拳。

围绕重点问题，中央环保督察查具体事实、查履职情况，做到见人、见事、见责任。第一轮督察共移交移送生态环境损害责任追究案件 387 个，受理群众信访举报 13.5 万余件，直接推动解决 8 万多个垃圾、恶臭、油烟、噪声、黑臭水体、"散乱污"企业污染等"老大难"的环境问题。各地按照拉条挂账、办结销

---

① 环境执法保障专题课题组：《完备的环境执法监督体系的内涵和意义》，《中国环境监察》2018 年第 5 期。

号的要求，累计立案处罚 2.9 万家企业，罚款总额约 14.3 亿元，拘留 1500 余人，约谈、问责党政领导干部 18000 余人。通过督察和严肃问责，一批企业受到震慑，一批干部开始警醒，特别是督察向地方党委和政府移交的一批重大生态环境损害责任追究案件发挥了警示作用。在今后的工作中，我们要通过更有力的督察来促进新发展理念的真正落地生根，让绿色发展成为主动选择，用良好的生态环境造福人民群众。

改革开放四十年来，在执法领域，我们可以清晰地感受到环境执法力度的加强：一是处罚上限的提升，这有效地打击了环境行政违法行为；二是行权范围的扩大，环保执法的权力边界与权限范围逐渐变得清晰；三是环保督察增强了地方党委和政府对环保执法的重视程度；四是环境执法队伍不断完善。生态环境执法不断出重拳，将成为打击环境违法行为工作的有力支撑。

三、 改革开放的四十年，是依法维护公众环境权益的四十年

习近平总书记指出，良好生态环境是最公平的公共产品，是最普惠的民生福祉。[①] 公民依法享有环境权。

全面加强环境司法是维护人民群众的环境权益、促进和保障环境法律的充分实施之必然要求。首先，通过环境行政司法，我们可以督促行政机关依法、及时履行监管职责，从而促进我国的环境监督管理制度之建立和健全。仅 2016 年 7 月至 2017 年 6 月，各级人民法院就受理了各类环境资源行政案件 39746 件，审结 29232 件。2016 年 3 月，最高人民法院发布了 10 起环境行政保护典型案例；2017 年 6 月，最高人民法院发布了 2 起环境资源行政典型案例。这些典型案例督

---

① 习近平：《在海南考察工作结束时的讲话》（2013 年 4 月 10 日），引自习近平：《习近平关于社会主义生态文明建设论述摘编》，北京：中央文献出版社 2017 年，第 4 页。

促着环境保护行政主管部门依法履行职责，引导着行政相对人遵守环境保护方面的法律法规。其次，通过环境民事司法，我们可以追究污染环境与破坏资源的行为人之民事责任，并且促进生态环境的修复改善和自然资源的合理开发利用。仅2016年6月至2017年6月，各级人民法院就受理了各类环境资源民事案件187753件，审结151152件。再次，通过环境刑事司法，我们能够依法打击和惩处污染环境、破坏生态等类型的犯罪行为，从而有力地保障国家自然资源和生态环境之安全。仅2016年7月至2017年6月，各级人民法院就审理了环境资源刑事案件16373件，审结13895件，给予刑事处罚27384人。2016年12月与2017年4月，最高人民法院先后发布了包括腾格里沙漠污染系列刑事案件在内的11起环境资源刑事典型案例。最后，在探索审理省级政府提起的生态环境损害赔偿诉讼案件与环境公益诉讼案件、构建环境多元治理体系等方面，我们也取得了重要进展。①

（一）用环境公益诉讼的力量来保护环境公共利益

在过去的一段时期内，受传统的法律制度体系之束缚，司法仅关注公民个体的人身与财产损失，对环境公共利益的救济无能为力。伴随着中国的经济之高速发展、环境质量之快速变化，以及公众的环境觉悟和社会组织的参与意识之不断提升，环境公益诉讼的制度建设与司法实践之演进步伐也持续加快。2005年，《国务院关于贯彻落实科学发展观加强环境保护的决定》首次明确提出，鼓励社会组织参与环境监督，"推进环境公益诉讼"；2012年修订的《中华人民共和国民事诉讼法》允许"法律规定的机关和组织"提起环境公益诉讼；2014年修订

① 《中国环境资源审判（2016—2017）》（白皮书），引自"最高院环资庭郑学林"微信公众号2017年7月14日。

的《中华人民共和国环境保护法》特别授权符合条件的社会组织来提起环境公益诉讼。经过试点，2017 年修订的《中华人民共和国民事诉讼法》和《中华人民共和国行政诉讼法》再次授权检察机关提起环境公益诉讼。最高人民法院认真贯彻立法精神，先后制定发布了《关于审理环境民事公益诉讼案件适用法律若干问题的解释》《关于审理环境侵权责任纠纷案件适用法律若干问题的解释》《人民法院审理人民检察院提起公益诉讼案件试点工作实施办法》等司法解释和规范性文件，并且与民政部和环境保护部联合发布了《关于贯彻实施环境民事公益诉讼制度的通知》，以不断加大顶层设计和政策指引之力度。

环保组织是环境公益诉讼的主力军。从案件数量来看，2016 年 7 月至 2017 年 6 月，各级人民法院共受理社会组织提起的环境民事公益诉讼案件 57 件，审结 13 件。最高人民法院不断推动完善社会组织提起环境民事公益诉讼的程序规则。2014 年 12 月 29 日，江苏省高级人民法院作出终审判决：被告常隆农化等 6 家企业因违法处置废酸污染水体，应当赔偿环境修复费用 1.6 亿余元。该案被称为"天价环境公益诉讼案"。在腾格里沙漠污染环境公益诉讼案中，法院判决企业赔偿 5.69 亿元。2017 年 3 月和 2017 年 6 月，最高人民法院先后发布了 8 起社会组织提起的环境民事公益诉讼典型案例。在山东德州晶华集团振华有限公司大气污染民事公益诉讼案中，振华公司因"超标排放污染物，严重影响周围居民生活"而被环境保护部点名批评，并被山东省环境保护主管部门多次处罚，但是其仍持续排放污染物。法院要求振华公司承担生态环境修复责任，赔偿修复期间的生态服务功能损失，并向社会公众赔礼道歉。最终，法院判决振华公司赔偿损失 2198.35 万元用于修复环境质量，并在省级以上媒体赔礼道歉。该案是新修订的《中华人民共和国环境保护法》施行后，人民法院受理的首例京津冀及周边地区的大气污染公益诉讼案件，其及时回应了社会公众对京津冀及周边地区的大气污染治理之关切，并就区域大气污染治理进行了有益的实践探索。

检察机关提起的环境公益诉讼案件之数量大幅增加。2016 年 7 月至 2017 年 6 月，各试点地区的人民法院共受理检察机关提起的环境民事公益诉讼案件 71 件，审结 21 件，较上一年度分别增长 4.5 倍与 4.6 倍；同期，各试点地区的人民法院共受理行政公益诉讼案件 720 件，审结 360 件，较上一年度分别增长 25 倍与 23 倍。其中，2016 年 7 月至 2016 年 12 月，各试点地区的人民法院共受理环境民事公益诉讼案件 35 件并审结 3 件，共受理行政公益诉讼案件 117 件并审结 50 件。2017 年 1 月至 2017 年 6 月，各试点地区的人民法院共受理民事公益诉讼案件 36 件并审结 18 件，共受理行政公益诉讼案件 603 件并审结 310 件。2017 年 3 月，最高人民法院发布了 3 起检察机关提起的环境公益诉讼典型案例。在江苏省徐州市人民检察院诉徐州市鸿顺造纸有限公司水污染民事公益诉讼案中，鸿顺公司以私设暗管的方式，向连通京杭运河的苏北堤河排放生产废水，废水的化学需氧量等污染物指标均超标，法院判决鸿顺公司赔偿生态环境修复费用及服务功能损失共计 105.82 万元。该案是自全国人大常委会授权检察机关试点提起公益诉讼以来，人民法院受理的首批民事公益诉讼案件之一。

(二) 让生态环境损害赔偿成为人民环境权益的坚实保障

在多起严重的污染事件中，很少有污染者承担生态修复或者损害赔偿之责任，而当污染者无需为此埋单时，肩负环境保护职责的政府就不得不站出来"背锅"。为了从根本上解决"企业污染，群众受害，政府埋单"的问题，2015 年 11 月，中共中央办公厅、国务院办公厅印发了《生态环境损害赔偿制度改革试点方案》(以下简称"《试点方案》")，以部署生态环境损害赔偿制度改革工作。2016 年 4 月，经国务院授权，吉林、江苏、山东、湖南、重庆、贵州和云南共 7 个省 (市) 开展了试点工作。根据《试点方案》之要求， 7 个省 (市)

印发了本地区的生态环境损害赔偿制度改革试点实施方案，探索形成了相关配套管理文件共 75 项，深入开展了 27 件案例实践，涉及的总金额约 4.01 亿元。在赔偿权利人、磋商诉讼、鉴定评估、修复监督、资金管理等方面，7 个省（市）取得了阶段性进展，从而为生态环境损害赔偿案件之办理与制度设计打下了坚实的基础。其中，贵州省环保厅以赔偿权利人的身份参与了中华环保联合会诉黔桂天能焦化公司大气排放超标公益诉讼案，并初步达成了 1313 万元的环境损害赔偿金诉前调解协议；山东省环保厅代表省政府在济南市章丘区重大非法倾倒危险废物案件中与 6 名赔偿义务人进行了 4 轮磋商，并与其中 4 名赔偿义务人达成 1357.54 万元的赔偿协议，其近期拟对另外两名赔偿义务人提起诉讼；湖南省郴州矿冶有限公司就屋场坪锡矿"11·16"尾矿库水毁灾害事件达成了 1568 万元的赔偿协议。[①]

在《试点方案》的基础上，环境保护部组织编制了《生态环境损害赔偿制度改革方案》（以下简称"《方案》"）。《方案》于 2017 年 8 月经中央全面深化改革领导小组第 38 次会议审议通过，将从 2018 年 1 月 1 日起在全国范围内实施。自此，生态环境损害赔偿制度改革完成了试点阶段的各项任务，并正式迈向全国试行的新阶段。《方案》明确规定，造成生态环境损害的单位或个人应当承担生态环境损害赔偿责任，并且要"应赔尽赔"，国务院授权省级、市地级政府（包括直辖市所辖的区县级政府）作为本行政区域内生态环境损害赔偿权利人。在此基础上，我们有望摆脱以往无法对污染者进行有效追责之窘境。

四、 改革开放的四十年，是生态文明理念融入法治的四十年

改革开放四十年来，伴随着工业化和城镇化进程的快速推进，中国在生态、

---

① 於方、田超、齐霁：《生态环境损害赔偿制度改革任重道远》，《中国环境报》2017 年 12 月 19 日第 3 版。

资源、环境等方面留下了较多的欠账。同时，随着中国融入全球化进程，受国际分工的限制，我国的经济整体处于全球产业链的低端，并且以资源、能源和污染密集型产业及产品为主，这无疑加大了我国的资源环境压力和环境治理难度。正是在这样的背景下，生态文明建设工作日益引起党和政府的高度重视。20世纪80年代以来，国家制定或修订了《中华人民共和国环境保护法》《中华人民共和国水污染防治法》《中华人民共和国海洋环境保护法》《中华人民共和国大气污染防治法》《中华人民共和国固体废物污染环境防治法》《中华人民共和国环境影响评价法》等多部环境保护法律，以及水、清洁生产、可再生能源、农业、草原、畜牧等方面的与环境保护密切相关之法律。同时，国家的环境保护标准体系初步建立，现行标准已达1300项。目前，中国已进入依照法律和制度来保护环境及推进生态文明建设的全新历史时期。

虽然我国的生态文明建设之立法工作取得了很大的成绩，但是立法的部门化倾向比较严重，生态文明制度建设"碎片化"、管理"分隔化"等问题在各领域都不同程度地存在着。一方面，法律空白依然存在，有的重要领域至今无法可依；另一方面，现有的一些环境保护法律过于"疲软"，法律实施效果比较差，有的制度设计因过于原则而没有可操作性。此外，相关法律的修改工作过于迟缓，与现实的发展脱节。2005年，国务院发布了《关于落实科学发展观加强环境保护的决定》，该文件首次提出了"建设生态文明"之概念，其要求弘扬环境文化，倡导生态文明，以环境补偿促进社会公平，以生态平衡推进社会和谐，以环境文化丰富精神文明。党的十七大报告将生态文明建设纳入全面建设小康社会的奋斗目标，并提出要建设生态文明，基本形成节约能源和保护生态环境的产业结构、增长方式、消费模式。2011年，国务院发布了《关于加强环境保护重点工作的意见》，该文件要求深入贯彻落实科学发展观，加快推动经济发展方式转变，提高生态文明建设水平。党的十八大报告将生态文明建设纳入全面建成小康社会的行为体系和目标体系之中，并从指导思想、政策、重点、方法和路径之角度对大力推进生态文明建设做了全面阐述。自此，生态文明建设从战略高度上被推到了国家建设之层面。

党的十八大以来，习近平总书记围绕生态环境保护和生态文明建设提出了一系列的新理念、新思想、新战略，并总结形成了习近平生态文明思想，从而为推动生态文明建设与加强生态环境保护提供了科学的思想指引和强大的实践动力。2018 年 6 月，《中共中央　国务院关于全面加强生态环境保护坚决打好污染防治攻坚战的意见》对习近平生态文明思想做出了系统阐述。习近平生态文明思想内涵丰富、博大精深，我们可以从八个方面对其进行理解： 一是坚持生态兴则文明兴；二是坚持人与自然和谐共生；三是坚持绿水青山就是金山银山；四是坚持良好生态环境是最普惠的民生福祉；五是坚持山水林田湖草是一个生命共同体；六是坚持用最严格制度最严密法治保护生态环境；七是坚持建设美丽中国全民行动；八是坚持共谋全球生态文明建设之路。①

十八届三中全会指出，"建设生态文明，必须建立系统完整的生态文明制度体系，实行最严格的源头保护制度、损害赔偿制度、责任追究制度，完善环境治理和生态修复制度，用制度保护生态环境"。我们应当从生态文明建设的高度来审视相关的法律法规和制度，并对相关的法律制度进行战略性整合，从而进一步发挥法律在生态文明建设中的引领、规范、促进和保障之作用。为此，国家层面的立法做了如下几方面的努力： 第一，将生态文明建设作为基本国策写入《中华人民共和国宪法》，并使其上升为国家意志。为了使生态文明建设成为国家发展的大政方针和全社会的共同行为准则，我们要在《中华人民共和国宪法》中明

---

① 李干杰：《以习近平生态文明思想为指导动员全社会力量建设美丽中国》（2018 年 6 月 22 日十三届全国人大常委会专题讲座第五讲），引自全国人大网站，http：//www.npc.gov.cn/npc/xinwen/2018-07/16/content_2058116.htm，访问日期：2020 年 5 月 28 日。

确规定环境权，从而为生态文明建设提供宪法与法律的支撑。第二，研究构建生态文明建设的法律体系框架。生态文明建设的法律体系应当包括：生态文明考核评价制度；基本的管理法律制度，如国土空间开发保护法律制度、严格的耕地保护法律制度、水资源管理法律制度等；资源有偿使用制度和生态补偿制度；责任追究和赔偿法律制度，等等。第三，全面修订《中华人民共和国环境保护法》。作为环境领域的基础性、综合性法律，《中华人民共和国环境保护法》主要应当规定环境保护的基本原则和基本制度，而现在其基本法地位缺失，因此需要进行全面修订。2014年，根据生态文明建设的要求，全国人大常委会决定采用修订的方式对《中华人民共和国环境保护法》进行全面修改，以回应环境保护的制度需求，解决环境保护领域的突出问题。

我国坚持用最严格的制度和最严密的法治来保护生态环境。对于环保领域的法治建设而言，习近平生态文明思想是正确的方向和坚定的指引。习近平总书记指出，只有实行最严格的制度、最严密的法治，才能为生态文明建设提供可靠保障。在生态环境保护问题上，任何人都不能越雷池一步，否则就应该受到惩罚。保护生态环境必须依靠制度、依靠法治，这回答了生态文明建设的保障机制问题，充分体现了习近平生态文明思想的严密法治观。环境法治建设的很多成就，都是习近平生态文明思想的法治化。例如，关于环境法治体系，我们要尽快把生态文明制度的"四梁八柱"建立起来，将生态文明建设纳入制度化与法治化的轨道，持续完善法律体系，以法治理念与法治方式来推动生态文明建设；关于环境立法，我们要组织修订与环境保护有关的法律法规，在环境保护、环境监管、环境执法等领域添一些硬招；关于环境执法，我们要加大环境督查工作的力度，严肃查处违纪违法行为，着力解决生态环境方面的突出问题，让人民群众不断感受到生态环境的改善。

宪法是国家的根本法，是治国安邦的总章程，是党和人民意志的集中体现，其是环境法治的基石。2018 年的《中华人民共和国宪法修正案》共有 21 条，其调整和充实了中国特色社会主义事业总体布局与第二个百年的奋斗目标，明确提出要建设生态文明和美丽中国，这是一个突出的亮点。 2018 年的《中华人民共和国宪法修正案》涉及生态文明建设的内容包括： 一是明确了创新、协调、绿色、开放、共享的"贯彻新发展理念"之要求；二是规定了"推动物质文明、政治文明、精神文明、社会文明、生态文明协调发展"；三是要求"把我国建设成为富强民主文明和谐美丽的社会主义现代化强国，实现中华民族伟大复兴"；四是指出国务院的职权包括"（六）领导和管理经济工作和城乡建设、生态文明建设"；五是提出了"推动构建人类命运共同体"之要求。①

生态文明建设也是生态环境专项法律法规的核心内容。2014 年的《中华人民共和国环境保护法》之修订，充分体现了党的十八大关于生态文明建设之精神，该法第一条的立法目的增加了"推进生态文明建设，促进经济社会可持续发展"之内容。除了《中华人民共和国宪法》和《中华人民共和国环境保护法》《中华人民共和国水污染防治法》《中华人民共和国大气污染防治法》《中华人民共和国海岛保护法》等 11 部法律也将"生态文明"确立为立法目的和立法内容。按照党中央、国务院的总体部署，自 2015 年起，国家又打出了"1＋6"生态文明体制改革的"组合拳"。《生态文明体制改革总体方案》"1＋6"文件以落实地方的党委与政府及相关部门之环保责任为主线，内容涉及强化政府责任到实行"党政同责"，其坚持依法追责、终身追责，不断明确量化责任，建立了权威高效的中央环保督察等一批政策制度，从而标志着我国的生态环保法治又实现了重大突破。其中，"1"就是《生态文明体制改革总体方案》，"6"包括《环境保护督察方案（试行）》《生态环境监测网络建设方案》《开展领导干部自然资源资

① 李干杰：《全面贯彻实施宪法大力提升新时代生态文明水平》，《人民日报》2018 年 3 月 14 日第 16 版。

产离任审计试点方案》《党政领导干部生态环境损害责任追究办法（试行）》《编制自然资源资产负债表试点方案》和《生态环境损害赔偿制度改革试点方案》。

Forty Years of Environmental Rule of Law in China: Achievements and Experience

WANG Zhuoyue　WANG Bin　ZHANG Yuheng　HE Rong　YUAN Qingdan

Abstract：In the past forty years of reform and opening ， China's environmental rule of law has achieved remarkable results. This paper reviews the development of environmental rule of law in China in the past 40 years, and analyses its effectiveness and experience from four perspectives： legislation， law enforcement， justice and ecological civilization theory. Over the past 40 years， China's laws on ecological environment protection have grown sharply， and the law enforcement of ecological environment has been constantly optimized with the improvement of the rule of law. Environmental administration， civil and criminal justice have been continuously strengthened， and the concept of ecological civilization has been integrated into all aspects of the rule of law.

Key words：Reform and Opening; Environmental Rule by Law; Forty years

改革开放四十年来的能源法学
研究方法之演变与发展

曹 炜 韩 睿[*]

摘要： 回顾我国改革开放四十年来的环境法学及各相关领域之发展，能源法学作为环境法学领域的一门新兴学科，其对研究方法的探讨甚少，从而缺乏有力的研究工具。研究内容的交叉性特征决定着，能源法学研究应对社科法学研究方法予以重视。法律制度不完善的现实状况既制约又依赖着法教义学的方法。能源对国民社会正常运行的战略性意义，使得能源法学研究离不开政法法学的研究方法。尊重自然规律及与能源科技的碰撞，为能源法学的研究引入了自然科学研究方法这一新的力量。

关键词： 能源法学；研究方法；法教义学；社科法学；自然科学的研究方法

---

* 作者简介：曹炜，中国人民大学法学院副教授；韩睿，中国人民大学法学院环境与资源保护法学专业硕士研究生。

引言

工业的发展带来了大量的污染与环境问题，环境法学应运而生。中华人民共和国成立初期，工业发展处于起步阶段，环境问题因被视作卫生问题而得不到相应的关注。20世纪70年代后期，《中华人民共和国环境保护法（试行）》的修订拉开了我国环境法学研究的序幕。[①] 自此，伴随着环境法的创造进程，我国的环境法学在改革开放的四十年间获得了长足发展，其不仅创造了大量的立法成果，而且逐渐构建了环境权、环境宪法、环境司法等理论模型。同时，学界开始探索指导环境法学研究的方法论，生态法学研究方法[②]、激励理论[③]、整体主义方法[④]、法教义学与环境价值相耦合[⑤]等一系列研究方法涌现出来，它们是开展环境法学研究的重要工具。

作为环境法学的重要组成部分之能源法学，是指研究政策性较强和软法规范较多的能源法（能源政策法律）、能源法的现象及与能源法相关的问题，并且以研究、发现和运用能源法发展规律为宏观目标和归宿的科学。[⑥] 相较于环境法学，我国的能源法学自1988年开始起步。[⑦] 在三十余年的发展过程中，我国的

---

① 参见汪劲：《环境法学的中国现象：由来与前程——源自环境法和法学学科发展史的考察》，《清华法学》2018年第5期，第24—35页。

② 参见蔡守秋：《调整论——对主流法理学的反思与补充》，北京：高等教育出版社2003年。

③ 参见巩固：《激励理论与环境法研究的实践转向》，《郑州大学学报（哲学社会科学版）》2016年第4期，第20—23页。

④ 参见刘卫先：《环境法学研究的整体主义立场》，《郑州大学学报（哲学社会科学版）》2016年第4期，第23—25页。

⑤ 参见曹炜：《论环境法法典化的方法论自觉》，《中国人民大学学报》2019年第2期，第39—51页。

⑥ 参见胡德胜：《论能源法学的独立学科地位和理论体系》，《西安交通大学学报（社会科学版）》2018年第2期，第99—108页。

⑦ 以法律出版社1988年出版的《能源法教程》为标志，参见胡德胜：《论能源法学的独立学科地位和理论体系》，《西安交通大学学报（社会科学版）》2018年第2期，第102页。

第 二 章

环 境 法 治

能源法学围绕"能源安全"与"能源生态"开展研究。能源安全具体包括能源的供应安全与利用安全。[①] 所谓能源供应安全,是指供给侧能源产品的输出能够持续稳定地满足需求侧对能源产品的需求,其是国家的生存发展与公民的日常社会生活运行之重要保障;所谓能源利用安全,是指从能源作为自然资源的属性出发,强调能源的合理利用和代际公平,并且以实现能源的可持续发展为目标。能源生态强调能源的生态价值,致力于减少能源利用过程中产生的环境负外部性,关注对可再生能源的提倡和对化石能源碳排放量的控制,其在缓解全球变暖与应对气候变化方面发挥着重要作用。由此可见,能源法学的研究内容同时涉及经济发展与生态保护,因此其具有保障国家安全的重要意义。近年来,全球范围内的一系列能源事故(如日本的福岛核泄漏事件、美国的页岩油危机等)督促着能源法学的不断完善。习近平总书记提出的"四个革命、一个合作"之能源安全新战略,对能源法学的发展提出了更高的要求。

为了在现有研究之基础上完善我国的能源法学,以符合新的要求,我们需要借助法学研究方法。工欲善其事,必先利其器,"法学研究方法就是研究法律现象的基本方法"[②]。能源法学的新兴法学学科之地位,决定了与传统的法学学科相比,其在理论研究和方法运用方面存在不足。与国民社会的联系之紧密性,要求能源法学在研究上应紧随社会发展之趋势。正确认识与发展能源法学的研究方法,能够为能源法学的系统性发展提供动力。笔者以能源为主题,以法学核心期刊为限定条件,于 CNKI 进行搜索,得到能源法学领域近四十年来的约 130 篇主要文献。在此基础之上,笔者对能源法学的研究方法之类型与发展趋势进行了梳理。

---

① 参见杨泽伟:《我国能源安全保障的法律问题研究》,《法商研究》2005 年第 4 期,第 19—25 页。
② 陈瑞华:《论法学研究方法》,北京:法律出版社 2017 年。

一、 能源法学的研究方法之类型

有关法学研究方法之讨论，已经成为法学研究的一个热点。[①] 传统的法学研究方法包括注重政治意识形态话语的政法法学、强调围绕法律文本开展分析的注释法学（在演变过程中，其逐渐为"法教义学"之表述所替代），以及引入社会科学研究方法的社科法学。[②] 在传统的三类法学研究方法中，社科法学出现得较晚，其产生的契机是一部分法学家试图跳出法律规范的限制，从而以外部视角来探讨法条背后的社会历史根据。[③] 无独有偶，科技的发展不仅推动着社会运行，而且冲击着原有的社会理念。科技领域逐渐与法学领域相连接，从而促使自然科学的研究方法成为了第四类法学研究方法。

(一) 政法法学的研究方法

随着法学与政治的剥离，政法法学在我国的法学研究中之地位日渐式微，具有较重的政治意识形态色彩之政治问题已淡出法学家的视线。[④] 然而，方法运用的减少，并不一定意味着价值上的削弱。政法法学的研究方法内生于某些法学领域对政治意识形态的偏好。[⑤] 在市场经济的条件下，社会资源被要求以各种

---

① 陈瑞华：《法学研究方法的若干反思》，《中外法学》2015 年第 1 期，第 22—28 页。
② 参见苏力：《也许正在发生——中国当代法学发展的一个概览》，《比较法研究》2001 年第 3 期，第 1—9 页；苏力：《中国法学研究格局的流变》，《法商研究》2014 年第 5 期，第 58—66 页。
③ 参见苏力：《也许正在发生——中国当代法学发展的一个概览》，《比较法研究》2001 年第 3 期，第 1—9 页；陈瑞华：《法学研究方法的若干反思》，《中外法学》2015 年第 1 期，第 22—28 页。
④ 参见苏力：《中国法学研究格局的流变》，《法商研究》2014 年第 5 期，第 58—66 页。
⑤ 参见苏力：《中国法学研究格局的流变》，《法商研究》2014 年第 5 期，第 58—66 页。

名义和形式重新分配，而缺乏一个强有力的正当理由就使得政法法学得以浴火重生。① 学者丁轶从方法论国家主义的视角出发，为政法法学的转型提供了方法论的指导，他强调在具体的经验研究过程中利用"国家视角"来分析法律现象。

从能源法学的研究内容来看，能源产品是公民社会生活得以正常进行的必需品，而能源资源的稀缺性加剧了能源产品的供需矛盾。为避免私人垄断对国民社会生活造成不利影响，国家力量势必介入包括能源法学在内的能源相关领域。因此，政法法学的研究方法成为能源法学学者研究能源法律关系的重要工具。能源安全的问题是我国政治领域面临的新问题，能源产业更关系着国家的经济命脉，政府的重要作用是不言而喻的。② 能源法领域促进型立法现象的出现，更是国家干预经济和社会发展的重要体现。③ 2007 年，基于能源安全对中国的和平发展战略与"十一五"规划之重要性，武大国际法研究所主办了以"中国能源安全问题研究——法律与政策分析"为主题的国际研讨会，与会者综合运用比较分析和政法法学的研究方法来探讨我国的能源法律与政策之完善④，有学者同时强调要预防国际能源合作中潜在的政治风险⑤。此外，更有学者在政策融合的视野下，对我国能源行业的管制与竞争进行了法律构建⑥，从而充分体现了政法法学的研究方法在能源法学研究领域的重要地位。

---

① 参见苏力：《中国法学研究格局的流变》，《法商研究》2014 年第 5 期，第 58—66 页。
② 参见杨泽伟：《我国能源安全保障的法律问题研究》，《法商研究》2005 年第 4 期，第 19—25 页。
③ 参见李艳芳：《"促进型立法"研究》，《法学评论》2005 年第 3 期，第 100—106 页。
④ 参见黄伟、吴三燕、郭文晓：《2007 年"中国能源安全问题研究——法律与政策分析"国际研讨会综述》，《法学评论》2007 年第 6 期，第 154—157 页。
⑤ 参见黄伟、吴三燕、郭文晓：《2007 年"中国能源安全问题研究——法律与政策分析"国际研讨会综述》，《法学评论》2007 年第 6 期，第 154—157 页。
⑥ 参见江山：《政策融合视野下中国能源行业管制与竞争的法律建构——以石油行业为中心》，《当代法学》2014 年第 6 期，第 95—105 页。

（二）法教义学的研究方法

法教义学起源于德国，并且与历史法学及概念法学有密切的联系，其是当今中国法学界的主流研究范式之一。[①] 一般而言，解释的方法是学界对法教义学研究方法之认知的通说；而从研究进路来看，比较的方法是从文本出发，对不同法域或国家的法律体系进行对比，其旨在推动本国法律体系之完善。因此，笔者认为，法教义学的目的在于，通过解释与比较的方法来构建逻辑自洽且具有可操作性的法律体系。[②] 法教义学的具体研究方法可以分为解释分析的研究方法与比较分析的研究方法。

1. 解释法学

解释分析的研究方法，具体又可以分为概念分析与规则分析，其基本规则是通过解释，实现法律实务的实际接受、巨大的社会实践效用，以及概念逻辑上的严谨自洽。[③] 作为最主要的法学研究方法之一，解释分析的研究方法在能源法研究中自然有所体现。例如，在《中国能源立法目的及其价值取向的选择——兼论能源立法中能源利用与环境保护的关系》一文中，学者武奕成以当时已有的能源立法为切入点进行分析，发现当下的能源立法各自为政，各法之间缺乏必要的内在联系，且部分立法的年限已久，从而不能适应目前急剧变化的复杂形势。因此，武奕成提出要起草能源法总论和构建能源法学体系，并且他结合《中华人民

---

① 参见雷磊：《法教义学观念的源流》，《中外法学》2015 年第 1 期，第 42—52 页；另见焦宝乾：《法教义学的观念及其演变》，《法商研究》2006 年第 4 期，第 88—93 页。

② 参见苏力：《也许正在发生——中国当代法学发展的一个概览》，《比较法研究》2001 年第 3 期，第 1—9 页。

③ 参见苏力：《也许正在发生——中国当代法学发展的一个概览》，《比较法研究》2001 年第 3 期，第 1—9 页。

共和国能源法（征求意见稿）》的文本，对设立能源法总论的法理问题进行了探讨。① 又如，在《论 〈能源宪章条约〉 中的环境规范》一文中，学者杨洪分析了《能源宪章条约》中的关于环境规范之条文，并对其属性与适用进行了解释。②

然而，解释分析的方法在研究时遵循逻辑证成的思路，其分析以法律文本作为逻辑起点③，这就使得解释分析的研究必须以现有的法律为前提来开展体系化的工作。学者刘剑文指出，基于新兴学科与交叉学科的复杂性、整合性、交叉性和开放性，研究领域内的学者难以就基本要素达成共识，并且立法工作也多处于摸索阶段，从而无法为教义研究的开展提供成熟、完备的规范文本。④ 我国的能源立法呈现碎片化状态，虽然已有《中华人民共和国节约能源法》《中华人民共和国可再生能源法》《中华人民共和国电力法》《中华人民共和国煤炭法》等多部单行法律，但是缺乏总论⑤的指导，从而无法为解释分析的方法提供体系完整、逻辑自洽的法律规范文本，这在很大程度上制约了解释分析方法在能源法研究中的适用。作为法教义学的基础工具，解释分析的研究方法在法学领域的基础理论之形成与发展方面具有重要意义，这又使得能源法领域在立法过程中缺乏理论指导之事实加大了法律制度的制定难度，从而形成了能源法学的教义研究缺失之恶性循环。因此，我们必须借助法教义学研究的第二大工具——比较法学的研究方法来打破这一循环。

---

① 参见武奕成：《中国能源立法目的及其价值取向的选择——兼论能源立法中能源利用与环境保护的关系》，《河北法学》2011 年第 11 期，第 105—111 页。
② 参见杨洪：《论〈能源宪章条约〉中的环境规范》，《法学评论》2007 年第 3 期，第 87—92 页。
③ 参见白斌：《论法教义学：源流、特征及其功能》，《环球法律评论》2010 年第 3 期，第 5—17 页。
④ 刘剑文：《作为综合性法律学科的财税法学——一门新兴学科的进化与演变》，《暨南学报（哲学社会科学版）》2013 年第 5 期，第 28—30 页；另见刘剑文：《论领域法学：一种立足新兴交叉领域的法学研究范式》，《政法论丛》2016 年第 5 期，第 3—16 页。
⑤ 我国曾于 2007 年发布《中华人民共和国能源法（征求意见稿）》，但该法至今仍未出台。

2. 比较法学

"不知别国语言者，对自己的语言便也一无所知"系克茨引用歌德之言，他以语言来比喻法律，从而强调了他国法律对一国的国内法之重要价值。[①] "他山之石，可以攻玉。"比较法学的研究方法不仅旨在通识外国法律并反思本国法律，而且其涉及了不同法律体系、法律文化和法律制度的比较与借鉴，以及法律的跨国整合与全球治理。[②] 法教义学下的比较分析方法主要是对不同国家或地区的法律文本进行比较，其通过借鉴他国法律的优良之处，对我国法律的构建与适用进行完善。在立法层面，比较分析方法的作用尤为显著。对于能源法学而言，完备的法律制度不仅能够发挥规范作用，而且其是是运用法教义学的解释方法之前提。如何制定各类能源法律制度与搭建完备的能源法律体系，是能源法学的重要研究内容之一。因此，比较研究的方法在能源法学之研究中占主要地位。

除了对能源基本法和几部主要的能源单行法之研究外，在《日本能源政策动向及能源法研究》一文中，学者罗丽通过对日本能源法律的分析，探索了日本能源法律制度的特点及其对构建我国能源法律体系的启示。[③] 此外，在《德国与英国可再生能源法之比较及对我国的启示》一文中，学者杜群与廖建凯通过对德国与英国的可再生能源法之比较研究，探寻了两国的实践对我国可再生能源法律体系之构建的启示。学者邓海峰与茸宇则通过对我国海峡两岸的可再生能源法律制度之比较研究，分析了两岸现有立法的不足并提出了相关建议。[④] 随着我国"一带一路"倡议对国际能源合作的重视，比较法学的研究方法在能源法领域之

---

① 参见［德］K. 茨威格特、［德］H. 克茨：《比较法总论》，潘汉典等译，北京：法律出版社 2003 年。

② 高鸿钧：《比较法研究的反思：当代挑战与范式转换》，《中国社会科学》2009 年第 6 期，第 161—170 页。

③ 参见罗丽：《日本能源政策动向及能源法研究》，《法学论坛》2007 年第 1 期，第 136—144 页。

④ 参见邓海峰、茸宇：《海峡两岸可再生能源法律制度比较研究》，《中国人口·资源与环境》2018 年第 4 期，第 109—116 页。

运用不只体现在国内能源法律制度的研究方面，越来越多的学者开始借助对国际或区域间的能源法之研究，就我国国际能源合作领域的法律制度之构建提出建议。例如，学者翟语嘉通过分析美日与日俄间的能源合作协议及《联合国海洋法公约》等一系列国际公约，提出了我国能源运输通道合作法律机制的完善路径。① 甚至有学者通过借鉴中国与东盟间的能源合作、《国际能源宪章》与《北美自由贸易协定》之经验，提出在"一带一路"倡议下构建全球能源法律互联网。②

（三）社科法学的研究方法

社科法学是一种将法学研究纳入社会科学的研究轨道之学术尝试。通过将法学研究方法与不同类型的社会科学研究方法进行结合，学界出现了不同的社科法学研究方法，如法经济学、法社会学、法人类学等。③ 与法教义学从文本出发的研究进路相比，社科法学是从后果出发来逆向分析、解释与评判法律条文和法律问题，其内部的每一种研究方法都遵循独特的研究进路，从而产生了不同的后果。④ 不同层级和面向的能源需求与能源资源的稀缺性之冲突，难免导致能源领域的相关纠纷之日益增多⑤，这使得"如何取得更佳的社会效果"成为能源法学的研究热点。因此，社科法学的研究方法在能源法学的研究中得到广泛运用，主要体现在对法社会学、法经济学和法伦理学的研究方法之运用。

---

① 参见翟语嘉：《"21 世纪海上丝绸之路"框架下能源通道安全保障法律机制探究》，《法学评论》2019 年第 2 期，第 131—142 页。
② 参见张晏諕：《论全球能源互联网的法律制约与契机》，《河北法学》2018 年第 8 期，第 14—24 页。
③ 参见陈瑞华：《法学研究方法的若干反思》，《中外法学》2015 年第 1 期，第 22—28 页。
④ 参见侯猛：《社科法学的传统与挑战》，《法商研究》2014 年第 5 期，第 76 页。
⑤ 参见张忠民：《我国能源诉讼专门化问题之探究》，《环球法律评论》2014 年第 6 期，第 27—44 页。

1. 法社会学的研究方法

法社会学既是一门社会学与法学的交叉学科，又是一门运用社会学的理论和方法来研究法律问题、分析法律与社会的关系、探讨法律在实际运行过程中的内在逻辑与规律的社会学之分支学科①，其关注的是社会结构和秩序的稳定性②。通说认为，法的社会分析研究方法所借鉴的社会学理论主要有功能主义、社会进化论、冲突理论、交换理论与互动理论。基于上述五种理论的指导，法的社会分析又衍生出观察与比较、调查与实验、文件分析与数量分析等具体的分析方法。由此可见，对经验的获取和开展实证分析，是法社会学的研究方法之重要路径。在能源法学的研究过程中，有不少学者基于实践经验，利用法社会学的方法来开展研究。例如，学者张晓静与韩秀丽分别基于"艾美特公司诉乌克兰案"与"森普拉能源公司撤销案"，就能源投资协议中的利益否决条款和自裁决条款展开研究。③

2. 法经济学的研究方法

法经济学是 20 世纪 60 年代以后从美国发展起来的一种研究方法④，其是通过将经济学的研究方法引入法学研究而产生的一种研究范式。法经济学的研究方法将财富或社会福利的最大化作为研究进路。⑤ 波斯纳将法经济学归纳为是一门"将经济学的理论和经验方法全面运用于法律制度分析"的学科⑥，他认为法经济学是一门运用经济理论（主要是微观经济学及福利经济学的基本概念）来分析法律的形成、法律的框架、法律的运作及法律与法律制度所造成的经济影响之

---

① 郭星华：《法社会学教程（第二版）》，北京：中国人民大学出版社 2015 年。
② 参见侯猛：《社科法学的传统与挑战》，《法商研究》2014 年第 5 期，第 74—80 页。
③ 参见张晓静：《投资条约中的利益否决条款研究——由"艾美特公司诉乌克兰案"引发的思考》，《法商研究》2012 年第 6 期，第 101—108 页。
④ 参见汪劲：《环境法学（第四版）》，北京：北京大学出版社 2018 年。
⑤ 参见侯猛：《社科法学的传统与挑战》，《法商研究》2014 年第 5 期，第 74—80 页。
⑥ 参见［美］理查德·A. 波斯纳：《法律的经济分析》，蒋兆康译，北京：中国大百科全书出版社 1997 年。

学科①。简言之，法经济学方法的运用就是在经济学理论的指导下，以经济学假设为前提，通过经济分析方法对法学现象进行分析之过程。从能源作为自然资源所具有的公共物品属性来看，经济学理论在正确理解能源问题方面发挥着至关重要的作用。实际上，绝大部分的能源问题都围绕着能源产业的经济属性展开，即便是能源生态保护，也离不开有关的市场激励型手段之设计，以及对其与能源产业发展间的协调关系之探讨。与法经济学在环境法学中的作用相似，能源法学的法经济学之研究方法亦主要体现在确定基本理论以指导立法和对能源法律制度进行评价以提高决策科学性两个方面。② 例如，学者吕江以政府对能源市场干预作用的重新认定为基础，论述了新能源立法的相关制度安排。又如，学者肖江平以福利经济学的理论为指导，借助税收理论来探索可再生能源的促进机制。③

3. 法伦理学的研究方法

法伦理学是从法与道德的关系出发，运用伦理学的研究方法对法律现象进行分析的交叉科学。④ 在研究内容上，法伦理学首先关注的是何为对错的问题，即法律正义与非正义在存在上的元伦理学问题。在此基础上，法伦理学进一步探讨何为对错标准的问题，即规范伦理学的问题。此外，在针对具体问题进行分析之前提下，法伦理学还存在着应用伦理学的层次。⑤ 由于当今大部分的法学学者都承认道德判断的对错之分⑥，因此能源法学的法伦理学研究也多集中于从规范伦理学和应用伦理学的层面来分析能源正义问题，包括能源的分配正义和能源的环境正义。能源的分配正义强调不同类型的人群获取能源机会的公平性，其又

---

① 参见史晋川：《法律经济学评述》，《经济社会体制比较》2003 年第 2 期，第 95—103 页。
② 参见汪劲：《环境法学（第四版）》，北京：北京大学出版社 2018 年。
③ 参见肖江平：《可再生能源开发利用的税法促进》，《华东政法学院学报》2006 年第 2 期，第 64—69 页。
④ 参见张启江：《中国法伦理学研究的热点问题与困境》，《伦理学研究》2012 年第 5 期，第 69—76 页。
⑤ 参见雷磊：《法哲学在何种意义上有助于部门法学》，《中外法学》2018 年第 5 期，第 1178—1201 页。
⑥ 参见雷磊：《法哲学在何种意义上有助于部门法学》，《中外法学》2018 年第 5 期，第 1178—1201 页。

包括区域间的能源正义问题和代际间的能源正义问题。学者张忠民与熊晓青从能源正义的视角出发，探讨了农村能源在分配、程序、矫正正义、社会正义等问题上的法律表达。[①] 有学者从代际公平的视角出发，探讨了可持续发展能源伦理学在能源分配中的重要作用。[②] 能源的环境正义强调对能源利用所引发的环境负外部性进行限制，其旨在实现人类社会发展与自然环境保护间的伦理正义，并达成能源利用方面的碳减排之目标。在能源法学的研究中，有关可再生能源、低碳经济、绿色经济、气候变化等内容的学术成果，均系以法伦理学中的环境正义为视角进行的研究。

（四）自然科学的研究方法

学者郑艺群以生态化的视角指出，环境法学（包括能源法学）是有关环境资源的自然科学和社会科学之交叉学科，自然科学研究方法的最新成果（如系统论、控制论、信息论、耗散结构论、协同论、突变论等）在环境法学研究中也开始越来越多地被借鉴与运用。[③] 这意味着能源法学的研究方法突破了传统的法学研究方法之分类。能源法学的研究既要求综合运用多种社会科学的研究方法，又要求社会科学的研究方法与自然科学的研究方法相结合。出现这一趋势的原因在于，能源法学的研究对象（即能源法律关系）内在地蕴含了能源自然规律。基于能源的自然资源属性，合理利用自然资源成为能源法学研究的核心价值之一。

---

① 参见张忠民、熊晓青：《中国农村能源正义的法律实现》，《中国人口·资源与环境》2016年第12期，第125—132页。

② 参见肖江平、肖乾刚，《"可再生能源"的法律定义》，《法学评论》2004年第2期，第101—106页。

③ 参见郑艺群：《环境法学理论的创新和调整——以法学方法论的生态化为视角》，《合肥工业大学学报（社会科学版）》2006年第5期，第133—138页；另见蔡守秋：《调整论——对主流法理学的反思与补充》，北京：高等教育出版社2003年。

所谓对能源的合理利用，具体而言就是发现能源开发利用的规律，并利用这一规律对能源利用进行合理规划。以对可再生能源中的风能之利用为例，由于风能具有不稳定性和难预测性，因此如何实现其与能源需求的平稳对接，就成为能源法学研究的重要内容。学者张璐在分析化石能源立法与可再生能源立法的"同步性困境"时亦指出，有必要以针对化石能源和可再生能源的物品属性之特殊性分析为基础，就二者在立法上的差异性进行研究。[①] 能源问题首先是科学问题，对能源自然规律的利用要求在能源法学的研究过程中引入自然科学的研究方法。

二、 能源法学的研究方法之发展

能源法学的学科特点和主流意识观念之影响决定了能源法学的研究方法之发展趋势，预示着未来的能源法学研究之发展方向。对我国改革开放以来的能源法学之研究成果进行回顾可以发现，能源法学的研究方法在发展上呈现出以社科法学的研究方法为主，以法教义学的研究方法为辅，政法法学的研究方法和自然科学的研究方法逐渐壮大之趋势。

(一) 社科法学的研究方法之主导地位的显现

学者陈瑞华指出，与规范法学注重法律文本、侧重研究"书本上的法"之进路不同，社科法学重视法律的实施和运用之效果，并运用社会科学方法来进行理论分析，即其更重视"社会生活中的法"。[②] 环境法是一门实践性学科，对其进

---

① 参见张璐：《化石能源与可再生能源立法差异性研究》，《上海大学学报（社会科学版）》2012 年第 2 期，第 40—52 页。
② 陈瑞华：《从经验到理论的法学研究方法》，《中国法律评论》2019 年第 2 期，第 84—100 页。

行研究是为了更好地认识与解释环境法现象，因此这种研究必须立足于环境法的实践，脱离环境法实践的研究只能是无本之木。① 能源法亦是如此，能源的生产之要和生活之基的定位②，决定了能源问题与社会生活的各个领域都存在着密切关系，因此我们只有立足于社会生活，才能正确地把握对能源法学的研究。以上特点在根本上决定了能源法学研究的方法运用之综合性趋势，并使得社科法学的研究方法在能源法学的研究中占据着主导地位。

在社科法学的研究方法中，法经济学的研究方法又成为了能源法学研究领域的最主要方法。学者汪劲指出，西方环境经济学研究中的外部性理论、公共物品经济学理论、环境经济分析技术、环境管理经济手段等成果，均在环境法学研究中有所体现。③ 与环境法学的其他领域相比，能源法学除致力于保护环境利益外，还强调能源供给的安全，因此如何利用经济学的方法（如成本—效益分析、激励机制等）来促使能源企业在市场竞争中选择更有利于保护环境的经营策略，就显得尤为重要。

此外，能源法学突破了传统的社科法学所具有的各研究方法独立作用之特征，其强调综合运用社会学、经济学和伦理学的方法来进行法学研究，如学者巩固提出的激励理论。④ 这在一定程度上为社科法学的研究方法带来了冲击与创新，并且体现了能源法学研究中的生态价值导向。

---

① 参见吕忠梅：《环境法原理（第二版）》，上海：复旦大学出版社 2017 年。
② 胡德胜：《论我国能源监管的架构：混合经济的视角》，《西安交通大学学报（社会科学版）》2014 年第 4 期，第 1—8 页。
③ 参见汪劲：《环境法学（第四版）》，北京：北京大学出版社 2018 年。
④ 参见巩固：《激励理论与环境法研究的实践转向》，《郑州大学学报（哲学社会科学版）》2016 年第 4 期，第 20—23 页。

（二）法教义学的研究方法之辅助作用的增强

学者张忠民指出，我国能源法学的研究存在以下不足：

> 由于着手较晚、社会重视程度不够、相关法律不配套等原因，现有研究成果借鉴了大量的国外能源法的相关规定，并在能源单行立法、节约能源、替代能源开发、合同能源管理等方面广泛地采纳了发达国家的举措，并未建构自身的能源法理论体系。①

以上这些不足反映在能源法学研究之中，便使得以规范分析为核心的法教义学之解释方法缺乏分析的逻辑起点。相较于传统的部门法学将法教义学的研究方法作为主要研究方法之做法，法教义学的研究方法在能源法学研究中仅发挥辅助作用。

此外，学者陈瑞华指出，立法论的研究方法在法教义学中占据重要地位。规范法学的第二个分支是对策法学，所谓立法对策与建议方案，其实就是规范法学的一种派生物，即在通过解释法律仍然无法规避立法漏洞之情况下，通过提出立法对策来改造法律，因此其又被称为"立法论"。② 与传统法学相比，能源法学在法律制度上的不成熟，制约着法教义学的研究方法之作用的发挥。基于国外丰富的立法资料及我国的法律实践对能源法之立法需求，依然有大量学者借助比较研究的方法来开展能源法的教义研究，从而使得法教义学的研究方法依旧在能源法学的研究过程中占据着重要地位。近年来，能源法的立法工作之推进与国际能

---

① 张忠民：《能源契约论》，北京：中国社会科学出版社 2013 年。
② 陈瑞华：《从经验到理论的法学研究方法》，《中国法律评论》2019 年第 2 期，第 84—100 页。

源之合作趋势，加剧了能源法学研究对比较研究的方法之依赖。

（三）政法法学的研究方法与自然科学的研究方法之逐渐壮大

与其他法学学科相比，能源法学与能源政策和能源科学之紧密互动，促使政法法学的研究方法与自然科学的研究方法在能源法学研究中占据着重要地位。虽然政法法学的研究方法是传统的法学研究方法之重要组成部分，但是在我国法学研究"去政治化"趋势的影响之下①，其在法学领域受到很大限制。实际上，"去政治化"趋势并非完全割裂政治与法律的联系，而是强调法学在地位上具有与政治相平等的独立性。作为维系国家正常运行的手段，政治与法律在目的上的一致性，使得二者的联系不会被切断，尤其是在能源法学这类对公共利益与国民安全保障有重要意义的领域。因此，对政法法学的研究方法之重视，成为能源法学研究的特点之一。

自然科学的研究方法是与社科法学的研究方法相对应的一类新兴研究方法。在研究对象上，能源法学对能源科学知识的依赖，决定了自然科学的研究方法在能源法学研究中的重要性，这也在一定程度上体现了能源法学受到环境保护伦理价值观之影响。结合自然科学的研究方法，学者们能进一步揭示能源自然规律与法学规律之关系，从而拉近了能源法学研究中的理论与实践之距离，使得能源法学不仅仅是"活生生的法"②，更是"真实鲜活的法"。

---

① 参见苏力：《也许正在发生——中国当代法学发展的一个概览》，《比较法研究》2001年第3期，第1—9页。

② "活生生的法"这一说法由奥地利法学家埃利希提出，他断言社会群体中存在的行为规范构成了"真正的法"或"活生生的法"，这种法与国家颁布的法（即"书本上的法"）形成鲜明的对比，并在效力上优越于后者。参见郭华成：《法社会学研究框架：比较与启示》，《河北法学》1989年第4期，第27—29页及第32页。

值得注意的是，受政治学与自然科学的知识背景之限制，政法法学的研究方法与自然科学的研究方法之运用易出现形似而神不似的形式主义。在具体的运用过程中，政法法学的研究方法存在偏离法学话语体系之痼疾。在这一情形下，"法学研究找不到自己的'经济增长点'，不得不讨论与其他学科共享的问题"①，从而不利于能源法学作为一个独立的学科之形成和确立。针对自然科学的研究方法，在就能源技术层面的法律现象进行研究时，从专业的角度对能源技术有所了解系研究开展之前提，因此自然科学的研究方法只能作为研究基础的补充而非主体。因此，随着政法法学的研究方法与自然科学的研究方法在能源法学研究中的壮大，如何实现二者的正当适用与合理限制，对于能源法学研究的集中发展而言就显得十分重要。

结语

作为环境法学的一个重要研究领域，能源法学起步稍晚，其研究过程缺乏方法论的指导。基于能源法学研究的跨区域性、交叉性、政策性与科技性，能源法学家们在摸索的过程中逐渐发展出了自己的方法论体系。能源法学的研究方法以社科法学的研究方法为主导，以法教义学的研究方法为辅助，并且尝试运用政法法学的研究方法与自然科学的研究方法。这种方法论体系在一定程度上促进了能源法学的发展与社会实践之融合，并提高了法的适用性。但是，能源法学也面临着研究方法运用不当、研究内容偏离法学要义之可能。因此，在能源法学不断发展的同时，能源法学者应当适当地将目光投掷于能源法学方法论的研究之上，从而为能源法学的研究提供更科学、高效的方法论支撑。

---

① 参见苏力：《也许正在发生——中国当代法学发展的一个概览》，《比较法研究》2001 年第 3 期，第 1—9 页。

中国海洋环境法治四十年：
发展历程、实践困境与法律完善

李龙飞 *

摘要：改革开放四十年来，我国的海洋环境保护法治建设经历了艰难摸索的起步阶段、顺应时代的完善阶段及力求创新的深化阶段，取得了长足的进步与巨大的成就。但是，随着社会的不断发展，海洋环境保护法在实施过程中也出现了各种状况，遭遇了众多实践困境，这也促使我国的海洋环境保护法治紧随时代步伐而不断发展完善。本文通过对我国海洋环境保护法的实施现状及实践困境之管窥，结合我国海洋环境所遭遇的实际威胁和污染破坏，在问题导向意识下透视我国海洋环境保护法的未来走向，并制定积极有效的配套措施，以进一步完善我国的海洋环境保护法，更好地促进我国的海洋生态治理与环境保护。

关键词：改革开放；海洋环境保护法；生态保护；陆海一体化

＊ 作者简介：李龙飞（1993— ），男，山东滨州人，西南政法大学博士，研究方向为环境法。

改革开放前，我国的海洋生态问题就已显现。为大力保护海洋环境与海洋生态，我国的海洋环境保护法治建设被提上日程。改革开放四十年来，我国的海洋环境保护法治取得了巨大的历史成就，海洋环境保护的法律体系逐渐发展完善，并不断维护着我国的海洋环境及生态发展。我国的海洋环境保护法治建设在改革开放四十年间大致经历了以下三个阶段，即起步阶段、发展阶段与深化阶段。该时期内，国家在努力解决全球气候变化等严重环境问题的同时，也经历着从未出现过的大规模海洋变化，面临着众多的现实挑战与实践困境。[①]作为海洋大国，我国仍旧处在海洋污染排放和海洋环境风险的高发期，海洋生态灾害事故频繁发生，海洋水质随之不断恶化，海洋环境质量面临着严峻挑战。同时，我国的海洋环境法治也遇到了诸如执法水平不足、海洋环境法律体系不够健全、海洋环境污染处罚力度较低、海洋环境保护工作公众参与度低等实践困境。因此，本文对众多海洋环境保护的现实挑战与实践困境进行了分析与总结，并且在坚持陆海一体化的根本理念之基础上，提出了完善我国的海洋环境保护法治建设之对策，以期更好地促进我国的海洋生态治理与环境保护。

一、 改革开放后的我国海洋环境保护法治之发展历程

中华人民共和国成立以后至改革开放前，我国对海洋环境的治理与防护问题并不重视，因此也鲜有与海洋环境保护相关的法律法规。虽然我国批准加入了多项相关的国际公约，但是这些公约多数与海洋主权相关，很少有针对海洋环境的相关规定。直至 1974 年，我国颁布了《中华人民共和国防止沿海水域污染暂行规定》，该项规定也预示着我国的海洋环境保护法治建设步入了初步摸索阶段。这一阶段，我国与海洋相关的法律法规及国际公约主要涉及以下内容：

表 1　我国改革开放前与海洋相关之法律法规及国际公约

名称	颁布年份	特点
《海港管理暂行条例》	1954 年（1988 年失效）	法律规定主要集中在国家海洋主权和海洋航行安全保护方面，并没有涉及海洋环境保护问题
《中华人民共和国政府关于领海的声明》	1958 年	
《外国籍非军用船舶通过琼州海峡管理规则》	1964 年	
《海损事故调查和处理规则（试行）》	1971 年（1993 年修订）	
《国际船舶载重线公约》	1973 年加入	
《中华人民共和国防止沿海水域污染暂行规定》	1974 年	首次对沿海海洋的污染防治问题进行了规定

　　1978 年之前，与海洋环境相关的国际公约较为关注海洋权益问题，很少有直接针对海洋环境与海洋生态保护的规定。随着 1982 年的《联合国海洋法公约》之通过，海洋环境的保护问题终于有了国际公约的明文规定。《联合国海洋法公约》于第十二部分对海洋环境的保护问题进行了明确规定。除第十二部分的具体规定外，《联合国海洋法公约》的其他部分也有与海洋环境保护相关的规定。这些规定为我国的海洋环境保护提供了借鉴与参照（详情参见表 2）。

表 2　《联合国海洋法公约》中有关海洋环境保护之规定

具体条文	公约相关条文之具体内容
第 192 条	各国海洋环境的保护义务
第 194 条	海洋环境污染防治措施
第 199 条	海洋环境污染应急计划
第 204 条	海洋环境污染危险监测
第 206 条	对各种活动可能影响的评价
第 210 条	倾倒造成的海洋环境污染
第 211 条	来自船只的海洋环境污染
第 234 条	对极地冰封区域的规定

续　表

具体条文	公约相关条文之具体内容
第 235 条	北极自然资源开发事项的规定
第 237 条	其他海洋环境保护的规定

改革开放后，随着《联合国海洋法公约》的出台，以及我国的海洋勘探开发进程之不断深入，海洋生态及海洋环境问题不断显现，我国的海洋环境立法工作也经历了从相对被忽视到备受关注的发展过程。改革开放至今，我国的海洋环境保护法治建设大致可以分为以下三个发展阶段：

（一）起步阶段：1978 年至 1998 年

改革开放后，我国的海洋环境保护法治建设不断完善。随着法治进程的不断深入，我国的海洋环境法治建设逐渐进入了起步阶段。1978 年至 1998 年，在改革开放的前二十年里，我国与海洋环境保护相关的法律主要包括《中华人民共和国宪法》（1982 年）、《中华人民共和国海洋环境保护法》（1982 年）、《中华人民共和国水污染防治法》（1984 年）、《中华人民共和国渔业法》（1986 年）、《中华人民共和国水法》（1988 年）、《中华人民共和国环境保护法》（1989 年）、《中华人民共和国野生动物保护法》（1989 年）、《中华人民共和国固体废物污染环境防治法》（1995 年）等；我国与海洋环境保护相关的行政法规主要包括《对外合作开采海洋石油资源条例》（1982 年）、《海洋石油勘探开发环境保护管理条例》（1983 年）、《海洋倾废管理条例》（1985 年）、《防治拆船污染环境管理条例》（1988 年）、《防治海岸工程建设项目污染损害海洋环境管理条例》（1990 年）、《防止陆源污染物污染损害海洋环境管理条例》（1990 年）等②；此外，我国与海洋环境保护相关的规定还体现在部门规章、规范性文件、地方性法规和相关标准及规范之中，但由于数量过于庞杂，此处不再赘述（详请参见表 3）。

表 3　1978 年至 1998 年我国与海洋环境保护相关之主要法律规定

类别	名称	制定年份
法律	《中华人民共和国宪法》	1982 年
	《中华人民共和国海洋环境保护法》	1982 年
	《中华人民共和国水污染防治法》	1984 年
	《中华人民共和国渔业法》	1986 年
	《中华人民共和国矿产资源法》	1986 年
	《中华人民共和国水法》	1988 年
	《中华人民共和国环境保护法》	1989 年
	《中华人民共和国野生动物保护法》	1989 年
	《中华人民共和国领海及毗连区法》	1992 年
	《中华人民共和国固体废物污染环境防治法》	1995 年
	《中华人民共和国专属经济区和大陆架法》	1998 年
行政法规	《对外合作开采海洋石油资源条例》	1982 年
	《海洋石油勘探开发环境保护管理条例》	1983 年
	《海洋倾废管理条例》	1985 年
	《防治拆船污染环境管理条例》	1988 年
	《防治海岸工程建设项目污染损害海洋环境管理条例》	1990 年
	《防止陆源污染物污染损害海洋环境管理条例》	1990 年
部门规章	《海洋石油勘探开发环境保护管理条例实施办法》	1990 年
	《海洋倾废管理条例实施办法》	1990 年
	《疏浚物海洋倾倒分类和评价程序》	1992 年
	《海洋自然保护区管理办法》	1995 年
	《海洋标准化管理规定》	1997 年
其他	《全国海洋开发规划》	1995 年
	《中国海洋 21 世纪议程》	1996 年
	《中国海洋事业的发展》	1998 年

在我国的海洋环境保护之起步阶段，1982 年颁布的《中华人民共和国海洋环境保护法》无疑是海洋生态与海洋环境保护领域的基础性法律，其在我国的海洋生态保护与污染防治方面发挥了至关重要的保护作用。这一时期，我国的海洋环境保护立法主要呈现出以下特点： 首先，相关的法律法规体现出了重近海污染防治的观念，它们比较关注石油勘探开发和陆源污染，较为忽视深海海洋污染问题，并且缺乏有关海洋动植物资源保护的立法规范；其次，虽然与海洋环境保护相关的法律法规数量较多，但是有的法律法规仅通过个别条文对海洋环境及生态保护进行了规定，内容不够具体和详细；最后，大部分与海洋环境保护相关的法律法规在执行方面并不乐观，从而在海洋环境及海洋生态保护方面没有发挥真正的作用，这不利于海洋环境的改善与发展。

（二）发展阶段：1999 年至 2011 年

1999 年是我国的海洋环境保护法治建设之重要转折点，我国的海洋环境保护法治建设步入了更深层次的完善发展阶段。这一时期，我国颁布了多部与海洋环境保护相关的法律法规，如《中华人民共和国海域使用管理法》（2001 年）、《中华人民共和国环境影响评价法》（2002 年）、《中华人民共和国港口法》（2003 年）、《中华人民共和国可再生能源法》（2005 年）、《中华人民共和国循环经济促进法》（2008 年）、《中华人民共和国海岛保护法》（2009 年）、《防治海洋工程建设项目污染损害海洋环境管理条例》（2006 年）、《防治船舶污染海洋环境管理条例》（2009 年）等（详情参见表 4）。此外，之前生效的多部法律法规也经历了不同程度的修改与完善。我国于 1999 年和 2004 年对《中华人民共和国宪法》进行了修订，于 1999 年对《中华人民共和国海洋环境保护法》进行了修订，于 1996 年和 2008 年对《中华人民共和国水污染防治法》进行了修订，于 2000 年、 2004 年和2009年对《中华人民共和国渔业法》进行了不同程度的修订，于1996年对《中华人民共和国矿产资源法》进行了修订，于2002年对《中华人民共和国水法》进行了修订，于2004年和2009年对《中华人民共和国野生动物保护法》进行了修订，于2004年对《中华人民共和国固体废物污染环境防治法》进行了修订，等等。

表4　1999年至2011年我国与海洋环境保护相关之主要法律规定

类别	名称	制定年份
法律	《中华人民共和国海域使用管理法》	2001年
	《中华人民共和国环境影响评价法》	2002年
	《中华人民共和国港口法》	2003年
	《中华人民共和国可再生能源法》	2005年
	《中华人民共和国循环经济促进法》	2008年
	《中华人民共和国海岛保护法》	2009年
行政法规	《野生植物保护条例》	1999年
	《防治海洋工程建设项目污染损害海洋环境管理条例》	2006年
	《防治船舶污染海洋环境管理条例》	2009年
部门规章	《海洋预报业务管理暂行规定》	1999年
	《船舶安全营运和防止污染管理规则（试行）》	2001年
	《海洋行政处罚实施办法》	2002年
	《倾倒区管理暂行办法》	2003年
	《国家自然保护区监督检查办法》	2006年
	《海洋工程环境影响评价管理规定》	2008年
	《海洋特别保护区管理办法》	2010年
	《围填海计划管理办法》	2011年
其他	《全国海洋功能区划》	2002年
	《全国海洋经济发展规划纲要》	2003年
	《全国海洋经济发展"十二五"规划》	2010年

随着我国的经济与社会之不断发展，1982 年出台的《中华人民共和国海洋环境保护法》显然已经不能适应我国当时的海洋污染状况，因此我国于 1999 年对该部法律进行了修订。修订后的《中华人民共和国海洋环境保护法》在海洋环境的监督与管理、海洋生态的保护与改善、海洋环境污染的治理等方面都发挥着至关重要的作用。这一阶段，我国的海洋环境保护进入了发展时期，海洋环境保护方面的立法与法律修订不断加速，海洋环境与生态保护之成就也不断显现。该阶段内的海洋环境立法较为全面，涉及了海洋环境主权、海洋环境与生态保护、海洋的规划与利用、海洋资源的开发与保护、海洋水质的监督管理、海洋动植物的保护、生物多样性的保护，以及对各种海洋污染源的防治。这些与海洋环境及生态保护息息相关的法律法规，逐渐构成了我国的海洋环境保护法律体系。

（三）深化阶段：2012 年至今

2012 年是我国的海洋环境保护法治建设取得突破的一年，党的十八大创造性地提出了保护海洋生态、发展海洋经济、维护海洋权益的海洋强国战略，这标志着我国对海洋环境与海洋生态的关注上升到了新的高度。2013 年，习近平总书记又提出了"一带一路"的战略构想，并再一次强调了海洋强国的重要意义。③

紧随党的十八大所提出的海洋强国战略与习近平总书记的"一带一路"之战略构想，我国的海洋环境保护立法也不断深入发展。《海洋观测预报管理条例》（2012 年）、《海洋生态文明示范区建设管理暂行办法》（2012 年）、《海洋生态损害国家损失索赔办法》（2014 年）、《防治船舶污染内河水域环境管理规定》（2015 年）、《中华人民共和国深海海底区域资源勘探开发法》（2016 年）等相关的法律法规，进一步体现了我国的海洋强国战略及"一带一路"的战略构想。这一时期，我国对多部法律法规进行了修订，包括《对外合作开采海洋石油资源条例》（2013 年修订）、《防治船舶污染海洋环境管理条例》（2013 年、2014 年和2016 年修订）、《中华人民共和国渔业法》（2013 年修订）、《中华人民共和国固体废物污染环境防治法》（2015 年修订）、《防治拆船污染环境管理条例》（2016年修订），等等（详情参见表 5）。

表 5　2012 年至今的我国与海洋环境保护相关之主要法律规定

类别	名称	制定年份
法律	《中华人民共和国深海海底区域资源勘探开发法》	2016 年
	《中华人民共和国大气污染防治法》	2016 年
行政法规	《海洋观测预报管理条例》	2012 年
部门规章	《船舶油污损害赔偿基金征收使用管理办法》	2012 年
	《海洋生态文明示范区建设管理暂行办法》	2012 年
	《湿地保护管理规定》	2013 年
	《船舶油污损害赔偿基金征收使用管理办法实施细则》	2014 年
	《海洋生态损害国家损失索赔办法》	2014 年
	《防治船舶污染内河水域环境管理规定》	2015 年
其他	《海洋生态文明示范区建设指标体系（试行）》	2013 年
	《国家级海洋保护区规范化建设与管理指南》	2014 年
	《海洋油气勘探开发工程环境影响评价技术规范》	2014 年
	《海洋垃圾监测与评价技术规程（试行）》	2015 年
	《海水质量状况评价技术规程（试行）》	2015 年
	《中国海洋经济发展报告（2017）》	2017 年

这一时期，我国对《中华人民共和国海洋环境保护法》也进行了修订（2014年和 2017 年）。与以往不同的是，这两次修订在内容上更加全面具体，在法律责任上也更加详细明确。修订后的《中华人民共和国海洋环境保护法》更加注重

对海洋环境与海洋生态的监督和保护，并且加大了对各种污染损害的防治（包括对陆源污染物、海岸工程建设项目、海洋工程建设项目、倾倒废弃物和船舶及相关作业活动对海洋环境造成的污染损害之防治）。当前，我国加入了一系列与海洋环境保护相关的国际公约，并且制定了众多与海洋环境保护相关的法律法规及相关文件。我国遵循可持续发展原则与绿色发展原则，力求海洋环境与生态保护工作能够与时俱进。目前，我国的海洋环境保护法律法规主要包括防治陆源污染的法律制度、防治海洋工程污染的法律制度、防治倾倒污染的法律制度、防治船舶污染的法律制度、海洋生物保护的法律制度、海洋生态保护的法律制度，以及海洋水下文化遗产保护的法律制度。我国的海洋生态文明法律制度主要包括海洋生态红线制度、海域海岛有偿使用制度、海洋生态补偿制度、国家海洋督查制度等。

上述与海洋环境保护有关的法律规定和法律制度之出台，离不开我国各省市——尤其是各沿海省市——在海洋环境治理方面的不懈努力。在我国的海洋环境保护法律法规与法律制度之总体指导下，各省市不断推动本地区的海洋保护立法之建设，包括青岛、舟山、宁波在内的多个地区的海洋环境立法都体现出了其地区特色。在贯彻《中华人民共和国海洋环境保护法》的同时，各省市的立法也体现了因地制宜与多措并举之治理理念，从而在我国的海洋环境法治建设领域发挥了至关重要的作用。党的十八大以来，我国深入贯彻习近平总书记的生态文明战略构想，不断建立健全海洋环境保护法律体系，强化海洋生态保护，统筹推进综合治理，实现了沿海地区的环保督查全覆盖。同时，我国持续开展"碧海"专项执法行动，在海洋环境保护方面取得了突出成效。[④]但是，从总体的实施效果来看，我国的海洋环境法治建设并不尽如人意，海洋生态文明法律体系建设只能说是初具雏形，我们离真正实现海洋强国战略之目标还很远。

二、 我国的海洋环境保护法之实践困境

通过对我国的海洋环境保护法治之发展历程的梳理与分析，我们可以看出我国的海洋环境保护仍任重而道远。在现实运行中，我国的海洋环境保护法也面临着较多的实践困境。因此，我们需要在仔细研究我国的海洋环境及生态问题之前提下，总结我国的海洋环境问题之独有特点及规律，不断突破各类海洋环境之实践困境，力求构建完备的海洋生态文明法律体系。

（一）海洋环境保护的法律体系困境

首先，我国的海洋环境保护法在很多领域内的法律规定过于原则化，不够具体和明确。在与海洋环境保护相关的法律法规中，大多数规定并没有具体的运行程序，相关部门的权力也没有被明确界定。总体来看，我国对与海洋环境保护相关的法律法规较为重视，而关于海洋资源的保护之规定则要少得多。《中华人民共和国海洋环境保护法》中的有关海洋资源之规定也过于原则化，其缺乏具体的主管部门与管理机构，没有明确的法律责任规制，并且未安排海洋环境污染与海洋事故发生后的统一监管及处理。以上这些问题都是导致某些立法的规定在现实操作中无法得到落实之根本原因。其次，与陆地环境保护法律相比，我国对海洋环境保护与海洋生态问题的研究起步较晚，配套的法律法规建设较为滞后，现有的与海洋环境保护相关之法律法规并不足以完全覆盖整个海洋环境的空间领域。例如，海洋环境内河污染处理、油污分散剂的法律规制等多个领域仍然存在法律空白，这尤其需要为我们所重视。最后，我国的部分与海洋环境保护相关之法律标准并不具体。例如，《中华人民共和国刑法》第二百三十八条规定的污染环境

罪的犯罪构成标准就有待商榷。《最高人民法院、最高人民检察院关于办理环境污染刑事案件适用法律若干问题的解释》对污染环境罪的犯罪构成标准进行了规定，其标准是"非法排放、倾倒、处置危险废物三吨以上"。对于危险废物来说，其本身具有较多的分类标准，且不同废物的环境损害威胁也不相同，放射性废物对海洋环境的损害威胁比一般的危险废物要大得多，因此《中华人民共和国刑法》及相关解释所规定的现行标准并不利于我国海洋环境的保护，笔者建议就污染环境罪的犯罪构成标准出台更加详细与具体的解释。

（二）海洋环境保护的执法困境

我国的海洋环境保护之执法困境主要体现在以下几个方面：首先，执法力量过于分散。根据《中华人民共和国海洋环境保护法》及相关法律法规之规定，我国的海洋环境保护工作由环保、海洋、海事、渔政和军队这五个部门共同负责。"五龙治海"的配合管理机制本可以产生较好的效果，但是由于各部门的利益诉求不一致，因此我们最终面临着海洋环境保护工作的执法困境。既然五个部门都有各自的海洋环境管理权，那么不同的海洋环境执法队伍之执法依据和执法措施便会各不相同，而这最终导致了我国海洋环境执法方式的不同，并且分散了我国的海洋环境执法之力量，降低了我国的海洋环境执法之效率。为加大海洋环境保护的执法力度，并加强海洋督察和执法监管，我国于 2018 年进行了国家机构改革，对海洋环境管理和执法机构进行了调整与变动。在国家机构改革中，我国规范机构设置，合规设置执法机构，从而改变了之前的"重审批，轻监管"之行政管理方式，"五龙治海"的海洋环境治理之执法困境得到了显著改善。为进一步破解执法困境，我国应当继续开展"碧海"专项执法行动，不断加强对海洋资源的保护，严厉打击针对海洋资源的环境违法行为，坚持陆海统筹的治理理念，力求不断解决海洋环境保护领域的突出问题。其次，我国目前的海洋环境执法之任务，主要是对涉及海洋水生资源、海洋渔业资源及海洋生物多样性的污染进行防护，与海洋生态和海洋环境相关的事项却未被覆盖。因此，我国目前的海洋环境执法范围相对过小，其依然停留在传统的海洋环境保护执法层面，未向其他领域拓展。执法范围的停滞不前，将不利于我国的海洋环境执法能力之提升与发展。最后，海洋环境保护的相关实施细则之缺失，是海洋环境保护的执法困境之一大诱因。

（三）海洋环境保护的处罚力度困境

处罚力度较小是我国的海洋环境保护所面临的另一个实践困境。《中华人民共和国环境保护法》和《中华人民共和国海洋环境保护法》都对海洋环境污染的法律责任及处罚措施进行了规定。为加大惩治力度，《中华人民共和国环境保护法》还增加了"按日计罚"的处罚措施，但是"按日计罚"的处罚措施存在适用前提。与企事业单位的利益诉求相比，我国现行的海洋环境保护之处罚力度还是处于较弱水平。对于以盈利为目的之企业单位来说，利益最大化才是其首要的考量。因此，在我国的环境污染惩罚力度较弱之情况下，部分企业仍抱有侥幸心理来偷排与多排污染物。与美国、日本等国家的海洋环境污染之惩罚力度相比，我国的海洋环境污染之惩罚力度较小。在大多数情形下，某一企业为海洋环境污染所缴纳的罚金数额，仅占该企业盈利总额的很小一部分。与中小型企业相比，大型企业对海洋环境所造成的污染之程度更严重。我国现行的海洋环境污染之处罚力度对于中小型企业来说具有一定的威慑力，但是对于大型企业来说，这种处罚力度显然不足以打击排污行为。在我国的海洋环境法治建设之推进过程中，笔者建议适当加大针对海洋环境污染行为的处罚力度，适度提高针对大型污染企业的处罚标准，以此加大处罚的威慑力。另外，我们可以将环境处罚与环境税费制度相结合，所得收入用于海洋环境的专项治理与防护，以此加大对海洋环境和海洋生态的保护力度。

（四）海洋环境保护的公众参与困境

公众参与是推动我国法律实施的一大力量，海洋环境保护领域的法律实施也概莫能外。但是，在当前的海洋环境保护实践中，公众参与程度并不乐观。一方面，公众是海洋环境的有力维护者和监督者，他们可以更为及时地发现海洋污染行为，更加清晰地了解到海洋环境的污染状况和污染程度，更加直接地参与到海洋环境的污染防护过程中。但是，由于我国的海洋环境法治建设起步较晚，因此公众的海洋环境保护意识较弱，且我国对海洋环境与海洋生态保护的宣传力度较小，这些都导致我国目前的海洋环境保护之公众参与度较低。另一方面，公众也可能是污染海洋环境的主体之一。在内河水域随意丢弃农药、在海域内丢弃生活垃圾等行为，都可能造成一定程度的海洋环境污染。因此，在该种情形下，大力宣传海洋环境保护，提高公众的海洋环境保护意识，以及凸显公众在海洋环境保护中的显著地位，都是提升海洋环境保护之公众参与度的有效措施。

三、 陆海一体化： 我国的海洋环境法治之完善

我国的海洋环境保护工作应当在"海洋强国"战略的指导下，深入贯彻落实党的十八大所提出的海洋强国战略与习近平总书记的生态文明思想，始终体现2018年的全国生态环境保护大会之会议精神与习近平总书记之重要讲话精神，从而不断推进我国的海洋环境保护之法治化进程，进一步完善具有中国特色的海

洋法治体系。随着海洋运输及海洋资源开发的飞速发展，海洋与陆地的联系更为紧密，海陆一体化的发展模式将是现在及未来的海洋开发与海洋环境保护工作之发展走向。但是，不可忽视的是，在陆海一体化的过程中，我们应当重视海洋经济与海洋环境的协调问题，消除以损害环境换取经济利益的落后观念，不断提高我国的海洋经济和海洋生态环境保护之协调程度。⑤因此，在我国的海洋环境保护之法治化进程中，我们应当始终坚持陆海一体化的指导思想，坚持可持续发展原则，大力推动绿色发展，统筹兼顾、多措并举，不断推进我国的海洋环境法治建设。⑥

（一）坚持保护优先，强调综合管理

在海洋环境的治理与防护方面，我们应当坚持海洋环境保护优先的原则，以改善海洋生态及海洋环境质量为核心。我们应强调海洋生态环境保护优先，坚持绿色、低碳、节约的环境保护理念，加大对海域生态和海洋环境的保护力度，逐步解决我国海洋资源分配不均等突出问题。我们要转变以往的用海方式，坚持绿色、文明、可持续地用海，大力推动海洋开发方式由追求利益型向循环利用型转变，加快可再生资源的开发利用活动，不断优化海洋的空间利用布局，从而推动我国海洋事业的可持续发展。⑦

在坚持保护优先的基础上，我们还要强化海洋生态环境监管，严守海洋生态保护红线，维护海洋生态安全。我国的海洋管理主要采取了国家统一管理和部门分级管理相结合之体制，而这种多部门分解式的管理体制缺乏有效的协调机制与综合管理理念，从而导致了所谓的"五龙治海"之总体格局。由于各部门的利益诉求不一，因此我们难以达成保护海洋环境之最终目标。虽然针对海洋环境保护主管部门之改革在一定程度上解决了我国的海洋环境保护执法所面临之问题，但想要取得预期效果，我们还需要走很长的一段路。

（二）建立联动机制，深化陆海统筹

十九大报告专门提出了"坚持陆海统筹，加快建设海洋强国"的战略布局，习近平总书记在全国环境保护大会上也提出了"统筹兼顾"的理念，因此我国在海洋环境的污染治理方面也应当贯彻陆海统筹之指导思想，加大落实"陆海统筹"和"以海定陆"的理念之力度，并且将综合管理的理念纳入进来，从而推动我国的海洋污染防治，实现我国的流域环境和海域环境之综合治理。事实证明，单一化的海上防护措施并不能根本解决我国的海洋环境问题，海洋环境问题的解决必须要尊重海洋生态系统的整体性。我们应该对原有的海洋环境与生态保护之思路进行改革及创新，因为只有实行陆海联动、统筹规划的多方面、多层次之综合治理方法，并且将海洋生态和海洋环境的保护问题与陆域生态环境保护协调起来，我们才能有效解决海洋生态破坏及海洋环境污染之问题。

我们应完善海域、陆域及流域的协调联动机制，强化对流域环境与近岸海域污染的综合治理，更加注重对陆源污染的防治治理。我们要强化陆海统筹，全面加强对入海污染源的整治力度，加强对入海排污口的监管；我们要不断强化对海水养殖污染治理、船舶港口污染及船舶岸滩污染的整治；我们要强化对海洋工程污染和海洋倾废污染的管理；我们应提升海洋环境保护工作的效率，降低海洋环境防护与治理的成本，从而最终达到保护海洋环境之目的。[8]只有坚持陆海统筹的发展理念，不断推进我国的海洋环境法治建设，充分采用合理的统筹方式，我们才能有效破解我国海洋环境保护所面临的现实困境。

（三）加强监测预警，追求多元治理

海洋环境的监测预警是我们清楚地认识海洋生态与环境之现状、保障海洋经济之可持续发展，以及实现对海洋生态与环境之保护的重要技术手段。⑨通过海洋环境的监测预警，我们可以强化问题导向意识；通过对海洋污染、生态保护、环境风险等事项的专门分析，我们可以有针对性地处理突出问题。因此，我们应当提高海洋环境监测人员的技术水平与业务能力，加大国家对海洋环境实时监控的关注力度，强化陆海统筹的监测预警机制建设，全面系统地对海洋环境承载力、海洋环境风险等事项进行评估预警，不断落实海洋生态环境的保护责任。我国的海洋环境生态保护之监测体系，应当与陆地生态环境监测体系实现统筹协调，从而明确与陆海生态环境相关联的各项要素之监测及预警标准。我们应当建立专门的海洋生态与环境保护之数据共享机制，并要求各监管部门及时将海洋环境保护的相关数据、出现的问题、公众反映的情况等信息进行共享，从而不断提高各部门间的综合协调能力。

在我国的海洋环境治理过程中，企业具有双重属性，其既是海洋环境及生态的主要污染与破坏者，又是担负着保护海洋环境之重要使命的主体。一方面，企业以营利为最终目的，其可能出于经济因素的考虑，通过偷排污染物、多排污染物、排污不达标等行为来节约污染物处理成本，从而极大地破坏海洋生态与海洋环境。另一方面，企业在海洋环境的防护与治理方面承担着重要的任务，可以通过节能减排、提高污染物处理的技术水平、上交环境保护税费等方式，推进我国的海洋环境治理工作。在治理海洋环境的过程中，我们也不能忽视民间组织的重要作用。与企业的性质不同，民间组织一般不具有盈利性，且多数民间组织都带有公益性，它们在海洋环境的防护与治理过程中往往具有较高的积极性，从而有助于海洋环境的公共治理。⑩

（四）完善法律体系，提高执法能力

现阶段，我国的海洋环境保护法律体系很不健全，国家的海洋治理能力也有待完善，立法、执法与司法方面也存在着较多问题。为应对此种状况，有学者认为，《中华人民共和国宪法》并没有对海洋生态与环境之保护进行专项规制，因此该学者提出了"海洋入宪"的主张。但是，与一般的法律法规相比，《中华人民共和国宪法》的修改、通过等程序更加严格与复杂，所以"海洋入宪"在短期内并不具备可行性。海洋环境问题是一个具有综合性与复杂性的问题，其涉及政治、经济、文化等多方面的因素。在海洋生态与环境的预防和治理领域，传统的法律已无法适应环境保护的特殊需求，而且海洋环境保护也不能仅仅依靠某些特定领域的法律法规，因此我们应当适时地制定一部新的法律来规制海洋环境与生态问题。笔者建议围绕我国的海洋环境及生态保护之具体情况，制定配套的海洋环境保护措施，并借鉴美国、日本、德国等国家的实践经验，制定一部符合我国现实状况的海洋基本法，以此保护我国的海洋环境，促进海洋生态的可持续发展。

制定海洋基本法不仅可以完善我国的海洋环境法律体系，而且有利于我国的海洋生态与环境污染之专门治理，有助于我们更好地统筹各领域内的立法情况。我们应当在研究我国的海洋生态保护之基础上，不断借鉴国外先进的海洋环境治理经验，构建具有中国特色的海洋环境法律体系。除制定专门的海洋环境基本法外，我们还应当处理好法律之间的衔接问题，理清《中华人民共和国海洋环境保护法》《中华人民共和国环境保护法》《中华人民共和国水污染防治法》等法律之间的关联，协调好《中华人民共和国海域使用管理法》等海洋专门法律之间的关系。在海洋环境执法方面，我们应该规范执法队伍设置、整合执法队伍职责、优化执法层级，从而综合整治海洋环境保护的执法队伍。此外，在决策有关海洋生态及环境的重大问题时，我们可以成立相关的委员会来进行综合评估，或者就海洋环境保护事项在全国范围内建立专门的海洋环境委员会，以此协调各主管部门的职权。

（五）厘清政企责任，鼓励公众参与

在海洋环境保护领域，我们要厘清主管部门的责任，充分明确责任主体及其权利义务，从而保证在污染问题出现后，不会出现无人问津之局面。《中华人民共和国海洋环境保护法》应当明确负责海洋环境保护事项的各主管部门之具体职权，建立体系化的责任承担制度，从而对各主管部门的权力进行监督和制约，并定期予以考核与评估。此外，《中华人民共和国海洋环境保护法》也应当明确各企业单位及其他组织在海洋环境保护方面的角色地位和相应责任，从而将责任承担具体化，以增强法律的威慑力。

我们应完善海洋环境的治理体系，构建多元化的治理模式，充分调动政府、企业与公众的积极性，使其不断参与到海洋生态环境保护的工作中。我们要全面、系统地推动海洋环保工作的稳定开展，大力宣传习近平总书记的生态文明思想。我们应及时进行环境信息公开，让公众在第一时间掌握环境污染和环境风险的信息，从而不断增强公众的环境意识及责任意识。我们要推广多元化的海洋环境防治之参与形式，不断拓展海洋环境保护活动的丰富性，从而提高公众对海洋环境保护的积极性。海洋环境保护的公众参与之内容除了对污染治理决策的制定与执行进行监督外，还应该包括对海洋环境治理进行监督，从而加强公众对政府行为的约束，这有利于实现环境公共利益的最大化。

改革开放以来，我国的海洋环境保护法治经历了四十年的光辉发展历程。从起步发展到不断完善，再到今天的海洋生态文明建设战略，我国的海洋环境保护法治之发展脉络尤为清晰，发展成果也颇为丰硕。但是，不可否认，我国的海洋环境保护仍面临着法律体系不健全、执法力度不足、处罚力度小、公众参与度低等实践困境，我们还有很长的路要走。为契合我国的发展现状，并破解目前的实践困境，我国应该尽快制定配套的对策，包括：坚持保护优先，强调综合管理；建立联动机制，深化陆海统筹；加强监测预警，追求多元治理；完善法律体系，提高执法能力；厘清政企责任，鼓励公众参与。我们要不断完善我国的海洋环境保护法治，建设具有中国特色的海洋生态文明法律体系。

Forty Years of the Marine Environment Law in China: Development Course, Practical Dilemma and Legal Perfection

Li Longfei

Abstrct: Over the past 40 years of reform and opening up, China's legal construction of marine environmental protection has undergone a difficult initial stage of exploration, a perfect stage of conforming to the times and a deepening stage of striving for innovation, and has made considerable progress and great achievements. However, with the continuous development of society, marine environmental protection law in the implementation process has also appeared various situations, encountered many practical difficulties, which also prompted our country's marine environmental protection law to develop and improve with the pace of the times. Based on the current situation and practical dilemma of China's marine environmental protection law, combined with the actual threat and pollution damage to China's marine environment, this paper perspective the future trend of China's marine environmental protection law under the problem-oriented consciousness, and puts forward the formulation of positive and effective supporting measures to further improve China's marine environmental protection. Protecting the law will better promote our country's marine ecological governance and environmental protection.

Key words：reform and opening-up; marine environmental protection law; ecological protection; land-sea integration

注释：

① ［美］理查德·拉撒路斯：《美国司法部的环境保护角色——美国环境和自然资源部的百年历程》，王慧、李龙飞译，《江苏大学学报（社会科学版）》2017年第4期，第33页。

② 朱建庚：《中国海洋环境保护法律制度》，北京：中国政法大学出版社2016年，第197页。

③ 蔡先凤：《海洋生态文明法律制度研究》，北京：海洋出版社2017年，第1页。

④ 内容参考自生态环境部于2018年11月30日举行的例行新闻发布会。

⑤ 王敏：《海陆一体化格局下我国海洋经济与环境协调发展研究》，《生态经济》2017年第10期，第48页。

⑥ 内容参考自习近平总书记于2018年5月19日在全国生态环境保护大会上发表的重要讲话。

⑦ 胡志勇：《积极构建中国的国家海洋治理体系》，《太平洋学报》2018年第4期，第20页。

⑧ 沈满洪：《海洋环境保护的公共治理创新》，《中国地质大学学报（社会科学版）》2018年第2期，第86页。

⑨ 赵聪蛟、赵斌、周燕：《基于海洋生态文明及绿色发展的海洋环境实时监测》，《海洋开发与管理》2017年第5期，第95页。

⑩ 全永波、尹李梅、王天鸽：《海洋环境治理中的利益逻辑与解决机制》，《浙江海洋学院学报（人文科学版）》2017年第1期，第5页。

改革开放四十年来的我国水权市场
建设之回顾与展望

罗文君[*]

摘要：改革开放四十年来，我国已经初步形成了由水资源所有权、水资源用益物权和水资源担保物权组成的水权权属体系，我国的水权市场也经历了从萌芽、确立到发展的过程。水权客体的不易确定性增加了水权交易的难度，水资源的公益性与价值多元性对水权交易形成诸多约束，水权交易的法律依据尚不能完全支撑水权市场建设。随着国家宏观政策的实施，水权类型、"买方"与"卖方"将逐渐增多，水权市场会越来越活跃。国家应加大研究力度，论证建立更多可交易的水权类型；国家应完善配套的水权交易法律政策，量化细化水权交易规则，建立水权冲突协调机制；国家应加大计量、监测等方面的基础设施之投入，建立水权权利人合法权益保护机制；国家应推动地方水权交易平台之发展，健全监督管理体制。

* 作者简介：罗文君，女，法学博士，湖北经济学院法学院副教授，湖北水事研究中心副主任，研究方向为环境法。

关键词：水资源；水权；交易；市场；困境

　　水权市场是国家通过市场机制来优化水资源配置与管理的一种制度安排，其是社会经济制度的重要组成部分。改革开放四十年来，我国一直在探索培育水权市场，各类实践与探索得到全面开展。本文梳理了改革开放以来的我国水权权属体系与水权市场发展之概况，并对水权市场发展所面临的困境进行了初步探讨。

一、 我国的水权权属体系之建构

　　明晰权属，是水权市场建设的前提和基础。经过改革开放四十年的发展，我国已经初步形成了由水资源所有权、水资源用益物权（又称"水资源使用权"）和水资源担保物权组成的水权权属体系。

（一）水资源所有权

　　《中华人民共和国宪法》《中华人民共和国物权法》《中华人民共和国水法》均明确规定，水资源属于国家所有。《中华人民共和国宪法》第九条第一款规定："矿藏、水流、森林、山岭、草原、荒地、滩涂等自然资源，都属于国家所有，即全民所有。"《中华人民共和国物权法》第四十六条规定："矿藏、水流、海域属于国家所有。"《中华人民共和国水法》第三条规定："水资源属于国家所有。水资源的所有权由国务院代表国家行使。农村集体经济组织的水塘和由农村集体经济组织修建管理的水库中的水，归各该农村集体经济组织使用。"由此可见，我国的水资源所有权之权属非常明确，即水资源为国家所有。

（二）水资源用益物权

基于我国法律政策的表述习惯，自然资源的用益物权通常被称为使用权，因此本文将水资源用益物权统称为水资源使用权。所谓水资源使用权，是指特定主体依法对国家所有的水资源享有的占有、使用和收益的权利。在水资源为国家所有的前提下，水资源使用权是市场交易的基础。我国已经形成了较为复杂的水资源使用权体系，具体存在如下分类：

1. 有偿水资源使用权和无偿水资源使用权

依据使用人是否需要事先申请取水许可证和缴纳水资源费，我们可以将水资源使用权分为有偿水资源使用权和无偿水资源使用权。有偿使用是社会经济生活的常态，无偿使用是例外。根据《中华人民共和国水法》之规定，我国对水资源使用坚持有偿使用原则，即拟用水单位或个人只有在申请到取水许可证并缴纳水资源费后，才可以使用水资源。只有存在下列情形时，拟用水单位或个人方可无偿使用水资源：农村集体经济组织及其成员使用本集体经济组织的水塘、水库中的水；家庭生活和零星散养、圈养畜禽饮用等少量取水；为了保障矿井等地下工程施工安全和生产安全必须进行临时应急取（排）水；为了消除对公共安全或者公共利益的危害临时应急取水；以及为了农业抗旱和维护生态与环境必须临时应急取水。① 以上五种情形可以抽象为两种类型，即农民生活生产少量用水或

---

① 《中华人民共和国水法》第七条规定："国家对水资源依法实行取水许可制度和有偿使用制度。但是，农村集体经济组织及其成员使用本集体经济组织的水塘、水库中的水的除外。国务院水行政主管部门负责全国取水许可制度和水资源有偿使用制度的组织实施。"《中华人民共和国水法》第四十八条第一款规定："直接从江河、湖泊或者地下取用水资源的单位和个人，应当按照国家取水许可制度和水资源有偿使用制度的规定，向水行政主管部门或者流域管理机构申请领取取水许可证，并缴纳水资源费，取得取水权。但是，家庭生活和零星散养、圈养畜禽饮用等少量取水的除外。"《取水许可和水（转下页）

为了公共利益临时应急用水。

2. 流域水资源使用权和区域水资源使用权

以空间配置为标准，我们可以将水资源使用权分为流域水资源使用权和区域水资源使用权。《中华人民共和国水法》第四十五条第一款规定："调蓄径流和分配水量，应当依据流域规划和水中长期供求规划，以流域为单元制定水量分配方案。"《中华人民共和国水法》第四十六条第一款和第二款规定："县级以上地方人民政府水行政主管部门或者流域管理机构应当根据批准的水量分配方案和年度预测来水量，制定年度水量分配方案和调度计划，实施水量统一调度；有关地方人民政府必须服从；国家确定的重要江河、湖泊的年度水量分配方案，应当纳入国家的国民经济和社会发展年度计划。"《水量分配暂行办法》第二条第一款和第四款规定："水量分配是对水资源可利用总量或者可分配的水量向行政区域进行逐级分配，确定行政区域生活、生产可消耗的水量份额或者取用水水量份额（以下简称水量份额）；经水量分配确定的行政区域水量份额是实施用水总量控制和定额管理相结合制度的基础。"《水量分配暂行办法》第三条第一款和第二款规定："本办法适用于跨省、自治区、直辖市的水量分配和省、自治区、直辖市以下其他跨行政区域的水量分配；跨省、自治区、直辖市的水量分配是指以流域为单元向省、自治区、直辖市进行的水量分配。省、自治区、直辖市以下其他跨行政区域的水量分配是指以省、自治区、直辖市或者地市级行政区域为单元，

（接上页）资源费征收管理条例》第四条规定："下列情形不需要申请领取取水许可证：（一）农村集体经济组织及其成员使用本集体经济组织的水塘、水库中的水的；（二）家庭生活和零星散养、圈养畜禽饮用等少量取水的；（三）为保障矿井等地下工程施工安全和生产安全必须进行临时应急取（排）水的；（四）为消除对公共安全或者公共利益的危害临时应急取水的；（五）为农业抗旱和维护生态与环境必须临时应急取水的。前款第（二）项规定的少量取水的限额，由省、自治区、直辖市人民政府规定；第（三）项、第（四）项规定的取水，应当及时报县级以上地方人民政府水行政主管部门或者流域管理机构备案；第（五）项规定的取水，应当经县级以上人民政府水行政主管部门或者流域管理机构同意。"

向下一级行政区域进行的水量分配。"流域水资源使用权和区域水资源使用权是国家将水资源传递给单位与个人使用的中间权利纽带。

3. 消耗性水资源使用权和非消耗性水资源使用权

根据对水资源的使用是否具有消耗性，我们可以将水资源使用权分为消耗性水资源使用权和非消耗性水资源使用权。消耗性水资源使用权的客体包括生活用水、市政用水、工业用水、农业用水、生态用水等；非消耗性水资源使用权的客体包括发电用水、航运用水、渔业用水、娱乐用水及其他用水等。消耗性水资源使用权和非消耗性水资源使用权之间或者它们各自的内部都存在着权利冲突。当产生权利冲突时，法律初步规定了权利协调原则。《中华人民共和国水法》第二十一条规定："开发、利用水资源，应当首先满足城乡居民生活用水，并兼顾农业、工业、生态环境用水以及航运等需要。在干旱和半干旱地区开发、利用水资源，应当充分考虑生态环境用水需要。"《取水许可和水资源费征收管理条例》第五条规定："取水许可应当首先满足城乡居民生活用水，并兼顾农业、工业、生态与环境用水以及航运等需要。省、自治区、直辖市人民政府可以依照本条例规定的职责权限，在同一流域或者区域内，根据实际情况对前款各项用水规定具体的先后顺序。"

法律保护合法的水资源使用权益。《中华人民共和国物权法》第一百二十三条规定："依法取得的取水权和使用水域、滩涂从事养殖、捕捞的权利受法律保护。"

(三) 水资源担保物权

所谓担保物权，是指债权人在借贷、买卖等民事活动中，为了保障实现其债权，依法接受债务人的特定财产作为履行债务的担保，债务人未履行到期债务时，债权人依照法律规定的程序就该财产优先受偿的权利。担保物权包括抵押权、质权和留置权。随着水资源使用权的发展，水资源担保物权这一重要的财产权也应运而生。《中华人民共和国物权法》第一百八十条第（七）项规定："债务人或者第三人有权处分的法律、行政法规未禁止抵押的其他财产可以抵押。"《中华人民共和国物权法》为水资源担保物权留下了空间。

由水资源所有权、水资源使用权及水资源担保物权构成的水权权属体系，是水权交易市场建设的制度基础。本文研究的水权，专指水资源使用权。

二、 我国的水权市场之培育与发展

所谓水权市场，是指为了解决水资源短缺之问题，国家利用市场机制来优化水资源配置的一种制度安排。改革开放以来，我国积极探索对水权市场之培育，我国的水权市场经历了从萌芽、确立到发展的过程。

（一）萌芽阶段（1978—2004 年）

20世纪80年代初，由于工农业的快速发展，黄河流域的部分河段出现断流，水资源短缺矛盾凸显，一些省份开始探索新的水资源管理政策。1982年，山西省在其水利法规中规定了取水许可制度，旨在通过行政管制来控制水资源的使用量。同时，国家开始制定政策来加强水利工程建设，优化水资源的分配与管理。1985年，原国家水利电力部颁布了《水利工程水费核定、计收和管理办法》，该办法明确规定农业用水按供水成本核定水费，工业用水按成本加利润作价收费。1987年9月11日，《国务院办公厅转发国家计委和水电部关于黄河可供水量分配方案报告的通知》明确规定了青海、四川等黄河流域10省（自治区、直辖市）对黄河可供水量的分配比例，这是我国首次建立的初始水权分配制度，其为后来黄河流域的水权交易市场之建立奠定了基础。1988 年，《中华人民共和国水法》诞生，该法规定了水资源管理体制、水资源规划、水资源调配、取水许可等制度，从而为水资源的开发利用与保护奠定了法治基础。

随着工业化与城镇化的发展，进入 21 世纪后，黄河流域的内蒙古、宁夏等地区之水资源结构性短缺矛盾更加尖锐，用水结构不能适应经济发展的要求。彼时，工业用水仅占总用水量的 3% 左右，远低于全国 20% 的平均水平；农业用水比例高达 95% 以上，灌区工程老化失修，用水效率低下，农业灌溉节水潜力较大。为了解决矛盾，2003 年 4 月，黄河水利委员会及内蒙古和宁夏两个自治区研究决定，在不增加引黄用水量指标的前提下，于各自辖区内选择 5 个项目，开展黄河干流水权转换试点。2004 年 5 月，水利部颁布了《关于内蒙古宁夏黄河干流水权转换试点工作的指导意见》，并要求黄河水利委员会制定水权转换实施办法。2004 年 6 月，黄河水利委员会颁布了《黄河水权转换管理实施办法（试行）》，该办法对水权转换的审批权限和程序、技术文件的编制、水权转换期限与费用、组织实施与监督管理等事项做出明确规定。《黄河水权转换管理实施办法（试行）》明确规定，调整黄河流域用水结构，大力推行灌区节水，并且在确保居民生活、粮食安全和基本生态用水的前提下，通过水权交易来引导黄河水资源向高效率方向转移，从而实现以节水和高效为目标的优化配置。黄河水权转换是我国水权市场的萌芽。

（二）确立阶段（2005—2010 年）

2005 年 1 月，水利部颁布了《水权制度建设框架》和《关于水权转让的若干意见》，这标志着我国的水权市场建设有了正式的政策依据。《水权制度建设框架》明确规定，水权制度体系由水资源所有权制度、水资源使用权制度和水权流转制度三部分内容组成。明晰水资源权属是水权交易的前提，因此《水权制度建设框架》为我国的水权市场建设奠定了非常重要之基础。《关于水权转让的若干意见》规定了水权转让的基本原则、限制范围、转让费、转让年限、监督管理等事项，并要求全国各地积极开展水权转让实践，从而为建立完善的水权制度创造了更多的经验。

（三）发展阶段（2010年至今）

随着社会经济的快速发展，水资源紧缺所引发的矛盾更加突出，中共中央、国务院也更加重视水权市场的建设。2010年12月，《中共中央、国务院关于加快水利改革发展的决定》提出，"建立和完善国家水权制度，充分运用市场机制优化配置水资源"。2012年1月，《国务院关于实行最严格水资源管理制度的意见》提出，"建立健全水权制度，积极培育水市场，鼓励开展水权交易，运用市场机制合理配置水资源"。2012年，党的十八大报告强调，"积极开展水权交易试点"。

2014年1月，水利部颁布了《关于深化水利改革的指导意见》，该意见明确规定，"建立健全水资源资产产权制度，完善水价形成机制，培育和规范水市场，提高水资源利用效率与效益"。同样是2014年，水利部颁布了《关于开展水权试点（7省区）工作的通知》，该通知确定在宁夏、广东等7个省区开展不同类型的水权试点工作，力争用2年至3年的时间，在水资源使用权确权登记、水权交易流转和相关制度建设方面率先取得突破，从而为全国层面推进水权制度建设提供经验借鉴和示范。经过几年的探索，7个试点地区初步形成了流域间、流域上下游间、区域间、行业间和用水户间的多种水权交易模式，从而为建立全国性的水权交易平台奠定了基础。

2016 年 4 月，水利部颁布了《水权交易管理暂行办法》，该办法规定了水权交易的程序、监督检查形式等内容，明确了水权交易的类型为区域水权交易、取水权交易和灌溉用水户水权交易。《水权交易管理暂行办法》标志着我国的水权市场发展有了切实可行的依据。2016 年 12 月，全国性的水权交易市场——中国水权交易所正式挂牌成立。

至 2019 年 7 月底，中国水权交易所累计成交 152 单，成交水量为 27.793 亿立方米，成交金额为 16.8539 亿元。其中，区域水权交易 7 单，取水权交易 70 单，灌溉用水户水权交易 75 单。2019 年 1 月 1 日至 2019 年 7 月 31 日，中国水权交易所共成交 60 单，年度交易水量为 519.68 万立方米，年度交易金额为 57.36 万元。其中，区域水权交易 0 单，取水权交易 1 单，灌溉用水户水权交易 59 单。从地区分布来看（截至 2018 年 12 月 31 日），交易主要发生在内蒙古、宁夏、河南、河北、北京、山西、新疆、山东等 8 个省（自治区）。其中，内蒙古自治区完成取水权交易 67 单（在全部成交单数中的占比为 73%），交易量为 22.46 亿立方米（在全部交易量中的占比为 80.98%）。通过水权交易，地区用水效率明显提升。以宁夏为例，与 2013 年相比，其 2016 年的全区农田灌溉水之有效利用系数由 0.464 提高到 0.511，万元 GDP 用水量下降 28.7%，万元工业增加值用水量下降 29.8%，用水总量减少 7.2 亿立方米， GDP 年均增长 7.6%。

三、 我国的水权市场建设所面临之困境

尽管我国的水权市场获得了长足发展，但是其并未发育完全，水权交易还面临诸多难题，水权市场建设仍然任重而道远。

（一）水权客体的不易确定性增加了水权交易的难度

作为水权客体的水资源不同于土地、矿产等自然资源，其具有不易确定性，因此我们很难借鉴土地、矿产等自然资源的确权与交易模式。20 世纪 60 年代以前，在大陆法系国家，水资源不是独立的物权客体，独立的水资源所有权和用益物权也并不存在，德国、法国、日本及瑞士的民法典都没有明确规定独立的水资源所有权，而是将水资源的所有权和使用权嵌入了土地的绝对所有权或利用制度之中。英美法系国家的规定也大致相同，水资源的使用主要依据河岸权原则或先占原则，二者都强调水资源的使用与土地所有权或占用权不可分割。20 世纪 60 年代以后，随着社会经济及城镇化的快速发展，工业、农业、服务业等行业对水资源的需求迅速增加，水资源供需不平衡所引发的矛盾日益尖锐，水资源的稀缺性与价值性变得日益突出，传统的依赖土地权利之权属模式已经不能满足社会需要。在此背景下，许多国家纷纷调整水资源立法，以使水资源从土地权利中独立出来，成为独立的法律调整对象。这些国家通过制定特别法——"水法"——来开发、利用、分配和管理水资源，如 1963 年的《英国水资源法》、1964 年的《法国水法》、日本的《河川法》等。自 20 世纪 80 年代开始，美国、澳大利亚、智利、秘鲁等国家引入了市场机制来配置水资源，水资源作为重要的财产权客体之地位日益为各国法律所确认。不过，由于水资源具有易于流动、时空分布不均衡等特性，因此其不像传统的物权客体那样确定，这增加了水权交易的运作与管理难度，影响着水权市场的发育。即使是美国、澳大利亚等较早进行水权市场建设的发达国家，水权市场也发育得并不完善。我国也面临着同样的问题。

（二）水资源的公益性与价值多元性对水权交易形成诸多约束

水资源一直被视为公共资源，其应当为人类甚至一切生物所共享，而不应被私有化。 20 世纪兴起的水资源人权说理论将水资源使用权视为一项新型的人权类型，即无论是富人还是穷人，都不能被剥夺用水的权利。水资源公共信托说认为，水资源是一种不属于私人财产范畴的公共信托资源。正因为水资源具有公益性，所以在 20 世纪 60 年代，当水资源作为独立的法律关系客体为立法所确认时，大部分的国家或地区都将其视为公共财产，如《英国水资源法》规定水属于国家所有，日本的《河川法》规定河流属于公共财产。我国的法律亦规定水资源属于国家所有，这表明国家是公共利益的代表。水资源的公益性决定了水权交易首先要考量公共利益。同时，水资源具有价值多元性，农业、工业、市政、防洪、航运、娱乐、渔业养殖、旅游观光等各类社会经济活动都需要水资源，而不同类型的水资源利用活动甚至是相互冲突的。国家既是水资源的所有人，又是水资源的管理人，因此其在设计水权交易制度时，不得不考虑公共利益和多元利益主体的价值诉求，但这无疑会对水权交易形成诸多约束。

（三）水权交易的法律依据尚不能完全支撑水权市场建设

改革开放以来，我国在涉水立法上取得了较大的成就，形成了由法律、行政法规、部门规章、地方性法规与地方政府规章组成的水法体系①，该体系为我国

---

① 全国人大常委会先后制定了《中华人民共和国水法》《中华人民共和国水污染防治法》《中华人民共和国防洪法》《中华人民共和国水土保持法》《中华人民共和国渔业法》《中华人民共和国航道法》《中华人民共和国港口法》等法律；国务院先后制定了《河道管理条例》《防汛条例》《取水许可和 （转下页）

水资源的开发利用、节约保护及监督管理提供了法律依据。然而，水权交易立法的发展却比较缓慢，水权交易的法律依据并不充分，不能完全支撑水权市场建设。目前，水权交易的法律依据主要是水利部于 2016 年颁布的《水权交易管理暂行办法》，但该办法属于部门规章，效力层级较低，内容相当粗略。《中华人民共和国水法》是有关水资源的开发、利用和保护之基础性、综合性法律，其理应对与水权交易有关的基础性制度（如水权交易的权属类型、水权初始配置和流通转让、水权交易监督管理等）进行规定，以便发挥市场机制的优化水资源配置之作用。但是，目前的《中华人民共和国水法》并无相关规定。从整个水法体系来看，立法者遵循的是"重行政管制，轻市场机制"的制度构造思路，水资源使用权属体系复杂、可交易的权利类型有限、水资源管理体制不健全，这些不利因素制约着我国水权市场的发展。

四、 水权市场建设之展望

人多水少、水资源时空分布不均和水资源短缺是制约我国经济社会可持续发展的重要瓶颈，而发挥市场机制在水资源中的优化配置作用，则是提高水资源利用效率的重要途径。

2018 年 2 月，水利部、国家发展和改革委员会、财政部联合颁发了《关于水资源有偿使用制度改革的意见》，该意见旨在鼓励与引导水权交易之开展，并

（接上页）水资源费征收管理条例》《航道管理条例》《蓄滞洪区运用补偿暂行办法》《南水北调工程供用水管理条例》《城镇排水与污水处理条例》等法规；水利部先后制定了《建设项目水资源论证管理办法》《入河排污口监督管理办法》《取水许可管理办法》《水量分配暂行办法》《水权交易管理暂行办法》《水功能区监督管理办法》《取水许可管理办法》等规章。此外，全国各省、自治区、直辖市、设区的市和其他具有立法权的地方人大及其常委会或地方政府在各自的权限范围内，制定了大量的地方性法规或地方政府规章，这些法律法规共同构成了水法体系。

充分发挥市场的配置水资源之作用。2018 年 12 月，国家发展和改革委员会、财政部等 9 部委联合颁发了《关于建立市场化、多元化生态保护补偿机制行动计划》，该文件的内容包括：鼓励引导开展水权交易，对用水总量达到或超过区域总量控制指标或江河水量分配指标的地区，原则上要通过水权交易解决新增用水需求；鼓励取水权人通过节约使用水资源有偿转让相应取水权；健全水权交易平台，加强对水权交易活动的监管，强化水资源用途管制，进一步加大生态补偿力度。以上这些政策的实施将会推动生态补偿型水权、政府水权回购、水权储备转让等新型水权之产生，从而使得市场主体有更多的水权类型可供选择。此外，随着最严格的水资源管理制度之深入实施，对用水总量已达到或超过控制指标的地区，国家将严格执行暂停审批建设项目新增取水；对用水总量接近控制指标的地区，国家将限制审批建设项目新增取水，从而通过总量控制来倒逼更多的水权"买方"出现。同时，省、市、县三级"三条红线"控制指标分解之完成、全国 53 条重要的跨省江河水量分配方案之实施，以及用水户水权确权工作之全面开展，将会推动更多的水权"卖方"之出现。可以预期，随着水权类型、"买方"与"卖方"的逐渐增多，我国的水权市场会越来越活跃。

因此，国家应加大研究力度，论证建立更多可交易的水权类型；国家应完善配套的水权交易法律政策，量化细化水权交易规则，建立水权冲突协调机制；国家应加大计量、监测等方面的基础设施之投入，建立水权权利人合法权益保护机制；国家应推动地方水权交易平台之发展，健全监督管理体制，从而为水权市场的建设提供制度保障。

参考文献：

［1］ 王丙毅：《水权界定、水价体系与中国水市场监管模式研究》，北京：中国财经出版传媒集团、经济科学出版社 2019 年。
［2］ 王利明：《物权法研究》，北京：中国人民大学出版社 2004 年。

［3］　《黄河水权转换全面启动管理实施办法出台》，　http：//www. h2o-china. com/news/29000. html，访问日期：　2020 年 5 月 28 日。

［4］　《中国水权交易所：水利发展的里程碑》，"中国水权交易所"微信公众号2019 年 8 月 2 日。

［5］　裴丽萍：《水权制度初论》，《清华法学》2001 年第 2 期。

［6］　王慧：《水权交易的理论重塑与规则重构》，《苏州大学学报哲学社会科学版》2018 年第 6 期。

［7］　何艳梅：《流域环境管理法律体制变革探索》，载《新时代环境法的新发展：流域（区域）环境法治的理论与实践——中国法学会环境资源法学研究会 2018 年年会论文集》，2018 年。

［8］　田贵良、丁月梅：《水资源权属管理改革形势下水权确权登记制度研究》，《中国人口·资源与环境》2016 年第 11 期。

第三章

环境立法、执法与司法

《中华人民共和国环境保护法》的修改思路 *

杨朝飞 **

　　《中华人民共和国环境保护法》于 1989 年颁布实施，至今已有 17 年之久。近年来，《中华人民共和国环境保护法》的修改已引起社会各界越来越多的关注。自 2002 年以来，全国人大代表与全国政协委员关于修改《中华人民共和国环境保护法》的建议和提案不断增加，各方呼声强烈。2004 年以来的 3 年中，两会接到关于修改《中华人民共和国环境保护法》的建议和提案共 35 件，占环保立法建议和提案总数的近一半，多达 400 余名全国人大代表参与了讨论。盛世修法，正当其时。《中华人民共和国环境保护法》的修改工作影响深远、意义重大，我们需要进行深入的研究和论证。现基于初步研究，笔者就《中华人民共和国环境保护法》的修改提供一些思路。

　　* 本文收录于杨朝飞主编：《通向环境法治的道理——〈环境保护法〉修改思路研究报告》，北京：中国环境出版社 2013 年。

　　** 作者简介：杨朝飞，原国家环境保护总局政策法规司司长。

一、《中华人民共和国环境保护法》的历史功绩

《中华人民共和国环境保护法》的颁布是我国环境保护事业进入法律化阶段之重要标志，其在我国的环境保护工作中发挥了重大作用，主要表现在：（1）界定了"环境"的定义与范围，明确了法律的调整对象；（2）为我国的环境和资源保护法律体系确立了基本框架，推动了我国的环境和资源保护各单行法律法规之全面创建；（3）将环境保护的方针、原则和基本制度以法律的形式确定了下来，并且许多法律制度成为了我国环境管理工作中的切实可行之重要手段；（4）指导和推动了地方上的环境保护之立法工作。

二、 关于《中华人民共和国环境保护法》之修改的争论

自《中华人民共和国环境保护法》颁布实施以来，国内外的经济社会及环境保护形势发生了巨大变化。我国的社会主义市场经济体制逐步完善，人民的生活水平日益提高，国民的环境意识和法律意识不断增强，现行的《中华人民共和国环境保护法》从理念到内容均已显露出诸多缺陷和不足，其已无法满足时代变化的新要求。目前，社会各界对《中华人民共和国环境保护法》之修改的关注程度不断提高，相关争论日趋激烈。

修改论认为，《中华人民共和国环境保护法》的基本内容已远远落后于时代，其许多规定早已过时，无法适应新时期的环境保护工作之要求，因此我们应当对其进行修改。

废止论认为，《中华人民共和国环境保护法》的许多规定已在各单行法律中得到体现，其作用已基本被各单行法律架空；《中华人民共和国环境保护法》中

存在的问题完全可以通过修改单行法律得到解决，因此其已失去存在的必要，可以被废止。

搁置论认为，《中华人民共和国环境保护法》应当进行修改，但由于目前人们对环境保护的规律性之认识及对重要法律关系之认识尚不够成熟，因此我们应暂时搁置修改工作，以免修改不好反而加速了这部法律的"死亡"。

改造论认为，政府有法不依是目前我国环境管理所面临的最突出、最棘手的问题之一。究其根源，这主要是因为我国的环境法律法规对政府环境保护行为之规制存在严重缺陷，因此《中华人民共和国环境保护法》应被改造成一部重点调整和约束政府行为的法律。

三、 修改《中华人民共和国环境保护法》的必要性

(一) 问题的提出

1. 政府在环境保护方面的不作为、干预执法及决策失误，是导致环境顽疾久治不愈的主要原因

政府是环境保护的主要责任主体，政府履行环境责任的优劣情况将直接影响到当地环境质量的好坏。近年来发生的一系列重大环境违法事件，使我们不得不探究政府是否真正履行了其在辖区内的环境保护质量责任。从 2004 年造成近百万群众饮用水中断 26 天、直接经济损失达 3 亿多元的那起震惊全国的"沱江重大水污染事件"，到 2005 年国家环保总局紧急叫停 30 个总投资达 1179 亿元的"未环评先上马"之大型违规建设项目，再到 2006 年由于政府行政不作为而导致的甘肃徽县数百名群众血铅超标和湖南岳阳饮用水源砷超标两起重大环境事件，一件件触目惊心的环境违法事件使我们看到，许多环境违法事件都与政府有

着千丝万缕的联系。

一些政府在单纯追求经济利益的错误政绩观之指导下，大搞地方保护主义，从而成为了环境违法行为的保护伞与挡箭牌。一些政府出台了各式各样的"土政策"，这些"土政策"严重干扰了正常的环境执法。在 2004 年的环保专项行动中，有 18 个地方被查出制定了 200 多项违反环保法律法规的"土政策"。一些政府行政不作为或者乱作为，对环境违法行为睁一只眼闭一只眼，遇到问题相互推诿、避重就轻，从而使得人民群众的健康和财产遭受重大损失。一些政府在进行决策时，忽视环境规律，不进行深入细致的科学评估和论证，草率行事、独断专行，这些错误的或不恰当的决策导致生态环境遭受严重损害。政府不履行环境责任和履行环境责任不到位，已成为阻碍我国环境保护事业发展的重要原因，我们必须下决心对其进行整顿。

2. 法律缺失使政府的环境责任成为一纸空文

造成上述种种问题的原因是多方面的，主要包括： 一是我国现行的各单项环境资源法律多将公民、法人或者其他组织作为主要的调整对象，而规范和约束政府行为的法律规定非常有限；二是《中华人民共和国环境保护法》只是原则性地规定了地方政府对辖区内的环境质量负责，但其没有明确规定政府部门如何履行责任及如何保证政府部门履行责任，因此其无法发挥规范和约束政府的作用；三是《中华人民共和国环境保护法》中的环境监管主体职能不清、责任不明，统管部门与分管部门之间及分管部门相互之间存在职能交叉，缺位和错位之现象大量存在，其结果是，环保部门的统一监督管理之职责难以落实到位，有些基层环保部门在上级督办、政府干预与群众上访的三重压力中工作，可谓举步维艰，有的地方甚至出现了环保局长自己充当举报人写匿名信向上级反映应该授权由他来解决问题的尴尬局面；四是现行法律关于中央政府的环境保护责任之规定非常有限，并且中央政府和地方政府的协调与配合机制缺位，其结果是，中央政令不畅通，国家保护环境的强烈政治意愿在地方被打折扣，中央与地方政府的管辖权限之间可能出现真空地带。

(二)《中华人民共和国环境保护法》的修改必须以强化政府的环保责任为重点

环境保护的关键是政府。通过修改《中华人民共和国环境保护法》，我们要强化政府的环境保护责任。

1. 强化政府的环境保护责任，是落实科学发展观的政治需要

"明者因时而变，智者随事而制。"十六大以来，党中央提出了科学发展观、构建社会主义和谐社会等一系列重要的战略思想，形成了立党为公、执政为民的先进理念，制定了全面建设小康社会的发展目标。这些思想和理念为摆正环境与发展的关系，以及强化政府的环境保护责任提供了坚实的政治理论基础及有力的思想武器，它们是修法之源、立法之本。

政府是科学发展观的重要践行者。在《中华人民共和国环境保护法》的修改过程中，强化政府的环境保护责任，是落实科学发展观的政治需要和具体体现。政府必须以法律为准绳，规范和约束自己的行为，确保各项政府决策均能体现科学发展观的思想与落实科学发展观的要求。

2. 强化政府的环境保护责任，是贯彻《国务院关于环境保护若干问题的决定》和第六次全国环保大会精神的具体体现

《国务院关于环境保护若干问题的决定》明确指出，要加强对环境保护工作的领导，落实环境保护领导责任制，政府要将思想统一到落实科学发展观上来，政府主要领导和有关部门主要负责人应是所辖区与本系统的第一责任人，从而确保认识到位、责任到位、措施到位。在第六次全国环保大会上，温家宝总理提出，保护环境是政府义不容辞的责任，要建立环保目标管理责任制，并将环保目

标纳入经济社会发展评价范围和干部政绩考核，要建立环保工作问责制。中共中央、国务院落实政府的环境保护责任之决心已定、方向已明。

为了贯彻落实《国务院关于环境保护若干问题的决定》和第六次全国环保大会精神，我们有必要通过修改《中华人民共和国环境保护法》来强化政府的环境保护责任，并借助一系列法律来明确将党中央和国务院强化政府的环境保护责任之决心和意愿，转化为有约束力的具体管理制度和法律责任，从而保证政府在履行环境保护责任时有法可依、违法必究。

3. 强化政府的环境保护责任，是实现历史性转变的必然要求

中共中央、国务院明确了今后一个时期内的我国环境保护之方向和任务，我国的环境保护进入了实现历史性转变的关键时期。在这个关键时期，我国的环境形势严峻、环境问题凸显，环境与经济社会发展的关系比过去任何时期都要复杂，矛盾与冲突更加激烈，协调环境保护与经济社会之关系的难度更大，任务更艰巨，从而对政府的环境保护责任之履行提出了更高的要求。

各级政府是中央政令的传达者和执行者，是各地经济建设和社会发展的主导者与公共服务提供者，是各地经济发展与环境保护高速路上的总调度。政府应当站在落实科学发展观和执政为民的高度，对当地的经济、社会、环境等因素进行统筹规划、全盘考虑，从思想和行动上摆正环境与经济的关系，将实现历史性转变所要求的"同步""并重"和"综合"落实在行动中。政府应当实施战略环境影响评价制度，对重大决策实施风险评价制度，并建立补救和恢复措施，从而减少和避免政府的决策失误，以将可能的损失降至最低。

随着社会的发展，环境质量已成为群众最为关注的热点之一。对于百姓而言，政府不仅要保证人民的生活更加殷实、富足，而且要为人民提供舒适、优美的生活环境。政府对待环境问题的态度，以及政府履行其环境责任的积极性和效果，已成为政府执政形象的体现，而这一切都应当通过法律来实现规范化和制度化。

4. 强化政府的环境保护责任，是根除环境顽疾的关键点和突破口

在现实中，我们常常能看到两种不遵守法律的现象：一是政府部门有法不依；二是开发者或生产者有法不依。两相比较，前者更具危害性，更需要法律的规范和制约。长期以来，我国环境污染严重，环境违法现象屡禁不止，这已成为环境管理工作中的久治不愈之"顽疾"。乍一看，许多违法现象似乎出自企业，但究其根源，责任还是在政府。企业之所以在法律面前肆无忌惮，正是因为地方政府一味追求经济发展而忽视环境保护。

尽管《中华人民共和国环境保护法》规定了地方人民政府对辖区内的环境质量负责，但其并未指明不履行其责任的后果。在这样软弱无力的法律面前，一些地方的领导选择了"先发展后环保"的道路。在经济利益的驱使下，一些领导不顾当地的资源禀赋与环境容量，贪图眼前的局部利益，"先上车后买票"，个别政府甚至提出"宁可呛死，不要饿死"的荒谬观点，将人民的健康和群众的利益置于脑后。在一些错误思想的指导下，环境保护工作难上加难，一些环保局长往往要在"乌纱"和"污染"、"位子"和"帽子"中做出选择，"站得住的顶不住，顶得住的站不住"，他们有时不得不代人受过，甚至成为牺牲者。

历史的经验和教训告诉我们，要从根本上解决我国的环境问题，关键点和突破口在于强化政府责任，以及规范和约束政府行为。我们必须改变目前《中华人民共和国环境保护法》关于政府环境责任的规定过于原则化，且缺乏责任追究制度之现状。我们应当通过《中华人民共和国环境保护法》的修改，强化各级政府作为环境保护第一责任人的责任和义务，使各级政府的领导将落实科学发展观和履行环境保护责任真正"入脑入心"，推动各级党委和政府真正从思想上重视、在行动中落实环境保护。

5. 强化政府的环境保护责任，是建立规范和约束政府行为之长效机制的经验总结

中共中央、国务院一直高度重视环境保护工作，相关领导先后对一些具体的环保工作给予了极大关注，并多次作出重要批示，仅针对晋、陕、蒙、宁4省（区）交界地区的电石、铁合金、焦炭行业之污染问题，中央领导的批示就有15次之多，从而有力地推动了中央和地方的环保工作。

近年来，针对一些重点的环境问题，国家也开展了各类环保专项行动，并不断加大对违法行为的查处力度和对责任人的追究力度。2005年，监察部和国家环保总局对九大环境违法案件进行挂牌督办，17名责任人受到撤职、记过、警告等处分。在查处环境违法案件时，有12个省、区、市处分了责任人共163人，包括政府领导7人，职能部门领导20人。2006年，国务院七部门开展了"整治违法排污企业保障群众健康"环保专项行动并已取得了阶段性成果，从而极大地震慑了环境违法行为，给一些地方的政府敲响了警钟。

我们应当认识到，环境保护是一项长期而艰巨的任务。要从根本上规范和约束政府行为，我们绝不能仅靠领导批示和专项行动，而是必须以立法的形式建立起一套规范和约束政府行为的长效管理机制，从而使各种政策和措施法律化、制度化、规范化。

在《中华人民共和国环境保护法》的修改过程中强化政府责任，就是要不断摸索规律、总结经验、吸取教训，使长效机制的各项制度更加完善和健全，使各种问题能够在法律的框架内，按照法律所要求的程序、步骤和措施，迅速而高效地得到解决。否则，凡事都靠领导批示、遇问题就靠专项行动的就事论事之做法，必将使环境保护工作陷入盲目和被动之境地。

6. 强化政府的环境保护责任，是依法行政之必然要求

在依法治国的背景下，建设社会主义法治国家的进程不断加快，我国在建立和完善适应社会主义市场经济体制的法律体系方面取得了显著成绩。《中华人民共和国行政许可法》《中华人民共和国行政监察法》《中华人民共和国行政诉讼法》《中华人民共和国各级人大常委会监督法》《最高人民检察院关于渎职侵权犯罪案件立案标准的规定》等一批规范政府的行政行为、强化政府的依法行政责任之法律法规相继颁布实施，我国的司法体制改革进程不断加快。一系列重要成果的取得，对我们从根本上解决政府不作为、乱作为之现象具有重要意义。

在《中华人民共和国环境保护法》的修改过程中强化政府责任，是我国推进政府部门依法行政之历史进程的必然要求，是行政体制改革在环境保护领域的体现和进一步深化。通过法律来强化政府的环境保护责任，就是要用法律的武器给环境违法行为以震慑。针对敢于公然违法的政府部门，以及在环境保护方面存在徇私枉法、失职、渎职等情形的政府部门，我们要坚决追究其法律责任。

7. 强化政府的环境保护责任，是环境保护法律体系的丰富和完善

经过近 30 年的发展，我国已初步建立起了环境保护法律体系，但我国现行的环境保护法律中有关规范和约束政府行为之法律规定非常有限。2006 年初，国家监察部与国家环保总局共同发布了《环境保护违法违纪行为处分暂行规定》，该文件对政府及其部门的环境责任追究做出了相关规定，但这一部门规章在立法层级和执行效率方面都存在缺陷。

在《中华人民共和国环境保护法》的修改过程中强化政府责任，将法律的调整对象扩展至政府，并建立与完善一批规范和约束政府行为的管理制度，是对我国环境保护法律体系的丰富和完善，是对建设具有中国特色的环境保护法律体系之有益探索。

在法律的修改过程中，我们应当最大限度地吸纳和借鉴现有的立法成果。针对一些经实践证明在规范和约束政府行为方面行之有效的政策和制度，如战略环境影响评价制度、生态区划与环境功能区划制度、环境目标责任制、环境质量公告和信息发布制度、生态补偿制度、责任追究制度等，我们应当通过修改《中华人民共和国环境保护法》来使其得以确立，从而推动我国的环境法律体系更加健全和完善。

未来 10—15 年是我国环境保护的关键时期，对政府行为进行规制需要法律的强有力之保障。现有的单行法主要针对的是企事业单位，其不足以解决政府的问题，我们必须借助基本法来破解困境。因此，在各方面条件基本成熟的情况下，我们应当尽早启动修法计划，以保证修法过程的时间充分、有条不紊、层层深入，从而避免贻误良机或者草率行事。

四、 对国际经验之借鉴

国外的许多环境法律都有针对政府环境保护职责之规定，尽管这些法律的名称不同，但是它们通常都是专门法律或综合性法律，如美国的《国家环境政策法》、日本的《环境基本法》、加拿大的《环境保护法》、英国的《环境法》等。国外的法律对我们在《中华人民共和国环境保护法》的修改过程中强化政府之环境保护责任具有重要的借鉴意义。作为一部从宏观层面调整国家基本政策的专门法律，美国的《国家环境政策法》之经验尤其重要。

（一）法律的调整对象是政府行为，立法目的是使政府各部门的职责与国家的环境政策目标相一致

美国的《国家环境政策法》于 1969 年出台，当时的法律对美国政府各部门的授权或多或少存在着同国家的环境政策不一致之情况，这种不一致妨碍着政府完整、统一地履行公共环保职能。美国的《国家环境政策法》之出台，就是要明

确政府的环境职责，并将政府各部门的职能与国家的环境政策统一起来，因此其确立了环境影响评价制度和环境报告制度，以从程序上来规范政府行为。《国家环境政策法》的主要做法包括：（1）总统每年要向国会提交环境质量报告；（2）任命总统府设立环境质量委员会，为提交环境质量报告提供支持；（3）对人类环境质量具有重大影响的各项提案或法律草案、建议报告及其他重大联邦行为，应由相关人员提供一份有关环境影响的详细说明；（4）联邦政府各部门要对照《国家环境政策法》来检查现行法律对本部门的授权，以使其与国家的环境政策相一致。

我国目前所面临的问题与当年的美国有类似之处，因此《中华人民共和国环境保护法》的修改应当充分借鉴美国的《国家环境政策法》之经验，即通过确立相关的程序与具体的管理制度来规范和约束政府行为，从而使政府的决策统一到落实科学发展观、加强环境保护、实现历史性转变之总体目标下。

（二）针对政府的环境责任，较多采用义务性、原则性、鼓励性规范，较少采用禁止性、强制性、惩罚性规范

美国的《国家环境政策法》对政府行为之规定，主要是一些原则性、鼓励性规定。对于《中华人民共和国环境保护法》的修改而言，其应当借鉴国外的经验。在规定政府环境责任时，我们应充分考虑规范和约束政府行为与规范和约束企事业机构法人行为之区别，并使刚性规定与原则性规定相结合，做到义务性、原则性与鼓励性规定为主，禁止性、强制性与惩罚性规定为辅。我们既要避免法律因刚性过强而难以实施，又要防止法律因过于原则化而缺乏威慑力。

通过借鉴国际经验，《中华人民共和国环境保护法》的修改应突出对政府的环境保护责任之强化，并将政府行为作为法律的主要调整对象。在修改时，笔者

建议将《中华人民共和国环境保护法》更名为《中华人民共和国环境法》。

五、 对主要法律制度的确立与完善

《中华人民共和国环境保护法》的修改应当紧紧围绕"地方政府对环境质量负总责"这一指导思想，重点解决地方政府干扰环境执法的问题，认真落实主要领导是第一责任人、分管领导是直接责任人的要求，创建和强化一套行之有效的环境管理制度。为落实政府的环保责任，我们应确立与完善的主要法律制度和措施可分为 5 大类。

（一）科学决策类

（1）战略环境影响评价。针对各级政府与部门编制的区域开发和行业发展规划，我们必须进行环境影响评价；针对各级政府与部门提出的对环境有重大影响的决策，我们必须进行环境影响论证。（2）按主体功能区划分区开发。我们应根据资源禀赋、环境容量、生态状况、人口数量及国家发展规划和产业政策，明确不同区域的功能定位和发展方向（优化开发、重点开发、限制开发或禁止开发）。（3）超总量地区暂停开发。国务院将主要污染物总量控制指标逐级分解到地方各级人民政府，超过污染物总量控制指标、生态破坏严重或者尚未完成生态恢复任务的地区，不得新增污染物排放总量和对生态有较大影响的建设项目。（4）环保规划与计划。各级人民政府应当制定重点区域和流域的生态规划；各级人民政府应当制定环境保护五年规划与年度计划；各级人民政府应当将环境保护目标、任务和措施纳入国民经济社会发展规划，并报同级人大审议批准；各级地方人民政府批准的环保规划，须报上一级政府环保部门备案。

（二）实施执行类

（1）环境保护目标责任制。各级政府要和下级政府签订环保目标责任状，从而确定量化指标、实施措施与分步实施方案，并明确考核标准和责任追究方式。（2）强制淘汰制度。（3）环保基础设施建设。各级政府要组织建设针对城市污水、生活垃圾、危险废物等污染物的环保基础设施。（4）跨界环境责任协调制度。国家应建立跨省界河流断面水质考核制度，省级人民政府应当确保出境水质达到考核目标；国家应加强跨省界的环境执法及对污染纠纷之协调。（5）区域生态补偿。上游省份因排污而对下游省份造成污染事故的，上游的省级人民政府应当承担赔偿责任，并依法追究相关单位和人员的责任。（6）环境应急管理及信息通报。各级人民政府要制定突发环境事件应急预案，并组织落实；各级人民政府要建立上下级人民政府环境应急处理和决策信息通报机制，并保证交流渠道畅通。（7）环境教育。各级人民政府应当组织开展环境保护的宣传教育，以使公众了解环境保护方面的科学知识和相关信息。

（三）保障措施类

（1）环保公共预算制度。各级人民政府要将环保投入列为本级财政支出预算的重点内容，并逐年增加。（2）制定有利于环境保护的经济政策。国务院和省、自治区、直辖市人民政府应当制定税收、价格、信贷、贸易等方面的经济政策，以鼓励及支持单位和个人参与环境保护。（3）建立跨行政区环境问题的监督协调机制。国家应设置区域性环保派出机构，以协调和督促有关地方政府的环保工作；地方政府应当支持环保派出机构的工作；国家应进一步总结和探索设区城市的环保派出机构之监管模式，并完善地方环境管理体制。（4）环保能力建设。各级人民政府应当加强环保领域的执法、监督、监测、风险预警与机构建设，并落实编制和经费。（5）政府高层协调机构（环委会）。各级人民政府应当成立环境保护事务的议事协调机构。（6）联合执法机制。（7）政府绿色采购。各级人民政府及有关部门应当优先采购经过环境认证的产品和其他环境友好的产品。

（四）监督机制类

（1）政府的环保工作向人大报告制度。报告内容——环保规划、计划、预算及其执行情况；报告期限——年度报告、中期评估、五年总结；报告目的——人大监督，政府整改。（2）对政府环保职责的监督制度。上级政府的环保部门代表本级政府，对下级政府进行环保考核，同级监察机关对政府进行监督。（3）环境行政复议制度。（4）环境法律援助与救济制度。（5）信息公开和公众参与。各级人民政府和有关部门应当公开环境信息，并为公众的参与、表达、监督和救济提供便利。（6）行政诉讼制度。

（五）责任追究类

政府的环境责任追究事由包括未完成环境责任目标、造成跨界环境纠纷、干预环境执法、决策失误、造成重大环境事故、明显的环境不作为等。

为完善环境治理的法治保障而努力
——《中华人民共和国环境保护法》
修改之研究回顾[*]

王　曦^{**}

摘要：2007 年至 2014 年，笔者和笔者的研究团队全程、深度地参与了中国环境宏观战略研究的法治保障子课题之研究和《中华人民共和国环境保护法》修订之研究。通过这两项互为交织、相得益彰的研究，我们一方面为国家的立法机关及有关部门修订《中华人民共和国环境保护法》提供了将规范和制约有关环境的政府行为作为核心的修订思路与修订建议稿，另一方面形成了一批有重要学术价值的理论性成果，包括以克服资源环境领域的"政府失灵"为旨归的环境法学研究之新切入点、对环境治理和环境法的政治经济学原理之新认识，以及中国的环境治理之概念模型。以上两方面的研究成果，既从应用角度为我国的环境

＊ 本文全文发表于秦天宝主编、柯坚执行主编：《环境法评论（第一辑）》，武汉大学出版社 2018 年。
＊＊ 作者简介：王曦，上海交通大学环境资源法研究所教授，博士生导师。

法治建设做出了重要贡献，又在理论层面为我国的环境法学研究开辟了新视野，提供了新方法。通过这些研究，我们正在成长为高度关注有关环境的政府行为之"制度改进论者"或"制度论者"。

关键词： 环境保护法；环境治理；环保法修改；政府失灵；环境法治

2007 年以来，笔者和笔者的研究团队为《中华人民共和国环境保护法》（以下简称"《环保法》"）于 2014 年之修订进行了大量研究，并做出了重要的实质性贡献。① 2014 年修订、2015 年生效的新《环保法》采纳了我们的立法建议，增补了规范和制约有关环境的政府行为（或"环境行政行为"）之专门章节和条款，从而使得地方政府这样一个重要的环保主体第一次被切实地纳入了法治的轨道。② 此外，在研究过程中，我们形成了一些比较有意思的理论性成果，这些

---

① 这个团队的主要成员包括（排名不分先后，以目前的职称为准）：深圳大学法学院周卫副教授、吉林大学法学院王小钢教授、上海政法学院赵俊副教授、浙江嘉兴学院杨华国讲师、中南林业科技大学法学院徐丰果副教授、华北电力大学法学院陈维春副教授、中山大学法学院谷德近副教授（已故）、上海海洋大学海洋文化与法律学院王小军教授、上海财经大学法学院胡苑副教授、湖北经济学院法学院罗文君副教授、上海海事大学法学院唐瑭讲师、中共南京市委党校朱达俊讲师、上海应用技术大学经济与管理学院谢海波讲师、上海海洋大学海洋文化与法律学院卢锟讲师、南京审计大学法学院邵琛霞副教授、南京信息工程大学公共管理学院戈华清副教授、由理查德·奥廷吉尔（Richard Ottinger）教授和尼古拉·罗宾逊（Nicolas Robinson）教授为首的美国纽约 PACE 大学环境法教育与研究中心合作团队、美国芝加哥 KENT 法学院丹·塔洛克（Dan Tarlock）教授、日本京都龙谷大学北川秀树教授，以及从 2007 年到 2014 年在上海交通大学法学院攻读环境法专业的博士研究生和硕士研究生。此外，浙江大学光华法学院巩固副教授、武汉大学法学院柯坚教授、苏州大学王健法学院朱谦教授、武汉大学法学院李广兵副教授、中国政法大学民商经济法学院胡静副教授、湖南大学法学院唐双娥副教授、华南理工大学法学院刘长兴副教授、湖北经济学院法学院邱秋教授、重庆大学法学院焦艳鹏教授、河南工程学院李威教授、上海交通大学法学院高琪讲师、上海申申律师事务所丁兴锋律师等人通过 SKYPE 多次参与了研究组的讨论。在此，笔者以研究团队负责人的名义，对上述各位表示衷心的感谢！中国社会科学院法学研究所资深研究员、我国环境法学老前辈马骧聪先生，环境保护部政策法规前司长、环保部总工程师杨朝飞先生，环保部政策法规司前司长李庆瑞先生，环保部政策法规司司长别涛先生和该司的全体工作人员，以及环保部环境与经济政策研究中心沈晓悦研究员，都给予了这项研究极大的支持和协助，笔者对他们表示衷心的感谢！

② 在媒体报道和很多环境法学者的论述中，《环保法》的这一重大补充被称为"强化政府环境责任"。

成果对我国的环境治理和环境法学之发展有独特的参考价值。本文对这一段艰苦而宝贵的研究经历进行了回顾和总结。除导言部分外，本文分为以下三个部分：第一部分回顾这项研究的过程；第二部分报告这项研究所取得的应用性成果和理论性成果，并阐述其应用价值和理论意义；第三部分对这项研究做一个简要的总结，并对未来的研究进行展望。

一、 回顾

（一）背景

这次《环保法》的修订，适逢我国经济社会发展的一个关键转型期。在这个转型期内，我国的经济发展起来了，人民的生活富裕起来了，但环境和生态恶化了，人民对美好生活质量的需求大大增加了。最近召开的党的十九大准确地把握了这个转型期的特点，其提出我国的社会主要矛盾已经转化为人民日益增长的美好生活需要和不平衡不充分的发展之间的矛盾，而这里面就包含着人民对美好环境的需要与粗放型发展方式之间的矛盾。《环保法》制定于 1989 年，到 2014 年修订时，其已经实施了二十五年。这二十五年见证了我国的环境与生态之急剧恶化。这个恶化的明显加剧，大约发生在 2005 年前后。那时，严重的环境污染或生态破坏事件和环境群体事件层出不穷，以至于一向疲软的国家环保总局破天荒地"硬"了起来，其向很多地方政府和国有企业祭出了"行政限批"这一手段。2011 年至 2013 年，严重的雾霾反复出现在京津冀地区和其他地区，其成为了一个全国性的严重生态问题，以至于人人谈"霾"色变。

在这二十五年里，党和政府对我国的环境问题之认识不断深化，重视程度不断加强。这个过程集中体现在这二十五年中的历次党代会报告关于环境问题的论述之中。在《环保法》实施后不久，邓小平同志于 1992 年初南巡，并发表了一系列重要的讲话，从而再次启动了我国的改革开放进程。1992 年 10 月，党的十四大对党的十一届三中全会启动的改革开放事业这十四年的伟大实践进行了回顾与总结，并且明确提出 "我国经济体制改革的目标是建立社会主义市场经济体制"，从而进一步指明了改革开放的方向。在中央号召 "加快改革开放和现代化建设步伐" 之背景下，全国的经济建设展现出蓬勃发展的新气象。1997 年，党的十五大的主题是 "高举邓小平理论伟大旗帜，把建设有中国特色社会主义事业全面推向二十一世纪"。关于环境问题，党的十五大指出，"经济发展给资源和环境带来巨大的压力"。这是改革开放以来，党中央在党代会报告的问题与困难部分首次谈到环境问题。2001 年底，中国恢复了《关税与贸易总协定》缔约国的地位，并加入了世界贸易组织。2002 年 11 月，党的十六大提出，"全面贯彻'三个代表'重要思想，继往开来，与时俱进，全面建设小康社会"。关于环境问题，十六大报告指出，"生态环境、自然资源和经济社会发展的矛盾日益突出"。2007 年，党的十七大的主题是 "高举中国特色社会主义伟大旗帜，以邓小平理论和'三个代表'重要思想为指导，深入贯彻落实科学发展观，继续解放思想，坚持改革开放，推动科学发展，促进社会和谐，为夺取全面建设小康社会新胜利而奋斗"。针对环境问题，十七大报告将其列为我国面临的诸 "突出" 问题和困难之首，并表述为 "经济增长的资源环境代价过大"。十七大报告指出，进入新世纪和新阶段后，我国的发展呈现一系列新的阶段性特征，其中有一条是 "长期形成的结构性矛盾和粗放型增长方式尚未根本改变"。针对新世纪和新阶段下的现状，党中央提出要贯彻落实科学发展观。贯彻落实科学发展观的一个重要方面，是 "坚持生产发展、生活富裕、生态良好的文明发展道路，建设资源节约型、环境友好型社会，实现速度和结构质量效益相统一、经济发展与人口资源环境相协调，使人民在良好生态环境中生产生活，实现经济社会永续发展"。

第 三 章

环 境 立 法 、 执 法 与 司 法

2012 年 11 月，党的十八大提出，"为全面建成小康社会而奋斗"。关于环境问题，党的十八大报告指出，"发展中不平衡、不协调、不可持续问题依然突出……资源环境约束加剧，制约科学发展的体制机制障碍较多，……社会矛盾明显增多，……生态环境……等关系群众切身利益的问题较多"。因此，党中央要求，"必须更加自觉地把全面协调可持续作为深入贯彻落实科学发展观的基本要求，全面落实经济建设、政治建设、文化建设、社会建设、生态文明建设五位一体总体布局，促进现代化建设各方面相协调，促进生产关系与生产力、上层建筑与经济基础相协调，不断开拓生产发展、生活富裕、生态良好的文明发展道路……统筹城乡发展、区域发展、经济社会发展、人与自然和谐发展、国内发展和对外开放，统筹各方面利益关系"。2013 年 10 月，党的十八届三中全会进一步提出了全面深化改革的总任务，并指出全面深化改革的总目标是"完善和发展中国特色社会主义制度，推进国家治理体系和治理能力现代化"。十八届三中全会提出了划定生态保护红线和改革生态环境管理体制的任务。中央对环境问题的高度重视，为《环保法》的修改进入全国人大常委会的议事日程提供了最重要的政治条件。

随着环境与生态状况的急剧恶化，以及党中央对环境与生态问题的重视程度之逐渐加强，在这二十五年里，尤其是在自 2005 年以来的九年里，《环保法》的修改一直是全国人大会议的一个重要话题，呼吁修改《环保法》的声音越来越大。"从 1995 年八届全国人大三次会议到 2011 年十一届全国人大五次会议，全国人大代表共 2474 人次以及台湾代表团、海南代表团提出修改《环保法》的议案 78 件，反映现行《环保法》是经济体制改革初期制定的，已经不适应经济社会发展要求，社会各方面修改呼声很高。"[①] 2010 年 12 月，第十一届全国人大

---

① 信春鹰：《〈中华人民共和国环境保护法〉学习读本》，北京：中国民主法制出版社 2014 年，第 282—283页。

常委会第 18 次会议同意了环境与资源保护委员会的意见，将《环保法》的修改列入全国人大常委会 2011 年的立法工作计划。

总之，环境与生态的急剧恶化、党中央对环境与生态问题的重视，以及《环保法》的修改被列入全国人大常委会的立法计划，共同构成了《环保法》修改之研究的大背景。

在此期间，笔者和笔者的研究团队始终高度关注《环保法》修改问题。2005 年 2 月 21 日，笔者应邀出席全国人大环境与资源保护委员会在北京举办的"中国环境立法研讨会"，该研讨会集中讨论了《环保法》的修改问题，与会学者纷纷表达了对这个问题的关切并提出了各种修改建议。笔者也在研讨会上结合自己对美国环境法的研究，就《环保法》的修改发表了意见。在中国环境立法研讨会上，笔者指出，现实中存在着两种"有法不依"的现象，一种是企业不遵守环境保护的法律法规，另一种是地方政府不遵守环境保护的法律法规。两相比较，后一种现象，即环境保护中的"政府失灵"，更值得引起我们的重视，修改《环保法》应当以此为抓手。[1]

（二）研究过程

我们的研究过程可以分为以下两个主要环节：第一，中国环境宏观战略研究环境法治保障专题（含《〈中华人民共和国环境法〉制定研究》）；第二，《环保法》修改之研究。以上两个环节的研究在目的上和时间上相互交织，二者从不同角度为《环保法》的修改做了准备。从时间上看，这个研究过程所涉及的时间跨度为 2007 年至 2014 年。

---

[1] 王曦：《国际环境法与比较环境法评论》，上海：上海交通大学出版社 2008 年，第 201—203 页。

1. 中国环境宏观战略研究环境法治保障专题

中国环境宏观战略研究是中国工程院和国家环保局于 2007 年联合组织的一项国家重大宏观战略研究。中国工程院院长徐匡迪指出，"中国环境宏观战略研究是一项总结过去、指导现在、谋划未来的重大工程，涉及多部门、多学科、层次高、综合性强，时间跨度大，研究任务重，质量要求高，为了做好研究，成立了包括全国人大、全国政协及国务院 17 个部门为成员的项目领导小组，设立了 4 个课题组和 29 个专题组，动员了环保、工程、科技、经济、社会、贸易、法律、能源、外交等领域的 50 多名院士、数百位专家学者和研究人员参与研究。"[1]

2007 年，笔者和笔者的研究团队有幸应中国环境宏观战略研究环境法治保障专题负责人杨朝飞先生和首席专家马骧聪先生的邀请，参加了中国环境宏观战略研究法治保障专题的研究。[2] 在这项研究中，笔者和笔者的研究团队鲜明地提出并有力地论证了以建立对环境行政行为的监督与约束制度为完善我国环境法制的战略突破口之观点及思路。[3] 为了做好这项研究，笔者邀请美国纽约佩斯大学法学院荣誉院长理查德·奥廷吉尔教授和该校环境法教学研究中心主任尼古拉·罗宾逊教授牵头组成了一个美方合作团队，以配合笔者进行这项研究。笔者联系我国环境法治建设所面临的挑战，向美方学者提出了关于美国环境法治的十多个方面之重要问题（主要是体制和机制问题），并请他们研究后做出书面回

---

[1] 中国工程院、环境保护部：《中国环境宏观战略研究：战略保障卷》，北京：中国环境科学出版社 2011 年第 5 页。

[2] 这项研究的总报告（即《中国环境宏观战略研究：战略保障卷》）列举的专题承担单位包括上海交通大学凯原法学院环境资源法研究所，列举的专题研究人员包括笔者的研究团队之代表王曦、徐丰果、杨华国和陈维春，列举的专题报告统稿人是王曦和别涛。参见中国工程院、环境保护部：《中国环境宏观战略研究：战略保障卷》，北京：中国环境科学出版社 2011 年，第 169—170 页。

[3] 王曦：《当前我国环境法制建设亟需解决的三大问题》，《法学评论》2008 年第 4 期，第 110—115 页；王曦：《论新时期完善我国环境法制建设的战略突破口》，《上海交通大学学报（哲学社会科学版）》2009 年第 2 期，第 5—11 页。

答。美方很合作，他们就这些问题给出了回答，并寄来了很多参考资料。针对上述问题，中美双方的学者还于 2009 年 10 月 30 日在上海交通大学举办了"关于美国《国家环境政策法》、环境联邦主义、气候变化和中国环境政策与立法新发展的圆桌研讨会"（有关这次成功的中美学术合作之成果，请参见下文的具体内容）。这项研究的工作强度很大。 2007 年 12 月至 2008 年 12 月，笔者多次赴京参加专题组的讨论。从笔者保存的资料来看，除各参加单位在前期独立撰写的一批分工报告外，光后期的《环境法治保障专题研究报告》就有五稿，这项研究所形成的各种书面文件共有 1400 多页。

2008 年 2 月 19 日，受课题组的委托，笔者代表环境法治保障专题研究组向中国工程院和环保部的领导同志与中国环境宏观战略研究的责任专家组和首席专家组做了环境法治保障专题研究的中期汇报。与会的领导同志和专家对我们提出的思路很感兴趣并给予了好评，他们一方面建议中国环境宏观战略研究的总报告吸纳我们的主要观点，另一方面也指出了一些需要修改的地方。

2008 年 3 月，笔者以全国政协委员的身份向全国政协递交题为《以立法克服资源环境领域中的"政府失灵"》之提案，提案建议将规范和约束有关环境的政府行为作为《环保法》修改之重点内容。很荣幸的是，这个提案得到了环境保护部的赞同。

2008 年 12 月 8 日，受课题组的委托，笔者代表环境法治保障专题研究组做了本专题的结题报告。笔者的结题报告题目是《探索完善环境法治的战略突破口——建立对环境行政行为的监督和制约制度》。听取汇报的人员有环保部、全国人大常委会法工委立法规划室、全国人大常委会法工委经济法室、全国人大环境资源保护委员会、环保部环境监察局、国务院法制办农林司等部门的领导同志，他们一方面给予了结题报告认可与好评，另一方面也就报告的完善提出了许多中肯的意见。评审会原则上通过了笔者的结题报告。

也许是认同笔者和笔者的研究团队在中国环境宏观战略研究中提出的上述重要观点及思路，环境保护部政策法规司于 2009 年 6 月委托我们开展一项名为"环境法制定"的研究。环境保护部政策法规司的这项委托，使我们的中国环境宏观战略研究环境法治保障专题与《环保法》的修改之研究产生了交叉。在这项研究中，我们按照建立规范和制约政府环境行政行为的制度之思路，起草了一份《〈中华人民共和国环境法〉 概念大纲》。这份大纲不仅是中国环境宏观战略研究环境法治保障专题的成果之一部分，而且也为进一步研究《环保法》的修改打下了很好的基础。在进行"环境法制定"的研究之过程中，笔者和研究团队多次赴京向环保部政策法规司等部门汇报研究进展，并听取他们的意见和建议。① 根据笔者的工作记录，仅 2009 年 7 月到 12 月，研究团队就召开了六次网络会议来讨论《环保法》的修改问题。2009 年 12 月，笔者赴京接受"环境法制定"项目的中期评估，其中包含政府环保职能绩效评估报告和针对 32 个有较大社会影响的环境污染事件与环境群体事件的案例研究报告。值得一提的，是这项案例研究。我们按照案例名称、时间、地点、法律关系主体（公民、企业法人、机关法人、事业单位法人、社会团体法人、其他法人、村民委员会、居民委员会、其他、国家）、法律关系客体（物、行为、人身、人格、智力成果）、所涉法律关系（环境行政法律关系、环境民事法律关系、环境刑事法律关系、环境权力制约关系）、主要问题（发展方式和发展观、环保公共职能、政府层级监督和制约、政府部门合作和制约、法律监督、民主监督、社会监督、行政问责、规划、环评、"三同时"、行政决策程序、信息公开、违法营运、行政体制、其他法律缺陷、环境公益诉讼、群体事件）、立法建议等指标，对 32 个事件或案件进行了颇为细致的解剖。通过这样的分析，我们得以充分证实在环保领域存在着

---

① 例如，2010 年 2 月 1 日，笔者和研究团队的成员罗文君、杨华国、张鹏、唐瑭等人专程去环保部政策法规司汇报我们的研究。

严重的"政府失灵"，即地方政府在履行经济职能时的乱作为和在履行环保职能时的懈怠与不作为，而纠正这种"政府失灵"已经成为当务之急。

上述两项重要的研究成果，即关于将建立规范和约束政府环境行政行为作为完善我国环境法治的战略突破口之建议与相关论证，以及《〈中华人民共和国环境法〉概念大纲》，在中国工程院和环境保护部于2011年1月出版的《中国环境宏观战略研究：战略保障卷》中得到大篇幅的体现。[1] 基于上述这些贡献，笔者和笔者的研究团队于2010年7月荣获"中国环境宏观战略研究先进集体"光荣称号与"中国环境宏观战略研究先进个人"光荣称号。

2. 《环保法》修改之研究

在中国环境宏观战略研究环境法治保障专题的后期研究阶段，《环保法》的修改于2010年底被全国人大常委会列入2011年的立法工作计划。基于中国环境宏观战略研究中所形成的主要观点和思路及积累的研究成果，我们立即顺势投入了《环保法》修改之研究。我们主张通过这次修改，使《环保法》成为一部含有规范和制约有关环境的政府行为之内容的"环保事业基础法"。为此，笔者专门撰文呼吁："让特殊的《环保法》特殊起来！"[2] 按照这个思路，我们以《〈中华人民共和国环境法〉概念大纲》为基础，起草了《环保法修订建议稿》。

2011年1月下旬，全国人大环资委召开《环保法》修改工作启动会，并正式委托环保部起草《环保法》的修改草案部门建议稿。2011年2月，环保部组建了以环保部部长周生贤为组长、各司局主要负责人为成员的"环保法修改工作领导小组"，以正式起草修改建议初稿。[3]

---

[1] 参见中国工程院、环境保护部：《中国环境战略研究：战略保障卷》，北京：中国环境科学出版社2011年，第16页、第20页、第49页、第54页、第56页、第57页、第207—280页及第307—314页。

[2] 王曦：《环保事业基础法：让特殊的〈环保法〉特殊起来！》，《绿叶》2011年第1期，第7页及第9—19页。

[3] 于华鹏：《环保部表态了，环保修法存在四大问题》，《经济观察报》2012年11月2日。

第三章

环 境 立 法 、 执 法 与 司 法

2011 年 4 月 14 日，环保部政策法规司电话通知笔者出席全国人大环资委《环保法》修改调研组于两天后在武汉大学举办的《环保法》修改专家座谈会，并向会议汇报笔者和笔者的研究团队起草的《环保法修改建议稿》。接到这个电话，笔者立即着手准备会议材料。这份材料主要由三个部分组成：其一，也是最重要的，即《关于修改环保法的总体思路》；其二，也很重要，即作为这个总体思路附件的《环保法修订建议稿》；其三，笔者的研究团队之简介和我们发表的相关论文之清单。

2011 年 4 月 17 日上午，全国人大环资委主办的《环保法》修改专家座谈会在武汉大学举行。根据笔者的回忆，出席会议的有全国人大环资委副主任委员蒲海清和该委员会法案室的工作人员、环保部副部长潘岳、环保部总工杨朝飞、环保部政策法规司司长李庆瑞、环保部政策法规司副司长别涛和该司的工作人员，以及武汉大学校领导和武汉地区的环境法专家（武汉大学环境法研究所的老师几乎全体出席，还有武汉大学环境科学学院、中南财经政法大学、中国地质大学、武汉海事法院等单位的专家）。笔者做了大约 15 分钟的发言，集中讲解了修改《环保法》的总体思路，即从战略上看待《环保法》的修改，使《环保法》成为一部能够确保地方政府勤勉履行环保职责的"环保事业基础法"。在会议开始前，笔者请工作人员在每个与会者面前放了一份会议材料，这样在笔者发言时，与会者可以一边听，一边参看会议材料。在各位专家的发言结束之后，全国人大环资委和环保部的领导同志都称"很受启发"。武汉大学的这次会议是我们关于《环保法》修改的总体思路与《环保法》的修改建议稿第一次通过正式渠道，直接上传到全国人大环资委和环保部。笔者很感谢环保部通知笔者出席这次会议。

大约是 2011 年 5 月 20 日，环保部政策法规司来电，请笔者赴环保部政策法规司汇报修改《环保法》的思路。2011 年 5 月 23 日，笔者赴京专门向政策法规司汇报并讲解了笔者和笔者的研究团队关于《环保法》修改的思路与《环保法修

订建议稿》。法规司当时表示将吸收我们的这个思路和建议稿，并报送全国人大环资委。

2012 年 2 月，一年一度的两会召开在即。2012 年 17 日，为了在两会上就《环保法》提出建议，中华环保联合会在北京举办了一次《环保法》修改专题研讨会。中华环保联合会请到了全国人大环资委主任委员汪光焘先生和全国人大环资委法案室的领导与工作人员。在研讨会上，三十多位知名的环境法学者和专家与汪光焘主任就《环保法》的修改进行了面对面的交流，气氛坦诚、热烈、和谐。笔者应邀出席了这次会议。

在研讨会上，全国人大环资委的蔡薇同志先介绍了环资委从事这项工作的情况。蔡薇同志介绍说，环资委这次报送全国人大常委会的是修正案，该修正案主要从强化环境保护的战略地位、加大政府责任、强化对政府的监督等八个方面对《环保法》进行了修改。从汪光焘主任的发言来看，当时人大环资委修改《环保法》的思路主要包括：解决法律和制度之间的不衔接问题，突出重点、有限修改；解决"与污染防止各单项法律不一致的制度措施"之问题；解决"不适应社会主义市场经济的一些规定"之问题，如环境影响评价、排污收费、限期治理等；解决公众环境权益、环境标准、人民政府对环境质量的责任等问题，等等。

笔者在几位专家发言之后做了简短发言。笔者主要谈了以下两点： ①第一，关于这次《环保法》的修改，环资委这一稿的方向是对的，即强化有关政府环境保护责任的规定，与现行法律相比有进步，但步子迈得不大。这样修改的《环保法》可能在现实生活中起不到很大的作用，因为它还没有从制度上给予地方政府更有力的规范和制约。当前，我们国家发展过程中的资源环境约束这么多，这不光是企业的问题，更是地方政府的问题。第二，人大的立法权很重要，我们要从

---

① 这几点以笔者的会议笔记和中华环保联合会的会议速记稿为依据。

战略上看待它。依法治国、依法行政，行政机关的行政首先要依法，这就在逻辑上要求立法机关为行政机关制定良好的法律，以规范和约束行政。如若不然，行政机关在行政的时候，就会出现无法可依或行政自由裁量权过大的情况。现在，很多地方政府在发展经济的时候，不顾及环境，这就是因为没有法律约束。这次《环保法》的修改，为弥补法律上的这个缺陷提供了重要契机。所以，针对《环保法》的修改，我们不应该仅从战术上来看待它，而更应该从战略上来看待它。简单点说，环保事业是一个多方主体互动的过程。其中，一个是政府，一个是企业，还有一个是第三方。全国人大应该看到三方主体的互动关系，这个很重要，因为这样看有利于全国人大从战略上考虑《环保法》的修改，并对整个环境法治做一个全盘的考虑，而不是仅仅盯着企业。汪光焘主任一方面同意笔者的观点，另一方面表示步子不能一下子迈得太大，他认为全面修改《环保法》的条件还不成熟。

2012 年 8 月，全国人大常委会对全国人大环资委提交审议的《中华人民共和国环境保护法修正案（草案）》（又称"一审稿"或"一读稿"）进行了第一次审议。2012 年 8 月 31 日，全国人大常委会法工委向社会公布草案并征求意见。当时，方方面面都对这个草案感到不满意，环保部、全国人大、学界和社会组织都不满意。在笔者看来，"一读稿"的修改方向是对的，这特别表现在它改变了原法的篇章结构。"一读稿"新设了"监督检查"一章，并且规定了政府环境信息公开、国家实行环境保护目标责任制和考核评价制度、加强对下级人民政府及其有关部门环境保护工作的监督检查、县级以上人民政府及其环境保护部门应当定期向本级人民代表大会常务委员会报告本行政区域环境状况和环境保护目标的完成情况、县级以上地方人民政府对本行政区域发生的重大环境污染事件应当向本级人民代表大会常务委员会做专项报告并依法接受人大监督等重要新内容。"一读稿"的缺点是没有及时跟上党的十八大对生态文明建设所提出的更高要求。实际上，由于《环保法》的修改较晚被纳入全国人大常委会的立法工作计划，因此全国人大常委会环资委已经没有时间来进行如此深入的思考。

为了集中团队意见，以便向全国人大常委会法制工作委员会提出建议，笔者的研究团队于 2012 年 9 月 7 日上午通过 SKYPE 视频实时通话系统举办了一次关于《环保法》修改的专题研讨会。2012 年 9 月 9 日，笔者向法工委设立的征求意见网站报送了两份意见书。第一份意见书是我们的核心建议，即"与《中华人民共和国大气污染防治法》等其他环境保护类法律相比，《环保法》有其特殊功能。一是规定国家环保事业的基础性事项，如环保工作的目的、'环境'的法律定义、环保工作的基本理念和原则、国家环保行政管理体制、公民、法人和其他组织的环境信息权和参与权、环境法律责任等。《环保法》的修改应当加强这些特殊功能。二是建立规范和制约政府有关环境的行政行为的制度，特别是民主化科学化决策制度和相关的监督和问责制度。三是对带有普遍性的，不适合由其他环境保护类法律规定的制度做出规定，如规定国家环境监测体系等。四是为国家环境经济政策的实施提供法律依据，做出'第一推动'。在这四方面中，前三个方面是重点，体现了《环保法》的特殊性及其存在的理由。其中第二个即'建立规范和制约政府有关环境的行政行为的制度，特别是民主化科学化决策制度和相关的监督和问责制度'，是重中之重，因为我国现行环境法中缺的就是这方面的制度。因此，《环保法》的修改应该沿着这个思路和方向进行"。第二份意见书是针对全国人大法工委发布的六个方面的问题之答复和建议。

时间转眼到了 2012 年底，第十一届全国人大（包括环资委）面临着换届。2012 年 11 月，党的十八大第一次将生态文明建设提高到了前所未有的高度，生态文明建设与经济建设、政治建设、文化建设和社会建设并列，共同构成了"五位一体"的战略布局。这时，全国人大环资委已经完成了《中华人民共和国环境保护法修正案（草案）》的起草工作，并将草案提交全国人大常委会"一读"。

因此，根据党的十八大的新精神，修改与完善"一读稿"的任务，就落到了下一届全国人大常委会及其法制工作委员会的肩上。

2012 年 12 月 20 日，笔者应邀出席汉德环境观察研究所在北京福州会馆举办的《环保法》修改思路专家研讨会，会议由杨朝飞总工主持。在研讨会上，笔者再次讲解了笔者和笔者的团队关于《环保法》修改的思路。笔者的发言之主要内容被东道主纳入了《〈环境保护法〉修改研讨会成果报告》。这次研讨会适逢全国人大换届在即，会议成果有助于新一届的全国人大常委会和法制工作委员会开展《环保法》的修改工作。

2013 年 3 月，全国人大正式换届。新一届的全国人大（即现在的第十二届全国人大）及其常委会不失时机地抓紧修改《环保法》，这项工作由法制工作委员会（以下简称"法工委"）的行政法室专门负责。法工委根据党的十八大精神与人大常委会组成人员和各方面的意见，对"一读稿"进行了较大修改，形成了《中华人民共和国环境保护法修正案（草案二次审议稿）》（又称"二读稿"）。2013 年 6 月，十二届全国人大常委会第三次会议对"二读稿"进行了审议。法工委于 2013 年 8 月 31 日将"二读稿"在中国人大网公布，并向社会公开征求意见。

2013 年 3 月至 8 月，笔者和笔者的团队关于《环保法》修改的思路与建议稿通过各种渠道（包括官方的、半官方的和非官方的渠道）被传送到全国人大法工委。

记得是 2013 年 3 月 3 日，笔者应环保部法规司的要求，将笔者和笔者的团队以前形成的《环保法》修订建议稿进行修改和补充后，发给他们。环保部法规司的有关领导曾电话回告，说这份建议稿已经转送全国人大法工委。

2013 年 3 月 16 日，笔者和笔者的团队对以前形成的《环保法》修订建议稿进行修改和补充后，发给了北京汉德环境观察研究所。

2013 年 6 月 21 至 6 月 29 日，笔者在新西兰奥克兰市 Hanmilton 镇出席国际自然保护联盟环境法学院（IUCN Academy of Environmental Law）的年度学术会议。有一天，笔者突然接到中国民主建国会的一位中央领导同志（他当时是全国人大常委）之电话，他说人大常委会即将审议《环保法》修改的"二读稿"，因此想询问笔者对《环保法》修改的看法。笔者向他简要介绍了自己的观点，即抓住这次契机，将《环保法》修改成为一部规范和约束有关环境的政府行为之"环保事业基础法"。从全国人大法律委员会于 2013 年 6 月 26 日向全国人大常委会所做的汇报来看，在审议"二读稿"时，全国人大常委会提出的意见和建议主要包括："应当将《环保法》定位为环境领域的基础性、综合性法律，主要规定环境保护的基本原则和基本制度，解决共性问题"①；"明确政府、企业和公众都有义务保护环境"②；"对环境违法行为进行舆论监督"③；"环境信息公开与公众参与"④；"明确公众的知情权、参与权和监督权"⑤，等等。这些意见和建议都与笔者和笔者的团队之意见和建议不谋而合。

从全国人大法律委员会于 2013 年 10 月 21 日向全国人大常委会所做的汇报来看，在审议"二读稿"时，全国人大常委会委员、人大代表、社会公众和相关部门的一致意见，是进一步明确、落实政府的环境保护责任。⑥ 法律委员会在报告的最后特别指出，"目前实践中存在的突出问题是：一些地方因经济发展的冲动而忽视环境保护……"。⑦ 这些意见和建议与党的十八大的精神完全一致，

---

① 信春鹰：《〈中华人民共和国环境保护法〉学习读本》，北京：中国民主法制出版社 2014 年，第 291 页。
② 信春鹰：《〈中华人民共和国环境保护法〉学习读本》，北京：中国民主法制出版社 2014 年，第 291 页。
③ 信春鹰：《〈中华人民共和国环境保护法〉学习读本》，北京：中国民主法制出版社 2014 年，第 292 页。
④ 信春鹰：《〈中华人民共和国环境保护法〉学习读本》，北京：中国民主法制出版社 2014 年，第 293 页。
⑤ 信春鹰：《〈中华人民共和国环境保护法〉学习读本》，北京：中国民主法制出版社 2014 年，第 294 页。
⑥ 信春鹰：《〈中华人民共和国环境保护法〉学习读本》，北京：中国民主法制出版社 2014 年，第 300 页。
⑦ 信春鹰：《〈中华人民共和国环境保护法〉学习读本》，北京：中国民主法制出版社 2014 年，第 296—300 页。

这说明新一届的人大常委会组成人员试图抓住修改《环保法》这个契机，通过对《环保法》进行全面修改，以建立针对地方政府有关环境的行为之监督和约束制度。

2013 年 8 月 9 日，笔者应邀赴北京出席了中国环境科学学会组织的《中华人民共和国环境保护法修正案》讨论会。这次讨论会的目的，是听取专家们关于《环保法》的修改之意见和建议，并以中国环境科学学会的名义，向环保部和全国人大法工委报送中国环境科学学会关于《环保法》的修改之意见和建议。中国环境科学学会理事长、全国政协常委、原国家环保总局副局长王玉庆先生全程出席了讨论会，杨朝飞总工和一批环境法学者也出席了讨论会。笔者在讨论上讲述了笔者和笔者的团队之思路和建议，并在会后向学会报送了有关材料。

此外，这段时间，新闻媒体广泛报道了关于《环保法》修改的各种建议，主要包括"废止论"（即因老《环保法》的"空洞化"太严重而废止它）、"立法位阶论"（即将《环保法》的修改上升到全国人大的层次来审议和表决）、"法典论"（即借此修改之机，综合整理各项环保法律，制定一部《环境法典》）、"有限修改论"（即全国人大环资委起草的"一读稿"之思路）和"改造论"（即我们的观点，将《环保法》改造成为一部规范和约束有关环境的政府行为之"环保事业基础法"）。

在经过了 2014 年 4 月的最后一次人大常委会审议之后，《环保法》的修改最终以修订的方式出台。也就是说，《环保法》的修改由最初的"修正"变成了最后的"修订"。前者修改幅度小，后者修改幅度大。2014 年 4 月 24 日通过的新《环保法》为七章共七十条，而原《环保法》为六章共四十七条。新《环保法》从修改的指导思想到篇章结构和条文数量都发生了较大变化，它被定位为我国环境保护的基础性、综合性法律①，这一点与我们的建议完全一致。

---

① 信春鹰：《〈中华人民共和国环境保护法〉学习读本》，北京：中国民主法制出版社 2014 年，第 291 页。

在《环保法》修订之前，我国的环境保护类法律有一个很大的缺陷，即对地方政府有关环境的政府行为缺乏规范和制约，老的《环保法》和其他环境保护类法律所规定的主要是政府怎么去管理企业与其他的污染者。这些法律忽略了对一个重要的现实情况之应对，即我国严重的环境污染和生态破坏问题不光是企业造成的，地方政府在环境保护事务中的"政府失灵"也是一个重要的原因。我国的地方政府不仅是环境污染的管理者，而且是地方经济的规划者和推动者，他们扮演着"裁判员"和"运动员"的双重角色。在唯GDP的政绩观之指引下，很多地方政府没有很好地履行其环保职能。作为"裁判员"，即管理者，不少地方政府却对本地的污染型企业"睁一只眼，闭一只眼"，只看重其财税贡献，而对其违法的污染行为熟视无睹、放任自流，存在着严重的不作为；作为"运动员"，即地方经济的规划者和推动者，不少地方政府在规划和推动地方经济时却不考虑产业规划与项目对环境的不利影响，只要金山银山，不要绿水青山，存在着严重的乱作为。这种"政府失灵"使严重的污染事件和环境群体事件一度频频爆发，搞得民怨沸腾，政府的声誉和公信力受到很大的损伤。《环保法》的修订在很大程度上改变了这种状况。新《环保法》第一次在政府和企业之间的环境管理与被管理关系外，对第三方主体（包括人大、公众、社会组织、法院、新闻媒体等）和政府之间的有关环境事务之监督与被监督关系做出了制度性规定。引种做法弥补了以前法律制度上的缺陷，做到了环境保护法律关系和法律主体的全覆盖，而这也与我们的建议完全一致。《环保法》的成功修订使我国的环境治理走上了新台阶，它是本届全国人大及其常委会在换届之初取得的一项重要的立法工作成就。

二、 主要成果

在从事中国环境宏观战略研究法治保障专题和《环保法》修改之研究的过程

中，笔者和笔者的研究团队取得了应用性成果和理论性成果，前者是直接用于《环保法》的修改工作之成果，后者是具有环境法学的理论价值之成果。当然，两种成果具有不可分割的联系，只是在实践价值方面有所不同。

（一）应用性成果

应用成果性包括： 研究方案（研究目的、研究内容、研究团队、工作分工、进展计划、最终成果方式等）、案例研究（案例研究分工、案例分析报告、案例要素分析表等）、政府环境保护职能绩效评估报告、中期研究报告、中美环境法比较研究成果专辑、中美环境法圆桌研讨会文集、历次关于《环保法》修改的网上研讨会记录、最终研究成果（上报有关部门的《中国环境宏观战略的法治保障专题研究报告》（五个版本）、《 〈中华人民共和国环境法〉 概念大纲》、《 〈环保法〉 修改总体思路》、《 〈中华人民共和国环境保护法〉 修订建议稿》（两个版本）、《 〈中华人民共和国环境保护法〉 修订建议稿说明》等）。

（二）理论性成果

理论性成果主要涉及环境法学研究的切入点、环境法治的政治经济学原理、中国环境法治的概念模型三个方面。

1. 环境法学研究的切入点

所谓切入点，一般是指解决问题的下手之处；所谓环境法学研究的切入点，是指《环保法》修改之研究的下手之处。由于我们是从战略的角度而非战术的角度来看待《环保法》之修改，因此环境法学研究的切入点亦指完善我国环境法治的战略突破口。做研究，选好切入点很重要。庖丁之所以能够用一把小刀，将偌大一整头牛游刃有余地分解掉，不仅是因为他熟悉牛的身体结构，更是因为他知道正确的切入点。正确的切入点就是战略突破口，战略突破口找对了，其他问题便能迎刃而解。

《环保法》之修改或我国环境法治之完善的切入点或突破口在哪里呢？在进行中国环境宏观战略研究和《环保法》修改之研究时，我们本着从实际出发的态度来寻找关键切入点。大量公开报道的环境污染事件和环境群体事件为我们提供了丰富的实证材料。通过分析重大污染事件和环境群体事件的背后之原因，我们发现，这些事件往往指向地方政府在履行环保职能时的不作为或乱作为。大量事件表明，在环境问题所引发的地方政府与地方居民之矛盾中，地方政府是矛盾的主要方面，这是因为地方政府承担着容易激化矛盾的双重职能，即发展经济和保护环境。在社会的主要矛盾是落后的生产力与人们对物质生活的需求之间的矛盾之情况下，地方政府往往容易只顾经济发展而忽视了环境保护，过于偏重 GDP 或经济增长速度的干部政绩考核制度则更是加重了这种倾向。因此，很多地方政府落入了短视的陷阱。当政府顾此失彼，忽略了环境保护的时候，环境保护领域就出现了"政府失灵"的现象。当政府在环境保护领域失灵时，包括污染和生态破坏在内的各种"市场失灵"问题就得不到解决。因此，政府失灵不除，市场失灵不止。在"政府—企业等污染者—第三方主体（党委、人大、公民、社会组织、检察院、法院等）"这个三角关系中，政府由于兼具管制职能和经济发展职能而成为一个关键性的角色。

我们注意用经济学、政治学和法学的基本原理来进行综合思考。在这个综合思考中，经济学贡献了有关公共品、负外部性、市场失灵、政府干预、政府失灵等理论，以及因研究政府失灵而出名的公共选择理论；政治学贡献了政治过程、政治结构、治理、主体互动、人民主权、契约论等理论；法学贡献了法的基本概念、法律关系、法律关系主体、法的功能等理论。我们还注意将党中央关于建设社会主义法治国家、法治政府、依法治国、科学发展观、生态文明建设、绿色发展等一系列治国理政的理论和思想，作为我们寻找和论证这个切入点的理论指导。

　　基于地方政府在环保事业中之特殊地位、角色和相关作用，我们认为，修改《环保法》和新时期完善我国环境法治之战略突破口，应当在政府——特别是地方政府——身上，因此我们应当抓住《环保法》修改这个契机，通过修法，建立一个规范和约束政府环境行政行为的制度。[①] 图1比较清楚地显示了关于这个切入点的论证思路。

完善环境法治的战略突破口：制定监督和制约影响环境的行政行为的制度

现实：严重的"市场失灵"——"发展的资源环境代价过高"

⇩

对策：加强政府管制。

⇩

问题：严重的"管理缺位或失效"，即经济学上的"政府失灵"。

⇩

推理："管理缺位或失效"不除，"市场失灵"不止。

⇩

结论：从克服"管理缺位或失效"入手，克服"市场失灵"。

⇩

对策：寻找"管理缺位或失效"的原因。

⇩

发现：法律制度缺陷——法律上缺乏对影响环境的行政行为的监督和制约制度。

⇩

战略突破口：通过立法建立对影响环境的行政行为的监督和制约制度。

© 王曦 上海交通大学法学院 2009年

图1　完善环境法治的战略突破口：　制定监督和制约影响环境的行政行为之制度

---

① 王曦、罗文君：《论环境管理失效的制度原因》，《清华清华法治论衡》2010年第1期，第300—310页。王曦：《环保主体互动法制保障论》，《上海交通大学学报（哲学社会科学版）》2012年第1期，第5—22页及第100页；王曦：《论〈环保法〉的特殊功能及其提升》，《上海交通大学学报（哲学社会科学版）》，2014年第2期，第29—42页。

这个切入点的选择和论证在笔者的一系列文章中得到了比较充分的阐述。其中，有代表性的文章包括 2008 年发表于《法学评论》第 4 期的《当前我国环境法制建设亟需解决的三大问题》、2009 年发表于《上海交通大学学报（哲学社会科学版）》第 2 期的《论新时期完善我国环境法制的战略突破口》，以及 2013 年发表于《法学评论》第 2 期的《论规范和制约有关环境的政府决策之必要性》。这个切入点的选择也得到中国环境宏观战略研究项目组的采纳，相关内容被大篇幅地呈现在项目研究总报告之中。①

上升到理论层面来看，选择这个切入点就是选择了制度改进的研究方向和进路，这一点具有重大的理论意义。制度改进往往牵一发而动全身，具有四两拨千斤之效果。著名经济学家、全国政协委员贾康先生曾经指出，"我们必须强调：制度供给是中国的社会经济现代化最可选择的'关键一招'和'后来居上'的龙头支撑因素。而具有公共品性质的制度需要政府发挥强有力的作用来加强其有效供给，达到有效市场和有为、有限政府的良性结合"。② 环境保护，说到底是由人组成的各方主体之行为规则和合规问题。在各方主体中，由于政府的身份和职能具有特殊性，因此政府的行为规则和行为合规具有关键意义。解决地方政府在环境保护方面的失灵问题之关键，在于找到一个办法：一方面，这个办法可以使地方政府积极履行环保职能、做好环境管理者的工作，以及管好企业等主体的污染行为；另一方面，这个办法可以让地方政府扮演好地方经济的规划者和推动者之角色，从而避免在规划地方经济和产业之发展时出现决策失误。也就是说，我们要找到一个办法，这个办法可以使地方政府扮演好"裁判员"和"运动员"之双重角色。通过研究，我们认为，这个办法是有的，它就是规则、制度或制度

---

① 参见中国工程院、环境保护部：《中国环境宏观战略研究：战略保障卷》，北京：中国环境科学出版社 2011 年，第 16 页、第 20 页、第 49 页、第 54 页、第 171 页、第 306—314 页及第 328—342 页。

② 贾康、苏京春：《以制度红利跨越"中等收入陷阱"这道坎》，《社会科学报》2017 年 10 月 12 日。

建设。依法行政的原则要求，不论在履行经济职能时，还是在履行环保职能时，政府都要遵守法律（即由国家强制力作为保证的规则）。但是，我国的环境保护类法律却十分缺乏这类规则和制度，这就为地方政府在环保履职方面的不作为和乱作为留下了法律上的可乘之机。一旦我们抓住了为政府的有关环境之行为制定规则和制度这个关键，我们就可以在环境保护领域里加强制度的有效供给。2014年的《环保法》修改就做到了这一点，它成功地将地方政府的有关环境之行为纳入了法治轨道，并为之建立了基本行为规则。从制度改进的角度来看，新《环保法》的最大特色或亮点是"制度创新： 规范和制约有关环境的政府行为"①（"环境治理模式的转变"② 或"以制度保障环保主体良性互动"③ ），这是国家立法机关在党的十八大精神之指引下，通过法律修改工作，为国家发展所提供的"制度红利"。用马克思主义经济学原理来解释，它就是使制度（上层建筑）顺应经济基础发展之新要求。因此，我们可以说，全国人大常委会在 2014 年对《环保法》进行修订，虽然此举看上去有些仓促并遗留了一些问题（如环境公益诉讼制度），但是其却完成了一次重大的制度改进。对这样一个重大的"制度红利"和制度改进，我们应当给予充分的肯定。

新《环保法》已实施两年多了，两年以来的环境保护实践有力地证明了《环保法》的修订思路和我们选择的这个切入点是正确的。当前，在新《环保法》所规定的法律框架下，地方政府的有关环境之行为既受到中央政府的空前有力之内部监督（如中央环保督查），又受到第三方主体（如党委、人大、政协、公众、社会组织和新闻媒体）之外部监督。在这种前所未有的制度规范和制约下，地方

---

① 王曦：《新〈环保法〉的制度创新：规范和制约有关环境的政府行为》，《环境保护》2014 年第 10 期，第 40—43 页。

② 王曦、唐瑭：《环境治理模式的转变：新〈环保法〉的最大亮点》，《经济界》2014 年第 5 期，第 9—10 页。

③ 王曦：《新〈环保法〉亮点之一：以制度保障环保主体良性互动》，《中国审判》2014 年第 6 期，第 12—13 页。

政府正在转变发展观念，"既要金山银山，又要绿水青山"，"既当好环境管理者，又当好地方经济的规划者和推动者"。由于抓住了政府——特别是地方政府——这个关键，2014年的《环保法》修订所形成的巨大"制度红利"正在逐步得到释放。

2. 环境治理的政治经济学原理

从事以上两项研究，不可避免地要涉及环境治理（environmental governance）所依据的基本原理。由于环境问题实质上是经济问题和政治问题，因此研究经济问题和政治问题的政治经济学便成为了主要的基础理论。就笔者的初步学习而言，这里所说的政治经济学是一个比较宽泛的概念，它既包括亚当·斯密、李嘉图和马克思时代的政治经济学，又包括后来的微观经济学之一部分，还包括新近的公共选择理论，特别是作为旗手的詹姆斯·布坎南教授之宪法政治经济学（Constitutional Political Economics）理论。布坎南教授以批判的眼光看待美国的政治体制，他敏锐地发现了其"失灵""短视""社会贴现率过高"等问题，并开出了药方，即完善规则和制度（主要是宪法和法律）。虽然布坎南教授的分析以美国国情为基础，但是我们亦能从中得到启发。布坎南教授指出，"我们对决策过程的分析，揭示出有些规则会允许群体中的一些成员利用其结构而获得有差异的好处。然而，恰恰是对于国家可以被运用于这样的目的的认识，促使理性的个人对政治过程的运用施加宪法性的限制。如果不是由于对各种政治过程都有可能被用于剥削目的的理由的充分担忧，那么各种宪法制约就没有多少意义，且其效用还会更少"①。布坎南教授甚至用环境问题来论证规则的重要性，他曾说："对规则相关性的最好证明，也许是关于共有财产资源使用的例子，有时也用'公地悲剧'来证明。如果用简单的效用最大化原则来描述使用者的行

---

① ［美］詹姆斯 M. 布坎南：《同意的计算》，陈光金译，北京：中国社会科学出版社2000年，第13页。

为，人们断定公地会出现过度放牧的后果。据说市场在使稀缺资源得到有效利用上'失灵'了。然而，现在我们很熟悉，这里的问题与市场过程的机制无关，而与使用者据以行动的规则有关。改变一下规则，让稀缺资源由分立的私人所有，并施以保护个人所有权的手段，即可消除这种无效率。"① 这里所说的政治经济学，还包括在我国改革开放的过程中，与我国的改革实践相结合的马克思主义政治经济学。只有掌握了这些理论中的有关环境问题之相关原理，我们才能真正理解环境问题和环境法问题。基于理论学习和思考，笔者设计了以下示意图（参见图2），它比较好地表达了环境治理基础理论的核心部分。由于环境治理是在规

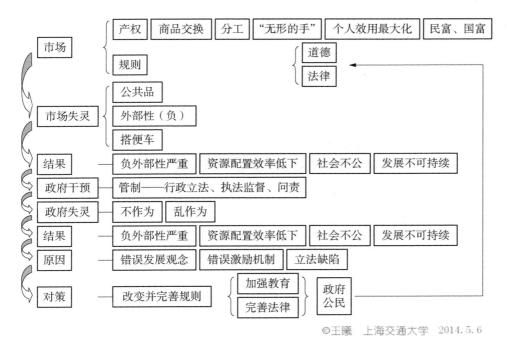

◎王曦　上海交通大学　2014.5.6

图 2　环境治理的政治经济学原理

---

① ［澳］杰弗瑞·布伦南、［美］詹姆斯 M. 布坎南：《规则的理由——宪政的政治经济学》，秋风等译，北京：中国社会科学出版社 2004 年，第 15 页；

　［澳］布伦南、［美］布坎南：《宪政经济学》，冯克利等译，北京：中国社会科学出版社 2004 年，第 251—442 页。

则（包括法律）框架下的治理，因此我们也可以说图 2 比较好地表达了环境法所依据的基础理论之核心部分。限于本文篇幅所限，这里不对这个示意图进行展开论述。

3. 中国环境法治的概念模型

以上两项研究形成了一个有用的概念模型，它的雏形被笔者称为"环保主体互动关系三角形模型"（参见图 3）。

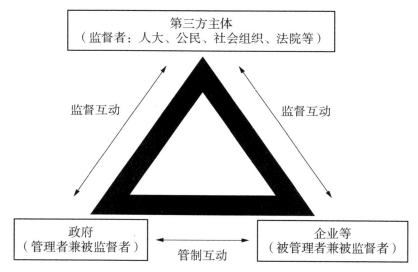

王曦设计，首次发表于中国生态文明研促会首届年会，苏州，2011. 12. 17.

图 3　环保主体互动关系三角形模型

笔者曾通过一篇题为《环保主体互动法制保障论》的文章，比较详细地解释了这个模型。[①] 这个模型经过修改，变成了现在的模样（参见图 4）。

笔者将这个新的模型命名为"中国环境治理概念模型"。从形式上看，在原等边三角形的基础上，"中国环境治理概念模型"增加了三个圆圈，从里向外分

---

① 王曦：《环保主体互动法制保障论》，《上海交通大学学报（哲学社会科学版）》2012 年第 1 期，第 5—22 页及第 100 页。

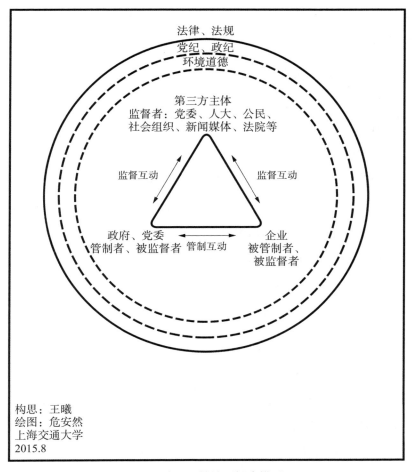

图 4　中国环境治理概念模型

别是环境道德、党纪政纪和法律法规。这三个圆圈和圆圈中间的三角形之关系

是，三角形的三个角所代表的三方面之环保主体，都在三个圆圈所代表的规则

框架之内从事环境保护活动。同时，三个圆圈又存在着实线圈与虚线圈之不同，

这代表着不同规则对法律主体的约束力是有差异的。实线圈代表法的约束力，其

处于最外层，有最后的保障和任何主体不得违反之含义。换句话说，"中国环境

治理概念模型"所体现的，是在法律和其他规则的约束下，我国环境治理过程中

的各方主体之相互关系。笔者希望化繁为简，用这个模型来描述中国环境治理的整体框架。"中国环境治理概念模型"表达的是一种规范，即理想的环境治理状态。圆圈是圆的，其没有最终的缺口；三角形是等边的，它表示三个角之间的张力是均衡的，相互之间处于稳定的状态。通过"中国环境治理概念模型"来观察我国的环境治理或环境法律实施之状况，我们会发现很多问题。例如，环境觉悟和环境伦理的状况可能是不理想的，党纪、政纪甚至法律可能是有缺陷的，即三个圆圈都可能有缺口。又如，在政府与企业等污染者之管制与被管制关系、第三方主体与政府之监督与被监督关系及第三方主体与企业等污染者之监督与被监督关系上，我们会发现很多问题，而这些问题往往可以归因为三个圆圈的不完善。由此可见，"中国环境治理概念模型"是一个理解中国环境治理现状的有用之概念工具，它的逻辑依据是"政府失灵不除，市场失灵不止"[1]，核心是以规范和约束政府的行为为制度建设之重点。

回想起来，这个概念模型的形成经历了一个比较长的过程，包括萌芽、雏形、激活与成型共四个阶段。

萌芽阶段是笔者早年在武汉大学教授"美国环境法概论"和写作《美国环境法概论》的那段时期，时间为1987年（从美国留学回来，到武汉大学任教）至1992年（《美国环境法概论》出版）。这一时期，美国哈佛大学法学院行政法教授史迪沃（Stewart）先生对"政治过程"概念之运用引起了笔者的注意。在讨论作为私权的环境权时，史迪沃教授使用了"政治过程"这个概念。史迪沃教授认为，由于在美国的政治过程中，不存在对环境价值或子孙后代之环境利益麻木不仁的基本结构缺陷，因而不必要在法律上创设一个作为私权的"环境

---

[1] 王曦：《当前我国环境法制建设亟需解决的三大问题》，《法学评论》2008年第4期，第110—115页。

权"。① 除了从史迪沃教授关于环境权的必要性之论述中得到启发外，笔者还从
他的论述中得到另外一个重要的启示，即他从政治过程的角度来看待环境法学问
题之视角。史迪沃教授的这个视角给笔者留下了很深的印象，以至于笔者后来一
直不知不觉地用这个视角来看待中国的环境法问题。

　　雏形阶段是 1997 年至 2001 年。当时，笔者和澳大利亚悉尼大学环境法中心
的本·布尔（Ben Boer）教授共同申请参加由澳大利亚外交与贸易部资助的政府
间中澳机构合作项目"中澳可持续发展法研讨班"。在执行这个项目的过程中，
不论是在悉尼大学，还是在武汉大学，笔者都多次开办以《论中国环境法律过
程》为题的讲座。那时，笔者还在重庆、武汉、悉尼、新加坡等多个地方的研讨
会上讲过这个题目。2002 年，在来到上海交通大学之后，笔者也在不同的场合
讲授这个题目。在准备这个题目时，笔者借鉴了史迪沃教授的做法，即试图从政
治过程的角度来全方位地考察中国的环境法。当时，笔者特地研究了"政治过
程"这个概念。在 1998 年版（当时市面上的最新版）的《新牛津英语词典》
中，"过程"指的是"为实现特定目标而采取的一系列行动和步骤"。因此，我
们可以合理地延伸出，"环境法律过程就是为实现环境法和政策所规定的目标而
采取的一系列法律的和政策的行动和措施"。在讲座中，笔者从以下四个方面分
析了中国的环境法律过程： 第一，环境法律过程的概念；第二，环境法律过程
的要件；第三，环境法律过程的效果；第四，对环境法律过程的认识。笔者最后
的结论是，中国的环境过程是一个"有多种主体参与的过程；受到政治、经济、
社会和技术影响的过程，由政府高层向下驱动的过程，充满困难和障碍的过程，
朝着正确方向的过程和我们应当大力促进，为之奋斗的过程"。在"环境法律过

---

① 王曦：《美国环境法概论》，武汉：武汉大学出版社 1992 年，第 106—107 页；

　　王曦、谢海波：《论环境权法定化在美国的冷遇及其原因》，《上海交通大学学报（哲学社会科学版）》

　　2014 年第 4 期，第 22—33 页。

程的要件"部分，笔者列举并分别论述了以下行为主体及其在这个过程中的作用和活动：执政党、立法机关、行政机关、审判机关、检察机关、企业等管理相对人、公众和公众团体、政协和参政党。同时，在"环境法律过程的要件"部分，笔者还分别论述了以上这些行为主体参与环境法律过程所依据的各项"法律渊源"，如宪法有关环境保护的规定、各项环境保护法律等。实际上，这个讲座和这个思路是笔者后来的环保主体互动法治保障论之雏形，或者说是另一种表达方式。

所谓激活阶段，是指笔者于 2005 年 2 月在全国人大环资委关于中国环境立法的研讨会上之发言。2002 年 5 月，笔者被调到上海交通大学。在学院的初创阶段，笔者为做好分管的行政工作而付出了很多精力，自己的学术研究则是进展缓慢。所幸的是， 2005 年 2 月 21 日，在全国人大环境与资源保护委员会于北京举办的"中国环境立法研讨会"上，笔者突然领悟到了美国环境法的立法史上一个重要情况之重要意义。这个重要情况就是，美国国会在上个世纪 70 年代的环境立法高潮之初制定了第一部划时代的法律——《国家环境政策法》，该法所针对的不是企业，而是联邦政府！《国家环境政策法》的重要意义正在于克服环保方面的政府失灵！这种情况的出现不是偶然的。在环境保护运动的高潮之中，国民纷纷要求联邦政府（而不是企业）首先在环境保护方面有所作为，而国会制定《国家环境政策法》则顺应了这个具有广泛共识的民意。因此，笔者在发言中指出，我国的环保领域存在着企业违法和地方政府违法，而后者应当得到立法者的优先关注。这个领悟激活了笔者后来的一系列思考，包括上述《环保法》修改的切入点之选择等。因此，笔者要感谢当时的全国人大环资委法案室主任孙佑海先生邀请笔者出席那次会议。

成型阶段是笔者于 2007 年至 2014 年从事中国环境宏观战略之研究和《环保法》修改之研究的那段时期。在 2005 年对《环保法》的修改产生兴趣之后，笔者认真学习了一系列相关的经济学著作和政治学著作，包括经济学中的公共选择理论著作（如詹姆斯·布坎南的《同意的计算》《规则的理由》与《自由的界限》）、政治学理论著作（如俞可平先生关于"治理与善治"的著作），以及党中央提出的科学发展观与习近平总书记关于治国理政的思想（如"把权力关进制度的笼子"）。在从事中国环境宏观战略之研究和《环保法》修改之研究的过程中，笔者结合现实问题进行理论学习，从而逐渐加深了对"治理""政治过程""主体互动""规则和制度"等概念的认识。笔者将所有相关的经济学、政治学和法学之基础知识串连起来，形成了对图3中的三种法律关系（即三角形的下边所示之管制与被管制关系，以及三角形的左右两边所示之不同的监督与被监督关系）之认识。环境法所要保障的，就是图3中的三种关系。如果法律等规则没有重大缺陷，那么这三种关系中的各方主体就能够有效地行使其在环境事务方面之合法权利（和权力），并能够充分地履行其在环境事务方面之义务或职责，而这就是理想的主体间之良性互动状态。为了清楚地说明这种互动关系，笔者设计了"环保主体互动三角形模型"。在这段时间里，笔者在不同场合反复宣传和说明这个三角形模型。每次向国家有关部门报告笔者和笔者的研究团队关于《环保法》修改之思路和建议时，我们都无一例外地将这个三角形模型附上。"环保主体互动三角形模型"以一种形象的、深入浅出的方式，为我们的修改思路和建议提供了有力证明。后来，笔者将三个象征不同行为规范的圆圈加在这个等边三角形之外，从而形成了现在的"中国环境治理概念模型"。[①] 2014 年，笔者与美国纽约佩斯大学的资深环境法学者和资深环保律师一起，用"环保主体互动三角形模型"的基本内核对美国纽约哈德逊河之环境保护案例进行了分析，效果不错，我们得出了一些新的认识。基于这项研究，我们在 2014 年冬季的 *Pace*

---

① "中国环境治理概念模型"的示意图是由上海交通大学船舶工程学院的本科生（现在是研究生）危安然同学按照笔者的要求所画。

Environmental Law Review 上发表了一篇由笔者作为第一署名人的文章，美方合作者说这个三角形模型是笔者的"baby"。

总而言之，"中国环境治理概念模型"既是一种观察工具，又是一种理论框架，它关注的是环境保护事业的各主体间之互动关系及制度对这种互动关系之保障程度。从20世纪90年代初写《美国环境法概论》时初次留意"政治过程"概念，到20世纪90年代末讲"中国环境法律过程"，再到21世纪的头十年"悟出""环保主体互动法治保障论"并绘制模型图，笔者二十多年来对中国环境法的思考一直围绕着"过程"或"政治过程"这个概念打转，这个概念在笔者的脑海中萦绕了二十多年。这是否有某种规律性的东西使然呢？如果有的话，它是什么呢？现在的这个模型，是环境保护的政治和法律过程之形象化表达，它代表了笔者目前为止的对这个疑问之初步回答。

三、 总结和展望

在笔者的研究档案中，有一个文件记录着这样一段话："今天看到解放军有个口号是'首战用我，用我必胜'。让我们以这个口号来共勉，做好"环境法制定"课题的研究！"这段话是笔者接受环保部的《环保法》修改之研究课题后，在某一次团队会议上讲的。现在看来，笔者和笔者的研究团队努力了，我们比较好地完成了任务。首先，我们的研究及时地为国家立法机关提供了具有重大参考价值的应用性成果。我们提供的《环保法》修改思路和《环保法》修改建议稿在新《环保法》中得到了比较全面的反映，从学术支撑的角度为2014年的《环保法》修改做出了比较大的贡献。其次，通过这些研究，我们形成了一些很有价值的理论性成果，包括环境法学研究的新切入点、对环境治理和环境法的政治经济学原理之认识，以及中国的环境治理之概念模型。这些成果在既有的、公认的基础学科原理之基础上，实现了自然的、合理的生长或延伸，它们的学术价值和应用价值将随着时间的推移而日益显现。最后，我们的研究成果为未来的环境法学研究创造了新的有利条件，包括新的切入点、初步的理论基础之探索和新的概念模型。我们提供了坚实的铺路石，供探索者踏着它们继续前行。如果说在《环保法》的修改思路上，笔者和笔者的研究团队是"改造论者"的话，那么通过这几年的研究，在环境法学领域，我们正成长为一种"制度改进论者"或"制度论者"。环境法学研究的真谛，也许就在于制度改进。

温故而知新。在环境保护领域，政府失灵问题是一个真命题。在我国，政府失灵问题的存在有无数的客观事实可以佐证，它是我国在社会主义现代化过程中必须解决的国家治理体系和治理能力现代化问题中的一个前沿问题。新《环保法》的通过，首次为我国的环境治理提供了一个比较完整的制度框架，并为克服政府失灵提供了前所未有的法律制度保障。但是，新《环保法》也留下或引出了很多需要我们进一步研究的问题，而这些问题的解决也有赖于处在相对超然和独立之位置的学者发挥其独特作用。

Efforts to improve the legal protection of environmental governance-review of the legal study for the amendment of the Environmental Protection Law

Abstract：During the period from 2007 to 2014, my research team and I have been deeply involved in the project of research on China's environmental macro-strategy and the project on legal study of the amendment of the Environmental Protection Law. Through the two intertwined, and mutual promoted researches, we contributed, on the one hand, to the national legislature and the relevant departments of the government a train of thinking about how to revise the law, and a full text of amendment to the law; on the other hand, a batch of academically valuable theoretical results, including a breakthrough point for overcoming "government failure" in environmental protection, a new understanding of principles of political economy underpinning the environmental governance, as well as a new conceptual model on environmental governance in China. These two aspects of research results, from both the perspective of practical application and theorical thinking, not only contributed greatly to improvement of China's environmental legal system, but also opened a new field of vision and offered a new method for environmental legal studies. Through these studies, we are growing into "institutional improvers" or "institutionalists" who are highly concerned about government behavior in the environment.

Keywords: Environmental Protection Law, environmental governance, revision of the Environmental Protection Law of PRC, governmental failure, environmental legal system.

论京津冀地区的大气污染防治协同立法之完善[*]
——以区域法治发展为视角

于文轩　孙昭宇[**]

摘要：在全面推进法治中国建设之背景下，区域法治发展理论为我们研究特定区域在发展过程中的法治需求提供了重要的理论基础和分析工具。区域法治发展理论有五个分析维度，包括国家法治发展的整体性分析、区域法治发展的个性化分析、区域法治的实证研究分析、区域的差异性分析和区域法治发展的功能分析。有鉴于此，对京津冀地区的大气污染防治协同立法展开研究，有助于我们更加清晰地了解区域大气污染防治协同立法过程的内在机理、实际状况、现实需求、问题与困境、背后之成因等事项，从而使我们能够深入探究京津冀地区的大气污染防治协同立法之有效路径。

关键词：大气污染防治；京津冀协同立法；区域法治发展

＊ 本文发表于《环境与可持续发展》2019 年第 3 期，此处略有修改。
＊＊ 作者简介：于文轩，法学博士，中国政法大学教授，博士生导师，中国政法大学环境资源法研究所所长，中国法学会环境资源法学研究会副会长；孙昭宇，中国政法大学环境与资源保护法学专业硕士研究生。

近年来，京津冀地区的生态环境状况可谓形势严峻，该地区的大气污染问题尤为严重。积极推进京津冀地区的大气污染防治协同立法，从法律层面来保障区域大气环境协同治理工作的顺利开展，这是目前理论界和实务界面临的重要课题。区域法治发展理论是法治中国建设的应有之义，其具有推动法学理论体系建设和区域法治问题解决之双重意义。

一、 问题的提出

"区域"有多种含义，本文所称的"区域"主要是指跨越行政区划的，在经济、政治、社会、文化等方面具有共同性或固有特点的地域共同体。[①] 所谓法治发展，是指法治的转型、发展、变革之具体过程。区域法治发展是相对于国家法治发展而言的，是指在遵循国家法治发展的总体方向之前提下，根据区域发展的现实需求，在特定空间范围内建构有机协调的区域法治秩序，从而推动区域发展的法治进程。[②] 区域法治发展是国家法治发展的有机组成部分。国家法治发展的机理和规律内含于区域法治发展的脉络和目标之中，并为区域法治发展增添动力；区域法治发展可以为国家法治发展提供区域性的经验事实，并成为推动国家法治发展的内生动力。

近年来，我国在区域法治发展与区域协同治理方面累积了一些经验。推动京津冀地区的协同立法，既可以为三地的一体化协调发展提供坚实的法治保障，又可以为我国法治建设的整体发展增添动力。所谓区域协同立法，是指在特定区域内，各立法主体通过一定程序，依职权就某一区域性的事项或社会关系来共同制

---

① 夏锦文：《区域法治发展的法理学思考——一个初步的研究构架》，《南京师大学报（社会科学版）》2014 年第 1 期，第 73—88 页。
② 公丕祥：《当代中国区域法治发展的动力机理——纪念中国改革开放四十周年》，《江苏社会科学》2018 年第 4 期，第 20—32 页。

定区域性法律规范之活动。所谓京津冀地区的大气污染防治协同立法，是指为防治大气污染，区域内的各立法主体通过立法协同机制进行协调沟通，以制定区域性的大气污染防治特殊立法，从而实现区域大气环境的协同治理。区域协同立法是实现区域大气环境的协同治理与有效治理京津冀地区的大气污染之关键。

二、 区域法治发展的分析维度

在对某一区域的法治发展现象进行分析时，我们主要有五个基本的分析维度，分别是区域法治发展的价值目标、国家法治发展的整体性、区域法治发展的个性化、区域法治的现实状况和区域的差异性。

（一）区域法治发展的价值目标

所谓区域法治发展的价值目标，是指将区域法治发展的现象置于社会发展的进程中，以分析区域法治与社会发展间的互动机理，并探求区域法治发展在特定社会发展背景下的目标定位。[①] 区域法治现象并非脱离社会而孤立存在的封闭之物，它与社会发展之联系十分紧密，国家和区域社会的发展与变动能促使其做出特定的回应；同时，区域法治现象会与社会场域结构建构起一种内在的功能关系，并能推动社会场域结构的变动或转化，从而促进社会的转型和变革。因此，在分析区域法治发展的价值目标时，我们要尤为注重对区域社会发展的深入考察。此外，我们还应综合考虑区域内的不同地区之社会发展差异，并注重价值目

---

① 公丕祥：《法治发展的区域分析———一种方法论的讨论》，《法学》2018 年第 5 期，第 3—14 页。

标的协同性，从而兼顾各地区的社会发展之实际需要。①

（二）国家法治发展的整体性

在分析区域法治发展时，我们应将其置于国家法治发展的整体性框架之中，即我们应当遵循整体性原则，将区域法治发展的现象研究同国家法治发展的脉络和方向联系起来。只有这样，我们才能让特定的区域法治发展与国家法治发展的整体框架保持一致，并使其适应国家法治发展的内在机理和基本原理，从而确保区域分析的科学性、全面性和系统性。② "区域"是"国家中的区域"，区域法治发展的研究离不开对国家法治发展的整体性分析，我们要在整体性原则的指引下来开展法治发展的区域研究。③ 研究区域法治现象，我们首先应关注国家法治发展，并探寻国家法治发展的特点和机理。

（三）区域法治发展的个性化

分析区域法治发展的主要目的之一，是研究区域法治发展现象在国家法治发展进程中所体现出的特点和个性。不同区域或地区的法治发展在价值追求、目标定位、现象特征、发展模式等方面均存在差异。在我国，跨行政区域的法治发展现象可谓丰富多样，这在一定程度上反映了我国法治发展的特殊性。这种跨行政区域的、各具特色的法治发展现象，与国家法治发展的整体进程是一致的。虽然

---

① 夏锦文：《区域法治发展的法理学思考——一个初步的研究构架》，《南京师大学报（社会科学版）》2014年第1期，第73—88页。
② 江雪松：《国家治理体系中的区域法治发展类型学分析》，《宁夏社会科学》2017年第4期，第41—48页。
③ 公丕祥：《法治发展的区域分析——一种方法论的讨论》，《法学》2018年第5期，第3—14页。

我们有时难以将多样化的区域法治现象与国家法治现象的整体框架联系起来，因为不同区域的法治发展现象在样态、形式、特征等方面具有差异性①，但是也正因如此，我们才能更加深刻地理解国家法治发展的真实样态，更加准确地认识国家法治发展的总体脉络。

(四) 区域法治的现实状况

区域法治研究是与特定的实证经验研究相结合的，其对特定时空范围内的法治发展之经验与事实展开考察和研究。与一般的实证研究不同，区域法治的实证研究不止步于简单的现状梳理或资料整理，其目的是找出具有指导意义的、高度抽象性的、概括的经验研究规则或原理。区域法治的实证研究将复杂多样的经验事实具体化，并对其他区域的法治发展之具体表象和经验现象进行关联分析与类比研究。唯有如此，在区域法治发展的研究中，我们才能通过大量的经验事实来发现实现区域法治协同之具体路径。

(五) 区域之间的差异性

由于各个行政区域在地理位置、经济结构、社会背景、发展定位、人口特征等方面各具特色，因此区域法治研究的一个重要分析维度，就是对不同行政区域展开差异性分析。这种差异性分析不只是对法治现象的差异性进行表面之梳理和分析，而是深入探究促使这种差异性形成的内在原因和基本要素，并找到关于多样性统一的区域法治发展机理之理论阐释。这些具有差异性的要素对区域法治发

---

① 刘志伟、孙歌：《在历史中寻找中国——关于区域史研究认识论的对话》，北京：东方出版社 2016 年，第 117 页。

展具有举足轻重的影响，它们关系到区域法治发展的方向、水平和质量。[①] 应当注意的是，虽然区域法治现象具有差异性和多样性，但是整体性仍是区域法治的基本属性。每一个地区的法治发展之现象系统，都从属于国家法治发展进程中的一个特定空间下之法治结构。

三、 京津冀地区的大气污染防治协同立法之检视

在区域法治发展的分析维度之基础上，我们要对国家层面的政策与立法依据、区域立法实践、现有立法之问题、京津冀三地之差异等内容进行深入剖析，从而为京津冀地区的大气污染防治立法之推进提供更为科学的依据。

（一）政策与立法依据

国家层面的关于区域大气污染防治之规定，最初出现于国务院及其相关部门的规范性文件和政策性文件之中。原环境保护部等九部委于 2010 年 5 月共同制定的《关于推进大气污染联防联控工作改善区域空气质量的指导意见》提出，"建立统一规划、统一监测、统一监管、统一评估、统一协调的区域大气污染联防联控工作机制，扎实做好大气污染防治工作"。2012 年 12 月，国务院批复的《重点区域大气污染防治"十二五"规划》明确列举了重点区域的范围，并对区域大气污染防治的指导思想、原则和目标、区域联防联控机制等事项进行了规定。2013 年，国务院发布的《大气污染防治行动计划》提出了"建立区域协作机制，统筹区域环境治理"，其对京津冀地区的大气污染防治协作机制之相关问

---

① 张丽艳：《区域法治协同发展的复杂系统理论论证》，《法学》2016 年第 1 期，第 97—105 页。

题进行了明确和细化。2016 年 6 月，原环境保护部、北京市政府、天津市政府、河北省政府联合颁布了《京津冀大气污染防治强化措施（2016—2017年）》；2017 年 3 月，原环境保护部、国家发展改革委、财政部、国家能源局、北京市政府、天津市政府、河北省政府、山西省政府、山东省政府、河南省政府联合颁布了《京津冀及周边地区 2017 年大气污染防治工作方案》。以上两个文件的出台，标志着区域大气污染治理进入了新阶段，即逐步从行政区的单独治理转向跨层级的区域治理。2018 年，国务院发布的《打赢蓝天保卫战三年行动计划》对京津冀及其周边地区在大气环境保护方面应做的工作提出了具体要求，并特别强调了建立完善的区域大气污染防治协作机制，以及制定京津冀及周边地区的大气污染防治条例。

在国家立法层面，2014 年修订的《中华人民共和国环境保护法》规定，国家建立跨行政区域的重点区域、流域环境污染和生态破坏联合防治协调机制，实行统一规划、统一标准、统一监测、统一的防治措施[①]； 2015 年修订的《中华人民共和国大气污染防治法》针对"重点区域大气污染联合防治"设立专章，并规定了联席会议、"四个统一"、区域会商、信息共享等内容。

国家层面有关大气污染防治的规定，体现了区域大气污染协同治理的理念和原则，强调了建立区域大气联防联控机制或区域大气污染防治协作机制，提出了针对京津冀地区的大气污染防治协同治理之基本要求。

（二）区域立法实践

有关京津冀地区的大气污染防治协同之规定，主要体现于三地各自的《大气

---

① 参见《中华人民共和国环境保护法》第二十条。

污染防治条例》之中。2014 年，北京率先公布实施了《北京市大气污染防治条例》，该条例的内容更多地强调了本行政区域内的共同防治，仅有一条规定指出要加强与相关省区市的大气污染联防联控工作，推进区域联防联控与应急联动。2018 年修正的《北京市大气污染防治条例》主要对机动车和非道路移动机械排放污染防治、法律责任等内容进行了修改。天津市于 2015 年出台了《天津市大气污染防治条例》，并于 2017 年 12 月和 2018 年 9 月对该条例进行了两次修正。《天津市大气污染防治条例》设专章"区域大气污染防治协作"对大气污染重点区域的联合防治进行规范，涉及的内容包括建立大气污染防治协调合作机制，根据北京、河北等地的需要加快淘汰高污染排放车辆，建立重污染天气应急联动机制和沟通协调机制，加强区域间的大气污染防治之科研合作，等等。① 河北省于 2016 年制定实施了《河北省大气污染防治条例》，该条例的第五章对区域联合防治进行了规定。《河北省大气污染防治条例》与《中华人民共和国大气污染防治法》相衔接，对产业转移、专项资金、预警联动、信息共享、科研合作、区域规划等内容进行了规定，其条文内容更为全面和具体，科学性也大大提升。在《河北省大气污染防治条例》的制定过程中，立法机关践行了京津冀立法的深度协同，其与京津两地的人大进行了多次协商对接、调研走访、论证研讨，从而进一步加深了三地在立法方面的协同，实现了取长补短、凝聚共识。可以说，《河北省大气污染防治条例》也是京津冀地区的环境协同立法之成果的一个集中体现。

此外，京津冀三地还签署了不少区域间的行政协议，这些行政协议在促进大气环境改善、推动区域大气污染防治协同立法等方面发挥了重要作用。例如，北京市环保局和河北省环保厅签署了《2013 年至 2015 年合作协议》，北京市和天

---

① 参见《天津市大气污染防治条例》第六十九条至第七十三条。

津市签署了《北京市—天津市合作协议》，天津市和河北省签署了《加强生态环境建设合作框架协议》，等等。以上这些"合作协议"均对区域间的大气污染防治协作进行了规定。之后，区域行政协议的重点逐渐转向"推动区域间的协同立法，以实现协同治理"。为贯彻落实党中央和国务院关于京津冀地区的协同发展之重大国家战略，在考虑地方立法工作的现实需要之基础上，京津冀三地还先后研究通过了《关于加强京津冀人大立法工作协同的若干意见》《京津冀人大立法项目协同办法》等文件，从而为京津冀地区的大气污染防治协同立法工作之推进提供了指引，立法协同工作的进程加快。①

（三）现有立法之问题

无论是国家层面还是地方层面，京津冀地区的大气污染防治立法已取得了不错的成效，协同立法也有了一定的进展，但是一些不容忽视的问题仍然存在。

1. 国家立法层面。首先，无论是法律还是规范性文件，其内容均较为概括，可操作性不足，对地方的差异性之考虑不足，从而不利于具体工作的展开。其次，除《中华人民共和国环境保护法》和《中华人民共和国大气污染防治法》两部法律外，其余的法律文件多为规范性文件，因此法律效力低、权威性不足。此外，区域协同立法缺乏明确的法律依据。针对省际间的协同立法，《中华人民共和国宪法》和《中华人民共和国立法法》还未对其性质、法律地位、立法机构、制定程序等事项做出明确规定。

2. 地方立法层面。首先，京津冀三地现有的地方立法在内容上存在协同性不足之问题，具体体现为立法概念未能统一、制度标准设置不一、法律责任差距

---

① 《京津冀协同发展立法引领与保障的研究与实践》，http://www.npc.gov.cn/npc/lfzt/rlyw/2017-09/13/content_2028885.htm，访问日期：2019 年 4 月 19 日。

较大等。例如，京津冀三地对违规排污应承担的法律责任之规定，在罚款幅度方面体现出较大的差异性，这可能造成排污企业在省际间转移，从而不利于区域间的协同治理。其次，京津冀三地的立法进度之协同性不足。京津冀三地的立法速度快慢有别，立法节奏未能同步，总体呈现出碎片化趋势，从而难以满足京津冀地区的协同发展之实际要求和大气污染防治之迫切需要。再次，京津冀三地签署的行政协议之可操作性较差。自京津冀协同发展战略提出以来，为有效推动协同发展进程，京津冀三地签订了不少的合作协议，其中不乏有关大气环境保护领域的合作之内容。但是，这些合作协议大多不具备强制性，而且也未能明确京津地三地的有关大气污染防治协同立法之事权划分、目标定位、制度设计等方面的问题。① 最后，京津冀三地尚未形成高效的立法协同机制。想要发挥立法在京津冀地区的大气污染协同治理方面的引领和推动作用，我们必须建立和完善长效化、系统性的立法协同机制。高效的立法协同机制包括但不限于立法规划协同机制、立法信息交流平台机制、立法备案和立法后评估机制、区域法规动态清理机制等。②

（四）京津冀三地之差异性

如马克思所言，法律是由社会物质条件所决定的。③ 京津冀地区的大气污染防治协同立法应根据三地的社会经济发展之实际情况，实现区域内的各方权利义务之平衡。协同立法的发展和推进过程中出现的种种问题和现象，其内部成因

---

① 王娟、何昱：《京津冀区域环境协同治理立法机制探析》，《河北法学》2017年第7期，第120—130页。
② 焦洪昌、席志文：《京津冀人大协同立法的路径》，《法学》2016年第3期，第40—48页。
③ 中央编译局：《马克思恩格斯全集》（第6卷），北京：人民出版社1961年，第291—292页。

与京津冀三地在发展状况、产业布局、经济结构等方面之差异性密切相关。①

在发展状况方面，作为首都和直辖市，北京是我国的政治、经济、文化之中心，这决定了北京市在资源获取、政策制定、经济发展、产业竞争等方面具有优越性；作为直辖市，天津市是京津冀地区的重要出海口，其在政治经济和地理位置方面也有着河北省无法比拟的优势；受长期以来的行政区划、政策形势、体制机制等方面之影响，河北省与北京市和天津市存在悬殊差距，从而使得三地在资源占有、政策制定、利益获取等方面处于不平等的地位。② 在产业布局方面，受政策导向、城市定位、城市规划等因素之影响，京津冀三地的产业结构和布局存在着较大之差异性。此前，由于城市规划的调整和一些重要活动（如北京奥运会）的需要，北京市逐渐淘汰了一批工业产业，一些高污染、高耗能的产业开始向外转移，相当一部分产业转移至河北省内，从而加剧了河北省的污染，但我们却因缺乏合理的区域生态补偿机制而无能为力。在经济结构方面，北京是第三产业之占比较大，而天津与河北则是污染较大的第二产业之占比较大，河北省对第二产业的依赖尤甚。在保障当地的经济发展之需求下，这种产业结构的差异也造成京津冀三地在大气污染排放标准、法律责任等方面存在差异。京津冀地区的大气污染防治协同立法之推动，需要我们结合三地的现实差异，充分考虑三地的实际需求，从宏观层面来实现立法目标定位和治理目标之协同。

四、 京津冀地区的大气污防治协同立法之完善措施

协同立法是京津冀地区的大气污染协同治理之重要基础和制度创制之必要前

---

① 杨晖、贾海丽：《京津冀协同立法存在的问题及对策思考——以环境立法为视角》，《河北法学》2017 年第 7 期，第 107—119 页。

② 王娟、何昱：《京津冀区域环境协同治理立法机制探析》，《河北法学》2017 年第 7 期，第 120—130 页。

提。为此，我们需要克服现有的实践性难题和制度性障碍，以确保京津冀地区的大气污染防治协同立法之高效性、长久性和可持续性。在此过程中，我们应重点关注立法顶层设计、立法机构协同、明确目标定位、协同保障机制等方面之内容。

（一）加强顶层设计

通过国家层面的专门立法，从宏观层面对协同立法的法律地位和效力、工作机制和协同方式等事项进行明确，这对于京津冀地区的大气污染防治协同立法而言具有重要的引导和指示作用，并从根源上为其提供动力与法治保障。专门立法应明确区域协同立法的立法主体或机构、立法原则、制度机制、法律责任等内容。具体而言，一是可以制定《京津冀协同发展法》，就京津冀协同立法的立法主体、立法原则、协同机制、运行模式等具体内容进行规定，从而为区域大气污染防治协同立法提供上位法依据；二是可以由国务院出台具体的行政法规，如《京津冀协同立法暂行条例》等，对京津冀区域协同立法提出具体要求，从而加强立法指引，并从顶层设计的高度为区域协同立法提供制度保障。① 同时，我们也可以在《中华人民共和国环境保护法》或《中华人民共和国大气污染防治法》中，对大气污染联防联控做出更为细致的规定，从而指导京津冀地区的大气污染防治协同立法之开展，明确区域内的地方政府之权力配置和责任分担，以及明晰与限定各方的权利与义务。

---

① 杨晖、贾海丽：《京津冀协同立法存在的问题及对策思考——以环境立法为视角》，《河北法学》2017 年第 7 期，第 107—119 页。

（二）重视机构协同

目前，京津冀三地的协同立法主要是通过联席会议、座谈会等方式得以实现，属松散型的立法协调模式。针对京津冀地区的大气污染防治协同立法之需要，我们可以在坚持法律统一原则的前提下，创新现有的立法机制，成立一个区域间的、常设性的协同立法专门机构作为协同立法推进过程中的领导机构。京津冀协同发展上升为国家战略后，京津冀协同发展领导小组就已成立，国务院副总理担任组长，这一高规格的领导小组为京津冀地区的协同立法之顶层设计打下了坚实的基础。在京津冀协同发展领导小组的基础上，我们可以设立一个正式的、常设的立法协同机构，以负责协调京津冀地区的协同立法之相关事宜。专门的立法协同机构之建立，有利于确保京津冀三地在立法过程中实现平等协商，从而兼顾三地的利益诉求和现实需求。同时，协同立法专门机构可以吸收更多的利益相关主体参与至立法过程中，如京津冀三地的行政机关、大气环境防治的专业机构、环境保护社会组织、社会公众等，从而听取各方的意见和建议，落实环境保护的公众参与原则，以及增强立法在实施阶段的可操作性。

（三）明确目标定位

整体看来，京津冀地区的大气污染防治协同立法之总目标，是为区域大气污染防治协调合作机制的构建提供法治保障，为京津冀地区的大气污染防治协同治理之实现营造良好的法治环境。按照"优势互补、互利共赢、区域一体"的原则，将京津冀地区的大气污染防治协同立法之目标予以明晰化和具体化，这一方面体现为有效改善京津冀地区的空气质量、推动地区间的大气污染防治法之内洽与和谐，另一方面则体现为促进地区间的利益均衡与利益共享、实现大气污染防治与经济社会之协同发展。立法协同并不是一味地追求法律规范的完全一致，明确立法的目标定位是京津冀地区的大气污染防治协同立法得以推进的关键前提。为此，我们要坚持平等互利原则，以确保各方的利益均衡。考虑到京津冀三地的发展之不均衡性，我们要在坚持平等互利的基础上，实行"共同但有区别的责任"，通过协同立法来实现区域内的利益共享和生态补偿。同时，我们要实现法律制度的融合，以确保法律规范的一致性。通过对区域大气污染防治的法律制度展开类型化研究，我们能够促进制度间的衔接与互动，从而逐步实现法律制度体系的内洽和体系性协同。此外，我们要整合执法力量，明确责任主体。协同立法应该对各方主体的职权与责任进行明确，并就联合执法、区域执法机构等内容做出规定。

（四）建立长效机制

京津冀地区的大气污染防治协同立法之深入推进，还需要完善的立法协同保障机制来保驾护航。首先，我们要优化立法规划协同机制，从而确保立法机构可以结合京津冀三地的实际情况和地方差异来确定立法目标与立法方向；其次，我们要完善立法信息交流平台机制，以确保立法过程中的信息交流之及时与通畅，从而使得各立法主体能够及时了解和共享立法信息，便于各立法主体快速解决协同立法过程中出现的突发问题；再次，我们要构建立法交叉备案机制和立法后评估机制，以将协同精神延续至立法过程的末端，从而在保证立法效率的同时，也能确保立法的实效性和协同性[1]；最后，我们要完善法规动态清理机制，对一些与现实发展不相适应、与新的立法相冲突或相重复的法律文件进行废、改、释。

---

① 焦洪昌、席志文：《京津冀人大协同立法的路径》，《法学》2016 年第 3 期，第 40—48 页。

同时，我们要加强区域间的沟通交流，保持动态跟踪，从而确保法规适用过程中出现的新问题能够得到及时的解决。[①]

另外，京津冀地区的大气污染协同立法还应注重环境治理法律制度的完善。在遵循平等协商、互利共赢之原则的基础上，我们要实现区域大气环境质量标准制度、区域大气污染排放物标准制度和区域大气污染物总量控制制度的协同，建立重污染预警会商和应急响应机制，完善区域利益共享和生态补偿机制。通过法律制度和机制的完善，我们能够有效促进京津冀地区的大气污染协同治理之实现。

五、 结论

京津冀协同发展战略的提出，对京津冀地区的协同立法提出了新要求。区域法治发展理论可以为区域大气污染防治协同立法的研究之展开提供重要的理论基础和分析思路，而京津冀地区的大气污染防治协同立法则可以为区域法治发展理论注入重要的实践经验。京津冀地区的大气污染防治协同立法既是大气污染问题具有严峻性与紧迫性之背景下的现实需要，又是国家发展战略的必然要求，还是实现京津冀地区的大气污染协同治理之重要前提。当前，京津冀地区的大气污染防治协同立法之时机已基本成熟。考虑到京津冀地区的大气污染防治协同立法之重大意义和必要性，我们应尽快通过加强立法顶层设计、实现立法机构协同、明确立法目标定位、完善立法协同保障机制等路径来推进协同立法。从长远来看，京津冀地区的大气污染防治协同立法可以为区域协同立法之推进提供重要的实践经验，其既可以促进我国的大气污染防治体系之完善，又可以推动区域立法模式之发展与创新。

---

① 孟庆瑜：《论京津冀环境治理的协同立法保障机制》，《政法论丛》2016 年第 1 期，第 121—128 页。

对洱海的立法实践之探索

尚榆民[*]

摘要 洱海于 1984 年开始进行立法准备。1989 年,《云南省大理白族自治州洱海保护管理条例》颁布实施;1998 年、2004 年、2014 年和 2019 年,《云南省大理白族自治州洱海保护管理条例》都得到了相应的修订。本文根据洱海二十年来的立法实践,探索《云南省大理白族自治州洱海保护管理条例》所涉及的各方关系,以深化湖泊在地方经济中的作用和地位,从而有效管理与保护湖泊,提高条例的科学性、规范性和权威性,进而使洱海的管理与保护能够有法可依、有章可循,并具有较强的可操作性。

关键词:洱海;湖泊管理;立法实践

洱海是云贵高原的一颗明珠,其位于云南省大理州境内,北纬 25° 25′ 至 26° 10′,东经 99° 32′ 至 100° 27′,湖区跨大理市和洱源县,流域面积 2565 平方公里,属澜沧江水系。洱海面积 251 平方公里,容量 27. 43 亿立方米,最大水深

---

* 作者简介:尚榆民,原云南大理州人大常委会副主任。

21.30 米，平均水深 10.60 米，湖内岛屿面积 0.75 平方公里，其为云南省第二大淡水湖泊。洱海是大理国家级重点风景名胜区和苍山洱海国家级自然保护区之核心，其是大理白族自治州赖以生存和发展的基础。

一、 洱海的立法过程

（一）条例的制定

早在 20 世纪 80 年代初，大理白族自治州第六届人大常委会就根据洱海的开发利用情况，经多方调查，于 1982 年制定了《大理白族自治州洱海管理暂行条例》。因法律手续不完备，大理白族自治州人民政府后来出台了州政发〔1983〕94 号文，使《大理白族自治州洱海管理暂行条例》作为政府的行政规章被下发执行。1986 年 12 月，经云南省人大常委会批准，《云南省大理白族自治州自治条例》正式实施，其为有关洱海管理的条例之制定提供了立法依据。大理白族自治州于 1987 年 1 月组织了条例起草小组，其深入洱海的沿湖乡镇去征求意见。1988 年 3 月 19 日，大理白族自治州第七届人民代表大会第七次会议审议并通过了《云南省大理白族自治州洱海管理条例（草案）》；1988 年 12 月 1 日，云南省第七届人民代表大会常务委员会第三次会议批准了《云南省大理白族自治州洱海管理条例（草案）》，该条例于 1989 年 3 月 1 日起正式实施。

（二）条例的修订

1. 第一次修订

随着我国从计划经济逐步转向社会主义市场经济，《云南省大理白族自治州洱海管理条例》的一些条款已经不能完全反映变化了的客观实际和发展需要，因此大理白族自治州于 1997 年成立了条例修改领导组和工作班子，他们开展调查研究，外出考察国内湖泊的立法情况，深入沿湖县市去直接听取村社干部和渔民有关条例的修改之意见和建议，并通过召开座谈会与发送条例草案来征求县市政府、部门和专家学者之意见。1998 年 3 月，大理白族自治州人民政府第三十四次常委会专题讨论修订《云南省大理白族自治州洱海管理条例》之事宜，并报请大理白族自治州人大常委会审议。修订后的《云南省大理白族自治州洱海管理条例》于 1998 年 7 月 4 日经大理白族自治州第十届人民代表大会第一次会议通过，于 1998 年 7 月 31 日经云南省第九届人民代表大会常务委员会第四次会议批准，自 1998 年 10 月 1 日起正式实施。

2. 第二次修订

针对洱海的保护与治理所面临之新情况和新问题，大理白族自治州人大常委会本着急用先立的原则，及时调整了五年民族立法规划，将对洱海的管理之修正列入了 2003 年的立法计划。在此基础上，大理白族自治州成立了起草领导组和起草小组，并明确了起草工作的指导思想和重大问题，敲定了对原条文的个别条款进行修正之原则。2003 年 12 月 1 日，大理白族自治州政府第九次常务会议讨论形成了报送大理白族自治州人大常委会审议的《云南省大理白族自治州洱海管理条例》之修正案。2003 年 12 月 10 日，大理白族自治州人大常委会第八次会议审议通过了《云南省大理白族自治州洱海管理条例》之修正案。2004 年 1 月 15 日，大理白族自治州第十一届人民代表大会第二次会议完善了《云南省大理白族自治州洱海管理条例》之修正案。2004 年 3 月 26 日，云南省第十届人民代表大会常务委员会第八次会议批准了《云南省大理白族自治州洱海管理条例》之修正案，修订后的条例自 2004 年 6 月 1 日起正式实施。

3. 第三次修订

针对管理范围过小、管理机制不顺、生态补偿机制不健全、处罚标准低、力度弱等不足，大理白族自治州人大常委会启动了第 3 次修正工作，其将条例名称修改为《云南省大理白族自治州洱海保护管理条例》。2014 年 2 月 22 日，大理白族自治州第十三届人民代表大会第二次会议通过《云南省大理白族自治州洱海保护管理条例》。2014 年 3 月 28 日，云南省第二届人民代表大会常务委员会第八次会议批准了《云南省大理白族自治州洱海保护管理条例》，该条例自 2016 年 6 月 1 日起正式实施。

4. 第四次修订

2018 年，中央环保督查进行了名为"回头看"的高原湖泊环境问题之专项督查。针对部省联合调查组指出的部分规定与上位法不一致、立法标准降低、立法放松要求等问题，为满足保护与治理洱海的"七大行动"和"八大攻坚战"之决策需求，《云南省大理白族自治州洱海保护管理条例》再次进行了修订。2019 年 9 月 28 日，云南省第十三届人民代表大会常务委员会第十三次会议批准了修订后的《云南省大理白族自治州洱海保护管理条例》，该条例 2019 年 12 月 1 日起正式实施。

（三）配套性规章

1983 年的《大理白族自治州洱海管理暂行规定》下发后，大理白族自治州政府办制定了《实行洱海水费征收、使用和管理的暂行规定》及《大理白族自治州洱海渔政管理实施办法》。《云南省大理白族自治州洱海管理条例》于 1989 年正式实施后，《大理白族自治州洱海滩地保护管理办法》《大理白族自治州洱海水费征收标准及管理办法》《大理白族自治州洱海渔政管理实施办法》《大理白族自治州洱海银鱼管理暂行规定》《洱海区域山坡绿化、河道治理工程及财务管理的有关规定》《洱海机动船舶管理费征收使用办法》《洱海自然保护区环境保护暂行规定》和《洱海船舶管理规定》共8个行政性文件相继出台。《云南省大理白族自治州洱海管理条例》于1998年经过修订后，大理白族自治州人民政府对配套文件进行了清理，除《大理白族自治州洱海水费征收标准及管理办法》继续有效外，其余文件均被废止。1999年12月12日，大理白族自治州人民政府重新制定或修改了《大理白族自治州洱海水政管理实施办法》《大理白族自治州洱海渔政管理实施办法》《大理白族自治州洱海水污染防治实施办法》及《大理白族自治州洱海航务管理实施办法》。2003年，大理白族自治州人民政府又相继出台了《大理白族自治州洱海滩地管理实施办法》《关于加强洱海径流内农药化肥使用管理通告》《洱海流域村镇、入湖河道垃圾污染物处置管理办法》等7个规范性文件。

二、 条例的实践与探索

在《云南省大理白族自治州洱海保护管理条例》实施后的三十年间，随着立法环境和执法环境的变化，湖泊在自治州内的作用与地位也相应地产生了改变。为及时调整条例所涉及的各方关系，从而有效管理湖泊，大理白族自治州人民政府又制定和修改完善了7个条款，以使洱海的保护与管理逐步走上法治的轨道。

（一）保护与管理的原则

保护与管理的原则是条例的核心和灵魂，大理白族自治州人民政府先后修建了西洱河节制闸和引洱入宾节制闸，从而使洱海成为了受人工控制的可被应用于工农业及生活用水、航运、旅游、发电、水产养殖、调节气候等领域之多功能高原淡水湖泊。1989 年的《云南省大理白族自治州洱海管理条例》规定，洱海的管理和建设必须坚持"统一规划、保护治理、合理开发、综合利用"之方针，并贯彻"保护与开发并重，治理和利用相结合"之指导思想。在《云南省大理白族自治州洱海管理条例》颁布实施后的十年中，保护治理偏少、开发利用性强、过度放水发电、酷渔滥捕、部分村社乱占乱用滩地来修渔塘与建房屋等问题影响和破坏了洱海的生态。在此背景下， 1998 年《云南省大理白族自治州洱海管理条例》及时将原则修订为"保护第一、统一管理、科学规划、永续利用"，以实现生态资源和社会经济的协调发展。

(二) 水位调整

湖泊的水位决定水量，而水量又影响水质，因此水位调整是关键，其是立法实践的焦点。洱海的水资源主要来自降雨及入湖河道。在自然状态下，洱海的水量以"多来多出，少来少出"之方式运行；在人工状态下，为满足发电需要，洱海的水量改变为枯期出流 60%，汛期出流 40%。1980—1982 年，大理白族自治州的发电用水量超过了当年的蓄水量，从而导致了低水位运行下的一系列生态问题。《云南省大理白族自治州洱海管理条例》以科研成果为依据，兼顾各方面的要求，从维护洱海的生态平衡和水资源的综合开发利用出发，特别是考虑到西洱河电站在全省电网中的作用及地位，将洱海的最低运行水位规定为 1971 米，将洱海的最高蓄水位规定为 1974 米，一切开发活动必须严格控制在此正常水位范围内进行。十年的实践证明，上述水位控制是必要的和具备可操作性的，因此在 1998 年的《云南省大理白族自治州洱海管理条例》之修订工作中，此项规定继续保留。由于洱海的出水河道西洱河之出水过流有限（200 立方米/秒），而西洱河电站和楚大公路建设后，过流能力又有所下降，因此在征求各方面的意见后，《云南省大理白族自治州洱海管理条例》增设了有关防洪水位之规定，即洱海的正常蓄水位为 1974 米，最低运行水位为 1971 米，防洪水位为 1974.2 米。针对洱海于 1996 年发生了全湖性"水华"之现实，修订后的《云南省大理白族自治州洱海管理条例》又明确规定洱海及入湖河流的水质保护按国家地面水环境 II 类标准执行，以增强各政府部门和广大人民群众保护洱海水质的责任心，从而将防治水污染放到了重要位置。2003 年《云南省大理白族自治州洱海保护管理条例》对洱海的水位控制进行了重点论证，其认为条例所规定的调度运行方式使洱海的发电与灌溉功能得到了充分发挥，但也削弱了洱海的生态环保功能。洱海的功能不能以发电与灌溉为主，而应以生态和环保为要，水资源的调度要以洱海保护为中心，实现优化配置。云南省政府的现场办公会也将洱海的水位运行调度权授予了大理白族自治州人民政府，并强调发电要服从洱海的治理和保护，发电用水应按环保要求调度。提高洱海的水位，并改变调度运行方式，这对加速水体循环、增加洱海的环境容量、降低洱海的富营养化程度及控制蓝藻爆发都是有益的。但是，由于水位调整涉及诸多相关利益和自然因素，且洱海的防洪水位必须与库区的防洪标准和下游的过洪能力及防洪标准相协调，因此专家和相关部门进行了专题论证，广泛征求了各方意见，并充分考虑了防洪的承受力与人工调节的可行性，以保证满足生态环保和引水济洱之需要。在对多个方案进行论证后，《云南省大理白族自治州洱海保护管理条例》将水位控制修正调幅确定为 1.7 米，并把海防高程换算成了目前国家统一使用的 85 高程。《云南省大理白族自治州洱海保护管理条例》明确洱海的最低运行水位为 1964.3 米（即原海防高程的1972.61 米），最高运行水位为 1966 米（即原海防高程的 1974.31 米），并规定特殊年代下的水位调整，由大理市人民政府提出方案，报请大理白族自治州人民代表大会常务委员会决定。以上规定既体现了条例的严肃性和权威性，又体现了条例的可操作性和程序性。

（三）管理范围与管理机构之设置

1989 年的《云南省大理白族自治州洱海管理条例》规定，洱海最高水位
1974 米（海防高程）的界桩范围内之湖区，以及西洱河节制闸到一级电站进水
口之河道，属于洱海管理之范围。罗坪山、标山、马鞍山、点苍山、旗鼓山、后
山等洱海流域的山脉为洱海的水源保护区。同时，《云南省大理白族自治州洱海
管理条例》规定，洱海管理局是大理白族自治州人民政府统一管理洱海的职合机
关。大理市和洱源县各级政府及州、市、县的有关部门应支持、协助、配合洱海
管理局行使管理洱海的职能。洱海水域中的治安管理分别由大理市与洱源县的水
上公安派出所负责，洱海的航运安全管理则由航运管理站负责。十年的实践说
明，导致洱海的水质与水量发生变化之因素主要潜伏在洱海的径流范围内，因此
单纯地管理湖面是难以保护好洱海的，我们必须统筹周边地区和上下游之关系，
并从宏观角度来考虑保护范围之划定。《云南省大理白族自治州洱海管理条例》
将洱海在大理市境内的 2565 平方公里径流区全部划为保护与管理之范围，并将
西洱河上段和引洱入宾输水隧道纳入洱海的管理区域。《云南省大理白族自治州
洱海管理条例》指出，保护范围内的保护与治理工作由大理市和洱源县的人民政
府及沿湖的各乡镇人民政府按属地原则负责，州及有关行政主管部门根据分工与
洱海管理局相互协作，共同做好洱海管理区域内的保护与治理工作。《云南省大
理白族自治州洱海管理条例》将洱海管理局调整为大理白族自治州人民政府统一
管理洱海的专门机构，其归口水行政主管部门。除原来的五项主要职责外，洱海
管理局又取得了在洱海管理区域内综合行使水政、渔政、航务、自然环境保护等
部门之职能的权力，从而形成了"州长负总责，计划环保部门负责统一规划，水

利部门与国土部门负责国土治理、水保和小流域治理，林业部门负责面山绿化及退耕还林，农业部门负责面源污染治理，建设部门负责城镇生活污染治理，洱海管理局负责内源治理和湖面管理"的齐抓共管之责任制。事隔 5 年后，根据变化了的情况，《云南省大理白族自治州洱海管理条例》将原州属州管的洱海管理局调整为由大理市人民政府主管，这种做法的意义包括：一是适应了指导思想中的"三个转变"之客观需要（即从湖区治理向流域治理转变，从专项治理向综合治理转变，从以专业部门为主向条块结合、分级负责转变）；二是体现了属地管理，符合执法重心向基层下移的执法体制改革之新要求；三是进一步明确了各级部门的职责，层层签订的责任书调动了各级部门的积极性，拓宽了治理保护的投资渠道，强化了各级部门的责任，从而充分体现了当前的"系统管理、综合治理、公众参与"之新理念。考虑到"环湖林带由洱海管理局和林业部门营造，处罚权由林业部门行使"之做法不利于统一管理，修订后的《云南省大理白族自治州洱海管理条例》将环湖林带的林政处罚权与湖区内原有的水政、渔政和自然保护三个部门的行政处罚权一并授予给了洱海管理局。

2014 年的《云南省大理白族自治州洱海保护管理条例》将保护范围确定为整个洱海流域，具体分为洱海湖区和洱海径流区。2019 年的《云南省大理白族自治州洱海保护管理条例》将保护范围划分为一级保护区、二级保护区和三级保护区，并分章对具体范围、保护管理和禁止行为进行了明确规定，其新增了有关综合保护管理职责及州、市、县、乡镇人民政府的分级保护管理职责之内容。2019 年的《云南省大理白族自治州洱海保护管理条例》明确规定要实行河（湖）长制，并对湖区的生态调控及码头、游船和农业的面源污染之综合防治进行了修订。

（四）法律责任

法律责任既是执法的依据，又是条例的重要组成部分，一切违法行为人都必须承担相应的法律责任。1989 年的《云南省大理白族自治州洱海管理条例》之条文较为粗糙，其仅对无故拖延或拒交水资源费之情形进行了规定，而没有就违反条例的行为设定相应的法律责任，从而削弱了执法力度，影响了执法效果。1998 年的《云南省大理白族自治州洱海管理条例》弥补了此前的不足，其在第二十七条、第二十八条和第二十九条设定了行政处罚主体与行政处罚的幅度。例如，针对网箱养渔， 1989 年的《云南省大理白族自治州洱海管理条例》鼓励合理利用水面发展养殖业，其规定"双取消"后网箱养鱼、禁止围网养殖；而1998 年的《云南省大理白族自治州洱海管理条例》就明确规定，使用网箱、围网养殖的，没收网具及其设施，情节严重的并处 1000 元以上 2000 以下罚款。针对少数执法人员素质低、违法执法、玩忽职守甚至徇私枉法，从而在一定程度上影响党和政府在群众中的形象和威信之情况，《云南省大理白族自治州洱海管理条例》明确规定，洱海的行政执法机关要加强自身建设，不断提高执法水平。执法人员有不执法、乱执法行为的，也要受到行政处分，直至被追究刑事责任。行政监督机关要加强对洱海的行政执法机关及其执法人员的执法活动之监督检查，以规范执法行为。2004 年的《云南省大理白族自治州洱海保护管理条例》修改了第二十七条、第二十八条、第二十九条和第三十条之内容，其对使用有害渔具、倾倒垃圾、破坏林带、超标排污、违反禁磷等行为都设定了具体的处罚标准。

2014 年的《云南省大理白族自治州洱海保护管理条例》对国家机关工作人员的违法责任做出了较为明确之规定，从而进一步加大了行政处罚力度，而对不便在条例中设定法律责任的违法行为和相关法律法规已有具体规定的违法行为，则不再设定法律责任，相关部门按具体的法律规范来处罚即可。

2019 年的《云南省大理白族自治州洱海保护管理条例》将洱海流域内的违法建设之行政处罚权调整为由县（市）自然资源行政主管部门行使，并规定由乡（镇）人民政府负责开展洱海保护治理之日常巡查工作、制止与协助查处违法行为，以及做好相关的行政执法工作。

（五）规费收取

洱海的保护与管理需要大量的资金支撑，除中央及各级财政的投入外，依据法规的规定来征收相关规费也是重要的资金来源。1989 年的《云南省大理白族自治州洱海管理条例》规定，向用水单位和个人征收水资源费，向受益单位和个人征收渔业资源增值保护费，向养殖户征收养殖使用费，向在码头经营的单位和个人收取码头堆放费，向污染洱海的企业征收排污费，从而有助于"以水养水"，有益于贯彻专项征收、专户储存、专项支出，有利于实现财政与收支两条线。针对大理白族自治州将旅游作为产业精心培植，并投入大量资金对洱海进行保护之现状， 1998 年的《云南省大理白族自治州洱海管理条例》根据资源有偿使用的原则，规定在洱海管理区域内从事旅游经营的主体要缴纳风景名胜资源保护费，向洱海取水的主体要缴纳水费，从事渔业捕捞的主体要缴纳渔业资源增殖保护费，经批准在洱海管理区域内从事养殖和种植水生动与植物的主体要缴纳水面使用费。个别不适应形势发展变化的规定被废止，如采砂船于 2003 年被全部取缔，因此"进行采砂的，缴纳采砂管理费"之规定就不再执行。又如，网箱养殖水面使用费和机动渔船渔业资源增殖保护费于 1997 年随着"双取消"而被废止。随着用水量的增加和水资源价值观念的建立，水费有所提高，如工业用水由

0.5 厘/立方增加到 0.10 元/立方，生活用水由 3 厘/立方增加到 0.10 元/立方，发电用水由 0.0067 元/立方增加到 0.012 元/立方。各项"以水养水"之费用由 1985 年的 71.02 万元增加到 2002 年的 1626 万元。各类资金要做到专款专用，并受财政部门与审计部门的严格监督。在资金的使用程序上，洱海管理局提出计划，财政部门审核，大理白族自治州人民政府批准列支。

三、 结论

《云南省大理白族自治州洱海保护管理条例》已颁布实施了三十多年，我们可以根据其立法实践得出以下结论：

首先，《云南省大理白族自治州洱海保护管理条例》紧紧围绕着地方的经济建设、社会发展的大局和保护与管理洱海以实现地区可持续发展的需要，及早地将必要的、基本的、条件成熟的事项以单行条例之形式固定了下来，其明确了法规调整的对象，落实了执法主体和管理部门及其法律责任，解决了洱海及其流域范围内的有关保护与管理之重大问题，从而既维护了国家法律制度的统一，又突出了地方特色，还体现了民族地区的自治权和"一湖一条例"的立法原则，因此具有创造性和权威性。

其次，一部条例在颁布后，适时进行修订与修正是必要的。尤其是在规定管理部门的权力之同时，条例也要规定其应承担的义务和责任；同样，在规定行政相对人的义务之同时，条例也要相应地规定其应当享有的权利。只有妥善地协调好管理部门和行政相对人的权利义务关系，条例才能具有更强的可操作性和时代性。

再次，一部好的条例在公布后，我们必须为其提供若干配套的行政规章，以制定出针对性强、可操作的更具体之规定，这样才能保证条例的有效实施和规范运作。

最后，条例的制定和修订是统一认识与深化认识的过程，我们必须广泛征求各类主体（包括各级政府、专家学者、涉及的有关部门、企业和群众）之意见，因为有了坚实的立法基础，执法才能具备较强的可操作性。公众的参与是执法的保证，而保障人民群众当家做主则是立法工作的出发点和归宿。

可再生能源电力激励的实践困局与制度转型
——兼论绿色证书交易制度的引入

陈　婷[*]

摘要：我国的可再生能源电力产业在取得一定发展的同时，也面临着供求失衡、弃风弃光等现实困境。究其根源，是因为现有的激励机制滞后于可再生能源的发展阶段之变化。无论是对现阶段问题的回应，还是与产业发展的新目标与需求之匹配，现有的激励机制都确实力有不逮。在反思现有的激励机制——主要是补贴与固定上网电价机制——之内在局限与实施困境的基础上，本文认为绿色证书交易制度可以利用基于市场的规制进路来推进可再生能源电力监管制度之转型。在"补贴退坡"的趋势下，我们需要为可再生能源电力提供新的保障机制，以进一步释放电力系统的潜能与灵活性，从而低成本地生产可再生能源并强化消纳水平。

关键词：可再生能源电力；补贴；固定上网电价；绿色证书；配额义务

---

* 作者简介：陈婷，女，1994 年 12 月生，汉族，武汉大学环境法研究所 2017 级硕士研究生，英国阿伯丁大学能源法硕士，研究方向为比较环境法与能源法。

引言

在土本化语境下，发展可再生能源有多重制度目标，除了优化能源结构与保障能源安全外[①]，可再生能源电能替代在应对气候变化及防控大气污染方面也发挥着重要作用。一方面，发展可再生能源是促进电力系统的低碳转型之主要措施。"十二五"期间，我国电力系统排放的温室气体在温室气体排放总量中的占比为 37.3%[②]，而促进可再生能源发电能够降低温室气体排放的总量水平。我国应对气候变化的自主行动目标就包括，到 2030 年，非化石能源在一次能源消费中所占的比重达到 20%左右[③]。另一方面，提升可再生能源的发电占比能够有效优化能源结构，从而在源头上减少主要依靠煤炭的火力发电所造成之大气污染。[④] 因此，以优先并网等方式支持可再生能源发电的措施得以在《中华人民共和国大气污染防治法》中被确立。[⑤]

依靠大量有关可再生能源的法律与政策之扶持和激励，我国的可再生能源发电行业得以快速发展。2015 年，我国的风电和光电之应用规模已居世界首位。[⑥] 2018 年，可再生能源发电量在全部发电量中所占的比重的已达 26.7%。[⑦] 但是，近年来，可再生能源发电产业面临着高比例的弃风弃光[⑧]、并

---

① 参见《中华人民共和国可再生能源法》第一条及《中华人民共和国电力法》第四十八条。

② 《中国华电"十二五"温室气体排放白皮书》，http：//cluster. chd. com. cn/webfront/doFileDownload. do？serviceId？articleAttach＿20160613091551，访问日期：2019 年 9 月 10 日。

③ 参见《强化应对气候变化行动——中国国家自主贡献》。

④ 参见《中华人民共和国大气污染防治法》第二条、第三十二条。

⑤ 参见《中华人民共和国大气污染防治法》第四十二条。

⑥ 国家发展和改革委员会：《可再生能源"十三五"规划》。

⑦ 国家能源局：《2018 年可再生能源并网运行情况介绍》，http：//www. nea. gov. cn/2019-01/28/c＿137780519. htm，访问日期：2019 年 9 月 15 日。

⑧ 2011 年以来，我国的弃风弃光率一直维持在高位，如全国的平均弃风率在 2016 年达到近年的（转下页）

网难①、补贴缺口扩大等前所未有的困境。严重的弃风弃光问题之成因，是现行法律制度在促进可再生能源消纳、维持系统供求的动态平衡、保障有序并网等方面存在着内在之局限性，而现行制度框架下的一系列促进消纳之对策措施至今仍收效甚微的事实，则再次引发了公众对现有的激励机制是否与可再生能源之发展目标相匹配、现有的激励机制是否能有效回应阶段性需求等问题的质疑。

有鉴于此，本文在检视可再生能源补贴与固定上网电价（Feed-in tariffs, FITs）机制的实施效果之基础上，结合 2015 年的电力体制改革方案所提出的"市场化改革"之主体思路，以及可再生能源产业所面临的"补贴退坡"之政策趋势②，探讨引入绿色证书交易制度（以下简称"绿色证书制度"）为何是"恰逢其时"的。通过引入绿色证书制度，笔者希望能够破解可再生能源电力的供给侧与需求侧在系统性、协调规制等方面之难题，并为各市场主体调度与消纳可再生能源电力提供灵活、高效的义务履行机制。同时，本文对绿色证书制度的引入可能引发的风险进行了初步识别，并探索了能够与现存制度实现有序衔接及过渡的特殊机制，以协调制度转型过程中的多重目标与手段之冲突，从而最终助益于可再生能源激励机制的成功转型与功能增进。

（接上页）峰值 16%，2017 年仍高达 12%。以 2013 年的数据为例，在风力发电量超过 1 万亿千瓦时的国家中，我国的风力发电量仅次于美国，但却以 11% 的弃风率位居弃风率排行榜的首位，而相比之下，美国、西班牙、德国、加拿大、意大利、葡萄牙、丹麦等国弃风率皆控制在 2% 以下。相关研究表明，新能源的生产放弃率维持在低位时，放弃行为可以作为平衡供求的灵活手段，以向生产者提供确切的需求信息，并防止投资和产能过剩，但是如果放弃率大于 3% 或者超过 5% 的阈值，那么放弃行为会对可再生能源产业的成本回收、投资前景与融资成本产生严重影响。2018 年，甘肃、新疆、内蒙古等省区仍然出现了超过 10% 的弃风弃光率，部分区域例（如甘肃、新疆等）的弃风率甚至超过 20%。通过与同等可再生能源产能的国家进行对比，我国的弃风弃光问题之严重性及潜在的负面影响就可见一斑了。参见国家能源局：《2018 年可再生能源并网运行情况介绍》。

① 2015 年的电力体制改革方案指出，可再生能源发电的无歧视上网和无障碍上网仍然难以得到保障。参见《中共中央、国务院关于进一步深化电力体制改革的若干意见》。

② 《国家发展改革委关于全面深化价格机制改革的意见》明确，"根据技术进步和市场供求，实施风电、光伏等新能源标杆上网电价退坡机制，2020 年实现风电与燃煤发电上网电价相当、光伏上网电价与电网销售电价相当"。参见国家发展和改革委员会：《国家发展改革委关于全面深化价格机制改革的意见》。

一、 可再生能源电力的激励机制及其实施困境

（一）补贴与固定上网电价机制

在我国，由政府核定的"保护性电价"是主要的可再生能源电力之激励机制。在可再生能源的发电成本仍然高于传统的化石能源之情况下[1]，补贴机制成为固定上网电价得以实施，以及可再生能源在价格上保有与常规能源进行竞争之能力的核心。在《中华人民共和国可再生能源法》规定的上网电价及价格分摊机制下[2]，国家发展和改革委员会负责对可再生能源的上网电价进行阶段性调控。一般而言，可再生能源的上网电价在当地的燃煤机组标杆上网电价（含脱硫、脱硝、除尘）以内之部分，由当地的省级电网负担，超出部分则通过国家可再生能源发展基金来分摊解决。[3]

由于我国的风电与光电应用规模都位居全球首位[4]，因此本文以风电和光电的上网电价为例，简要分析我国可再生能源的固定上网电价补贴机制之运行内容和发展历程。风电项目的上网电价以政府指导价为准，电价标准由国务院电价主管部门依据招标形成的电价来确定。[5] 随后，有关部门将风电价格分为陆上价格与海上价格两种类型来定价： 针对前者，全国被分为四类风能资源区，并由有关部门分别来设定风电标杆上网电价[6]；针对后者，有关部门区分潮间带风电

---

[1] 国家发展和改革委员会《可再生能源"十三五"规划》。

[2] 参见《中华人民共和国可再生能源法》第二十条。

[3] 参见国家发展和改革委员会：《可再生能源发电价格和费用分摊管理暂行办法》。

[4] 国家发展和改革委员会：《可再生能源"十三五"规划》。

[5] 国家发展和改革委员会、原国家电力监管委员会：《可再生能源发电价格和费用分摊管理暂行办法》。

[6] 国家发展和改革委员会：《关于完善风力发电上网电价政策的通知》。

和近海风电两种类型来分别确定上网电价①。 2016 年，根据新能源的产业技术进步和成本降低之情况，国家发展和改革委员会调低了 2018 年 1 月 1 日之后新核准建设的陆上风电标杆之上网电价。② 光电项目的上网电价核定与划区核定以成本和技术变动之情况为依据，这与风电项目相似。③

补贴可再生能源的上网电价之资金，基本来源于可再生能源发展基金，其被用于补贴可再生能源电力的溢价，即电网企业收购高于常规能源的上网电价之部分。④ 可再生能源发展基金的设立基础是国家财政每年划拨的专项资金和依法征收的可再生能源之电价附加收入⑤，《可再生能源发电价格和费用分摊管理试行办法》《可再生能源电价附加收入调配暂行办法》《可再生能源发展基金征收使用管理暂行办法》《可再生能源电价附加补助资金管理暂行办法》等文件对向电力用户征收电力附加费用的具体办法做出了规定⑥。

（二）现有的激励机制之弊端与实施困局

不可否认的是，可再生能源补贴和价格管控机制确实矫正了市场在与应对气

---

① 国家发展和改革委员会：《关于海上风电上网单价政策的通知》。
② 国家发展和改革委员会：《国家发展改革委关于调整光伏发电陆上风电标杆上网电价的通知》。
③ 参见《国家发展改革委关于内蒙古鄂尔多斯、上海崇明太阳能光伏电站上网电价的批复》《关于完善太阳能光伏发电上网电价政策的通知》《国家发展改革委关于发挥价格杠杆作用促进光伏产业健康发展的通知》和《国家发展改革委关于 2018 年光伏发电项目价格政策的通知》。
④ 《国家发展改革委关于发挥价格杠杆作用促进光伏产业健康发展的通知》规定："（一）光伏电站标杆上网电价高出当地燃煤机组标杆上网电价（含脱硫等环保电价，下同）的部分，通过可再生能源发展基金予以补贴。……对分布式光伏发电实行按照全电量补贴的政策，电价补贴标准为每千瓦时 0.42 元（含税，下同），通过可再生能源发展基金予以支付，由电网企业转付……"
⑤ 参见《中华人民共和国可再生能源法》第二十四条。
⑥ 例如，《可再生能源发电价格和费用分摊管理试行办法》第十二条规定："可再生能源发电项目上网电价高于当地脱硫燃煤机组标杆上网电价的部分、国家投资或补贴建设的公共可再生能源独立电力系统运行维护费用高于当地省级电网平均销售电价的部分，以及可再生能源发电项目接网费用等，通过向电力用户征收电价附加的方式解决。"

候变化相关的正外部性刺激方面之不足，从而推动了该新兴产业。但是，经过数十年的发展，产业所面临的发展阶段与具体情势（即产业规模、技术与成本等因素）已发生了较大的变化，仍然将补贴与固定上网电价作为可再生能源的主要激励机制之做法，不仅扭曲了投资与生产之信号，而且可能阻碍可再生能源产业的独立性与产业化发展之路。目前，补贴与价格管控机制所面临的现实困境主要涉及以下几个方面：

第一，加剧可再生能源电力的供求失衡。可再生能源的"保护性电价"通过在供给端（即发电侧与电网侧）直接管控价格和提供补贴，使可再生能源电力产品获得特别的市场竞争优势，从而激励市场主体投资和生产可再生能源，并保证其能够顺利并网。然而，长期以来，我国都是依靠刺激生产和传输环节来发展可再生能源，相关政策主要集中在应对电力短缺、价格机制、市场垄断、资源配置优化、国家电网发展等方面，售电侧的交易机制与市场化消纳机制则长期缺位或者处于薄弱状态。① 规则建构在供给侧与需求侧的偏颇和失衡导致了"重建设，轻消纳"② 局面之出现，这是引发严重的弃风弃光问题之关键原因。价格管控一方面赋予可再生能源之生产者以特别的竞争优势，另一方面却压制了价格符号的平衡供求之作用，从而加剧了可再生能源电力系统的供求失衡问题。具体来说，固定电价对价格符号的扭曲，使得市场主体通常不能灵活并迅速地对可再生能源的成本降低做出反应，也无法根据价格的变化对需求之转换及时做出回应，从而导致上游投资与产能过剩，进而引发了电力供求失衡之问题。我国对发电的补贴需根据发电量来核发，这再次加深了电力生产决策对补贴而非价格符号的依赖。可见，重财政补贴与价格控制而轻市场作用的可再生能源之激励机制，

---

① 以2015年的电力改革为标志，我国开始建立电力交易平台和电力批发市场，并且鼓励发电主体与用户直接开展交易。参见《中共中央、国务院关于进一步深化电力体制改革的若干意见》。
② 国家发展和改革委员会：《可再生能源"十三五"规划》。

在行业的短期发展和长期发展中，都面临着悖论与困境。

第二，在刺激可再生能源的中长期投资和技术进步方面显得后劲不足。为矫正市场在促进可再生能源行业的发展上之低效率，政府干预的支持机制在各国的可再生能源之起步阶段都被证明是确有必要的[1]，但是完全依赖政府在财税和价格方面的给付及管控而放弃市场力量则是过犹不及。忽视可再生能源产业的盈利性本质、轻视市场在驱动利润以形成主要发展动力方面之作用，以及将价格长期控制在竞争水平以下，这些做法都有挫伤中长期投资之虞，而且也不利于生产技术的进步与成本的降低。提供补贴并非"一劳永逸"的做法，国内外的相关研究都逐步证实了传统的财税激励机制在持续刺激技术进步、降低发电与电网的管理成本等方面显得效果不足。例如，有学者指出，德国提供大量补贴却轻视并网及可再生能源技术刺激的做法，为其他国家提供了如橱窗般的错误示范。在我国，补贴持续了数十年，而可再生能源的发电成本仍然高于常规能源。可见，一直寄希望于政府补贴这样的生产者"消极"接受之支持模式并非长久之计。与引入一定程度的竞争与交易机制等市场化路径相比，补贴在进一步刺激电力生产、并网管理技术进步与成本下降方面的后劲已显不足。在与保障性收购密切相关的保护性电价机制下，由于上网电价是固定的，因此我们就无法保证开发成本最低，而价格管控也很难为上游生产环节创造竞争条件来进一步促进生产成本的降低。

第三，在可再生能源并网管理与电网低碳转型方面面临着严峻的困境。近年来，我国的可再生能源之财政补贴缺口逐步扩大[2]，市场需求也由于遇冷而利润不足，因此可再生能源的电力生产和电网侧保障性收购之动力都明显不足。尤其

---

[1] 欧盟委员会在关于国家援助的指南中提及，"为可再生能源提供国家援助的意义在于通过创造激励以提升可再生能源在能源供给中的占比，以解决市场失灵以及负外部性问题"。参见 2008 Community Guidelines on State Aid for Environmental Protection (OJ C 82 OF 01. 04. 2008, p. 1, point 48.)。

[2] 根据财政部的统计，截至 2017 年底，可再生能源的补贴缺口已达到 1000 亿元。参见 http://guangfu. bjx. com. cn/news/20180202/878569. shtml，访问日期：2019 年 9 月 15 日。

是上述困境加大了可再生能源发电的无差别上网与无歧视上网之难度，更遑论"优先并网"得到良好实施。在收购溢价无法被填补时，电网公司的法定保障性收购与无差别并网义务之履行将遭遇守法能力和意愿上的双重困境①，而这进一步恶化了电力生产者的处境，因此其只得放弃部分的电力生产。可以说，当补贴尚能解决上网电价的溢价部分时，固定电价机制还可以维持可再生能源的发电与并网，但是当补贴缺口出现时，价格管控挫伤投资与并网的积极性之负面效应将被不断释放——在我国"三北"地区等大规模的风电和光伏发电基地②，这样的由补贴缺口、市场需求不足等因素引发的并网难与弃风弃光现象，正是这一连串的连锁效应之最佳例证。在高于常规能源的并网成本无法有效得到填补，且价格管控、全额收购、优先并网等机制仍然在实施之情况下，电网企业往往承受着过重的经营风险与经营压力，电网管理决策极其短视、电网低碳转型的长期投资缺位、技术革新动力疲软等结果将在所难免。③

第四，政府无法通过价格来控制可再生能源的具体发展目标之实现，从而导致可再生能源的发展目标与具体的实施机制脱钩④，其最终将失去对目标推进的有效控制。在大规模的弃风弃光问题发生后，发改委发布了要求各地及部分行业

---

① 截至2018年，虽然我国的平均弃风弃光率得到了控制，但是三北地区的弃风弃光率仍然居于高位。跨区域的电网运力与装机容量不相匹配、并网困难等问题，是导致弃风弃光的重要原因之一。参见《电网企业消纳新能源不力成被告》，《中国能源报》2018年4月16日，http://paper.people.com.cn/zgnyb/html/2018-04/16/content_1848813.htm，访问日期：2019年9月18日。也可参见国家能源局：《2018年风电并网运行情况》，http://www.nea.gov.cn/2019-01/28/c_137780779.htm，访问日期：2019年9月15日。另外，《2017年中国电力年鉴》的统计显示，电力企业主营业务收入增长低迷甚至呈现负增长，经营状况不容乐观。2016年，我国电网企业的资产负债率达到56.8%，这主要是电网投资建设所致。总之，电网企业的业务收入远低于成本投入，其面临着较大的经营压力。

② 2018年，弃风率超过8%的地区是新疆（弃风率23%，弃风电量107亿千瓦时）、甘肃（弃风率19%，弃风电量54亿千瓦时）和内蒙古（弃风率10%，弃风电量72亿千瓦时）。三省（区）弃风电量合计233亿千瓦时，在全国弃风电量中的占比为84%。参见国家能源局：《2018年风电并网运行情况》。

③ 英国RPI－X电网改革方案提供了严格价格管控严重影响电网低碳转型进度的案例研究范本。

④ 张式军：《可再生能源配额制研究》，《中国地质大学学报（社会科学版）》2007年第2期，第20页。

消纳可再生能源电力的配额方案[①]，电力监管开始强调需求侧及目标导向之趋势，也佐证了补贴与价格管控机制因只强调装机和生产量级管理而几近失去对可再生能源的消纳目标之控制的内在局限性。

最后，容易导致过度补贴与较高的政策依赖度，从而不利于产业的独立和商业化发展。虽然我国的可再生能源已经取得了一定的规模化发展之成果，但是可再生能源对补贴政策的依赖度仍然较高。[②] 在可再生能源电力产业的发展初期，采取价格控制与财税激励并行的制度无可厚非，但是随着产业规模化与技术成熟度的提升，继续提供大量补贴将直接导致产业对政策的依赖度进一步加大，从而既不利于产业应对更为独立化、商业化的发展阶段，又无助于产业释放其在生产成本方面与常规能源进行竞争的潜力。

二、 绿色证书制度的引入

区别于以"控制—命令"型的价格管控和财政补贴为主导的激励机制，绿色证书制度通过建立证书的交易机制，以市场化进路来提升义务主体的守法效果，并降低可再生能源的生产成本。绿色证书制度是一种基于数量的规制工具（quantity-based instrument），即该制度通过向电网侧与用电侧主体施加证书持有义务，以建立针对并网侧与用电侧的履行可再生能源配额之机制及监管核查机制，从而保障可再生能源的总体发展目标之分解实施。在可再生能源发电行业面临"补贴退坡"，而各类可再生能源的发电成本又高于传统的化石能源之情况

---

① 参见国家发展和改革委员会：《国家发展改革委、国家能源局关于积极推进电力市场化交易进一步完善交易机制的通知》；国家发展和改革委员会：《国家发展改革委、国家能源局关于印发〈解决弃水弃风弃光问题实施方案〉的通知》。
② 参见国家发展和改革委员会：《可再生能源"十三五规划"》。

下，绿色证书制度成为了继续为可再生能源之发展提供保障的理想制度，并且其能够更好地匹配可再生能源电力产业的现阶段之发展目标与趋势。具体而言，绿色证书制度的特征和主要机制体现为以下几个方面：

（一）成为可再生能源的总体发展目标与配额之执行机制

强制性配额义务是绿色证书制度的必不可少之一部分。与"自愿性绿色证书交易"相比，"强制性配额＋绿色证书交易"的制度方案使得实施机制与可再生能源的发展目标直接挂钩，并能落实到各个义务主体，从而更有利于绿色证书制度实现其作为可再生能源发展保障性制度之功能。绿色证书本身代表着一定数量的可再生能源电力，权利主体（eligible parties，即可再生能源电力生产者）有权从主管机关处获取免费的绿色证书，而义务主体（obligated parties，通常是电力供应商、拥有自备电厂的企业等）[①] 则需要通过拥有足够的绿色证书来证明其购买或者自己生产了法定数量或比例的可再生能源电力，以履行他们的可再生能源定额义务（quota obligations）。也就是说，绿色证书制度间接地为可再生能源电力提供了保障性的销售市场，并明确了电力行业内的所有相关市场主体之可再生能源采购与消纳义务，从而有针对性地回应了原有的售电侧与需求侧响应薄弱、义务履行核查困难等问题。

---

① 自备电厂尤其需要被纳入到绿色证书的义务主体中。一方面，自备电厂独立于主电网配电系统，其挤占了可再生能源的消纳空间。在尚未全面开展碳排放交易制度时，大量自备电厂可能成为电力系统低碳化转型的"漏网之鱼"。另一方面，自备电厂亦不参加针对可再生能源的调峰，甚至其反倒会加大电力系统的调峰压力，从而不利于可再生能源电力调度。有鉴于此，自备电厂应当承担绿色证书义务，即通过生产或采购可再生能源电力及单独购买证书来强化其对可再生能源电力消纳的支持。

（二）"非捆绑式"的交易模式与罚金为可再生能源之发展提供了额外的资金保障

在施加了强制性配额义务，从而为可再生能源电力提供保护性市场与消纳渠道的同时，绿色证书制度还为可再生能源提供了额外的资金支持。一方面，绿色证书制度将违反证书义务的罚金纳入了可再生能源发展基金；另一方面，绿色证书制度将无法自己生产可再生能源电力且没有购买可再生能源电力需求的电力市场主体（如燃煤企业）纳入到了绿色证书的义务主体中①，并以"非捆绑式"的交易形式来帮助类似的义务主体灵活履行配额义务，② 从而提供了一条解决燃煤发电的负外部性问题之可行途径。同时，绿色证书制度也为可再生能源之发展提供了除售电收入外的收益支持，从而将有助于推进整个电力行业的低碳化转型。

（三）证书的可交易性能提升可再生能源消纳的守法效果并降低成本

如果在特定的监管周期内，义务主体没有通过购买或自己生产可再生能源电力之方式获得足够的证书，那么其需要从前述权利主体或者其他授权交易证书的机构手中购买证书，否则将被处以罚金。因此，产生正面环境效应的绿色证书被赋予了市场价值并产生了稀缺性，可交易绿色证书的市场就这样被搭建了起来。与通过向常规的能源生产者征税以矫正市场失灵之规制手段相比，可交易绿色证

---

① 《可再生能源"十三五"规划》就建立我国统一的可再生能源绿色证书交易制度进行了初步的规划，其中就包括设定燃煤发电机组及售电企业的非水电可再生能源配额指标。参见国家发展和改革委员会：《可再生能源"十三五"规划》。

② 即证书独立于物理电量出售。

书将决策权留给了市场主体，即市场主体可以决定购买证书、自己生产可再生能源电力或缴纳罚金，从而使得拥有绝对信息优势的市场交易主体将主动寻求并揭示最有效率的义务履行途径，以降低社会实现可再生能源之发展目标的成本。同时，绿色证书交易机制使得市场主体最终能享有降低履行成本后的收益，从而促使绿色证书交易所产生的收益能流向低碳能源生产者与利用者，而非以税收的方式流向政府。

（四）通过基于市场的规制进路来降低可再生能源的生产成本并刺激技术进步

虽然绿色证书交易合同有时与电力交易合同（PPA）是分离的，但是无论是与电力捆绑式销售还是非捆绑式销售，该证书的售价仍然会被计入成本并由消费者负担，因此绿色证书制度能倒逼生产者相互竞争以压缩生产成本，从而使得他们主动向社会提供高性价比的可再生能源电力。除此之外，绿色证书交易机制为一切符合条件——获准生产和并网——的可再生能源生产者提供支持，从而使得不同种类的可再生能源生产技术得以被支持机制覆盖[①]，而非如技术中立方案（technically neutral scheme）仅保证最高效的技术获得资金支持。虽然对最有效技术的支持会很快使其成为主流技术，但是技术多样性会受到削弱。多种类型的可再生能源需要不同种类与层次的技术供给，因此通过普遍化的绿色证书交易来保障可再生能源技术的多样性是确有必要的。

---

① 包括对分布式可再生能源生产相关技术的刺激。近年来，我国加大了对分布式可再生能源生产的支持。由于分布式可再生能源生产对并网的依赖度低，因此其被视为应对弃风弃光问题的对策之一。参见《国家发展改革委、国家能源局关于印发〈解决弃水弃风弃光问题实施方案〉的通知》。

（五）信息披露机制有助于提升可再生能源电力交易的透明度

鉴于电力并网以后，我们难以识别电力生产来源之性质，即来源于化石能源还是可再生能源，因此以证书为载体的交易机制还有助于证明、追踪与核查电力的来源属性（electricity generation attributes）。在这个意义上，绿色证书还是一种信息披露工具。有关公众和企业对可再生能源的支付意愿之研究显示，除了高于常规能源的溢价，对所购电力的质量（即所购买的电力是否源自可再生能源）之疑虑属于拒绝购买可再生能源电力的主要原因之一。因此，在不断提高可再生能源的渗透率（penetration rate）之同时，我们也应当提升电力产品的透明度。绿色证书一般会载明证书唯一性编号、发电商信息、可再生能源种类、发电技术类型、生产日期、交易范围等信息，从而为进一步向企业与居民推广可再生能源电力创造了条件。

（六）转变政府的监管职能并消除价格补贴机制的负面影响

通过构建绿色证书的交易市场，国家利用市场化机制来为可再生能源提供专门支持。在此过程中，政府的角色从可再生能源的价格管控者与补贴给付者转变为了绿色证书交易的监管者与核查者。一方面，政府不再陷于繁琐的事务之中，如可再生能源补贴的确定、调整、筹集和分配，可再生能源特许权招标，等等，从而可以降低因频繁修订上网电价与管理可再生能源的总量目标而产生之成本；另一方面，绿色证书制度可以减少固定上网电价对竞争与价格符号的扭曲，并且降低"过度补贴"为产业独立发展带来的风险。通过绿色证书制度来发挥为可再生能源创造保护性市场与额外资金支持之功能，并适时配合"补贴退坡"及固定电价的放松管制，这样能够实现两种主要激励机制间的代际更迭之稳妥过渡。绿色证书制度既能为可再生能源之发展寻获更匹配现阶段和未来的独立性与商业化发展需求之激励机制，又减少了政府干预对价格、竞争及市场供求平衡之扭曲。因此，绿色证书的核发、交易监管、可再生能源信用的核算、交易价格管控、证书的审计与核查等机制需要被构建。

三、 绿色证书制度实施过程中的可能存在之风险

（一）与现行的价格管制机制之衔接

有学者认为，对上网电价的放松管制（deregulation）能够使市场力量更为自由地发挥作用，这意味着竞争性价格将回归主流，从而使得定价与投资决策依据供求关系而做出，并在一定程度上缓解价格管制所导致的可再生能源电力供求失衡之问题。但是，由于可再生能源电力具有特殊性（如变动性、间歇性等特性），因此满足调峰需求的发电侧之电源整合与备用电容[①]成本居高不下，且该成本在短期内无法降低，从而使得制度转型面临着一定的风险和不确定性。所以，实践中存在的一个悖论是，随着我国的风电装机规模之不断扩张，产业化格局逐渐形成，补贴与保护性价格机制本应不再有用武之地，但是事实上，发电规模的扩张导致了调峰与并网难度之上升，产业对提供更多收益确定性的补贴与价格管制之依赖度不断增强。此外，完全对可再生能源电价放松管制和撤销补贴，

---

① 以风能发电为例，风电具有显著的不确定性、间歇性与难以预测性，尤其是在无风或弱风时，电网中的风电渗透率极低，从而无法提供电网的基本负荷。这个时候，我们就需要核电或者火电与风电进行整合输送，否则电网的稳定性将受到严重威胁。为应对风电的间歇性发电之特性与保障电网稳定，风能发电系统必须配备 8 倍于其自身电容的备用发电系统或者依托大规模的电力储存系统，而无论哪一种调峰措施都将意味着昂贵的成本。

也存在引发可再生能源市场波动之可能性。

2016 年，国家发展和改革委员会初步提出了引入绿色证书制度后的过渡机制，即在一段时间内，采取定额补贴与可再生能源绿色证书相结合的模式[1]，逐步从现行的差价补贴模式过渡到混合模式（固定补贴与证书机制相结合），以降低可再生能源发电的补贴强度，并最终取消财政资金补贴。[2] 理论上，搭配强制性配额的绿色证书制度足以为可再生能源提供保护性市场，并保障电网侧与负荷侧履行消纳义务，因此由补贴和固定上网电价构成的"保护性电价"所发挥的功能已基本被替代。但是，绿色证书制度的效果完全取决于实施的严格程度与区域范围，其有赖于对证书的交易、核算与审计之严格监管，以及对证书价格的合理设置与调控。[3] 因此，绿色证书制度也可能由于监管不善、体制机制不畅等原因而无法为可再生能源之发展提供稳妥的保障。

因此，引入绿色证书制度作为可再生能源的主要激励机制所面临的重要问题之一，是其能否在现阶段具备完全替代原有的"保护性电价"与补贴机制之能力。如果可再生能源的主要激励机制之完全转型与更迭得以实现，那么市场的投资信心与投资回报确定性是否会受到影响，从而引发可再生能源市场之波动？如果存在这样的风险，那么如何通过试点与过渡机制的安排来减少风险，则是保障能源的供给安全与制度的成功转型之关键。

（二）与碳排放交易制度之交互关系

国家发展和改革委员会提出，在我国的绿色证书交易制度之构建过程中，我

---

[1] 参见国家发展和改革委员会：《可再生能源"十三五"规划》。

[2] 国家发展和改革委员会：《可再生能源"十三五"规划》。

[3] 为倒逼义务主体（如自备电厂）以更低的成本生产可再生能源电力，绿色证书价格不能过低，否则无法达到刺激边际可再生能源电力生产成本降低之效果，亦无法为可再生能源电力生产提供有力支持。

们要考虑其与碳排放交易制度的衔接。绿色证书制度与碳排放交易制度是促进可再生能源利用的直接和间接之制度，我们需要对二者结合适用的可行性、结合适用中可能存在的风险与困难及妥当的结合使用模式进行分析与识别。透过比较法的视角，有学者以瑞典—挪威的碳排放交易市场和绿色证书交易市场为实证研究对象，揭示了在区域乃至国际的碳排放交易市场与绿色证书交易市场中，碳排放交易和绿色证书交易的组合在促进可再生能源电力的生产方面可能会呈现出相互抵触的状态。在碳排放交易制度对绿色证书制度的影响方面，尤其是在自愿性绿色证书交易机制中，对生产与消纳可再生能源的负面影响确实存在。由于没有为市场参与主体设置强制性的可再生能源电力消纳配额，因此过高的碳排放限额价格会导致减排成本畸高，从而削弱投资低碳技术或使用可再生能源的经济可行性，支付罚金可能会成为更经济的选择。此外，在已有碳排放交易制度的国家或区域引入绿色证书制度，则会导致企业因必须生产或消纳一部分的可再生能源而减少对碳排放量与碳配额的需求，碳配额市场的价格便会顺势下跌，下跌幅度取决于绿色证书制度实施的强度与广度。如果绿色证书制度严格而广泛地实施，那么碳配额价格将全面下跌。[①] 碳排放交易制度依托碳配额价格高于企业碳减排的边际成本来推动市场主体以更低的成本控制温室气体排放，因此碳配额价格的下跌甚至会导致碳排放交易制度的目的之落空。可见，碳排放交易制度与绿色证书制度之间可能存在一定的功能重叠和冲突，我们需要对二者的组合实施或单独实施之模式及地域范围进行系统研究，以降低制度运行的成本与风险。

---

① 有关欧盟的碳排放交易制度与绿色证书制度之交互关系的研究表明，绿色证书制度的引入导致碳配额价格下跌，从而影响碳排放交易制度之实施效果的风险较大。

结语

为可再生能源发电提供主要激励的固定上网电价与补贴机制在实施中呈现出的弊端与困局，成为我们引入绿色证书制度的主要动因，而"补贴退坡"的政策背景则加快了可再生能源激励机制的代际更迭与转型之步伐。绿色证书制度有针对性地回应了电网侧并网保障不足、负荷侧需求响应薄弱等问题，建立了基于强制性配额义务的灵活履行机制，并着手解决可再生能源电力监管的目标悖论问题。通过综合运用市场化工具和基于数量管控的手段，我们在依旧为可再生能源提供支持的同时，强化上游生产环节的竞争来促进技术进步与降低成本，并尽量减少市场价格符号的扭曲，从而实现了有效促进电力行业低碳转型与保障能源供给安全的多重目标之协同增进。

但是，需要注意的是，在制度设计之初，我们需谨慎识别制度本身及其与现有的制度发生关联（如衔接、替代、组合等）时的风险与劣势，从而研判引入该制度的合适时机、主要配套机制与过渡机制等关键问题。从能源供给安全的角度出发，采取补贴与价格管制循序渐进地退出之方式，或者将补贴与价格管制作为绿色证书的辅助机制之做法，可能是更为妥当的。至于是否在我国已进行碳排放交易试点的区域引入绿色证书制度，我们需要在对能源供给安全、电价、区域节能减排效果、可再生能源消纳效果等事项进行系统的研究与预测之基础上，最终决定采用单独适用之模式还是组合适用之模式。

Practical constraints and institutional transition

of renewable electricity incentive:

On the introduction of Tradable Green Certificatesystem

CHEN Ting

Abstract: China has made great progress in renewables deployment while facing some challenges such as mismatch between supply and demand and renewables curtailment. The existing incentive mechanisms lag behind the changing circumstances of renewables development, which is the prime reason of such challenges. The existing system neither effectively responds to current problems, nor fits the purpose of new goals of the industry. To tackle the failure of subsidy schemes and regulated pricing, the Tradable Green Certificate system (TGC) utilizes market-based regulatory approach to promoting the transition of regulation on renewables electricity. With subsidies being gradually removed, it provides a new support scheme for renewables development, further unlocking the potential for cost-reduction and increasing the share in primary energy use.

Key words: Renewable electricity; subsidy; Fid-in Tariffs; Green Certificate; quota obligations

威慑型环境规制中的执法之可实现性[*]

胡 苑^{**}

摘要：针对环境执法不能的解读，我们需要在还原执法作为威慑型环境规制之中心环节的真实场域下，看到环境执法之困难根植于执法机构的主观执法动因和客观执法实力之困境。我国的"官场＋市场"及财政分权之特殊体制，会使环境执法机构面临的客观约束更为突出。如果一味通过问责机制来推进从严执法，那么我们会陷入单向执法动因强化而配套执法实力缺乏之困境，从而在造成资源浪费的同时，进一步导致威慑失灵和威慑过度。为破解环境执法之困境，我们需要一体化地考虑立法、执法与司法之动态联系，承认环境规制领域的"法律不完备"。在保留基础性的基线威慑之前提下，我们应通过推动执法环节的柔性执法和促进环境案件进入司法环节，并借用非正式的规制机制，以促成能够弥合多重利益冲突的低成本规则之形成。

* 本文系国家社科基金专项项目（重大）"改革生态环境监管体制重大法律问题研究"（项目编号：18VSJ040）的阶段性研究成果，已刊载于《法学》2019 年第 11 期，此处略有修改。
** 作者简介：胡苑，上海财经大学法学院讲师。

关键词：威慑型环境规制；环境执法；执法成本；环境司法；不完备法律

一、 问题的提出

改革开放以来，我国经济的跨越式发展伴随着生态环境的迅速恶化，环境问题一般被认为是企业生产所造成的外部不经济性之外溢。既然环境污染和生态破坏是企业的经营性行为所导致的，那么通过立法对企业的不利于环境之行为进行规训和惩罚，理应可以促使企业改变行为，从而积极遵守环境法律。 1989 年的《中华人民共和国环境保护法》素来被认为惩罚力度不足，其导致了企业的守法成本高而违法成本低之局面。为应对环境危机，改进立法来强化环境惩罚之力度成为法律共同体的共识。历经四次修订，于 2015 年实施的新《中华人民共和国环境保护法》通过采纳"按日计罚"等制度，体现了严刑峻法之特征，其被认为能"为深受环境问题困扰的世界第二大经济体提供最有力环保法律后盾，有助于扭转伴随其经济快速发展而生的生态环境恶化趋势"。①

按照以上的理论设想，作为史上最严的环保法，修订后的《中华人民共和国环境保护法》之实施应当能极大地改善我国的环境质量状况。但是，生态环境部发布的《2017 中国生态环境状况公报》显示，强惩罚型环境立法的实施效果似乎差强人意。② 有学者也明确指出，新《中华人民共和国环境保护法》规定的

---

① 任沁沁、顾瑞珍、罗沙：《我国通过史上最严新环保法新法于明年 1 月 1 日施行》，http：//www. npc. gov. cn/huiyi/lfzt/hjbhfxzaca/2014-04/25/content _ 1861232. htm，访问日期：2019 年 1 月 15 日。

② 生态环境部：《2017 中国生态环境状况公报》。《2017 中国生态环境状况公报》指出，2017 年，京津冀、长三角、珠三角等重点区域之地级城市及直辖市、省会城市和计划单列市的空气优良天数比例为72. 7%，这一数字与 2016 年相比还下降了 1. 5 个百分点；水体质量则有升有降，长江的水体质量总体上升，而黄河的水体质量则总体下降；在作为国家重点生态功能区的 723 个县域中，生态环境"变好"的县域有 57 个（占比为 7. 9%），而生态环境"变差"的县域却有 81 个（占比为 11. 2%）。

环 境 立 法 、 执 法 与 司 法

按日计罚制度之实际执行效果不佳，环境执法与环境立法出现背离。[1] 尽管各界对按日计罚制度的功效寄予了很大的期望，但是其在执法实践中的使用率却很低。 2016 年，环保部门共办理了 22730 件案件，按日计罚的适用率不到 5%。[2]

肩负重大期望的立法变革之实效未及预期，这引出了另一个推断，即环境执法环节出了问题。无独有偶，联合国环境规划署于近日发布的《环境法治-全球首份报告》（Environmental Rule of Law-First Global Report）第一次对全球的环境法治状况进行了系统评估，其指出自 1972 年以来，尽管全球的环境法和相关机构蓬勃发展，但是执法不力的全球趋势加剧了环境威胁，并且在全球范围内的环境法数量增长了 38 倍之情况下，很多法律仍没有真正得到落实。[3] 可见，无论是国内还是国外，环境执法的有效实现都是一个难题。

环境执法为何如此难以实现？是法律的"传送带"模式之流程出错，还是环境执法机构自身的问题，抑或是执法过程的问题？尽管良好的环境法律实施依赖于立法、执法及司法在各环节中之密切配合与互动，但是关于多个环节之间的环境法律制度是如何互动的，我们所知甚少，环境执法被视为自然的政治运作过程中的一种机构履责型之自发性行为。所有关于环境执法的问题，几乎都被遮蔽于"有法不依、执法不严、违法不究"之简单描述下，从而导致我们在针对执法不力开药方时，"除了反复强调'从严'，动员'真抓实干'，很难找到具体的抓手"。[4] 为了改善这一境况，本文尝试梳理环境执法的基本脉络，并分析环境执法在我国的具体条件约束下之可实现性。

---

[1] 郑少华、王慧：《中国环境法治四十年：法律文本、法律实施与未来走向》，《法学》2018 年第 11 期，第 17—29 页。

[2] 胡红玲：《环境保护按日计罚制度适用反思与完善——以美国环境保护按日连续处罚制度为借鉴》，《政治与法律》2018 年第 8 期，第 150—160 页。

[3] 《全球首部环境法治状况评估报告发布》，《中国环境报》2019 年 2 月 1 日第 4 版。

[4] 戴昕、申欣旺：《规范如何"落地"——法律实施的未来与互联网平台治理的现实》，《中国法律评论》2016 年第 4 期，第 89—106 页。

二、 执法在威慑型环境规制中的核心作用

在对环境执法不能进行解读时，我们需要理解环境执法在现代国家的规制演变中之形成历史，以及其如何呈现出今日所见之"命令—控制"型的威慑形态。在还原执法作为威慑型环境规制之中心环节的真实场域下，环境执法几乎已成为环境法治实现之主要抓手，反映于现实便是，应对环境危机的策略以层层推进环境执法之阻吓惩罚机制为基础。从效果来看，这种威慑型的环境执法模式似乎陷入了难以避免的实施困境和执行偏离之陷阱。

（一）威慑型环境规制的形成

作为法学、经济学、政治学等学科共同关注的对象，规制（Regulation）一词的含义相当丰富且尚未被明确界定。本文取较为常见的一类含义，即规制意味着作为规制主体的政府部门"在建立系统性的监管体制时，所进行的一种资源调控和制度安排。这一调控和安排包含两个特征： 第一，总是建立在援引和适用一系列社会所肯认的重要规则之上；第二，经常存在一个同时具备监督和执行功能的专门的公共机构"。①

规制的兴起伴随着国家能力的提升，其多在"行政国家"的名义下出现。以美国为例，"19 世纪末到 20 世纪初是美国历史上的进步运动时期，也是美国构建行政国家的时期。美国内战以及战后重建使联邦政府的地位和权力达到了前所

---

① [美] 科林·斯科特：《作为规制与治理工具的行政许可》，石肖雪译，《法学研究》2014 年第 2 期，第 35—45 页；Julia Black, *Critical Reflections on Regulation*, *Australian Jounal of Legal Philosophy*, 2002 (1), pp. 1‐35。

未有的高度；工业化社会的到来以及城市化进程的加快则带来了诸多跨越各州边界的经济问题和社会问题"。[1] 之后，经济大萧条和罗斯福新政更使得国家深度介入对经济与社会事务之管控。具体而言，"行政国家是一种'执行国家'，相对于立法权与司法权，行政权空前扩大，行政分支凸显为最显著的国家力量"。[2] 这个阶段，规制的兴起主要是为了对市场失灵进行管控，此种规制被称为"经济性规制"。

威慑型环境规制的形成内嵌于规制演化之过程中，工业化的深入和全球化使得环境问题成为困扰人类社会发展与存续之重要问题。以美国 1970 年的《清洁空气法》为起点，人类社会开启了所谓的第一代现代环境法之立法和实施进程。在此背景下，中国也逐渐制定了完备的、数量庞大的环境法律规范。许多文献都认为，中国的环境立法具有舶来性[3]，其与更早面临环境危机的发达国家之立法路径一脉相承，即"命令—控制"的威慑性是其主要特征。中国的环境立法主要通过执法机关的权力来运作，并辅之以环境政策作为补充。中国的环境立法对企业的环境表现进行监管，并对违规企业进行惩罚，从而借助威慑力来使企业在违法和守法间进行衡量，以促使其服从环境法律之规定。这些以环境保护（此外还有健康和安全）等社会问题为核心的规制被称为"社会性规制"。有学者认为，20 世纪 80 年代以后，经济性规制领域出现了放松管制的浪潮，而社会性规制却持续得到强化并兴盛至今。[4] 虽然社会性规制领域也出现了探索市场激励型规

---

① 宋雅琴：《美国行政法的历史演进及其借鉴意义——行政与法互动的视角》，《经济社会体制比较》2009年第 1 期，第 38—44 页。

② 颜昌武、林木子：《行政国家的兴起及其合法性危机》，《理论与改革》2018 年第 2 期，第 112—121 页。

③ 李启家：《"环境法学的发展与改革"研讨会纪要》，《清华法治论衡》2015 年第 1 期，第 7—55 页；柯坚、刘志坚：《我国环境法学研究十年（2008—2017 年）：热议题与冷思考》，《南京工业大学学报（社会科学版）》2018 年第 1 期，第 52—70 页。

④ 张红凤、杨慧：《规制经济学沿革的内在逻辑及发展方向》，《中国社会科学》2011 年第 6 期，第 56—66页。

制措施的理论和实践，但是从总体上看，要求政府控制污染与防治生态恶化之民意一直在凝聚共识并得到强化。

（二）环境法律"传送带"中的执法中心化

如果我们将法治过程分为立法和法律的实现这两个要素的话，那么法律的实现其实包含着行政执法和司法这两类主要环节。法律"传送带"之概念，本来是表述行政国家时期的对行政权之控制，行政机关被要求不折不扣地实施代议机关制定的法律。① 但是，由于环境法因涉及科学技术等复杂性问题而需要借助"专家知识"，所以在"依'法'行政"的基础上发展起来的是"依'裁量'行政"。② 陈慈阳教授也认为，国家对环境保护义务之具体化，表现为立法权负有义务制定具体且符合环境保护本质的执法规范，而行政权应基于宪法并依据法规来执行环境生态保护义务与制定环境规划，司法权则应依法进行司法审查。③ 这是典型的对环境法"传送带"之界定，其也体现出环境执法权是环境保护规范得以落实之核心，而司法仅发挥补充性的审查功能。环境法诞生的背景和时代，以及环境法自身的特性，使得行政执法而不是司法成为环境法治实现之核心，环境法其实主要就是环境规制（监管）法。

当然，从基本原理上看，行政执法成为环境法治之核心也是有迹可循的。笔

---

① 毛玮：《行政法红灯和绿灯模式之比较》，《法治论丛》2009 年第 4 期，第 89—99 页；宋雅琴：《美国行政法的历史演进及其借鉴意义——行政与法互动的视角》，《经济社会体制比较》2009 年第 1 期，第 38—44 页；颜昌武、林木子：《行政国家的兴起及其合法性危机》，《理论与改革》2018 年第 2 期，第 112—121 页。

② 王明远、金峰：《科学不确定性背景下的环境正义——基于转基因生物安全问题的讨论》，《中国社会科学》2017 年第 1 期，第 125—142 页。实际上，王明远教授在文中探讨的不仅是"依'法'行政"到"依'裁量'行政"之发展，更是环境风险行政下的"依'裁量＋参与'行政"，但这主要是从应然角度进行探讨，目前国内环境法的主流还是依法行政基础上的依裁量行政。

③ 陈慈阳：《环境法总论》，北京：中国政法大学出版社 2003 年，第 93—94 页。

第三章

环 境 立 法 、 执 法 与 司 法

者在这里想援引 Pistor 教授和许成钢教授提出的"不完备法律理论"（Incomplete Law Theory）来解释这个问题。所谓"不完备法律"，是指"如果法律中对其规范内容的所有相关适用都有明确的规定，并且在证据成立的情况下能够得到执行，那么法律就是完备的法律。这就要求法律文本的内容是不言自明的，即每位当事人在无须法律解释的隐含前提下均同意该项法律的含义。否则，法律就是不完备的"。[①] 作为具有稳定性和普适性的规范，法律一定是不完备的，即法律条文的内容一般不能完全涵盖每一件个案之全部情况，也很难准确且无差别地被传达给所有当事人，而立法机关的立法程序又相当繁琐与漫长，这就引发了立法机关的原始立法权之外的"剩余立法权"之分配问题。

法经济学中的 Becker-Stigler 模型认为，这种"剩余立法权"及关于法律实施的执法权只需要依靠法庭就足够了，不用设置另外的"监管者"，但这是默认法律是完备的情形下之推导。[②] Pistor 教授和许成钢教授认为，恰好是因为法律不完备，所以我们才需要监管者等主动的执法人员。当法律不完备时，当事人无法有效地阻止违法，而法庭是被动的法律实施方，其只能等待当事人提起诉讼，并且只有在案件进入司法程序后，法庭才能行使剩余的立法权和法律实施权。然而，现实是很多受害方由于各种原因而不会提起诉讼，所以最终的结果是法律实施之不足。在法律不完备的情况下，执法机构的设计及立法权与执法权的最优分配变得至关重要，引入除司法外的法律实施机制，即由监管者主动执法，可以应对威慑失效的问题。[③] 一般来说，越是技术变革较快和受社会经济变化之影响

---

① Pistor K., Xu C., *Incomplete law*, *New York University Journal of International Law & Politics*, 2003 (35): pp. 931 – 1014.

② Xu C., Pistor K., *Law Enforcement under Incomplete Law*: *Theory and Evidence from Financial Market Regulation*, Working Paper No. Te/02/332, http://Sticerd. Lse. Ac. Uk/Dps/Te/Te442. Pdf, 2002.

③ Pistor K., Xu C., *Incomplete law*, *New York University Journal of International Law & Politics*, 2003 (35): pp. 931 – 1014; 许成钢：《法律、执法与金融监管——介绍"法律的不完备性"理论》，《经济社会体制比较》2001 年第 5 期，第 1—12 页。

较大的领域，立法权越难以迅速适应社会变动之需要，司法系统的回应也会显得不足，而环境规制法正好是这样一个领域。在整个环境治理中，环境规制及环境执法的优先配置，恐怕是环境法首先需要考虑的内容，这一点不光在我国是如此，在主要的工业国家基本上也是如此。环境问题所造成的危害首先是环境容量的减损和环境生态质量的下降，而环境又是静默的，因此只有等到足够多的能负担司法费用之受害人出现，司法案件才会产生，立法之不足才能得到弥补。实际上，预防性的环境行政执法在很多国家已成为环境法的主要内容，其能通过前端执法的管控来预防严重环境损害之出现。

（三）威慑的"去污名化"与执行困境

尽管环境法的修订转向了强化威慑之模式，但是从学术讨论的角度上看，对第一代"命令—控制"型的环境规制模式之反思与声讨一直不绝于耳。理查德·斯图尔特教授在其《环境规制的新时代》一文中总结了这些批判，即"第一代环境规制过于严格、负担过重和成本高昂；无法激励污染预防手段的创新，无法明智地进行风险管理；其本质是个大杂烩，以分散的方式关注不同媒介上的不同环境问题，同时忽视了环境和生态系统功能上的相互依赖性；依赖缺乏民主责任的联邦官僚管理体制"。① 国内也有学者认为，"我国当前的环境执法以威慑（吓阻）理论为基础，主张通过提高违法成本来改变企业对成本和受益的计算方式，进而对企业的违法行为产生威慑"，环境执法应"对威慑型执法的内在逻辑进行规范性和实践性反思，将考察的视角由外而内从执法主体转向执法对象，从而带

---

① ［美］理查德·斯图尔特：《环境规制的新时代》，载王慧编译：《美国环境法的改革：规制效率与有效执行》，北京：法律出版社 2016 年，第 1 页。

来执法模式的转型和变革"。① 还有更多的学者撰写了关于第二代环境法、第三代环境规制及环境规制的反身法趋向之文章，他们都对威慑型的"命令—控制"型环境规制进行了深刻的检讨，并就规制改革进行了归纳与设想。②

无论我们意识到与否，尽管威慑是一个让人感觉不那么愉悦的词，但是行为规则（包括作为正式规则的法律和作为非正式规则的风俗、信仰等）的存在，其背后必然包含"一个恒常固定的惩罚结构"，没有惩罚存在便没有规则存在。③ 只是这种惩罚有的时候过于轻微（如周围人的小声非议），从而经常为人所忽略。现代国家的刑法用刑事法庭、监禁乃至死刑，取代了初民社会的血亲复仇。即便是在威慑力最不显著的民法领域，阿克塞尔罗德发现的"互惠利他"模型也让我们领略到，"以牙还牙"的合作型竞争策略之所以最后能够胜出，是因为其保有了对合作方实施惩罚的潜在能力。④ 从贝卡利亚的《犯罪与刑罚》到福柯的《规训与惩罚》，虽然惩罚的形式越来越人道和文明，但是人类社会的高规格秩序之背后，无不隐现着更大规模的威慑逐步取代小群体的威慑之过程。

因此，环境规制改善的核心，未必是威慑型环境执法有多么面目可憎，以至于我们可以抛弃惩罚。正如人们看到警察抓获罪犯从来都是欢欣鼓舞的，威慑的存在本身并不是为了惩罚，而是为了保持秩序以促成更多的合作。整个法律大厦最初就演化于威慑与惩罚机制，包括环境法在内的法律部门在可见的未来仍一定

---

① 何香柏：《我国威慑型环境执法困境的破解——基于观念和机制的分析》，《法商研究》2016 年第 4 期，第 24—34 页。

② 这些文献包括但不限于：郭武：《论中国第二代环境法的形成和发展趋势》，《法商研究》2017 年第 1 期，第 85—95 页；谭冰霖：《论第三代环境规制》，《现代法学》2018 年第 1 期，第 118—131 页；谭冰霖：《环境规制的反身法路向》，《中外法学》2016 年第 6 期，第 1512—1535 页。

③ 桑本谦：《法律解释的困境》，《法学研究》2004 年第 5 期，第 3—13 页。

④ ［美］罗伯特·阿克塞尔罗德：《合作的进化（修订版）》，吴坚忠译，上海：上海人民出版社 2016 年。

程度地需要这套机制。① 那么，问题究竟出在哪里呢？有学者指出，环境监管中的规范执行始终会出现偏离效应，"在功能主义的立场下"，偏离"是行政机关为了解决诸多矛盾而对规范执行进行系统性调整的结果"，此类偏离既可能改善环境监管，也可能使得环境监管失灵，我们需要进行"环境监管改革将规范执行的调整机制纳入到法律调整的范围内"。② 该学者的研究对环境执法不力的情况做出了颇有意义的解读，并提出了通过监管改革、强化问责机制等手段来对环境规制进行控制和纠偏。不过，如果执法偏离是不能避免的，那么仅靠执法环节的改进能否真正纠正这一问题呢？本文拟进一步分析环境规制执法偏离背后的具体原因，并就可能的改进方向提出浅见，以期抛砖引玉。

三、 对威慑型环境规制执法的实现维度之考察

我们需要考虑到的是，环境规制执法偏离所指向的具体对象，是环境规制体系中的规制内容和目标，即被认为能够实现环境保护目标的立法与基于立法的规制政策。但是，"实现可持续发展的环境保护"才是整个环境规制体系的真正目标，立法内容及规制政策本身并不是目标，而是实现目标的具体方案。有鉴于此，虽然在客观执法实力约束下的传统型环境执法在短期内难有成效，但是这并不意味着环境执法必然无法得到改善。为了探求改进路径，我们首先需要找到执法不能的根本原因。

---

① 国外学者近期的一项研究认为，"命令—控制"型环境规制至少解释了 1990 年至 2008 年间美国企业污染中的可观察污染排放下降 75％之原因。参见 Shapiro J. S.，Walker R.，*Why Is Pollution from U. S. Manufacturing Declining？ The Roles Of Environmental Regulation，Productivity，and Trade*，*Cowles Foundation Discussion Papers*，2017。

② 曹炜：《环境监管中的"规范执行偏离效应"研究》，《中国法学》2018 年第 6 期，第 258—279 页。

(一) 环境执法的实现维度之形态分析

关于环境执法的困境，执法经济学的研究或许能为我们推进分析提供些许思路。在《犯罪与刑罚：一个经济学的进路》一文中，Becker 依据威慑假说指出，法律的威慑力并不是基于单一维度的考量，而是惩罚严厉程度、惩罚概率等多个因素的乘积，惩罚概率的增加通常能够减少罪行，富有司法经验的人通常会认为，惩罚概率远比惩罚的严厉程度更能影响到违法行为的数量。[1] 提高制裁的严厉程度往往被视为规制环境违法行为的貌似有吸引力之解决方案，然而更严厉的惩罚并非灵丹妙药。无论制裁多么严厉，如果抓获的可能性为零，那么环境违法的成本也为零。[2] 执法环节所蕴含的自由裁量权之上限和下限由成文法规定，惩罚的严厉程度主要由立法环节决定。虽然环境法提高了惩罚力度，但是其未能实现良好的效果，问题主要是出在了惩罚概率上。

归根结底，"有法不依、执法不严、违法不究"的表述背后之隐含意味，是环境执法机关能执法而不执法。如果我们将关注的重心放到执法概率上，那么更有可能看到环境执法部门在现实中所面临的条件约束。作为环境规制者的生态环保部门只要在科层体系中相对靠近基层便需要进行执法，其履责依赖于两个基本条件，一个是执法动因，另外一个是执法实力。考虑到主观执法动因和客观执法实力之配合，环境执法的实现维度之现实形态可以分为如下四种基本情况：一是主观上有执法动因，客观上也有执法实力，这是最为理想的一种环境执法状

---

[1] Becker, Gary S., *Crime and Punishment: An Economic Approach*, *Journal of Political Economy*, 1968 (2), pp. 169-217. Becker 模型还设定了一个参数叫"其他影响因素"，但这个参数在每个具体个案中都具有不确定性，因此其只是一个兜底但不关键的参数，此处不将其纳入讨论。

[2] Bishop P., *Criminal Law as A Preventative Tool of Environmental Regulation: Compliance Versus Deterrence*, *Northern Ireland Legal Quarterly*, 2009 (3), pp. 279-304.

态，一般立法所默认的也是这样一种状态；二是主观上没有执法动因，但客观上有执法实力，这也是通常为国内学者所诟病的执法不严之主要类型；三是主观上有执法动因，但客观上没有执法实力，如重视环境保护但地方经济比较差、环保机构没有相应预算等情形就属于此种类型；四是主观上没有执法动因，客观上也没有执法实力，这是环境执法最难实现的一种状态。

只有在执法动因和执法实力兼备之情况下，环境执法才可能得到较为理想的结果。立法环节处于前端，其因远离执法阶段而存在着抽象性的抽离，从而很难考虑到实践中执法动因和执法实力之欠缺均会造成执法困境，正如上述四类形态中的后三类情况都面临着执法困难。从目前的对环境执法难问题之理解来看，主流的思路会将原因归结于地方保护主义、地方懒政、官员腐化、规制俘获等现象[①]，即从地方环境执法部门主观上不愿意执法之角度去进行理解，而对执法所需要保障的执法实力却没有深入的认识。如果将主客观因素混同在一起，那么我们可能会对环境执法的困境之根源产生误解，从而做出一系列有偏差的决策。

（二）环境执法动因困境之分析

在分析威慑型环境规制中的执法机构为何会缺乏执法动因时，笔者并不准备将腐败及规制俘获这些非法的情况作为主要原因来进行分析，这些非法的状态肯定会存在，但其在当前的中国环境执法动因困境中并非主流，后文关于地方缺乏环境执法意愿的特殊性结构会对这个问题进行解释。

---

① 余光辉、陈亮：《论我国环境执法机制的完善——从规制俘获的视角》，《法律科学》2010年第5期，第93—99页；侯佳儒、王倩：《突破环境执法困境，推进生态文明建设》，《环境经济》2013年第1期，第33—36页；敖平富、秦昌波、巨文慧：《环境执法在环保垂改中的基本路径与主要任务》，《中国环境管理》2016年第6期，第61—64页。

环 境 立 法 、 执 法 与 司 法

1. 多重委托代理机制的损耗

如前所述，环境规制是在"行政国家"兴起的背景下产生的。从以侵害产生后的司法阶段之侵权责任为主，发展到以企业生产阶段的预防性之行政责任为主，环境规制的演进自有其特定的历史背景。无论是从环境信托理论入手，还是从社会契约论的角度出发，作为纳税人的公众普遍对国家提供良好的生活环境这一公共产品提出了诸多的期待。但是，在政府履责的过程中，多重"委托—代理"（principal-agent）机制下的损耗难免会发生。① 就我国的具体情况而言，第一重委托代理是需要良好生存环境的公众对政府的初级委托授权，即由政府来代为提供环境治理。第二重委托代理出现在整体接受公众委托的中央政府将职责分发到各个地方政府之过程中，这是第二层委托代理关系。第三重委托代理是各地方的省级人民政府及其环保部门又将环境治理任务向市级派发，由市级与市派驻县级的基层执法单位作为代理人来履责。最终，环境执法的具体落实还是需要由基层的执法人员来对行政相对人执法。基层的环境机构将其职责分给具体工作人员来执行之过程，就至少已经构成了第四重委托代理关系。

在"委托—代理"理论下，委托人和代理人之间存在着利益之不一致。由于代理人直接处理受托事务，因此其比委托人具有更多的信息优势。虽然委托人在名义上可以管控代理人的行为，但是其因难以观察到代理人在执行事务时的努力程度而事实上缺乏控制权。"体系中的组成机构具有显著的自主性，它们各自拥有组织目标，容易在执法过程中产生摩擦和分歧。"② 在存在多层的委托代理之

---

① "委托—代理"（principal-agent）理论是 20 世纪 60 年代末的一些经济学家在深入研究企业内部信息的不对称问题和激励问题之基础上创建出来的。半个世纪以来，"委托—代理"理论从最初仅适用于私人公司的内部治理，逐步扩大到适用于国有企业和政府部门，其已成为公共行政领域的重要理论。刘有贵、蒋年云，《委托代理理论述评》，《学术界》2006 年第 1 期，第 69—78 页。

② 刘扬：《执法能力的损耗与重建——以基层食药监执法为经验样本》，《法学研究》2019 年第 1 期，第 23—40 页。

情况下，良好的环境治理之意愿在一层一层的委托代理体制中不断出现科层损耗。此外，米塞斯在《人的行为》一书中指出，实际上只存在独立个体的个人之行为，并不存在所谓的集体组织之行为。[1] 作为一个执行组织体，环境保护部门的职责与任务之完成，实际上靠的是具体的每一个执法人员之行为，而具体的每一个执法人员之行为不仅受其自身的动机与偏好之指引，而且还会因直接与执法对象进行反复博弈而产生社会性损耗。"由于违法过剩的存在，当国家法律在街头官僚的制度现实中演化成案件指标的行政管理时，基层执法者不仅会出现'目标替换'，即以案件指标作为工作重心，而且还会出现'路径依赖'，即选择最简便、最顺手的违法形态进行查处。这样两种手法无疑大大抵消了国家法律赋予执法者最正式的工作任务"。[2] 在科层损耗和社会损耗的双重影响下，实际上的环境执法者并没有非常强的动因来履责，尤其是在环境立法本身也存在不足，从而未必能真实地反映委托人的意志之情况下，这种状况反映在现实中就呈现为环境执法机构在执法中经常会缺乏执法意愿。

2. 中国的"官场+市场"结构之制约

目前，地方保护主义被认为是导致环境执法不力的主要原因，如我国的不少地方曾出现过借助"红头文件"之形式免除一切环境审查手续来吸引企业进驻各种"开发区"之做法，甚至存在着"环评"和"三同时"验收也成为企业污染的"保护伞"之情况。[3] 之所以出现这么强大的地方保护主义，除了腐败、规制俘获等非常规性的原因外，还是由于我国采用了一种非常特殊的地方治理结构。通过借鉴经济学中的企业组织最优边界理论，周黎安教授提出了介乎于韦伯的官

---

① ［奥］路德维希·米塞斯：《人的行为》，夏道平译，上海：上海社会科学院出版社 2015 年，第 43—45 页。

② 王波：《执法过程的性质：法律在一个城市工商所的现实运作》，北京：法律出版社 2011 年，第 91 页。

③ 李爱年、刘翱：《环境执法生态化：生态文明建设的执法机制创新》，《湖南师范大学社会科学学报》2016 年第 3 期，第 80—88 页。

僚科层制和纯粹的市场外包制之间的"行政发包制"理论。① 作为人口众多、幅员辽阔、区域差异明显的大国，我国的管理链条长而复杂，要建立起有效的行政组织架构比较困难，但这种非常特殊的行政发包制体制实现了对"行政权分配、经济激励和内部控制"机制的有效整合。② 行政发包制为我们研究中国经济的奇迹（即"这么旧的车为什么还能一路狂奔"）提供了一种较为可靠的解释。③

在行政发包制的基础上，周黎安教授进一步提炼出了我国行政架构中的"官场＋市场"结构。在纵向的行政发包和横向的政治晋升锦标赛之基础上，"官场＋市场"的结构保证了地方官员有很强的动力去帮助地方企业实现发展，从而"在最积极的意义上实现了辖区内政治企业家与民间企业家精神的结合"。作为一种增长机制，"官场＋市场"结构"不一定保证创造最好的结果，但在总体上可以避免最坏的结果"。"中国正是借助'官场＋市场'模式使地方政府实现了从潜在的'掠夺之手'到'帮助之手'的惊险跳跃。"④ 正是因为存在着这种特殊的激励结构，所以笔者认为在影响环境执法的各因素中，腐败和规制俘获并不处于主要位置。形成地方保护主义的主要原因，还是处于竞争中的官员对地方经济发展之追求，而企业在短期内的经济表现与环境治理具有一定的负向相关性。从这个角度来看，地方保护主义对环境治理的影响很难被完全界定为是一种非法的因素，但是目前主流的关于执法不力之论述还是一边倒地批判地方保护主义。如果地方保护主义的形成根植于中国特殊的经济增长结构，那么我们就需要意识到，环境规制在我国的命运很可能就是"带着镣铐跳舞"。

---

① 周黎安：《行政发包制》，《社会》2014 年第 6 期，第 1—38 页。
② 周黎安：《行政发包制：一种混合治理形态》，《文化纵横》2015 年第 1 期，第 15 页。
③ 周黎安：《转型中的地方政府：官员激励与治理》，上海：格致出版社 2008 年，第 1 页。
④ 周黎安：《"官场＋市场"与中国增长故事》，《社会》2018 年第 2 期，第 1—45 页。

（三）环境执法实力困境之分析

不是所有的国家都像中国这样因体量庞大而必须采用多重委托代理架构，所以环境执法的意愿可能在某些国家并不构成关键性障碍。前述的联合国环境规划署发布的《环境法治-全球首份报告》显示，环境执法难之问题在全球范围内是普遍存在的。这很可能预示着，客观方面的环境执法实力缺乏是一个更根本性的原因。

1. 公共执法专业化的高资源需求

现代意义上的行政执法是国家诞生以后才出现的，其背后的支撑条件是工业革命的多次深化与城市化下的分工细化所带来的经济之空前发展。生产力的大幅提高和生存资源的极大丰富，使得行政国家下的专业化之公共执法得以发展起来。从警察系统到现代社会的大量工商、税务、交通、环境、安全等公共性事务都由政府规制，这使得生活在今天的人们已经对公共执法习以为常并将其奉为圭臬。然而，"回顾历史，在初民社会和古代社会，法律几乎全由私人执行。复仇是一种典型的私人执法。在古希腊的雅典，不仅侵权和违约，而且犯罪皆由私人提起诉讼。数个世纪以来，欧洲许多国家存在私人执法模式"。[①] 威慑型环境规制下的环境执法之本质，是由国家的财政收入供养之专业环境执法团队取代了环境领域之私人执法。路径依赖之形成使得在既有习惯上衍生出来的环境公共执法很少受到质疑和责难，因此其可能会忽略环境领域所具有的一些特殊性特征。

虽然专业化的公共执法具有规模优势与技术优势，并且其也能避免科斯所揭

① 徐昕：《法律的私人执行》，《法学研究》2004年第1期，第18—29页。

示的因受污染人群之间的合作交易成本过高而阻却私人执法行动之问题①，但是与私人执法系统相比，公共执法系统也有其自身的劣势，即成本高昂。相对而言，私人执法中的私人，同时也是执法实力所需的资源之自我供给者，其大部分时间都在从事生产性活动，所以执法成本是内部化的。如果执法的收益不足以弥补执法的损失，那么私人个体在衡量后将不会采取执法行动。环境公共执法体系的成本无法内部化，环境的静默性使得反馈基本上不存在，这会导致公共环境执法体系在不需要受到大力监管的问题上投入极大的资源，而在需要受到高强度监管的领域，其能够投入的资源往往又过少。② 在此状况下，环境规制经常是要么无效，要么过度。③ 同时，执法资源在各层级之间的损耗，也会使得成本分外高昂。此外，环境执法的技术性需求会使得本已高昂的成本更上一层楼。环境执法要借助多样的仪器设备和先进的检测技术，技术问题的复杂性会使得环境执法比其他公共执法领域更缺乏执法实力。

2. 财政分权下的硬预算约束

现实中的环境执法实力困境之出现，还有其特殊的本土性原因。前述"行政发包制"就体现出中国的财政分权之本质，是经济分权和政治集权的有机结合。在分税制改革后，我国整体上出现了"地方的财政收入紧张，地方财权无法匹配地方事权"之现象。通过对数据进行实证分析，有学者指出，我国的财政分

---

① 如果环保部门不介入对企业的污染行为之管控，那么受污染的周围居民就要自行联合起来去找工厂协商，而群体之间的协商合作会产生高昂的交易成本，再加上搭便车效应，此类行动很可能根本就无法发起，有关原理参见 Coase R. H. , *The Problem of Social Cost*, *Journal of Law and Economics*, 1960 (3), pp. 1–44。

② Feiner W. P. , *Just When You Thought it Was Safe to GoBack in the Water*: *A Guide to Complying with the 1996 Amendments to the Safe DrinkingWater Act*, *Environmental Lawyer*, 1997 (4), pp. 193–224.

③ Clarence D. J. , Mazurek J. , *Pollution Control in the United States. Evaluating the System*, Washington D. C. : Resources for the Future, 1998, p. 269.

权与环境污染问题具有关联性，具体表现为："其一，财政分权改变了地方政府的财政支出结构和模式，降低了环境治理的投入，并最终影响环境污染水平；其二，财政分权对中央政府转移支付在环境方面的投入强度和方向也形成较大的制约；其三，财政分权明显改变了区域产业发展结构，带动了高污染产业的发展，加剧了污染物的排放。"① 由于各地的环境类公共产品之支出都由地方财政负担，因此环境执法人员的装备配备及执法活动的经费，就面临着与其他领域的开支进行竞争之情况，笔者将这种现象称为"中国财政分权下的硬预算约束问题"。

硬预算约束本来是与软预算约束相对的一个概念。"如果预算制度无法对政府行为形成强有力的约束力，地方政府能够通过多种方式轻易地突破预算约束来设置自身的发展目标或实施政策性工程，则称之为政府预算软约束。"② 软预算约束会导致资金浪费、资源的无效率配置、地方背负大量债务等问题③，所以我们一直在追求将软预算约束变成硬预算约束。《中华人民共和国预算法》出台后，地方政府的各项预算支出也正在变得越来越"硬"。硬预算约束本来是好事，但是对于地方的环境执法而言，其在事实上则意味着短期内的经费总量紧缺状况下之激烈竞争。正如在刑事案件中，警力往往会被优先配备给恶性案件，而小偷小摸的案件往往无暇被顾及。环境危害具有隐蔽性和累积性，其短期内不容易显现，因此在有限的财政资源之分配中，作为非紧急性任务的环境执法可能会被往后排序，从而事实上受到更多的硬预算约束之影响。

---

① 张欣怡：《财政分权下地方政府行为与环境污染问题研究——基于我国省级面板数据的分析》，《经济问题探索》2015年第3期，第32—41页。
② 余锦亮、卢洪友：《分类预算、软约束与财政努力程度——对地方政府收支行为激励效应的一个检验》，《经济科学》2018年第4期，第19—32页。
③ 冉富强：《我国地方政府性债务困境解决的法治机制》，《当代法学》2014年第3期，第46—55页。

四、"不完备法律"理论下的环境执法实效之增进

让我们回到"不完备法律"理论，既然传统领域内的法律具有不完备之特征，那么环境规制所涉及的法律就尤其不完备。有学者对我国的多个地方之环境立法及政府规章进行了实证研究，其得出的结论是，"没有证据支持地方环保立法能够有效地改善当地环境质量"。[1] 笔者也支持这个观点。"不完备法律"理论在立法上的谨慎立场，以及其动态一体化地看待立法、执法与司法间的关联性之思路，非常值得我们借鉴。威慑型的环境规制在污染控制之初始阶段较为有效，此阶段的"命令—控制"体系之低效性会为初步减排的低成本所掩盖。[2] 由于法律不完备，因此传统的立法结构并不适合在环境规制领域进一步得到扩张，我们更应当在确定一个基准执法线的情况下，赋予执法部门更多的"剩余立法权"，并宽泛性地理解"执法"。同时，我们要将通过诉讼实现的法律实施也纳入到"执法"的考量中，以体现出对司法阶段的"剩余立法权"之重视。

(一) 现有的改进措施之效果分析

伴随着《中华人民共和国环境保护法》的修订，为应对环境危机，中国推行了一系列的组合措施。党政同责、环境约谈、环境督察、中央及地方的层级环境机构改革等一系列不同寻常的强力型机制在相近的时间点出台，以应对威慑型环境规制中的执法难题。那么，这些天罗地网型的措施能否及时地促进环境法律之

---

[1] 包群、邵敏、杨大利：《环境管制抑制了污染排放吗?》，《经济研究》2013 年第 12 期，第 42—54 页。

[2] ［美］理查德·斯图尔特：《环境规制的新时代》，载王慧编译：《美国环境法的改革：规制效率与有效执行》，北京：法律出版社 2016 年，第 129—133 页。

彻底实施，并一改环境执法过于软弱之顽疾呢?借助上述环境执法需要主观执法动因和客观执法实力兼备之论断，我们可以大致分析出现有对策之实施效果。

在现有的改进措施中，党政同责、环境约谈与环境督察基本上还是通过问责惩处机制来增强环保部门的执法意愿，只有中央及地方层级的环保机构改革稍微涉及执法实力之提升。中央层级的环保机构改革主要是将涉及同类环境要素或者生态系统的各种部门监管事项进行合并①，而地方层级的环保机构改革主要是将基层的环境质量监测及执法部门上提一个行政级别②。中央与地方的环保机构改革都不会直接增加环境执法预算，而是通过整合部门职能及降低科层损耗之方式来间接提高环境执法预算的使用效率。但是，总体上看，环保机构改革的着力点还是强化环保部门之执法动因。

一般而言，执法实力所依赖的资金资源在短期内很难出现大幅度的增长。如果强化的因素都是主观上的环保机构之执法意愿，而客观的执法资源配套没有跟上，那么会发生什么样的结果呢? 首先有可能发生的，是重点时段内的压力型执法因严打而短暂调用其他领域的资源，从而在环保领域内形成运动式执法现象。等关注期过后，随着调配来的执法资源之归位，执法实力也将回归到正常状态，而环境违法就会"死灰复燃"③；此外，如果资源因竞争较激烈而很难被调用，从而使执法实力完全匹配不了执法要求，那么虚假执法或过度执法之现象就会产生。所谓虚假执法，是指执法者在没有相应的实力来执法时，只能靠编造执法内

---

① 新华社：《国务院机构改革方案》，http://www.gov.cn/xinwen/2018-03/17/content_5275116.htm，访问日期：2019年1月6日。

② 新华社：《关于省以下环保机构监测监察执法垂直管理制度改革试点工作的指导意见》，http://www.gov.cn/zhengce/2016-09/22/content_5110853.htm，访问日期：2019年1月6日。

③ 在新闻报道中，此类现象比比皆是，参见《严防"散乱污"企业死灰复燃》，http://www.xinhuanet.com/local/2017-08/17/c_129683119.htm，访问日期：2019年1月10日；《污染企业死灰复燃? 当地：已责令不得擅自恢复生产》，http://leaders.people.com.cn/n1/2017/0721/c178291-29419439.html，访问日期：2019年1月10日。

容、虚填表格执法等方式满足上级的严抓要求，"规范化要求与执法现实之间的差异并非较高与较低现实的程度差别，而近乎目标与实际之间的根本背离"。① 所谓过度执法，是指执法者因执法实力不足而难以鉴别环境违法者和环境守法者，于是在上级的压力下，其只能采取"一禁了之"的执法方式。前段时间，环保约谈和环保督察使各地出现了环境执法中的"一刀切"之不正常现象，而随后的纠偏行为下的被关停企业全部恢复生产之现象也同样是不正常的②，这正好说明了环境执法部门不具有开展精细执法的足够实力。

现有的措施延续了威慑理论，其虽然强化了对规制者的问责惩罚力度，但是忽略了对环境规制执法不能的本质之考量。向环境规制执法领域下猛药所造成的执法动因极强而配套执法实力欠缺之现象，在改进执法的同时，也会批量制造短期执法、虚假执法和过度执法之问题，这不仅浪费了紧缺的执法资源，而且使得"威慑失灵"与"威慑过度"相继显现，而强化规制的初衷并非如此。所以，我们面临的问题其实是： 在环境执法实力无法很快得到提升，并与环境执法动因同步配套之情况下，我们如何改进环境执法效果？

（二）执法阶段的"剩余立法权"之重塑：威慑型执法转向柔性执法

如前所述，在当前的条件约束下，威慑型环境规制下的准确惩罚之机率难以迅速得到提高，且环境规制之特性使"命令—控制"型环境执法的成本太高，从而在事实上无法实现。威慑机制的本质是建立秩序，改进的方案并不是不要威

---

① 王波：《执法过程的性质：法律在一个城市工商所的现实运作》，北京：法律出版社 2011 年，第 48—55 页。王波在书中描述了其作为基层执法者的亲身经历。在产品质量和食品安全专项整治的窗口期，"编""靠"等虚假执法方式将规制任务化解于无形。

② 《关停企业复产中小企业终于看到了希望！1500 多家躺枪企业恢复生产！》，http://www.sohu.com/a/190702589_99898799，访问日期：2019 年 1 月 10 日。

慑，而是应看到公共执法有其最优威慑边际①，超过边际投入的结果要么是威慑失灵，要么是威慑过度。"当法律本身非优化时，严格执法产生的成本甚至可能超过违法给社会带来的损失，使执法得不偿失，降低社会福利。"② 执法不严，有时候不过是客观制约下的"无法严"和"不能严"。我们应在保留现有立法所提供的威慑之基础上，将剩余的执法力量转为柔性执法。目前正在开展的地方环保机构垂改，是将市一级的监测站收归省级，并规定由其专门负责环境质量监测，这为执法阶段的环保底线之设置提供了基础。国家层级的立法可以在严格地向社会公众公开监测数据之基础上，做出各地方的环境质量不下降或者每年逐级改善前提下之概括性授权，从而由地方政府因地制宜地考虑各地的环境规制政策并进行试验试点，以期在实践中演化出能调和多方正当性利益冲突的"最大福利下的最小成本"之规则。

柔性执法，"亦称非强制行政，是指行政主体在行政活动中针对相对人所实施的不带命令性或强制性的行为，……主要包括行政指导、行政合同、行政奖励、行政调解、行政给付和行政信息服务等非强制权力手段"。③ 环境柔性执法的目的，是在实际的执法中留出供环保部门、企业、行业组织、社会组织、社会公众等主体进行互动博弈的空间，公私合作有时"可跳出行政机关的日常工作，促成既有利于环境，又容易理解，被监管者也容易接受的结果"。④ 激励性监管、协商性监管、行政指导、自我监管等柔性执法方式，都是"更多地尊重被监

---

① 关于最优执法理论，参见 Becker, Gary S. *Crime and Punishment*: *An Economic Approach*, *Journal of Political Economy*, 1968 (2), pp. 169–217。

② 杨晓维、张云辉：《从威慑到最优执法理论：经济学的视角》，《南京社会科学》2010 年第 12 期，第 16—23 页。

③ 刘福元：《城管柔性执法：非强制框架下的效益考虑与路径选择》，《中国法学》2018 年第 3 期，第 167—187 页。

④ ［美］伊萨克·程：《美国环境执法：一个实践者的角度》，吴琪译，《法律适用》2014 年第 4 期，第 26—32 页。

管主体的意愿，采用柔性手段引导被监管主体自愿作出某种行为"。① 这类以合作为特征的执法方法，比较多地运用了信息机制和正向的激励机制来引导企业遵守环境法，这实际上是埃里克森所说的"自我实施的个人伦理、双方合约、非正式实施的规范、组织机构的控制和法律"等正式及非正式的社会控制系统之综合作用。② 非正式的社会控制机制产生了不同于公共执法的间接威慑力，其是一种低成本的秩序生成力量。

在作为源头的美国，威慑性环境规制早已得到了反思和修正，美国是最早大规模地适用市场激励性机制（如"泡泡计划"）来进行排污权交易之国家，生态标签、信息披露、环境审计管理等自律性制度也多有应用。③ 美国联邦环保署还开展过"环境领导者计划"（Environmental Leader Program）、"明星轨迹计划"（Star Track）等监管合作项目，所有参加项目的企业需要接受环境合规审计、适用环境管理体系，以及进行信息公开。作为回报，参加项目的企业只要及时改正了审计中发现的违法行为，就可以不受处罚。试点表明，规制机构与受规制企业间的密切合作，可以强化环境执法效果。合作监管通过促进双方找到环境规制中的共同点，增强了规制系统的合法性。④

我国的地方执法也早有柔性执法的实践。作为废旧电子废物非法拆解小作坊的集聚地，广东省贵屿镇曾经被誉为世界"最毒之地"⑤，但当地政府采取了帮

① 蒋建湘、李沫：《治理理念下的柔性监管论》，《法学》2013 年第 10 期，第 29—37 页。

② ［美］罗伯特·埃里克森：《无需法律的秩序——邻人如何解决纠纷》，苏力译，北京：中国政法大学出版社 2003 年，第 349 页。

③ ［美］理查德·斯图尔特：《环境规制的新时代》，载王慧编译：《美国环境法的改革：规制效率与有效执行》，北京：法律出版社 2016 年，第 14—107 页。

④ Spence D. B. , *Can the Second Generation Learn from the First-Understanding the Politics of Regulatory Reform* , *Capital University Law Review* , 2001 (1), pp. 205 – 222.

⑤ Zhang M. , Feng G. , Yin W. , Xie B. , Ren M. , Xu Z. , Zhang S. , Cai Z. , *Airborne PCDD/Fs in Two E-Waste Recycling Regions after Stricter Environmental Regulations* , *Journal of Environmental Sciences* , 2017 (62), pp. 3 – 10.

助式执法的模式，通过设立循环经济产业园，协调原上千家零散拆解户组成企业并全部迁入园区，从而既兼顾了当地群众的生计，又满足了环境保护的要求。① 按照法律，这些小作坊本来应该全部被取缔，但这种"有法必依"未必合理。此外，环境规制的重点不在于惩罚企业，而在于强化企业的环境管理。② 我国正在试点的企业环境监督员制度就巧妙地实现了环境规制与企业管理之结合③，各地推行的环境信用等制度也体现了改进环境规制之努力。我国的"官场＋市场"结构、财政分权等影响从严执法的特殊约束，以及党政体制下的强调"执法为民"之群众工作属性④，可能并不适合在没有执法资源增长的情况下进一步开展"从严执法"，而是有利于柔性执法下的"剩余立法权"之映现和重构。

（三）司法阶段的"剩余立法权"之重塑：环境执法的谦抑与环境司法的补足

一般而言，广义的执法也包括国家司法机关"依法定职权范围和程序将法律规范适用于现实的社会关系之活动"。"私人诉讼作为执法手段在大陆法看来也许有些奇怪"，但从实现的效果上看，私人提起诉讼起到了"临时替代行政机关履行责任的作用"。⑤ 法律经济学一直将司法过程视为执法的主要环节，"不完备法律"理论也是在有机一体的逻辑下考虑行政执法和司法环节之间的"剩余立

---

① 沈丛升：《"电子垃圾之都"的绿色蜕变》，《南方日报》2017年8月15日。
② Coglianese C.，*The Managerial Turn in Environmental Policy*，New York University Environmental Law Journal，2008（17），pp. 54 - 74.
③ 郑少华：《论企业环境监督员的法律地位》，《政治与法律》2014年第10期，第2—10页。
④ 陈柏峰：《党政体制如何塑造基层执法》，《法学研究》2017年第4期，第191—208页。
⑤ 徐昕：《法律的私人执行》，《法学研究》2004年第1期，第18—29页。

法权"之分配。① "表面化的形式主义分析难以描述立法运作及其与法庭之间关系的复杂性,当代议机关在制定涉及社会和经济的基本法律时,不愿或者不能详尽立法以明确政策方向时,不管这是否属于立法缺位,其结果都是给案件中的法官留下了广泛的自由裁量权。"② 即便在我国这种偏大陆法系的国家,法官也会在法庭审判中通过对法律进行阐释来行使"剩余立法权","两高"的司法解释更是集中体现了以对法条之遗漏进行补充和修正为主要内容的"剩余立法权"。当我们将司法阶段也纳入到有关提高法律执行度的考量中时,环境规制下的行政执法困难之解决便可以更多地借助司法能动性之发挥。

环境法律法规的执行,尤其是作为规制法的执行,主要依赖环保部门的主动作为,而环保部门的行动又受到执法动因和执法实力之双重约束。"民事责任则不同,民事责任赋予了个体主动的权利,基于个人爱惜自身及自己财产的本能,民事责任有很强的发动机制。私人在自身权益受到侵害时,较之于行政机关,往往会更加主动地通过各种途径寻求救济,能够使民事责任落到实处。"③ 比较有趣的是,尽管我们将司法看成是被动的过程,但是通过发起诉讼来进入司法程序的私主体是有行为动因的;尽管作为环境规制主体的环保部门是主动执法者,但是具体执法的个体却不一定有行为动因。此前,法律不完备使得执法得以占优,从而在威慑达到一个临界点后,尤其是在辅之以社会条件和技术条件的发展之情况下,我们可能需要重新将目光移向司法偏好。

在司法过程中,作为第三方的法官能够仔细衡量各方当事人所面临的纠纷背

---

① Pistor K., Xu C., *Incomplete law*, *New York University Journal of International Law & Politics*, 2003 (35), pp. 931 – 1014.

② Chayes A., *The role of the judge in public law litigation*, *Harvard Law Review*, 1976 (7), pp. 1281 – 1316.

③ 胡苑、郑少华:《从威权管制到社会治理——关于修订〈大气污染防治法〉的几点思考》,《现代法学》2010 年第 6 期,第 150—156 页。

后之真正利益冲突，社会发展脉络中的那些不能简单用对错来判定的矛盾，也会不可避免地进入法院的视野。环境法所涉及的问题相当复杂，司法的优势能够使环境法律的实现更具有正当性和更符合历史进程。以"谢某某诉江苏天楹赛特环保能源集团有限公司大气污染侵权案"[①] 为例，"我国《侵权责任法》及先前的相关司法解释对于环境侵权因果关系的举证责任均持完全倒置的立场，但这种举证责任分配方式遭到了司法实务的普遍抵制"。[②] 社会发展导致了法律在提供确定性的同时，也需要保护不断增长和日益呈现出差异化的群体及个体之利益，从而激发了对越来越具体和严格的监管之需求，但"吊诡的是，正如我们所看到的，具体立法之所以会缺乏合法性并且更难以实施，正是因为它无法捍卫所有不同的利益，因此这似乎是一个基本的悖论"。[③] 通过"剩余立法权"的行使，司法将更有能力来弥合与调停不同的利益，即便裁判模式下的个案会出现偏差，无数个案件叠加起来的结果也应该能够有效化解多方之利益冲突。

社会有机体似乎也在自我演化，以调和现实中难以得到解决的诸多涉环境冲突，典型体现便是近年来的我国环境司法之迅猛发展。自贵阳市于 2007 年设立首个环保法庭以来，我国开辟了一条环境司法专门化的探索之路，出台了一系列关于公益诉讼和生态损害赔偿诉讼的政策法规。至 2018 年，全国法院设立了环境资源审判庭、合议庭或者巡回法庭共 1000 个；2013 年至 2017 年，各级法院依法审理生态环境损害赔偿案件 1.1 万件，检察机关提起的环境公益诉讼案件 1383 件，社会组织提起的环境公益诉讼案件 252 件。[④] 在环境规制阶段，由政府通过

---

① 江苏省南通市中级人民法院判决书，通中民终字第 0700 号，中国审判案例数据库，2011 年 12 月 22 日。
② 王倩：《环境侵权因果关系举证责任分配规则阐释》，《法学》2017 年第 4 期，第 85—98 页。
③ Rooij B. V., *Implementation of Chinese Environmental Law: Regular Enforcement and Political Campaigns*, Development & Change, 2010 (1), pp. 57–74.
④ 杨宜中：《环境资源审判：绿水青山就是金山银山》，http://www.court.gov.cn/zixun-xiangqing-84832.html，访问日期：2019 年 1 月 18 日。

行政执法来处理的案件，正在越来越多地从执法环节走向法庭审理环节。这一方面固然反映了环境执法力有不逮，但另一方面也反映了与硬性开展刚性立法下的环境规制执法相比，由司法来解决利益冲突下的复杂环境案件可能是一个更好的选择，如此更能促进法律所追求的秩序之真正实现。

结语

环境执法困难是个时时在谈而刻刻存在的问题，这提醒关注者应寻求真实症结之所在。随着经济之发展、公众的环境意识之强化、产业与变迁，以及执法技术手段与信息监管手段之进步，基于威慑机制的环境规制执法之效果也会产生渐进性变化。环境的迅速恶化激发了社会各届对尽快解决环境问题之期待，环境问题的严重性也使我国做出了从严治理环境的立法回应，然而立法并非如我们想象中那样是问题的答案，其似乎只是问题的起点。"人们通常认为法律的执行是理所当然的，并将任何违反正式法律的行为视为该法律的部分失败"①，这种直觉化的思路掩盖了对环境执法所面临的困难之发现。

基于环境执法在"行政国家"时代的环境规制中之中心地位，我们应给予其重视并探索改进环境执法效果之路径。环境执法在我国"一管就死，一放就乱"之现状，说明环境问题具有复杂性，我们不能仅依靠传统的强化威慑规制之"单行道加速"模式来应对困境。在对执行法律所需之条件进行系统分析时，我们可以看到环境执法受到执法机构的执法动因和执法实力之双重约束，这是各个国家的环境执法普遍面临困难之原因。此外，我国的体制还催生了不利于威慑型环境执法推进的特殊约束。尽管威慑型环境规制有其存在的必要性，但是支撑规制运

---

① Becker G. S., Stigler G. J., *Law Enforcement*, *Malfeasance*, *and Compensation of Enforces*, *Journal of Legal Studies*, 1974 (1), pp. 1 - 18.

转的资源有限，因此我们应在区分良好的意愿与事实的法律效果之基础上，承认客观约束的存在并将其作为制度改进之前提，而不是视若无睹地蛮干。在一个需求无限而资源有限的世界里，少一些理想主义和法条至上主义，多一些法理至上主义，在立法和规制的克制下，容留从现实中演化出的低成本之环境法治规则，这或许是我们在环境执法困境下的一个可行选择。

Research on the Feasibility of Law Enforcement
in Deterrent Environmental Regulation

Hu Yuan

Abstract：The interpretation of environmental law enforcement failure should be put in the real field of restoring law enforcement as the central part of deterrent environmental regulation. It is necessary to realize that the difficulty of environmental law enforcement is rooted in the lack of both subjective law enforcement motivation and objective law enforcement strength of environmental agencies. China's special system of "Bureaucratic & Economic Markets" and fiscal decentralization will make the objective constraints faced by environmental law enforcement agencies more prominent. Blindly promoting stricter law enforcement through the accountability mechanism will lead to excessivelaw enforcement motivation enhancement while lack of corresponding law enforcement strength follow-up, which will lead to resource waste and further "deterrent failure" and "excessive deterrence". To overcomeenvironment law enforcement difficulties needs considering the dynamic relationship between legislation, law enforcement and the judicature, admitting the "incomplete law" in the field of environmental regulation. While retaining basic baseline deterrence, using informal regulation mechanisms throughflexible law enforcement and promotion environmental cases into the judicial process, to facilitate the formation of low-cost rules that can bridge multiple conflicts of interest.

Key Words: Deterrent Environmental Regulation; Environmental Law Enforcement; Cost of Law Enforcement; Environmental Justice; Incomplete Law

环评行政诉讼的原告资格之判定标准研究[*]

章楚加[**]

摘要：由于我国的制定法将利害关系作为判定行政诉讼原告资格之标准，因此环境保护社会组织不具备针对环评行政程序之合法性提起司法审查诉讼的资格。基于行政诉权在构造逻辑上的相似性，本文选择德国法作为参照。在经过修订后，德国的《环境权利救济法》超越了个人的主观公法权利保护之行政诉权建构路径，其允许环境团体针对违反公众参与程序规定的行为提起撤销之诉，从而既使得程序正义与诉讼工具理性融为一体，又在客观上提升了环评行政程序的规范性与有效性。德国模式的探索与实践，为未来我国环评行政诉讼的原告资格之判定标准的演变提供了一幅具有参考价值的图景。

关键词：环评行政诉讼；环评行政程序；原告资格判定标准；利害关系标准；保护规范理论

---

* 本文获得"中达环境法学教育促进计划"资助。对 Eckard Renbinder 教授与王曦教授在本文的写作过程中给予之学术指导，笔者在此一并致谢。
** 作者简介：章楚加，法学博士，清华大学法学院助理研究员、博士后。

一、 比较研究之缘起

（一）原告资格研究的现实意义

各国的行政诉讼制度之建构，都将对原告资格之判定标准的规则设计视为重点，因为该项标准的范畴之宽窄与诉讼制度的整体运行效果息息相关。一方面，若原告的资格范围被设定得过于狭窄，则权利救济将难以实现；另一方面，若原告的资格范围被设定得过于宽泛，则数量庞大的行政诉讼案件会让行政机关不堪重负，其行政职能的履行会受到干扰。[①] 正因为如此，行政诉讼的原告资格问题一直令立法者与司法者倍感困惑。在既往的数十年中，我国行政诉讼的原告资格之认定标准一直处于不断变迁的摸索状态，其经历了"直接利害关系标准、行政相对人标准、法律上利害关系标准和利害关系标准"共四个阶段的演化历程。[②] 2017 年修订通过的《中华人民共和国行政诉讼法》第二十五条第四款和 2018 年出台的《最高人民法院、最高人民检察院关于检察公益诉讼案件适用法律若干问题的解释》第二条，将检察机关确立为行使行政公益诉权与监督环境行政的唯一主体，并且在诉讼程序法层面对《中华人民共和国环境保护法》第五十八条所规定的环境保护社会组织之公益诉权范围进行了限缩。在制度建构层面，我国的制定法并未赋予环境保护社会组织针对环评行政程序之合法性提起司法审查诉讼的权利。2010 年至 2019 年的环评行政诉讼之司法裁判案例表明，绝大多数案件是环评行政许可的相对人及利害关系人因建设项目或专项规划项目的行政

---

① 参见杨建顺：《行政规制与权利保障》，北京：中国人民大学出版社 2007 年，第 663 页。
② 章剑生：《行政诉讼原告资格中"利害关系"的判断结构》，《中国法学》2019 年第 4 期，第 244—264 页。

许可侵犯了其相邻权而提起行政诉讼，即是否涉及对相邻权之侵犯，成为了判定行政诉讼的原告资格之实质标准。在我国的司法实践中，由环境保护社会组织针对环评行政程序提起行政诉讼的案例还尚未出现。从规范建构到司法实践，以司法审查途径来保障环评行政程序之合法性的重望，被全然寄托在由检察机关提起行政公益诉讼之上。与"权力制约权力"制度之功能预期相对应的，是环境行政公益诉讼案件数量有限之客观事实。[①] 有学者分析了 2015 年至 2018 年的 37 件环境行政公益诉讼之一审裁判文书，从而指出我国的司法实践存在案件受理地区分布不均衡、部分地区案件稀缺等问题[②]，并且对行政决定的程序合法性问题缺乏关注。作为国家权力机关体系的重要组成部分，检察机关的权力属性决定了环境行政监督权同样存在被滥用或搁置的可能。[③] 当检察机关怠于履行其监督职责时，在制度建构层面赋予环境保护社会组织（**ENGO**）针对环评行政程序提起司法审查诉讼之原告资格，以弥补检察监督之缺位，就具有了现实必要性。

（二）比较研究对象的择定

关于环评行政诉讼的原告资格之思考，必须在本国的行政诉讼制度之背景下进行，具体的原告资格之判定标准的规则设计，必须与本国的行政诉讼之功能定位实现逻辑自恰。下文将借用主观诉讼与客观诉讼这一欧洲大陆法系关于诉讼功能模式之经典划分来展开详述。主观诉讼与客观诉讼的概念区分，最早是由法国的著名公法学者莱昂·狄骥提出的[④]，两种诉讼功能模式的区别主要体现为功能

---

① 参见高家伟：《检察行政公益诉讼的理论基础》，《国家检察官学院学报》2017 年第 2 期，第 19—29 页。
② 参见胡静、黄黎敏：《检察机关提起的环境行政公益诉讼法律问题研究——基于 37 份裁判文书的实证分析》，载于文轩：《环境资源与能源法评论（第 3 辑）》，北京：中国政法大学出版社 2018 年。
③ 参见林莉红等：《行政诉讼法专题问题研究》，武汉：武汉大学出版社 2010 年，第 150—151 页。
④ 转引自于安：《公益行政诉讼及其在我国的构建》，《法学杂志》2012 年第 8 期，第 66—71 页。

取向之差异。采取主观诉讼模式的德国，其行政诉讼制度侧重于对个人的主观公法权利之有效保障，即将受害人之诉作为核心，在对个人利益之损害进行救济的前提下，附带对行政行为之合法性进行司法审查。采取客观诉讼模式的法国，其行政诉讼制度以维护客观法律秩序为核心，即将监督行政行为的合法性视为首要目标，诉诸司法并不以权利受损为前提，作为主要诉讼类型的"越权之诉"（recours pour escès de pouvoir）只要求原告与某项不合法的被诉行政措施之间确实存在利益（intérêt pour agir）。① 此处所谓之"利益"，并非指个人的、特殊的、纯粹的私人利益，而是一种实体的、理想的利益，潜在的利益也被包括在内。② 当前，学界关于我国的行政诉讼之功能定位的见解大致可以归纳为"主观诉讼说""客观诉讼说"和"内部错裂说"三种学说。持"主观诉讼说"的学者认为，我国的行政诉讼所确立的，是"被害者诉讼"的原告资格标准，其与保护个人主观公法权利的主观诉讼模式具有相同的诉讼请求权基础。③ 持"客观诉讼说"的学者主张，《中华人民共和国行政诉讼法》所确立的行政行为合法性审查原则，与客观诉讼模式的监督公权力行为之主要意旨相吻合。④ 持"内部错裂说"的学者认为，我国的行政诉讼功能之构造既不是完整意义上的主观诉讼模式，又不是纯粹的客观诉讼模式，"诉讼请求的主观性与法院审判的客观性使得行政诉讼在构造上呈现出一种扭曲的'内错裂形态'"。⑤ 笔者认为，

---

① 转引自 Angela Schwerdtfeger, *Der deutsche Verwaltungsrechtsschutzunter dem Einfluss der Aarhus-Konvention*, Mohr Siebeck, 2010, p. 54。

② 转引自 Angela Schwerdtfeger, *Der deutsche Verwaltungsrechtsschutzunter dem Einfluss der Aarhus-Konvention*, Mohr Siebeck, 2010, p. 54。

③ 参见于安：《发展导向的〈行政诉讼法〉修订问题》，《华东政法大学学报》2012 年第 2 期，第 96—101 页。

④ 参见梁凤云：《行政诉讼法修改的若干理论前提（从客观诉讼和主观诉讼的角度）》，《法律适用》2006 年第 5 期，第 72—75 页。

⑤ 参见薛刚凌、杨欣：《论我国行政诉讼构造："主观诉讼"抑或"客观诉讼"?》，《行政法学研究》2013 年第 4 期，第 29—37 页。

虽然《中华人民共和国行政诉讼法》第二条将"保护公民、法人和其他组织的合法权益"与"监督行政机关依法行使职权"规定为立法目的，从而使得中国的行政诉讼制度在目的论层面呈现出"主观诉讼"与"客观诉讼"兼具之外观，但是在原告的诉讼资格判定之过程中秉持利害关系标准，则鲜明地体现了主观诉讼模式之功能特征。行政诉讼的原告资格之判定标准的规则设计，在中国属于主观诉讼向度下的问题。① 作为判断行政诉讼的原告资格之基础性法规范，《中华人民共和国行政诉讼法》第二十五条规定："行政行为的相对人以及其他与行政行为有利害关系的公民、法人或者其他组织，有权提起诉讼。"从条文的字面意思来看，利害关系标准要求，公民、法人或社会组织仅在与行政行为之间存在利害关系时，方能提起行政诉讼。至于制定法上的"利害关系"，其只有在具体情境中才能得到精确界定。② 在中国的司法裁判实践中，法院围绕利害关系形成了一定的法解释经验。在"刘广明诉张家港市人民政府行政复议案"的裁判文书中，法官将主观公法权利受损作为判定行政诉讼的原告资格之标准。"申言之，只有主观公法权利，即公法领域权利和利益，受到行政行为影响，存在受到损害的可能性的当事人，才与行政行为具有法律上利害关系，才形成了行政法上权利义务关系，才具有原告主体资格（原告适格），才有资格提起行政诉讼。"③ 最高人民法院在裁判理由部分认为，利害关系仍应限于法律上的利害关系，不包括反射性利益受到影响的公民、法人或者其他组织。最高人民法院公布的司法判例，对今后人民法院审理类似案件及解释相关条文具有事实上的裁判拘束效力。从比较法的角度来看，中国法在行政诉讼的原告资格之判定中秉持利害关系标准的做法，与在主观诉讼模式下奉行个人权利损害标准的德国法具有一定的相似性，而

---

① 参见薛刚凌、杨欣：《论我国行政诉讼构造："主观诉讼"抑或"客观诉讼"?》，《行政法学研究》2013年第4期，第29—37页。

② 参见何海波：《行政诉讼法（第二版）》，北京：法律出版社2016年，第194页。

③ 最高人民法院［2017］最高法行申第169号行政裁定书。

行政诉权构造逻辑的相似性，为功能主义立场下的比较法研究创造了基本前提。下文将以环境保护社会组织（ENGO）的行政诉讼之原告资格为观察中心，探讨德国模式及其实践经验中的可供我国借鉴之处。

二、 对德国模式之参照： 超越个人主观公法权利保护的行政诉权拓展路径

（一）德国的行政诉讼制度之功能定位及保护规范理论之导出

大陆法系实行公法与私法之二分，权利本为私法领域所独有之概念。德国法上的"主观公法权利"概念吸收了私法领域的结合理论（Kombinationsthorie），其在国家的法律人格得到承认后才正式形成。[①] 德国法律制度史上的主观公法权利研究之集大成者当属著名公法学者耶利内克（G. Jellinek），其提出的地位理论（Statustheorie）成为了德国的主观公法权利系统之基石，主观公法权利被耶利内克界定为"由法制所承认和保护的针对益（Gut）和利益（Interesse）的意志权利"。[②] 德国的行政法之经典教材将主观公法权利界定为"个人在某一公法规范对其权利或利益加以确认后，享有要求国家作为、忍受或不作为的权利"。[③] 法释义学视角下的主观公法权利之内涵，是法律规范所授予和确定的个人利益（Individualinteressen），不包括公共利益、社会福利性质的利益及反射利益。[④]

---

① 转引自陈柏霖：《论行政诉讼中之"公法上权利"——从德国法与欧盟法影响下观察》，台北：元照出版有限公司 2014 年，第 31 页。

② 参见［德］耶利内克：《主观公法权利体系》，曾韬、赵天书译，北京：中国政法大学出版社 2012 年，第 40 页。

③ Vgl. Harmut Mauer, *Allegemeines Verwaltungsrecht*, 17. Aufl., C. H. Beck, 2009, § 8 Rn. 2.

④ Vgl. Sabine Schlacke, *überindividueller Rechtsschutz*, *Mohr Siebeck*, 2008, pp. 75‒76.

鉴于二战中的法西斯主义以法律之名肆意践踏人权之惨痛教训①，"战后德国逐步摆脱立法绝对主义和法律实证主义的束缚，开启对自然法精神的深刻思考，权利作为一种普世的、更高价值准则的观念为制宪会议所吸纳"②。 1949 年通过的《联邦德国基本法》第一条第一款规定，"人之尊严不可侵犯，尊重及保护此项尊严为所有国家权力之义务"，维护人之尊严成为德国宪法的最高价值。为确保个人权利在遭受国家公权力之侵害时，能享有获得司法救济之机会，《联邦德国基本法》第十九条第四款规定："任何人的权利因公权力遭受侵害，享有获得法律救济的途径。"宪法上的基本权利条款奠定了对侵害个人权利的行政行为进行全面司法审查之宪政基础，德国的行政诉讼制度便是在这一宪法条款的指引下形成的。必须加以说明的是，德国的行政诉讼制度并不当然排斥客观法律秩序实现之功能。恰恰相反，在法律规范确立了个人主观公法权利居于优先保障之地位的同时，有效的法律保护原则在二战后也成为了德国的行政诉讼制度之重要基础。立法者通过创设撤销之诉、课予义务之诉、确认之诉等与行政行为相对应的诉讼类型之方式，赋予行政法院充足的司法审查权，以实现对公民的主观公法权利之有效救济。法谚有云："有权利，斯有救济。"在未被法律规范赋予主观公法权利之前提下，公民并不具备公法上的请求权基础。③ 作为德国的行政诉讼法之核心概念，诉讼权能（Klagebefugnis，简称"诉权"）是指"行政相对人仅在具备法定的诉讼资格时方可成为适格的原告，针对某项行政行为提起行政诉讼"。④ 德国的《行政法院法》第四十二条第二款规定："除法律另有规定

---

① 参见杨建顺：《行政规制与权利保障》，北京：中国人民大学出版社 2007 年，第 2—3 页。
② 邓刚宏：《论我国行政诉讼功能模式及其理论价值》，《中国法学》2009 年第 5 期，第 53—65 页。
③ Vgl. Steffen Detterbeck, *Allgemeines Verwaltungsrecht mit Verwaltungsprozessrecht*, 11. Aufl. , C. H. Beck, 2013, Rn. 395.
④ Vgl. Klaus F. Gärditz, *Verwaltungsgerichtsordnung（VwGO）mit Nebengesetzen*, Carl Heymanns Verlag, 2013, S. 195.

外，仅在原告主张其权利受到行政决定、否定性行政决定及怠于做出行政决定三种行为侵害时，方可准予其提起行政诉讼。"德国的行政法之通说认为，主观公法权利得到实体法确认，是公民获得行政诉讼救济的前提。①

与主观公法权利存在紧密关联的"保护规范理论"（Schutznormtheorie），最早由奥拖·布勒（OttoBühler）于 1914 年提出。经历了百余年的新旧之争后，以布勒的学术主张为代表的旧保护规范理论逐步为新保护规范理论所取代。②"当前德国公法学的主流观点认为，保护规范理论是用于判断主观公法权利的基础。其核心内涵在于，对主观公法权利的确认取决于法律规范的目的本身，即法律规范在保护公共利益目标之外，也至少要包含个人权利保障的目的。"③换言之，法律规范必须具有个人权利指向性，如果缺乏此前提，那么公民基于规范功能之发挥而享有的受益只能被视为一种纯粹的反射性权利（Rechtsreflex）。④

（二）保护规范理论对第三人诉权之阻却

在德国的司法实践中，行政法院的法官会判断作为诉讼依据的实体法律规范

---

① Vgl. Steffen Detterbeck, *Allgemeines Verwaltungsrecht mit Verwaltungsprozessrecht*, 11. Aufl., C. H. Beck, 2013, Rn. 395.

② 旧保护规范理论与新保护规范理论都将客观法规范的利益保护指向作为判断主观公法权利之基准，二者的显著区别在于客观法规范的解释标准。传统观点认为，规范是否具备保护个人权利之功能，应当通过法律解释来确定，相关材料能还原历史情境下的立法意图。近年来，以施密特·阿斯曼教授为代表的学者提出，对法规范保护目的之解释，应当关注规范的整体性构造及规范适用时是否具备有利于个人权利保护的功能。新保护规范理论的观点认为，应当将价值与功能定位清晰的基本权利之内部规范效果作为法律解释的重要标准，并使基本权利价值秩序融入客观法规范保护目的之解释过程。关于新旧保护规范理论的区别，参见赵宏：《保护规范理论的历史嬗变与司法适用》，《法学家》2019 年第 2 期，第 191 页。

③ Vgl. Schoch/Schneider/Bier (Hrsg.), *Verwaltungsgerichtsordnung Kommentar*, 11. Aufl., C. H. Beck, 2019, Rn. 45.

④ Vgl. Schoch/Schneider/Bier (Hrsg.), *Verwaltungsgerichtsordnung Kommentar*, 11. Aufl., C. H. Beck, 2019, Rn. 45.

是否包含主观公法权利所赋予之意旨，并探求法律规范之意图除维护公共利益外，是否还涉及保护第三人。若实体法律规范包含有主观公法权利所赋予之内容，则当该权利遭受行政行为侵害时，公民享有获得救济的权利；反之，公民不得援引该法律规范，以对违法的行政行为提起行政诉讼。简言之，在依据《行政法院法》第四十二条第二款提起诉讼时，当事人必须证明实体法律规范所赋予的个人利益存在因行政机关的作为、不作为或怠于作为而遭受侵害之情形。"人民提起行政诉讼，光是指摘国家行为的客观违法性不够，必须主张其权利因此受到损害才能获得胜诉判决。"[1] 按照《行政法院法》第一百一十三条第一款之规定，只有当某项行政决定损害了原告的主观公法权利时，行政法院方可对其进行撤销。[2] 权利是否遭受侵害及遭受何种程度的侵害，是诉讼权能的合法性审查之重点。当前，德国学界采用的通说是"可能性理论"（Möglichkeitstheorie），即原告所主张的个人权利遭受侵害之情形，只要在法律上与事实上存在可能性即可。至于原告的权利是否真正遭受侵害，则依据《行政法院法》第一百一十三条之规定，留待"理由具备性"阶段再接受审查。我国台湾地区有学者将德国的行政法院法官解释某一规范是否系保护规范之要点归纳如下：第一，保护规范理论所探求的规范目的是法秩序下的客观理解，而非从历史解释的角度溯源立法者的原意；第二，在判断立法是否包含第三人保护的规范目的时，我们应当着眼于与该法规相关的规范结构和制度性的周边条件；第三，当法律规范特别要求行政机关必须斟酌特定的第三人之利益，以及平衡与调和行为人的利益时，我们原则上可以认定该法规已经特殊化并具有了保护规范的性质；第四，在倾向于笼统化地规定构成要件之立法趋势下，针对受益人是否能够个别化，我们必须根据个案

---

① 刘如慧：《欧洲法对德国行政法的影响——以个人权利保护之诉讼权能为例》，《成大法学》2019年第17期，第1—44页。

② Hrsg. Eckard Rehbinder & Alexander Schink, *Grundzüge des Umweltrechts*, Aufl. 5, Erich Schmidt Verlag, 2018, p. 315.

中的法律适用结果来决定。

受"重实体、轻程序"的法文化传统之影响，程序规定在德国的行政法律体系构造中，仅作为辅助实体法实施的手段而存在。除联邦行政法院认可的"绝对的程序规定"（absolutes Verfahrensvorschrift）这一例外情形外，一般意义上的程序规定未被承认具有独立于实体权利的法律地位。换言之，当事人不得单独针对违反程序规定的情形提起行政诉讼。按照德国的《行政法院法》第四十四条 a款之规定，当事人仅得在对实体决定不服时，一并对违反程序规定的行为提起行政诉讼。基于对程序经济的考虑，德国立法者限制了当事人就行政程序之违法行为独立提起行政诉讼的可能，程序行为仅仅是作为实体决定之准备行为而存在的。① 依据德国的《环境影响评价法》第四条之规定，环评是作为开发许可程序的非独立部分而存在的。法学界与司法实务界通常都将违反环评行政程序之规定的情形理解为一种程序瑕疵（Verfahrensfehler）。总体看来，德国的《联邦行政程序法》与《行政法院法》体现出鲜明的"重实体、轻程序"之行政法传统。就立法目的而言，环评法的规范旨在通过项目环评来完成环境保护之任务，其并非致力于维护特定的第三人之利益，而是保护不特定的多数人之公共利益。按照德国的行政诉讼法理论体系下的保护规范理论之界定，环评法上的公众参与程序规定不属于保护规范之范畴。这意味着，按照保护规范理论的要求，与环评决定不存在利害关系的第三人在对公众参与程序有异议时，不得单独依据《环境影响评价法》中的关于公众参与程序之规定提起行政诉讼。在相当长的时间内，德国的保护规范理论对利益未直接受到影响的第三人之行政诉权判断造成了诸多障碍。

---

① 参见盛子龙：《行政程序法上程序参与与行政救济初探》，《月旦法学杂志》2014 年第 11 期，第 30—47页。

（三）《环境权利救济法》对第三人诉权之拓展

伴随着欧盟法律一体化的推进，自 20 世纪 90 年代起，以《奥胡斯公约》为代表的欧盟法呈现出鲜明的"去主观化"（entsubjektivierung）趋势，即在与环境事务相关的行政诉权之问题上，淡化个人主观公法权利救济的色彩。① 相关的欧盟条约与指令不断提高环境权利获得司法救济的可能性，并要求各缔约国在法律框架内拓展环境团体诉诸司法之途径，从而使得与环境事务相关的行政决定更加合法与合理。② "强化行政诉讼的行政行为合法性之监督功能"的欧盟法理念为德国立法所吸纳。在环境团体的诉讼权能问题上，德国的立法逐步完成了与欧盟诸国的促进环境保护客观法秩序实现之制度建构进路的合流。根据欧盟法上的有效原则之要求，缔约国有义务保障公众在程序权利受到侵害时，享有获得司法救济之可能性。③ 为确保环境行政决定更加合理并得到有效执行，欧盟法除强调行政诉讼的个人权利之救济功能外，还注重对第三人权利的保护，其试图通过尽可能地增加诉诸司法途径之方式来强化司法监督功能。为转化欧盟的《公众参与环境相关计划指令》，德国联邦议院于 2006 年专门制定了一部《环境权利救济法》④，以保障与环境保护事务相关的公众参与权。在欧盟法的理念之影响下，在对德国法规范是否具备保护第三人权利的立法目的进行解释之过程中，诉

---

① Ingolf Pernice, *Umweltvölker-und europarechtliche Vorgaben zum Verbandsklagerecht und das System des deutschen Verwaltungsrechtsschutzes Beobachtungen zur Rechtsentwicklung im Mehrebenenverbund*, *Juristenzeitung*, 2015, p. 967.

② ECE/MP. PP/C. 1/2006/4/Add/2, p. 35.

③ Sabine Schlacke, *Stärkung überindividellen Rechtsschutzes zur Durchsetzung des Umweltrechts*, ZUR, 2011, p. 312.

④ *Gesetz über ergänzende Vorschriften zu Rechtsbehelfen in Umweltangelegenheiten nach der EG-Richtlinie 2003/35/EG*, Gesetz vom 07. 12. 2006 (BGBl. I S. 2816).

权的判断不再以抽象的利益遭受侵害作为前提，而是以具体的权益受影响之情形为依据。欧洲法院于 2011 年 5 月 12 日作出的判决，在德国环境团体的诉讼权能之立法拓展方面具有里程碑式的意义。欧洲法院于 2011 年 5 月 12 日作出的判决，可以追溯至北莱茵-威斯特法伦州高等行政法院（Oberverwaltungsgericht Nordrhein-Westfalen）于 2009 年审理的"德国环境与自然保护联盟（BUND）诉特内尔公司（Trianel）建设火力发电厂行政许可决定案"。① 北莱茵-威斯特法伦州高等行政法院认为，按照对 2006 年制定的《环境权利救济法》第二条第一款第（一）项之解释，环境团体依据非第三人保护性质的规定所提起之诉讼，在诉讼权能的合法性审查阶段无法得到支持。在"德国环境与自然保护联盟诉特内尔公司建设火力发电厂行政许可案"中，环境团体援引的"维护自然的公共利益"之法律条款并不涉及有关个人权利授予的内容，因此其被认定为不适格的环境捍卫者（Anwälte）。由于裁决结果可能与《欧盟环境影响评估指令》（UVP-Richtlinie）第十一条第三款相冲突，所以北莱茵-威斯特法伦州高等行政法院中止审判并提请欧洲法院释义。欧洲法院判决认为，包括《奥胡斯公约》与《欧盟环境影响评估指令》在内的欧盟法律规范旨在保障相关公众在环境事务中拥有更多的公众参与权限及诉诸司法的途径，而适用德国的《环境权利救济法》所得之裁判结论，无疑将与欧盟法之意旨相违背。基于有效性原则（Effektivitätsgrundsatz），即使案件中不存在德国法上的个人权利受损之情形，环境团体也可以出于环境保护之目的而援引欧盟环境法来寻求司法救济。欧洲法院在 2011 年 5 月 12 日的判决书中认为，适用德国法上的"个人主观公法权利受损"这一诉权判定标准所得之裁判结论，与保障公众的参与决策权限及诉诸司法之权利的欧盟法意旨相悖，德国的《环境权利救济法》对环境团体诉权的限制，是对欧盟法转化适用的巨大

---

① OVG NRW, Beschluss v. 5. 3. 2009 - 8 D 58/08. AK, DVBl, 2009, pp. 654 ff.

阻碍。① 自德国于 2006 年制定《环境权利救济法》以来，该法第二条第一款第
（一）项中的个人权利受损之规定就一直饱受诟病。主流观点认为，《环境权利
救济法》第二条第一款第（一）项与《奥胡斯公约》第九条第三款的保障环境团
体诉诸司法之权利的宗旨相背离。面对国内潮水般的批评，德国联邦议院并未启
动法律修订程序。为落实欧盟法上的有效原则，德国联邦议院于 2013 年修订
《环境权利救济法》时，废除了环境团体必须在个人主观公法权利受损的情形下
方可提起诉讼之规定。② 修订后的《环境权利救济法》增加了环境团体提起诉
讼之可能性，其允许受到认可的环境团体针对负有环评义务的项目许可决定提起
诉讼。③ 环境团体只要符合《环境权利救济法》所列举的认可条件，就可以被
视为实现了"个人权利的证成"（RechteEinzelnerbegründen）。④《环境权利
救济法》对作为公众参与主体的环境团体之认可标准进行了细化⑤，其第三条第
一款将环境团体受到认可的前提条件归纳为以下五点：第一，环境团体的成立
章程将环境保护作为首要目标；第二，环境团体在受认可之日已成立至少三年；
第三，环境团体具有参与行政程序的基本能力；第四，环境团体对社会公众保持
足够的开放性；第五，环境团体的资质与活动范围得到各州的专门机关之认证。
总体看来，《环境权利救济法》是以特别立法的形式，拓展了以环境团体为代表
的第三人之诉权范围。⑥

---

① EuGH, Urt. v. 12. 5. 2011 - Rs. C 115/09, NVwZ, 2011, p. 801.

② Sabine Schlacke, *Die Novelle des Umwelt-Rechtsbehelfsgesetzes-EuGH ante portas*, ZUR, 2013, p. 195.

③ Thomas Bunge, *Die Klagemöglichkeiten anerkannter Umweltverbände aufgrund des Umwelt-Rechtsbehelfsgesetzes nach dem Trianel-Urteil des Europäischen Gerichtshofs*, NuR, 2011, p. 605.

④ Sabine Schlacke, *Die Novelle des Umwelt-Rechtsbehelfsgesetzes-EuGH ante portas*, ZUR, 2013, p. 195.

⑤ Sabine Schlacke, *Die Novelle des UmwRG 2017*, NVwZ, 2017, p. 907.

⑥ Angela Schwerdtfeger, *Erweiterte Klagerechte für Umweltverbände-Anmerkung zum Urteil des EuGH v. 12. 5. 2011 in der Rechtssache Trianel*, EuR Europarecht, 2012, p. 80.

三、 对中国路径之考察： 现行的原告资格之判定标准及其适用局限

（一）诉之利益理论与原告资格之判定标准

西方法谚有云："利益是衡量诉权的尺度，无利益者无诉权。"诉之利益理论肇始于民事诉讼领域，乃是利益法学派"对于成文法中的前提和类推必须通过考察其中包含的利益来发现"之观点在民事诉讼法中的映射。① 之后，诉之利益理论逐步"侵入"行政诉讼领域。② 诉之利益成为司法机关"判断国民的具体请求是否具备利用审判制度的价值或者必要性的过程"。③ 在行政诉讼制度的建构过程中，诉之利益理论与原告资格的关系最为密切。有学者精辟地指出，"原告资格是从特定原告的主观侧面来看原告有无正当资格进行诉讼的利益问题，诉之利益则是从具体的周边情况的客观侧面来看维持、进行诉讼有无法律上利益的问题"。④ 伴随着社会的发展，利益变得更具有多元性，并非所有的利益都能为现行立法所涵摄。为了向现行立法未确认的具有保护价值之利益提供司法保障，我们需要对诉之利益理论进行修正和完善，以使其理论价值不再局限于预防滥诉，从而发挥权利确认之功能，即在针对具体案例的司法裁量中，法院通过判例中的法律解释来将某些正当利益转化为明确的实体权利。基于实体性环境权未被我国成文法确认之客观事实，我们无法从成文法中直接推导出环境保护公法请求权之基础。有鉴于此，我们有必要从权利保护的角度出发，对环评行政诉讼

---

① 参见王福华：《两大法系中诉之利益理论的程序价值》，《西北政法学院学报》2000 年第 5 期，第 87—97 页。
② 王太高：《诉的利益与行政公益诉讼》，《甘肃政法学院学报》2007 年第 6 期，第 31—35 页。
③ 参见［日］原田尚彦：《诉的利益》，石龙潭译，北京：中国政法大学出版社 2014 年，第 1 页。
④ 转引自王贵松：《信息公开行政诉讼的诉的利益》，《比较法研究》2017 年第 2 期，第 19—30 页。

的原告资格问题再次进行审视。

（二）现有的原告资格之判定标准的局限性

以诉之利益理论为基础的行政诉讼原告之资格判定标准，是以个人权益遭受公权力侵害作为诉讼前提的，其与自由主义法治国的国家法理论框架下之"保障公民的基本权利来防御公权力侵害"具有逻辑上的内在一致性。随着时代的发展，福利国家形态下的国家之职能迅速扩张。[①] 在诸如公共安全、环境保护等领域，停留在警察行政时代的、以消极防御权为理念内核的行政诉讼制度开始陷入保障不力的窘境。众所周知，环境法律规范所保障的对象通常是不特定多数人的利益，其并不具有个人权利指向性，在污染防治法律领域更是如此。在诸多环境事件中，政府的作为与不作为所侵害的对象是环境利益而非个人利益，但作为公共利益的环境利益又恰恰涵摄了无数的个人利益。受限于原告资格的利害关系之判定标准，作为个体的公民在饱受环境污染摧残的同时，却无法针对实体违法或程序违法的环境行政行为提起撤销之诉。在现实生活中，与环境保护事务相关的利益形态及利益主体是非常错综复杂的，相关环境决定中的公众参与象征着群体利益与个人利益的结合，我们难以从中切割与剥离出法律规范所保障的个人利益。[②] 作为典型的环境行政程序规范，《中华人民共和国环境影响评价法》第一条规定："为了实施可持续发展战略，预防因规划和建设项目实施后对环境造成不良影响，促进经济、社会和环境的协调发展，制定本法。"就规范目的而言，《中华人民共和国环境影响评价法》主要是将管控不良环境影响与促进可持续发

---

① 参见余凌云：《行政法讲义（第二版）》，北京：清华大学出版社 2014 年，第 31 页。

② 参见［德］施密特·阿斯曼：《秩序理念下的行政法体系建构》，林明锵等译，北京：北京大学出版社 2012 年，第 112 页。

展作为目标，我们无法从字面上直接推导出个人权利保护之内涵，这意味着对环评专项规划和建设项目感兴趣的、热衷社会公益的公众及环境团体无法依据《中华人民共和国环境影响评价法》来主张其自身的法定权益遭受损害。环境行政法上的多元利益结构与行政诉讼的原告资格之判断标准间的错裂对应关系，导致《中华人民共和国环境影响评价法》所划定的"受开发行为影响的利害关系人＋专家＋公众"之复合型公众范围与环评行政诉讼的原告资格之判定标准无法形成一一对应的救济关系，因此以环境团体为代表的与开发行为不存在利害关系之第三人，将被排斥在能够提起环评行政程序合法性司法审查诉讼的适格原告主体范围之外。

四、 对未来道路之展望： 原告资格之判定标准去往何方？

（一）拓展原告资格之判定标准的法理基础

按照前文所述的主观诉讼功能模式与客观诉讼功能模式之界分，由环境团体基于环境公共利益维护之目的，针对环境行政程序所提起的合法性审查之诉，应当属于典型的"客观诉讼"，这意味着能否赋予环境团体以诉权将不可避免地面临着"主观向度"下的原告资格之判定标准的结构性障碍。如果我国未来的立法赋予除检察机关外的其他主体（如环境团体、公民等第三人）以环评行政诉讼原告之资格，那么"如何与秉持利害关系标准的行政诉讼法律制度实现逻辑内洽"将是不容回避的问题。从比较法研究的角度来看，将保护规范理论作为行政诉权之判断标准的德国，其《环境权利救济法》允许环境团体针对开发项目许可过程中的程序违法提起撤销之诉的规定，实际上是在行政诉讼制度采取主观诉讼模式的前提下，探寻客观法律秩序的实现之路。德国传统的行政诉讼制度之宪法基础，是公民对国家所享有的公法请求权及行政与司法这两种国家职能间的宪法关系。① 在行政法学的传统理论中，行政权的运作以维护国家和社会的公共利益为目的②，相应的主观诉讼模式也隐含着"政府作为公共利益代言人"之角色设定，其排斥个人出于维护公共利益的名义诉诸司法。在宪法语境下，公共利益的实现依赖于民主与分权机制之运转，主权者的公意通过立法得以客观化与实在化③，作为公共利益的实际管理人之政府遵循立法的规定来履行行政管理职责。欧盟的环境法采取了强化公众参与权之进路，其蕴藏着以参与民主来弥补代议民主之不足的意旨，即通过让公众参与到与环境利益相关的行政决策之中，以消弭利益集团因单纯追寻经济利益而造成的负面影响，从而使得环境行政决策更具有正当性。环境规制领域的行政权之扩张已是不争的现实，我们应通过司法来保障公众参与程序之权利，并使得环境行政决策的过程处于司法监督之下，从而促使环境行政机关在开发与许可的过程中努力实现环境立法所确立的环境保护之客观法律秩序。此外，包括《中华人民共和国环境影响评价法》在内的诸多环评行政程序规范都将专项计划或建设项目所在地的居民之公众参与列举为必不可少的行政程序组成部分，这透露出浓郁的通过程序性参与权之授予来保障实体性权益的规范意图。从基本权利的程序保障功能之角度来看，虽然第三人的权益在表面上未必直接受开发行为之牵连，但是由于生命权和健康权仍存在受到开发行为威胁之可能，因此我们可以通过对公众参与程序规范的基本权利之保护内涵进行法律解释，从目的论的角度阐释出保护规范之内涵。基于权利保护的意涵，我们应当允许包括环境团体在内的第三人就环评行政决定提起针对实体违法行为或程序违法行为之审查诉讼。

---

① 参见于安：《公益行政诉讼及其在我国的构建》，《法学杂志》2012年第8期，第66—71页。
② 参见杨建顺：《行政规制与权利保障》，北京：中国人民大学出版社2007年，第142页。
③ 参见朱学磊：《论行政公益诉讼的宪法基础——以传统行政诉讼模式的合宪性危机为线索》，《现代法学》2016年第6期，第23—32页。

（二）拓展原告资格之判定标准的方向

1. 拓展原告资格之判定标准的边界

环评行政诉讼的原告资格之判定标准的设定，是为了使"公众参与程序性权利的有效保障""环境行政职能的实现"及"司法资源的有效使用"这三元目标达成某种平衡。为实现上述目标，我们必须充分重视下列问题：第一，环境治理领域内的司法权对行政权之尊让。赋予第三人以环评行政诉讼原告之资格，这背后隐藏着一个更深层次的问题，即司法机关在何种前提下能对哪些环境行政行为进行司法审查？在我国的国家权力分立之宪法框架下，司法权与行政权之间存在着权力分野，司法权必须对行政权保持足够的尊让，而且越是进入政策性与技术性更强的领域，司法权的行使就越应当保持谦抑。[①] 德国与中国都在法律规范中确立了政府在环境规制事务上的优先地位。《联邦德国基本法》第二十条a款确立了国家在环境治理中负首要责任。《中华人民共和国环境保护法》第六条第二款规定："地方各级人民政府应当对本行政区域的环境质量负责。"《中华人民共和国环境保护法》第二十八条第一款规定："地方各级人民政府应当根据环境保护目标和治理任务，采取有效措施，改善环境质量。"上述条款确立了地方政府对环境质量负责之原则，地方政府肩负着将涵盖了污染防治、自然资源、生态保护等诸多领域的大量环境法律、法规、规章付诸实践之环境治理责任。之所以将环境规制视为行政权行使之范畴，是因为环境问题具有多样性、复杂性、科技性与不确定性[②]，而行政机关在环境问题之解决上更有智识优势。如果我们在

---

① 参见王贵松：《论行政裁量的司法审查强度》，《法商研究》2012年第4期，第66—76页。

② 参见王明远：《论我国环境公益诉讼的发展方向：基于行政权与司法权关系理论的分析》，《中国法学》2016年第1期，第49—68页。

环评行政诉讼的原告资格之判定标准方面采取全面客观化的进路，从而允许任何人随意针对环评行政决定的合法性提起司法审查诉讼，那么环境行政将时刻处在漫无边际的诉讼风险之下，精力的过分牵制不利于环境规制目标的实现。与此同时，对于擅长法律解释与适用的司法机关而言，专业性极强的环境案件审理无疑是对知识储备之巨大挑战。第二，肯定原告资格之判定标准在预防滥诉方面的过滤功能。近年来，欧洲公法学界曾有一种声音认为，"去主观化"（entsubjektivierung）引发的行政诉讼功能变迁，将使得德国的主观诉讼模式走向终结。看到主观诉讼模式在环境保护领域中的不足，并不意味着诉权概念已失去了其制度价值。相反，诉权在行政诉讼制度的运转中仍扮演着"诉讼过滤器"之角色，其发挥着预防滥诉的功能。为预防以"环境保护"为名的滥诉现象之发生、避免司法资源之浪费，以及贯彻保障环境信息知情权和环境决策公众参与权之制度规范初衷，我们还不能全面放开利益关联性论证。第三，以多元主体互动的视角来审视环评行政诉讼之社会影响。诚然，与开发计划无关的社会公众将因原告资格之判定标准的放宽而成为适格的原告主体，但诉讼活动具有两造性。对于开发行为人而言，如果环评行政诉讼的原告资格之范围过宽，那么其将因诉讼数量的增加而承受时间与金钱成本激增所带来之压力。环境利益只是多元利益之一种，生产建设所带来的经济增长与社会就业需求，同样也是不容忽视的社会公共利益。在设计诉讼规则时，我们应当尽可能地规避因矫枉过正而堕入极端环保主义之恶性循环。

2. 拓展原告资格之判定标准的设想

为了保障第三人的诉权之实质正当性①，德国的立法始终将"环境团体获得认可"视为重要的诉讼前提。德国的《环境权利救济法》要求环境团体之成立章程明确宣示其将保护环境作为首要目标，并且对环境团体的成立年限也提出了

---

① Sabine Schlacke, *überindividueller Rechtsschutz*, Mohr Siebeck, 2008, p. 281.

"至少三年"的要求，团体成员、资金、社会活动活跃度等情况也都是诉权审查的重要内容。中国的法律也有相似之规定。《中华人民共和国环境保护法》第五十八条规定的公益诉讼原告之资格判定要件有二：其一，依法在设区的市级以上人民政府民政部门登记；其二，专门从事环境保护公益活动连续五年以上且无违法记录。在中国的司法实践中，分歧较大的是对"专门从事环境保护公益活动"之理解。在最高人民法院指导案例第 75 号"中国生物多样性保护与绿色发展基金会诉宁夏瑞泰科技股份有限公司环境污染公益诉讼案"的再审裁定书中[①]，法官明确了判定"专门从事环境保护公益活动的社会组织"的如下三个标准：第一，关于社会组织的宗旨和业务范围是否"维护环境公共利益"，我们应当根据规范内涵进行判断，而非机械性地依从文字表述。虽然涉案的环保组织之章程未明确写明"维护环境公共利益"，但是从其工作内容来看，我们仍可判定组织宗旨和业务范围属于维护环境公共利益之范畴；第二，社会组织实际从事了环境保护公益活动；第三，案件所涉及的社会公共利益与社会组织的宗旨和业务范围应具有关联性。通过对比中德两国的法律解释路径，我们可以发现，双方的细微区别表现在对环境团体的成立年限之要求不同，中国法上的"五年"期限之规定比德国法上的"三年"之规定更为严格。此外，关于对环境团体章程中的"环境保护"之理解，中国的司法裁判采取了更为宽泛的解释立场，即通过环境团体的具体活动来推断其是否以保护环境为目标，而不是单纯从字面角度进行僵化的判断。《中华人民共和国环境保护法》第五十八条之规定及最高人民法院的相关法律解释所确立之判定标准，可以为未来环评行政诉讼的原告资格之判断标准所吸纳。

虽然包括《奥胡斯公约》在内的欧盟法律规范在"诉诸司法"条款的指引下

---

① 最高人民法院指导案例第 75 号"中国生物多样性保护与绿色发展基金会诉宁夏瑞泰科技股份有限公司环境污染公益诉讼案"，http://www.court.gov.cn/zixun-xiangqing-34322.html，访问日期：2019 年 7 月 31 日。

尽力拓展了环境团体诉诸司法的途径，但是在判定标准方面，其并未采取"全面客观化"的立场，而是仅仅放宽了个人、公众、社会团体等主体与被诉行政行为间存在着的财产权、人身权等主观权利受损之联系，即始终要求诉讼原告与环评行政决定存在一定的程序关联性，以此作为预防滥诉的过滤装置。从体系解释的角度来看，《奥胡斯公约》第九条第三款所规定的"诉诸司法"，是前款规定的公众环境信息知情权、公众参与权等相关权利在受损时的保障。德国的《环境权利救济法》第二条第一款也是对环境团体的参与权进行救济。由此可见，虽然环评行政诉讼的原告资格之判定标准不再拘泥于传统的财产权等主观权利因行政行为受损之情形，但是第三人仍然不能任意提起行政行为合法性审查之诉。在德国的环评行政诉讼之司法审查实践中，环境团体通过行使环境信息知情权、参与决策权等权利之途径参与到环境风险的决策过程中，并借助申请环境信息公开、参加环评听证等形式来表达其对某一个与环境利益相关的项目开发许可之积极关切态度，从而与开发许可决定产生一定的程序关联性。在此基础上，德国的环境团体才能就行政行为提起针对程序或实体之合法性审查诉讼。对环境团体参与行政决策的积极程度提出要求，也是在考察其作为环境利益守护者的正当性。

结语

"不同社会制度下的法律因共同的问题导向而具有可比性，所延伸出的解决问题的方法也因此具有借鉴价值。"[1]德国的行政诉讼法律体系建构于主观公法权利有效保护的理念之上。按照传统的保护规范理论，只有在与开发建设行为产生利害关系之情况下，当事人才能针对许可决定提起行政诉讼，因此第三人被排

---

① 参见沈宗灵：《比较法研究》，北京：北京大学出版社 1998 年，第 18—19 页。

除在原告范围之外。为确保转化《公众参与指令》和《奥胡斯公约》第九条之规定，根据欧洲法院关于适用《奥胡斯公约》第九条第二款之见解，修订后的《环境权利救济法》对环境团体诉讼之适用范围进行了大幅度扩张①，其删去了要求环境团体存在个人主观权利受损之情形的规定，环境团体现在可以针对联邦、联邦州及欧盟法层面的违反实体法和程序法之规定的行政决定提起诉讼。《环境权利救济法》允许环境团体针对违反公众参与程序之规定的行为提起撤销之诉，从而使程序正义与诉讼工具理性融于一体，以倒逼主管环评的行政机关在公众参与程序之实施过程中尽可能地遵循现有的程序规范。《环境权利救济法》既通过扩大司法救济的可能性来达到保障环境信息知情及公众参与环境行政决策之立法目的，又在客观上提升了环评行政程序的规范性与有效性。德国模式的探索与实践为未来我国环评行政诉讼的原告资格之判定标准的演进提供了一幅具有参考价值的图景。

---

① Sabine Schlacke, *Die Novelle des UmwRG 2017*, NVwZ 2017, S. 905.

浅谈社会组织开展环境
公益诉讼所面临的困境

张　娜*

摘要：从被誉为"环境公益诉讼元年"的 2015 年至今，环境公益诉讼已走过五年的时光。这五年，有灿烂辉煌，也有落寞难行。经过五年的工作实践，笔者总结了社会组织在开展环境公益诉讼的过程中所面临之困境和挑战，以期为理论研究及立法与司法提供些许借鉴。在党中央高度重视生态文明建设的今天，"如何抓住机遇来总结经验与稳步前行"是每一个关注环境公益诉讼的人都在思考的。

关键词：环境公益诉讼；社会组织；实践

---

* 作者简介：张娜，中国生物多样性保护与绿色发展基金会法律部主任。

一、 社会组织开展环境公益诉讼所面临的实践困境

（一）四年的发展历程

由于 2019 年的环境资源审判数据尚未公布，因此笔者只罗列了 2015 年至 2018 年的统计数据。根据最高人民法院的《中国环境资源审判》（白皮书）连续四年之统计，自 2015 年 1 月的新《中华人民共和国环境保护法》施行至 2016 年 6 月，全国法院共受理社会组织提起的环境民事公益诉讼一审案件 93 件；2016 年 7 月至 2017 年 6 月，各级人民法院共受理社会组织提起的环境民事公益诉讼案件 57 件，审结 13 件。最高人民法院发布的《中国环境司法发展报告（2015—2017）》显示，新的《中华人民共和国环境保护法》实施两年多以来，环境公益诉讼案件的数量有所上升但总量不大。数据显示，2015 年与 2016 年，我国的环境公益诉讼案件之数量分别为 62 件和 146 件。2016 年，我国的环境公益诉讼案件之数量与 2015 年相比有较大幅度的上升，增长率为 135.48%。2018 年，全国法院共受理社会组织提起的环境民事公益诉讼案件 65 件，审结 16 件。与 2017 年相比， 2018 年的环境公益诉讼案件之受理数增加 7 件，上升 12.07%；审结数减少 22 件，下降 57.89%。

我们通过以上数据可以看出，在社会组织提起环境公益诉讼进入有法可依的时代后，2015 年与 2016 年的公益诉讼非常火热，社会效果相当明显。但是，进入 2017 年后，由社会组织提起的环境公益诉讼猛然出现了停顿，甚至转为急剧下降的态势。2017 年和 2018 年的总案件数量还不及 2016 年一年的数字，环境公益诉讼明显进入了下滑阶段。虽然最高人民法院尚未公布 2019 年的数据，但是从笔者这一年的实践来看，结果仍然不会很理想，整体应该呈现下降的趋势。以

笔者所在的中国生物多样性保护与绿色发展基金会（以下简称"中国绿发会"）为例，从 2015 年至今，其提起的环境公益诉讼大概占全国社会组织提起的环境公益诉讼总数之一半以上。但是，中国绿发会于 2017 年、2018 年和 2019 年三年提起的环境公益诉讼之总量还未超过 2016 年一年的数量。

直观的数据是会直接反映现状的。目前，一直活跃在一线并坚持提起环境公益诉讼的社会组织，保守估计全国可能不足 30 家。五年的实践操作会揭示一些困境，从而引发我们的思考。

（二）现实中存在的困境

1. "损害社会公共利益"的法律定义缺失

何为"社会公共利益"？是以人数多少来定位"社会公共利益"，还是从公共资源和财产的角度来理解"社会公共利益"，抑或是存在其他标准?目前，"社会公共利益"的法律定义并不明确，环境公益诉讼的归宿——维护社会公共利益——难以被有效界定。《中华人民共和国环境保护法》第五十八条规定："对污染环境、破坏生态，损害社会公共利益的行为，符合下列条件的社会组织可以向人民法院提起诉讼：……"那么，这里的污染环境、破坏生态与损害社会公共利益是并列关系，还是说污染环境和破坏生态是损害社会公共利益的定语？

（1）环境公益诉讼并非集体诉讼

"社会公共利益"这个概念貌似属于理论研究的范围，其抽象的定义似乎对实践没有多大影响，但是在代理环境公益诉讼案件时，笔者就曾经遇到过环境公益诉讼的被告以"集体诉讼"来认识公益诉讼，并以此来主张不支付环境公益诉讼律师代理费之情况，而这显然是偷换概念的做法。因此，如何定义"社会公共利益"，仍然是实践中的重要问题。

目前，仅从人数众多这个角度出发，集体诉讼有《中华人民共和国民事诉讼法》规定的必要共同诉讼与普通共同诉讼、《中华人民共和国证券法》规定的投资者保护诉讼、消费者保护领域的诉讼等，但是我们不能简单地将环境公益诉讼归结为"集体诉讼"。在实践中，集体诉讼的原告均为参与民事法律关系的当事人，他们与民事案件有法律上的利害关系。环境公益诉讼的法律依据是《中华人民共和国民事诉讼法》及《中华人民共和国环境保护法》之规定，其旨在允许代表社会公众利益的社会组织依法行使诉权，从而实现了社会大众的监督权之法律化。提起环境公益诉讼的社会组织与污染本身并无直接的利害关系，其代表的也不仅仅是污染受害者，还包括未遭受污染但是不能容忍污染行为的其他主体，即提起环境公益诉讼的社会组织是一个具有不特定内涵的社会大众之代言人。因此，我们不能仅仅以人数的多少来定义社会公共利益。

李昌麟教授直接对社会公共利益做出过定义，他认为社会公共利益是广大公民的利益。这里的"广大"，一是指范围的广大，即此种"广大"既包括全国性的广大，又包括地区性的广大，其外延取决于特定的法律与法规之适用区域；二是指时间上的广大，即此种"广大"既包括当前生活在地球上的人，又包括未来将生活在地球上的人。①

（2）社会组织并非对所有与社会大众相关的公益诉讼都享有诉权

在司法实践中，面对很多特定的损害大多数人利益之行为（如消费者权益保护、食品药品安全问题等），社会组织无法通过公益诉讼的方式来代替社会公众去维护社会公共利益。那么，这是否意味着《中华人民共和国环境保护法》第五十八条的规定之立法本意是将污染环境和破坏生态作为损害社会公共利益的定语？也就是说，社会组织仅能就这两种类型的损害社会公共利益之行为提起

---

① 李昌麟：《经济法学》，北京：中国政法大学出版社 1999 年，第 82 页。

环境公益诉讼，而不能就其他类型的损害社会公共利益之行为提起环境公益诉讼。

目前，有很多人用"不特定多数人"这一概念来定义社会公共利益。笔者认为，在尚无法律的明确规定之情况下，"不特定多数人"这一概念还是较为准确地体现了社会公共利益的基本内容。至少在环境法领域，"不特定多数人"这一概念是能够体现"社会组织代表社会公众来监督污染者"这一职能的。同时，"不特定多数人"这一概念与李昌麟教授的观点也是一致的，即不仅代表现在的人，而且代表可能深受环境影响的下一代。

就像某些环境公益诉讼的被告会通过提及"集体诉讼"来混淆"损害社会公共利益"之概念一样，作为原告的社会组织也可以在裁判过程中阐述自己的观点，但是在没有法律的明确规定之情况下，想要说服法院以得到胜诉判决，并让污染者心服口服地承担责任，是非常困难的。

2. 环保组织开展公益诉讼的支持和保障机制不健全

（1）资金问题

资金问题居于首要位置。一个案件的提起，从前期调研到后期取证，再到提起诉讼，每个环节都涉及资金的支出。差旅费、研讨费、鉴定评估费、律师费、专家费等各种花销都需要充裕的资金作为后盾，款项的投入动辄就是上百万元。对于非盈利性的社会组织而言，资金来源无疑是一大难题。

从笔者所在的中国绿发会之工作实践来看，环境公益诉讼判决中的最高赔偿数额也就 20 万元左右，这还是律师费和所有其他费用加在一起的数字，但这点钱连付律师费都不够，更别说弥补其他费用了。也就是说，社会组织提起环境公益诉讼，基本都是"赔本"的，根本收不回成本。

因此，以自筹资金与接受捐赠作为收入来源的社会组织，想要坚持环境公益诉讼，恐怕并不是一件容易的事情。由于做其他项目或者工作不会有这么大的开销与支出，甚至还可能有其他的管理性收入，所以很多社会组织即使符合条件，也选择了其他工作，而不会选择提起环境公益诉讼。同时，资金问题也是环境公益诉讼自 2015 年起并未出现预期的"井喷"现象之根源。目前，具有环境公益诉讼主体资格的社会组织共有 700 多家，但是仅有十几家在行动。

（2） 成本认定的误区

对社会组织的律师费、差旅费等费用之确定，法院大多采用酌定的方式。虽然每个环境公益诉讼案件都有相关的票据及委托代理协议，但是法院大多会以律师费尚未支付、代理公益诉讼案件的律师应该免收或者少收律师费、社会组织无法证明票据是用于某个特定的案件等理由而拒绝认定相关费用。"公益即是免费"的观念深入人心，但是做公益并不代表没有成本。你可以免费获得别人的帮助，但是这不代表帮助行为本身不会产生人力、物力、财力等方面的成本。

3. 生态环境损害鉴定评估的问题较多

（1） 鉴定难

目前，具有环境损害鉴定评估资质的机构并不多，有些地区甚至一家符合条件的机构都没有。在实践中，法院一般会认可原环保部推荐的环境损害鉴定评估机构。原环保部共计发布过两批推荐机构名录，第一批为 12 家，第二批为 17 家。虽然有些案件可以通过司法鉴定机构得到处理，但是完全仰赖司法鉴定机构也不是解决环境公益诉讼案件鉴定难问题的好方法。目前，尽管专家证人是民事诉讼程序中的新创举，但是其不能代替权威机构的专业技术报告及数据，专家证人仅仅发挥辅助功能。根据《最高人民法院关于适用 〈中华人民共和国民事诉讼法〉 的解释》第一百二十二条之规定，当事人可以"在举证期限届满前申请一至二名具有专门知识的人出庭，代表当事人对鉴定意见进行质证，或者对案件事实所涉及的专业问题提出意见。具有专门知识的人在法庭上就专业问题提出的意见，视为当事人的陈述"。可见，专家证人的意见仅仅是针对鉴定意见进行解释与说明。在实践中，法院直接采信专家的意见而不借助相关专业机构的报告之情形并不多见。"专业机构总是比专家意见更权威"是普遍的认识，但是专家费要比专业鉴定机构的鉴定费低。因此，对于社会组织而言，邀请专家证人无疑是一种既节约成本又能解决专业问题的好方法。

目前，除了可选择的专业机构较少外，缺少其他被认可的具有专业性和权威性之替代方式也是个大问题。

（2）鉴定贵

在一般的民事诉讼活动中，申请鉴定或者需要鉴定的一方会先垫付损害鉴定评估费用。但是，如果环境公益诉讼也采用这个模式的话，那么社会组织就要先承担巨额的鉴定评估费用。目前，所有的鉴定评估机构均是先付费、再工作，这对于资金不足的社会组织来说，无疑是"雪上加霜"。虽然《最高人民法院关于审理环境民事公益诉讼案件适用法律若干问题的解释》明确规定，法院可以支持鉴定评估费用，但是前期的投入已经让社会组织对动辄上百万的鉴定评估费用望而却步了。目前，并无相关的法律文件规定，环境公益诉讼的被告可以垫付鉴定评估费用，这在一定程度上也抑制了社会组织提起环境公益诉讼的积极性。

目前，检察机关提起的环境公益诉讼在鉴定评估方面有比较好的制度保障。2019 年 8 月，在最高人民检察院与司法部的积极推动下，58 家司法鉴定机构在检察公益诉讼中不预先收取鉴定费，各级检察机关在办理检察公益诉讼案件时，可以选择委托合适的司法鉴定机构。[1] 上述做法有效解决了鉴定评估费用太高的问题，相关部门可以借鉴这种方式，从而为社会组织提起环境公益诉讼打开方便之门。

---

[1] 戴佳：《58 家司法鉴定机构在检察公益诉讼中不预先收鉴定费》，《检察日报》2019 年 8 月 6 日。

4. 与检察机关合作方面的一些问题

（1） 级别问题

2019 年夏，湖南省某地的基层检察机关联系笔者，表示其想与中国绿发会合作，由中国绿发会作为原告提起环境民事公益诉讼，案件来源于检察机关办理的一起涉及非法收购、出售国家二级保护野生动物穿山甲的刑事案件。检察机关表示，其可以担任支持起诉单位，从而为民事公益诉讼提供帮助。在研究案件的过程中，该基层检察机关发现，民事公益诉讼案件的一审由中级人民法院管辖，而按照法律的规定，支持起诉单位的级别应当与法院的级别对应，即由市级检察机关负责，但是办理上述刑事案件及熟悉相关事实证据的为基层检察机关，这就造成了实践中的障碍。也就是说，熟悉案件情况的检察机关不能作为支持起诉单位，能够在中级人民法院出庭作为支持起诉人的市级检察机关又不太熟悉案件情况。

在实践中，涉及珍稀濒危野生动物与环境污染的刑事案件，大多是由基层检察机关搜集线索和证据材料，并由他们办理，但是碍于级别，有些基层检察机关无法作为支持起诉单位来帮助社会组织提起环境民事公益诉讼，这个问题阻碍了检察机关与社会组织的通力合作。

（2） 检察机关与社会组织在民事公益诉讼中的关系问题

2017 年，修订后的《中华人民共和国民事诉讼法》明确了检察机关可以提起环境民事公益诉讼，但是前提是先履行诉前公告程序。如果没有符合条件的机关和有关组织在公告期间申请加入，那么检察机关可以作为环境民事公益诉讼的原告提起诉讼。五年来，中国绿发会也通过在公告期间申请加入的方式，分别在江苏、安徽、山东等地与检察机关合作提起环境民事公益诉讼。笔者仅就中国绿发会遇到的实际问题进行阐述。当中国绿发会在公告期间申请加入后，检察机关就会将所有的诉讼材料从法院撤回，这说明其不愿意与社会组织一起作为共同原告提起诉讼。中国绿发会一般都会在加入后给检察机关发函，恳请其支持起诉，但是均没有任何回音。也就是说，检察机关也不愿意在此类案件中作为支持起诉单位。笔者提到的在公告期间申请加入的案件，最后都是中国绿发会自己作为原告来重新申请法院调查取证，从而完成了环境公益诉讼。

笔者曾经与检察机关沟通过，检察机关的想法是，社会组织没有做任何工作，没进行调研和思考，没去实地考察，仅凭法律规定就可以直接取得一个案件的起诉权，这种"捡现成"的做法令检察机关感觉自己的努力和付出好像被忽视了。同时，传统的看法认为，检察机关是行政部门，而社会组织是民间组织，地位上的差异和不平等也令检察机关不但不愿意与社会组织构成共同原告，甚至连支持起诉单位的身份都很排斥。

笔者能够理解检察机关的处境及想法，但是这种做法和想法所带来的后果是司法资源的浪费，即重复在一件案件上耗费人力、物力和财力。明明有现成的刑事案卷材料和相关证据，社会组织却要申请由法院调取。其实，无论是检察机关还是社会组织，既然取得了法律所赋予的环境公益诉讼之诉权，那么大家的目的就是一致的，没必要形成对立的局面。无论是谁来做环境公益诉讼原告，只要达到了让污染者担责的效果即可。多主体的监督是打击环境污染行为与生态破坏行为的有利手段，不仅是中国绿发会，其他的社会组织也一样愿意与检察机关加强协作。 2019 年 1 月，北京市检察院就与中国绿发会等十家社会组织签署了共同推进公益诉讼的工作意见。笔者所提及的这个问题，是自己在工作中切实遇到的，希望检察机关也能够接纳社会组织，从而共同推动环境公益诉讼工作。

5. 与生态环境损害赔偿诉讼的衔接问题

《最高人民法院关于审理生态环境损害赔偿案件的若干规定（试行）》第十七条已经明确了生态环境损害赔偿诉讼和民事公益诉讼的顺序问题，即以后有重大环境事件发生或社会组织和政府关注到同一个污染事件时，社会组织要让位于政府，因此社会组织开展环境公益诉讼的空间被大幅度压缩。在实践中，"抢诉"的问题应运而生。

同时，由于生态环境损害赔偿诉讼的前置磋商程序并非公开进行，因此政府与污染企业达成合意后，社会组织在并不明知的情况下提起环境公益诉讼，将会造成司法资源的浪费，这个问题，需要相关的立法及司法解释进一步明确。

从目前的司法解释来看，作为起诉主体的政府之权威性和威慑力[1]被放置于明显且重要的位置，甚至有被夸大之嫌；而作为起诉主体的社会组织之中立性和公信力[2]则被缩小了，甚至出现了被忽视的倾向。此种状况与当初《中华人民共和国环境保护法》所确立的由社会组织开展环境公益诉讼工作之立法目的和意旨似乎不是很相合。赋予多个主体以针对污染者的诉权之出发点是毋庸置疑的，但是当上述司法解释确立了顺序后，这种生态环境损害赔偿诉讼优先的局面是否就一定有利于打击污染者？笔者对此持怀疑态度，并且不认可政府既有行政权又有诉权的状态，因为这会使原本就执法不力的环境执法者更加懈怠。

6. 生态环境损害赔偿款的归属、使用和监管问题

目前，在实践中，生态环境损害赔偿款的归属、使用和监管主要有三种方式，即财政账户、专项基金及环境慈善信托。

（1）直接进入财政账户。

这是目前大多数法院所采取的形式，有些地方还成立了公益诉讼赔偿款的财政专户。传统的观念认为，生态环境损害赔偿款具有公益属性，因此由政府作为管理人最为合适。

早在 2015 年 12 月，中共中央办公厅、国务院办公厅印发了《生态环境损害

---

[1] 程多威、王灿发：《生态环境损害赔偿制度的体系定位与完善路径》，《国家行政学院学报》2016 年第 5 期，第 84 页。

[2] 程多威、王灿发：《生态环境损害赔偿制度的体系定位与完善路径》，《国家行政学院学报》2016 年第 5 期，第 84 页。

赔偿制度改革试点方案》，第四项试点内容就是，"赔偿义务人造成的生态环境损害无法修复的，其赔偿资金作为政府非税收入，全额上缴地方国库，纳入地方预算管理。试点地方根据磋商或判决要求，结合本区域生态环境损害情况开展替代修复"。上述规定也成为了法院将环境公益诉讼赔偿款纳入财政的一个有利说辞。在笔者代理的"中国绿发会诉秦皇岛方圆包装玻璃有限公司案"的二审庭审中，被上诉人的代理人也曾引用上述内容来驳斥上诉人的"一审判决将损失部分付至秦皇岛市专项资金帐户没有法律依据"这一上诉理由。

赔偿款进入财政帐户之方式既缺少法律依据，又没有任何使用及监管的规则，赔偿款的支出与审批、使用时间与方式等事项，社会公众均不知晓。中国绿发会在江苏某地中院提起的固废污染环境公益诉讼案件中提出，针对案件赔偿款进入当地财政专户，原告应该有监督权，毕竟公益诉讼的目的无非是受损环境得到修复。但是，法院明确拒绝了中国绿发会的请求，其称社会组织无权监督政府。

赔偿款进入财政帐户之方式使环境公益诉讼的原告丧失了监督权，资金是否真正被用于案涉环境污染的修复也无从得知。在此背景下，社会组织开展环境公益诉讼的目的是否实现当然也就无人知晓。因此，笔者并不赞同这种方式。

（2）专项基金

早在2016年，中国绿发会就曾尝试过通过专项基金来管理、使用和监督环境公益诉讼的赔偿款，即在公益公募性基金会成立专项基金。在"中华环保联合会诉安顺鸿盛化工有限公司水污染案"中，被告安顺鸿盛化工有限公司愿意捐赠5万元成立专项基金，用于贵州省生态环境的治理与修复。后来，这笔专项基金被用于清镇市犁倭镇石牛村的污水处理项目。中国绿发会的生态环境修复专项基金之使用首先由管理委员会批准，其次要表决申请公示项目，再次需提交原诉法院取得司法确认，然后应公示司法确认函，接着是进行拨款公示和验收公示，最后再收取申请方及当地政府部门的资金使用报告和验收报告。

专项基金的优势在于透明公开，每一步都暴露在阳光下，而且专项基金在资金不足的情况下可以发挥公益公募基金会的优势，即进行公开募捐；专项基金的弊端在于，中国绿发会作为原告的环境公益诉讼之赔偿款只能由其他公益公募基金会成立专项基金，其不能自己管理自己案件的赔偿款。就目前中国的社会组织之发展现状来看，具有相应的管理能力及公示制度的基金会实在是很稀少，专项基金推广起来尚有难度。倘若资金尚不足以完成修复，虽然我们可以通过募捐之方式来筹集资金，但是募捐的效果无法预料，并且过程可能非常艰难，因此效率方面很难有保证，而周期太长将不利于及时、有效地修复受损之生态环境。

（3） 环境慈善信托

《中华人民共和国信托法》第六十条第六款规定，"发展环境保护事业，维护生态环境"可以设立公益信托。在实践中，自然之友、中国绿发会等社会组织都有为环境公益诉讼案件的赔偿款设立环境慈善信托，并将其用于各种生态环境事业。但是，环境慈善信托也属于新生事物，在法无明文规定的情况下，大多数人还是持观望的态度。目前，我国关于公益信托的法律规定主要集中在《中华人民共和国信托法》《中华人民共和国慈善法》及《慈善信托管理办法》之中，且多为原则性规定，这些规定并未详细、具体地规范公益信托的主体及其组织形式、业务和管理行为，而是仅为公益信托提供了基本的法律关系构架。尤其是在未明确规定环境公益诉讼赔偿款可以成立环境慈善信托的情况下，法院亦不愿"冒险"尝试这种方式。

7. 取证困难

（1） 无任何保障

这一困境主要体现在诉前调研阶段。社会组织既没有行政机关与司法机关的行政执法权和调查权，又没有媒体记者所享有的一些保障，因此其很难进入污染企业去调取实质证据，并且常常遭遇人身方面的危险。

笔者三年前在江西调研一家污染企业，寻找暗管偷排时就曾经被人监视、跟踪尾随与搭讪询问，这种状况一直持续到笔者离开为止。虽然笔者当时没有遭遇人身伤害事件，但是作为社会组织的普通工作人员，在取证方面的确没有任何保障和依赖。在实践中，曾经有社会组织的志愿者因为举报环境污染及开展实地调研而被处以治安管理处罚，甚至被指称涉嫌刑事犯罪。更重要的是，有些案件的调查需要进入企业内部，但这对于社会组织而言是根本不可能实现的，因此与企业发生冲突也不是什么新鲜事。

这些都是无任何背景、无任何强制公权力保障的社会组织在开展环境公益诉讼工作时经常要面对的难题。

（2）信息公开申请的不配合

信息公开申请是社会组织获取材料的主要手段之一，但是有关的行政机关及单位往往并不配合，他们以没有该资料、未存档、不进行归纳汇总、属于商业秘密等各种理由来搪塞，从而使得社会组织很难获取所需要的证据。如果有些案件材料通过前期的信息公开申请无法获得的话，那么这个案件可能也就无法继续进行下去了。

8. 行政权介入得太多

环境民事公益诉讼制度的确预留了太多空间给行政权，从而使得行政权介入司法权的现象比比皆是。在社会组织提起环境民事公益诉讼时，如果属地政府部门不接受公益诉讼，那么社会组织将会面临很大的压力，因为相关的行政机关对社会组织的管理措施就能够阻断公益诉讼的道路。例如，笔者在与兄弟社会组织合作的过程中得知，有的社会组织一提起环境民事公益诉讼，被告就直接去社会组织登记注册的民政部门搞些"小动作"，哪怕就是几通不知真假的电话，也会让行政机关本着息事宁人与维护稳定的目的来出面干预。社会组织的登记注册与年检年报都由行政机关管理，为了继续生存及享有获得各种项目的资格和资质，其只能选择不去提起民事公益诉讼。

由此可见，在民事公益诉讼中，相当部分的管理权力还是被让渡给了行政机关。再如，针对社会组织的认证管理、年检、行政处罚等事项，民政部门有直接的审查权，其可以直接让社会组织无法再提起环境公益诉讼。举一个简单的例子，《基金会管理条例》对社会组织的负责人做了年龄上的规定，超龄将会导致年检不合格，而年检不合格就可能受到行政处罚，且该社会组织将不具备诉讼主体资格，但现实中存在负责人超龄情况的社会组织不在少数。也就是说，这些社会组织永远都不可能再去提起环境公益诉讼。

如果这些掐住社会组织生存及发展命脉的管理措施不能实现与司法权的协调，那么绝大部分符合环境公益诉讼条件的社会组织将只能望"诉"兴叹。如果每个社会组织在提起环境公益诉讼前，都要考虑被告是否会去登记管理部门搞"小动作"，都要担心这个诉讼是否会影响其今后的生存，那么社会组织的环境公益诉讼又有何意义呢？如果不消除这些社会组织的顾虑，那么将来所有的社会组织都可能会不堪"重负"，从而使社会组织提起环境公益诉讼成为一句空话。

在司法过程中，更多地引入行政监管可能反而不利于环境公益诉讼工作的开展。

二、 结论

经过这五年的工作实践，笔者看到的不是势头猛进，而是日趋衰落。2019年末，中国绿发会参与的案件之判决结果相当不理想，甚至出现了驳回起诉和驳回诉讼请求之情况。经过专业人士反复研究的无法律瑕疵之公益诉讼案件竟然被法院这么认定，这很难说不会打击社会组织的积极性。目前，在中央这么重视生态文明的情势下，这种趋势的出现是令笔者非常费解的。

从公益诉讼机制的设置、立法的本意和未来的发展来看，社会组织将成为环境公益诉讼的重要力量。虽然发展过程的特定阶段一定会出现各种各样的问题，但是问题会使我们更有动力去开展相关工作，以推动制度的完善。党中央设立环境公益诉讼制度的决心与意图可谓有目共睹，我们应当按照党中央的部署，更好地彰显制度的正面效应。未来，笔者希望环境公益诉讼制度能够进一步发展，相关的立法及司法解释能够日趋完善，实践中存在的问题能够顺利得到解决。社会组织愿意切实维护公众环境权益和社会公共利益，不断推动生态文明建设取得更大的成就。

第四章

论坛发言实录

2019 年中达环境法论坛发言

特邀报告

论我国的环境法快速发展之原因

马骧聪

中国社会科学院荣誉学部委员、中国社科资深学者、

"中达环境法学教育促进计划"评审委员会主任

　　同学们、朋友们、同志们，大家好！首先，请允许我对 2019 年中达环境法论坛在上海召开表示衷心的祝贺！这一次的论坛主题定为"改革开放四十年：环境法的回顾与展望"，我认为非常好。改革开放四十年来，在党中央的领导下，在全国人民的努力奋斗下，我们国家在社会、经济等各个方面都取得了史无前例的成就。同样，在环境法领域，我们国家也取得了巨大的进步。大家都知道，改革开放之初，我们国家是没有环境法和环境法学的，环境法和环境法学正是随着改革开放的推进而逐步产生与发展起来的。改革开放四十年来，我们国家取得了很大的成就。作为一个四十年来参与和见证了环境法治与环境法学发展全过程的环境法学研究者，我个人主要有以下三点体会：

第一，我们国家的环境法治、环境法和环境法学之所以能够获得快速的发展，首先是因为党中央的正确领导，以及其对环境保护、环境法治与环境法学的重视。整个改革开放的方针路线，就是推动我们环境法学和环境法治发展的基础，那么，具体来讲，在很多方面，党中央、国务院都采取了重要的具体措施。党中央对环境法治和环境法学的重视，表现在环境保护和环境法的指导思想及相关理念之不断强化与完善。1978年底，十一届三中全会刚刚结束，党中央就批复了当时国务院环境保护领导小组的环境保护工作汇报要点。党中央在批复中指出，消除污染、保护环境，是进行经济建设、实现四个现代化的重要组成部分，一定要抓好这项工作。而且，党中央明确指出，要制定环境方面的法规。在此之前，《中华人民共和国宪法（1978年）》就明确规定，环境保护就是国家保护环境和自然资源，以防治污染。后来，《中华人民共和国宪法（1982年）》又更加明确、更加充分地规定了环境资源保护。在这个基础上，国家领导人明确宣布，环境保护是国家的基本国策。后来，党中央决定我们国家实行社会主义市场经济，决定我们实行依法治国，把"依法治国、建设法治国家"写入党章和宪法。之后，国际上提出了可持续发展战略，我国积极响应，主动制定可持续发展战略。特别是在1992年的巴西环境与发展大会以后，我们自己制定了《21世纪议程》，旨在从各方面推进可持续发展。以后，党中央又提出科学发展观、构建和谐社会、建设生态文明等诸多理念。所有这些都一步一步地强化了我们环境保护与环境法的指导思想和理念，大大地推动了我们环境法的发展、环境法治的进步和环境法学的发展。

除了在理念上不断趋于完善外，党和国家也加强立法。关于这一点，我前面大体上已经讲了一些，这里就不多讲了。我现在讲一讲在强化环境法的指导思想和理念，以及完善环境立法的同时，国家也非常重视采取各种措施来保障环境法的实施。首先，在组织上，党中央、国务院采取了一系列的措施来加强环境保护机构的组织建设。最初的国务院环境保护领导小组办公室一步一步地升为城乡建设环境保护部；后来又设置国家环境保护局；接着，国家环境保护局又发展成为国家环境保护总局；然后，国家环境保护总局进一步被改革为环境保护部，并一直演进为今天的生态环境部。通过机构的改革，党中央就在组织上加强了对环境保护与生态保护的领导。同时，党中央对资源部门进一步加以完善，明确了相关部门的分工，提出了党政双责，并将各级党政机关对环境方面的职责列入考核内容，从而在各方面加强了环境保护政策的执行和实施力度。最近这些年，党中央还一步步地优化环境市场，加强对从幼儿园、小学、中学到大学的社会各界人士的有关环境资源保护之宣传教育，建立各种环境保护群众团体，动员和组织群众参与环境保护工作，从而使得全社会都动员起来保护环境。所以，我们说党和国家是从各个方面采取措施来加强生态环境保护工作。至于环境法学，我们也可以说它同样受到党中央的重视。上个世纪 80 年代，国家就将环境法列为法学的二级学科，现在改名叫"环境与资源保护法学"。国家学位委员会还在许多学校设立环境法学的硕士点和博士点，这就是对环境法学的推动。所以，我认为，我们国家的环境法、环境法学和环境法治之所以能够快速发展，首先就是因为党中央和国家的重视与领导。

第二点，我认为，我国的环境法、环境法治和环境法学之所以能够快速发展，很重要的一点原因就是，我们环境法学界的教学科研人员，包括我们各个实务部门里研究环境保护法与资源法的同志们，都坚决拥护党中央的改革开放之方针路线，坚决以马克思主义、毛泽东思想、邓小平理论、三个代表思想、科学发展观、习近平新时代中国特色社会主义思想为理论指导，坚决从中国的实际出发，紧跟国家的社会经济发展，团结一致，对环境资源法的有关理论问题和实践问题进行认真研究，并且通过学会、刊物等渠道进行学术交流，加强团结。现在，许多同志在环境法方面有很高的造诣，而且我们很多同志还一边进行研究，一边参加国家的立法、执法、干部培训、法治宣传教育等实务工作，用自己的理论知识来促进国家的环境法和环境法治之发展，为国家的环境保护事业及环境法治之健全和完善提供建议与理论支撑。同时，我们环境法学界的同志们还与时俱进，在社会经济发展的各个阶段都认真和积极地配合相关工作，从而使得我们的环境法学与环境法治一步一步往高处发展，一步一步实现提升。这一点，我认为也是非常重要的，它是我们国家的环境法学、环境法治与环境法能够得到发展的一个很重要之因素。

第三点，我认为，我们的环境法治、环境法与环境法学之所以能够得到较快的发展，还因为我们既立足中国，从中国实际出发，又放眼世界，虚心地学习国际上的先进经验。大家都知道，环境保护是全人类的事业，因此世界各国的环境法都有很多相通的地方，但各个国家的环境法又由于自身的历史、文化、自然发展等条件之不同，而呈现出相应的特点。所以，我们要相互学习。借鉴国外的成功经验，避免不好的教训，这对于我们发展中国的环境法和环境法学而言是非常重要的。我们中国人非常善于学习人类的先进经验，所以在开展环境立法与进行环境法学研究之初，我们就研究外国环境法和国际环境法，并且翻译出版有关的资料。同时，我们派人到国外去学习，也请国外的专家到中国来讲学和交流，所以我们取得了很重要的成就，而且在推动我国的环境法学之发展方面也发挥了很好的参考作用与推进作用。我们现在有很多同志在外国环境法与国际环境法的研究方面颇有造诣。

以上是我自己的体会，我认为我们国家的环境法、环境法治和环境法学自改革开放以来得到了比较快速的发展，这得益于以上三个原因。当前，我们国家的环境保护形势非常好。十八大以来，党中央把环境保护工作放到了最高的战略地位，提出了五位一体，将环境保护纳入了国家的整体发展战略。同时，党中央又进行顶层设计，并采取各种措施来加强管理，以促进环境保护措施的落实。所以，我们当前的环境状况日益改善，环境法治不断健全，环境法学正处于进一步繁荣发展的阶段。在这种情况下，我个人认为，我们环境法学界应该进一步高举中国特色社会主义理论的旗帜，认真学习习近平总书记的新时代中国特色社会主义思想，结合实际、团结一致、加强合作，把我们的研究与教学搞得更好，推动我们国家的环境法治与环境法获得进一步发展，使我们的环境法学更加繁荣，为美丽中国建设贡献自己的力量！我就讲这么一点供大家参考，有不对的地方请多多指正。

中国环境资源法四十年之回顾与展望

蔡守秋

武汉大学法学院教授、环境法研究所原所长、

中国法学会环境资源法学研究会原会长

各位专家、学者、老师、同学，女士们、先生们，大家早上好！

首先，我对2019年中达环境法论坛的顺利召开表示祝贺。我今天发言的题目是《中国环境资源法四十年之回顾与展望》，主要内容分为两个部分。我谈的第一个部分是中国环境资源法之回顾。从发展历程上看，我国的环境资源法分为改革开放初期的环境资源法与进入生态文明建设时期的环境资源法。改革开放初期的环境资源法分为两个阶段，第一个阶段是1978年至1988年末的环境资源法，第二个阶段是1989年至1999年末的环境资源法；进入生态文明建设时期的环境资源法也分为两个阶段，第一个阶段是2000年至2011年末的环境资源法，第二个阶段是2012年至2019年的环境资源法。我谈的第二个部分是中国环境资源法之发展与展望。

考虑到刚才马老师已经介绍了中国环境法的发展历史，而且后面还有学者要

继续介绍，因此我这里只简单谈一谈中国环境法的发展历史。今年 4 月，中国人民大学出版社出版了我的专著《中国环境资源法基本理论》，此书专门用一章讲了中国环境资源法的历史。这个历史既包括中国古代史，又包括中华人民共和国七十年的历史，还包括改革开放四十年的历史，从而比较全面地展示了我们国家的环境资源法从古代至今之情况。有兴趣的朋友可以看一下上面这本书。我今天主要简单讲一下改革开放四十年来的环境法之发展概况。在中华人民共和国的历史上，1978 年是一个具有特殊意义的年份，这一年通过修订的《中华人民共和国宪法》和召开的中共十一届三中全会，标志着中国的环境资源法开始进入到一个被称为"改革开放"的新时期。我将 1978 年至 2019 年的环境资源法之发展历程分为两个时期： 第一个时期是工业化初期或改革开放初期的环境资源法，第二个时期是进入生态文明建设时期的环境资源法。以上是我个人的分类，不同的学者有自己不同的看法，从而会做出不同的分类。

概括来讲，从 1978 年到 2019 年，我国已经制定了 13 部以防治环境污染为主要内容的法律，16 部以自然资源管理及合理使用为主要内容的法律，12 部以自然保护、生态建设、防止生态破坏和防治自然灾害为主要内容的法律，40 余部与环境资源法密切相关的法律。同时，我国制定了大量与环境资源有关的行政法规、行政规章、地方法规和地方政府规章，包含环境资源保护内容的其他法律部门之法律法规，以及大量的环境资源标准和规划。目前，环境资源法已经发展成为一个内容丰富、功能齐备、结构合理的法律部门，其在我国的法律体系中处于相当重要的位置，已经成为中国特色社会主义法律体系中最前沿的、发展最为迅速的一员。在当前的状况下，环境资源法获得了相当重要的社会地位，发挥出重要的社会功能和社会作用，其已经成为中国的环境资源保护和生态文明建设之基础和支柱。总体上看，在中华人民共和国成立后的七十年中，特别是改革开放四十年来，我们国家在环境资源保护和环境资源法治建设方面取得了举世瞩目的成就，但也遭遇了不少问题与缺陷。

下面，我主要讲一下环境法的发展与展望。实际上，展望是针对问题提出的。正如习近平总书记所指出的，从总体上看，我国的生态环境质量持续好转，呈现出稳中向好之趋势，但成效并未得到巩固，稍有松懈就有可能出现反复，犹如逆水行舟，不进则退。我国的生态文明建设正处在压力叠加、负重前行的关键时期，我们已进入提供更多优质生态产品以满足人民日益增长的对优美生态环境之需求的攻坚期，并到了有条件、有能力来解决生态环境领域之突出问题的窗口期。我国的经济已经由高速增长阶段转入高质量发展阶段，我们需要跨越一些常规性和非常规性的关口，这是一个凤凰涅槃的过程。如果我们现在不抓紧，那么将来解决问题的难度会更高、代价会更大、阻碍会更多。我们必须咬紧牙关，爬过这个坡，迈过这道坎。回顾过去，"以史为鉴，可以知兴替"。历史既承载着过去的积淀，又蕴含着未来的启迪。我们应该"不忘初心，牢记使命"，不断继往开来，认真总结经验、吸取教训，重视问题和不足，积极回应人民群众所想、所盼、所急的环境资源需求，进一步健全和完善我国的环境资源法。

第一，我们要积极回应人民群众所想、所盼、所急的环境资源需求，为环境资源保护事业提供法治保障。

环境资源法的最初目标和基本使命是为环境资源保护事业提供法治保障。环境和自然资源是人的生存与全面发展之基础，我们应该"不忘初心，牢记使命"，不断继往开来，为环境资源保护和生态文明建设提供法治保障。我们要坚持正确的环境资源法治建设之指导思想，对此我主要谈如下几个方面：

一是基于马克思主义关于人与自然关系的思想来发展环境资源法。习近平总书记在纪念马克思诞辰 200 周年大会上的讲话中指出，学习马克思，就要学习和实践马克思主义关于人与自然关系的思想。习近平总书记将马克思主义的思想内涵进行了总结，其中一个最重要的方面，就是与环境资源保护有关的马克思主义关于人与自然关系之思想。之后，在第八次全国生态环境保护大会上，习近平总书记再次强调，"2018 年 5 月 4 日，我们召开了纪念马克思诞辰 200 周年大会，我在会上特别强调，学习马克思就要学习和实践马克思主义关于人与自然关系的思想"。

二是基于生态文明观来发展环境资源法。2018 年 5 月，中共中央召开了全国生态环境保护大会，会议正式确立了习近平生态文明思想，从而为进一步加强生态文明建设和环境资源法治建设提供了思想指引与实践指南。中共中央总书记习近平指出，新时代推进生态文明建设，必须坚持好六个原则。考虑到时间关系，我这里就不将六个原则一一念出来了。根据六条生态文明建设的原则，习近平总书记提出了以下六个观念： 一是人与自然和谐共生的科学自然观；二是绿水青山就是金山银山的绿色发展观；三是良好的生态环境是最普惠的民生福祉的基本民生观；四是山水林田湖草是生命共同体的整体系统观；五是用最严格制度最严密法治保护生态环境的严密法治观；六是共谋全球生态文明建设的共赢全球观。我们要坚持以生态文明观为指导，将环境资源法发展成为以生态文明建设为旗帜的法律部门。

三是基于公众共用物的理念来发展环境资源法。公众共用物包括公众共用自然资源、公众共用环境、公众共用地域和公众共用空间。就法律性质来说，环境和自然资源基本上属于公众共用物。如果我们将环境资源混同于具有排他性的财产权或者物权之客体，那么环境资源就可以被纳入传统民法的调控范围，环境资源法也就没有存在的必要了。当前，我国的环境资源问题主要表现为环境污染严重、生态系统结构功能破坏，以及环境资源数量锐减、生态空间受到严重挤压。在谈到我们国家的环境问题时，不管是国家环保部还是生态专家都会涉及以上两个方面。生态学家说我们国家的生态环境之空间被严重挤压，这是一种生态学的表述。我用一种比较通俗浅显的话来说，就是防止生态环境的空间被严重挤压等同于防止环境要素数量的减少或环境空间体积的减少，即防止第二种公众共用物悲剧之发生。所谓防止环境污染和环境破坏，主要是指防止第一种公众共用物悲剧和第二种公众共用物悲剧之发生，即防止环境质量退化和环境数量（即空间和地域的面积与体积）减少。保护环境资源，主要是维护环境资源的适宜质量和适当数量。长期以来，我国的环境资源保护和环境资源法治建设之缺陷是什么呢？就是重环境质量而轻环境数量，环境质量与环境数量脱节，即公众共用环境资源的质量和数量脱节，重抓环境污染防治而轻视环境空间地域维护，重自然保护地的产权调控而轻公众对自然保护地的共同享用。以往的环境保护主要是指防治环境污染，其以环境质量为中心；以往的环境保护局或环境保护部一直被限于环境污染防治职能部门的定位之下，而现行的生态环境部门也仍然主要负责维护环境质量与防治环境污染；以往的自然资源部门主要负责维护自然资源资产与防止自然资源资产减值；以往的环境资源法律主要是一种防治环境污染与维护环境质量的法律规范。现行的有关生态环境保护之政策、法律、标准、管理体制和治理体系基本是以环境质量为中心，我们没有形成对生态环境的质量和数量进行统一保护、统一监管的环境资源法治体系。

改革开放四十年来，我国在经济、社会等领域取得了举世瞩目的成就，但是也面临着不少具有长远危害性的问题和缺陷。其中，比较有争议的就是教育商品化和教育市场化，以及医疗商品化和医疗市场化。我认为，环境商品化和环保市场化也对我国的环境保护施加了不好的、深远的影响。我讲的环境保护市场化，不是指发展各种治理与修复生态环境的环保工业，而是指将保护环境的义务转变成旨在谋取私利的商业活动。现在看来，在环境资源法治建设领域，我们要特别警惕环境商品化和环保市场化，这是我的观点。环境商品化和环保市场化意味着，所有的环保行为都要赚钱与交税，这表面上可能有利于国家的统一管理，而且国家的税收和企业参与环保市场的赢利也会增加，但是其无助于环境保护和公众对公众共用环境的享用。事实证明，环境商品化和环保市场化的高潮往往意味着环境保护的蜕化、变质与误入歧途。在环境资源保护领域，经商、营利与谋利往往是在挖环境资源保护的墙脚。

另外，我再讲一些事情。2019 年 1 月召开的全国林业和草原工作会议披露的信息显示，我国已有各类自然保护地共 1.18 万处，总面积占国土面积的 18% 以上。但是，据我所知，上述占国土面积 18% 以上的土地，基本上已在国有化或私有化的名义下被圈了起来或者围了起来，公众被排除在外，这就造成了严重的生态环境空间被挤压之态势，并且引发了越讲环境保护、越大搞保护地建设，公众共享的环境资源或公众共用的生态环境空间就越少之悖论。例如，之前公园是可以免费进入的，而改革开放以后出现了一个很不好的风气，就是所有的公园都收费。之后，经过很多有识之士的呼吁，公园才重新免费敞开。我向大家报告一个好消息，根据国家统计局发布的资料，至 2017 年末，全国共有城市公园 15633 个，其中的免费公园之数量已经达到了 14000 多个。

第二，我们要进一步创造条件，争取环境权入宪入法。北京大学的金瑞林教授曾在《中国法治报》上发表过一篇文章，他说他的最大遗憾之一就是环境权没有入宪入法。

第三，我们要建立健全国家环境资源治理体系。

第四，我们要继续建立健全高效的环境资源行政监督管理体制。目前的自然资源部和生态环境部要进一步优化职责定位，生态环境部既要监督管理环境的质量（即环境污染），又要监督管理环境的数量（即生态空间的体积），这是我从基础理论出发的建议。至于如何将环境质量的保护和监管与环境数量的保护和监管结合起来，我这里就不谈了。

第五，我们要继续建立健全环境资源司法专门化和环境资源诉讼体制。

第六，我们要积极推动编撰中国环境资源法典，并构建科学合理的环境资源法律体系。

由于时间有限，关于环境法发展的展望，我重点谈了第一个方面，其他五个方面只是一言带过。谢谢大家！

七十载的环境立法之回顾与反思

孙佑海

天津大学法学院院长、中国绿色发展研究院执行院长

首先，热烈祝贺本次会议圆满举办！

我发言的题目是《七十载的环境立法之回顾与反思》，主要内容分为四个部分：一是对七十年来的环境立法进行大体上的回顾；二是总结一下其中的经验；三是分析还有哪些问题；四是简短地对今后的环境立法之发展提出几点建议。

首先，我们为什么要讨论七十年来的环境立法？我将中华人民共和国成立以来的七十年之历史划分为三个阶段，即起步阶段、发展阶段和进入生态文明新阶段。起步阶段是 1949 年中华人民共和国成立到 1978 年底党的十一届三中全会召开，发展阶段是 1978 年底党的十一届三中全会召开到 2012 年党的十八大召开，进入生态文明新阶段是 2012 年党的十八大召开至今。有人说，改革开放以来才有环境立法，好像改革开放之前没有环境立法。其实，我们仔细考证过，上述说法与历史事实是不相符的。我们在 1949 年之后就已经开始把环境立法提到议事日程上来，如 1953 年的植树造林之规定、建设征用土地之规定、有关狩猎之管理办法、有关水产养殖之规范、关于工业三废排放控制之纲要等。1960 年之后，我国制定了《森林保护条例》《工业废水、生活污水管理暂行规定》《矿产资源保护试行条例》等法律规范。 1972 年 6 月，中国派出阵容强大的政府代表团

参加了联合国人类环境会议，燃料化学工业部副部长唐克担任队长。在开会的时候，中国代表团的一些重要意见都得到了采纳。其中，毛泽东同志说的"人类应当永远有所发现、有所发明、有所创造、有所前进"也被会议记录了下来。1973 年 8 月，我国召开了第一次全国环境保护会议，会议通过了《关于保护和改善环境的若干规定（试行草案）》，这实质上是中国第一部综合性的环境保护法规。1978 年，第五届全国人民代表大会第一次会议通过的《中华人民共和国宪法》明确规定，国家保护环境和自然资源，防止污染和其他公害。历史表明，在毛泽东、周恩来等老一辈党和国家领导人的关心下，以及在有关部门与全国人民的共同努力下，我国的环境保护事业在中华人民共和国成立之后已经被提上了工作日程并取得了很大的成就。但是，由于中华人民共和国刚刚成立，各项国家管理工作刚刚起步，因此环境立法工作带有一些幼稚性，文件都不太规范，而这些并不能抹杀我国在环境立法方面取得的成就。

我讲这一段话，主要是想说明我国在这一时期是有环境立法的。

其次，我想讲一下我国的环境立法之发展阶段。整个发展阶段大体是从 1979 年初到 2012 年党的十八大召开之前。十一届三中全会召开时，我已经进入大学，我还有幸亲耳聆听了中央人民广播电台宣读公报，公报提到我国今后将进入以经济建设为中心的阶段。1984 年，中央通过了《关于经济体制改革的决定》，从此我国翻开了波澜壮阔的改革开放之新篇章。这个阶段，我国在经济领域取得了很大的成就，但是环境污染与生态破坏问题非常严重。与此同时，我们与环境污染问题进行了顽强的斗争。 1978 年 12 月，中央发布了环境保护工作的要点，《中华人民共和国环境保护法》的制定成为环保工作的重点之一，从而拉开了环境资源法治建设的序幕。 1979 年是中国的法治建设取得大丰收的一年。 1979 年 3 月，全国人民代表大会通过了一系列重要的法律，如《中华人民共和国森林法》《中华人民共和国环境保护法（试行）》等。虽然这个时候的

《中华人民共和国环境保护法》是试行，但是它与其他法律的效力是一样的。《中华人民共和国环境保护法（试行）》明确规定了几项重要的原则，特别是其涉及了环保机构的设置，并置入了"谁污染谁治理"等原则。之后的《中华人民共和国宪法（1982年）》是非常重要的，它在环保问题上明确规定了"国家保护和改善生态环境和生活环境"。也就是说，"生态环境"这个词在1982年就有了，它的定义很多，但它的内涵与现在生态环境部的"生态环境"四个字是一样的。在此期间，针对大开发与大建设对生态环境的破坏，国家在环境保护方面采取了一系列的重大行动。1974年，国务院环境保护领导小组成立；1982年，国家组建了城乡建设环境保护部，其下设有环境保护局；之后，环境保护局成为了国家局，并一直升格为国务院直属局。在此期间，一些人对环保工作部门的地位之提高有很大意见。有一次，一位领导拍桌子，反对环境保护部门升格。但是，环境保护部门的重要性日益凸显，此趋势已无法阻挡。1998年的机构改革将国家环保局升格为国家环境保护总局；2008年，国家环境保护总局升格为环境保护部。1996年，党和国家制定了可持续发展战略，并将可持续发展战略规定为国家战略；2003年，胡锦涛同志代表党中央提出了科学发展观，我当时在中央党校学习，很受鼓舞。在机构设置方面，全国人大环境保护委员会于1993年成立，并于次年更名为全国人大环境与资源保护委员会。从历史的演进来看，发展经济是主流，但我们的环境保护之力量也在壮大。在抗争的过程中，环境保护部门的力量没有开发建设主体的力量大，所以胡锦涛同志在党的十七大报告中说了一句意味深长的话，即"环境代价过大"。所谓代价过大，是指我们的总体损失比较大。

环境立法的第三个阶段是进入生态文明的新阶段，大体从2012年11月党的十八大召开起算。十八大报告提出了两个重要的观念，一个是生态文明，另一个是美丽中国。十八大将生态文明建设纳入了党和国家的五位一体之总体发展战略，并使其成为重要的一环。在十八大上读报告的是胡锦涛同志，但是这个报告的起草小组之组长是习近平同志，他那个时候就已经将生态文明的理念写到文件中了。党的十八大之后，根据中央的要求，特别是在习近平同志的大力推动下，我们出台了一系列的重要文件，刚才蔡老师都讲过了。而且，在机构问题上，我国也出现了一些新的变化，特别是组建了新的生态环境部与自然资源部，从而为法治的建设创造了良好的条件。在此之后，我国的法治建设也取得了很大的进展。其中，最著名的就是 2014 年的《中华人民共和国环境保护法》之修改。十八大之前，《中华人民共和国环境保护法》的修改历经千辛万苦才得以立项，并且只能小修小补，大家提出的很多建议均未被采纳。可是，十八大召开以后，形势大变，法工委的热情也非常高，所以 2014 年的《中华人民共和国环境保护法》之修改力度的确是非常大的。2014 年，《中华人民共和国行政诉讼法》的修改又规定了行政公益诉讼。还有一个重要的立法事件，就是 2017 年的《中华人民共和国民法总则》规定了绿色原则。此后，党的十九大关于生态文明的思想更加全面，特别是《中国共产党章程》和 2018 年 3 月修改的《中华人民共和国宪法》都涉及了生态文明，从而使我国迈出了生态文明建设的新步伐。

这里特别讲一下，全国生态环境保护大会于 2018 年 5 月召开，习近平同志亲自参会，并在会上正式阐释了习近平生态文明思想（"八个观"），即生态兴则文明兴、生态衰则文明衰的深邃历史观；人与自然和谐共生的科学自然观；绿水青山就是金山银山的绿色发展观；良好生态环境是最普惠的民生福祉的基本民生观；山水林田湖草是生命共同体的整体系统观；用最严格制度保护生态环境的严密法治观；全社会共同建设美丽中国的全民行动观；以及共谋全球生态文明建设之路的共赢全球观。习近平同志的生态文明思想，成为我国环境法治建设的最为重要之指导思想和工作指针。

在此期间，就全国来说，环境保护与经济发展之间的关系被平衡得比较好。

但是，一些地方也出现了"一刀切"的情况。有些地方平时的环保工作做得不严格，没有依法办事，上级来检查的时候就全关全停，从而在方法上出现极端化倾向，人民群众对此很有意见。党中央发现问题后，及时进行了纠正。

从完善环境立法的角度进行反思，我总结了五点经验。第一点是牢记使命，贵在坚持。搞环境保护工作是为人民服务，是要维护人民的福祉，所以我们必须坚持法治，这样才能战胜各种困难和挑战。第二点是深入实际，实事求是。我们的立法工作不能躲在书斋里，一定要深入基层、深入人民群众，虚心地向一线同志们请教，做好调查研究，实事求是，有什么问题就解决什么问题。第三点是既懂中国又懂外国。我刚刚讲了我们不仅要深刻、透彻、全面、系统地了解中国的情况，而且要了解外国的经验。第四点是专业精神，以理服人。搞环境法要有专业精神，我们要懂专业、懂法律、懂实际、懂科学，要以理服人，把道理讲透。第五点是坚持真理而不偏激。我们看待环境问题要坚持真理，致力于维护人民的福祉。搞环境保护工作切忌偏激，有的人思想比较偏激，好像这个世界只有环保工作，这显然是不行的。以开车为例，司机要一只脚踩油门，一只脚踩刹车，不能只有油门而没有刹车，两者之间的关系要处理好。搞环保确实很重要，但是为了保证经济的平稳运行和社会的全面发展，我们要将踩油门和踩刹车很好地协调起来。

下面，我讲一下存在的问题。第一，环境立法的质量有待提高。你不深入实际，立法质量怎么能提高呢？你既不懂中国又不懂外国，立法质量能提高吗？第二，立法存在空白，如排污许可、化学物质污染、生态保护、遗传资源、生物安全、臭氧层保护等方面，我们均存在很多的立法空白。第三，修改不相适应的规定。因为国家在发展、情况在变化，所以法律的修改需要紧跟时代之需求，如《中华人民共和国固废法》与《中华人民共和国噪声法》都需要修改。第四，配套环境法规的不健全。中国这么大，情况比较复杂，不能一刀切，有的时候就需要配套规定跟上来，否则社会管理就会出问题。

此外，我们还要进一步挖掘问题。第一，我们在指导思想方面还存在一定的短板。我们对依法开展环境保护还不够重视，法律手段与其他手段应当相互配合。第二，准备阶段的不足。法律草案的审议看上去很热闹，但在中国，准备阶段可能更加重要。谁提出来的立法建议能被采纳？这是由中央来定的。实际上，有的法律草案之所以没有通过，是因为立法的准备阶段还存在着决策不够科学等问题。第三，审议阶段的问题。第四，评估阶段的问题。一项法律制定出来了之后，其实施效果究竟怎么样，这个东西既不能由自己来评，也不能由自己的关系单位来评。第五，立法过程中的协商还不够充分。第六，立法的质量不够精细。

关于环境法今后的发展与完善，我提如下几点建议：

第一，我们要明确新时代的环境立法之指导思想和原则，并深刻认识到，习近平生态文明思想是生态环境保护事业发展与进步的科学指引和行动指南，是我们做好生态环境保护工作的根本遵循。我们要将学习和贯彻习近平生态文明思想作为长期的、重要的政治任务，并以习近平生态文明思想来指导我们的环境立法工作。在谋划生态环境保护事业的发展布局时，我们要善于认真把握习近平生态文明思想的精髓，不断提高环境立法工作的系统性、预见性和创造性。

第二，我们要加快环境法律的立、改、废工作，尤其是要及时弥补立法的空白，并推动环境法典之编撰。中国现在有37部环境法律，60多部环境行政法规，1000多个环境行政规章，这些法律文件存在着矛盾和冲突。由于制定的时间或提出动议的部门不同，一些法律文件的内容很不一致，重复率过高，如《中华人民共和国污染防治法》的重复率达到了30%以上，这既是对立法资源的一种浪费，又不利于环境法的实施，因此我们要加快编撰环境法典。

第三，我们要切实提高环境立法的质量，这个刚才已经讲过了。在立法的准备阶段，法律的内容应科学合理，权利义务一定要对等，从而做到各项工作均有法可依。在环境立法的过程中，我们要健全起草、论证、咨询、评估、协调、审议等工作机制，规范立法环境，切实增强环境法律的可执行性和可操作性。我们要特别注重发挥社会力量在环境立法工作中的积极作用。"一切为了人民，一切依靠人民"是环境立法的根本价值取向与最终目标，我们应该突出开门立法，充分尊重民意，引导人民有效地参与环境立法活动。同时，我们要健全和落实民主、开放、包容的环境立法机制，不断拓宽广大人民有序参与环境立法的渠道。此外，我们要积极运用专业的力量和科学的方法，扩大公民有序参与立法之途径，畅通多种立法诉求的表达和反映渠道，着力提高环境立法的精准性和有效性，从而使得制定出来的法律真正有用。所有的立法机构及其工作人员都要接受人民群众对环境法律质量的评估，并从中得到教育，以切实改进今后的环境立法工作。

第四，环境法律的实施贵在坚持。我国的生态环境保护领域所存在的突出问题，大多与体制不健全、制度不严格、法治不严密、执行不到位、惩处不得力等缺陷有关，因此我们必须遵循源头严防、过程严管、后果严惩的思路，在建立健全生态文明制度体系和法律体系的同时，强化执行制度，让制度成为刚性的约束和不可触碰的高压线。对那些不顾生态环境而盲目决策，从而造成严重后果的人，我们要依法依纪地严格问责，这样才能提高环境法治的威慑力，才能真正显现出环境立法的有效性。

只要我们以习近平新时代中国特色社会主义思想为指导，深入贯彻习近平生态文明观，用新理念来指导新时代的环境立法和法治实践，我国的环境法治发展就一定能够为美丽中国建设做出更大的贡献！

欢迎大家到天津大学法学院来考察和指导工作！

生态环境执法的规范化建设

周　浒

上海市生态环境局执法总队副总队长

很高兴，作为一名环保法的忠实之实践者，我能够来参加今天的中达环境法论坛。刚才倾听了各位老师对环保法的发展历程之介绍，我很受启发。大家都知道，环境保护法大致起源于1979年。在四十多年的发展过程中，我们在环境保护领域已经基本建立起了一个较为完善和庞大的法律体系。近年来，我国的环保法律规范之数量大幅度增加，但质量还有待提高。虽然我们现在的环保法律规范很多，但是原则性过强，操作性较差，覆盖面略窄，力度也不够，而且缺少配套的措施，因此一些法条难以实施。为了改变这种现状，国家加大了立法力度。从2015年起，我国先后颁布了史上"最严"的《中华人民共和国环境保护法》和一批单项的环境保护法律法规，从而在一定程度上扭转了目前环保执法领域所存在的"违法成本低，守法成本高"及"取证难、处罚难和执行难"之现象。在法治的基础架构不断得到夯实之同时，国家对环境保护更为重视，特别是十九大已经提出了三大攻坚战，而污染防治攻坚战就是其中的重要"一战"。为此，生态环境部也陆续出台了一系列严厉打击企业的环境违法行为之举措，特别是其近期打响了七天污染攻坚战，里面最重要的就是蓝天攻坚战、碧水攻坚战与绿土攻坚战。总之，国家对重点区域、重点行业和重点污染物都非常重视。

在这种背景下，环境保护处罚的力度得到大幅度提升。就上海市而言，2011年以前，全市的环境保护处罚之总金额才四千万到五千万，而在目前的形势下，去年一年的罚款金额已经达到将近5.3个亿。当然，行政处罚只是手段，我们是想通过惩治环境违法行为来提高排污单位和个人的环保意识，从而做到"以罚促治"，使区域环境质量得到改善，并最终达到保护环境不受侵犯之目的。通过对环境违法行为进行严查重处，我们收获了"良币驱逐劣币"之效果，很多企业的污染行为得到了整治、很多企业的产业结构得到了改善、很多企业被关停，大家明显感受到了周边的环境质量之改善。例如，今天的 PM2.5 是 36，上海的空气状况已经由原来的经常被雾霾围城，变成了现在的蓝天白云，空气质量优良率达到 80% 以上，绿色发展、绿色生产、绿色生活的理念不断普及。

当然，在对环境违法行为"出重拳，用重典"的高压态势下，企业自身的利益所受到之影响也不小，所以企业的反弹很大。对受到的处罚申请行政复议与提起行政诉讼之情形不断增多，部分案件在合法性与合理性方面也存在一定的欠缺。因此，我们现在对环境执法的要求，已经由"提高执法力度"变为"提高执法力度和执法质量"了。环保执法部门之后要做的四件事就是抓执法、促规范、带队伍和打攻坚。执法的规范化建设已经是当前很重要的一项任务了。今天，我主要跟大家交流一下生态环境执法的规范化建设。

关于生态环境执法的规范化建设，目前我们还没有明确的定义。根据环境保护的法律、法理和实践，我认为生态环境执法的规范化建设之概念是，为了营造合法、公正、统一和高效的执法氛围，生态环境部门在生态环境法律框架体系内，对其实施的现场检查、行政处罚等具体的行政行为进行程序化、标准化、清单化之建设。因此，所谓"规范化"，主要是指程序化、标准化和清单化。

执法活动的第一个特征是合法，即执法主体合法、执法对象合法、执法内容合法和执法程序合法。首先，执法主体合法。执法主体现在所面临的最大问题是，一些执法职权的界限很模糊。例如，响水事故死伤那么多人，我们必须搞清楚其到底是环保监管不力所引起的，还是安全监管不到位所引起的。因此，只有知位、守位，执法主体才能尽职尽责。其次，执法对象合法。如果监管对象是委托关系、承包关系或租赁关系，那么事情发生了之后，我们追究谁的责任呢？我们要遵循实际的生产、经营者承担法律责任和"谁污染谁治理"之原则，因案而异地确定追责对象。再次，执法内容合法。在对生态环境、污染防治和核辐射领域内的法定事项开展检查时，我们要根据行政执法机构综合改革之要求来梳理执法事项清单，并按照清单的内容来推进工作。最后，执法程序合法。我们要改变以往"重实体，轻程序"的理念，确保执法活动在步骤、顺序、期限和方式上不出纰漏。

执法活动的第二个特征是公正。执法活动中的裁量要合理，执法主体要根据污染行为的严重程度和情节轻重来确定对违法行为人进行追责之标准，并区分从重、从轻、减轻等不同情况。同时，执法主体对执法对象既要一视同仁，又要区别对待。也就是说，在适用法律、定性量罚等方面，执法主体要依法办案、不偏不倚，但是针对屡教不改、明知故犯，特别是造成重大污染的当事人，执法主体则应当增加检查频次，提高处罚力度。此外，执法主体必须要做到同案同罚，不能同样的案件给予不同的处罚，或者不同的案件给予相同的处罚。针对同一类型、同一情节、同一污染程度的案件，处罚的种类与处罚的金额应该是统一的。

执法活动的第三个特征是统一。执法要一以贯之，既要上下一致，又要左右一致。所谓上下一致，是指环保部与市级或者区级的环保局之执法力度、手段及处罚措施应没有太大的偏差；所谓左右一致，是指上海和周边省市的环保局、不同区的环保局等同一级别之部门对同类案件做出的执法决定也要基本一致。同时，执法活动要做到前后一致。中国是成文法国家，大家对法律条款可能会有不同的理解，但是我们要按照立法精神来理解和实施法律。针对第一次出现的法律问题，我们应当要做到慎始善终，前后要基本一致，方向不要变来变去。此外，执法活动还要做到内外一致，即亲疏一致。

执法活动的第四个特征是高效。也就是说，执法主体要用最少的执法成本来取得最好的执法效果。

下面，我重点讲一下几个问题。

一是行政执法机构综合改革。执法的主体是谁呢？广义的执法主体就是与环保法有关的监管部门，而我现在讲的是狭义的环保部门，也就是执法总队和执法大队，这些部门直接与企业发生监管关系。生环部与生环局负责宏观政策的制定和综合协调，其组织与实施执法检查，并做出行政处罚决定。为了提高执法的统一性、权威性和有效性，国家出台了《关于深化生态环境保护综合行政执法改革的指导意见》，上海也相应地制定了实施方案。到 2020 年，我们要建立一个职责明确、边界清晰、行为规范、保障有力、运转高效的环保执法机构。目前，上海市有执法总队，各区有执法大队。在执法职责方面，我们也增加了生态保护的内容。同时，执法机构的名字也变了，由原来的"环境监察总队"变成"执法总队"，名称的改变亦意味着职责的变化。

二是执法的职责和方式之调整。执法主体的职责是依据生态环境保护法律之规定，对排污单位和个人进行现场检查，对发现的违法行为实施处罚，将涉嫌刑事违法的案件移交公安。执法主体的执法方式以双随机为主，以其他检查为辅。为了实现公正、公开与公平，原来的按频次检查变成了"双随机，一公开"，即检查的对象和随机检查的人员是不特定的。污染单位分为一般单位、重点单位和特殊单位，不同的单位有不同的检查频次。除此之外，其他的检查都属于辅助检查。

三是强化执法的规范化建设。执法活动要实现程序化、标准化和清单化。目前，我们构建了四个目标：第一是现场检查要规范。不同的行业有不同的检查规范，如对钢铁行业的检查要求执法主体懂得相关的工艺，每个环节都有排污点。国家已经制定了一些规范，但是相关内容还是比较欠缺。二是针对现场发现的违法行为，执法主体要及时收集和固定证据。环保部出台了很多有关证据收集的规定，我们现在也在执行。违法事实之认定所依据的不是客观事实，而是法律事实，所以收集什么与怎么收集是很重要的。针对收集到的证据，我们目前在尝试案件的模块化。有些案子很简单，有些案子很复杂，我们可以将情节简单、危害性小的案子模块化。第三是裁量要科学、合理。环保部规定了很多制度，涉及如何确定危害大小与情节轻重，影响因素包括对社会造成的损害、对财产造成的损失、是不是配合执法检查、是不是在违法过程中减少了污染的发生等。我们的执法活动受到很多方面之限制，还有很多不完善的地方，希望得到各位老师的支持和帮助，谢谢。

获奖者学术报告

单元一

论信用惩戒的法定主义——以企业环境信用为论域

郑少华

上海财经大学法学院教授、2019 年中达环境法学者

尊敬的各位老师，下午好！非常高兴在这里发表这个演讲。我非常感激"中达环境法教育促进计划"对我过去在环境法方面所取得的一点小成绩之高度认可，感谢其授予我"2019 年中达环境法学者"称号。借此机会，我想向大家汇报一下自己最近发表的一个研究成果。我的发言题目好像跟环境法没有什么关系，但我个人认为，关联性其实还是非常大的，这个题目与企业管理信用也有着非常重要的关系。我之所以选择这个发言题目，一方面是想在企业环境信用这个领域内进行讨论，另一方面是想表明我目前对企业环境信用的研究集中于三个焦点问题，即信用惩戒法定主义、社会治理规则及企业自身的环境责任问题。由于时间原因，我今天谈一谈第一个问题。

　　我今天的演讲分为五个部分：第一是问题的提出；第二是对法定主义信用惩戒的一般原理和依据进行说明；第三是讨论通过实体规制来贯彻适当原则；第四是阐释通过正当法律程序来进行规制；第五是对我国的环境信用制度再进行一个解释。

　　所谓信用惩戒，是指有关部门对信用体系中的负面评价采取公布名单等惩戒性措施。同时，也有学者将信用惩戒称为"失信惩戒"。实际上，在十八届三中全会提出建立诚信体系，以及国务院于2014年公布《社会信用体系建设规划纲要（2014—2020年）》后，相关的法律法规与规范性文件变得非常多。我前几天用"北大法宝"进行检索，涉及社会信用问题的文件现在已经有3767个。这么多规范性文件，大部分都涉及信用惩戒的问题。在环保领域，最主要的是对失信生产经营单位和相关人员开展联合惩戒，国家发改委、生态环保部等31个部门已经对此共同签署了合作备忘录，这让我想到"法网如密"。对于企业来说，信用惩戒是很大的负担，但这种负担到底是好是坏，我们可以去讨论。实际上，现在大家知道，特别是十八大以后，我们非常强调执行力。现在存在哪些问题呢？目前，滥用信用惩戒来侵犯公民的隐私权和其他合法权益之现象是客观存在的。同时，规范依据的位阶过低也是一个问题。最低一级的有关企业环境信用惩戒之规范性文件可以达到县级，安徽的某一个县也是三十几个部门一起联合发布了一个对环保领域的失信单位进行联合惩戒之备忘录。此外，公民的信用信息之范围不时扩大、程序性机制不完备等问题亦未得到解决。在这种情况下，我个人认为，信用惩戒要实行法定主义，因为信用惩戒是信用体系的核心。所谓信用惩戒的法定主义，就是惩戒的主体与惩戒的要素均由法律来规定。大家熟悉的组织法定、税收法定、物权法定等基本理念与基本原则都是起到统率作用的，凡是涉及国家和人民的基本利益之制度都要采用法定主义。信用惩戒应当由宪法性文件及各领域的基本法来进行规定，其他法律和规范性文件是不能规定的，信用惩戒的法定主义要有政策性和法理性的依据。"重大事项、重大改革必须有法有据"是写进十八届四中全会的决议之中的。

法定主义是法治国家的"帝王条款",凡事都要以法律为依据。从这个角度来说,信用惩戒还是需要法定主义,其依据之一就是重大改革必须于法有据,而信用体系的建设就属于重大改革事项。此外,信用惩戒的法定主义还具有历史渊源依据。信用惩戒是中世纪商人之间联合实施的声誉机制,商人不服从规定就会被除名,商人不执行仲裁决议就会被拉进黑名单。然而,那毕竟是商会的工作,没有国家采取过法律层面的强制手段。所以,我们必须考虑到信用惩戒本身的意思,以及现实的经济社会发展之需要。近几年,我们国家面临着经济下行的压力,这个时候再给企业加重负担其实是不太合适的。大家都知道,资本可以"用脚投票",所以这里的制度设计是非常有讲究的。

在为信用惩戒的相关主体设定权利与义务时,我们必须遵循适当性规则。第一点是强制与自愿要适当。举个例子,信用惩戒措施有一些是禁止性的,有一些是限制性,还有一些是推荐性的,这些措施必须搭配得当。我们要考虑到,对企业的治理,不是由政府自己做就行。现在的环境法学者都普遍认为,十八大以后,企业加强了对环境的治理,特别是政府强化了对环境的管控。但是,在现代合作中,仅仅依靠政府是没有效率的,所以社会各界(包括企业共同体)如何实现合作治理是很重要的,这是第二点。第三点是奖罚得当。我们既要有守信激励措施,又要有失信惩戒措施。第四个是要过罚相当。如果我们因为一个小违规就将企业列入黑名单,那么企业就无法继续生存,所以过罚要相当。第五点是补充性原则。企业一旦违反法律,就需要承担行政责任与民事责任。在承担法律责任后,如果企业的违法行为没有停止,那么我们再采用信用惩戒措施,这是我对补充性原则的解释。

正当法律程序对信用惩戒的法定主义进行程序控制。正当法律程序的规则与核心概念涉及公平听证规则、避免偏私规则，以及出现于 18 世纪与 19 世纪的美国之行政公开原则。信用惩戒的法定主义之程序控制应当关注充分听取意见程序、充分听证程序、立法控制和备案审查程序和司法裁判程序，后面三个程序实际上在国外很简单，特别是在英美国家，国会就可以进行司法审查。

如果我们采用信用惩戒的法定主义立场来检视我国的环境信用制度，那么有几个问题还是要克服的。我们要厘清环境违法行为与环境失信行为之关系。我们知道，违法者要承担法律责任，那么为什么其还要承担所谓的失信责任呢？一是不能这样处罚，这个是法治国家的最基本原则。二是遏制行政机关的乱作为，因为通过联合惩戒使行政机关取得原来没有的环保管理职责之做法，违反了职权法定主义。同时，我们要控制规范性文件，因为规范性文件太多是非常危险的，每个地方都有一套规范的状况不应该出现在我们这样的大一统国家之中。

我的结语就是，要通过国家立法的方式来界定和分配信用惩戒的相关主体之权利与义务。我认为，信用惩戒的法定主义要有实定法、政策与法理、历史渊源、现实需要等方面的依据。在立法过程中，我们要通过适当原则来进行实体规制，通过正当法律程序来进行程序控制，这样可以克服环境信用领域的乱作为现象。我的演讲到此为止，谢谢各位。

【问答】

提问：刑法、公法、司法和信用惩戒是不是同一个层面的概念？希望您能解答一下。

郑少华：你提的问题非常好，我最开始提到，所谓信用惩戒，是指有关部门对在信用体系中获负面评价者采用公布名单、限制市场及相关领域的进入资格等惩戒性措施。关于信用的解释，论文使用的还是国家计量标准，信用是个人或者组织对承诺的一个实现能力。现代信用惩戒，包括你说的信用，现在不知道应该归于哪个法。公法学者将信用惩戒作为公法下的一种行政措施，但我认为将信用惩戒视为行政措施的话，立马就会出现问题，行政规则应对不了这个困境，所以我觉得信用惩戒实际上是私法问题。由于我们国家的商会制度并不发达，因此信用惩戒措施的实施确实有不大得力的地方。

提问：我的看法是，如果您要去讨论这个问题，那么您就必须厘清信用到底属于哪个层面，然后在这个层面去讨论。您是不是将好多问题都放在一个层面上去阐述了，这是我的理解。因为不是什么东西都可以由人大常委会来立法的，到底有没有这个必要性是存疑的，我在您的论文中没有看到必要的阐述。

郑少华：我坦率地说，你没有把文章看清楚。如果我没记错，我对《中华人民共和国立法法》的第五条、第八条、第十一条还是解释得比较清楚的。我对信用的界定是按照国家标准来的，信用的界定与我是否在法律层面上使用信用这个词是两码事。如果从国家层面来说，那么现在没有人对信用惩戒和信用进行界定。你可以说我分析得比较浅薄，但你说我没有分析是不对的。

提问：您好，刚刚您提到，信用惩戒违反了法定职责。从这个层面来说，行政机关有权对外签署备忘录来对企业进行惩戒吗？

郑少华：我的理解是，行政机关在自己的职权范围内对企业进行惩戒。实际上，对于奖励的问题或者规范的问题而言，这种情况也算可以理解，但涉及到惩戒的问题，这种情况就不应该出现。你想想，联合惩戒和针对某个领域的惩戒是两个概念。我违反了这个领域的规定，你可以惩戒我，而我没有违反这个领域的规定，你为什么能联合惩戒我呢？

重叠还是交叉？——环境法与其他部门法的关系之省思

郭 武

甘肃政法大学环境法学院教授、2019年中达环境法学者

尊敬的各位老师、各位同行，大家下午好！

我跟台达非常有缘，继2012年获得台达的优秀博士论文奖之后，今天又拿了这个奖，感谢前辈对我的厚爱。在此，我特别感谢我的导师王树义老师这么多年来在学业上的栽培和关心！我报告的题目既是环境法当中比较热门的问题，又是环境法理论当中非常核心的问题。我的题目可能立意比较高，所以谈的不是太具体。

我的报告分为三个部分：第一个部分是简单地就层次性重叠关系这样一种关系的定位提出我个人的观点；第二个部分是对层次性重叠关系之下的环境法之内涵做一个界定；第三个部分是阐释层次性重叠对环境法学研究中的一些热点问题之启发。

我们先谈第一个问题，即层次性重叠关系的提出。我对这个问题的关注源于对当下其他法学学科中的相关问题之思考。现在，关于"法刑关系"问题的讨论是很热门的。学者认为，作为最后性法与保障性法，刑法和其他法处在不同的功能层面上，所以关于"法刑关系"的讨论应立足于法之功能。在此基础上，我简要地对"法刑关系"当中的几类法做了层次性和功能性之理解。我认为，刑法是最后性法，其具有保障功能，而刑法以外之"他法"则在社会生活中最常见的领域运行。其中，作为根本法的宪法发挥着指导性功能。各类法在不同的功能层面上存在，因此难以形成交叉关系。在当下的环境法学研究中，大家似乎觉得环境法和其他部门法在很多层面有交叉，如环境物权、环境行政等都体现出属于环境法和其他部门法的交叉。然而，从功能的视角来看，环境法能与其他部门法产生

交叉吗？我的理解是，基于功能的视角，环境法与其他部门法的关系是垂直的功能分层关系，它们之所以有交叉，是因为它们在一种垂直关系上形成了一种规范投射。针对事实领域的具有复杂性和整体性之环境问题，不同的部门法会基于自己的功能来调整规制范围，从而形成自己的规范层次，因此所谓的交叉其实就是不同部门法对同样的事实领域中之实践进行了分层选择。咱们看到的部门法之间的重叠，本质上是从上往下发生着的一种规范投射重叠，而不是真正的部门法之间的交叉。从功能的视角来看，每个部门法都发挥了自己的作用，因此它们是无法交叉的。

下面，我们来看环境法的功能是什么？环境法基于什么样的独特功能实现了与其他部门法之功能分化，从而呈现出了部门法的层次性关系？我借用一下王曦老师在前几年提出的环境保护各类主体互动之法治框架图。我的推导过程是，各个部门法基于不同的社会分工或者调整分工之需要而形成了不同的功能分层。每个部门法表征自己不同功能的核心范畴是必然的，如民法私权的运作。环境法也有核心的范畴，但我们需要识别其究竟是什么。我认为这个问题最早是由王曦老师提出的，后来我们学校的史玉成老师用法权结构统合之三角结构完整地展示了这三个主体的权利义务，从而在外观上重构了环境法的核心范畴，并实现了对公共环境利益之保护。从实质内容来看，环境法的核心范畴是实现对公共环境利益之保护，而这种对公共环境利益之保护的结构性外观就表现为由政府、企业与社会公众组成的三角形法权结构。因此，按我的理解，以保护公共环境利益为核心或者内容的法权结构才是环境法的核心范畴。我在这里借用一下王曦老师于几年前提出的框架，但具体的内容稍微有些区别。在基本的环境法律关系中，政府、企业与社会公众是三大主体，三者形成了相互制衡又共存共生的法权结构。

将这个问题识别清楚之后，我接下来向各位汇报的，就是这样一种层次性重叠关系对环境法学研究中的一些问题之启发。第一个问题就是环境污染侵权救济与生态环境损害救济的分层建构。最近，我看到两篇文章，它们的大致研究思路是构建生态环境损害侵权救济机制。在我的理解当中，生态环境损害和侵权救济不能放在一起。在我的预设当中，环境法的目标是对公共环境利益进行保护，因此生态环境损害救济是环境法的必要内容，而环境污染侵权救济则应归属于传统民法中的特殊侵权体系。从第一个问题开始，我的整体思路是依据不同部门法的功能来找出环境法的核心范畴，从而为环境法瘦身，因为当下的环境法研究整体走向了臃肿化。什么是环境法的核心，什么又是其他部门法溢出的环境产品？这是我们需要思考的。第二个方面就是环境权实现的公法路径、私法路径和入宪路径。从功能分化的意义上来看，很多路径都应该被证否了。我此处所说的环境权是一个规范意义上的环境权，其不同于在宪法中被表达为公民的财产权之民事权利。我认为环境权是规范的权利，其是指称环境法的核心范畴之概念，而不是一个宣誓性之概念。在宪法体系中，作为宣誓性概念的环境权已经存在了，我所谈的环境权仅仅是一个规范意义上的环境权。作为实现公共环境利益的一种权利装置，环境权首先必须要入环境法，而不是入宪。至于公法路径和私法路径，我也不太赞同，因为环境法是有自己的独特路径的，其既不遵循传统的公法路径，也不遵循传统的私法路径。第三点是环境立法法典化的规范边界问题。当前，中国有十类环境诉讼，其中三类涉及传统的诉讼机制（环境侵权诉讼、传统的涉环境类行政诉讼及环境刑事诉讼），另外七类是社会组织环境民事公益诉讼、检察环境民事公益诉讼、检察环境行政公益诉讼、海洋环境民事公益诉讼、生态环境损害赔偿诉讼等。在诉讼类型体系中，环境污染侵权责任首先是民事侵权法的组成部分。此外，在环境法典及学界前些年提到的环境法典对其他部门法的绿化之问题上，我们也要慎重。每个法都有自己独特的功能，我们不能因为某些法律能够实现一部分的环境保护之目的就将其绿化。因此，环境法典不应该也不能绿化其他部门法。第四点是环境司法专门化的实现。发展到今天，环境司法专门化领域的最为重要之议题是环境司法规则或者环境司法规范的专门化。环境法是基于维护公共环境利益之目的而产生的，我们要剔除传统三大诉讼中的涉环境诉讼，因为它们虽然有环境这样一个标签，但是本质上还是传统诉讼。同时，我们要对现有的七类环境诉讼进行整合，我对这个整合的路径也有一些思考，但因为时间关系就不展开了，主要是环境公益诉讼与生态环境损害赔偿诉讼的整合问题。此外，环境司法专门化要有一些配套制度，所以创新环境诉讼的专门制度是当下的环境司法专门化研究领域之重要内容，如环境民事罚款制度就是专门的环境司法制度所特有的，环境民事公益诉讼程序中的第三人追加也是如此。我的整体思路就是，依据环境法的功能来看待环境法与其他部门法之关系，从而对环境法学研究中的一些比较混杂之问题做一个清理和瘦身并重新进行提炼。以上是我的报告，很多地方的思考还不成熟，请各位前辈与同行批评指正，谢谢！

【问答】

提问：我想向郭武老师提一个问题。在您的报告当中，我看到了一种比较典型的还原论色彩。您说环境法典应该将环境侵权剔除出去，那么在您的理解当中，环境侵权是否仅仅是民法中的侵权行为之分支呢？按照这个思路论证下去的话，我们所得到的环境法典岂不又是支离破碎的吗？在您的思维框架里，我们所需要的环境法典究竟应包含哪些内容呢？我们应该制定什么样的环境法典才是理想的呢？

郭武：谢谢这位同学。你这个问题确实是现在受到颇多讨论的一个重大问题。在《中华人民共和国民法典》的起草过程中，学者们也讨论了这个问题，现在的共识是环境侵权就是民法的问题和内容，这是第一个问题。你的第二个问题是，如果把环境侵权剔除掉，那么环境法典就支离破碎了。首先，我不太赞同环境法的法典化。对于环境法这样一个处在变动中的法律体系而言，传统的法典化模式是不符合时代特征的。有可能要等到环境法的制度规范相对固定之后，我们才能实现环境法的法典化，而且我们应该制定汇编式的法典。我觉得咱们没有必要让环境法典成为一本很厚的法条集合。社会的分工导致了法律的分工，因此我们今天更需要用精致的环境法研究来理出最为核心的问题。

提问：我想按照您的思路再往下走。如果侵权的归侵权，那么环境行政处罚可以被当成行政处罚法的特殊情形，环境刑法又可以被归到刑法下面去。按照这个路数往下走，环境法的内核还会剩下什么呢？这是第一个问题。另外，您说要编一个汇编，这个汇编就是对七十年来的整个环境立法做一个梳理。那么，您把所有权拆分之后，这个本子究竟能剩下什么呢？在《我们为什么编一部环境法典》这篇文章中，作者的一个观点是，在现在这样一个社会当中，环境法典应该保持相对开放的框架体系，这个框架会随着立法技术的不断完善与立法内容的不断丰富相应地得到革新。这个框架体系不应该是封闭式的，所以我觉得您对环境法典可能还存在某一方面的偏见。如果您有兴趣，可以看一下我翻译的那篇文章。

郭武：我回应一下。我们只是讨论，说不准是谁的偏见，可能是我的偏见吧。关于第一个问题，你说把行政处罚也去掉，这个我没有说。基于保护公共性环境利益之目的，我们需要建构一个三角形的环境法权结构。在这样一个结构中，政府、企业和社会公众所形成的权利义务关系是共在性的。只有在共在性的关系当中，我们才能理解环境法中的权利，并通过法律装置来实现公共环境利益，而刚才咱们所谈的环境侵权在公共环境利益的实现方面之作用最多是间接性的。第二个问题就是环境法典体例的问题。我赞同开放式的体例。咱们将法典狭义地定义为部门法的法典化之做法是对法典的曲解，部门法的法典化仅仅代表了法典的一种形式。法典至少有两种形式，一种是部门法法典，一种是汇编式法典，我的文章中有讨论。你讲的有一点我比较赞同，即环境法典在当下必须走开放的模式，特别是在 21 世纪的中国。

提问：谢谢，我有一个小问题，请郭老师回答一下。我跟您也相识很多年了，以前没有像现在这样，如此系统地聆听您对与环境法有关的若干理念性或者方法性问题之阐述，感觉很受益。近五六年来，我也很关注环境司法专门化的问题。您在发言里面说到，当前的环境司法专门化之关注重点是司法裁判规则。对此，我非常赞同。就审判机构来说，我们国家的法庭已经有 1500 多家，而审判规则的专门化现在还需要继续向前推进。一个小问题是和您这个发言相关的，即我国现在有若干种与环境保护相关的诉讼类型，您说要将三种诉讼形式分离出去，那么您能否说一下您的思路是什么呢？谢谢。

郭武：谢谢。我简单说说。这个问题是我与导师王树义老师多次探讨学习过的，并且我也对这十类环境诉讼进行了梳理。我的一个思路就是，传统的三大诉讼应当实现剥离，而另外的七大类环境诉讼应当得到整合。基于环境法的功能和核心范畴，我们构建的诉讼机制应该是分类的，所以我分了三类。由于时间关系，我们会后再聊，感谢！

威慑型环境规制中的执法之可实现性

胡苑

上海财经大学法学院教授、2019 年中达环境法学者

今天，非常荣幸有机会在这里发言。首先，感谢台达基金会，也感谢中达环境委员会的各位评委老师。我今天到这里来特别激动，因为我回到母校了，感谢王曦老师对我的栽培和培养。我希望能继续做一点好的研究，以推动环境法学领域的学术进步。

我今天的报告题目是《威慑型环境规制中的执法之可实现性》。我之所以会

提交这样一篇论文，是因为我一直对这个问题非常感兴趣。在我们现有的法律体系下，环境法多多少少还是有些进展的，但是其实施状况还是与成熟的法律部门存在着差距。包括今天上午有老师演讲说环境法是软法，这也是我非常感兴趣的一个问题。在此基础上，我就做了一些思考。

目前，我们的一个基本推断是，环境法的实施状况不好是因为企业的守法成本太高而违法成本太低。在此背景下，我们的首要应对措施就是强化对环境违法之惩罚力度，这也是史上最严的环境保护法出台之基础。法律修订的初衷是很好的，但从实施效果上看，我们可能没有完全实现预设目的。举一个例子，被称为史上最严环保法的《中华人民共和国环境保护法》出台后，非常严厉的规定导致了环境执法与环境立法之背离。在此情况下，我们原来觉得环境法效果不够好是因为违法成本太低了，所以我们就修改法律，但法律修改了以后好像还是有问题。此时，联合国发布的《环境法治-全球首份报告》指出，1972年以来，执法不力的全球趋势加剧了环境威胁。虽然全球范围内的环境法数量增长了38倍，但是很多法律没有得到真正落实。因此，我们还是要考虑执法在今天的环境法中到底处于什么样的位置。不管大家承认不承认，在环境法的实现过程中，行政执法是环境法的主要面向。可能有的老师会有不同的意见，但我个人的理解是，环境法其实是一种规制法，环境立法工作事实上是围绕着环境行政执法这一主要中心环节来开展的。规制法的产生得益于行政国家的兴起，行政权成为国家权力中的获得最显著增长之力量。环境法的实现主要依赖于环境行政执法，这在环境规制的形成过程中有其历史根源。最初的以国家干预经济为代表之传统经济性规制逐渐开始涉及公共利益，关注环境问题的环境法、以安全管制为特点的安全法等社会性规制的兴起，一脉相承地继承了政府干预之思路，"命令—控制"型的威慑性是其主要特征。此外，环境行政执法成为环境法的中心，这也是有理论依据的，即Pistor和许成钢提出来的"不完备法律"理论。所谓"不完备法律"理论，是指除非法律对所有相关内容都有明确的规定，并且在证据成立之情况下能够得到执行，否则法律就是不完备的。事实上，法律是不可能完备的，作为规则的法律必须要具有普适性，它一定是不可能完全涵盖每一个具体个案的全部情况的。既然法律不完备，那么从法律实现的角度出发，我们只需要引入一个机构就可以解决问题，这个机构就是司法机关。在案件的审判过程中，司法机关能够通过法官释法来行使"剩余立法权"以匹配个案，从而实现立法目的。但是，司法过程是先在后端解决问题，然后再逆向实现预防违法之功能。环境法所应对的环境问题有其自身的特点，从污染产生到进入司法环节，当事人往往要经历一个极其漫长的过程。同时，搭便车效应也导致能够提起司法诉讼的原告很少。所以，在环境法领域，完全依靠法官行使"剩余立法权"之方式来预防违法行为的做法不太适用。这个时候，我们就需要有一个监管者能够提前介入，以预防环境危害的出现，这也是执法而非司法成为环境法之实现手段的法律理论依据。

同时，环境法除了是规制法外，还是威慑法，它是以命令和惩罚为特征的。我认为，规则本身一定是带有惩罚性的，没有惩罚性的规则就不是真正的规则，这是法学与伦理学、哲学等社会科学之间的根本性区别。尽管学者们已经通过很多有意义的、很好的文章去阐释了命令型与控制型的环境规制之问题所在，但是我仍然想从另外一个角度加以说明。既然威慑本身是规则的一个基本构成部件，那么我们就不去探讨它到底好还是不好。我认为，整个环境法的执行还是要在很大程度上依靠这套机制，所以我们就不要从主观角度出发去评判它。当然，我个人认为这套机制是有正当性的，但我们还是在实现维度之层面上来进行探讨。威慑假说提出，法律的威慑力不是一种单一维度的考量，它涉及很多因素，其中最重要的两个因素是惩罚的严厉程度与惩罚的概率。我们的环境保护法可以将违法的法律责任定得很高，但是如果执法的效率没有提高，那么修改法律以大幅提高违法成本的努力之效果就会大打折扣。讲起执法领域的问题时，我们有一个很常规性的描述，即"有法不依、执法不严、违法不究"。事实上，这个表述有一层隐含的含义，即我们所面临的问题是环境执法机关能执法而不执法，所以当然的应对策略就是压着环境执法机构去执法。个人认为，环境执法要在满足很多的基本条件之基础上，才有可能实现。如果对基本条件的认知出现偏差，那么我们的应对也会产生偏差。环境执法依赖于两个基本条件，即环境行政执法部门的主观执法动因与客观执法实力，也就是想不想严格执法和能不能严格执法。

就主观的执法动因来看，所有国家都面临一个问题，即行政多重委托代理机制下的损耗。我们国家疆域广阔、情况多样、执法链条很长，从而导致了在委托代理机制中的科层损耗特别严重。由于代理人比委托人更清楚具体情况，因此委托人对代理人很难进行监督。同时，我们研究实际执法环节的时候会发现，任何的执法都要由基层执法人员来落实，而基层执法人员在与行政相对人进行密切互动的时候，反复博弈一定会出现。在具体的执法过程中，执法人员一定会避重就轻或者挑软柿子捏，他会按照更加有助于实现目标之方式去执法，以满足上司的目标和要求，这就引发了科层损耗之外的社会型损耗。此外，环境执法动因的缺乏，可能还有本土化的特殊原因。这个原因是政治经济学领域的周黎安教授提出的，他认为我们国家的行政体制是一个特殊的结构——行政发包制，其是介乎于官僚科层管理和完全的市场外包之间的制度，是存在于我国行政机构中的特殊激励机制。结合环境法的实施背景，我们可以看到地方上存在着"官场＋市场"的双重竞争模式。在这样一种双重竞争模式下，地方政府有非常大的动力去帮助企业发展，所以地方保护主义在我国很难完全被界定为是非法的因素。如果地方保护主义的形成根植于中国特殊的经济增长结构，那么我们就要承认这个现实并将这个现实作为制度之设定前提，而不是忽略这个现实。

联合国的报告也指出，全球各国都存在执法困难的问题，不光是我们。一些体量比较小的国家，其行政管理链条没那么长，很多环保部门是单列于其他政府部门之外的，因此不缺乏主观上的环境执法动因，那为什么执行困境仍然存在？这就是我接下来要讲的。我认为，环境法的实施困境之产生，更重要的原因很有可能是欠缺执法实力。人类社会只有越来越富裕，我们才有能力组建起一套单独的公共执法系统。虽然公共执法系统有很大的优势，如更加稳定、可预期，并且惩罚实现的可能性也更高，但是与私人执法系统相比，公共执法系统也有其自身的劣势，即成本比较高昂。与此同时，私人执法可以比较执法成本和执法收益，而公共执法在反馈上是滞后的，尤其是环境法。环境不会讲话，环境损害的产生和对损害的修复都有很强的滞后性，所以它尤其没有反馈性，这就使得执法的重点和实际上要去解决的问题是错配的。此外，与一般的执法相比，环境执法还需要配备大量的科技人员和用于监测的仪器设备，而这些都非常昂贵，所以环境领域的执法受到诸多限制。另外，我想讲一下中国财政分权下的硬预算约束。硬预算约束本来是好事，但是对于地方的环境执法资源而言，硬预算约束则意味着短期内的更紧缺之经费。

那么，我们怎么去解决问题呢？我也没有什么特别好的答案。我觉得随着社会的发展，技术上会有一些进步，从而为规制法的实现做出贡献。但这是需要时间的。就短期而言，在这些客观条件之约束下，我们如何改进执法呢？一方面是执法阶段的"剩余立法权"之重塑，即通过成本更低、效果更好的执法方式来提升执法效果；另一方面是在复杂的利益冲突下，通过司法阶段的"剩余立法权"之重塑来补足环境行政执法的不足。

经过以上的分析，我们可以看到环境执法主体正在运用环保约谈、环保督察、环保党政同责等一系列的政策来天罗地网地推动我们的执法目标之实现，但发挥关键作用的还是主观执法动因。如果客观执法实力没有跟上，那么我们已经看到的现象一定会出现。例如，有一些地方在短期内管住了不良现象，但执法力量一撤走就会死灰复燃。再如，某些地方出现了表面执法及过度执法之现象，这必然会导致一刀切的做法。总之，环境问题和针对环境问题的法律规制是极为复杂的，我们需要看到环境执法所面临的客观约束。我的报告肯定有很多不成熟的地方，也请各位在座的老师与同学积极批评、多多指正，非常感谢。

【问答】

（无）

获奖者学术报告

单元二

环境保护税的创制： 功能主义和规范主义之辩
——以超标排污行为之可税性为中心

刘志坚

武汉大学环境法研究所 2016 级博士生、安阳工学院文法学院副教授

首先，感谢主办单位中达环境法实施促进委员会，感谢承办单位上海交通大学凯原法学院，感谢我的导师，感谢为我获奖的毕业论文提供过指导和帮助的老师与朋友们。我今天讲的这个题目是毕业论文的第五章第二节。为什么要讲这个部分呢？因为我的博士毕业论文之主要观点涉及义务部分，就是排污费和环境保护税，但内容上的论证详细度是不够的，所以今天借这个机会，把这个部分补足一下。我的发言题目为《环境保护税的创制： 功能主义和规范主义之辩——以超标排污行为之可税性为中心》，主要内容是我国在环境保护税的创制方面采取了问题式的功能主义之立法路径，而超标排污行为因为违反了强制性的污染物排放

标准而成为了公法上的违法行为。针对超标排污行为，我们应当为其设定第二性义务（即法律责任），而不应当为其设定第一性义务（即纳税法律义务）。超标排污行为不具有可税性，超标排污费的惩罚性与税收的非罚性是不能兼容的，因此将超标排污费转化为环境保护税的功能主义立法路径会损害环境法律的逻辑一致性、形式规范性和内容整全性。针对这样一个问题，我们应当采用规范主义路径的主题式立法来进行矫正。

我的文章主要分为四个部分。第一个部分是环境保护税的创制之功能主义路径选择。关于功能背景，我就不介绍了，对超标排污行为征收排污费与环境保护税的立法反正已经通过了。第二个部分是排污行为的违法性界分及超标排污费的惩罚性。因为超标排污行为在公法上具有违法性，我国现行的环境法律对超标排污行为规定了罚则，这可以进一步印证超标排污行为的公法违法性。关于超标排污费的惩罚性，我在这篇文章当中采用了历史研究的方法，以考察超标排污费的发展历程。我们的环境保护税是由排污费演变而来的，噪声排污费从设立以来就一直是超标才征收，而水和大气的排污费则经历了一个从超标征收到排放征收的转变过程。1982 年的《中华人民共和国海洋环境保护法》曾经将排污费的缴纳规定在第四十一条。水和大气污染物的排污费在完成从超标收费向排污收费的转变之后，其惩罚性发生了变化，但没有完全丧失。第三个部分是环境保护税立法中的超标排污行为之可税性的法理冲突。关于可税性的源起，我们当时是针对违法所得和违法收益可否征收这样一个问题来做出理论上的回应。在我们国家的法学理论界，以张文显老师为代表的学者严格区分了法律义务和法律责任。法律义务是第一性义务，而法律责任是由于违反第一性义务而产生的第二性义务。从性质上看，税收是法律义务，属于第一性义务，而并非法律责任。因此，我们不应当为超标排污行为设定第一性义务（即纳税义务），而是应当为其设定第二性义务（即法律责任）。

最后一个部分就是环境保护税立法的规范主义之思。马丁·洛克林提出了功能主义与规范主义这两种公法研究的理想类型，但他的理论会带来一些问题。针对这样一个问题，我们应当采用规范主义的立法路径来解决。我的汇报就到此为止，请各位老师批评指正。

非法采砂入刑所保护的法益之辨析

邹东来

中南财经政法大学 2016 级硕士研究生

尊敬的各位老师，亲爱的各位同学，大家下午好！今天，非常荣幸能够参加 2019 年中达环境法论坛，并作为优秀学位论文奖的得主在这里发言。首先，我想简单地向各位老师汇报一下我的学位论文，我的论文题目是《非法采砂入刑所保护的法益之辨析》。

在实践中，河道非法采砂是目前形势比较严峻的一个热点问题，它被形象地概括为"收益比贩毒高，安全比贩毒好，成本比酒驾低"。我们在调研中发现，一艘大型非法采砂船一个晚上的收益为数万到数十万不等。在司法解释出台之前，我们只用行政法律来规制非法采砂行为，罚款的最高数额只有三十万。所以，在 2016 年的时候，"两高"联合颁布了《关于办理非法采矿、破坏性采砂刑事案件使用法律若干问题的解释》（以下简称"《解释》"），《解释》的第二条、第三条和第四条规定将非法采砂行为按非法采矿罪来定罪量刑。在 2016 年入刑之前，非法采矿罪的案件数量是 10 件左右；在《解释》出台之后，非法采矿罪的案件数量急剧飙升。虽然《解释》的出台为严厉打击非法采砂行为提供了法律武器，但是我们不得不反思一下，刑事案件的急剧上升是否就意味着刑法有效保护了河道砂石的价值功能。

　　《解释》第三条的第一款和第二款是通过价值衡量来判断情节是否严重的，第三条第三款则是将两年内因非法采矿受两次以上行政处罚及造成生态环境严重损害之情形认定为情节严重。我们试图运用刑法的法益理论来解构《解释》所涉及之相关法益，并厘清非法采砂行为可能造成的法益侵害之类型。非法采砂入刑所保护的法益是什么？什么样的法益必须要由刑法来保护？什么样的法益可以交由其他的部门去规制？还有哪些法益可以纳入环境刑法的范畴？如何划定合理边界来实现惩罚犯罪与保障人权之平衡？我们是带着这样一些疑问来进行研究的。

　　由于时间的关系，我将论文的主要内容概括为四个部分：一是非法采砂入刑的法益之慎辩；二是原因；三是杂糅的后果；四是我们的观点，即对非法采砂的法益保护之定位。首先，《解释》的规定涉及了四重法益：一是财产法益观，即将砂石资源的经济利益或财产利益作为判断是否入刑的一个依据；二是秩序法益观，即将行政部门法作为刑事部门法的衡量标准；三是生态法益观，即在环境刑法中纳入有关生态保护的内容；四是公共法益观，即针对河道非法采砂的特殊社会危害性，从危害防洪安全的角度来设置一个特殊的入罪标准。从理论上讲，环境刑法应该将生态中心主义作为基本立场，将保护生态法益作为第一要务，但《解释》依然包括了以人身、财产、秩序、安全为保护对象的法益。我们认为，《解释》中的法益保护之内容和种类都过于宽泛了，因此其并不能实现有效而精准的聚焦。所以，我们将以上四种法益之关系概括为"为了严厉惩治非法采砂犯罪行为而出现的法益种类的杂糅"，这种杂糅表现为不分种类、不分目的地将非法采砂行为所涉及的不同法益放入同一框架。通过对非法采矿行为进行扩大解释，《解释》囊括了非法采砂行为对所有法益造成的侵害。

　　接下来，我们从两个面向出发进行了评价，即肯定面向与否定面向。肯定面向就不说了，否定面向涉及三点内容：第一是这种数字式思维模式既不能体现非法采砂行为对生态环境的侵害，又事实上降低了入刑标准，从而扩大了刑事打击的范围；第二是司法权包揽了行政权，从而导致环境领域的刑事权不断扩张，行政机能萎缩，刑法的干预起点降低；第三是《解释》中的"严重危害河势稳定，危害防洪安全"所保护的法益其实是公共安全，因此我们应该认真判断这是否属于非法采矿罪的保护范畴。杂糅的出现涉及如下三个方面之原因： 一是刑事政策的泛刑化；二是传统法益观念仍然占主导地位；三是我们未对涉及砂石资源的犯罪进行类型化区分。关于第一个原因，环境刑事政策的泛刑化主要体现在一些媒体的报道中，民众的盲目推动也加剧了目前的环境刑法的刑事政策化倾向。关于第二个原因，从《解释》的内容来看，其仍然包括了传统的人身法益、财产法益和秩序法益，但是环境刑法所保护的真正法益应该是生态法益，因此《解释》并没有真正捕捉到法益特征的核心变化。关于第三个原因，由于砂石资源具有不同的属性，而针对不同属性的砂石资源之非法采砂行为所指向的危害性与危害对象不尽相同，因此我们涉及的法益也应当具有多样性。然而，《解释》只是将矿产资源扩大解释为包括砂石资源，其仅仅体现了砂石作为资源的某一种属性，却忽视了砂石资源的其他多重属性，从而导致非法采矿罪成为了砂石资源犯罪的"口袋罪名"。《解释》之做法将引发两个后果： 一是违背刑法的谦抑性原则；二是导致法律适用上的错误。

刑法的谦抑性原则主要体现在，环境刑法将对生态法益的保护扩张到了传统的刑法领域。我们通过调研也发现，非法采砂行为包括在禁止开采的区域和时间内开采砂石资源。但是，在禁采区的设置方面，各地是通过地方上发布的文件来进行操作的，这种富有弹性、成本低廉、效率较高、覆盖面很广的方式扩大了针对非法采砂行为的行政规制之范畴，但其与刑法的谦抑性存在着天然的矛盾。至于法律适用上的错误，我们认为其体现为未严格区分公共安全法益与生态法益之关系。公共安全法益所保护的是不特定的人或者多数人之生命财产安全，而生态法益所保护的是环境本身之利益，是当代人和后代人应该享有的一种环境权益，是一种比较抽象之法益。但是，《解释》并没有对公共安全法益与生态法益进行区分，而是将两者统一入罪，这不仅造成了法律适用上的错误，而且没有精准地对非法采砂行为进行打击。

最后，我们的一个观点是，应该以行政处罚措施穷尽之原则为依据，将公共法益纳入危害公共安全的范畴，并将生态法益作为认定非法采矿的核心指标。前面提到了这几个问题，我们针对这些问题提出了自己的观点。由于河道砂石显现出特殊的资源属性和生态功能特征，因此在定罪量刑中，我们需要根据实际的情况来进行判断。保护的法益不同，定罪量刑的依据也会不同，罪名和标准也就不一样，因此我们应该根据侵犯的法益来重新认定某些非法采砂行为是否构成犯罪。在侵犯财产法益和秩序法益的情况下，我们应该秉持行政处罚穷尽之原则，将砂石资源的财产性价格和秩序性价值作为判断标准，这是具有明确的可操作性的。但是，目前看来，很多因犯了此罪而受到刑事处罚的自然人或者法人是基本上没有"罪感"的。在侵犯公共安全法益的情况下，这个罪名就不太合适了，我们认为应该用第二章危害公共安全罪中的规定来定罪。在侵犯生态法益的情况下，非法采砂行为所涉及的是更为抽象之法益形态，我们应该基于违法犯罪行为的类型和性质来进行判断，如非法采砂的时间、地点等。在造成水域污染、河湖关系紊乱等生态环境严重损害的情况下，即使违法行为没有涉及前三种情形，我们也应该将其入罪，而不是简单地遵循数字化的方式来进行衡量。

以上是我的个人观点。由于切入点比较小，因此论文还有很多不足的地方，希望各位老师批评指正。本论文受到"中达环境法学教育促进计划"之援助，并且吸收了我的老师高利红教授的诸多指导意见，我在此表示感谢。

两种生态损害法律责任规则之实施路径的比较与选择

程 玉

中国政法大学 2016 级环境法博士生

各位老师，各位同学，下午好！感谢台达基金会和凯原法学院给我这么难得的机会，让我能跟大家分享一下在博士期间的一点小思考。今天，我汇报的题目是《两种生态损害法律责任规则之实施路径的比较与选择》。我认为，生态损害救济或生态损害救济法律制度的最核心部分就是生态损害法律责任。从规范内容来看，我将生态损害法律责任界定为一种救济法律关系，即特定主体有权要求特定责任人履行法定的生态损害救济义务。从类型来看，生态损害法律责任分为行为上的修复与金钱上的赔偿。从性质来看，生态损害法律责任是一种执法责任，它代表了对全民的环境保护意志之执行。鉴于现代社会以公私法之二元区分为基础，旨在执行民众意志的生态损害法律责任规则之执行权可以有两种基础性的设计方案，即公法路径与私法路径。所谓公法路径，是指在生态损害发生后，政府机关依据公法授权规范，并借助由行政权主导的实施程序，以形成生态损害救济权法律关系，其体现为政府机关向责任人发送修复受损生态环境的公法命令或直接要求责任人赔偿环境价值损失，即公法路径在本质上是一种公共的执法行为。在私法路径中，经法律授权的私法性主体所依据的规范则是一种请求权规则，它所依赖的是由司法权主导的民事诉讼之指导方案。生态损害救济法律关系的形成会涉及很多问题，如责任范围、责任成立要件等。那么，这些问题的判断权交给谁？如果交给政府机关，那么就是公法路径；如果交给法院，那么就是私法路径。如果我们将法律责任界定成一种救济法律关系，那么在实体内容上，这两条路径所要实施的法律责任规则是没有差异的，但是由于它们的实施程序是存在差异的，因此两者是有区别的。我认为，两种路径的实施手段、启动者及最终的决策者存在差异。

中国的立法者正在推动着生态损害救济方面的法律之完善，他们首先要回应的就是如何在两条路径之间做出一个选择，这也是需要我们从学理上进行分析的。既有的理论研究已经得到深化，环境法学从原先侧重于论证司法路径的正当性和可行性，转为论证如何在二者之间进行比较。然而，目前存在的问题是，大家的共识比较缺乏。一方面，两种路径的名称不一样，这就代表学者的研究视角是存在差异的，即缺乏共识；另一方面，我们缺乏一套比较科学、合理的分析框架，从而导致系统性的比较和整体性的比较尚显不足。当然，我只是做一个初步的尝试，欢迎各位老师和前辈批评指正。

实际上，从功能目标来看，如果两条路径所要实施的责任规则完全得到了落实的话，那么它们的功能是等价的，因为它们都能够形成生态损害救济法律关系。问题在于，这个现实世界是不完美的，因此法律的实施就会遇到成本问题，从而导致两条路径下的责任规则在实施中的成本存在着差异。制度经济学中的制度交易成本理论就提供了一个方案，所以我们现在的研究视角就是，在两条路径的实施效果是一样的时候就比较实施成本。我只能是尽量地去选择一些影响比较大的因素，从启动成本到运行成本再到附属性成本，包括其他影响因素及附加价值。由于时间有限，最后的比较结果是，两条路径的成本具有相对性，不同因素的影响力是不一样的，但是有些因素是没有办法判断的，所以成本具有不确定性。我最后的结论是，在两条路径之间做一个选择是非常困难的，这是一种涉及不完美事物之选择。从各个国家的立法经验来看，选择也是不一样的，呈现出多元性。具体到中国问题，我们该如何做选择？我将这个问题区分为两种类型：第一是结合不同类型的生态损害来进行不同规则的实施路径之选择；第二是在混合路径中做出选择。针对第一个问题，我认为土壤损害和其他损害从理论上来看没有实质性的区别，我们不需要确定不同的实施路径，美国法也是这样做的。但是，在《中华人民共和国土壤污染防治法》中，以上态度没有得到贯彻，因为其第七条依然保留了司法路径。从节省立法资源及避免对既有的法规范体系造成猛烈冲击之角度考虑，我们是不能够完全否定司法路径的可行性的。我们要做的是进行修补，修补方案就是对土壤损害和其他类型的损害做一个二元设计。由于时间有限，具体的设计方案就暂且不提了，我提交的论文里有所涉及，再次谢谢大家。

德国环评行政诉讼的原告资格之判定标准研究
——以 ENGO 为观察中心

章楚加

上海交通大学 2015 级环境法博士生、清华大学法学院博士后与助理研究员

各位来宾好，我叫章楚加。今天，我非常荣幸又回到了熟悉的徐家汇校区来领取这样一个奖项。此时此刻，回想起硕博七年来的人生经历，我觉得自己是非常幸运的。感谢我的硕士导师吴卫星老师，他是当年引领我走上学术研究的引路人；感谢我的博士导师王曦教授，他是非常宽容的一位长者，包容了我棱角很分明的性格。正是因为得到王曦老师的帮助，我才有机会在博士期间去德国法兰克福大学雷宾德教授那里接受了两年的法学培养，从而有幸进入清华大学跟随王明远教授继续自己的学术道路。

今天，我想向大家报告的内容，其实是我博士论文和博士后研究的交叉点，是一个非常小的问题，即德国环评行政诉讼的原告资格之判定标准。首先，我想谈一下为什么要研究原告资格之判定标准。在各国的行政诉讼制度之建构过程中，原告资格之判定标准都是重点。如果原告资格之判定标准过于狭窄，那么权利救济的实现就会变得困难；如果原告资格之判定标准过于宽泛，那么滥诉的问

题就会浮现出来。回到规范分析的角度，《中华人民共和国刑事诉讼法》第二十五条第一款表明，从文意解释的角度来看，利害关系标准要求公民、法人和社会组织只有在与行政行为之间存在利害关系的时候，才能提起行政诉讼。至于这种利害关系的解释空间，又必须回到具体的司法裁判过程中才能得到界定。2017年修订通过的《中华人民共和国行政诉讼法》第二十五条第四款和"两高"于2018年出台的《最高人民法院最高人民检察院关于检察公益诉讼案件适用法律若干问题的解释》第二条所确定的，是检察机关提起公益诉讼的诉权，它实际上是在诉讼程序化的层面对《中华人民共和国环境保护法》第58条所规定的公益诉权进行了限缩性的补充。

从司法实践的角度来看，我们国家有一个涉及行政诉讼的原告资格之判定标准的典型案例，即最高人民法院在2017年审理的刘广明案。在裁判文书中，法官使用了"将主观公法权利受损作为判定行政诉讼的原告标准"之表述，并将这种利害关系阐述为"局限为法律上的利害关系，不包括反射性利益受到影响的公民、法人或者其他组织"。从实证研究的角度来看，我对2010年到2019年的案例进行了梳理，发现绝大部分案件都是环评行政许可的相对人或者利害关系人因行政许可侵犯了其相邻权而提起行政诉讼。在司法实践中，我还没有看到针对环评行政程序之合法性提起诉讼的案例。

无论是在制定法的规范建构之层面，还是在司法实践之层面，通过诉讼途径来监督程序之合法性的重任都被寄托在检察机关身上。在具体的实践中，我曾看到一位教授就检察机关提起环境行政公益诉讼写过一篇非常棒的实证研究论文。关于现状，我的感觉就是，制度的实践和制度的预期之间还是存在着较大的差距。

为什么要将德国法作为研究对象呢？主要是基于诉讼功能定位的相似性。虽然我们国家的立法具有二元兼顾的外观，但是它实际上呈现出鲜明的主观诉讼功能特征。德国的诉讼制度经历了非常漫长的变迁过程，其主要采用保护规范理论，即法律规范要在保护公共利益这个目标之外，并具有个人权利保护的属相性，因此保护规范理论将会对第三方提出的行政诉讼产生很强的阻却效果。与此同时，德国具有重实体而轻程序的法文化传统，程序规定只是作为一种辅助性手段而存在的。在德国的环评法中，环评也是开发许可程序的非独立之组成部分。按照《行政法院法》第四十四条之规定，只有在对实体决定不服时，当事人才能针对违反程序规定之行为提起行政诉讼，这种违反程序规定之情形被理解为是一种程序上的瑕疵。根据保护规范理论之要求，与环评决定不存在利害关系的第三人，不能单纯地基于环评法中的程序性规定而提起诉讼。一个重要的变革出现在《环境司法救济法》之中，即受欧盟法的法律理念之影响，《环境司法救济法》强化了行政诉讼对行政行为之合法性进行监督的功能。在司法实践中，欧盟法院于 2011 年 5 月 12 号作出的关于火力发电厂建设许可决定案之判决，对德国法的影响是非常深远的。实际上，《环境司法救济法》对环境团体的诉权进行了限制，而这是不符合欧盟法转化之意志的。在 2013 年和 2017 年两次修法之后，《环境司法救济法》对环境团体的诉讼权利做出了四个方面的变更。其中，最重要的变化就是，只有在法定的协作决策权限受到了损害，并且该环境团体曾经积极地参与到行政决策过程中之情况下，其才能主张公共参与权受损。环评行政诉讼的原告资格之判定标准的设定，是希望在公共参与、程序性权利得到有效保障、环境行政职能得到实现及司法资源得到有效使用之间达到一种平衡。与此同时，预防滥诉的过滤功能在判定标准之设计过程中也有所体现。一旦原告资格之判定标准过于宽泛，与这些建设项目之开发许可直接相关的企业就会因这种许可被撤销而面临大量诉讼。环境利益也只是庞杂的多元社会利益之一种，我们不应该将它放在一个至高无上的地位，而是要用一个更理性的视角来思考这个问题。谢谢各位。

【问答】

提问：我提一个非常简单的问题。尽管你做了很多理论上的分析，但是我想问一句，在所有的刑法判决书中，定罪量刑是否有不公正的情况？

邹东来：有。我们做过案例分析，也调研了长江流域大概五个省份，很多刑事案件都是判刑较轻。我们跟一个法官座谈的时候，法官也提到有个案子是首例受过两次行政处罚入刑的。法官考虑的是情节，但那个案件的采砂量并没有达到很大的金额，我记得是几万块钱。因为法律解释出台了，所以法官就将这个案子入刑了。但是，这个法官也提到了谦抑性的问题。这个案子最后判的是八个月，缓刑一年。我们也不能说这个案子是错案，只是法官在这种规定之下判得比较轻，这好像是一种政策性的行为。

提问：延伸出另外一个问题，也就是说行政处罚和刑罚都是适用的，尤其是在环境法领域。所以，我们不可能单单地去看刑法，这是我的一点建议。

邹东来：谢谢老师。

获奖者学术报告

单元三

论土地使用权人的土壤修复义务及其履行之保障

李欣悦

北京大学硕士研究生

各位老师，各位同学，大家好！我汇报的题目是《论土地使用权人的土壤修复义务及其履行之保障》，主要内容分为四个部分，即对土地使用权人的土壤修复义务与责任规定之解析、土地使用权人履行土壤修复义务之标准、土地使用权人未履行土壤修复义务之责任及保障机制和参考文献。

我国的有关土壤修复之规定经历了漫长的发展过程。2011 年 5 月，原国家环保总局印发了《国家环境科技发展"十五"计划纲要》，该文件提出了要开展土壤修复技术方法的研究。在此基础上，我国的土壤修复技术快速发展，土壤修复逐渐成为土壤污染防治的核心手段之一，从而受到了更多的关注。2013 年 10月，全国人大常委会将制定《中华人民共和国土壤污染防治法》纳入立法规划。

2015 年 5 月，国务院发布了《土壤污染防治行动计划》，该计划进一步提出了明确修复主体、制定治理与修复规划、有序开展治理与修复及监督目标落实这四个方面的要求。2018 年 8 月，《中华人民共和国土壤污染防治法》正式通过，该法专门设置了"风险管控和修复"这一章，从而对与土壤修复相关的问题进行了约定。随着有关土壤修复之规定的完善，与土地使用权人的土壤修复义务相关之规定也逐渐丰富。在《中华人民共和国土壤污染防治法》通过之前，根据"谁污染谁治理"的原则，我国的土壤修复义务人主要是造成污染之主体。只有在造成污染的单位和个人无法确定时，地方政府才负责修复。在此基础上，《中华人民共和国土壤污染防治法》做出了进一步的规定，即土壤污染责任人是实施土壤修复的第一义务人。在土壤污染责任无法认定的情况下，土地使用权人应当实施土壤修复，而政府可以根据实际情况，主动地组织实施土壤修复。此外，《中华人民共和国土壤污染防治法》还规定了土壤污染防治基金制度，并明确了土地使用权人未履行修复义务时的责任认定方法。

那么，针对土地使用权人履行义务来实施土壤修复之行为，我们应当采用什么样的标准？从外观上看，土壤修复与恢复原状具有一定的相似性，但是二者在性质上却存在着较大的差异。恢复原状是《中华人民共和国侵权责任法》所规定的承担侵权责任的主要方式之一，其是一种典型的民事责任和司法责任之承担方式，而土壤修复则具有很强的公法属性，因此二者的标准并不相同。在绝大多数情况下，土壤修复并不是原样修复，而是功能修复，它是以目的为导向的，其主要目的之一是污染土壤的再开发与再利用。土壤修复义务的履行标准，是将土壤恢复到符合特定利用方式之状态。对此，《中华人民共和国土壤污染防治法》并没有直接做出规定。根据相关的法规和规章之要求，土壤修复的具体目标需要依据土壤污染的调查与评价结果、土地的用途和当地的自然经济条件来确定。与此同时，在实践中，土壤修复需要考虑成本与效益之平衡。通过清理土壤污染物等方式，将污染场地对环境和人体健康所造成的危害控制在可接受的范围内，并且用非永久性的处理方法来代替永久性的土壤修复方法之做法，可以有效降低土壤修复的成本。

土地使用权人未按照规定来履行修复义务的，应当承担法律责任，包括公法责任和私法责任。所谓公法责任，是指土地使用权人因未按照规定来履行修复义务而应当承担的修复责任。针对土地使用权人没有按照规定实施修复之情形，行政机关可以责令其改正。如果土地使用权人拒不改正，那么行政机关可以委托他人代履行，费用由土地使用权人承担。也就是说，土地使用权人通过代理行政这种方式承担了他的修复责任，即行为责任转化为了费用承担。《中华人民共和国土壤污染防治法》第九十七条所针对的，是污染环境、破坏生态、损害国家利益与社会公共利益的行为。有的土地使用权人并没有实施污染行为，他承担修复责任的基础是对产生危害的土地负有管理权，所以土地使用权人履行土壤修复义务的情形并不适用《中华人民共和国土壤污染防治法》第九十七条之规定。所谓私法责任，是指土地使用权人应当负责土壤修复，但是其因没有履行相应义务而造成人身损害或者财产损害所应当承担的环境侵权责任。2010年起实施的《中华人民共和国侵权责任法》规定，承担环境污染侵权责任的主体应该是污染者；2014年修订的《中华人民共和国环境保护法》规定，环境污染侵权适用《中华人民共和国侵权责任法》之规定，《中华人民共和国土壤污染防治法》则在上述法律的基础上更进了一步。

土地使用权人承担土壤修复责任的保障机制分为三类，即向土壤污染责任人进行追偿、由政府承担兜底责任及自有场地治理责任保险。依据污染担责的原则，《中华人民共和国土壤污染防治法》第四十六条规定，实施和组织实施土壤修复的费用由土壤污染责任人承担，追偿的范围与土地使用权人是否存在过错有关。针对在《中华人民共和国土壤污染防治法》实施前发生的，因土壤污染责任人无法认定而由土地使用权人实际承担了土壤修复之情形，土地使用权人可以申请土壤污染防治基金并用于土壤修复。保险人以双方约定的限额为基础，承担被保险人因其自有或者使用的场地发生污染而依法支出的治理费用。就场地治理责任而言，保险可以为土地使用权人分担一定的风险，并且有利于维持社会经济秩序的稳定。

以上就是我的汇报内容。我的文章中还有很多问题，请各位批评指正，谢谢。

环境犯罪的行政从属性之内涵辨析

孙雪妍

清华大学博士研究生

我的发言题目是《环境犯罪的行政从属性之内涵辨析》。我先就环境犯罪的行政从属性这样一个概念给出一个解释。实际上，这个概念非常容易理解，就是为什么在各个国家的法典里，环境犯罪基本上是以典型的法定犯之形式表现出来的。所谓环境犯罪的行政从属性，通说上的定义就是根据环境刑法条文之规定，刑法上的可罚性依赖于行政法的违反性和行政处分，即一定要有行政违法的存在才能成立环境犯罪。在我们国家的环境刑法中，环境犯罪的行政从属性也有所体现，最典型的就是《中华人民共和国刑法》第三百八十八条污染环境罪有一个前置性的条件，即违反国家规定。实际上，学术界也有一些学者就这个行政从属性的问题发表过文章，他们基本上都是对行政从属性这个提法秉持批判性的态度。理由有很多，我就不在这儿一一赘述了。行政法有的时候会有漏洞，而且行政法规范具有多层次性，因此我们在适用相关规定的时候会遭遇法律上的混乱状况。此外，行政附属性会导致刑法过分依赖行政执法的前置性环节，从而导致实践中的两法衔接之不畅。还有一些观点认为，环境领域的以罚代刑都是根源于行政法与环境刑法的基本关系定位之不清晰。实际上，我们可以看出，学者们表面上在讨论的是应不应该有环境刑法的行政从属性之提法，但他们事实上关注的核心焦点却是环境行政法与环境刑法之关系，这也是我这篇文章所要探讨的核心问题。

回到最初的问题，即环境犯罪是不是要将行政违法性作为前提。在文章里，我采用了一个肯定的态度，即在总的原则上，环境犯罪一定要将行政违法性作为前提。一方面，行政法要遵循信赖保护原则，将行政违法性作为环境犯罪的前提，实际上满足了信赖保护原则的要求。基于这样一个逻辑，环境行政法其实就是通过国家的行政管理秩序来约束公民和企业的环境行为。只要公民和企业的环境行为处于行政法规的框架之内，他们就有理由去信赖自己的活动不至于受到人身或者财产之处罚。实际上，在现实生活中，这种环境行为有高度的不可预测性，所以我们没有办法要求每一个自然人或者企业超出这个法律框架去预测自己所有行为的结果。另一方面，刑法具有谦抑性，刑法的本质是行政法的保障法或者调节器，它是法益保护的最后一道屏障。在行政法没有办法解决问题的时候，我们才应该采用刑罚这种严厉的手段来保护法益。从公法秩序的一致性要求来看，坚持刑法的谦抑性是必要的路径。

在文章的第二部分，我探讨了一下行政从属性的本质内涵到底是什么。我的基本观点就是，不要将行政从属性仅仅看成是一种提法或者某种立法的选择，它不是针对刑法独立性的一个否定性之提法。实际上，行政从属性展现出一种由浅入深的独特内涵，揭示了环境行政法和环境刑法在公法领域的互相补充与协调之关系。

其实后面的内容还很多，我就大概说一下。在法规范层面，环境术语、环境法律概念、环境标准及对环境违法行为的客观描述，都可以由行政法规范的灵活性来补足。在犯罪的客观要件、主观要件、主体认定等方面，行政从属性都是比较独特的。大家有兴趣的话，可以找我要原文，我们可以一起探讨。

环境行政执法的自由裁量基准之现实困境与优化进路

阮莹茜

中国政法大学博士研究生

谢谢大家，非常感谢我的导师王灿发教授对我的学术研究之支持、关心与指导。我今天的报告题目是《环境行政执法的自由裁量基准之现实困境与优化路径》。行政机关的执法过程中之自由裁量一直都是法学界非常关注的热点话题，其已经成为了行政改革与政府再造的重要符号。自由裁量基准制度的核心技术就是通过细化规则，对行政裁量权进行压缩，即借助具体、明确的细化规则来抑制自由裁量权。可以说，在行政执法过程中，自由裁量权广泛存在，而且无孔不入。然而，行政自由裁量权的行使过程缺乏有效的原则与程序之指引，从而导致了选择性执法和自由裁量权滥用之问题的出现。

我的主要研究内容涉及环境自由裁量的特殊性、自由裁量所需要考虑的特殊因素，以及未来的优化路径。对于环境法治而言，自由裁量权之引入具有非常重要的意义。目前，我国的生态环境部门也出台了原则性的指导文件，而且各地也根据中央的指导文件出台了明确的自由裁量基准。生态环境部于2019年5月发布了《生态环境部关于进一步规范适用行政处罚自由裁量权的指导意见》，四川省、温州市、广州市等地也出台了相应的环境行政自由处罚之裁量基准。从重处罚、免于处罚等具有弹性的表述，为执法机关留下了很大的自由裁量空间，这些词语都有被开放解释的机会。即使我们将"可以"换成"应当"，自由裁量权也不一定会被削弱，因为在对违法情形进行选择与判断之过程中，执法者依然有自由裁量的空间。

我们再以《广州市规范环境行政处罚自由裁量权规定》为例，该文件主要对广州市的行政处罚之自由裁量标准与目录进行了细化。从客观上讲，这种违法情节和裁量标准的细化，确实起到了限制自由裁量权之作用，但是很难说其可以从根本上控制环境执法的随意性，因为对情节的认定本身就是一种带有主观性的判断，而且违法裁量的标准与措施是以区间之方式被表述出来的，这也为执法者的自由裁量和选择留下了余地。由此看来，以自由裁量基准为工具一定会导致自由裁量中的主观意志之减弱吗？答案是不一定，因为自由裁量主要是进行主观上的选择，所以执法者的主观意见就必然会存在。成文法本身的特性就是难以包含现实中的万事万物，而且自由裁量权的细化终究会导致自由裁量权的消灭。以温州市的行政处罚之裁量基准为例，它是通过一个公式，对行政执法的自由裁量基准进行计算。运用公式计算的方法，我们确实能够得到一个精确的罚款数额。那么，为什么要运用这样的公式来进行计算呢？得出的数值是否真的能够实现环境行政执法中的公平正义呢？这是一些专业性的数值，专业性的计算方法从某种程度上来说削弱了透明性与公开性。行政部门并没有就公式背后的原理做出专业性的解答，因此这样的量化标准不具有普及性。将文字中的法律转化为数字中的法律，这既是一种技术性的垄断，又是一种权力性的垄断。

我们可以再分析一下环境行政领域中的自由裁量权有哪些特殊性。环境行政领域中的自由裁量权依赖于对案件事实的判定，依赖于对环境因素、经济因素及人文社会因素的考量，依赖于对科学技术的运用。在自由裁量权的运用过程中，我们应当考虑哪些特殊的因素呢？第一就是环境事实之间的合理化差异，第二就是环境法的基本原则和理念。

那么，环境执法中的自由裁量权之优化路径就可以归结为四个方面。第一个方面就是细化规则。虽然规则的引入有可能会使自由裁量权被进一步消灭，但是规则确实是不可或缺的。第二个方面就是原则指导。与规则相比，原则具有更大的弹性。第三个方面就是公共参与。公众可以参与到环境自由裁量的基准制定及程序应用过程中。第四个方面就是环境行政执法的自由裁量之审查与监督。通过上述四个方面的努力，我们可以进一步对环境自由裁量权进行优化和规制。以上就是我的报告内容，谢谢大家。

【评议人发言】

王灿发：谢谢各位同学，下面由评议人来评议。这些论文都是从毕业论文和已发表的论文中选出来的，所以我觉得评议人在评议的时候，不要光说好话，该批评的就批评，该指出问题来的就指出问题，要敢于说出不足，以便这些同学能够写出一篇好的论文。这个阶段的评议人是中国政法大学民商经济法学院环境资源法研究所所长、2016年中达环境法青年学者于文轩教授。

于文轩：非常感谢王曦老师的邀请，让我们有机会参与这次学术盛宴！中国政法大学环境资源研究所有四位教师和两位博士生参会交流，包括了中国政法大学环境法学科的老中青三代人和两大班子的负责人。我们期待与王曦老师和所有与会的兄弟单位进一步加强合作。非常感谢念祖先生、奕祥先生和晓莉女士的辛苦付出！时光飞逝，自中国政法大学于2015年承办论坛以来，每一年都会有年轻的、朝气蓬勃的环境法学术新人涌现，令人非常欣慰。

在这个环节中，有两位同学从环境行政法的角度进行了阐述，一位同学从环境刑法的角度进行了阐述。

李欣悦同学的论文涉及了一个非常重要的理论问题，即权利与义务之间的互动关系。当看到这样的论文题目时，我们期待读到的，通常是对一些关键范畴的理解，如义务的来源是什么、目前的义务性规定存在的问题是什么、问题背后的深层次原因是什么等。从研究方法来看，李欣悦同学的论文运用了相邻学科的研究方法，如成本效益分析法。如果这方面的分析能继续向前走一步，如将成本效益分析法真正置于环境法学之视角下，那么文章会更具法学价值。概言之，相邻学科的研究方法，最终是为我们的法学研究和论证服务的。

孙雪妍同学的论文涉及了行政法律责任与刑事法律责任之衔接。我们欣喜地看到，雪妍同学运用了一些很好的分析方法，如刑法的谦抑性等，这一点值得肯定。如果雪妍同学能向前深入一步，如从法益的视角来分析两大法律责任的关系，那么论证会更具深度。由于时间的关系，我们似乎没有看到雪妍同学从法学视角来进行深度挖掘，如通过从刑法理论和行政法理论来看法律责任的衔接关系。另外，我们建议在论文的完善过程中，雪妍同学应加强问题意识，如可以提出在实施过程中更好地推动两者的衔接之建议。

阮莹茜同学的论文从四个方面展开分析。文章认为，自由裁量权相对于环境法的有效实施有较大的负面影响。需要注意的是，为什么自由裁量在环境法的实施中会出现如此多的问题？是自由裁量权本身之问题，还是环境法的实施层面之问题？此外，在涉及量化方法时，我们一方面应当认识到这种方法的局限性，另一方面也应注意到，量化方法也可以成为有益的分析工具。例如，文章就有一个部分涉及了细化法律规则。如果能够在细化法律规则时合理运用量化的方法，那么文章会不会更有意义？

以上意见和建议仅供参考，谢谢大家。

王灿发：谢谢于文轩教授的评论。

取水权优先效力规则研究

张 舒

中国人民大学 2018 级法学硕士研究生

老师们好，同学们好，我今天的报告题目是《取水权优先效力规则研究》。为什么要研究取水权优先效力规则呢？在实践中，水资源总量减少、湖泊面积缩小，地下水水位下降等现象表明，水资源稀缺乏问题愈发严峻。具体到取水权领域，水资源稀缺就意味着没有足够的水量来满足所有的取水权，即取水权冲突将不可避免。从案件数量来看，这几年的纠纷比前几年要多，而且冲突的内容更加复杂，如牵扯到的主体涉及更多的企业，包括供水公司。一方面，取水权意味着经营性活动；另一方面，取水权也意味着为居民的生活提供保障。对于一些旅游公司而言，取水权同样也代表着经营性活动，但一些河道内的用水也体现出了生态环境保护之价值。针对这些纠纷，最常见的判决结果就是希望大家友好一点、谦让一点，共同取水，没有优先顺序之分。第二类常见的判决结果就是证据不足，驳回原告诉讼请求。有的法院认为，可取水量的减少是由自然原因导致的，不能怪被告，这种想法也可以理解。但是，我们要解决的问题是，在自然水流减少的情况下，哪些取水权应当优先得到满足。在司法实践中，这个问题没有得到明确的解答，立法也没有回答这个问题。

虽然人们在取水权的性质方面还存在着争议，但是随着物权理论的发展，取水权的物权属性得到了越来越多的认可。那么，物权最基本的优先效力规则就是时间，成立的时间在先，物权的效力就优先，这是物权支配性的体现。事实上，《中华人民共和国水法》与《取水许可和水资源费征收管理条例》体现了对用水目的之考量。《取水许可和水资源费征收管理条例》指出，政府可以对取水权的优先顺序做出规定，但我们目前没有这种规定，所以取水权的优先效力只能在个案中得到确定。关于这个问题，也有学者进行了一些讨论。有的学者提出，以许可证的申请时间来确定优先顺序；有的学者提出，结合用水目的和用水时间来对取水权之优先效力做出判断。那么，这些设计是不是合理呢？我们如何来具体完善我国的取水权优先效力规则呢？

关于这一点，我们可以先从传统的水权原则之优先效力规则中获得一些启发。我们比较熟悉的传统水权原则就是河岸原则和先占原则，我们对这两项原则最鲜明的印象，其实就是它们的优先效力规则之描述。河岸原则主张河岸水权是平等的，即在缺水时期，大家都共同减少取水量；而先占原则遵循的理念则是"时间在先，权利优先"。但是，随着时间的发展，这两项水权原则也都发生了很多变化。河岸原则最初诞生于水资源非常丰富的英国。由于水资源很丰富，因此英国不需要做出具体的资源配置，但是随着用水量的增多，其发现必须决定哪项取水权应优先得到满足，"合理利用理论"就这样被提出。"合理利用理论"最初被用来判断取水权是否成立，其之后演变为确定哪项取水权应当优先得到满足之标准。法院在判决中认为，如果一个取水权人的行为对其他权利人造成了重大的损害，但是他的行为所创造的价值大于其所造成的损害，那么这项取水权就可以被认为是合理的。也就是说，相对效益较低的取水权要让位于相对效益较高的取水权，这就体现了追求用水的经济效益之社会观念。但是，这种理念也蕴含着极大的不确定性。目前，英国已经没有任何地区再适用这种纯粹的河岸原则了，大部分地区都开始制定一些关于河岸水权的管理性规定，有些地方甚至规定了一些具体的用水方式之优先顺序。

先占原则的发展历史与河岸原则完全相反。当时，在干旱地区，不管是采矿业还是灌溉业都需要大量用水，权利人希望拥有一个确定的取水权，所以先占原则就迎合了这样一种需求。随着历史的发展，行政许可制度与用水目的因素之加入，都没有从根本上改变这一项规则。在实践中，虽然先占原则已经很少得到严格执行，但是其仍然受到了一些学者的批判和质疑。

通过分析这些水权原则的发展过程，我们可以对取水权优先效力规则的存在形式进行一个总结。我们可以看出，先占优先规则是对取水权的物权属性之最大彰显，而个案判断和目的因素之加入，则代表了公权机构对水资源稀缺时的水资源配置所进行的一种干预。个案判断就意味着公权力在个案中决定缺水时期的水资源应当被配置到什么地方去，而目的因素就意味着对特定用水目的和方式做出公权机构倾向的价值预判。如果国家希望在自然资源方面实现从完全的政府供给向市场供给之转型，那么其就要减少对取水权的干预。但是，政府对特定的自然资源进行供给是必须的，其并不能完全撤出，这就体现出取水权优先效力规则之价值了。实际上，只要存在一个明确的规则，我们就能够建立一种秩序价值，但是这样的秩序价值并不一定能够得到严格执行，就像先占优先规则实际上也只是成为了一项影子规则。取水权优先效力规则可以被当成合作的基础、赔偿规则或无法达成协议时的最终解决方案。虽然秩序价值是取水权优先效力规则的最基本之价值追求，但是其不是唯一的价值追求。

实际上，法律在这方面做出的任何具体安排都是公权机构预先进行的一种价值判断。传统的物权效力规则本身就可以被认为是公平的，而目的因素之加入则就意味着公权机构做出的针对利益之倾斜性配置。这种倾斜性配置应当是谨慎的，其需要被限缩在一定的范围之内。关于效率价值，从刚刚对水权原则的介绍来看，其一直是水权原则发展过程中很令人纠结的问题。通过公权力机构的预先安排，我们希望将水资源配置到用水效益最高的地方，但这实际上是很难实现的任务，因为最有效益的用水方式始终是变动着的。我们只能通过动态的权利配置来实现用水效益之最大化，而取水权优先效力规则始终是一种静态的权利配置，它应当与其他制度一起，为动态的权利配置创造条件，而不是越俎代庖地完成这项任务。

基于以上的分析，我的结论和想法是建立一种稳定的取水权优先效力规则，其以时间因素为主导，以目的因素为补充。其中，目的因素之加入应当体现对家庭生活用水的最优先地位之保障，这也在我国的立法和司法实践中得到了体现。关于生态环境用水的优先地位，我认为这是对水资源之生态价值进行保护的一种额外方式。其实，已经有学者提出赋予生态环境用水较高的优先效力，但这如何才能够实现呢？虽然我国现在对生态环境用水的保护仅限于一种行政管理之方式，但是通过这种取水权优先效力规则的建立，我们可以为生态环境用水的保护开辟一条司法之途径。

以上就是我的全部汇报内容,谢谢大家。

可再生能源电力激励的实践困局与制度转型
——兼论绿色证书交易制度的引入

陈　婷

武汉大学硕士研究生

谢谢王老师。我今天向各位老师和同学汇报的题目是《可再生能源电力激励的实践困局及制度转型——兼论绿色证书交易制度的引入》。感谢我的导师柯坚教授对论文的指导。大家都知道,发展可再生能源是有助于实现一系列的环境保护目标的,包括大气污染防控与碳减排。但是,近几年来,我们国家的可再生能源之发展面临着瓶颈,其背后所隐含的,是可再生能源在并网和消纳方面的制度困境,这也引发了我们对制度的深层次反思。我们意识到,价格管控和财税激励这两种传统的激励手段并非是一劳永逸的。随着技术和产业的发展,以及阶段性立法目标的变更,以上两种手段所采用的方法和策略可能是滞后的,甚至是错配的。一些国家(如英国、丹麦和荷兰)很早就开始探讨制度转型了,大家看到的绿色证书就是体制机制的一种创设和创新,其实际上代表了一种制度规制的转型,即从政府主导的"命令—控制"型之规制进路转向市场型之规制进路。

我主要从三个方面来进行介绍:第一是阐述我们国家目前采用的可再生能源激励制度之实施困境;第二是探讨我们国家的制度转型之背景及理论构想;第三是对绿色证书之潜在风险进行初步识别。

大家都知道,我们采用的可再生能源电力激励制度主要是固定上网电价和补贴机制。最初,可再生能源激励确实发挥了很大的作用,这一点必须承认。然而，长期实施后，这些激励制度的积弊就逐渐显现出来。一方面，根据电力生产的数量来核发补贴之做法及长期的价格管控，扭曲了价格符号在平衡市场供求方面的功能，从而使得生产者无法根据需求来具体调整生产和投资，上游在中短期内出现了产能过剩之情况。另一方面，就进一步刺激成本降低、技术革新与电网管理水平提升而言，上述激励制度显得后劲不足。在电源侧，从长期实施效果来看，虽然可再生能源的成本得到了一定的控制，但是其总额仍然高于常规能源。就进一步降低成本和发展技术而言，现在的激励机制缺乏持续性。在电网侧，全额保障性收购与无差别并网义务在现实中遭遇了非常严重的能力困境，上网电价管控阻碍了企业在低碳转型、电网投资、并网调度管理技术等方面之创新。英国的 PXI 和 RIO 之衔接，也向我们揭示了上网管控电价在激励方面的不足。从 2017 年开始，我们国家就出现了大规模的财政补贴缺口，因此激励制度本身能否为可再生能源提供稳定和充足的资金支持是存疑的。此外，目前的激励制度难以适配产业发展趋势。可再生能源的支持和激励机制应当与产业及技术的发展阶段相匹配，以防止过度的补贴阻碍了可再生能源产业之独立性与商业化发展进程。国家发展和改革委员会意识到，可再生能源的发展有过分依赖政策和补贴之嫌，这不利于其由幼稚走向成熟，从而进一步与常规能源进行竞争。

在此背景下，绿色证书交易制度能够与配额制度相结合，以保障可再生能源发展的总量目标之分解实施。通过向绿色证书的持有者施加义务，我们可以促进可再生能源的生产与消纳。实际上，绿色证书交易制度也是一种基于市场的机制。如果一个市场义务主体所生产和消纳的可再生能源数量不足，那么它可以和富余的主体进行交易，这一设计原理与碳排放交易制度有异曲同工之妙。绿色证书本身是一个权利凭证，其记载着所有权和交易的过程及相关信息，从而有助于相关的监管机构对市场主体与电力来源的生产进行审核，并且可以为能源用户提供可再生能源的认证。同时，绿色证书是一种环境保护的信息披露工具。有关可再生能源电力用户对支付可再生能源电力溢价的意愿之研究表明，用户们很在意可再生能源的生产状况，而绿色证书本身就提供了这样一种信息。

关于绿色证书交易制度应警惕的风险，我主要是强调它与现在的激励制度之关系，以及它与碳排放交易制度之相互影响。欧盟的相关研究表明，绿色证书交易制度与激励制度之间可能存在着相互抵触的关系，而且这种关系会影响能源低碳清洁转型及碳减排的制度目标之实现。所以，何时何地以何种模式去推动两种制度之衔接与交融，是我们在研究中需要去解决的。这篇文章是我的硕士论文之一部分，有许多不足之处，请各位老师多多批评指正，谢谢。

【评议人发言】

王灿发：谢谢，下面请王文革教授进行评议。王文革教授来自上海政法学院经济法学院，他是一位很有思想的教授。欢迎王文革教授。

王文革：我们学校并不是中达论坛的会员单位，所以非常感谢王曦教授让我有机会来参加这次论坛。关于今天的两篇论文，我一看题目就有眼前一亮的感觉。一般的选题都脱离不了传统环境法的研究范畴，但这两个选题都是从资源高效利用的角度来谋求从根本上解决环境问题。通过这两个选题，我们就可以看出作者的学术层次。第一个选题是取水权，这涉及中央明确提出的自然资源产权制度改革。如果取水权的问题不明晰，那么后面的政策就无法推行。张舒同学是通过两个案例来引入的，这说明她不是抄来抄去的，而是在实践中找出来的真问题，我们应该向她学习。第二篇文章写的是可再生能源，这个选题立意高远，我还没有详细拜读。通过两篇论文的选题，我们就可以看出两篇论文的学术理论性。环境法是一个跨学科的研究领域，我们需要多学科的理论之支撑，而这两篇论文就蕴含了多学科理论，因此两个学生的学术素养是非常深厚的，从而为她们后面的研究打下了很好的基础。此外，既然是硕士论文，那么两个学生就必须有一个前期的研究，因此可能不会一步到位。从初步的设想来讲，两个学生已经有了自己独到的见解，并且她们是围绕着这个观点去论证的，所以文章的问题意识非常明确，这是我看了之后的感受。

接下来，我分别说一下两篇论文。第一篇文章关于取水权规则之论述，是不是需要考虑划分的体系性和区域差异性，如一级规则、二级规则、差异化规则等，这是要在实践中去发现的。此外，关于作者提出的生态用水问题，我也是非常赞同的。此处的生态用水原则，有无区域差异性，是我们需要去考虑的问题。

第二篇文章是关于可再生能源的，其提出了政府激励出现了好多问题，我们要走市场化的道路，这是作者的一个基本思路。谈到传统制度的衔接，作者认为这个制度的实施会使之前的制度没办法实施。就我个人的经验来讲，最根本的途径是实施绿色证书交易制度，这样才能从根本上解决环境问题。碳排放交易制度是不得已而为之的，这个制度退出历史舞台才有助于环境保护。事实上，我更多地主张绿色证书交易制度，我希望它能够成为一种环境信用。我的时间到了，我就说这些，谢谢。

环保督政约谈之实证检视

汤　静

中南财经政法大学硕士研究生

各位老师，各位同学，大家好！很荣幸参加此次论坛，我的发言题目是《环保督政约谈之实证检视》。

根据实践中的开展情况，我国的环保督政约谈可以自上而下地分为国家层面开展的约谈和地方层面开展的约谈。所谓国家或中央层面开展的约谈，是指环境保护部直接或委托地区环境保护督察中心来约谈地方政府的行政负责人；所谓地方层面开展的约谈，是指省级环保厅或市级环保机构约谈下级政府的行政负责人。考虑到省级环保厅对地方政府的约谈之约束性没有环保部的约谈强，因此本文主要将更具代表性的国家层面之环保督政约谈作为调研对象。从约谈对象来看，大多数被约谈的城市位于华北与华中一带，少数被约谈的城市位于东北地区和西南地区。从约谈时间来看，自环保部于 2014 年正式开展环保督政约谈以来，2015 年是环保督政约谈的高峰期，2016 年的约谈频率明显下降。2017 年与 2018 年，环保部又开始对多个市级和县级的政府进行约谈，约谈频率上升。截至 2019 年 9 月，生态环境部又对个别城市的政府进行了集中约谈，约谈节奏降低。从行政级别来看，国家层面的环保督政约谈所面向之主体是省、自治区、市、自治州、区和县级的政府，但约谈对象则多为市级或县级政府的主要负责人。从约谈事由来看，国家层面的环保督政约谈所涉及之环境问题主要包括当地政府自身失责的问题、当地企业有环境违法违规行为的问题、大气污染防治问题、区域或流域水环境治理问题及自然保护区生态环境保护问题。

随着环保督政约谈逐渐成为环保督察的重要政策工具，约谈所涉及的问题也会更加复杂化。通过观察，被约谈城市的整改情况表现为以下两种类型：第一，大部分问题地区在环保督政约谈后都实现了有效整改，环境质量明显改善；第二，部分问题地区的整改效果差强人意，或者只是短期内产生了整改效果，后期又出现了反弹，环境问题并没有得到根治。五年来，国家层面的环保督政约谈也暴露出了许多问题。首先，环境顽疾仍待治理。在环保督政约谈的案例中，多个城市因为同样的环境问题被集中约谈，甚至有的城市因为整改效果不理想而被再次约谈。特别是华北一带的重工业城市，其在上级施加的压力下决定整改，并采用强制关停相关企业、切断生产工业等超常规手段来推动目标之实现，从而在短期内改善了空气质量。但是，如果我们不从根本上推动当地产业结构之转型或者升级，那么大气污染仍将是当地政府的心病。其次，约谈后的短期整改效果明显，但缺乏持续性。最后，长期来看，环保督政约谈存在威力降低的可能性。约谈本身是一种柔性的行政行为。作为督促政府落实环境质量目标的环境惯行手段，约谈实际上只是对约谈对象起到警示和督促的作用，其法律效力并不明显，从而难以对约谈对象形成强制性约束。仅仅依靠媒体公开，我们不能保证约谈的实效性。如果不实现强制性配套处罚措施与媒体披露之结合，不对后续的整改情况进行监督，那么消极应对或者应付的情况就会出现。长此以往，环保督政约谈的威力将会降低。

环保督政约谈之所以会产生问题，第一个原因是末端环境治理存在弊病，第二个原因是环保问责清单不清晰，第三个原因是约谈的协商性不足，第四个原因是环保督政约谈制度的缺失。环保督政约谈是否应该具有强制性，环保督政约谈的法律属性为何，环保督政约谈的运行机制与效果保障机制到底应该怎样规定，这些问题需要我们进一步做深入的研究。以上是我的毕业论文《论环保督政约谈法律属性》之部分内容，还不成熟，请大家批评指正，谢谢。

生态环境侵权中的恢复原状责任研究

郭　爽

郑州大学硕士研究生

各位老师，各位同学，大家好！我的文章一共分为三个部分：第一个部分是恢复原状责任在环境侵权中所面临的困境；第二个部分是恢复原状责任在生态环境中的适用必要性；第三个部分是恢复原状责任在生态环境侵权中的完善。

首先，我主要是从恢复原状责任之制度冲突和司法实践所面临的难题这两个角度出发，探讨自己碰到的一些问题。环境侵权可以分为环境污染行为和生态破坏行为，环境污染责任主要被规定在《中华人民共和国侵权责任法》及《中华人民共和国环境保护法》之中，生态破坏责任则主要见于自然资源单行法。但是，在不同的法律制度下，恢复原状责任之适用存在一定的冲突，主要表现为民法中的恢复原状责任在环境权益的救济方面存在一定的局限性。2014 年修订的《中华人民共和国环境保护法》将环境侵权责任连接至《中华人民共和国侵权责任法》，从而使得环境侵权责任除应救济人身权益和财产权益外，还需要对环境权益进行救济。然而，以救济人身权益和财产权益为主的《中华人民共和国侵权责任法》难以救济环境权益。那么，恢复原状责任能否等同于环境修复责任呢？在《中华人民共和国环境保护法》修订以后，最高人民法院针对环境侵权行为出台了《最高人民法院关于审理环境民事公益诉讼案件适用法律若干问题的解释》和《最高人民法院关于审理环境侵权责任纠纷案件适用法律若干问题的解释》，从而将恢复原状责任延伸化和具体化为环境修复责任。虽然司法解释为恢复原状责任的适用提供了依据，但是在法律有明文规定的情况下，司法解释之做法是否突破了民法体系下的恢复原状责任之含义呢？

我统计了一下 2015 年到 2018 年间的以恢复原状为诉讼请求之环境侵权案件，这些案件的裁判结果可以分为两大类：第一类是驳回诉讼请求；第二类是判决承担恢复原状责任，这一类裁判结果又可具体化为直接承担恢复原状责任、承担恢复原状费用及限期恢复原状否则承担环境修复费用。从统计的数量来看，大约 80% 的案件最终落脚于承担恢复原状之费用上。尤其是两个司法解释出台后，以恢复原状为诉讼请求的案件之裁判结果，基本上是要求侵权方承担生态环境修复费用。之所以会出现这样的情况，主要是因为恢复原状的标准抽象且混乱。关于恢复原状之标准，学界一共有三种观点：第一种观点是恢复到与未受破坏前的生态环境完全相同之状态；第二种观点是恢复到与受破坏前的生态环境基本相同的状态；第三种观点是恢复到国家环境质量标准所规定的状态。第一种观点和第二种观点基本上是传统民法的恢复原状之标准在生态环境侵权领域的直接套用，它们并没有考虑到可行性问题。第三种观点虽然考虑到了可行性，但是恢复到国家环境质量标准能够达到恢复原状的目的吗？作为传统的民事责任形式之恢复原状以经济上的合理性为前提，但是环境侵权中的恢复原状责任之适用并不具有经济上的合理性，这就对传统的民事责任形式之适用提出了挑战。

关于恢复原状责任的适用必要性，我认为恢复原状责任在生态侵权领域中是必不可少的。与救济人身权益和财产权益的金钱赔偿相比，恢复原状责任在环境权益的救济方面有着不可替代的作用，尤其是绿色原则的提出为恢复原状责任之适用提供了一个可供参考的路径。通过在民法与生态环境保护法之间建立一种价值关联，我们可以将由环境污染行为和生态破坏行为所造成的人身损害、财产损害与生态环境损害统一纳入民事救济的范畴。恢复原状责任符合污染者治理的原则，即我们不应当将污染者的环境污染责任转嫁给国家。最后，我对恢复原状责任之适用提出了一些建议。第一，在可行性的判断上，我们要将非永久性损害作为前提。环境损害鉴定评估方法将非永久性损害定义为技术上难以修复的损害，所以对可恢复性的判断主要是技术上的问题。第二，我们要弱化经济上的合理性。无论是采用恢复原状主义，还是采用金钱赔偿主义，经济的合理性一般都是恢复原状责任之例外情形，这一点值得我们参考。第三，关于生态环境侵权的恢复原状标准之分类构建，我们主要是从个人提起的环境污染诉讼和由生态破坏造成的环境公益诉讼这两个角度来进行界定。一般情况下，个人提起的环境污染诉讼只要符合国家的污染物控制标准，就可以实现恢复原状之目的。我在梳理案件的时候发现，个人提起的诉讼主要涉及土壤污染与鱼塘污染，而这类污染一般比较轻微，所以达到国家的污染物控制标准就可以实现恢复原状之目的。生态破坏的修复标准应达到可接受水平和基线状态，这两个标准主要是参考环境损害鉴定评估方法，前者是达到生态环境破坏最低的标准。为防止污染物积累达到破坏生产和损害人体健康的程度，我们要降低环境污染的水平，并确定人身健康和生态系统所能容忍的边界，因此这种修复标准具有一定的应急性，其主要是为了减少或清理排放到环境中的过剩物质，或者修复生态环境的服务功能。所以，基础性问题在于，恢复生态环境的平衡和稳定。我汇报完毕了，谢谢。

【评议人发言】

王灿发：谢谢郭爽同学在规定的时间内完成了报告。下面，我们有请最后一位评议人，他是重庆大学法学院副教授、2016 年中达环境法青年学者杜辉先生。虽然名牌上面写的是副教授，但是杜辉先生写的文章我看过，他具有教授的水平，我们请他对两位发言人进行点评。

杜辉：首先，感谢王曦老师和台达教育基金会给我这次机会，让我以评议人的角色来履行往届获奖者的义务，这是非常荣幸的。刚才两位同学的文章都是很好的，一篇文章是规范性的分析，另一篇文章则关注到了当前环境治理中的新机制。但是，这两篇文章同样都具有挑战性，尤其是那篇规范性的文章，因为已经有比较成熟的学者就这个主题写过相关的文章，所以想要再做一篇硕士论文的话，作者需要有很大的创见才行。我就先说第一篇文章。我最近在思考一个问题，就是环境法和其他部门法在解决环境问题时应既有交叉，又有功能上的分化。这里主要涉及的是公法与私法的交叉。 21 世纪初，苏永钦教授的论文集里就有两篇文章跟这个主题密切相关，即环境保护中的公私法机制之交融。这些研究说明，公法与私法在环境保护领域其实已经相互实现工具化了。

围绕刚才这位同学的主题，我认为要想创新，视角应再向前延展。文章谈到的是规范的应用问题，但我们需要先解决前端的规范判断和选择问题。公法秩序和私法秩序用不同的规则来回应环境问题，那么我们如何来识别与选择这些规范呢？只有解决了这个问题，我们才能进一步谈如何适应规范。从这个角度来讲，我们需要弄清楚公法向私法的介入或者公私法规范中的转介条款之目的。这是规范判断的问题，是前提。第二个问题就是规范的选择。环境损害的发生是过程性的，有的是可以修复的，有的是不可以修复的，有的是发生之后很快就可以发现的，有的是不可逆的。这个时候，公私法的适用就需要区分不同的优先级。例如，针对已经发生、已经识别出来的情况，公法的适用肯定具有优先性，私法的适用肯定是滞后的。当损害已经发生时，我们要恢复原状，而行政机关既有专业优势，又有技术优势，其在督促责任主体与第三方履行义务方面具有优先性。不恢复的状况下，行政权处于次优的地位，我们此时要用赔偿来代替修复，所以私法就具有优先性，诉讼机制就有优势了。在不可修复的状况下，私法具有当然的优先性。从这条线索来看，只有前两个问题解决了，我们才能谈第三个问题，即恢复原状责任到底怎么适用。所以，如果仅仅在民法的规范框架内来讨论适用问题，那么我们很容易就会进入金钱赔偿主义误区，这是我对第二篇文章的评价。

第一篇文章讲了环境治理中的一项重要机制，即环保督政约谈。过去，我们国家出台了一系列的实施纲领，我们可以将其定义为政治的动员机制，这种动员机制只能靠在运行过程中配置约谈来实现。刚才汤静同学在讲这个主题的时候，她聚焦于描述现象，对现象背后所存在的问题可能没有呈现得特别清楚。如果仅仅将这篇文章看成是一种实证性的、描述性的分析，那么其还没有达到学位论文的要求。对此，我有几个小的建议：第一，要看这个制度的基础是什么，这种法定责任为什么政治化了，这是一个解释与分析的前提；第二，要体现执法和守法的优化，这里涉及刚才胡苑教授所提的遵从和威慑之问题；第三，要设计好保障制度。我们现在有现成的制度可供借鉴，就是清单化的控制，这种政治化的约束机制应该逐渐规范化与法律化。我们要借助现有的法律资源来进行整合，从而既实现约束机制的基础功能，又不至于使权力失控。我就简单说这些，谢谢。

王灿发：谢谢杜辉教授。刚才有七位同学和三位教授进行了发言和点评，我听了他们的发言，很有感触。同学们的选题都具有前沿性与学术性，文章的内容都具有创新性。我们评议人给予了同学们充分的肯定，也毫不客气地提出了批评，这才是我们的学术研讨会所真正追求的。我今天就主持到这儿，谢谢大家。

特邀大会发言

单元一

论自然保护地的公益性之彰显及制度构建

黄锡生

重庆大学法学院教授、2016 年中达环境法学者

我今天的演讲题目是《论自然保护地的公益性彰显及其制度构建》。我于十几年前就自然保护地问题发过几篇文章，阐述过自己的一些想法。近几年，我们开展了生态文明建设，中央将自然保护地问题提上了议事议程。特别是在十八届三中全会以后，我们提出了建立中国国家公园的想法。 2017 年 9 月 26 日，中央两办印发了《建立国家公园体制总体方案》，从而掀起了建立国家公园的高潮。2019 年 4 月 24 日，中央两办印发了《关于统筹推进自然资源资产产权制度改革的指导意见》。 2019 年 6 月 26 日，中央两办印发了《关于建立以国家公园为主体的自然保护地体系的指导意见》。今年，中央又出台了两个指导性文件，一个文件是关于自然资源资产的，另一个文件是关于国家公园自然保护地建设的。可

见，中央对自然保护地问题非常重视。而且，今年有一个教育部的国家级攻关项目就是自然资源资产产权制度改革研究，其作为重大项目立项了，现在正在评审中。自然资源和自然保护地是我的一个主要研究方向。2010 年，我在读博士的时候就研究水权，水权也是自然资源，所以我一直是将自然资源作为我的主要研究方向的。2014 年，我承担了国家社科基金重大项目"生态文明法律制度研究"，这个项目今年 3 月份结题了。

我今天主要讲三个方面的内容：第一是自然保护地的历史概况与分类；第二是自然保护地的公益性之彰显维度；第三是自然保护地的公益性之制度表达，也就是制度构建。

"自然保护地"这个词最早是由乔治·凯特林于 1983 年到黄石公园考察的时候提出的。1872 年，美国国会批准设立了世界上第一个国家公园——黄石国家公园；1879 年，澳大利亚建立了皇家国家公园；1885 年，加拿大建立了班夫国家公园；1887 年，新西兰建立了汤加里罗国家公园。目前，全世界已经有 100 多个国家建立了多达 1200 座风情各异、规模不等的国家公园。在我们国家，第一座真正意义上的国家公园是三江源国家公园。1956 年，广东肇庆建立了我国第一个自然保护区，即鼎湖山国家级自然保护区。截至 2017 年，我国建立了各类自然保护区共 2750 个，其中的国家级自然保护区共 469 个，总面积占陆地面积的 14.88%。目前，我们实际上有许多国家公园，只不过它们的名字不叫国家公园或者自然保护区，而是各种各样的风景名胜区。

关于自然保护地的概念，世界自然保护同盟在 1994 年出版的《保护地管理类别指南》中第一次进行了阐述，即保护地是为了保护生物多样性、自然和相关的文化资源而特别划出的，并通过法律和其他有效手段进行管理的土地和海洋区域。世界自然保护同盟的定义得到了《生物多样性公约》的承认，但是这个定义没有将内水、内河与内湖涵盖进来。在 2008 年版的《保护地管理类别指南》

中，世界自然保护同盟对保护地的定义进行了修改，即保护地是一块清晰界定的、被国家或相关组织承认的，并受法律或其他规范性文件约束的，通过实施积极的管理能够实现自然及相关的生态服务和文化价值之长期有效保存的地理空间。修改后的定义更全面、更宽广，包含的内容更多，其包括了陆地、内水、海洋及天空。我们国家的学者对自然保护地之定义做了多种类型的概括，我在十几年前写的文章里专门梳理过。 2019 年 6 月 26 日，中共中央办公厅、国务院办公厅印发了《关于建立以国家公园为主体的自然保护地体系的指导意见》，该文件就保护地的定义做出了阐述，即自然保护地是指由各级政府依法划定或确认，对重要的自然生态系统、自然遗迹、自然景观及其所承载的自然资源、生态功能和文化价值实施长期保护的陆域或海域。按照我的理解，上述定义包括了湖泊、河流及其他形式的水陆区域。所以，我国的自然保护地之类型是非常多样的，包括自然保护区、风景名胜区、天然林部分的国家森林公园等。

关于我们建立自然保护地的目的，两办的文件里面主要提到三个方面： 第一是守护自然生态，保育自然资源，保护生物多样性与地质地貌景观多样性，维护自然生态系统健康稳定，提高生态系统服务功能；第二是服务社会，保护的目的就是为人类提供优质的生态产品，为全社会提供科研、教育、体验、游憩等公共服务；第三是维持人与自然的和谐，保护人类社会的永续发展。

关于建立自然保护地的目标，两办的文件里提到一个总体目标和一个具体目标。总体目标是建成中国特色的以国家公园为主体的自然保护地体系，为维护国家生态安全和实现经济社会可持续发展筑牢基石，为建设富强民主文明和谐美丽的社会主义现代化强国奠定生态根基。实际上，这个总体目标是表明，为了配合生态文明建设，我们能做哪些事。具体目标是到 2020 年，提出自然保护地总体布局和发展规划，完成国家公园体制试点，完成自然保护地勘界立标并与生态保护红线衔接，制定自然保护地建设项目负面清单，构建统一的自然保护地分类分级管理体制。到 2025 年，健全国家公园体制，完成自然保护地整合归并优化，完善自然保护地体系的法律制度。也就是说，到 2025 年，我们自然保护地的法律制度体系要建立起来。到 2035 年，显著提高自然保护地管理效益和生态产品的供给能力，全面建成中国特色的自然保护地体系。距离 2025 年也就还有五年到六年的时间了，常纪文教授、王明远教授等学者在这几年就有很多事情可干了，因为保护地法律体系在五年之内要建立起来。到 2035 年，我们要建成中国特色的自然保护地体系，要做到 18%以上的国土面积是自然保护地。

关于我国自然保护地的分类，我们一般是以自然属性为标准，将自然保护地分为三大类共九个类型。第一个类别是自然生态系统类，包括森林生态系统类型、草原与草甸生态系统类型、荒漠生态系统类型、内陆湿地和水域系统类型、海洋和海岸生态系统类型，如鼎湖山、甘肃连古城、吉林查干湖等自然保护区都是以湖泊为保护对象的。第二个类别是野生生物类，这一类别的自然保护地主要将野生动物和植物作为保护对象，包括黑龙江的扎龙自然保护区、福建文昌鱼自然保护区、广西上岳自然保护区等。第三个类别是自然遗迹类，主要包括地质遗迹类型和古生物遗迹类型，如山东的山旺自然保护区、湖南张家界森林公园、黑龙江五大连池自然保护区等，这一类别的自然保护地之保护对象是火山地质地貌。

还有一种分类方式是以社会属性为标准的，这种分类方式是中央两办的文件提出的，其将自然保护地分为三类：第一类是国家公园，这是级别最高的。所谓国家公园，是指将具有国家代表性的自然生态系统作为主要保护对象，实现自然资源科学保护和合理利用的特定区域，它是最重要、最独特、最精华、最富集、最珍贵、最完整的自然生态系统。第二类是自然保护区，它是典型的自然生态系统，是珍稀濒危野生动植物的保护区域。第三类是自然公园，其旨在保护重要的自然生态系统、自然遗迹和自然景观。自然公园是对前面两种类别的自然保护地之补充，主要包括森林公园、地质公园、海洋公园、湿地公园等各种文化和自然资源。我们想要制定科学的法律制度，就必须准确地对各类自然保护地进行分类。有的自然保护地应该按照自然属性来分类，有的自然保护地应该按照社会属性来分类，所以两种分类方式都是有意义的。

下面，我谈一谈自然保护地的公益性之彰显维度。关于自然保护地的公益性之意蕴，我认为自然保护地是为增进人类的公共福祉而设置的，其将保护生态价值作为主要任务，为全社会公众提供平等的生态公共服务和福利，这就是自然保护地的公益性。所以，我们对自然保护地的公益性之界定，需要实现从全民共享公共利益之理念向保护生态、保护全人类共同的自然遗产之理念的转变。实际上，我们的很多自然保护地还没有彰显出公益性。例如，很多自然保护地要买票，甚至很多自然保护地与风景名胜区由私人公司来承担，这些情况就显然违背了自然保护地的公益性。所以，我们应该从公益性彰显之视角过渡到全人类共同遗产之视角。关于公益性，我们也可以有很多方面的理解。十几年前，我们的行政法学界为讨论什么叫公共利益开了很多次会，他们到现在都没有达成共识。从不同的角度来划分，公共利益的含义是不一样的。一般来说，公共利益就是不特定的多数人之利益，如我们在这个地方开会也有公共利益，一个学校有一个学校的公共利益，一个学院有一个学院的公共利益，一个市有一个市的公共利益，一个国家有一个国家的公共利益，全球有全球的公共利益，所以对公共利益的理解是多维度的。我的第一个理解维度是全球的维度。人类共同拥有一个地球，地球是人类共同的家园，全球共享一个完整的生态系统。从这个角度来理解，自然保护地应该是全人类的共同财富。我的第二个理解维度是全国的维度。自然保护地是国家自然资源的重要组成部分，是一国综合实力的重要体现，是国家永续发展的重要物质基础和条件，是全民的共同财富。从这个角度来理解，一个国家的自然保护地应该向全体国民开放，而不应该成为地区的财政收益来源。我的第三个理解维度是本区的维度。自然保护地是当地居民共享的生态环境和自然资源，其体现了不特定的多数人之共同利益。从这个角度来看，自然保护地是当地居民的共同财富。对于居住在这个地方的人来说，环境的影响是很大的，所以自然保护地应该是一种区域性的财产。

最后一个问题是自然保护地的公益性之制度表达。从全球视野来看，国际公约对自然保护地做出过规定，1940 年的《西半球自然保护与野生动物保存公约》、 1971 年的《关于特别是作为水禽栖息地的国际重要湿地公约》、《保护世界文化和自然遗产公约》、《野生动物迁徙物种公约》、《生物多样性公约》等文件都是自然保护地的公益性之彰显，只不过很多国家没有加入这些公约。从国内的立法来看，我认为我们应该完善如下制度： 第一是共有制度，既然自然保护地代表着一种公共利益，那么其应该为国家所有，为全民所有；第二是共享制度，既然自然保护地是全民的公共利益，那么其应该无差别地向全体公民开放，并作为生态福利提供给全体公民；第三是共建制度，既然自然保护地是全国的公共利益，全体国民都应该参与自然保护地的公益建设；第四是共管制度，即央地分级管理、分区管控、公众参与，以及对公益法人制度的设计；第五是共保制度，即公益诉讼制度。我就讲到这里，谢谢大家。

环境行政法的基本定位与属性

王明远

清华大学能源与环境法研究所教授、2018 年中达环境法学者

在天与地之间，在危机与出路之间，不断地上下求索，这大概是近现代以来的人类之境况与命运的真实写照。

人类是自然之子。没有大自然的哺育与呵护，人类将没有家园，人类的心灵

和梦想更是无处栖身。对于环境人、法律人、环境法律人而言，环境的危机与出路，环境法的危机与出路，环境法学的危机与出路，可能时刻萦绕于心，令人痛心疾首。然而，实际上，这些都只不过是天地间宏大的人类剧目之一曲。

尽管如此，我们还是要以此为业，念兹在兹、不辱使命，为自然，为法治，为法学，更为人类的生态文明和持续发展谱写华章、探索规律，从而接近和捍卫真理。

在人类历史的长河中，时代潮流滚滚向前，每一次重大的转向与更新，或者是由文明转型——从原始文明到农业文明，再由农业文明到工业文明和生态文明——所致，或者是由重大危机所引发。

在早期的农耕时代，人类依靠自然、尊重自然，甚至崇拜自然，其生产和生活总体上是一幅"天人合一"的田园牧歌图。近现代以来，通过文艺复兴、宗教改革、启蒙运动、产业革命、资产阶级革命等一系列重大的变革，借助人本主义和理性主义这两面旗帜，西方的资产阶级推翻了中世纪教会和封建君主的统治，驱逐了上帝与国王，废弃了神权和王权，建立了资本主义市场经济和民主法治，张扬了人性和理性，确立了资产阶级在经济、政治和法律上的主体性。这一切，都为"人"的解放和重生提供了条件。

在资本主义时代开启后，从较为平稳的 19 世纪到 20 世纪 30 年代，这段时间大体上属于自由竞争资本主义时期。这一阶段，亚当·斯密的古典自由主义经济学成了官方奉行的主流经济学思想，机械论、人类中心主义、个人主义、主客二分成了统治性的世界观和认识论，科学主义和理性主义成了世俗的宗教，自然成了被利用、控制和征服的对象。在市场万能和市场主导的认知下，权利成了法律的本位，个人的、消极的、包含实体性权利和程序性权利的、以财产权为核心的自由权与防御权（第一代人权）成为了法律的基本内容。在政治—法律模式上，西方国家实行精英主义的间接性之代议制民主，推崇确定性下的法治，追求形式意义上的实体正义。在国家形态上，西方国家建立了夜警国家与法治国家。在公共行政方面，西方国家主要通过警察来实施消极行政。在这种消极的行政模式下，一方面，政府以"法律"为媒介，消极地介入经济与社会生活，国家可以对相关活动实行垄断性控制；另一方面，公民的基本权利与国家的义务之间具有明确、具体的对应关系，当事人可以通过提起私益诉讼之方式来要求国家履行相应的义务，从而实现对个人权利的法律救济。尽管人与自然的矛盾尚未凸显，但是从观念、制度到实践，方方面面都种下了"环境危机"的种子。

20 世纪上半叶则是动荡的时代，经济危机、世界大战、冷战、社会分化、劳资对立、企业事故、交通事故、消费者权益侵害及工会运动、自然资源保护运动等问题深深地困扰着西方乃至整个世界，目的（人文）理性遭受了工具理性（包括科技理性和制度理性）的严重侵蚀和破坏。在科技灾难与市场失灵面前，人们心目中和现实生活中的理性主义光环开始褪色，个人主义和自由主义的理想世界开始坍塌，刚刚获得解放和重生不久的"人"再次面临垂死的命运。

于是，为了克服科技理性和市场理性的不足，20 世纪 30 年代以后，凯恩斯的古典干预主义经济学逐渐成为了官方奉行的主流经济学思想，政府开始积极主动地依法干预经济和社会生活，包括进行经济调控和针对安全、健康、环境等事项进行社会监管。这一阶段，兼有个体性与集体性的、从个体性到集体性的、包含实体性权利和程序性权利的、积极的社会权（第二代人权）开始成为法律的重要内容。在政治—法律模式上，西方国家依然实行代议制民主，并推崇确定性下的法治，但是其开始追求实质意义上的实体正义，政府管理中的不确定性及合法性与合理性危机开始出现。在国家形态上，西方国家建立了福利国家与社会国家。在公共行政方面，西方国家实行积极行政与给付行政。在这种行政模式下，一方面，政府以法律和金钱（物资）为媒介，积极主动地干预经济与社会生活，国家对法律具有垄断性控制，而对金钱（物资）则缺乏垄断性控制；另一方面，在某些情形下，公民的基本权利与国家的义务之间具有明确、具体的对应关系，当事人可以通过提起私益诉讼之方式来要求国家履行相应的义务，从而实现对个人权利的法律救济。在其他的情形下，公民的利益只是国家完成法律所规定的任务及政府履行其法定职责——特别是制定和实施公共政策——所带来的反射性、事实性之利益，其不属于主观权利。也就是说，当事人无法通过私益诉讼获得救济，其只能依法提起公益诉讼。

正如市场不是万能的一样，政府也不是万能的。一方面，面对科技理性和市场理性之不足，政府的依法干预是必要的；另一方面，政府理性也往往存在诸多局限，政府失灵的现象比比皆是。可以说，目的（人文）理性遭受了工具理性（包括科技理性和制度理性）的更严重、更广泛之侵蚀和破坏。面对科技灾难、市场失灵与政府失灵，面对垂死的"人"和垂死的"自然"，人们必须再次探寻化解危机与实现自我"重生"之道路。于是， 20世纪六七十年代，随着环境污染危机的系统爆发，包括环境运动、反核运动、女权运动、消费者运动等在内的新社会运动及后现代主义兴起，科学主义、理性主义与人类中心主义受到质疑和批判，生态主义和整体主义得以张扬，以污染防治为重心的环境法诞生并迅速发展。通过对传统法的分析、批判、修正、继承、整合、发展、创新与超越，生态伦理与生态规律得到彰显，从而适应了调整复杂多样的环境社会关系之新需要。

到了20世纪80年代，资本主义世界面临严重的"滞涨"危机，新自由主义应运而生，法经济学对法学、法律及政策实践产生了极大的影响。在这个方面，环境法是最具有代表性的重要领域之一。

在环境保护领域，政府、市场与狭义的市民社会（NGO）"相生相克"，而环境法则个性鲜明地适应了生态文明时代的道德、规律和现实之需要，其既保障了"自然"的生存（生态平衡），又保障了"人"有自由、有尊严、有意义地活着。

2008 年，席卷全球的金融危机爆发，其宣告了新自由主义的"终结"，并昭示着新干预主义的诞生。在资本主义世界中，绿色社会主义的思潮、理论、制度与实践都蓬勃发展，成为一道亮丽的风景线。

实际上，自 20 世纪六七十年代起，随着内生性的科技理性危机与制度理性危机（包括市场失灵和政府失灵）之显现，技术灾难及相关的安全、健康和环境领域之危机系统爆发，西方开始进入风险社会，国家在形态上也成为预防国家和环境国家。这一阶段，兼有集体性与个体性的、从集体性到个体性的、社会公益性的、积极的环境权（第三代人权），以及相应的国家环境保护之任务、职权、目标与手段，开始成为法律的重要内容。

环境问题通常具有系统性、综合性、动态性、科技性、复杂性、不确定性等特点。一方面，鉴于有限的专业能力和资源，立法机关往往只能制定原则性、框架性的环境法律，而具体的环境标准、细则、规划、项目等事项需由经过授权的环境行政机关来制定；另一方面，司法机关也面临着专业能力与资源之限制，许多环境纠纷案件往往需要由环境行政机关来处理。因此，环境行政机关实际上同时行使着行政权、准立法权和准司法权，这对传统的代议制民主——特别是"三权分立"模式——造成了重大冲击。此外，环境行政的合法性与合理性也面临着重大挑战。

随着环境行政的合法性与合理性之危机凸显，一方面，政府需要推行不确定性下的环境法治，开展环境公共治理，追求和维护环境程序正义；另一方面，在精英主义的间接代议制民主之基础上，政府需要引入平民主义的直接协商式与参与式之民主机制，并通过环评、环境经济分析、公众参与环境保护等制度工具来弥补与克服缺陷。环境保护制度与实践中的这种从主体性到主体间性之变迁，与哈贝马斯的交往行为理性、商谈民主等理论是比较吻合的。

环境行政涉及消极行政，即公权力负有不侵害义务及事后被动地应对环境侵害之义务,如污染所致损害或者危害(公害)的排除、污染末端治理、生态环境损害修复等;环境行政还涉及积极给付行政,如对因环境问题而受害者——特别是健康受害者——提供金钱上的行政给付救济,以及通过环评、规划、许可证等手段来主动保护和改善环境,从而防止环境损害的发生或者恶化;环境行政更涉及风险行政,包括基于科学不确定性的风险(如转基因、气候变化等)行政与基于科学确定性的风险(如核泄露、化学品污染等)行政。

从总体上看,环境行政属于风险行政、复杂行政、系统行政、过程行政,具有科技化、政治化、民主化、社会化、市场化等重要的特点,其与以行政行为为核心、以确定性为基础,仅具有行政性的较为简单、具体的传统行政存在着重大差异。在环境行政模式下,政府以法律和科技(知识)为媒介,积极主动地干预私人主体和公共主体的环境行为,从而保护自然环境与生态系统。其中,国家对法律具有垄断性控制,而对科技(知识)缺乏垄断性控制。某些情形下,政府在有关环境保护的科技(知识)上之话语权和公信力非常贫弱,甚至完全匮乏。

公民的环境权主要体现为程序权,公民的实体性环境利益只是国家完成法律所规定的环境保护任务及政府履行其法定的环境保护职责——特别是制定和实施环境公共政策——所带来的反射性、事实性之利益,其不属于主观权利。也就是说,当事人无法通过私益诉讼获得救济,其只能通过依法参与环境标准和规则之制定来参与环境行政决策之过程、依法提起环境公益诉讼等方式获得间接救济。

总之,环境权和环境行政分别是生态社会法治国家形态下的新型权利与新型公共行政。其中,环境权是建立在第一代人权和第二代人权基础之上的第三代人权,环境行政是建立在消极行政和积极行政基础之上的一种风险行政,它们都具有其"前辈"的某些内容和性质。第一代人权主要与《公民权利和政治权利国际公约》相对应,第二代人权主要与《经济、社会及文化权利国际公约》相对应,而第三代人权中的环境权则主要与《在环境问题上获得信息、公众参与决策和诉诸法律的公约》（即《奥胡斯公约》）、《联合国环境与发展宣言》等环境公约或软法相对应。环境法——特别是环境行政法——往往不同于传统代议制民主模式下的法律，其更多地表现为协商式和参与式民主模式下的法律化之环境政策与环境监管，即环境政策法（Environmental Policy Law）与环境监管法（Environmental Regulatory Law）。

【问答】

提问：黄老师提到，设立自然保护地或者国家公园的一个最重要之原因就是公益。我总是不明白，我们所指的公益是什么东西？美国环境法多多少少对公益有所研究，其哲学的先验主义认为，站在洛矶山的山脉上面，听到风吹树叶的响动，就好像听到了上帝的声音。按照马克思主义的原理，最大的公益是经济发展。为什么呢？因为经济是基础，经济发展好了，所有的上层建筑才会好。换句话说，经济发展是最大的公益。在这种情况下，如果通过保护来抑制经济发展，那么岂不是产生了公益上的问题，甚至违反了更大的公益？

黄锡生：这是一个非常具有挑战性的问题。你说到自然保护地为什么要设立的问题，我刚才讲是为了公共利益。你刚才讲美国的文化是为了上帝，而上帝在美国文化里面也是一种公益，这是它的文化渊源。我们的道法自然，也体现着中国的天人合一，我们的人和天是合在一起的，所以文化实际上都是有共通之处的。关于公益的理解，我认为公益是多方面的，经济发展的需求跟我们文化上的需求，以及这一代人的利益需求跟下一代人的利益需求，都应该是相通的。保护自然保护地可能损害了当代人的利用资源之利益，但为我们的子孙后代留下了生产的空间和其他物质利益，我觉得这里面也涉及一种经济利益。从文化上讲，你现在保存了地球最原始的状态，就是为我们的子孙后代留下了精神财富，他们就能知道原始的地球是什么样子的。如果我们将现在所有的土地全部开发完了，那么后代接手的地球就是破烂不堪的，是一个二手的地球，那不是原始的地球。所以，从哲学层面来讲，你说的美国文化和中国文化，在本质上都是相同的，只是表达不一样。

王灿发： 先这样，因为经济发展与环境保护的关系这个问题，是一个谈几年都谈不完的问题，所以这个事先放一下。下面让常纪文教授提一个问题。

常纪文： 请黄锡生老师讲一下公益性的理解维度。

黄锡生： 我是从三个维度来理解公益性的。一个是全球性维度，我认为自然保护地不光是中国的自然保护地，其涉及全球化的公益性。第二个是对制度的构建，也就是在利用自然保护地的时候，我们不能采用现行的私人承包模式，从所有权的角度来说，既然自然保护地是国家的，那其就应该为国家所有。既然自然保护地涉及公共利益，那么我们就应该主张公众参与、共同建设，并按照公益法人的理念来设计自然保护地制度。

常纪文： 关于自然保护地，它是可以由特定经营者来承包的，私体经济利益和社会的环境利益其实是统一的。

黄锡生： 我们讲的盈利，应该是真正的投资人不能从中分取利润，公益性法人不应取得回报，这才是公益性的。

王灿发： 他的观点跟人家不一样，这证明是有创新的。

特邀大会发言

单元二

中央环保督察制度的建设现状与改革建议

常纪文

国务院发展研究中心资源与环境政策研究所副所长、研究员

感谢王曦教授的邀请，感谢主持人。我今天想与大家分享一下自己最近的研究成果。我本来是讲一下中国的环境政策和环境法治之发展趋势，因为我这几年一直在研究这个东西。后来我想了一下，还是讲现在这个题目好一些，因为生态环境保护的党政同责和中央环保督察是我最早向中央提的学术建议，而且这些建议被中央采纳了。我最早提的建议叫"中央环保巡视"，后来修改为"中央环境保护督察"。中央环保督察是落实环境保护党政同责之工具和方法。环境保护党政同责理论是我于2013年在《中国环境报》发表一整版文章时所创立的，现在的改革基本上是在那个框架之内进行的，非常具体、非常详细。由于环境保护党政同责理论在缓解雾霾和水污染方面发挥了巨大作用，因此全国人大环资委、全

国政协人口资源与环境委员会、环保部等几个机构于 2016 年 6 月联合给我发了一个大奖——绿色中国年度人物，获奖理由之一就是首创了环境保护党政同责理论。中央环保督察现在改名为"中央生态环保督察"，我以前出版的《生态文明的前沿政策和法律问题》里讲述了我当年为什么提出中央环保督察理论，以及这个理论是如何被中央采纳的。

实施党政同责与环保督察的效果是非常显著的。王明远教授刚才也讲了中国的环保法，我不是说中国的环保法没用，而是其以前确实没发挥什么大作用，因为原来的中国环保法并没有适应中国的国情。中国是党领导下的国家，如果法律只约束政府而不约束地方，那么其就无法发挥作用。大家知道，在市委书记和县委书记面前，市长与县长有时都不敢发表反对意见。2016 年 1 月至今，雾霾问题之解决所依靠的，就是党内法规和国家立法的双管齐下，也就是将地方党委和政府都管起来，这是中国的法治特色。中国的环境问题绝不是西方的第一代环境权与第二代环境权所能解决的，我们要用中国的思维和方法来解决中国的问题。因为中国是共产党领导下的国家，所以我们要突出党内法规的作用。2014 年以来，我发表了以党内法规和国家立法如何实现衔接与协调为主题的一些文章。最近几年，我也仍然在研究这个问题。所以，我们的环境法学界不研究党内法规之做法是不接地气的，我希望各位教授都能研究这个问题。我当年开创性地研究党内法规问题是冒着风险的，而现在开展这方面的研究是国家所希望的。目前，生态环境保护正在发生着历史性、转折性和全局性的变化。我们将不守生态保护和绿色发展规矩的省委书记一抓，大家就都听话了，都开始走绿色发展的路子了。对于环保问题的解决而言，上述手段是管用的。

中央生态环保督察制度为什么能取得如此大的成功？我认为有四个原因。第一个原因是我们坚持党中央对生态环境保护督察的坚强领导不变。第二个原因是我们坚持改善生态环境质量和为绿色发展保驾护航之目的不变，开倒车是绝对不允许的。今年前三个季度的经济增长数据在前几天公开了，GDP 增长了6.5%，出口总体没有受到中美贸易战之影响，绿色发展还是在向前推进。第三个原因是我们坚持治标与治本相结合，不搞"一刀切"，推进经济社会发展和生态环境保护相协调之方式没有改变。第四个原因是我们坚持环境保护党政同责、一岗双责、失职追责及终身追责之原则不变。

目前，中央生态环境保护督察发生了一些变化，学界可能关心得比较少。第一变化是督察功能之革新。以前，督察组总是想着是找问题、给处分，好像不找问题就显得没有多大权威似的。然而，如果督察组长期地就是找问题、给处分，那么一轮一轮这么搞下去，环保局的局长都不想干了。现在，整个形势都不同了。总书记说不能简单粗暴地进行执法，不能搞一刀切，所以我们的任务是促进经济社会发展与环境保护之结合，推进经济社会的高质量发展。为什么以前搞一刀切？因为地方不这么干的话就要受到处分。之前，在地方保护主义的影响下，大家都不去搞环保，而是发展黑色经济与污染经济，但如果你现在还不搞环保，那么市委书记与市长及县委书记与县长就要受到追责，这样他们就害怕了。在环保法的教材里，这些法治措施是没有的。第二个变化是督察事项之调整。环保部最早的任务是治理污染，其生态保护职能是偏弱的。目前，生态保护的主要抓手在自然资源部，生态督察就是自然资源部管的。一旦发现问题，自然资源部就要整改。第三个变化是督察模式之转型。我们原来是全面督察，现在是全面督察与重点督察相结合。第四个变化是督察方式之演进。我们正在从监督式追责转向监督式追责和辅导性辅助并举，即加强对各部门的指导，然后派专家下去搞辅导。就督察重点来看，我们正从着重纠正环保违法转向纠正违法和提升守法能力相结合。现在，第二轮督察已经开始了，其最大的不同就是不能一刀切，不能滥问责，而是要有容错机制。就追责对象来看，我们正从主要问责基层官员转向问责包括地方党政主管在内的各方面、各层级的官员。就督察规范化来看，我们正从专门的生态环境保护工作督察转向全面的生态环境保护法治督察。今年，我们制定了一个关于中央环保督察的工作规定，其主要内容就是督察规范化。现在，有的企业每天要接待几个督察组，这种现象必须要得到改变。此外，全国人大也搞巡视，国土资源部还有国土资源督察。总之，我们要将这些检查都整合起来，否则企业受不了。

下面，我来提几点建议： 第一，我们还是要修改《中华人民共和国环境保护法》；第二，我们要扩展督察的参与主体和督察的对象范围，从而及时发现地方党委政府与企业官商勾结的现象；第三，我们要理顺自然资源督察和环保督察的模式；第四，我们要标本兼治，提升经济发展与环境保护相协调的能力和水平；第五，我们要落实尽职免责，切实提高督察问责在绿色发展方面的促进作用，用权力清单来督促生态环境部门认认真真去执法；第六，我们要强化对地方的督察，多追市委书记与市长的责。关于这方面的内容，我出版了一本书，书名为《生态文明体制改革与法治建设的理论和实践》，其阐述了我 2014 年以来参与中国的生态文明体制改革之心得。谢谢大家！

生态法治新时代： 从环境法到生态法

刘洪岩

中国社科院法学研究所生态法研究室主任研究员

首先，感谢台达基金会的各位领导和王曦教授的邀请。各位前辈、各位同仁、各位同学，大家上午好！昨天，蔡守秋教授和孙佑海教授都谈到了中国环境法的发展历史，我本来也准备了这个题目，但由于内容有些重复，这里就不再赘述了。今天，我想从法哲学的视角出发，谈一谈对环境法学发展的一点理解，不成熟的地方在所难免，希望能够得到各位的批评和指正。

　　我的发言题目是《生态法治新时代：从环境法到生态法》。我想探讨的，是环境法学发展的底层逻辑和价值转向。今年恰逢中华人民共和国成立七十周年，按照惯例，每到一个特定的时间节点，各领域都需要回顾过去的成绩。作为一个实践性比较强的学科，环境法学在总结成绩的同时，需要更多地关注一下发展中的潜在问题与危机。因此，就环境法学的未来发展而言，全新的建构方向和思路显得尤为重要。

　　首先，我想谈一谈生态文明新时代的法哲学转向与时代命题，以及工业文明与环境法哲学的反思与超越问题。昨天听会的时候，很多与会者的发言令我颇受启发。目前，在中国的环境法治发展和环境法学研究领域之内，一些问题和现象值得我们深刻反思：

　　一是在环境法治发展的四十年中，以环境保护之名义出现的环境政策，在实践中并没有完全实现其承诺，当下的运动式环保与环保督察都是对这种环境政策和法律不能够很好地得到执行之查缺补漏及在执法层面上之反馈；

　　二是从国际层面来看，各国制定了数百部环境条约和几万部环境法律，但文本并没有得到很好的执行。据统计，自1972年以来，各国的环境立法之数量增长了38倍，但这些法律大多没有得到落实；

　　三是20世纪中期以后，国际社会对环境治理的关注越来越多，一些国家和区域也取得了一定的成功，但是地球环境持续恶化的趋势并没有得到改变。我也查了一些资料，麦克尼尔的《20世纪世界环境史》也有类似的判断。正是因为有这样的问题和现象存在，所以我们的环境法学面对着新的问题指向：现有的环境法律和环境政策之实效性为什么这么弱？传统的或主流的环境法学通常会将上述问题归结为政策的碎片化及执行的区域化，因此环境治理模式和价值目标的转向与革新就显得十分重要，相关议题大到对人类命运的整体性与代际关系之重新认识，小到以前通常很少在我们法律界被讨论的动物权利、动物福利等问题是否应进入环境法学的研究视野。

其次，我想谈一下生态文明与环境法的修正与突破问题。

十八大以来，生态文明成了统筹推进五位一体总体布局和协调推进四个全面战略布局的重要内容。2017 年，中央又提出了生态文明建设的生态治理体制改革和建构之方向。2018 年的生态文明入宪则标志着国家在生态治理的指导思想上之转向与重构。遗憾的是，在实践层面，我们并没有很好地建构与此相适应的法律和政策之实施机制。以国家对自然资源的授权制度为例，集中式的生态治理模式近年来越发暴露其弊端，我们是不是应该对此进行深刻反思？是否可以探索和考虑以分散式的环境权进路来替代单一维度的环境治理目标？我们的环境法学研究应该对此类实践性问题做出哪些回应，并为我们的环境法治实践提出哪些问题预设？

此外，环境法治的指导思想也亟须转变。工业文明向生态文明转换既是一种战略，又是一种策略。传统的工业文明理念是将自然和人类对立了起来。其实，在利用自然的时候，人类也具有"保护者"的身份，而传统环境法的基本理论也是建立在自然论的基础之上的。例如，自然论者认为，人和动物之区别或者人与自然之区别仅仅体现在精神层面上，二者在物理层面上是不存在差别的。如果这种"主客二分法"不破除，那么生态文明的新时代就不可能到来。就目标维度来看，生态文明新时代要有一种超越性的"整体主义"之法哲学建构思维，我们要超越传统的二分法之窠臼，并借助一些现代科学手段来重新界定环境法的研究范围与目标诉求。同时，我们要将强调人与自然"一体同构"之生态观作为基本理念，从而推动传统"环境法"向作为基点的"生态法"之转型。

再次，我想谈一下从环境法到生态法的拓展与科学革命问题。

有关人与自然的本体论立场有许多种，如自然论、泛灵论、图腾论、类比论等。我们知道，现代主义的本体论在本质上就是一种自然论，这是法国哲学家德科拉提出来的。我们通常认为，传统的社会和文化是知识与人类的领域，非人类仅仅指的是自然法之支配对象，这就导致了对传统的人与自然关系之判断被限制在一种传统的现代主义思维框架内。这样的本体论立场也为我们提供了某种反思与启示，即关于人和自然的关系之阐述不是仅有自然论一种理论，还有更多的价值维度需要我们去思考。在实践中，所谓的"物法自然"之最典型逻辑，就是通过国家的保护来实现人对自然资源之合理支配。当下的法学研究已经提出了"生态化改造"问题，并在某种程度上对"现代主义的自然观"进行了突破。

在理念上，当下的生态文明法律体系，还是保留了人与自然之二分法。一个可喜的变化是，2018年的《中华人民共和国宪法》之修改在保留了原环境保护条款的整体内容之基础上，将更为抽象的生态文明建设列为根本的国家任务之一，从而实现了环境保护向生态文明建设之话语转变，并暗示着一个法哲学和法学研究范式之根本转向。"生态文明入宪"是对传统的人类中心主义之解构与挑战，其为"环境法"向"生态法"之价值转型和人与自然关系之重构提供了某种可能。传统的环境法理论认为，作为自然的所有者，国家以保护者的身份规制着社会和个人，并控制着自然，这种理念导致了国家对环境、自然资源、能源经济等领域的垄断。在生态文明新时代，国家对自然的支配、占有和利用都必须同构建"人与自然生命共同体"及"人类命运共同体"之价值理念相契合。

最后，我想谈一点自己作为一个理想主义者的乌托邦想象。

从"环境法"到"生态法"的拓展与科学革命，需要我们建构人与自然和谐共生的法律关系，这也是环境法哲学的底层逻辑价值转向之基础和制度建构之基本面向。同时，法学家要学会跟科学家对话。对于当前的世界来说，变化是常态，不变往往是例外，所以环境法一定要学会与科学紧密拥抱，这也是作为一位理想主义者的某种乌托邦想象。从各国的环境立法实践来看，将动物作为法律主体之理念已经得到诸多条文之确认。例如，《德国民法典》第九十条就认为，动物不是物，它们受特别法的保护。再如，对干扰动物栖息之行为直接判败诉的国际司法实践、国际法上的各种超越性之"有限主权论"等理念，无不昭示着一个"生态法治"的新时代之到来。诺贝尔奖获得者奎洛兹教授说，我们不是宇宙中唯一的生命。我们必须正视生态文明这种价值理念的转型，并积极地做好应对和准备。在环境法日益蓬勃发展的今天，我们要让环境法适度瘦身，要围绕"整体主义"的生态法哲学理念来实现对传统环境法之制度重构，并且要通过"人与自然和谐共生"的价值理念来实现传统环境法向后现代主义"生态法"之转型。谢谢各位！

对环境民事公益诉讼之性质的省思

巩　固

浙江大学光华法学院教授、2018 年中达环境法青年学者

尊敬的各位前辈、各位同仁、各位同学，大家上午好！非常感谢大会的邀请，感谢敬爱的王曦教授和他团队的周到安排，感谢台达集团对环境法学界一直以来的支持，也感谢环境法学界的各位前辈对我们青年学者的提携。我是 2018 年的中达环境法青年学者，因此这个报告也有向委员会述职，并汇报过去一年的成绩之意味。时间有限，我就重点介绍一下最近刚刚发表的一篇文章，这篇文章是关于环境民事公益诉讼之性质的。我们知道，近几年，整个环境法领域最红火的话题可能就是公益诉讼了，而民事公益诉讼则是热点中的热点。从法学角度来看，我们要思考的是，在这样一种火热的制度实践背后，是不是还有一些值得我们去认真研究和反思的问题？尤其是当前蓬勃的表象是完全符合法治规律的吗，还是受一些不确定因素的推动？如果一项制度想要获得普遍、长远的实施，那么

其就一定要遵循法治的规律，我这篇文章就主要是从这个角度进行反思的。

我认为，针对环境民事公益诉讼，一个必须要认真思考的前提性问题是，其性质与定位是什么？因为传统的民事诉讼都是围绕着私权救济展开的，而私权具有专属性，所以我们传统的诉讼制度规则都是以私权为中心的。与私权不同，公益的特点在于非专属性，其与不特定的多数人相关，不能由任何个人来决定。所以，在多数情况下，公益是由立法来设定，并通过执法来实现的。由此看来，"公益"与"民事诉讼"不是一根道上跑的车，两者在本质上是不相容的。环境公益有自己的一些特殊性，它虽然跟每个人都有关，但是并非纯粹抽象的，而是以生态环境为有形载体。环境公益具有一定的财产属性，其可以在一定程度上借鉴能够有效保护财产的民事诉讼制度，从而使环境民事公益诉讼有蓬勃发展的空间。我们必须认识到，公益毕竟不同于私益，环境虽有价值，但其毕竟不是传统意义上的财产，因此环境民事公益诉讼不过是对民事诉讼的一种"借用"而已。环境民事公益诉讼有一个很强的特殊性，即它是一种"公法诉讼"。关于公法诉讼，我们至少可以从以下几个方面来把握：

第一，公法诉讼之制度渊源必须有明确的法律依据。法律不仅要有概括性规定，而且应该对原告资格、适用范围等具体内容予以明确。另外，公法诉讼还要有实体法上的依据。我们在公益诉讼中所要解决的是公共利益问题，其往往涉及公共意志的判断和行使，而公共意志应该由法律来规定与呈现。

第二，公法诉讼具有类型化特征。不同的国家有不同的民事公益诉讼类型，但最重要的类型大致有两种。第一种是"代位执法诉讼"，即当我们看到有人违法而执法者不严格执法，且督促他也没用的时候，我们就自己直接起诉执法者，让他承担相应的责任。代位执法诉讼的目的是解决执法动力不足之问题，它的主体一定是没有法律监管职责的非执法者，通常是非政府主体、社会组织或普通公民，其能够产生与执法者严格执法相类似的效果。我们知道，传统的行政执法将责令停止侵害或者罚款作为主要手段，因此代位执法诉讼中的诉讼请求一般也是停止侵害。第二种是涉及赔偿的那一类诉讼，即"生态环境损害赔偿诉讼"。从各国的普遍经验来看，生态环境损害赔偿诉讼的原告恰恰是拥有环境监管职责的政府主体，因为生态环境在各国都是被视为公共财产的，而政府或环境资源监管者应当首先对这种"环境公产"负责。从这个角度出发，我们可以将生态环境损害赔偿诉讼理解为现代环境监管权的扩大，其与前一种诉讼（代位执法诉讼）有很大的不同。

第三，公法诉讼不是随便就能用的，它很耗成本，所以各国对其范围与主体都做了特别限定。代位执法诉讼必须要有利害关系，而生态环境损害赔偿诉讼则要针对实际情况来考虑损害填补的必要性和可能性。实际上，公法诉讼的适用是很有限的。

第四，公法诉讼呈现出司法上的中立性与有限性。公法诉讼似乎应由司法部门来主导，但我们不要忘了它的目的和内容是维护公共利益，而公共利益的第一责任人是行政机关，所以行政机关在环境公益诉讼里仍然有自己的位置。以代位执法诉讼为例，其前提是执法部门不愿意执法。如果执法者愿意执法，那么我们也就没必要起诉了。如果执法者后来反悔了，那么在庭审过程中，其也可以发挥专业优势，就案件如何处理发表意见。至于生态环境修复诉讼，其本来就是由监管者当原告，并由政府或者环境资源管理部门提出来的，因此损害状况到底如何、赔偿金额是多少、谁来编制修复方案、诉讼所得之资金归谁支配、谁来组织修复等事项的安排都不是问题。对于法院来说，其在公益诉讼中的确要更加能动一些，如在调查取证方面要更积极主动。但是，法院毕竟是裁判者，其能动性也要以起码的中立为前提。举例来说，在大家都熟悉的"小鱼诉大坝"这个案件里，法院实际上并没有对鳔鲈鱼这一濒危物种和已投资上亿且预计能为当地带来巨大经济效益的大坝之价值做直接判断，其只是通过法律的指引，对立法者的原意进行了探究，这特别值得我们思考。正如法官在该案的判决中所言，"我们不能在国会行动之前通过司法来决定什么是符合公共利益的"，否则就是僭越立法者的权力了。在一些细节性、操作性之事务上，公众和利益相关者的参与及决定也很重要。只有这样，我们才能保证案件所指向的公共利益是依照人民之意愿而非法官之个人意愿来得到判断和维护的。

总体看来，作为公法机制的环境公益诉讼之定位是辅助性角色，其在有限的范围内发挥作用，并"借用"私法的手段来获得实效。然而，我们现在所采用的是"特殊侵权诉讼"模式。主流观点认为，环境治理不力的根源之一是民事责任缺失，因为传统的环境行政手段仅注重惩罚，而普通民事主体无法对环境公益损害提起民事诉讼，所以我们的应对之策是扩张原告资格，即在环境受到损害时，原告可以作为公益代表提起侵权诉讼，从而通过民事责任来实现对环境损害之填补。至于生态环境是不是传统意义上的财产、环境公益是不是民事权益，以及环境民事公益诉讼可否直接适用以私人财产为预设对象、以私人利益为救济目标之侵权规则，则全然不被考虑。此外，公益诉讼单兵突进，完全不考虑与它密切相关、异曲同工的执法机制之状况，不考虑与功能类似的其他公益救济机制之衔接的做法，将至少引发三个方面的问题：

第一个问题是为难司法。很多涉及价值判断的公共选择问题与很多需要专业判断的技术性问题都由法院来解决，法院往往力有不逮。

第二个问题是对执法造成干扰。在很多案件中，监管部门已经进行了执法，但在执行过程中又被提起公益诉讼。

第三个问题是阻碍立法。在"特殊侵权诉讼"的思路之引导下，我们很容易认为环境公益救济主要是侵权法的任务，从而忽略甚至遗忘了真正的责任人——环境公法之规定。实际上，就各国的经验来看，公益诉讼需要的是特别立法。至于具体表现，我的论文里都有，此处就不说了。

事实上，上述问题的根本症结就在于公私法的区别意识之欠缺。前面所说的各种问题在根本上都源于以私法的思维来处理公共问题之思维惯性。在民法帝国主义的影响下，我们看到财产就认为该由民法来调整，看到赔偿就觉得是民法的问题，从而缺失了公益与私益、公法与私法相区别之意识。由于我们解决的是公共问题，因此公法的思维很重要。环境民事公益诉讼制度的完善方向就是"公法化"，即以特别公法的专门规定为渊源，依法实施、分类发展，将环保组织的积极性和能够发挥的作用，以及政府的积极性和能够发挥的作用区别开来。

另外，我再略微引申一下。其实，我谈的这个具体问题与本次会议的主题——"环境法学四十年回顾"——也有直接关系。多年的环境法学研究让我有一个深深的体会，即很多国家的环境法律制度其实非常复杂，类型多样、规则细致，处处充满着限制与例外。我们仔细分析会发现，各种限制与例外都是必要的，因为只有这样，相关制度在整体上才符合法律的逻辑，在实践中才能发挥良好的实效。相反，我们的制度设计往往简单、粗暴、绝对化，在借鉴他国的制度时也常常只抓一点、不及其余，从而忽略了许多细节。就像环境民事公益诉讼制度，我们只关注诉讼资格可以放宽、环境损害需要赔偿等直观的创新点，却忽略了这些"突破"发生的整体背景和良好适用所需的限制性条件，从而不可避免地走向泛化和扭曲。

上述问题的出现，与我们的法治建设和法学研究中的单一目标导向之理想主义有关，即只关注制度的正当性与必要性，对制度的本质和具体内容缺乏周到的考量与细致的考虑。我们更多地关注目标而不是方案，关注结果而不是过程。

对于一个学科的成熟而言，能否从宏大的抽象思考转向具体的务实考虑是至关重要的。我在这里向大家推荐一本书——《国际关系研究导论》，其所代表的现实主义研究范式深刻改变了国际关系学科，从而使其由一门沉醉于理想主义口号的抽象之玄学真正转变成了可实践、能落地的科学。对于作为新兴学科的环境法学来说，其也很需要实现从理想主义向现实主义之转变。不过，目前的状况似乎不太乐观。我于2011年发表的《环境法律观检讨》就明确提出了环境法学的现实主义研究路径，并阐述了相关要点。但是，从刚才介绍的环境民事公益诉讼之发展现状来看，我们要走的路依然漫长。

总之，就近几年的环境法蓬勃发展之现状来看，前途是光明的，但道路还很曲折。很高兴有机会把这个问题提出来与大家分享，路漫漫其修远兮，我们共同努力，谢谢。

【问答】

王曦：三位年轻老师讲得都很好，我想问常纪文研究员一个问题。常纪文研究员讲的是中央环保督察。在我的理解中，中央环保督察属于政府的内部监督。那么，这种内部监督将来会不会出现边际效益递减，我们需不需要引入外部监督？这是一个深层次的问题，但这个问题是环境法研究者必须要考虑的。

我再问巩固老师一个问题。您谈到了环境民事公益诉讼。简单地说，我认为"环境民事公益诉讼"这个概念在逻辑上似乎有问题。那么，我们是否应该否定"环境民事公益诉讼"这个概念呢？当然，这完全是学术层面的探讨。

常纪文：感谢王老师的提问。中央环保督察不是政府的内部监督，它应该是党中央与国务院的督察。我们是社会主义国家，政府的内部监督制度很健全，但其解决不了问题，污染仍然越来越严重。大家知道，地方党委的权力是很大的，因此我们必须加强中央对地方党委的监督。关于边际效益递减这个问题，我的观点是，中央环保督察实质上是执政党出面来恢复生态环境法治秩序。我们现在处于转型期，环保法方面的创新最多，美国与欧盟的环保法也都是在转型期诞生的，我们的中央环保督察也是在转型期被提出来的。我相信，督察形态以后可能会发生改变，但督察制度肯定会存在下去。最后的一句话是，关于社会性监督，一旦法治秩序恢复之后，到 2025 年，我们就开始考虑环境行政公益诉讼全面放开的事情。

巩固：谢谢王老师的问题。我这几年之所以对环境公益诉讼进行了较为系统的批判性研究，主要是因为我觉得它很重要。就我国的环境法治之发展现状来看，我们可以真切地感受到，这几年的亮点之一就是环境司法，而民事公益诉讼在里面又发挥了很大的作用。我觉得环境民事公益诉讼在大方向上——让环境肇事者承担损害赔偿责任——没有问题，只是我们在具体路径上应该考虑得更仔细一些、更细腻一些，从而更好地实现与现有体制之协同。如果有关部门采纳了我的建议，那么我们就应该制定一部单独的有关环境公益诉讼或环境公益救济之法律。环境公益诉讼这种兼具公法的原理和私法的责任之创新手段还是大有可为的，而且如果没有它，那么我们的研究将会失去多少有意思的选题啊。哈哈，当然，这是玩笑而已。

李念祖：谢谢三位主讲者，我想和巩固老师探讨一下。巩固老师谈的是环境公益诉讼，我想请教一个问题，如果我要提起公益诉讼，那么我可以主张自己是自然环境的受益者，这个时候我是民事诉讼主体，但我们可不可以将环境看成某种主体，即我是为了实现受益权来代位实施这个主体的权利。

巩固：谢谢，您这个问题很具体，也很专业。首先，这些都是假设。如果有可能的话，您个人请求的给付也应该是行政性的，而不是民事性的。您感受到的环境权益和冲突，在现实生活中肯定会有。例如，在排放污染物时，排污者可能会认为自己是在行使利用资源的权利。如果利用资源的权利与享受无污染环境的权利发生了冲突，那么我们还是得通过公法的规定来解决。您的环境受益权不是超越时空的，不是绝对的，其是否正当、是否值得保护，需要由公共意志来决定。因此，如果排污行为是违法的，并且造成了不良影响，那么依据环境公益诉讼之原理，您应该是可以通过诉讼来寻求救济的。但是，在排污既不违法也不超标的情况下，您不能也要求这样的救济权，因为在通常情况下，您对河流所享有的利益并不当然优先于他人。

至于您说的环境主体之代位诉讼，我本人并不认可这种诉讼模式。环境与自然能不能成为法律意义上的某种主体，并由它的代言人进行起诉呢？从哲学的角度来看，这肯定是不行的，因为任何人的行为都是基于人的意志而做出的，其不是自然意志之产物。国外那些为自然代言的所谓"自然权利诉讼"，实际上是一种虚假诉讼，因为原告主张的所谓自然之权利和诉求，不过是对其自我利益和主张的包装。在这种情况下，法官如何去判断并确认这种既无法证实，又难以证伪的"代言"呢？随意妄为自然代言之做法，可能会导致司法专断和神秘主义，其不是正途。仍以刚才提到的场景为例，当一个人的违法排污行为损害了依法本应保持纯净状态的水体（如水域一级保护区的河流）时，如果有人起诉说排污行为人侵犯了河流的利益与权利，并要求其停止侵害和恢复原状，那么法官的支持性判决就不会引发太多异议。尽管大多数人并不相信河流本身受到了侵犯，但是在实定法已做出明确选择之情况下，法官的支持性判决不会受到根本性挑战，因为这至少不是其个人的随意判断。

因此，回到您的问题上来，我认为这两种诉讼并不存在本质上的不同。无论是个人对环境的受益权，还是环境自身的权利，两者都不是绝对的、孤立存在的，我们需要借助公法的具体规定来判断。相对而言，后者带有更多的蒙昧色彩和神秘主义，而这可能并不是已迈入后现代社会的当代环境法所提倡的。

刘洪岩：李先生的这个问题涉及自然能不能成为法律主体。法国哲学家拉图尔曾经提出过这样一种基于代表制的"万物的议会"之假设，即议会分为上院和下院，上院由政治家组成并决定哪些主体可以参加讨论，下院由科学家组成并代表自然界的声音。这是法律借助科学来聆听自然之音的伟大构想，但是非常遗憾，由于时间原因，我们不能深入展开讨论。

提问：我想问一下，国务院研究中心有没有对中央环保督察进行实证研究？此外，您刚才的发言没有涉及督察主体，能不能讲一下督察主体的界定？

常纪文：关于中央环保督察，总书记在去年 5 月 18 日和 5 月 19 日的全国生态环境大会上讲过一句话，即"中央环保督察的效果非常好，以后要坚持"。关于整改，部委下去督察的人不可能懂那么多的技术，但他们下去要找问题，所以整改的目的往往是恢复原状，而整改的标准现在根本不清晰。我建议对督察人员也要贯彻尽职免责原则，也就是只要督察人员尽了职，即使没有发现问题，也不应被追责。所以，这个制度要慢慢完善。督察的主体和对象现在已经明确了，而且在我的建议之下，人大也成为了督察对象。之后，党中央、国务院和人大要联手下去督察，督察的对象是地方党委、地方政府和地方人大。

特邀大会发言

单元三

环境民事公益诉讼中的数人共同侵权之法律问题与司法政策

刘建功

江苏省高级人民法院环境资源庭庭长、审判委员会委员

今天，我主要是想与大家分享一下我们在环境民事公益诉讼中所面临的数人共同侵权问题，有些是法律问题，有些是社会问题。给大家举一个例子，前不久，我们受理了一个案件，是一起非法捕捞刑事案件所引发的民事公益诉讼，有大概六十几名被告。这些被告分成几种类型：第一类被告是渔民，他们在禁渔期用法律禁止的渔具去捕捞长江鳗鱼苗，这是一种高价值的鱼类；第二类被告是二道贩子，他们游走在江边联络这些渔民，并从他们手上收购鳗鱼苗；第三类被告是商贩，他们与二道贩子联络来汇集鱼苗，然后转手倒卖谋利。追究完刑事责任以后，检察机关提起了民事公益诉讼，但其面临着一些问题：哪些人要对全部的生态破坏承担责任？哪些人对一部分的生态破坏承担连带责任？用虚拟治理

成本计算出来的赔偿额是否合理？判决结果是否实现了法律责任追究的普遍性？民事责任和刑事责任之间的关系是什么？

法官会遇到当事人及社会公众提出的诸多疑惑与不解。第一个问题涉及道德层面，就是既然渔民也知道自己的行为违法了，那么他们为什么还要承担连带责任，并对其他人的行为负责呢？第二个问题就是，在捕鳗鱼苗的时候，渔民们也不知道按照生态补偿的计算方法会算出这么多钱，他们觉得赔偿金额远远超出了自己的可预见范围。第三个问题就是，被告已经承担了有期徒刑、罚金等刑事责任，但现在的民事公益诉讼又要让其承担赔偿责任，他们觉得责任太多太重。

发展到今天，环境司法应该进入到更精细化的层面，其必须很主动地面对和回答上述这些问题。在非法捕捞案件中，庭审现场都是白发苍苍的渔民，他们年纪都比较大，法官不免会起恻隐之心。但是，在很多的非法捕捞案件中，行为人所使用的方法与手段，确确实实会给生态带来毁灭性的破坏。法官经常遇到这种两难问题。具体而言，以下几个法律问题需要我们来解决：

第一个问题是连带责任的范围。我们知道，意思联络是共同侵权责任的构成要件。在相关的案件中，我们会遇到意思联络的证明问题，但是检察官手上总是缺少直接证明双方串通的证据。

第二个问题是损失的可预见性要不要成为确定赔偿额的考量因素。

第三个问题是法院要不要直接在判决里确定份额。针对这个问题，我们准备借鉴商法中的共同担保行为人之内部追偿方式来确定这个份额。确定这个份额既有利于执行，又有助于去回应社会的质疑，从而得出更合理、更符合社会常识的判决结果。

第四个问题是责任抵扣制度。关于这个问题，我们和检察机关也进行了多次沟通。目前，八成以上的民事公益诉讼都是由刑事案件转化而来的。在民事公益诉讼中，当事人会质疑法院没完没了，在判刑之后又让他承担民事责任。在法律人看来，民事责任、刑事责任与行政责任是不一样的，但是对于被告人而言，他就是把钱掏出去了，就是被罚了这么多次，所以我们必须要考虑可接受性问题。目前，制约环境民事公益诉讼发展的最主要因素之一，就是整个赔偿基金制度没有建立起来。刑事罚金一旦进入了政府的口袋，其就不可能直接被用于环境修复。如果我们在民事判决中抵扣刑事罚金，那么用于环境修复的资金就减少了，况且刑事领域还存在着没收非法所得之问题。目前，我们也做了一些探索，打算将刑事案件中的非法所得直接用于抵扣，因为没收非法所得在本质上相当于民法中的恢复原状，其是民事责任的承担方式。当前，我们想借鉴数罪并罚的形式，对刑事罚金和民事修复费用进行相应的折中，这个折中会综合考虑各方面的因素。当然，这个问题的最终解决还得依靠整个制度的建立。我就汇报这么多，谢谢各位。

生态环境公益诉讼的检察实践

林仪明

上海市人民检察院第八检察部副主任

各位专家，各位老师，大家下午好！

非常荣幸有机会来为大家汇报，并向大家学习。我来自上海市人民检察院第八检察部，这是检察机关内设机构改革后新成立的一个部门，主要负责公益诉讼工作。其实，无论是对于检察院而言，还是对于我本人而言，公益诉讼都是一项全新的工作。由检察机关提起公益诉讼，是 2014 年 10 月召开的十八届四中全会所部署的一项司法改革任务。经过为期两年的试点，2017 年 6 月 27 日，全国人大常委会通过了修改《中华人民共和国民事诉讼法》和《中华人民共和国行政诉讼法》的决议，两部法律分别增加了一条有关检察公益诉讼的条款，从而正式在法律层面确立了检察机关提起公益诉讼之制度。因此，检察公益诉讼是一项非常年轻的法律制度。

两年多来，上海检察机关积极履职，在生态环境、食品药品安全等领域深入开展司法实践，为守护绿水青山和百姓舌尖上的安全努力贡献新智慧、新力量。其中，在生态环境和自然资源领域，上海检察机关共立案办理公益诉讼案件322件，占公益诉讼办案总数的57%；共提起了环境民事公益诉讼21件，占公益诉讼起诉总数的81.6%。我们办理的这些案件涉及城市黑臭水体治理、洋垃圾违规进口、生活垃圾处理、危险废物处置、土地资源和野生动物保护等多个领域。通过公益诉讼，我们督促相关责任主体修复水土面积共703亩，清理污染和非法占用河道共22.64公里，清除违法填埋的各类生活垃圾共13405吨，回收和清理生产类固体废物共35202吨。

检察公益诉讼制度对司法工作提出了新要求和新挑战，这项制度吸收和借鉴了其他国家与地区的公益诉讼之有益经验，并立足于自身的实际，在设计和运行上体现了中国特色。检察机关在公益诉讼中享有重要地位，是我国的公益诉讼制度区别于其他国家的最明显之特征。从世界范围来看，没有任何一个国家的检察机构像我们这样，如此深而广地参与到公益诉讼中，并已经事实上发挥着主力军的作用。

正因为有检察机关的参与，所以我国的公益诉讼制度呈现出四个明显的特征：一是客观性。客观诉讼是公益诉讼区别于一般的民事诉讼与行政诉讼之基本特性。也就是说，原告不需要证明自己与诉讼有利益上的关系。各国的公益诉讼大多具有客观性。在我国的检察公益诉讼制度下，作为检察机关履职的基本要求，客观正义使得检察公益诉讼的客观性更加突出。作为公共利益的代表，检察机关在公益诉讼中没有任何自身的利益诉求，履行法定职责是启动公益诉讼的唯一理由。二是督促性。根据宪法和法律之规定，我国的检察机关是法律监督机关，这一职权属性也充分地体现在公益诉讼中。无论是检察机关启动的民事公益诉讼还是行政公益诉讼，其都有一个前置性的程序（或者说"诉前程序"）。具体而言，在民事公益诉讼中，检察机关以"诉前公告"的形式督促适格的机关或社会组织提起诉讼；在行政公益诉讼中，检察机关以"检察建议"的形式督促行政机关积极履行公益保护职责。可见，检察机关对公共利益的保护是间接而非直接的，其职能是督促而非执行。实际上，我们是将把法律监督的理念和要求植入到诉讼构造中，从而督促和推动相关主体来自觉地保护公益。三是协同性。检察机关提起公益诉讼的目的主要不是解决争议，而是解决问题，也就是使公共利益得到及时而有效的维护。然而，公共利益的维护往往是系统而复杂的，我们很多时候需要多方的合作及参与。因此，在公益诉讼中，我们更强调协作而非对抗。例如，在杨浦的复兴岛环境整治和修复工作中，在崇明岛的黑臭河道治理工作中，以及在虹口的历史风貌保护工作中，我们都主动与行政机关加强协作来推动问题之解决，从而取得了"双赢、多赢、共赢"的效果。四是平等性。虽然检察机关提起的公益诉讼也带有国家公诉的色彩，但是其更强调诉讼过程中的两造地位之平等。检察机关在公益诉讼中的法律身份是公益诉讼起诉人，其虽然不是一般意义上的原告（如不能被反诉、不用缴纳诉讼费等），但是在诉讼权利义务上还是具有类似于一般原告之地位。在公益诉讼中，检察机关也需要公平、合理地承担举证责任等方面的诉讼义务。

检察公益诉讼的出现，对于生态环境资源等方面的公共利益之保护而言具有积极意义。首先，检察公益诉讼填补了诉权空白，完善了民事诉讼和行政诉讼的制度体系。生态环境问题涉及不确定的多数人之共同利益，但之前的诉讼主体缺位问题导致大量生态环境侵权案件无法进入司法程序，从而造成了"公地悲剧"。检察公益诉讼的出现构建了主观诉讼与客观诉讼相结合、私益诉讼与公益诉讼相协调的诉讼体系，从而有助于受损的生态环境获得有效的司法救济。其次，检察公益诉讼丰富了保护生态环境公益的法律手段。在检察公益诉讼制度出现之前，《中华人民共和国民事诉讼法》与《中华人民共和国环保法》已经授权有关机关和社会组织提起环境民事公益诉讼，但实践中的案例还比较少，而且行政公益诉讼一直缺位。检察公益诉讼的出现为社会组织提起的民事公益诉讼提供了有力支持，检察机关凭借案件来源、取证能力、一体化组织结构等方面的优势，极大地丰富了环境公益诉讼的案件数量和类型。① 通过支持起诉等方式，检察机关为其他主体的诉讼提供了事实认定、证据收集等方面的有力支撑。由于公益诉讼的裁判具有扩张力，因此其也便利了其他主体的环境诉讼活动。此外，公益诉讼也丰富了检察机关参与环境治理的方式，检察机关可以综合运用刑事的、民事的和行政的诉讼手段来全面地参与生态环境之治理。再次，检察公益诉讼可以促进行政机关在环境保护方面依法行政、严格执法。生态环境问题的出现，特别是长期存在的污染环境问题，往往与个别政府部门不依法履职和不作为有关。基于税收、就业、社会稳定等方面的顾虑，个别地方对污染企业睁一只眼，闭一只眼，从而导致环境损害问题长期得不到纠正。检察公益诉讼发挥着倒逼行政机关依法履职、严格执法之作用。2017 年以来，通过公益诉讼，我们督促有关单位解决了河道被侵占填埋十多年的老问题，将长期不符合环评要求的养猪场纳入了退养计划（当然，猪肉贵的锅我们不背），并推动关停了 6 家违法排污的企业。需要强调的是，建立在公益保护目标基础之上的公益诉讼既要求行政机关依法履职，又要求行政机关完全、充分履职，这不仅涉及行政合法性问题，而且涉及行政合理性问题。最后，检察公益诉讼强化了环境侵权责任人的赔付义务，起到了社会预防和法治教育的积极作用。针对损害环境的行为，我们应当做

---

① 2018 年 1 月至 8 月，全国法院共受理社会组织提起的环境民事公益诉讼案件 65 件，审结 16 件；共受理检察机关提起的环境公益诉讼案件 1737 件，审结 1252 件。检察机关提起的环境公益诉讼之数量远超社会组织。

到"应赔尽赔"。两年来，在民事公益诉讼中，我们共要求环境侵权责任人赔偿环境修复费、应急处置费、评估鉴定费等费用共计 1086 万余元，从而使一些企业和个人承担了环境损害的民事赔偿责任。同时，我们积极探索诉前磋商机制，使当事人自认违法、自愿赔付的案件尽快进入环境修复阶段。① 此外，我们还积极探索公益性服务替代经济赔偿的措施，以解决贫困人士的执行问题。② 上述司法实践都取得了良好的法律效果和社会效果。

两年多来，上海检察机关办理的环境公益诉讼案件呈现出"五个多数"之特点： 一是在案件类型上，行政公益诉讼占多数。在上海检察机关办理的 322 件环境公益诉讼案件中，行政公益诉讼案件共 254 件，占比为 78.9%，这说明督促行政机关依法履行职责是检察公益诉讼工作的重点。二是在诉讼阶段上，行政诉前程序占多数。根据法律的规定，在提起行政公益诉讼之前，检察机关应当向行政机关制发纠正违法的检察建议。只有在行政机关不回复、不整改的情况下，检察机关才可以起诉。从实践来看，绝大多数的行政机关都能在规定的两个月回复期内及时回复，并且大多数的行政机关都在合理时间内完成了整改（占比为98.3%）。多数问题在诉前阶段得到解决，这符合公益诉讼的价值追求，从而既维护了公益，又节约了司法成本、提高了司法效率。三是在监督对象上，基层行政机关占多数。镇政府、街道办事处，以及区一级的生态、水务、规划资源、绿容卫生等部门容易成为被建议的对象，这主要是因为基层行政机关承担了大量的环保监管职责。四是在案件来源上，自行排查发现的线索占多数（来源于刑事领

---

① 在"矽比科公司污染环境案"中，考虑到企业具有偿付能力和偿付意愿，一分院协调两级环境主管部门共同启动诉前磋商机制，从而实现了生态损害赔偿与公益诉讼之衔接，并且有效维护了企业的经营秩序。

② 如在"沈石火、陈芹芳非法狩猎公益诉讼诉前磋商案"中，两人于崇明禁猎区投毒捕杀国家"三有保护"野生鸟类 1673 只。上铁院探索恢复性司法理念，组织港沿镇政府与二人磋商达成社会公益劳动结合经济赔偿的赔偿协议，二人应在 2 年内参加巡护拆鸟网等生态养护工作，服务时间共计 1800 小时，并赔偿人民币 3 万元用于公益林补植复绿。检察机关在回访中发现，实际执行效果良好。

域的案件之占比仅为 36%）。在公益诉讼工作中，我们积极拓展案件来源。通过建立微信举报平台、举报奖励、公益诉讼观察员、特邀检察官助理、与市民热线 12345 对接等机制，我们建立了与有关机关、媒体和社会公众进行联系之渠道，形成了多元化的案源收集机制。五是在民事诉讼特点上，由刑事案件附带提起的民事公益诉讼占多数。尽管来源于刑事案件的公益诉讼较少，但是我们目前已经提起的 21 件生态环境民事公益诉讼都几乎无一例外地来源于刑事案件，有的是在刑事公诉的同时被附带提起，有的是在刑事公诉结束后被单独提起。关于这种现象，我们应当客观看待：一方面，办理刑事案件是检察机关的优势所在，刑事公诉与公益诉讼之紧密衔接确实有助于强化证据收集，并提升诉讼的质量和效率；另一方面，我们也要看到，这一定程度上也反映出，在当前的公益诉讼中，检察机关由于调查手段有限与调查取证难而产生了对刑事证据调查手段之依赖。

回顾两年多的检察公益诉讼实践，我们既看到了成绩和收获，又面临着问题与挑战。一是公益诉讼的理论研究还不够充分。在一些重要的理论问题上，我们还没有形成广泛的共识。例如，针对政府生态损害赔偿诉讼与检察公益诉讼之关系，它们到底是两种不同诉讼间的相互衔接，还是同属于民事公益诉讼？我们对此没有统一的认识。我个人更倾向于后一种理解。例如，针对公益诉讼的受案范围，其是严格限定于法律列举的"等"之内的几个领域，还是可以拓展到"等"之外的领域？针对海洋环境污染，《中华人民共和国海洋环境保护法》中的关于诉讼主体之具体规定是否排斥了检察机关和其他社会组织的诉权？此外，在行政公益诉讼中的行政机关履职之标准问题上，我们的观点是既要坚持主客观统一，又应当坚持行为与结果相协调。简而言之，行政机关需穷尽一切法定的行政手段来维护公益。二是公益诉讼的制度供给还不够充分。例如，《中华人民共和国民事诉讼法》和《中华人民共和国行政诉讼法》都未涉及检察公益诉讼中的调查核实权问题，而"两高"的司法解释又相当原则，不具有可操作性，从而导致检察机关的调查核实权没有保障。调查核实权的保障机制之缺位与检察机关所保护利益的重要性、履行职责的监督性及在诉讼过程中需要承担举证责任的重大性不相协调、不相匹配，从而对实际工作造成了阻碍。特别是在调查对象不配合时，取证将变得十分困难，因此很多地区只能依靠地方人大出台意见来"撑腰"救急。又如，针对公益诉讼赔偿金的管理与处置，我们没有统一的规定，全国范围内还没有建立起统一的生态损害赔偿基金与管理办法，这为实际工作带来了困扰。再如，鉴定评估难度大、费用高的问题仍在一定程度上存在着。虽然最高检与生态环境部出台了先鉴定后付费及由败诉方承担评估鉴定费用的意见，但是我们也需要考虑到在一些案件的当事人缺乏偿付能力之状况下的鉴定费用之解决，否则鉴定方的积极性必然会受到影响。三是公益诉讼队伍的自身能力还有待加强。针对公益诉讼这项新职能，我们需要有一个适应的过程。特别是环境污染案件的专业性要求很高，因此我们需要加强相关的知识储备及调查取证和应诉之技巧。

总体来说，检察公益诉讼是一项年轻的制度，公益诉讼起诉人也是一支年轻的队伍。因此，我衷心地希望各位专家与学者继续给予检察公益诉讼以关注、关心和支持。当然，我们也将继续努力，为实现"天更蓝、水更清、环境更优美"的目标贡献自己的力量！

论环境民事公益诉讼与政府生态损害赔偿诉讼的关系

王文勇

北京德和衡律师事务所律师、中国生物多样性保护与绿色发展基金会总法律顾问

王老师给我出的这个题目有点大，但这确实是我们在现实中遇到的一个问题。今天有法官朋友在场，所以在讲正式的题目之前，我想先对法官朋友们说句

话，是有关环境损害赔偿资金的判决问题的。关于环境损害赔偿资金的管理问题，政府机关开展的生态损害赔偿诉讼中有规定，而社会组织和检察院提起的环境公益诉讼中没有硬性规定。现在法院有一种倾向，即为了追求政治稳妥而采取最保守的方法，直接将资金判给地方财政。我认为，这种判法是没有法律依据的。刚才，刘庭长也非常敏锐地指出，这样判违反了《中华人民共和国预算法》的硬性规定，而且这样判的后果就是，这部分资金没有办法被完全用于环境修复和环境保护。这是我们国家的现实情况，也是我们一直鼓励探索新的方法之原因。我非常希望法官朋友们能够不要这样判。在没有法律规定的情况下，法官们最好能够探索按照资金本身的性质来作出判决，从而让资金能够更好地被用于环境保护。

我今天要讲的，是政府的环境诉讼。首先，我规范一下用语。按照现在的说法，公益诉讼分为三类，即检察院的公益诉讼、社会组织的公益诉讼和政府的公益诉讼。其中，政府的公益诉讼也叫"生态损害赔偿诉讼"。可是，请各位学者研究一下，从诉讼规则、诉讼请求、法律责任承担方式、审判组织等方面来看，政府诉讼都没有特殊性，所以它还是应该被归纳为公益诉讼。那么，我下面的用语就尽量简化一些。在说公益诉讼的时候，我指的就是社会组织和检察院所提起的环境公益诉讼；在说政府诉讼的时候，我实际上指的就是生态损害赔偿诉讼。生态损害赔偿诉讼本身也是只有政府才能够提起的一个诉讼，其原告不涉及其他主体，所以不会产生混淆。

接下来，向大家报告一下我的一些想法。我的发言分为三个部分，第一个部分讲两个案例，第二个部分讲公益诉讼与政府诉讼的不同点，第三个部分讲政府诉讼的优先权问题。

之所以讲这两个案例，是因为我想为各位学者展现现实中的非常震撼之情况。先看第一个案例，这个案例发生在山东济南。这是一起环保部督办的重大案件，是济南市检察院、济南市环保局和山东省环保厅都明确支持起诉的案件。可是，大家看到，在我们提起诉讼一年之后，济南市中级人民法院就中止了这个诉讼。中止诉讼一年之后，山东省政府授权山东省环保厅提起了政府诉讼。政府提起诉讼之后，案件的进展就变得非常快，法院迅速作出判决，政府诉讼的所有诉讼请求都得到了支持。大家可以看一下，政府和社会组织的两份起诉状几乎一模一样。在针对政府提起的诉讼作出判决后，法院重启了对我们提起的诉讼之审理，但其驳回了我们的大部分诉讼请求。这个案件的判决作出时，最高人民法院还没有颁布2019年6月5日的司法解释。第二个案例也在全国范围内产生了影响，是福建泉州港的"碳九泄漏事件"。涉事港口有两个码头，一个是三万吨级的码头，另一个是两千吨级的码头。其中，三万吨级的码头是有合法手续的，而两千吨级的码头是手续不全的，是违法建筑。这起泄漏事件发生在两千吨级的码头。大家可以看一下，公开报道及政府发布的信息都没有透露两个码头的信息。我们是向泉州市中级人民法院提起的公益诉讼。在我们递交案件材料后，大约过了一个月，泉州市人民政府向厦门海事法院就同一事件提起了政府诉讼。非常感谢泉州市中级人民法院，他们一看到政府诉讼被提起之后，就非常及时地与我们沟通了三次。针对这个案件，法院到现在都还没有决定是否立案，但是泉州市政府的想法我们都知道，其无非是不想让环保社会组织参与此事件的处理。

现在，我来谈一下公益诉讼和政府诉讼的不同点。首先，两种诉讼的依据不一样。政府诉讼的依据有两个，第一个是中共中央办公厅和国务院办公厅印发的"改革方案"，第二个是最高人民法院发布的关于政府诉讼的司法解释。最高人民法院发布的司法解释提到，其依据是《中华人民共和国环境保护法》和《中华人民共和国民事诉讼法》。但是，大家可以去翻一下，《中华人民共和国环境保护法》和《中华人民共和国民事诉讼法》里并没有这个依据，不知道最高人民法院为什么要这么写！作为法律的实践者，我们只能依据现行有效的法律来开展自己的工作。我们现在开展公益诉讼的依据就是《中华人民共和国民事诉讼法》《中华人民共和国环境保护法》《中华人民共和国侵权责任法》，以及有关公益诉讼、环境侵权与政府诉讼的司法解释。在实际的公益诉讼工作中，我们有两把尚方宝剑。一方面，《中华人民共和国民事诉讼法》第五十五条指出，可以提起公益诉讼的主体是法律规定的机关与有关组织。大家可以看到，这里的主体是不包括政府的。到目前为止，没有任何法律规定政府可以提起公益诉讼，它不是法律规定的可以提起这种诉讼的机关。另一方面，《中华人民共和国环境保护法》第五十八条也非常明确地对社会组织进行了限定，政府机关未被纳入进来。

其次，两种诉讼的原告资格不同。这个不同是比较明显的，即作为公益诉讼原告的检察院不受限制，而作为公益诉讼原告的社会组织则受到三大限制。其中的一个限制就是，社会组织必须在设区的市级以上政府设立并登记。不知道大家查过没有，中国一共有四个不设区的市，我不理解为什么将它们排除在外。

再次，审判组织的明确程度不同。按照《中华人民共和国人民陪审员法》之规定，公益诉讼的一审必须由七人组成的合议庭审理，而且其中必须有四位人民陪审员。但是，有关政府诉讼的审判组织之规定就比较模糊。《最高人民法院关于审理生态环境损害赔偿案件的若干规定（试行）》第十六条规定，政府提起诉讼之后，公益诉讼原告（社会组织）又提起诉讼的，这个案件应该由同一个法院的同一审判组织审理。那么，政府诉讼的审判组织到底应该是七人合议庭还是三人合议庭呢？从上述规定来推断，好像应该是七人合议庭，但是它又没有这么说，它只是说在这种情况下，由同一个审判组织来审理。《中华人民共和国人民陪审员法》第十六条所规范的，是根据《中华人民共和国民事诉讼法》与《中华人民共和国行政诉讼法》提起的公益诉讼案件。刚才，我已经展示了《中华人民共和国民事诉讼法》第五十五条的规定，即公益诉讼的原告是不包括政府的。从这个角度来看，七人合议庭又不适用于政府诉讼。

最后，两种诉讼的法律责任之承担方式不同。刚才，有一位非常年轻的学者已经提到了这个问题。我们看一下有关公益诉讼与政府诉讼的司法解释就会发现，在民事责任方面，两者只有一个地方不一样，即恢复原状是公益诉讼的责任承担方式之一，而政府诉讼的责任承担方式是修复生态环境。《最高人民法院关于审理生态环境损害赔偿案件的若干规定（试行）》第十一条规定说要合理判决，但我不知道法官怎么理解这个条款，也不知道这个合理的界限到底在哪里。在公益诉讼中，"合理判决"这个词是不存在的，我认为这是给了法官更大的自由裁量权。修复环境与恢复原状相比，恢复原状显然更严格，要求也更高。修复生态环境要修复到什么程度，是修复到原始状态，还是修复到对人体无害、对动物无害？这就又给了法官更大的自由裁量权。

我一开始讲的两个案例是已经发生的案件，是现实中的真事。还有一个更触目惊心的案例，就是社会组织已经提起公益诉讼了，法院也已经立案了，但一个律师给他的委托人出招，让这个委托人赶快提起政府诉讼，不然赔偿数额会非常大，而提起政府诉讼之后，他们可以通过磋商来解决诉讼，并由司法进行确认，如此就可以轻松地消解掉社会组织提起的公益诉讼。上述这种思路所依据的，就是《最高人民法院关于审理生态环境损害赔偿案件的若干规定（试行）》第十七条规定，它给予政府诉讼的优先权是无条件、无时限、没有任何限制的。优先权已经让山东济南遭遇了道德风险，连最基本的诚信道德、先来后到的道德、排队的道德都没有了。给政府诉讼优先权的法律依据是什么？法理基础是什么？我们最初设立公益诉讼，并让社会组织提起公益诉讼的初衷是什么？公益诉讼所针对的问题是什么？为什么要将公益诉讼排在政府诉讼后面？我们是不是已经到了必须让社会组织的公益诉讼诉权往后靠的地步？

我认为我们不能忘记初衷，特别是不能忘了环保三原则、问题导向及公众参与。失去社会公众的有效参与之后果是什么，我想大家有目共睹。我们到底是需要一个强大的政府，还是需要更加积极的公众参与？这个问题有待于各位学者朋友们多研究。关于政府诉讼的法律依据，大家应该把它研究透，然后再将它落实。如果没有法律上的依据，那么所谓的改革就是走了歪路，这是破坏社会主义法治的做法。按照习近平总书记的说法，改革一定要做到于法有据。由于时间关系，有些问题就无法详细展开了。我的报告完了，谢谢。

近年来的环境法演进之企业视角

丁晓阳

诺华公司

我今天的发言仅代表个人。我一直在企业工作，如果有说得不对之处，还请各位学者多多包涵。参加这次会议，我有很多收获。有老师和我说："丁晓阳是咱们环法所派到企业去的特务。"老师是爱护我的，这是跟我开玩笑。但是，我觉得这也反映了一个假设，即企业是污染者，企业在很大意义上是呈现出负价值的。所以，我打算从这个角度展开。与各位相比，我很少做这种研究性和整理性的工作。感谢王曦老师邀请我发言，希望我能从企业的角度带给大家不一样的认识，我的发言没有太多的理论。我自己有时候会进行一些思考，但今天这个话题不是我平时特别关注的。听了几位教授与师长的讲话之后，我感到自己想表达的道理大多已经被表达过了，因此我只是提供素材，从而让大家的发言得到印证。当然，我也会表达一下我自己的观点。一方面，有的事实在我看来是没有依据的；另一方面，事实是需要被总结的，而且二手事实的可信度是存疑的。此外，我也不认为司法诉讼的目的是寻求真正的事实，这是我思考的一个前提假设。

在上世纪三四十年代，有一位瑞士科学家获得了诺贝尔奖，他将 DDT 用在农药上面，以杀治害虫和保证粮食高产。 DDT 也可以预防疟疾，从而保护人类。大家知道，DDT后来被禁用了。三四年前，我看了一本从北美翻译过来的《环境社会学》，这本书让我有点惊讶。我发现，在北美的大学教材里，发起DDT讨论的《寂静的春天》没有国内那么受到吹捧，其反而处于一个被质疑的位置。关于这个现象，国外目前有这么几个论调：第一，DDT的应用对粮食产量造成了影响；第二，作者只关注生态环境损害，忽视了农业工人的职业健康保护；第三，白人中产阶级过上了好日子之后，就不太顾及下层社会的生活了。我并不认为上述论调都是对的，但是它们刺激了我的思考，让我的认识不会停留在一个固定的范围之内。顺便说一下，DDT后来被世界卫生组织恢复使用了，其被用于疟疾防治。在特定范围内，DDT的收益大于危害，并且它在一定的历史阶段中是不可或缺的。

企业也在为社会做贡献，而且做的是对人类很有意义的贡献。企业的基本价值和生存动力是合法地创造利润，这不是由我们的道德偏好所决定的，而是由社会的运行机制所决定的，是人性在经过集合化之后所达致的结果。我之前在工厂工作，后来在公司的区域总部干了14年。一开始，我参与了很多技术工作，后来就慢慢做管理，并参加一些决策会议。工作几年后，我回学校攻读了全日制的法学专业，并且在不同场合结识了不少同行。每个企业的行为方式其实不是一样的。相对来说，欧洲公司及历史悠久的家族公司会更加心甘情愿地为了控制污染而关掉一个工厂，这是我个人的一点观察，不代表其他人的经验。我参加过一些行业协会的工作，并从行业角度介入了环境与工业安全的立法。在一些领域内，外企是法律的推动者，如土壤污染、化学品风险控制等。除了承担社会责任外，企业也要做好风险管理工作，即以母国的法律风险来假设长期投资风险。受各种主客观原因之影响，早期活跃的外资企业之影响力下降了。我看到了不同的企业及其组织在政策过程中发挥着不同的作用，如行业协会、中小企业协会等。另外，不同参与者的利益表达可能会导致过度立法，从而对国家与社会不利。很多时候，第三方公司有强大的动力来诱导过度立法，因为这样会为其带来更大的市场。

对于企业来说，日常工作更多地看"标准"而非法律。法学学者似乎不怎么关心强制性标准。强制性标准的法律效力始终是存疑的，但学者们研究得太少。对于企业来说，基层的规章和标准对成本与运营所造成的影响更大。我一直纳闷，为什么强制性标准的法律效力至今仍模糊不清，它与法律体系的逻辑相容吗？《中华人民共和国立法法》没有提到强制性标准，《中华人民共和国标准化法》说强制性标准必须执行。实际上，强制性标准只有为法律所援引，才能被执行。除了苏联和中国，其他主要工业化国家的标准不是由政府制定的，而是行业的自我约束与管理，其没有法律效力。继承苏联衣钵的俄罗斯在 20 世纪初也基本取消了标准的法律效力。当然，我们说的不是技术法规，作为法规与规章的技术性规定当然是有法律效力的。两三年前，在武汉大学环境法所的微信公众号上，有一篇文章从司法实践的角度出发，总结分析了标准在三个层面上的法律效力，有时候作为一个事实，有时候作为一个法律要求，有时候不被法院采用与理睬。我希望法学家们也有机会来关心标准的法律效力问题。此外， WTO/TBT 的问题也往往涉及一些技术性规范。今年，生态环境部制定的《化学物质环境风险与管控条例》于 8 月份递交给 WTO，供各成员国评议，因为其可能构成技术性贸易壁垒。最初，中国的立法机构和外企都比较忽视 TBT；五六年前，有的机构开始通过 WTO 提出意见；现在，有的部门也慢慢适应了通过这个机制来提出不同的意见。这是比较有意思的事情，值得我们深入了解。

时间有限，一些内容太碎了，不一定全部展开。环评是以一些不确定的事实为基础的，所以一旦标准非常具体，其在运营中就无法得到执行。即使不考虑环评报告在现实中有没有价值，现在也是排污许可证在监管中发挥着主导作用。我不是完全否定环评，规划环评与政策环评在总体上还是很有价值的。此外，我们的环境立法合理吗？如果我们的环境立法很不合理，那么我们往前走是要付出代价的。实际上，我们绕过了立法，这在一定程度上也破坏了民众对法律的信任。在危险废物领域，有些私自倾倒或者长期储存危险物质的行为一直存在。为什么企业呼吁了这么多年，危险废物处理市场还不放开呢？在废物资源化领域，工业品包装物的循环利用曾经通过环保部的公函得到过落实，但现在又越抓越严。在VOC领域，我们要肯定VOC控制为大气污染防控做出的重大贡献，但有的法律要求我们安装运行、收集与处理设备，这就引发了一些问题。为了规避因执法不严而被追究责任之风险，执法人员只能做最严格的解释，而且所有的新增设备都会带来新的污染。对于整个社会来说，新增设备所带来的能耗和污染远远超过其所创造的价值。另外，我们的立法和监管仅适用于登记过的企业，而各个地区有大概20%的污染企业是在监管体系之外的，这些企业为社会带来的实际污染负荷要远高于比较规范的企业。因此，往往是越合规的企业反而要接受越多的政府检查，承受更多的管理要求，增加更多的成本。想要清楚地了解辖区内的企业，各政府部门应当合作。事实上，团体标准、基于风险的管理等话题也是企业所关注的，其有利于社会整体利益。

大家都知道"响水爆炸事故"，企业要和环保部门及负责安全生产监督的应急管理部门打交道。我的建议是，针对重大事故，除了由相关部门负责外，我们还可以筹建由不同背景之相关专业人员组成的事故调查小组，其不对具体部门负责，只向上级政府汇报，并且其在程序上要注意规避部门和个人之"利益冲突"。

另外，我们要关注从环境执法角度出发的研究，并考虑法律的现实运行与其他社会因素之关系，从而制定出真正能够维护环境利益和社会利益的善法。此外，环境问题的解决不能仅依靠环境法学。环境法学者可以站在法学的角度进行观察，并通过立法与执法来辅助其他解决问题的手段之落实。最后，我想说的是，研究环境法的基础理论和具体规则的学者要重视与基层执法人员、行业协会、企业等主体开展对话及交流，他们的经验和观点可以帮助研究者获得更多的思路。

能够一起从事生态环境保护这样一份事业，我们是幸运的，其会让我们的生活更加充实。我想，我们的视野有时候不够开阔。目前的环境法学是站在以地球为环境载体之角度来研究风险与挑战的，那么我们能不能考虑到其他人类社会所面临的风险，从而发现哪些风险是我们以前没有意识到的。一旦某项风险变得非常紧迫，我们所习惯的法律架构就会发生翻天覆地的变化，任何我们现在认为是绝对的东西到时候都将经不起考验。我们应该事先察觉到这些问题，并认识到我们的工作是有局限性的，而且是相当片面的。我们要提高自己的站位，从而让我们的工作变得更加有价值，更加有前途，对自己、对社会、对人类更加有意义。谢谢大家！

【问答】

常纪文：今天的问题会非常尖锐。第一个问题，按照改革文件的要求，省级政府和地市级政府代表国家去索赔是不是公益诉讼？我们要搞清楚国家的利益是公益还是私益， 2015 年的改革意见是将几类国家诉讼都纳入公益诉讼的，那时候我就写文章质疑。第二个问题，针对检察院提起的行政公益诉讼，有教授评论认为是多余的，我现在也比较认同这个看法。通过地方党委就可以解决的事情，为什么非得通过法院来解决呢？第三个问题是给刘建功法官的，公益诉讼和侵权是什么关系？在审判案子的时候，法院经常将《中华人民共和国侵权责任法》给抬出来。那么，在审理公益诉讼的时候，法院是依据《中华人民共和国侵权责任法》的规定来裁判，还是直接依据《中华人民共和国环境保护法》的规定来裁判呢？最后一个问题，这个问题你们不回答也没关系，两位都提到了损害赔偿金的问题，但你们有没有想过，这个问题之所以很难解决，到底是人的原因还是制度的原因？最高人民法院的司法解释有没有权限去规定赔偿金？《中华人民共和国环境保护法》是没有规定的，那么最高人民法院能否规定呢？我觉得，公益诉讼之所以不能要求损失赔偿，是因为很多环境元素是有主的，如河流有主、土地有主等。

林仪明：这个问题确实比较尖锐。关于行政公益诉讼到底有没有实际发挥作用的问题，我在中午休息的时候也与常所长等专家进行了讨论。近年来，中央生态环保督察的力度确实非常大，每两年搞一次，像秋风扫落叶一样，阵势很大，成效也挺明显。在这样的背景下，我们是否还需要检察公益诉讼？我的观点是，检察公益诉讼——特别是其中的行政公益诉讼——有其存在的价值。检察公益诉讼是一种常态化的法律制度，是以法治的思维和法治的方式来推进生态环境治理。同时，检察公益诉讼是国际社会在环境治理领域内的共通做法，因此其更能在世界范围内获得广泛认同。从实践效果来看，检察公益诉讼已经产生了一定的成效，但是其遭遇的困难也确实不少。其中，最大的困难就是你提到的，当地的检察机关如何去监督同级政府的问题。需要说明一下的是，你所举的江苏无锡检察机关起诉上海杨浦区绿容局的案件，它实际上不是行政公益诉讼，而是民事公益诉讼，因为根据法律的规定，无锡检察机关没有诉权，只有被告行政机关所在地的检察机关才能提起行政公益诉讼。目前，行政公益诉讼的管辖地还是以被告所在地为主。我们一直呼吁，这种管辖机制应该调整。我们要建立一个跨区域管辖的方式，其既可以是区域与流域的集中管辖，又可以是由侵害结果发生地的检察机关起诉并由法院审理。另外，为排除地方的干扰，我们还可以考虑提高诉讼的层级，即由中级人民法院和市一级的人民检察院来受理行政公益诉讼案件。

另外，我觉得外界对公益诉讼还存在误解。很多人认为公益诉讼就是诉讼，只有起诉到法院那才算公益诉讼。但是，这种认识是不全面的。诉前程序也是很好的解决问题之途径，其更有效率、更节约司法资源。如果一个案件要进入诉讼阶段，那么最首要的前提就是要有争议，有显著争议性的案件才有进入司法程序的必要。从司法实践的情况来看，往往是检察机关发现了公益受损的问题，然后其通过检察建议向行政机关提出要求。只要检察机关指出的问题确实存在，行政机关一般都会积极去整改。目前，行政公益诉讼在很大程度上发挥着发现线索之作用。我们的行政机关也不容易，他们管理的行政事务越来越多，因此在某一个环节没有注意或没有发现问题也是正常的事情。检察机关在发现问题以后，其能及时向行政机关提出，从而有助于弥合行政执法的不足。行政公益诉讼的另外一个功能，是帮助行政机关一起"啃硬骨头"。有时候，行政机关并非没有发现公益受损的问题，只是其有压力，因为有些问题涉及不同部门的职权。有时候，行政机关会考虑到社会的因素，如当事人的施压、信访维稳压力等。此时，检察机关的监督实际上发挥着督促与推动之作用。

刘建功：关于这几个问题，我都需要回应一下。我觉得事情恰恰相反。很多由检察机关提起的行政公益诉讼之实质意义有待商榷，因为有些诉讼本来仅仅通过一个检察建议就可以得到解决。但是，也有一部分诉讼的争点在于不同行政机关的职责划分或者职责之明晰，这就非常有意义了，行政机关可以借此慢慢适应外部力量之监督。关于政府生态损害赔偿案件之情况，王文勇律师刚才也提到了很多，我觉得政府生态损害赔偿诉讼是回到国家环境保护体系的初衷上来了。我们追问一下，即环境民事公益诉讼制度是针对什么问题的？我认为起码是针对行政机关的履职缺失之问题的。按照《中华人民共和国环境保护法》之规定，政府对环境保护负首要责任。那么，我们为什么要放开一个口子，让公民提起环境民事公益诉讼呢？这是因为政府存在职责缺位的问题，而政府提起的生态损害赔偿诉讼则正好能让其回归本位。

提问：我向刘庭长提一个问题。刚才，刘庭长说要借鉴数罪并罚的理论。但是，刑法中的罚金是惩罚，而环境民事公益诉讼中的修复是补偿，两者的性质不一样。如果我们将两者进行合并，那么此举的正当性何在？在实践操作层面，一般的案件处理顺序都是先刑后民，那么在后续的民事公益诉讼中，我们如何在技术上对罚金与修复责任进行合并呢？

刘建功：我们想想看，污染企业缴纳的行政罚款和排污费到哪里去了呢？根据《中华人民共和国环境保护法》之规定，这些费用应当被用于环保技术改造，并被投入环境治理。同样，因环境污染犯罪而产生的行政罚金也应该被投入环境治理。然而，现实状况却并非如此，《中华人民共和国预算法》对资金的使用是缺乏刚性约束的。我们假设一下，如果一家企业造成的环境损害需要用三千万元来治理，而法院判处的罚金为两千万元，那么企业在缴纳完罚金后没有能力承担赔偿费用了怎么办？政府还是不得不用这两千万来治理污染。基于同类情况同类处理的原则，罚金用于治理这个道理应该能够说得通。此外，刑事罚金有剥夺当事人的再次实施犯罪之经济能力的功能。正因为如此，我们才有可能借鉴数罪并罚的方式。

提问：我想问丁晓阳先生一个问题。在听了你的发言之后，我最大的感受是前面三位演讲者是站在一边，而你是站在另外一边。你说我们要站在融合的视角，不要站在对立的视角。从这个角度来看，企业是社会协作和资源配置的重要一极。企业既是配置社会资源或创造财富的最重要主体，又是资源配置中的促进良性互动之重要主体。请问一下，如果从融合的视角出发，企业怎么样在这样一个良性互动中扮演好自己的角色呢？

丁晓阳：谢谢，我的发言仅代表一个企业工作人员的观点，不代表企业的利益。在我来看，所有的社会利益都是多元化共存的。对于社会整体利益而言，没有哪一个主体在道德上与行为上是绝对可靠的。靠得住的是什么？是制衡、透明、必要的程序，以及一些事先定义好的实体规则，这是我的一个一般性之观点。就个人来说，我长期在企业任职，但我并不觉得企业的环保工作现在已经处于一个完美的状态。针对环境问题的解决，我觉得我们可以向欧洲学习。基于语言或者文化之影响，我们有时将向国外学习误解成了向美国学习。例如，近年来，国内推崇好诉，这背后或许有小群体在推动，从而使社会整体利益受损。我觉得环境行政公益诉讼还是对社会有用的，其可以督促行政部门执法。相比之下，环境民事公益诉讼是比较低效的，而且其妨碍行政执法，并使得行政执法有时被逾越。我个人感觉我们在文化上比较排斥用诉讼来解决问题的国家，如欧洲德语区和北欧国家。针对你的其他问题，我不太知道如何用学术的语言来表达，但企业确实可以发挥更多的作用。

提问：我想针对林检的报告提一个问题。您讲了养猪场的问题，并主张通过督促整改的方式来解决这个问题。那么，您是督促环境监管机关去整改，还是直接找养猪场呢？

林仪明：行政公益诉讼的对象肯定是行政机关，而不是民事主体。在养猪场这样的公益诉讼案件中，检察机关一般会优先选择通过行政公益诉讼来解决问题，并借助督促行政机关依法履行职责的方式来实现消除环境损害之目标。当然，行政手段也有其局限性。如果行政手段不能完全解决问题，那么我们还需要启动民事公益诉讼程序，并提出停止侵害、排除妨碍、赔偿损失等诉讼请求，以努力维护公益。

提问：我明白了，治理污水排放肯定是环境监管机关的职责。如果排污者没有整改的话，那么环境监管机关直接提起环境公益诉讼就行了。我们一直提倡的都是各司其职。

林仪明：没错，行政公益诉讼的本质目的，还是督促行政机关去履行自身的职责。

刘建功：我稍微补充一句。王老师提到的一个问题非常重要，就是我们干一行要吃喝一行，但是不能干哪一行只吃喝哪一行。法官所面临的问题是非常多元化的。在审理环境案件时，法官不可避免地会面临营商环境问题、政府承诺问题、就业问题等各种困境。如果环境公益诉讼不能很好地解决违法者受到公益赔偿制裁之不可避免性问题，那么其必然会带来其他问题。

提问：我想问一个问题。常纪文老师与巩固老师都提到了一个我本人很关心的话题，即民事公益诉讼与行政公益诉讼中的法律之直接适用问题，但我刚才没有听到答案。

刘建功：法官在裁判案件时都需要问自己一个问题，即原告的侵权请求权之基础是什么？在环境民事公益诉讼案件中，原告往往会援引《中华人民共和国侵权责任法》第六十五条与第六十六条之规定。在案件的审理过程中，法官需要将相关条款解构成侵权责任要件，以明确被告有无抗辩权。所以，问题的关键不是法官挑选哪一条规定，而是原告依据的是哪一条规定，这是我们的基本思路。

王曦：下面，我想请四位演讲嘉宾分别用一两句话做一个总结。

丁晓阳：谢谢王老师。我希望广大的环境法学者，包括各位司法专家，能够多与企业交流，从而使环境法对社会更加有价值，谢谢。

王文勇：王老师终于给了我讲话的机会。按照革命导师列宁的话来讲，忘记过去就意味着背叛。我们不能忘了自己是怎么走过来的。稍微涉足一点环保领域的人都会知道，我们真正应该放开的是环境行政公益诉讼，没有人对此会有异议。可是，我们做不到啊，所以我们只能退而求其次。我们只是想打开一个缺口，从而让社会公众更加有效地参与到环境保护工作之中。北京的雾霾才好了一年多一点，上海的环境状况也好不到哪里去。常纪文研究员算是跟党政靠得比较近了，他也仅仅是持一个审慎乐观的态度。倒退的可能性也是有的，连习近平总书记都说我们的环境没有根本性的改观。所以，在攻击环境民事公益诉讼与批判社会组织提起环境民事公益诉讼的时候，请大家想想这几年的历史，想想我们是怎么走过来的，谢谢。

林仪明：就像我前面讲到的，行政公益诉讼既是我们的工作重点，又是我们的工作难点。在实践中，我们确实面临着很多方面的难题，但是我觉得行政公益诉讼确实是一项非常有中国特色的制度。当前，最大的问题还是制度供给不足，相关的法律条款都非常少。特别是巩固老师提到的，在相关的部门法中，实体法规则确实是比较少的。当然，我们还会继续努力、砥砺前行，希望各位专家学者也能从理论和制度的层面为我们出力，谢谢。

刘建功：我希望各位专家学者能够多帮助我们，让我们从成本收益的角度去思考如何实现与环境有关的各类权利之协调。

王曦：谢谢。最后，我来谈三点。第一点，我曾经在柯坚老师主编的《环境法评论》第一期上发表了一篇文章，该文回顾了我参与 2014 年的《中华人民共和国环境保护法》修改研究工作之过程。这篇文章的最后一句话是，"我认为我是制度改进派"。我认为环境法学研究的重点要放在现实的制度上。第二点，2016 年底，我在《清华法学》上发表了一篇文章，题目是《论环境公益诉讼的立法顺序》。我认为立法顺序搞错了。第三点，我现在研究的三角形模型与今天的讨论也是直接相关的。如果上升到理论层面，那么我们所讨论的，无非都是宪法层面之问题，如司法权与审判权的关系，以及立法权、司法权、审判权、监督权等几大权力的平衡。在顶层设计上，如果我们实现了几大权力的平衡，那么整个法律体系的运转效率就会大大提高。最后，感谢四位专家为我们奉献了水平非常高的发言。作为邀请者，我谨代表全体与会者，向你们表示衷心的感谢，谢谢！

特邀大会发言

单元四

七十年来的中国环境立法之整体演进

高利红

2014 年中达环境法青年学者

　　我为什么选择《七十年来的中国环境立法之整体演进》这个题目呢？因为今年正好是中华人民共和国成立七十周年。由于国内对中国环境法的发展之梳理大多只向前追溯四十年，而且有一些档案资料至今仍未开放，因此我在研究七十年来的历史时确实遇到了很大的困难，有一些档案资料找不到。在检索的过程中，我发现有相当多的档案资料没有解密，尤其是前三十年的很多东西是缺失的。然而，越是这样，我的好奇心就越强。我很想梳理一下七十年来的中国环境法到底走过了什么样的路。我大体上感觉到，中国的环境法和中国的经济社会是互相激荡的。即便是在比较封闭的年代，我们也没有真正地与世界隔绝。非常惊喜的是，我找到了 20 世纪 50 年代的中国内地（大陆）与国际社会就环境保护进行合作之片段。因此，在七十年来的环境法之建设过程中，中国始终是与全球保持着联系的。

回顾七十年来的立法，相关的研究文献非常之多。一般认为，以 1978 年的改革开放为标志，我国启动了大规模的立法。（参见王利明：《回顾与展望：中国民法立法四十年》，《法学》2018 年第 6 期；程潇：《中国侵权法四十年》，《法学评论》2019 年第 2 期；中国政法大学法律史研究会：《中国法学四十年》，中国政法大学出版社 2018 年；鄂振辉：《中国司法体制改革 40 年》，《前线》2018 年第 10 期；秦前红、底高扬：《合宪性审查在中国的四十年》，《学术界》2019 年第 4 期；陈光中、曾新华：《中国刑事诉讼法立法四十年》，《法学》2018 年第 7 期；张卫平：《中国民事诉讼立法四十年》，《法学》2018 年第 7 期；管华：《教育法治四十年》，《法学评论》2018 年第 4 期；胡雪坤：《改革开放四十年煤炭法治建设研究》，《中国煤炭》2019 年第 4 期；张金才：《中国法制建设 40 年（1978—2018）》，人民出版社 2018 年。）实际上，至少就环境法而言，中华人民共和国成立之初的一些规定奠定了相关法律之基调；"大跃进"和"文革"期间，我国建立了与劳动保护相关的污染防控法律制度，如对危险化学品的管理等。因此，中华人民共和国成立之后的环境法之历史，并非始自1979 年的《中华人民共和国环境保护法（试行）》。如今，我国的环境法律文本已蔚为大观，其引领着中国立法的发展。实务界和理论界均通过各种方式来提高环境法的体系化程度与融贯性，法典化的呼声渐高。对七十年来的环境立法之整体变迁过程进行梳理，有助于我们厘清连贯性与法律变革之辩证关系。探寻我国独特的环境法发展之基本范式与内在规律是基础性的学术研究任务，我们已有了一些零星式和片段式的研究，但是这些研究的整体性远远不够。

本文认为，七十年来的中国环境法之基本演进范式可以概括为"国际触发、问题驱动、政治引领、政策先行、立法确认"。七十年来，中国的环境法始终与中国的政治及经济发展互相激荡，与全球对环境问题的认识及规则治理同气相求。如果国际触发和问题驱动是环境立法的起点，那么政治引领和政策探索则是具体而持续的推动力量。几乎所有重大的立法变革都是在政治变革的前提下启动，并在政策探索的基础上完成的。

在中国环境法的造法进程中，政治秩序的作用十分强势。从防范到控制的转换、协调发展、可持续发展、以生命共同体建设为中心的生态文明之转型等理念均是由政策推动，并以价值引领的方式在政治文件中被提出的。经由党内法规、政策文件等载体的扩散与反复阐释，上述理念将转化为法律概念并进入法律文本。通过体系化、逻辑化的形式理性工具，环境立法将政策文本形塑为法律，并在概念构造、制度衔接、责任形态上实现创新。同时，环境立法会吸纳政策文本所承载的政治和道德价值，从而实现政策的制度化与规范化。因此，环境法的研究素材不应仅限于法律文本，而是要扩展到政治素材，从而在认识论层面破除单纯地以法律素材为依据的研究之狭隘性。在提出环境价值概念之基础上，执政党还融合了政治价值和道德价值，进而建立了政治标准和道德标准。价值理念在统合国家治理和社会治理方面具有双重权威，其为法律创设了价值框架与制度边界。

中国环境法发展的内在规律可以概括为：立法理念逐渐宏阔深远；立法范围渐次扩展，从污染防控与资源利用延伸到整个生态环境，甚至提出了生命共同体的概念；具体制度的体系化程度逐渐提高，行政命令型与经济激励型制度呈现出细密化发展之态势；在将政治责任作为辅助手段之基础上，我国进一步强化了法律责任；参加国际治理体系建设的热情更加高涨，我国加入或批准了诸多公约并尝试引领国际环境治理。

我将七十年来的中国环境法之发展分成了五个阶段，这与前面几位先生的分析有所不同。国内基本上都是将中国环境法之发展分为三个阶段，第一个阶段以阶级斗争为中心，第二个阶段以经济建设为中心，第三个阶段以生态文明建设为中心。我本人尊重和理解上述这种分期的理论根据，而我将中国环境法之发展分为五个阶段，也是有一定的理论根据的。

1949 年到 1956 年是环境法的奠基时期。一方面，中国的环境法在理念上出现了一个转变，即强调主动控制；另一方面，社会主义改造和科技革命推动我们在自然资源方面实行了公有制，从而使得后期的大规模之环境改造成为可能。上述背景决定了我们今天所面临之问题都要以自然资源的国家所有或者集体所有为前提，而对林权改革、草原权属改革等问题的探索，都要追溯至 1949 年到 1956 年的土地革命。直到今天，我们在奠基时期所确立的自然资源国家所有制度仍然是整个环境法的基石。围绕着国家的环境资源所有权展开的大量制度探索，以及对林权、水权等一系列权属制度的探索，不仅见证着我国的发展历程，而且成为了资源保护法的成长基因。自然资源的国家所有意味着，环境是属于国家的，污染侵权的生态环境损害赔偿制度正是基于这一制度逻辑而生发出来的。

1957 年至 1970 年是艰难探索时期。彼时，虽然法治几乎被破坏殆尽，但是我们这样的泱泱大国仍然需要规则体系。在这种状况下，彷徨中的反复在所难免，整个环境法律体系只能依附或者内化于与经济发展有关的制度。因此，自然资源的永续发展是为了越用越多，消灭病虫害与鼓励有机肥是为了农业增产，流域综合治理更多地着眼于水利事业，文物保护立法得到了很大的发展。这一阶段，我们的理念是向自然开战，执政党的政治伦理和政府的行政伦理均将发展经济与追赶资本主义发达国家作为社会主义的理想要素，而大规模建设造成了严重的生态破坏和环境污染。

1971 年至 1991 年是环境法的快速发展阶段。1971 年 1 月 26 日，《人民日报》第一次提到了环境保护问题。1971 年确实是一个转折之年。在基辛格访华（1971 年，美国总统尼克松的国家安全事务助理基辛格秘密访华）和恢复联合国的合法席位之后，中国开始积极参与国际活动。（毛泽东同志指示《人民日报》于 1969 年 1 月 28 日刊发了美国总统尼克松的就职演说，其微妙地表达了对美政策的转向；1969 年 2 月，毛泽东同志在研究国际问题时又表示："缓和一点好，我们现在孤立了，没有人理我们了。"随着中美的接触，中国参加国际活动的频率开始增加。）1972 年元月，我国派出以新华社副社长为团长、外交部新闻司副司长为副团长的代表团去瑞典访问，并与联合国人类环境筹备委员会秘书长共进午宴。（参见《挪威首相接见我新闻工作者代表团》，《人民日报》1972 年 1 月 29 日第 5 版。）1972 年 6 月 2 日，中国代表团抵达斯德哥尔摩。在 1972 年 6 月 10 日的联合国人类环境会议上，中国代表团团长、燃料化工部副部长在全体会议上发言，谴责了美国在越南战争中使用化学毒剂毒瓦斯之行为对环境造成了前所未有的严重破坏。彼时，我国的执政党和政府均意识到了环境问题为国家与民生带来了一系列风险。睁眼看世界，各国的环境立法快速发展，国际环境公约的数量也迅猛增长。在此背景下，我们带着改革开放的务实精神再一次扬帆出发。在政治引领和问题驱动之基础上，环境保护的价值理念与经济发展产生了正面冲撞，法律的价值理念寻求到了极富包容性的协调发展原则来平衡两种追求。环境保护要与经济发展相协调，建设社会主义现代化国家始终是我们的立法目标。

1992 年至 2012 年，中国环境法的可持续发展理念得到了国际社会之认可，我们的政治理念和行政理念之目光也更加长远，因此我国的法律信心大增、制度创新活跃，呈现出乱花渐欲迷人眼之势。可以说，中国是世界上环境法律制度最丰富、立法数量最多的国家之一。1992 年到 2012 年，我国加入或批准了 10 部国际环境法公约。同时，全国人大常委会新制定了 16 部法律，平均每年制定 0.8 部。在污染方面，我国制定了有关固体废物、环境噪声、放射性污染防治法、环境影响评价、清洁生产、循环经济促进等内容的共 6 部法律；在综合资源保护方面，我国制定了有关海岛保护、海域使用权管理等内容的共 2 部法律；在生态建设和生物多样性保护方面，我国制定了有关防洪、防沙治沙、畜牧等内容的共 3 部法律。二十年间，我国修正法律多达 33 次，平均每年修正 1.65 部法律。其中，《中华人民共和国大气污染防治法》《中华人民共和国水污染防治法》《中华人民共和国水土保持法》《中华人民共和国土地管理法》《中华人民共和国渔业法》《中华人民共和国文物保护法》《中华人民共和国水法》与《中华人民共和国森林法》各修正了 2 次，《中华人民共和国草原法》修正了 3 次。为保证法律法规的体系性，全国人大、国务院及各部委开展了法律法规、部门规章和规范性文件的清理工作，从而使得中国环境法的体系化程度大大提高。2003 年，国务院开始对多达 655 件行政法规进行清理。国务院于 2008 年公布的结果显示，一部分环境保护行政法规被废止或被宣布失效。其中，被废止的环境保护行政法规包括《铁路留用土地办法》（政务院于 1950 年颁布）、《关于搬运危险性物品的几项办法》（政务院财政经济委员会批准，劳动部于 1951 年 10 月 9 日公布）、《防治沥青中毒办法》（国务院于 1956 年 1 月 26 日批准，劳动部于 1956 年 1 月 31 日公布）、《防止矽尘危害工作管理办法》（国务院于 1963 年 9 月 28 日批准，劳动部、卫生部、中华全国总工公布）、《古遗址古墓葬调查发掘暂行管理办法》（国务院于 1964 年 8 月 29 日批准、文化部于 1964 年 9 月 17 日公布）、《军队营区植树造林与林木管理办法》（国务院、中央军委于 1982 年 12 月 20 日公布）、《中华人民共和国文物保护法实施细则》（国务院于 1992 年 4 月 30 日批准，国家文物局于 1992 年 5 月 5 日公布）；被宣布失效的环境保护行政法规包括《文物特许出口管理试行办法》（国务院于 1979 年 7 月 31 日批准并公布）和《关于农村人畜饮水工作的暂行规定》（水利电力部制定于 1984 年 8 月 13 日，国务院办公厅转发）。2007 年，国务院启动了行政法规的清理工作，环境保护总局废止了 4 个规章，并决定对 3 个部门规章和规范性文件进行修改。为了确保中国特色社会主义法律体系于 2010 年正式形成，全国人大常委会于 2008 年再次对当时有效的 229 件法律进行了系统性清理，以解决法律之间的不协调、不统一之问题。（参见《关于开展法律清理工作的通知》［常办秘字（2008）110 号］。此后，国务院发布了《国务院办公厅关于做好法律清理工作的通知》［国办发（2008）109 号］，以组织各部委开展清理。）清理工作涉及到的环境保护法律分属于行政法和经济法。经济法部分包括 13 部资源类立法，即《华侨申请使用国有的荒山荒地条例》（1955 年）、《中华人民共和国森林法》（1984 年、1998 年）、《中华人民共和国草原法》（1985 年、2002 年）、《中华人民共和国渔业法》（1986 年、2000 年、2004 年）、《中华人民共和国矿产资源法》（1986 年、1996 年）、《中华人民共和国土地管理法》（1986 年、1988 年、1998 年、2004 年）、《中华人民共和国水法》（1988 年、2002 年）、《中华人民共和国水土保持法》（1991 年）、《中华人民共和国煤炭法》（1996 年）、《中华人民共和国防洪法》（1997 年）、《中华人民共和国节约能源法》（1997 年、2007 年）、《中华人民共和国海域使用管理法》（2001 年）及《中华人民共和国可再生能源法》（2005 年）；行政法部分包括 14 部环境保护类立法，即《中华人民共和国海洋环境保护法》（1982 年、1999 年）、《中华人民共和国文物保护法》（1982 年、1991 年、2002 年、2007 年）、《中华人民共和国水污染防治法》（1984 年、1996 年、2008 年）、《中华人民共和国大气污染防治法》（1987 年、1995 年、2000 年）、《中华人民共和国野生动物保护法》（1988 年、2004 年）、《中华人民共和国环境保护法》（1989 年）、《中华人民共和国固体废物污染环境防治法》（1995 年、2004 年）、《中华人民共和国环境噪声污染防治法》（1996 年）、《中华人民共和国防震减灾法》（1997 年）、《中华人民共和国气象法》（1999 年）、《中华人民共和国防沙治沙法》（2001 年）、《中华人民共和国清洁生产促进法》（2002 年）、《中华人民共和国环境影响评价法》（2002 年）及《中华人民共和国放射性污染防治法》（2003 年）。经过一系列深入而系统的清理，环境法在立法理念上实现了统一，各单项环境保护法之间的矛盾得到了部分解决，中国的环境法具备了体系化特征。

2013 年以降，山水林田湖草生命共同体之概念被提出。生态文明建设使得环境法不仅处于整个国家立法的枢纽地带，而且大爱无疆地惠及整个生命体系，其担当起了推动文明转型的历史责任。在党内法规的引领下，政治意愿以制度形式得到了表达。在此基础上，环境法的内力更加深沉，其所发之力不仅迅速地改变了治理对象，而且大有重新塑造国家治理结构之态势。虽然此轮发展为时尚短，但是其已带来了诸多实质性的影响。

面向未来，中华文明的包容多元、民胞物与和天下之爱必将实现与现代法治文明之合流，从而焕发出制度生命力，并且在全球环境治理中发挥应有之作用。

本文以历史为线索，以制度内涵为载体，将环境法律思想史与制度史融为一体，并时刻关照其背后的社会史与环境史，整体回顾了中华人民共和国成立以来的环境法之发展，补足了静态制度研究在复杂因素的长期互相消解之理解方面的缺憾。同时，本文为盲目乐观的环境法律发展观提供了参照，并试图在寻找规律的同时启发未来。

由于当代的中国环境法律史之研究范式尚未形成，因此本文试图兼顾叙事性和分析性、思想性和问题性。一方面，本文展示了环境法律的整体风貌和结构性特点；另一方面，本文以时间为线索，依次撰述了环境法律的发展进程。本文并未将既定的理论分析范式套用在鲜活的法律实践之上，也没有低估思想的批判性价值，而是饱含深情地凝望着长青的实践之树。总体而言，如何设定理论框架及探寻研究深度与普世价值，始终是我们不可回避的深层问题。

大时间尺度下的环境法调整范围之考察与启思

焦艳鹏

天津大学法学院教授、2018年中达环境法青年学者

现在看来，宏观的问题很难谈得精细，也不一定谈得深刻，所以我将发言的题目调整为《大时间尺度下的环境法调整范围之考察与启思》。

为什么要进行大时间尺度下的考察？这可能与学者在研究问题时的时空观有关。当我们在较小的时空范围内看问题时，得出的结论可能会不太一样。我们应得出一些既能够总结历史，又能够启发未来的结论，所以我选择的时间尺度是四十年。在此期间，我们国家发生了一个标志性事件，即全国人大常委会于2011年通过了《中国特色社会主义法律体系》白皮书。党的十五大报告提出，法治建设的目标是，到2010年形成中国特色社会主义法律体系。2011年的两会期间，吴邦国同志在第十一届全国人大最后一次会议上宣布，中国特色社会主义法律体系已经形成。2011年11月，国务院新闻办公室发布了《中国特色社会主义法律体系》白皮书。这个白皮书可以成为我们分析环境法在中国特色社会主义法律体系中处于何种地位的一个立足点。下面，以此为切入点，我来谈几个不成熟的观点与看法：

第一，环境法是中国特色社会主义法律体系的组成部分。在回顾中国特色社会主义的立法活动时，《中国特色社会主义法律体系》白皮书对环境资源立法进行了专门性的回顾，这表明环境法在中国特色社会主义法律体系中具有一定的地位。在立法者的视野中，虽然环境资源法具有一定的体系性，但是其并不是独立的法律部门。《中国特色社会主义法律体系》白皮书明确提出，中国特色社会主义法律体系分为七个法律部门，并且其对这七个法律部门进行了介绍。《中国特

色社会主义法律体系》白皮书并没有将环境法作为一个独立的模块进行介绍，但是在介绍行政法模块时，其单独拿出一个段落对环境资源法律进行了阐释。因此，在立法者的视野中，环境法是居于行政法律部门之下的。《中国特色社会主义法律体系》白皮书的最后一个部分对未来的社会主义法律体系之重要领域进行了论述，其谈到了科技法、文化法与环境法。所以，在未来的法律演进过程中，环境法是需要完善的一个领域。

第二，环境法的调整范围与调整机制之关系。从 2012 年开始，我国的生态文明综合体制改革在顶层设计方面出现了较大的变化。过去几年，环境法在整个法律体系中的地位处于变动之中。也正是在这个背景之下，有些学者提出了环境法调整范围之命题，他们期待环境法的调整范围更明确、更宽阔、更清晰。关于环境法能不能成为独立的法律部门，我们有必要考虑决定环境法的调整范围之影响因素有哪些。法律的调整机制对调整范围有绝对性之影响。调整范围并没有太强的学理意义，其也不能表明学科内部的体系性和学科边界。环境法的调整范围受到生态环境管理之模式、机制、体制等因素的影响。尤为重要的是，环境问题和生态问题结合在一起后，自然资源权属与体制性因素决定了环境法将带有强烈的政策属性。环境法的调整范围必须实现命题转换，这样才能够回归到核心观点上。因此，我们需要特别注意环境法与其他部门法的关系，这对于厘清环境法的调整范围和搞清楚环境法的调整机制而言具有重要影响。

第三，我谈几个未必正确的感受性观点。首先，环境法很难具有独立的、不可替代的、单一的调整范围。我们很难说环境法的调整范围不会与其他法律产生融合，也很难说环境法是独立的领域，更难说环境法的调整机制具有不可替代性。其次，环境法的调整范围并非决定环境法是否具有独立性的关键因素。"厘清环境法的调整范围，从而确定环境法是否为独立的法律部门"，这条论证路径的正确性需要被重新考量。最后，判断环境法能否成为独立的法律部门之重要标尺是什么？在这个问题上，环境法的调整机制比环境法的调整范围更具有深刻性。环境法的调整机制到底是一种什么机制呢？在谈到学科属性时，其他的部门法——尤其是经济法——会特别涉及法律的调整机制。在试图去论证环境法的调整机制时，我们要特别注意，有两个重要特征是不容忽视的。其一，环境法的调整机制是一种复合法律机制。环境法对环境领域的调整会涉及行政法的机制、民法的机制、刑法的机制及诉讼法的机制。2012年以来，这种复合性表现得更为明显。传统的法律机制所具有的独特之诉讼功能，决定了环境法要想产生效能就必须高度重视机制的复合性。其二，环境法的调整机制具有双重价值。与传统的部门法不同，环境法是基于目标管理和过程管理之双重价值而被设计出来的法律机制。上述双重机制打破了传统法律的具体时空观，从而有利于我们分析出环境法的专属特征。

第四，我谈两个不成熟的结论。一方面，环境法的调整范围与环境法是否为独立的法律部门并不存在实质性关联；另一方面，环境法的调整范围与环境法的调整机制密切相关。我们可以看到，通过各种法律机制，环境法渗透到了社会生活和公民生活的方方面面。当环境法发挥法律功能时，其就是有价值的。

以上就是我的一些不成熟之看法与观点，谢谢大家！

生态环境执法实务中的热点与难点分析

曹晓凡

河北环境工程学院副教授

我的发言题目是《生态环境执法实务中的热点与难点分析》。生态环境法是个非常庞大的体系，其组成部分除了宪法外，还包括法律、行政法规与地方性法规。立法的频繁修改导致了很多问题，我们在适用法律的过程中也遇到了很多的困惑，如上位法和下位法之位阶问题、新的上位法和旧的下位法之位阶问题、新的下位法和旧的上位法之位阶问题，以及一般法和特殊法之位阶问题。在实践中，司法机关的判断也会出现一些不一致的地方。有时候，相同的案子在不同的地方亦会碰到判断方面的问题。在重庆有一个案子，某个企业于 2016 年投产了一个污染环境的项目。 2018 年，环保局查到这个企业了，其当时还在生产。环保局处罚这个企业的依据就是新的《建设项目环境保护管理条例》，该条例自 2017 年 10 月 1 日起施行。环保局罚了这个企业 20 万，因为新的《建设项目环境保护管理条例》所规定的处罚额度是 20 万到 100 万。这个企业不服，于是其提起了上诉，法院就判决不应该适用新条例，而应该适用旧条例，旧条例规定的是 10 万元以下的罚款。

目前，我们相关的法律条文大概有一千多条了，但是真正用到的也就是十来条，而且用得最多的就是《中华人民共和国环境影响评价法》第三十一条。我们有这样一个数据，某个省于 2018 年办了 4100 多件行政处罚案件，其中有 1400 多件案子是涉及未批先建的，这个数字差不多占到了案件总数的三分之一。还有另外一个情况，即法律越来越严格。法律严格了之后，执法部门也在进行着调整。以我们的"三同时"制度为例，以前的罚款是 10 万元以下，现在变成了 20 万到 100 万，逾期不改正的罚款更是高达 100 万到 200 万。那么，实际情况是什么呢？ 2017 年，某个地方有 1800 起涉及"三同时"制度的案件； 2018 年，这个地方的涉及"三同时"制度之案件数量变成了 382 件。虽然案件数量减少了，但是罚款的总额却没有太大的变化。

还有一个很令人困惑的问题，就是总投资额怎么认定。在一个省里，为什么有 1400 多个案件用了环评处罚，而只有 300 多个案件用了"三同时"制度？因为在判定案件的时候，环评对总投资额的拉动幅度很大。关于双罚制，我们在修改条例的时候觉得它会发挥巨大的作用，但是大部分的省、自治区、直辖市都并没有使用这个制度。实际上，双罚制的适用牵扯到取证的问题。例如，某市的45个加油站都是某家公司的，而每一个加油站都是建设项目，那么对公司的副总处以5万到20万的罚款就非常厉害了。关于停止建设和拘留，这两种手段几乎没有被使用过，但是它们具有很强的威慑性。至于恢复原状，民事责任里面也有恢复或者修复的概念，行政责任里面也有责令恢复原状，而恢复到什么程度则是一个操作性很强的问题。我们有这样一个判断标准，即平整土地不算开工，实施后面的工序才算开工。在罚款的额度上，各省也有很大的差异。

另外一个状况是逃避监管。在行政执法领域，我们有时候会遇到违法行为的个数如何判断之问题。例如，针对通过暗管来超标排放污染物之行为，我们到底是将其认定为超标排污，还是将其认定为暗管排污？我觉得应该将这种行为认定为暗管排污。但是，在现实操作中，认定标准是非常混乱的。此外，我们知道，暗管达标排污也是违法行为，行为人是要被拘留的。篡改与伪造监测数据之情况在实践中是比较少的，而涉及环评和验收的案子则最多，因为取证的时候特别简单，有就是有，没有就是没有，执法机关可以直接认定。我们发现，大部分环保案件的败诉原因都是程序错误。另外，涉及危险废物的处置之案件是比较多的，其涉及对危险废物的查封与扣押。在很多涉及危险废物的处置之案件中，执法机关都进行了查封（扣押），这里指的是对设备与设施进行查封（扣押），因为危险废物本身是不能被查封（扣押）的。在实践中，几乎所有的查封（扣押）决定都是环保局做出的，但是这些决定是没有法律依据的。与此同时，我们对执法检查也很关注。然而，实际上，很多省份一年都没有一件执法检查案件。

在强制申请与催告的问题上，我们现在的困惑就是，行政命令可不可以申请法院强制执行。一方面，法院根本就不受理；另一方面，即使法院受理，其也是裁定由政府组织相关部门来执行。

"两高"的司法解释所规定之犯罪情形总共有十八项，第一项基本上没遇到什么案件，第二项所涉及的案件在全部案件中之占比约为五分之一，涉及案件比较多的是第三项和第四项，第五项也涉及少量案件，第六项基本上没有涉及什么案件，第七项是零零星星地涉及一点案件，第八项与第九项也没有涉及什么案件，第十项的状况目前并不清晰，第十项到第十八项也没有涉及多少案件。时间关系，我就讲这么多，谢谢。

【问答】

提问：首先，感谢王曦老师举办这个会议。在此，我想提两个问题。这个单元的主题是我们国家的环境法治之历史，我感觉我们需要处理好两方面的内容，第一是要确保依法治国的实现，第二是一定要保护好公益。我想问曹晓凡老师一个问题，即我们今天所讲的很多问题之主要前提，是我们国家的行政机关一定要照规矩办事。有了这个前提以后，我们提民事公益诉讼才有底气。然而，在实践中，实施污染行为的企业找到你的第一件事情就是问你是否认识环保局的人。那么，曹老师如何看待这种现象？我的第二个问题是提给王灿发老师的。环境法一定是要给公民权利的，那么我们国家对公民权利的限制多不多？我在做兼职律师，相关文件要求超过一定人数的案件要报司法局审批，这是为什么？如果有很多人一并提起环境诉讼，那么他们会不会受到其他的影响？谢谢。

曹晓凡：我也在做兼职律师，但每年办的案件不多。如果企业找我去告环保局，那么我也会去。当然，我代理案件的时候会先判断一下这个案子有没有价值，即这个问题是不是具有普遍性。如果问题具有普遍性，那么我还是会去代理的。但是，企业真的去起诉环保局的情况是非常少的。很多时候，企业是被罚了，它也知道法律适用是错误的，但是绝大部分的企业都不会去起诉的，从而导致我们在程序方面的错误太多。将一个案卷从头看到尾，我们可能会发现十几个问题，这是很常见的。有一些执法人员的法律素养确实有点问题。我接触过很多基层的同志，他们在基础知识方面还是存在一些缺失的。法律适用错误很常见，程序错误也很常见。在实践中，企业提起复议或者诉讼的情况是非常少的，除非是这个企业真的忍受不了了。确实有很多的错误存在着，包括重污染天气应急响应期间，很多地方就错误地认为这是紧急状态。

王灿发：为了社会的稳定，执法部门规定律师事务所代理的几类案件必须到司法部门进行登记，如人数众多的案件等。执法机关也不是不让律师代理这些案件，其只是想事先了解情况。针对很敏感的案件，我们就要做一做工作，看当事人能不能不起诉。这个要求对律师代理案件的影响好像不大。污染受害者法律帮助中心代理的很多案件都是人数众多的，我们基本上没有遇到过太大的障碍。关键是要让管理部门相信你不会给他们找事，即这个诉讼是有利于社会稳定的。如果我们不允许当事人去法院打官司，那么他们就要上街了。只要我们通过法院的判决把问题解决了，当事人也就不闹事了。因此，我们要多给管理部门讲道理，我觉得这不是太大的问题。

另外，我想补充一下曹晓凡老师回答的那个问题。实际上，行政处罚现在很厉害，上海去年一年就罚了五亿多元。然而，这些行政处罚在实体上和程序上确实是有问题的。关于要不要去申请行政复议或者要不要去法院打官司，这些被处罚的企业或个人都是要反复进行衡量的。有的时候，企业可以打赢这个官司，但是他却害怕到时候被环保部门死盯着不放。企业还是不愿意被罚的，他们首先会到环保局去沟通，看能不能不罚或者不上系统，实在没办法了才会申请行政复议。也就是说，只有在自己确实有道理，并且又抓住了行政机关在程序上或者实体上的错误之情况下，企业才去提起行政复议或行政诉讼。我也代理了一些案子，所以还是了解一些这方面的情况的。

常纪文：我提两个问题。第一个问题是给曹晓凡教授的，我想问一下非法和违法的区别是什么？第二个问题是给焦艳鹏教授的，我想知道环境法到底是不是一个独立的法律部门？你回答完了之后，我再讲一个事情澄清一下。

曹晓凡： 常老师，如果一个企业没有危险废物经营许可证，但这个企业的排污工艺非常先进，比一般的危险废物处置装置先进多了，那么，我们认为这个企业的行为是一个违法行为。如果一个企业在没有危险废物经营许可证的同时，又有超标排污或者非法倾倒的行为，那么这个企业的行为就是一个犯罪行为。

焦艳鹏： 我就环境法的学科独立性谈一下自己的看法。从事环境法研究以来，我也在努力学习除环境法外的其他法律部门的知识。越是学习，我就越发现在整个法律体系中，环境法的定位和功能与实践存在一定的差距。传统的法律部门基本上是按照法律责任来划分的。在按照法律责任来划分法律部门之前提下，民事责任、行政责任和刑事责任具有穷尽性，我们不可能再设计出其他类型的法律责任。如果以法律责任作为划分法律部门的标准，那么作为一种后发的法律，环境法没有成为独立的法律部门之空间。但是，经济社会处于剧烈的变动之中，在横向和纵向的法律调整机制之外，存在着一些特殊领域。在这些特殊领域内，法律发挥功能与作用的具体方式往往借鉴了多个部门法的机制，我们应对其所呈现出的规律性进行归纳与总结。从这个角度来说，以开放的视角观之，环境法是具有一定的独立性的。

常纪文： 我明白了，你认为环境法不是一个独立的法律部门。2010 年，我发表了一篇文章，题目是《环境法不是独立的部门法》。这篇文章引起了很大的争议，许多教授说我吃里扒外。现在看来，环境法活得很好，尽管其不是一个独立的部门法。全国人大于 2010 年专门给我打电话，问我是否觉得环境法是个独立的部门法，我说环境法没有根本性的独特之调整方法，环境法就是个领域问题。如果我们认为环境法是独立的部门法，那么文化法与消防法也是独立的部门法，部门法就太多了。所以，我的观点是，环境法不是独立的部门法。我澄清一下，我绝不是出卖环境法学界。目前看来，即使不是独立的部门法，环境法也活得很好，谢谢大家的理解。

王曦：我在去年的中达环境法论坛上给大家介绍了一本书，叫《美国环境法的形成》。这本书是哈佛大学的教授写的，武汉大学的一个副教授将它翻译成了中文。书里的一段内容提到了美国环境法的形成。1969年，美国的第一代环境法学者在纽约开了一个会。在会上，学者们"刻意抵制讨论"环境法的定义问题，他们认为环境法只是将其他法律适用到环境问题上，环境法只是"其所要解决问题的一个领域"。关于这个新的领域今后会如何发展，与会的学者有两种观点。一派学者主张借鉴当时的美国民权运动之成功经验，在宪法上承认环境权；另外一派学者则表示反对，他们认为应当采取立法与司法相结合的方式。事实上，后者所主张的就是制度改善与制度建设。之后的实践证明，美国走对了道路。美国制定了《国家环境政策法》《清洁空气法》《清洁水法》等一系列针对污染问题的法律。建议大家可以把这本书找来看一看。

常纪文：我想讲的是什么呢？我们传统的部门法之划分是以苏俄模式为参照的，而蔡老师讲的是英美观点。苏俄的部门法有其划分规则。我也说了，环境法是独立的，只不过其是领域法。

王灿发：领域法和部门法有什么区别？

常纪文：部门法必须要有独特的方法，诉讼法、民法与刑法的调整方法是不一样的。环境法是一个杂交法，其可能有个别独特的方法，但总体还是借用别人的东西来解决自己的问题。如果消防法、文物法和建筑法都被划分为部门法，那么部门法就太多了，全国人大管不过来。

王灿发：照你这么说，是不是只有民法、刑法与行政法才是独立的法律部门呢？

常纪文：我们现在也进入了应用法学时代，争论这个问题没有意义，解决问题才是最重要的。

第 四 章
论 坛 发 言 实 录

提问： 谢谢王曦老师，也谢谢中达环境法论坛给我这个机会，我来自昆明理工大学。听了两天报告以后，我深受启发。我想问一下曹晓凡教授，《中华人民共和国环境影响评价法》第十八条将专项环评和建设项目环评混在一起，并认为专项环评涉及到的建设项目环评可以适用简化程序，那么这会不会让最终的环评只是走个过场，谢谢。

曹晓凡： 这个问题是这样的，我们现在都对建设项目的存在必要性有担忧。在放管服的大背景下，越来越多的项目被降为登记表，有的项目甚至就明确表示不做环评了。前段时间，国务院在开会的时候就提出，不涉及危险废物和危险化学品的仓储之项目就不需要做环评。很多小的项目对环境没有太大的影响。我们一直没有搞清楚什么叫建设项目，但是法律上一直在用这个概念，这是存在问题的。

提问： 我想再问一下王文勇律师，在谈环境民事公益诉讼和行政公益诉讼时，您使用的法律没有包括《中华人民共和国行政诉讼法》吧?

王文勇： 是的。

提问： 您是怎么考虑的?

王文勇： 我认为，现行法律是允许环境行政公益诉讼的，不仅检察院可以提起环境行政公益诉讼，社会组织也可以提起环境行政公益诉讼。然而，因为现实的阻力太大、大家的偏见太强、错误的认识太多，所以我们就没有去尝试。实际上，现在是有人在尝试的，成功和失败的情况都有。既然我讲的是环境民事公益诉讼，那么《中华人民共和国行政诉讼法》就没有必要被列为法律依据了。

提问： 我再提最后一个问题。刚才，法院的老师和检察院的老师都提到了环境民事公益诉讼与环境行政公益诉讼。然而，我一直没搞懂他们说的诉前程序。检察机关已经进入了环境民事公益诉讼，法院也已经立案了，那么诉前的调解、诉前的鉴定等事项为什么没有由法院和检察院去落实呢? 是不是我们只选了比较简单的事情去解决，更难的事情没有得到关注？可能两位老师没有时间回答这个问题了。

王灿发： 这个问题不用回答，你表明自己的观点就行了。这个阶段的讨论还是挺热闹的，既涉及到执法的实践，又涉及到环境法的独立性问题。环境法的独立性问题有没有实际意义呢？我认为是有实际意义的。如果环境法是一个独立的法律部门，那么其就容易发展。在实践中，全国人大法工委将环境法分成两个部分，一个部分归行政法室管，另一个部分归民法室管，这就导致没有一个统一的机构来管理环境资源立法，从而不利于整个环境资源法体系的健全和完善。当时，全国人大法工委确实征求过专家的意见，我坚决主张环境法是独立的法律部门。我认为，当前讨论的什么领域法或者部门法，纯粹是一个借口。如果仅按法律责任来划分法律部门，那么我们就只有民法、刑法和行政法三个法律部门了。我认为，独立的法律部门之认定还要考虑其他因素。一方面，我们要看调整对象。环境法有独特的调整对象，即环境资源法律关系。另一方面，我们要看法律法规的数量。目前，我们需要专门的机构去起草环境法律法规。另外，如果环境法不是独立的学科，那么环境法专业就只能在经济法或者行政法的名义下招研究生。在这种情况下，你们好多人都考不上环境法的博士。所以，强调环境法是独立的法律部门是有实际意义的。现在，全国人大法工委也已经意识到了这个问题。当时，环境法没有能成为独立的法律部门，因为别的法律部门反对。全国人大法工委在征求意见的时候，我们一直主张环境法应当是独立的法律部门。如果环境法学界都有人说环境法不是独立的法律部门，那么其他法律部门的人就更有借口说环境法不是独立的法律部门。在这种情况下，常纪文教授是要承担责任的。不管怎样，我们还是要积极地行动，从而让环境法成为一个独立的法律部门，这样才有利于人才的培养和环境法治的完善。以上是我的一些意见，我只是作为主持人来谈一下自己的观点。

图书在版编目（CIP）数据

改革开放四十年：环境法的回顾与展望：2019 年中达环境
法论坛论文集/王曦主编 . —上海：上海三联书店，2021. 10
ISBN 978 - 7 - 5426 - 7447 - 0

Ⅰ. ①改…　Ⅱ. ①王…　Ⅲ. ①环境法学－中国－文集
Ⅳ. ①D922. 68 - 53

中国版本图书馆 CIP 数据核字（2021）第 110098 号

改革开放四十年：环境法的回顾与展望
——2019 年中达环境法论坛论文集

主　　编／王　曦

责任编辑／宋寅悦
装帧设计／一本好书
监　　制／姚　军
责任校对／张大伟　王凌霄

出版发行／上海三联书店
　　　　　（200030）中国上海市漕溪北路 331 号 A 座 6 楼
邮购电话／021 - 22895540
印　　刷／上海展强印刷有限公司

版　　次／2021 年 10 月第 1 版
印　　次／2021 年 10 月第 1 次印刷
开　　本／710mm×1000mm　1/16
字　　数／600 千字
印　　张／41
书　　号／ISBN 978 - 7 - 5426 - 7447 - 0/D·501
定　　价／158. 00 元

敬启读者，如发现本书有印装质量问题，请与印刷厂联系 021 - 66366565